두고두고 잊을 수 없는

미드명장면
Best of the Best 175

CHRIS SUH

MENTORS

두고두고 잊을 수 없는
미드명장면 Best of the Best 175

2025년 7월 22일 인쇄
2025년 7월 29일 발행

지 은 이	Chris Suh
발 행 인	Chris Suh
발 행 처	**MENTORS**
	경기도 성남시 분당구 황새울로 335번길 10 598
	TEL 031-604-0025 FAX 031-696-5221
	mentors.co.kr
	blog.naver.com/mentorsbook
	*Play 스토어 및 App 스토어에서 '멘토스북' 검색해 어플다운받기!
등록일자	2005년 7월 27일
등록번호	제 2022-000130호
I S B N	979-11-94467-84-7
가 격	33,000원(MP3 무료다운로드, 동영상무료다운로드)

잘못 인쇄된 책은 교환해 드립니다.
이 책에 게재된 내용의 일부 또는 전체를 무단으로 복제 및 발췌하는 것을 금합니다.
*이 책은 <미드명장면 152>의 개정증보판입니다.

머리말

잊을 수 없는 미드 명장면

뭐든지 한번 보고 나면 잊혀지기 마련이다. 미드 또한 아무리 재미있고 감동적이어도 신작들이 계속 나오는 상황하에서 맘속에 지속적으로 담아둘 저장공간은 부족할 것이다. 이제 잠시 바쁜 걸음에 쉼표를 찍고 기억할 만한 미드에서 잊을 수 없는 명장면들을 되새김해보는 시간을 가져본다.

대중적이고 작품성있는 작품을 중심으로…

미드 선정의 기준은 먼저 대중성이 있고 작품성이 있는 작품들을 중심으로 선정하였다. 웃음을 맘껏 선사하는 〈프렌즈〉, 〈빅뱅이론〉, 〈모던 패밀리〉, 탄탄한 구조의 작품성이 두드러진 드라마인 〈브레이킹 배드〉와 〈왕좌의 게임〉, 그리고 〈크리미널 마인드〉, 〈하우스 오브 카드〉, 〈디 어페어〉 그리고 비교적 최근작인 〈빅리틀라이즈〉, 〈핸드메이즈 테일〉, 그리고 〈웨스트 월드〉 등 다양한 장르의 미드들을 중심으로 175개의 명장면을 추렸다. 특히 재미있고, 감동적이어서 기억 속에 오래 남아있는 부분들을 위주로 선정하였으며 아울러 좋은 대사, 좋은 표현 등이 많이 나오는 부분에 우선 순위를 주었다. 아무리 감동적이어도 길이가 너무 짧은 경우에는 과감하게 선택에서 제외하였다.

영어회화에 직방으로 통하는 표현들이…

따라서 〈두고두고 잊을 수 없는 미드 명장면 Best of the Best 175〉는 명장면과 더불어 여기에 나오는 영어표현들을 배울 수 있도록 그래서 이를 실제 생활 영어에 사용할 수 있도록 꾸며져 있다. 각 명장면 뒤에 수록된 "이 장면에서 놓치면 안되는 표현들"이 바로 그것이다. 명장면에서 나온 표현 중 중요한 영어표현은 따로 모아 다이알로그와 함께 수록하여, 단순히 명장면만을 기억할 뿐만 아니라 이를 통해 살아있는 영어표현을 꼭꼭 기억할 수 있도록 구성해 놓았다. 단순한 추억만을 되새김하는 것이 아니라 그 추억을 통해 지금 활용할 수 있는 영어표현까지 익힐 수 있도록 꾸며진 책이 바로 이 〈두고두고 잊을 수 없는 미드 명장면 Best of the Best 175〉이다.

명장면에 해당하는 스크립트와 우리말…

또한 명장면에 해당하는 영문 스크립트를 우리말 번역과 함께 수록하여 훨씬 그래픽하게 해당 장면을 읽을 수 있다. 그러면서 예전에 봤던 화면이 떠오를 것이다. "아, 그 장면이구나," "이 장면에서 이런 표현들이 쓰였구나"라고 고개를 끄덕이게 될 것이다. 또한 한 미드족의 협조를 많아 이 책에 나오는 명장면만 편집한 파일이 있는 곳의 URL주소를 뒷표지에 적어놓았다. 교재를 학습하고 명장면들만 모아 놓은 동영상을 질리도록 반복 시청하면 명장면의 재미나고 감동적인 장면을 감상할 수 있을 뿐만 아니라 서서히 자막없이 들리고 나중에는 입에서 명장면에서 나왔던 표현들이 술술 나오는 신기한(?) 경험을 할 수 있게 될 것이다. 그래서 보고 지나갔던 미드들을 완전 자기 것으로 만드는, 그 동안 학습한 노력의 결실을 맺는 아주 좋은 기회로 만들기를 진심으로 기원한다.

이책의 특징 American Dramas Best Scenes 175

❶ 많은 미드중에서 재미있고 작품성 있는 미드만을 엄선하였다.
❷ 선택된 미드에서 재미나고 감동적인 장면 175개를 캡쳐하였다.
❸ 명장면은 우리말과 영어를 혼용하여 풀어써서 마치 화면으로 미드를 보는 효과를 주었다.
❹ 이를 확인하기 위해 해당 장면의 영문대본과 우리말 해석을 수록하였다.
❺ 그리고 끝으로 각 명장면에 나오는 유용한 영어표현들은 따로 정리하여 다이알로그와 함께 학습하도록 꾸몄으며, 모든 다이알로그는 원어민의 발음으로 녹음되어 있어 생동감있게 학습할 수 있다.

이책의 구성 American Dramas Best Scenes 175

❶ 본 책은 Section, Chapter, Part, 혹은 Unit의 구분없이 149개의 명장면과 26개의 추가 명장면을 담고 있는 Supplement로 구성되어 있다.

Friends_Best Scene 001-021	Big Bang Theory_Best Scene 022-043
Sex and the City_Best Scene 044- 061	Desperate Housewives_Best Scene 062-080
Breaking Bad_Best Scene 081-097	The Walking Dead_Best Scene 098-103
Game of Thrones_Best Scene 104-117	Modern Family_Best Scene 118-125
House M.D._Best Scene 126-130	The Good Wife_Best Scene 131-134
Homeland_Best Scene 135-137	Shameless_Best Scene 138-140
Orphan Black_Best Scene 141	How to Get Away With Murder_Best Scene 142-143
The Affair_Best Scene 144-145	House of Cards_Best Scene 146-147
Blacklist_Best Scene 148	Criminal Minds_Best Scene 149

❷ **Supplement Get 26 More Best Scenes**
〈왕좌의 게임: 시즌 6 이후〉, 〈웨스트월드〉, 〈핸드메이즈 테일〉 그리고 〈빅 리틀 라이즈〉 등 비교적 최신작의 명장면도 추가로 선정하였다.

❸ **명장면(Best Scenes)**
우리말과 영어를 혼합하여 이야기를 풀어나가 부담없이 장면이 떠오를 뿐만아니라 우리말이 먼저 나오고 영어가 괄호안에 나오는 형식이어서 영어표현습득에도 도움이 된다.

❹ **영문 스크립트와 우리말 번역**
각 명장면에 해당하는 부분의 영문스크립트와 우리말 번역을 함께 실었다. 명장면 이야기를 읽으면서 학습한 영어표현이 다시 완성된 대본 형태로 나옴으로써 반복적으로 그리고 그래픽하게 영어표현들을 몸에 익힐 수가 있다.

❺ **이 장면에서 놓치면 안되는 표현들**
명장면에 나오는 영어표현중 중요하다고 생각되는 표현들만 추려서 다시한번 표현정리를 하고 이를 활용한 톡톡 튀는 다이알로그를 함께 수록하였다.

Best Scene 오프닝_ 명장면의 넘버링과 명장면 주인공 사진이 어떤 미드인지를 바로 알려준다.

영문타이틀_ 명장면에 나오는 문구 중에서 가장 인상적인 문장을 제목으로 하였다.

명장면 이야기_ 우리말과 영어를 섞어서 풀어쓴 명장면의 엑기스. 눈으로는 읽되 머리 속에는 화면을 연상하면 된다.

Best Lines from American Dramas_ 명장면 이야기에 해당하는 장면의 영문스크립트. 명장면 이야기에서 이미 괄호안에 설명한 영문이 그대로 다시 대화형태로 나온다. 반복학습 그리고 다이나믹한 대화를 그래픽하게 볼 수 있다.

우리말 번역_ 명장면의 우리말 해석을 바로 옆에 위치시켜서 바로바로 무슨 의미인지 확인해볼 수 있다.

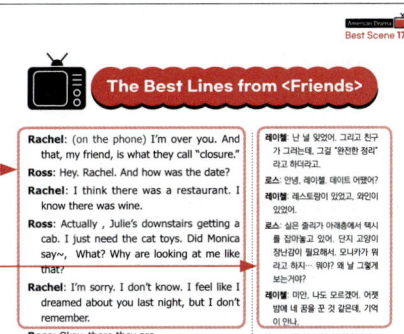

중요표현_ 명장면에 나오는 표현들 중에서 다시한번 기억해두어야 되는 표현을 정리하였다.

다이알로그_ 중요표현을 이용한 살아있는 다이알로그를 함께 수록하여 표현들을 더 확실히 이해하고 암기할 수 있도록 구성해 놓았다.

추가 명장면 26
기존의 히트한 명장면 뿐만 아니라 〈웨스트월드〉, 〈핸드메이즈 테일〉, 〈빅 리틀 라이즈〉 등 비교적 최신작에서 추가로 명장면을 뽑아 정리하였다.

Contents

Best Lines from <Friends> 001-021 014

Best Scene 001 Friends
All right. You Ready?
좋아. 준비됐어?

Best Scene 002 Friends
Brian's a little out of your league
브라이언은 너와 급이 다르지

Best Scene 003 Friends
I'm over you
난 널 잊었어

Best Scene 004 Friends
Talk about your bad luck
너 참 운도 지지리도 없네

Best Scene 005 Friends
We can do it tomorrow
우리는 내일 할 수 있어요

Best Scene 006 Friends
It doesn't work that way
그런 식으로 되는게 아냐

Best Scene 007 Friends
You went behind my back!
넌 내 뒤통수를 쳤어!

Best Scene 008 Friends
Shall I go on?
계속해야 될까요?

Best Scene 009 Friends
I am not a sex addict!
난 섹스중독자가 아냐!

Best Scene 010 Friends
It doesn't matter who knows what
누가 무엇을 아는게 중요한게 아냐

Best Scene 011 Friends
That would be nice
그럼 좋겠어

Best Scene 012 Friends
Monica, will you marry me?
모니카, 나와 결혼해줄래?

Best Scene 013 Friends
Look, everything worked out okay!
모든 일이 다 순조롭게 됐잖아!

Best Scene 014 Friends
You may kiss the bride
신부에게 키스하세요

Best Scene 015 Friends
I don't think that's what it is
그런게 아닐게야

Best Scene 016 Friends
There is no pressure on you
부담갖지마

Best Scene 017 Friends
It was just a one night thing
그냥 하룻밤 섹스였어

Best Scene 018 Friends
We had a pact!
우린 약속했잖아!

Best Scene 019 Friends
Let me know if you need a hand
도움이 필요하면 말해

Best Scene 020 Friends
Please, please stay with me
제발 가지마

Best Scene 021 Friends
I got off the plane
나 비행기에서 내렸어

Best Lines from <Big Bang Theory> 022-043 093

Best Scene 022 Big Bang Theory
I'm your new neighbor, Penny
새로운 이웃, 페니예요

Best Scene 023 Big Bang Theory
I'm good to go
당장이라도 할 준비가 됐어

Best Scene 024 Big Bang Theory
What's gotten into him?
쟤 왜 저래?

Best Scene 025 Big Bang Theory
Take me with you!
나도 데려가줘!

Best Scene 026 Big Bang Theory
Will you go out with me?
나와 데이트할래요?

Best Scene 027 Big Bang Theory
I'm pretty sure I never said that
난 절대 그렇게 말한 적이 없어

Best Scene 028 Big Bang Theory
I am not flirting with you
난 너와 장난치는게 아냐

Best Scene 029 Big Bang Theory
It doesn't feel right
느낌이 달라

Best Scene 030 Big Bang Theory
It's a long story
얘기하자면 길어

Best Scene 031 Big Bang Theory
What do you want me to do?
나보고 어쩌라고?

Best Scene 032 Big Bang Theory
Am I interrupting?
내가 방해했어?

Best Scene 033 Big Bang Theory
I don't know where you're going with this
무슨 말을 하려는건지 모르겠지만

Best Scene 034 Big Bang Theory
Where do you think this is going?
이게 어떻게 될 것 같아?

Best Scene 035 Big Bang Theory
Hit us again
술 좀 따라줘요

Best Scene 036 Big Bang Theory
I don't blame you
그럴 수도 있죠

Best Scene 037 Big Bang Theory
I never apologize for the truth
난 사실에 대해서는 사과하지 않아요

Best Scene 038 Big Bang Theory
What have we done?
우리가 무슨 짓을 한거지?

Best Scene 039 Big Bang Theory
Yeah, we get that a lot
그래요, 우리 그런 소리 많이 들어요

Best Scene 040 Big Bang Theory
He took one for the team!
그가 전체를 위해 희생했어!

Best Scene 041 Big Bang Theory
That was all she wrote
그걸로 끝이었어

Best Scene 042 Big Bang Theory
Sex is off the table, right?
섹스는 고려 대상이 아니지, 맞지?

Best Scene 043 Big Bang Theory
She made me a better man
걔 때문에 내가 더 좋은 사람이 됐어

Best Lines from
<Sex and the City> 044-061

Best Scene 044 Sex and the City
I'd just had sex like a man
난 남자처럼 섹스를 했어

Best Scene 045 Sex and the City
You've never been in love
사랑을 해본 적이 없군요

Best Scene 046 Sex and the City
Oral sex is God's gift to women
오럴섹스는 여성에게 신이 주신 선물이야

Best Scene 047 Sex and the City
Is everything OK?
무슨 일 있는거야?

Best Scene 048 Sex and the City
Why did we break up?
왜 우리가 헤어졌지?

Best Scene 049 Sex and the City
Some part of me was holding me back
맘 한구석에서 나를 붙잡고 있었어

Best Scene 050 Sex and the City
Has this ever happened to you before?
이런 일이 자주 있었어?

Best Scene 051 Sex and the City
I don't know what I was thinking
내가 무슨 생각을 하고 있었는지 모르겠어

Best Scene 052 Sex and the City
I never meant to hurt you
네게 상처를 주려고 했던 것은 아냐

Best Scene 053 Sex and the City
I'm touching myself
나 자위하고 있어

Best Scene 054 Sex and the City
Shove this marriage up your ass!
이런 결혼은 때려치우자고!

Best Scene 055 Sex and the City
That's quite a package
물건 한번 대단하네요

Best Scene 056 Sex and the City
Don't be ridiculous
말도 안되는 얘기하지마요

Best Scene 057 Sex and the City
I'm gonna help you be a star
네가 스타가 되는걸 도와줄게

Best Scene 058 Sex and the City
I guess I deserve that
난 그렇게 당해도 싸

Best Scene 059 Sex and the City
You do this every time
넌 맨날 그래

Best Scene 060 Sex and the City
Go get our girl
가서 캐리를 붙잡아요

Best Scene 061 Sex and the City
Carrie you're the one
캐리, 난 너밖에 없어

Best Lines from <Desperate Housewives> 062-080 259

Best Scene 062 Desperate Housewives
I really like it when we hook up
우리가 섹스를 할 때 정말 좋아요

Best Scene 063 Desperate Housewives
I got to have you
난 당신하고 해야겠어

Best Scene 064 Desperate Housewives
Take my breath away
나를 감동시켜줘, 나를 설레게 해줘

Best Scene 065 Desperate Housewives
I'm just gonna let you off with a warning
이번에는 경고만 할게요

Best Scene 066 Desperate Housewives
I'm nowhere near ready to laugh about it
난 그에 대해 전혀 웃을 상태가 아녜요

Best Scene 067 Desperate Housewives
How could you do the same thing?
어떻게 똑같은 짓을 할 수 있는거야?

Best Scene 068 Desperate Housewives
I am no longer your wife
난 더 이상 당신의 아내가 아냐

Best Scene 069 Desperate Housewives
It's not unheard of
새삼스러운 일도 아니지

Best Scene 070 Desperate Housewives
I know that you're lying to me
내게 거짓말하는거 알아요

Best Scene 071 Desperate Housewives
if we make a big deal out of this
이 일을 크게 만들면

Best Scene 072 Desperate Housewives
What do we know about our neighbors?
우리가 이웃에 대해 뭘 알고 있을까?

Best Scene 073 Desperate Housewives
How could he not know me?
어떻게 나를 모를 수가 있어?

Best Scene 074 Desperate Housewives
I have God on my side
하나님이 내 편인걸

Best Scene 075 Desperate Housewives
You can go anywhere you want
어디든 가고 싶은대로 가라

Best Scene 076 Desperate Housewives
It'll grow on you
점점 네 마음에 들거야

Best Scene 077 Desperate Housewives
Don't you dare say that I wanted this
어떻게 감히 내가 이걸 원했다고 말하는거야?

Best Scene 078 Desperate Housewives
You cannot say these things
당신은 이런 얘기들을 하면 안돼요

Best Scene 079 Desperate Housewives
Take this as a compliment as well
이것도 칭찬으로 받아줘요

Best Scene 080 Desperate Housewives
Did I miss anything?
무슨 일 있었어?

Best Lines from <Breaking Bad> 081-097 344

Best Scene 081 Breaking Bad
Tell me why you're doing this
선생님이 왜 이러는지 이유를 말해줘요

Best Scene 082 Breaking Bad
Get off my ass
그만 괴롭혀라

Best Scene 083 Breaking Bad
Just think outside the box here
창의적으로 생각을 해봐

Best Scene 084 Breaking Bad
People sometimes do things for their families
사람들은 가끔 가족을 위해서라면 뭐든지 해

Best Scene 085 Breaking Bad
I'm not having an affair, okay?
난 바람을 피우지 않아, 알았어?

Best Scene 086 Breaking Bad
I take that back
내 말을 취소하겠어요

Best Scene 087 Breaking Bad
I thought I made myself very clear
내가 분명히 말한 것 같은데

Best Scene 088 Breaking Bad
I did it for us
난 우리를 위해서 그랬어

Best Scene 089 Breaking Bad
I'm not in danger, I'm the danger
위험에 빠지게 아니라 내 자체가 위험이야

Best Scene 090 Breaking Bad
Live life on your own terms
자신의 삶을 살아라

Best Scene 091 Breaking Bad
We've got bigger fish to fry
우리에게는 더 중요한 문제가 있어

Best Scene 092 Breaking Bad
You have to forgive yourself
자신을 용서해야 돼

Best Scene 093 Breaking Bad
Isn't this what you've been working for?
그럴려고 그렇게 일을 했던거 아녜요?

Best Scene 094 Breaking Bad
Why don't you walk me through this?
내게 이걸 설명을 해줘봐

Best Scene 095 Breaking Bad
I don't know where this is coming from
이게 무슨 말인지 모르겠어

Best Scene 096 Breaking Bad
You never believed in me
넌 절대로 나를 믿지 않았어

Best Scene 097 Breaking Bad
I did it for me
나 자신을 위해서 그랬어

Best Lines from <The Walking Dead> 098-103 403

Best Scene 098 The Walking Dead
Let us keep trying as long as we can
할 수 있는 한 우리가 계속 노력할 수 있게 해줘요

Best Scene 099 The Walking Dead
She doesn't have to be afraid anymore
걘 더 이상 두려워하지 않아도 돼

Best Scene 100 The Walking Dead
How can you think like that?
어떻게 그렇게 생각할 수 있어?

Best Scene 101 The Walking Dead
I'm just another monster, too
나 역시 또다른 괴물이 된 것 같아요

Best Scene 102 The Walking Dead
If you don't fight, you die
싸우지 않으면 죽게 돼요

Best Scene 103 The Walking Dead
I'm sorry for not saying it sooner
더 일찍 말하지 못해서 미안해요

Best Lines from <Game of Thrones> 104-117 436

Best Scene 104 Game of Thrones
I have my mind
내겐 머리가 있어요

Best Scene 105 Game of Thrones
I'm the King. I get what I want
내가 왕이니 하라는대로 하게

Best Scene 106 Game of Thrones
When you play the Game of Thrones, you win or you die
왕좌의 게임을 할 때는 승리아니면 죽음뿐예요

Best Scene 107 Game of Thrones
You repaid our faith with treachery
당신은 우리의 신뢰를 배신으로 갚았어

Best Scene 108 Game of Thrones
He doesn't listen to me
걘 내 말을 들으려고 하지 않아

Best Scene 109 Game of Thrones
How could you not hate him?
어떻게 걔를 싫어하지 않을 수가 있나요?

Best Scene 110 Game of Thrones
Don't fight for your king!
왕을 위해서 싸우지 마라!

Best Scene 111 Game of Thrones
I want what is mine by right
마땅한 제 권리를 원합니다

Best Scene 112 Game of Thrones
Your mother would want you to carry on
어머니도 당신이 계속 살아가길 바랄거예요

Best Scene 113 Game of Thrones
You know what's coming?
어떻게 될지 알지?

Best Scene 114 Game of Thrones
I am guilty of being a dwarf
난쟁이라서 죄인입니다

Best Scene 115 Game of Thrones
There's no justice in the world
세상에 정의는 없다

Best Scene 116 Game of Thrones
I'm going to break the wheel
난 바퀴자체를 부셔버릴거야

Best Scene 117 Game of Thrones
How can I have been so blind for so long?
어떻게 그렇게 오랫동안 모를 수 있었을까요?

Best Lines from <Modern Family> 118-125 506

Best Scene 118 Modern Family
I do it all the time
난 맨날 그래요

Best Scene 119 Modern Family
I'd love to get this things behind us
난 이 일들을 잊고 싶어

Best Scene 120 Modern Family
If it wasn't you, who was it?
네가 아니면 누구였을까?

Best Scene 121 Modern Family
What are you, naked under there?
너 뭐 속에 다 벗었냐?

Best Scene 122 Modern Family
It's gonna be great!
멋질거야!

Best Scene 123 Modern Family
You were the one who was flirting
집적댄건 당신이었어요

Best Scene 124 Modern Family
You picked up a hooker?
창녀를 데려온거예요?

Best Scene 125 Modern Family
We need to stick together
우리는 뭉쳐야 돼

Best Lines from <House M.D.> 126-130 550

Best Scene 126 House M.D.
You can't always get what you want
원하는 것을 항상 얻을 수 없어요

Best Scene 127 House M.D.
We can't die with dignity
존엄성을 지키면서 죽을 수는 없어요

Best Scene 128 House M.D.
It just makes you miserable
그건 널 비참하게 만들뿐이야

Best Scene 129 House M.D.
Gregory House, will you marry me?
하우스, 나랑 결혼해줄래요?

Best Scene 130 House M.D.
All I can think about is you
난 오직 당신 생각뿐이야

Best Lines from <The Good Wife> 131-134 568

Best Scene 131 The Good Wife
It has been an honor to serve you
여러분을 위해 봉사할 수 있어서 영광이었습니다

Best Scene 132 The Good Wife
You slept with my best friend
당신은 내 절친과 잠자리를 했잖아

Best Scene 133 The Good Wife
What would that look like?
그러면 어떻게 보일까?

Best Scene 134 The Good Wife
You and Cary are leaving?
너와 캐리가 떠난다고?

Best Lines from <Homeland> 135-137 586

Best Scene 135 Homeland
He is playing the long game
그는 철저하게 계획을 세우고 있어요

Best Scene 136 Homeland
Don't fucking lie to me, Carrie!
캐리, 빌어먹을 거짓말은 하지마!

Best Scene 137 Homeland
I don't want you to be there
당신은 그곳에 오지 말아요

Best Lines from <Shamelss> 138-140 599

Best Scene 138 Shameless
You can touch him, if you're tempted
만지고 싶으면 만져요

Best Scene 139 Shameless
We don't need your charity
우린 네 동정이 필요없어

Best Scene 140 Shameless
You've fucked up our lives enough already
우리들 인생 이미 충분히 망쳐놨잖아요

Best Lines from <Orphan Black> 141 609

Best Scene 141 Orphan Black
We're someone's experiment
우린 누군가의 실험물이야

Best Lines from <How to Get Away With Murder> 142-143 615

Best Scene 142 How to Get Away With Murder
My clients, like all of us here in this room, lie
이 방의 우리 모두들처럼 내 의뢰인은 거짓말을 해

Best Scene 143 How to Get Away With Murder
How long did it go on?
얼마나 오래됐어?

Best Lines from <The Affair> 144-145 622

Best Scene 144 The Affair
I can't stop thinking about you
당신 생각을 멈출 수가 없어

Best Scene 145 The Affair
Did you fuck her in this house?
우리집에서 그 여자와 했어?

Best Lines from <House of Cards> 146-147 630

Best Scene 146 House of Cards
How could you not see this coming?
이렇게 될 줄 어떻게 모를 수가 있어?

Best Scene 147 House of Card
Why fight a losing battle?
왜 지는 싸움을 하겠어요?

Best Lines from <Blacklist> 148 640

Best Scene 148 Blacklist
Let's do it again
우리 다시 한번 합시다

Best Lines from <Criminal Minds> 149 644

Best Scene 149 Criminal Minds
Did you walk out on your family?
당신도 가족을 버렸나요?

Supplement

Get 26 More Best Scenes 650

001 Westworld 1-1
We're miles beyond a glitch here
단순한 오류는 아니네요

002 Game of Thrones 7-7
Words stop meaning anything
사람들의 말은 아무런 의미가 없어지게 된다

003 Friends 5-14
You're what!
너가 뭐라고!

004 Gossip Girl 1-17
Couldn't have said it better myself
바로 그거지

005 Game of Thrones 4-10
I don't believe you
네 말을 믿지 않는다

006 Handmaid's Tale 1-1
The chances are better
가능성이 더 높아요

007 Big Little Lies 2-7
She is mistaken
그녀가 잘못 안거죠

008 Westworld 1-1
Don't mind me
신경쓰지 말아요

009 Big Little Lies 1-4
Do not let them get to you
걔들이 너를 괴롭히지 못하게 해

010 Sex and the City 2-16
I got to thinking about~
…에 대해 생각을 하게 되었어

011 Friends 7-2
I have to put my foot down
난 절대 반대야

012 Big Bang Theory 4-16
Where did that come from?
도대체 무슨 얘기를 하는거야?

013 Sex and the City 2-12
Can you get into this another time?
이 문제는 다음 기회에 얘기하면 안될까?

014 Big Bang Theory 5-9
Can't argue with that
두말하면 잔소리지

015 Game of Thrones 6-1
People would try to tear us apart
사람들은 우리를 갈라놓으려고 할거야

016 Handmaid's Tale 1-1
That sucks
빌어먹을

017 Big Bang Theory 2-10
Here's the thing
문제는 이거야

018 Desperate Housewives 3-18
That's where I draw the line
여기까지가 내 한계야

019 Big Bang Theory 2-17
Why do you get first crack at her?
왜 네가 먼저 저 여자에게 작업을 거는데?

020 Sex and the City 6-8
Don't do anything I wouldn't do
내가 하지 않을 짓은 너도 하지마

021 Desperate Housewives 1-21
I figured you'd try to blow me off
날 제쳐놓으려고 할 줄 알았어요.

022 Desperate Housewives 3-17
You nailed me
내가 한 방 먹었지

023 Sex and the City 3-5
There is no reason to bring race into this
우리 사귀는데 인종문제를 끌어들일 필요는 없어

024 Desperate Housewives 3-7
They're starting to grow on me
걔들이 점점 좋아지기 시작하더라고

025 Friends 5-6
You got off easy!
넌 가볍게 끝나는구나!

026 Sex and the City 1-17
I'm not doing this here
여기서 이러고 싶지 않아

미드명장면

Best 175

Americna Drama Best Scene 001

All right. You ready?

>>> **Friends**
Season 1 Episode 1 25:17

좋아. 준비됐어?

레이첼의 독립을 위해 친구들이 레이첼의 신용카드를 가위로 자르는 장면. 모니카가, 좋아! 준비 됐어?(All right. You ready?)라고 하자 레이첼은 내가 어떻게 준비가 됐겠어(No, how can I be ready?)라고 불안감을 표현하며 비유적으로 이건 낙하산도 없이 비행기에서 뛰어내리는 것과 같아(Ready to jump out of the plane with no parachute?)라고 하며 그러지들마 난 못해(Come on, I can't do this)라고 한다. 모니카는 할 수 있다고 격려하는데(You can. I know you can) 레이첼은 난 못해(I don't think so)라고 반항한다. 이때 로스는 네가 커피를 만들었는데 못할게 뭐 있냐(You made coffee, you can do anything)라고 거든다.

다들 Cut!을 외치고 드디어 레이첼은 한 장의 카드를 자른 후 저 말이야 이 정도 하면 될 것 같아(You know what? I think we can leave it at that) 상징적인 것으로 말야(Kind of a symbolic gesture)라고 또 한번 반항한다. 모니카는 좀 전에 자른 것은 도서관 출입카드라고 하면서(Rachel, that was a library card) 다들 다시 Cut!을 합창한다. 이때 한 유머하는 챈들러가 카드를 자르라고 할 때마다 수많은 가게 주인들의 비명소리가 들리는 것 같다(If you listen closely, you can hear a thousand retailers scream)고 한다. 이때 모든 카드를 자른 레이첼을 모니카가 허그하면서 현실세계에 온 걸 환영해(Welcome to the real world), 형편없지만 좋아하게 될거야(It sucks. You're gonna love it)라고 환영한다.

014

The Best Lines from <Friends>

Monica: All right. You ready?

Rachel: No, how can I be ready? Hey, Rachel, "Ready to jump out of the plane with no parachute?" Come on, I can't do this.

Monica: You can. I know you can.

Rachel: I don't think so.

Ross: Come on, you made coffee! You can do anything! C'mon, cut.

Rachel: Y'know what? I think we can just leave it at that. It's kinda like a symbolic gesture...

Monica: Rachel! That was a library card!

Chandler: Y'know, if you listen closely, you can hear a thousand retailers scream.

Monica: Welcome to the real world! It sucks. You're gonna love it!

모니카: 좋아! 준비됐어?

레이첼: 내가 어떻게 준비가 됐겠어? 야, 레이첼, "낙하산도 없이 비행기에서 뛰어내릴 준비됐어?"라고 하는 것 같아. 그러지들마, 난 못해.

모니카: 넌 할 수 있어. 난 알아.

레이첼: 그렇지 않아.

로스: 이봐, 넌 커피도 만들었잖아! 뭐든 할 수 있다고! 어서 잘라.

레이첼: 저기 말야. 이쯤에서 그만하자. 상징적인 제스처로 하고….

모니카: 레이첼! 그건 도서관 카드였어!

챈들러: 자세히 들으면 수많은 상점 주인들의 비명소리가 들릴거야.

모니카: 진짜 세계에 온 걸 환영해! 그지같지만 좋아하게 될거야!

이 장면에서 놓치면 안되는 표현들

🔊 **01 Come on** 자, 어서, 그러지마

A: **Come on,** we need to leave. 어서, 우리 가야 돼.
B: Can you wait until I'm dressed? 내가 옷입을 때까지 기다려줄테야.

🔊 **02 You ready?** 준비됐어?

A: **You ready?** We need to go to court. 준비됐어? 우리 법원에 가야 돼.
B: Yeah, let's get down there. 그래, 거기 가자.

🔊 **03 I can't do this** 나 이것 못해, 못하겠어

A: You don't look happy about getting married. 결혼하는게 기쁜 것 같지 않아.
B: **I can't do this.** I just don't love him. 못하겠어. 난 갤 사랑하지 않아.

🔊 **04 I don't think so** 아닐 걸

A: Do you really trust Ali? 너 정말 알리를 믿어?
B: **I don't think so.** He's shifty. 난 그렇게 생각하지 않아. 갠 교활해.

🔊 **05 You know what?** 저 말이야

A: **You know what?** I'd like some coffee. 저 말야. 나 커피 마시고 싶어.
B: I will go get some from the kitchen. 부엌에 가서 커피 좀 가져올게.

🔊 **06 leave it at that** 그 정도로 하다, 그대로 놔두다

A: I'm sorry that I haven't paid you. 돈을 갚지 못해서 미안해.
B: Just give me the money and **leave it at that.** 돈만 주고 더 이상은 말하지 말자.

🔊 **07 Welcome to the real world** 현실세계에 온 걸 축하해

A: They are threatening to put me in prison. 날 감방에 처넣겠다고 협박해.
B: **Welcome to the real world.** It's tough. 현실세계에 온 걸 축하해. 거칠거든.

🔊 **08 It sucks** 형편없어, 엿같아

A: How do you like working at night? 밤에 근무하는게 어때?
B: **It sucks.** I always feel very tired. 엿같아. 맨날 피곤해.

Americna Drama Best Scene 002

Brian's a little out of your league

브라이언은 너와 급이 다르지

>> **Friends**
Season 1 Episode 8 11:25

챈들러가 게이인줄 착각하고 남자직원을 소개하려고 했던 동료 여자직원과 휴게실에서 다시 만나는 장면. 먼저 여자직원은 어제 일은 미안하다(Look, I'm sorry about yesterday)고 하자, 챈들러는 걱정말라고 다른 사람들도 그런 실수를 한다(Don't worry about it. Believe me. Apparently other people have made the same mistake)고 하고 여자직원은 다행이라며 맘을 놓는다. 이때 챈들러가 자기가 왜 게이처럼 보이는 걸까(So, what do you think it is about me?) 물어보는데 여자직원은 잘 모르겠지만 넌…(I don't know, You just have~)라고 단어를 생각해내려 하고 챈들러는 a quality라고 한다. 여기서 a quality는 수준이 높다는 뜻이 아니라 게이로서의 특징, 특성, 자질 등을 뜻한다. 여자직원은 자기가 소개한 사람인 Lowell과 멋진 커플이 되었을텐데 안됐다(It's a shame. You and Lowell would've made a great couple)라고 아쉬움을 드러낸다.

하지만 Lowell은 자기와 수준이 안맞는다고 생각하는 챈들러는 나한테 소개해줄려는 사람이 잡부의 Lowell이냐(Lowell? Financial Services Lowell? That's who you saw me with?)라고 묻는다. 여직원은 귀엽다고(He's cute) 하지만 챈들러는 경리부의 Brian 같지는 않다(He is no Brian in Payroll)라고 한다. 여자직원이 놀래서 Brian이 게이이냐(Is Brian?)라고 하자 챈들러는 난 몰라, 하지만 소개시켜주려면 그 정도되는 사람은 되야지(I don't know. The point is, if you were gonna set me up with someone, I'd like to think It'd be with somebody like him)라고 하는데, Brian은 너와 급이 다르다(Brian's a little out of your league)라는 여자직원의 대답이 챈들러의 기를 팍 죽인다. 나가려던 챈들러가 몸을 돌려 말한다. 내가 브라이언과 사귀지 못할거라고 생각하느냐(Excuse me. You don't think I could get a Brian?) 자기는 Brian과 같은 사람을(a Brian) 사귈 수 있다고 진짜(Because I could get a Brian. Believe you me)라고 소리 높여 말하다 상대방 여직원이 오해할까봐 자기는 진짜 게이가 아니라고 확인해준다.

The Best Lines from <Friends>

Female worker: Look, I'm sorry about yesterday.

Chandler: Don't worry about it. Believe me. Apparently other people have made the same mistake

Female worker: Oh, okay. Phew!

Chandler: So, what do you think it is about me?

Female worker: I don't know, You just have~.

Chandler: A quality.

Female worker: It's a shame. You and Lowell would've made a great couple.

Chandler: Lowell? Financial Services Lowell? That's who you saw me with?

Female worker: What! He's cute.

Chandler: He is no Brian in Payroll.

Female worker: Is Brian?

Chandler: I don't know. The point is, if you were gonna set me up with someone, I'd like to think It'd be with somebody like him.

Female worker: Brian's a little out of your league.

Chandler: Excuse me. You don't think I could get a Brian? Because I could get a Brian. Believe you me. I'm really not.

여자직원: 어제 일은 미안해.

챈들러: 걱정마. 다른 사람들도 그런 실수를 하거든.

여자직원: 오, 다행이야.

챈들러: 그럼, 내가 왜 게이처럼 보이는걸까?

여자직원: 잘 모르겠지만, 너에게는….

챈들러: 자질이 있다는 말이지.

여자직원: 안됐어. 너와 로웰은 멋진 커플이 되었을텐데.

챈들러: 로웰, 자금부의 로웰? 나한테 소개시켜줄려고 했던 사람이 로웰이야?

여자직원: 귀엽잖아.

챈들러: 경리부의 브라이언만은 못하지.

여자직원: 브라이언이 게이야?

챈들러: 난 몰라. 하지만 소개시켜주려거든 그 정도 사람은 되어야지.

여자직원: 브라이언은 너에게는 과분하지.

챈들러: 내가 브라이언과 사귀지 못할 것같아? 난 브라이언과 같은 사람을 사귈 수 있어. 정말이야. 실제는 아니고.

이 장면에서 놓치면 안되는 표현들

🔊 **01 I'm sorry about~** …에 대해 미안해

A: **I'm sorry about** arguing with you. 너와 다투어서 미안해.
B: Don't worry, I know you weren't serious. 걱정마, 너 그렇게 심각한거 아니었잖아.

🔊 **02 Don't worry about~** …을 걱정마

A: I don't want to date Mindy anymore. 난 민디랑 더 이상 데이트하기 싫어.
B: **Don't worry about** ending that relationship. 관계 끝내는거 걱정하지마.

🔊 **03 Believe me** 정말야

A: Your buddy drinks too much alcohol. 네 친구는 술을 너무 마시더라.
B: **Believe me,** I tried to get him to stop. 정말야, 걔가 술을 끊도록 노력했어.

🔊 **04 It's a shame** 안됐어

A: Jane is dating someone already. 제인은 이미 다른 사람과 데이트해.
B: **It's a shame** you didn't meet her sooner. 걔를 더 일찍 만나지 못해 안됐어.

🔊 **05 make a great couple** 멋진 커플이 되다

A: Did you see Carrie and her boyfriend? 캐리와 걔 남친 봤어?
B: Yeah, it looks like they **make a great couple.** 어, 걔네들 멋진 커플이 된 것 같아.

🔊 **06 set sb up with** …을 소개시켜주다

A: Your brother has been lonely lately. 네 형은 최근에 외로워했어.
B: Is there anyone we can **set him up with?** 우리가 소개시켜줄 사람 누구 있어?

🔊 **07 be out of your league** …의 상대가 안되다

A: I really think Laurie is hot. 로리는 섹시한 것 같아.
B: Forget it. She'**s out of your league.** 꿈깨. 걔 네 상대가 아냐.

A: I'd love to go out with Chris. 크리스와 데이트하고 싶어.
B: Forget it. He'**s out of your league.** 꿈깨. 넌 걔 상대가 안돼.

Americna Drama Best Scene 003

I'm over you

>>> **Friends**
Season 2 Episode 7 12:54

난 널 잊었어

로스가 자기를 좋아하는 걸 알게 된 후 로스를 좋아하게 된 레이첼. 하지만 중국출장에서 줄리라는 애인을 로스가 데려오면서 레이첼의 로스앓이가 시작된다. 그러다 한 남자와 데이트를 하면서 술에 취해 자동응답메시지에 난 널 잊었어(I'm over you)라고 로스에게 메시지를 남긴다. 담날 아침 술에 취해서 한 자신의 행동을 기억못하는 레이첼과 잠깐 집에 들린 로스의 대화 장면이다. 레이첼이 먼저 희미한 기억으로 말을 꺼낸다. 어젯밤에 네 꿈을 꾼 것 같다(I feel like I dreamed about you last night, but I don't remember), 어제 우리 통화했냐, 네가 내게 전화했냐(Did we speak on the phone? Did you call me?)고 물어본다. 로스는 어젯밤에 줄리 집에서 잤다(No. I stayed at Julie's last night)고 하면서 집에 아직 못들어갔는데 메시지 좀 확인해보겠다(I haven't even been home yet. Do you mind if I check my message?)고 한다.

이때까지도 기억을 못하는 레이첼은 Okay, go ahead라고 하지만 로스가 네가 메시지 남겼는데(Rach, I got a message from you)라고 한다. 이 말에 기억이 되살아난 레이첼은 로스에게 전화끊으라고, 전화기를 달라하며(Oh, my God! Ross, no! Hang up the phone. Give me the phone!) 로스의 등에 타는 유명한 장면을 연출한다. 레이첼이 자기를 잊었다는 말에 로스는 충격을 받으며 날 잊었다고(You're over me?), 그럼 언제 날 좋아했었는데라는 말로 over의 반대어인 under를 써서 When were you under me?라는 말을 한다. 레이첼은 할 수 없이 최근에 널 좋아했다(Basically, lately, I've sort of had feelings for you)고 고백을 하게 된다.

The Best Lines from <Friends>

Rachel: (on the phone) I'm over you. And that, my friend, is what they call "closure."

Ross: Hey. Rachel. And how was the date?

Rachel: I think there was a restaurant. I know there was wine.

Ross: Actually, Julie's downstairs getting a cab. I just need the cat toys. Did Monica say~, What? Why are looking at me like that?

Rachel: I'm sorry. I don't know. I feel like I dreamed about you last night, but I don't remember.

Ross: Okay, there they are.

Rachel: Did we speak on the phone last night? Did you call me?

Ross: No. I stayed at Julie's last night. Actually I have even been home yet. Do you mind if I check my message?

Rachel: Okay, go ahead.

Ross: Rach, I got a message from you. Who's Michael?

Rachel: Oh, my God! Ross, no! Hang up the phone. Give me the phone!

Ross: You're over me? You're over me? When were you under me?

Rachel: Okay, okay. Basically, lately, I've sort of had feelings for you.

레이첼: 난 널 잊었어. 그리고 친구가 그러는데, 그걸 "완전한 정리"라고 하더라고.

로스: 안녕, 레이첼. 데이트 어땠어?

레이첼: 레스토랑이 있었고, 와인이 있었어.

로스: 실은 줄리가 아래층에서 택시를 잡아놓고 있어. 단지 고양이 장난감이 필요해서. 모니카가 뭐라고 하지… 뭐야? 왜 날 그렇게 보는거야?

레이첼: 미안, 나도 모르겠어. 어젯밤에 네 꿈을 꾼 것 같은데, 기억이 안나.

로스: 그래. 저기 장난감이 있구나.

레이첼: 지난밤에 우리 통화했었어? 네가 전화했었니?

로스: 아니. 지난밤에 나 줄리집에 있었어. 아직 집에 들어가지도 못했는데 내 메시지 확인해봐도 돼?

레이첼: 그래, 그렇게 해.

로스: 레이첼, 너한테 온 메시지가 있는데. 마이클이 누구야?

레이첼: 맙소사! 로스, 안돼! 전화끊어. 내게 전화기를 달란말야!

로스: 날 잊었다고? 언제 날 좋아했었는데?

레이첼: 좋아, 좋아. 최근에 너에 대한 감정이 생겼었어.

이 장면에서 놓치면 안되는 표현들

🔊 **01　I'm over you** 난 너를 잊었어

　A: **Do you still think about me?** 너 아직도 나를 생각하고 있어?
　B: **Not too much. I'm over you.** 별로. 난 너 잊었어.

🔊 **02　I feel like S+V** …인 것 같아

　A: **I feel like our client lied to us.** 우리 의뢰인이 우리에게 거짓말을 한 것 같아.
　B: **Well, she could be sent to prison.** 갠 감옥에 들어갈 수도 있겠네.

🔊 **03　stay at** …에 머물다

　A: **We went to the mountains this weekend.** 우리 이번 주말에 산에 갔었어.
　B: **Did you stay at the mountaintop chalet?** 산정상 오두막에 머물렀어?

🔊 **04　Do you mind if~ ?** …해도 괜찮겠어?

　A: **Do you mind if I leave for a while?** 잠시 나가 있어도 괜찮겠어?
　B: **Go ahead, I've got things covered.** 그렇게 해, 내가 대신 커버해줄게.

🔊 **05　get a message from~** …로부터 메시지를 받다

　A: **I got a message from your lawyer.** 네 변호사로부터 메시지를 받았어.
　B: **Oh yeah? What did he have to say?** 어 그래? 뭐라고 했는데?

🔊 **06　hang up the phone** 전화를 끊다

　A: **Just give me another minute.** 잠시 시간을 줘봐.
　B: **No. Hang up the phone. It's time to sleep.** 안돼. 전화끊어. 자야할 시간이야.

🔊 **07　have feelings for~** …을 좋아하다

　A: **Do you have feelings for your boss?** 네 사장을 좋아하는 감정이 있어?
　B: **Well, all the girls think he's cute.** 응, 모든 여자들이 사장님이 귀엽다고 생각해.

　A: **I hope Ken asks me to the dance.** 캔이 나보고 댄스파티가자고 할거 바래.
　B: **Really? Do you have feelings for him?** 정말? 너 걔한테 감정이 있어?

Americna Drama Best Scene 004

Talk about your bad luck!

너 참 운도 지지리도 없네!

>> **Friends**
Season 2 Episode 13 18:14

줄리아 로버츠가 수지로 특별출연한 에피. 챈들러가 초등학교 때 수지의 치마를 들쳐올란 전과가 있고 수지는 그 복수를 한다. 수지는 챈들러에게 여성용 팬티를 입게 하였고 남자화장실에서 섹스를 할 것처럼 한 다음에 챈들러에게 여자 팬티만 입힌 채로 놔두고 옷을 갖고 도망친다. 이때 화장실에 들어온 조이와 챈들러의 대화장면. 조이가 여기서 뭐하는거야(What are you doing here?), 너희들 간 줄 알았는데(I thought you guys took off)라고 하자 챈들러는 걔가 내 옷을 갖고 튀었다(Oh, no no, no. She took off with clothes)고 말한다.

그러자 조이는 그럼 지금 다 벗고 있냐(Are you naked in there?)고 묻고 챈들러는 그런 건 아니고 여자 팬티를 입고 있다(Not exactly… I'm wearing panties)고 말한다. 속사정을 모르는 조이는 항상 여자 팬티를 입고 다니냐(Huh, you always wear panties?)고 묻고 챈들러는 이번이 처음이라고 한다(No, no. This is the first time). 조이는 웃으며 너 참 운도 지지리도 없네. 처음 여자 팬티를 입은 날 누가 옷을 다 채가다니(Talk about your bad luck, I mean, the first time you try panties and someone walks off with your clothes)라고 조롱한다.

챈들러는 내가 입어보려고 한게 아니라 수지가 입으라고 시켰다(I was not trying them out. Susie asked me to wear them)라고 변명하는데 짓궂은 조이가 어디 한번 보자(Well, let me see)라고 하고 챈들러는 절대로 안된다(No. I'm not letting you or anybody else see, ever)라고 하는데 옆 화장실칸으로 들어가 내려다 보는 조이는 흐뭇한 표정을 지으며, All right, all right. 와, 누구는 플로싱하네(Whoa, someone's flossing)라고 한다. 플로싱은 양치를 하고 이 사이에 낀 것을 실로 빼는 것을 말하는데, 챈들러가 여성용 끈팬티를 입고 있는게 마치 엉덩이, 좀 더 솔직히 구체적으로 말하면 항문을 플러싱하고 있는 모습처럼 보인다라고 장난스럽게 말한 것이다.

The Best Lines from <Friends>

Joey: What are you still doing here? I thought you guys took off.

Chandler: Oh, no no, no. She took off with clothes

Joey: Are you naked in there?

Chandler: Not exactly... I'm wearing panties.

Joey: Huh, you always wear panties?

Chandler: No, no. This is the first time.

Joey: Talk about your bad luck, I mean, the first time you try panties and someone walks off with your clothes.

Chandler: I was not trying them out. Susie asked me to wear them.

Joey: Well, let me see.

Chandler: No. I'm not letting you or anybody else see, ever.

Joey: All right, all right. Whoa, someone's flossing.

조이: 여기서 아직껏 뭐하고 있는거야? 너희들 간 줄 알았는데.

챈들러: 아냐, 걔가 내 옷을 갖고 튀었어.

조이: 그럼 지금 다 벗고 있어?

챈들러: 그렇지는 않아. 여자팬티를 입고 있어.

조이: 그래, 넌 항상 여자팬티를 입고 있어?

챈들러: 아냐. 이번이 처음이야.

조이: 참 운도 지지리도 없네. 처음 여자 팬티를 입은 날 누가 옷을 다 채가다니.

챈들러: 내가 입어보려고 한게 아니라 수지가 입으라고 시켰어.

조이: 어디 한번 보자.

챈들러: 절대로 안보여줄거야.

조이: 좋아, 좋아, 누구는 플로싱하고 있네.

 Chris Says: Nice going!

This is a way for a speaker to say that someone made a good effort at something. It is usually said after someone tries to do something and fails. It is to console someone.

이 장면에서 놓치면 안되는 표현들

🔊 **01 What are you doing here?** 여기 무슨 일이야?

　A: **What are you doing here?** 여기 무슨 일이야?
　B: **I came to see how you're doing.** 너 어떻게 지내는지 보러 왔어.

🔊 **02 I thought~** …라고 생각했어

　A: Amy and Lewis are separating. 에이미와 루이스가 헤어질거야.
　B: **I thought** they were getting married. 난 걔네들이 결혼할거라 생각했는데.

　A: More files were just sent to us. 더 많은 파일들이 내게 보내졌어.
　B: **I thought** we were finished with that. 난 우리가 그거 다했다고 생각했는데.

🔊 **03 take off~** 떠나다, 가다

　A: When are you planning to leave for Florida? 플로리다로 언제 출발할 계획이야?
　B: We'll **take off** around 7 in the morning. 우리는 오전 7시경에 떠날거야.

🔊 **04 take off with~** …을 갖고 가다

　A: I heard Frank robbed a bank. 프랭크가 은행을 털었다며.
　B: He just **took off with** the stolen money. 걘 훔친 돈을 갖고 튀었어.

🔊 **05 Talk about~** …하기란 말도마

　A: My friend inherited millions of dollars. 내 친구는 수백만 달러를 상속받았어.
　B: **Talk about** lucky. He's set for life. 운이 엄청 좋구만. 평생 쓸 돈이 있겠네.

🔊 **06 try sth out** 시도해보다

　A: Is this computer game fun? 컴퓨터 게임이 재미있어?
　B: **Try it out.** I think you'll like it. 한번 해봐. 너도 좋아하게 될거야.

🔊 **07 let me see,** 글쎄, 어디 한번 보자

　A: How are we getting to the party? 우리 어떻게 파티에 갈거야?
　B: **Let me see,** I think we'll take a taxi. 어디 보자, 택시를 타자.

Americna Drama Best Scene 005

We can do it tomorrow

>> Friends
Season 2 Episode 18 14:21

우리는 내일 할 수 있어요

'모니카-리차드' 커플과 '레이첼-로스' 커플이 섹스를 하려고 모니카와 레이첼이 콘돔을 찾으러 화장실에서 마주치는데. 모니카는 리차드가 자기를 사랑한다(Richard told me he loved me)고 말했다고 레이첼에게 자랑하고 레이첼은 Oh my God, Honey, that's great라고 하며 축하해준다. 그리고 모니카가 콘돔이 어디 있는지 모른다(I just can't find)라고 하자 레이첼이 맨위 서랍(Top drawer)위에 있다고 알려주며 서두르라(Hurry)라고 말하자, 모니카는 너도 필요하냐(Why? You need one too?)라고 말한다. 드디어 모니카는 찾았다(Found them)라고 말하지만 하나밖에 없다(There's only one)고 말하며 둘은 심각해진다. 이때 기다리다 참지 못하고 방에서 리차드가 나오자 모니카는 곧 가겠다, 결정할 일이 있어요(We'll be right there. We're just trying to decide something)라고 하면서 화장실 문을 닫는다.

레이첼은 절박하게, 콘돔을 주면 한달간 모니카 세탁을 해주겠다(Okay, I will do your laundry for one month)고 하는 말에 모니카가 거절하자 이번에는 두달간 아파트 청소를 하겠다(Okay, I will clean the apartment for two months)라고 파격제안을 하지만 여전히 모니카는 거절하고 이렇게 하자(Alright, I tell you what)라고 역제안을 한다. 쓰레받이가 어디 있는지 알고 있으면 콘돔을 주겠다(I will give this to you now if you can tell me where we keep the dustpan)고 청소와는 거리가 먼 레이첼의 약점을 파고든다. 결국 모니카는 가위바위보(Rock-paper-scissors)하자고 하는데 레이첼이 이기자 좋아, 가서 섹스해라(Fine, go have sex)라고 한다.

화장실에서 나오자 리차드와 로스는 베트남에 관한 일로 서로 언쟁을 벌이고 있는데 득의양양한 레이첼이 로스를 불러 들이자 리차드는 모니카를 보면서 우리 할까?(Shall we?)라고 하는데 콘돔을 뺏긴 모니카는 안돼요(It's not gonna happen), 걔네들이 오늘 밤에 하고 우리는 내일 해요(They're doing it tonight. we can do it tomorrow)라고 한다.

026

The Best Lines from <Friends>

Monica: Richard just told me he loved me.

Rachel: Oh my God, Honey, that's great.

Monica: I just can't find.

Rachel: Top drawer. Hurry.

Monica: Why? You need one too? Found them. There's only one. (to Richard) We'll be right there. We're just trying to decide something.

Rachel: Okay, I will do your laundry for one month. Okay, I will clean the apartment for two months.

Monica: Alright, I tell you what. I will give this to you now if you can tell me where we keep the dustpan. Rock-paper-scissors. Fine, go have sex.

Richard: Shall we?

Monica: It's not gonna happen. They're doing it tonight. We can do it tomorrow.

모니카: 리차드가 방금 자기를 사랑한다고 말했어.

레이첼: 와, 자기야, 잘됐다.

모니카: 찾지를 못하겠네.

레이첼: 맨위서랍에 있어. 서둘러.

모니카: 왜? 너도 필요해? 찾았다. 하나밖에 없는데. (리차드에게) 곧 갈게요. 결정할 일이 있어서요.

레이첼: 한 달간 네 세탁을 해줄게. 두달간 아파트 청소를 할게.

모니카: 그럼 이렇게 하자. 쓰레받이가 어디 있는지 알고 있으면 콘돔을 줄게. 그럼 가위바위보를 하자. (레이첼이 이긴다.) 그래, 가서 섹스해라.

리차드: 우리 할까?

모니카: 안돼요. 쟤네들이 오늘 밤에 하고 우리는 내일 밤에 해요.

이 장면에서 놓치면 안되는 표현들

🔊 **01 We'll be right there** 금방 갈게

A: I need you here to help with some problems. 너 여기와서 문제들 좀 도와줘.
B: Hold on and **we'll be right there**. 잠깐만, 곧 갈게.

🔊 **02 We're just trying to~** 우리는 단지 …하려고 해

A: Are you sure you should spend this money? 너 정말 이 돈을 써야 되는거야?
B: **We're just trying to** enjoy ourselves. 우리는 단지 즐기려고 하는거야.

🔊 **03 do one's laundry** 세탁하다

A: Want to come to the grocery store? 식료품점에 갈래?
B: No, I've got to go **do my laundry**. 아니, 난 가서 세탁해야 돼.

🔊 **04 I'll tell you what** 저 말이야

A: Did you decide whether to take the job? 그 일을 할지 여부를 결정했어?
B: **I'll tell you what,** I need some more time. 저 말이지, 난 시간이 좀 더 필요해.

🔊 **05 go have~** 가서 …하다

A: Nancy just arrived back in town. 낸시가 방금 마을로 돌아왔어.
B: You should **go have** fun with her. 너 가서 걔와 즐겁게 놀아라.

🔊 **06 It's not gonna happen.** 그런 일 없을거야

A: Sharon may not have to go to jail. 섀론은 감옥에 가지 않을지도 몰라.
B: **It's not gonna happen.** She's guilty. 그런 일 없을거야. 걔는 유죄야.

🔊 **07 do it[sb]** 섹스하다

A: Looks like your date with April is going well. 에이프릴과의 데이트가 잘되는 것 같아.
B: We are totally going to **do it** later. 우리는 정말로 나중에 섹스를 할거야.

A: You guys are really into each other. 너희들 정말 서로에게 빠진 것 같아.
B: Yeah, I **did her** three times last night. 응, 지난밤에는 걔와 세번했어.

Americna Drama Best Scene 006

It doesn't work that way

그런 식으로 되는게 아냐

>>> **Friends**
Season 3 Episode 16 19:45

로스와 레이첼이 헤어지는 장면. 로스는 레이첼과 다툰 이후에 모르는 여자와 one night stand 를 하게 되고 이를 알게 된 레이첼과 이런 레이첼에게 용서를 구하는 로스의 간절함이 절절하게 보이는 장면이다. 로스는 자기가 끔찍하고 어리석은 짓을 저질렀고(I did a terrible, stupid, stupid thing. Okay?) 그리고 미안하고 되물리고 싶지만 그럴 수가 없다(And I'm sorry, I wish I could take it back, but I can't), 그리고 우리가 좋았던 관계를 버릴 수 없다(I just can't see us throwing away something we know is so damn good)고 말하며 사랑한다고 말한다(Rachel, I love you so much).

그리고 키스를 하려고 하지만 레이첼은 안된다고 하며 키스를 해서 모든 것을 없었던 일로 할 수 없다(No, Ross! Don't! You can't just kiss me and think you're gonna make it all go away, okay?), 그리고 그런 식으로 일이 되지 않고(It doesn't work that way), 그렇게 해서 더 좋아지지 않는다(It doesn't just make it better. Okay?)라고 거절하고 그만 집에 가라고 한다(I think you should go. I really think you need to go now). 이 말에 로스는 아침에는 함께 극복하지 못할 일이 없다고 했잖냐(Okay, okay. This morning you said there was nothing so big that we couldn't work past it together)라고 하자 레이첼은 내가 뭘 알게 됐는데(What the hell did I know!)라고 소리친다.

로스는 레이첼에게 매달리며 이를 극복하는 방법이 있을거며(Look, look, there's got to be a way we can work past this), 너 없이는 못산다며(Okay, I can't imagine, I can't imagine my life without you), 그리고 레이첼의 팔, 얼굴, 심장 등이 없이는 살수 없다고 간청한다(Without, without these arms, and your face, and this heart. Your good heart Rach). 그러자 레이첼은 이제는 다른 사람처럼 보이고(No. I can't, you're a totally different person to me now), 자기에게 상처를 줄 사람으로 널 생각하지 않았고(I used to think of you as somebody that would never, ever hurt me, ever), 지금은 로스가 잔 여자를 떠올리지 않을 수 없다(God, and now I just can't stop picturing with her, I can't)고 한다. 이제 로스가 무슨 말을 하든 무슨 행동을 하든 모든 것이 영원히 변했다고(it doesn't matter what you say, or what you do, Ross. It's just changed, everything. Forever) 결별을 선언한다. 그러자 로스는 하지만 이게 그렇게 될 수는 없다(Yeah, but this can't be it, I mean)라고 하고 레이첼은 이 말에 그럼 그게 어떻게 되는건데(Then how come it is?)라고 한다.

029

The Best Lines from <Friends>

Ross: I did a terrible, stupid, stupid thing. Okay? And I'm sorry, I wish I could take it back, but I can't. I just can't see us throwing away something we know is so damn good. Rachel, I love you so much.

Rachel: No, Ross! Don't! You can't just kiss me and think you're gonna make it all go away, okay? It doesn't work that way. It doesn't just make it better. Okay? I think you should go. I really think you need to go now.

Ross: Okay, okay. This morning you said there was nothing so big that we couldn't work past it together.

Rachel: What the hell did I know!

Ross: Look, look, there's got to be a way we can work past this. Okay, I can't imagine, I can't imagine my life without you. Without, without these arms, and your face, and this heart. Your good heart Rach.

Rachel: No. I can't, you're a totally different person to me now. I used to think of you as somebody that would never, ever hurt me, ever. God, and now I just can't stop picturing with her, I can't. It doesn't matter what you say, or what you do, Ross. It's just changed, everything. Forever.

Ross: Yeah, but this can't be it, I mean.

Rachel: Then how come it is?

로스: 내가 끔찍하고 어리석은 짓을 저질렀어. 미안하고 되물리고 싶지만 그럴 수가 없어. 우리의 좋았던 관계를 버릴 수가 없어. 정말 많이 사랑해, 레이첼.

레이첼: 안돼, 로스! 그러지마! 키스를 해서 모든 것을 없었던 걸로 할 수는 없어, 그지? 일이 그런 식으로 될 수 없어, 그렇게 해서 더 좋아지지도 않아. 그만 집에 가. 그만 집에 가야 된다고 생각해.

로스: 좋아, 하지만 아침에는 함께 극복하지 못할 일이 없다고 했잖아.

레이첼 : 내가 뭘 알게 됐는데!

로스: 이봐, 이걸 극복하는 방법이 있을거야. 그래, 난 너 없이는 못 살아. 너의 팔, 얼굴, 심장 등이 없이는 살 수 없어.

레이첼: 안돼, 그럴 수 없어. 넌 이제 완전히 다른 사람처럼 내게 보여. 네가 나에게 상처를 줄 사람으로 생각하지 않았는데 지금은 네가 함께 잔 여자를 떠올리지 않을 수가 없어. 이제 네가 무슨 말을 하든 무슨 행동을 하든 모든 것이 변했어.

로스: 그래, 하지만 이게 그렇게 될 수는 없어.

레이첼: 그럼 그게 어떻게 되는건데?

이 장면에서 놓치면 안되는 표현들

🔊 **01　take it back** 되물리다, 취소하다

　　A: **I told him he would never be successful.** 난 걔가 절대로 성공할 수 없을거라고 말했어.
　　B: **You'd better take it back.** 그 말 취소하는게 좋아.

🔊 **02　It doesn't work that way** 그런 식으로 되는게 아냐

　　A: **I'll start an Internet company and get rich.** 난 인터넷 회사를 시작해서 부자가 될거야.
　　B: **It doesn't work that way. It's difficult to do.** 그런 식으로 되는게 아냐. 어렵다고.

🔊 **03　there's got to be a way S+V** …하는 길이 틀림없이 있을거야

　　A: **The cops say the suspect just vanished.** 경찰은 용의자가 사라졌다고 해.
　　B: **There's got to be a way he escaped.** 그가 탈출한 방법이 틀림없이 있을거야.

🔊 **04　I used to think~** …라 생각했었지

　　A: **Ricky couldn't pass the science exam.** 릭키는 과학시험에서 낙제했어.
　　B: **I used to think he was the smartest student.**
　　　난 걔가 가장 똑똑한 학생이라고 생각했었는데.

🔊 **05　It doesn't matter what~** …는 상관없어

　　A: **Should we go to a disco tonight?** 오늘밤에 디스코장에 가야 할까?
　　B: **It doesn't matter what we do.** 우리가 뭐를 하든 상관없어.

Chris Says: Just try me

This usually means "Tell me about something and I'll give you my opinion." It can also mean "Let's give something a chance to succeed (together)."

Americna Drama Best Scene 007

You went behind my back!

넌 내 뒤통수를 쳤어!

>>> **Friends**
Season 4 Episode 07 20:45

나중에 〈크리미널 마인드〉의 프렌티스로 나오는 Kathy가 등장하는 장면. 조이의 친구였던 Kathy는 챈들러와 키스를 하게 되고 급기야 조이와 Kathy는 헤어지게 된다. 조이에게 Kathy를 좋아한다는 사실을 고백하러 챈들러는 온다. 뭐 좀 말할게 있다(Listen ah, Joe, I-I need to, I need to talk to you about something)고 하자 조이는 What's up?이라고 한다. 이렇게 What's up?은 단순한 인사 혹은 무슨 일이냐고 물어볼 때 사용된다. 챈들러의 고백이 시작된다(It's-it's about Kathy. Umm, uh, I like her. I like her a lot actually). 조이의 반응은 쿨하다(You do?), 말하는 타임 한번 죽여준다, 우리는 헤어져 더 이상 여친이 아니다(your timing couldn't be better. She's not my girlfriend anymore. Yeah, she broke up with me)라고 하자 챈들러는 언제 헤어졌냐고 한다. 조이는 방금 연기수업 후에 헤어졌고 처음에는 연기를 하는 줄 알아서 다른 사람들이 보게 했다(Just now, after acting class. At first I thought she was doing some kind of scene, that's why I let people watch)라고 한다. 챈들러는 위로하고(Oh man, I am so sorry. Are, are you okay?), 조이는 아주 좋다고 하고 그녀를 좋아하냐고 묻는다(Well, I've been better. But, I'm all right. So you like her huh?). 챈들러는 꼭 그럴 필요는 없다(Yes, but I-I uh, don't have to)고 한 발 빼자 상관없다(No-no-no, no it's uh, it's okay), 왜 그런지 아냐?(You know why?), 그건 네가 내게 먼저 말을 했기 때문이다('Cause you came to me first)라고 한다. 챈들러는 이에 맞장구를 치며 그게 최선인 것 같았다(Well, I thought that would be the best thing to do)라고 한다.

절친인 조이는 챈들러에게 그녀가 다른 남자를 좋아하는 것 같으니 일이 쉽지 않을거라(But hey, listen just so you know, you might have your work cut out for you. 'Cause when I talked to her, I kinda got the feeling that she's into some other guy. So…)고 충고해주자 챈들러는 드디어 진짜 고백을 하게 되는데…. 실은 바로 그얘기를 하고 싶었어(See uh, that's-that's actually what I wanted to talk to you about), 그 남자가 누구인지 알 것 같아(I-I think I know who the other guy is)라고 하고, It is me. I'm the other guy라고 고백한다. 놀란 조이에게 챈들러는 재빨리 어젯밤 Kathy와 얘기를 하다가 어쩌다보니(Yeah, I mean when you were late last night, Kathy and I got to talking, and one thing to another and…)…, 열받은 조이가 그런 다음에 뭐? 그녀와 잤어?(And what?! Did you sleep with her?!)라고 하자 챈들러는 그거보다는 약하게 키스만 했다(No! No! No! I just kissed her)고 변명하자 조이는 그게 더한거다(What?!! That's even worse!!)라고 흥분하는데 챈들러는 그게 어떻게 더한거냐(How is that worse?!)라고 항변하고 조이는 그게 다 똑같은거다(I don't know! But it's the same!)라고 계속 흥분한다.

챈들러가 정리한다. 미안하지만 어찌 할 수가 없어. 갤 사랑하나봐(Look, I'm sorry! But there's nothing I can do, I think I'm in love with her!)라고 한다. 열받은 조이는 알게 뭐야?(Who cares!), 넌 내 뒤통수를 쳤고(You went behind my back!), 나라면 절대 그러지 않았을거다(I'd never do that to you!)라고 우정을 내세운다. 죄지은 챈들러는 네 말이 맞고(You're right), 변명할게 없다(I have no excuses!), 내가 선을 넘었다(I was totally over the line)고 사죄한다.

The Best Lines from <Friends>

Chandler: Listen ah, Joe, I, I need to, I need to talk to you about something.

Joey: What's up?

Chandler: It's, it's about Kathy. Umm, uh, I like her. I like her a lot actually.

Joey: You do? Your timing couldn't be better. She's not my girlfriend anymore. Yeah, she broke up with me.

Chandler: When?

Joey: Just now, after acting class. At first I thought she was doing some kind of scene, that's why I let people watch.

Chandler: Oh man, I am so sorry. Are, are you okay?

Joey: Well, I've been better. But, I'm all right. So you like her huh?

챈들러: 저기 조이, 내가 너한테 뭐 좀 말할게 있어.

조이: 뭔데?

챈들러: 케이시에 관한 건데…음, 내가 그녀를 좋아해. 실은 아주 많이 좋아해.

조이: 그래? 너 타이밍 끝내준다. 갠 더 이상 내 여친이 아니야. 헤어졌어.

챈들러: 언제 헤어졌는데?

조이: 방금 연기수업 후에. 처음에는 연기를 하는 줄 알고 다른 사람들이 보게 했지 뭐야.

챈들러: 어휴, 안됐네. 너 괜찮아?

조이: 좋지는 않지만, 난 괜찮아. 그래 그녀를 좋아해?

Chandler: Yes, but I-I uh, don't have to.

Joey: No-no-no, no it's uh, it's okay. You know why? 'Cause you came to me first.

Chandler: Well, I thought that would be the best thing to do.

Joey: But hey, listen just so you know, you might have your work cut out for you. 'Cause when I talked to her, I kinda got the feeling that she's into some other guy. So…

Chandler: See uh, that's, that's actually what I wanted to talk to you about. I, I think I know who the other guy is. It is me. I'm the other guy. Yeah, I mean when you were late last night, Kathy and I got to talking, and one thing to another and…

Joey: And what? Did you sleep with her?

Chandler: No! No! No! I just kissed her.

Joey: What?!! That's even worse!!

Chandler: How is that worse?!

Joey: I don't know! But it's the same!

Chandler: Look, I'm sorry! But there's nothing I can do, I think I'm in love with her!

Joey: Who cares! You went behind my back, I'd never do that to you!

Chandler: You're right, I have no excuses! I was totally over the line.

챈들러: 난 꼭 그럴 필요는 없고.

조이: 아냐, 괜찮아. 왜 그런지 알아? 네가 먼저 내게 말했잖아.

챈들러: 그래, 그게 최선인 것 같았어.

조이: 근데, 이봐, 네가 알아두어야 할게, 그게 그렇게 쉽지 않을거야. 내가 걔와 얘기할 때, 걘 다른 남자에게 빠져 있는 것 같다는 느낌이 좀 들었어. 그러니…

챈들러: 실은 바로 그 얘기를 하고 싶었어. 그 남자가 누구인지 알 것 같아. 나야. 내가 그 다른 남자야. 네가 어젯밤에 늦었을 때, 케이시와 얘기를 하다가 어쩌다보니…

조이: 그 다음에 뭐? 그녀와 잤어?

챈들러: 아냐! 아냐! 걍 키스만 했어.

조이: 뭐라고? 그게 더 심한거야!

챈들러: 그게 어떻게 더 한거야?

조이: 몰라! 하지만 그게 그거야!

챈들러: 미안해! 하지만 나도 어찌할 수가 없어. 걜 사랑하나봐!

조이: 알게 뭐야! 넌 내 뒤통수를 쳤고, 난 절대로 그런 짓을 하지 않았을거야!

챈들러: 네 말이 맞아. 변명할게 없어! 내가 완전히 선을 넘었어.

American Drama
Best Scene 175

이 장면에서 놓치면 안되는 표현들

01 What's up? 안녕?, 무슨 일이야?

A: Hey Lauren, **what's up?** How are you? 야 로렌, 안녕? 어떻게 지내?
B: I've been busy with my latest romance. 최근에 연애하느라 바빠.

02 You do? 그래?

A: I attend Harvard University up in Boston. 난 보스턴의 하버드 대학교를 다녀.
B: **You do?** Was it hard to get admission? 그래? 입학하기 어려웠지?

03 ~couldn't be better 더 없이 좋아

A: Have you been enjoying your trip to Australia? 호주여행 즐기고 있어?
B: I love it. The weather **couldn't be better**. 아주 좋아. 날씨가 더 없이 좋아.'

04 break up with~ …와 헤어지다

A: I think my girlfriend is running around on me. 여친이 바람피는 것 같아.
B: Sounds like you should **break up with** her. 너 걔와 헤어져야 되겠다.

A: Are you going to **break up with** Bob? 너 밥과 헤어질거야?
B: Maybe. We seem to fight all the time. 그럴지도. 우린 늘상 싸우는 것 같아.

05 That's why~ 바로 그래서…

A: Oren didn't pay the bills for his credit card. 오렌은 신용카드 결제를 하지 않았어.
B: **That's why** I never trusted him. 내가 걜 절대로 믿지 않았던 이유가 바로 그래서 그래.

06 You know why? 이유를 알아?

A: You were an hour late to school today. 넌 오늘 학교에 한 시간 지각했어.
B: **You know why?** Because the bus broke down.
왜 그런지 알아? 버스가 고장났기 때문이야.

07 I thought that would be~ 난 그게 …할거라 생각했는데

A: So you took Rosie for a picnic? 그래 너 로지를 데리고 피크닉갔어?
B: **I thought that would be** very romantic. 매우 낭만적일거라 생각했어.

🔊 **08 have one's work cut out for~** 할 일이 많다, 어려운 일에 직면하다

A: I have to give a presentation on Tuesday. 화요일에 프리젠테이션 해야 돼.
B: Wow, you have your work cut out for you. 와, 어려운 일을 하게 됐네.

🔊 **09 I got the feeling that S+V** …하는 것 같아

A: Do you believe Sal is innocent? 셀이 무관한 것 같아?
B: I got the feeling that he was lying. 걔 거짓말하는 것 같았어.

🔊 **10 How is that worse?** 그게 어떻게 더한거야?

A: I was transferred to the finance department. 난 재무팀으로 부서를 변경했어.
B: How is that worse? It seems okay to me. 그게 어떻게 더한거야? 난 괜찮아 보이는데.

🔊 **11 Who cares!** 알게 뭐람!

A: No one thinks you should break up with Andy. 누구도 네가 앤디와 헤어져야 된다고 생각하지 않아.
B: Who cares! It is my own decision. 알게 뭐람! 내가 결정하는건데.

A: Some students were thrown out of class. 학생들 몇명이 반에서 쫓겨났어.
B: Who cares? They deserved it. 알게 뭐람! 걔네들은 당해도 싸.

🔊 **12 go behind one's back** 뒤통수를 치다

A: Why are you so upset with Dora? 너 왜 그렇게 도라에게 화가 난거야?
B: She went behind my back and talked to the boss. 걔가 내 뒤통수를 치고 사장에게 일렀어.

A: Alexa got the boss to suspend you. 알렉사가 사장을 움직여서 너를 정직시켰어.
B: She went behind my back to do it. 걔가 내 뒷통수를 치고 그렇게 했구만.

🔊 **13 I have no excuses** 변명할게 없어

A: Why did you cheat on your girlfriend? 왜 너 여친몰래 바람폈어?
B: I have no excuses. I was wrong. 변명할게 없어. 내가 잘못했어.

A: Did you really take the money? 너 정말 돈을 가져갔어?
B: I have no excuses. I'm guilty. 변명할게 없어. 내죄를 인정해.

Americna Drama Best Scene 008

Shall I go on?

계속해야 될까요?

>>> **Friends**
Season 4 Episode 23-24 46:55

로스와 에밀리가 런던에서 결혼식을 하는 장면으로 로스가 에밀리를 레이첼로 이름을 바꿔 불러 두 번째 결혼을 망치게 되는 유명한 장면. 목사님이 결혼식을 시작한다. 여러분들 우리는 모두 로스와 에밀리의 행복한 결합을 축하하기 위해 모였다(Friends. Family. We are gathered to celebrate here today the joyous union of Ross and Emily). 이 날의 기쁨이 두 사람과 영원히 함께 하기를 빈다(May the happiness we share with them today be with them always)라고 시작한 후 먼저 에밀리에게 자기를 따라 말하라(Now Emily, repeat after me)고 한다. 목사님의 말씀에 따라 에밀리가 말한다. 나 에밀리는 로스를 죽음이 갈라놓을 때까지 생사고락을 같이 할 법적인 남편으로 맞이합니다(I, Emily… Take thee Ross… my lawfully wedded husband, in sickness and in health, until death parts us). 이제 로스 차례로 역시 목사님이 로스에게 자기를 따라 말하라(Now Ross, repeat after me)고 한다. 로스는 사랑스럽게 에밀리를 바라다 보면서 에밀리를 말해야 되는데 그만 레이첼이라고 한다.(I Ross… Take thee, Rachel…Emily. Emily.) 그러자 목사님왈 계속해야 될까요?(Shall I go on?)라고 한다.

이 장면은 시즌 5에서 다시 이어 나오는데, 하객으로 온 레이첼은 앞의 사람에게 지금 신랑이 레이첼이라고 했죠?(He said, "Rachel," right?)라고 하고 내가 올라가야 될까요?(Do you think I should go up there?)라고 하는데…. 에밀리는 계속할까요라고 물어보는 목사님 말씀에 계속하세요(Yes, do go on)라고 하자 목사님은 다시 시작하는게 낫겠다(I think we'd better start again)라고 말하면서 로스에게 자기를 따라 말하라고 한다

The Best Lines from <Friends>

Minister: Friends. Family. We are gathered to celebrate here today the joyous union of Ross and Emily. May the happiness we share with them today be with them always. Now Emily, repeat after me. I, Emily...

Emily: I, Emily...

Minster: Take thee Ross...

Emily: Take thee Ross...

Minster: As my lawfully wedded husband, in sickness and in health, till death parts us.

Emily: As my lawfully wedded husband, in sickness and in health, until death parts us.

Minster: Now Ross, repeat after me. I Ross...

Ross: I Ross...

Minister: Take thee, Emily...

Ross: Take thee, Rachel...(All his friends have looks of shock on their faces. He realizes what he said. Quickly he says.) Emily. (A slight chuckle.) Emily.

Minister: (looking and feeling awkward. he looks towards Emily.) Uhh...Shall I go on? (Rachel looks all around as if all the eyes in the chapel were looking at her as the picture fades to black.)

Rachel: (to the woman sitting in front of her) He, he said Rachel, right? Do you think I should go up there?

Emily: Yes, yes, do go on.

Minister: I think we'd better start again. Ross, repeat after me. I, Ross...

Ross: I, Ross...

목사: (주례) 친구, 가족 여러분. 오늘 우리는 로스와 에밀리의 기쁜 결합을 축하하기 위해 이 자리에 모였습니다. 오늘 우리가 이들과 함께 나누는 행복이 언제나 그들과 함께하길 바랍니다. 자, 에밀리, 저를 따라 하세요. "나, 에밀리는..."

에밀리: 저, 에밀리는...

목사: 당신 로스를...

에밀리: 당신 로스를...

목사: 나의 합법적인 남편으로 맞이합니다. 아플 때나 건강할 때나, 죽음이 우리를 갈라놓을 때까지.

에밀리: 나의 합법적인 남편으로 맞이합니다. 아플 때나 건강할 때나, 죽음이 우리를 갈라놓을 때까지.

목사: 이제 로스, 저를 따라 하세요. "나 로스는..."

로스: 저 로스는...

목사: 당신 에밀리를...

로스: 당신 레이첼를... (모든 친구들이 충격에 빠진 표정을 짓는다. 로스는 자기가 뭐라고 했는지 깨닫고 급히 말한다.) 에밀리. (작게 웃으며) 에밀리.

목사: (당황한 채로 에밀리를 바라보며) 음... 계속 진행할까요? (레이첼이 예배당 안 모든 사람이 자신을 쳐다보는 것처럼 두리번거린다. 화면이 검게 전환된다.)

레이첼: (자기 앞에 앉아 있는 여성에게) "지, 지금 '레이첼'이라고 말한 거 맞죠? 제가 올라가야 할까요?"

에밀리: 네, 네, 계속하세요.

목사: 처음부터 다시 하는게 좋겠습니다. 로스, 따라 하세요. '나, 로스는

로스: 저 로스는…

이 장면에서 놓치면 안되는 표현들

01 be gathered to~ …하기 위해 모이다

A: Why is that group of people here? 여기 저사람들 왜 있는거야?
B: They **are gathered to** celebrate a birthday. 생일을 축하하기 위해 모였어.

02 May~ be~ …이기를 빌다

A: Venus and Mark are getting married. 비너스와 마크가 결혼해.
B: **May** they **be** as happy as we have been. 걔네들이 우리처럼 행복하기를 빌게.

03 part 갈라놓다, 떼어놓다

A: People say you are very in love with your husband. 너 남편을 엄청 사랑한다며.
B: We **haven't parted** since the day we met. 우리는 만난 이래로 떨어진 적이 없어.

04 Do you think I should~ ? 내가 …해야 할까요?

A: **Do you think I should** call Gina? 내가 지나에게 전화를 해야 할까요?
B: Yeah, see if she'd like to go out with you. 응, 너와 데이트하고 싶어하는지 알아봐.

05 go on 계속하다

A: The party next door is getting really loud. 옆집 파티가 점점 시끄러워져.
B: It will **go on** until late at night. 밤늦게까지 계속 될거야.

06 Do+V~ …을 해라

A: I saw the robber when he left the bank. 강도가 은행을 나갈 때 봤어.
B: **Do tell** us what happened there. 어떻게 된건지 우리에게 말해줘.

07 I think we'd better~ 우리 …하는게 나을 것 같아

A: I hear police sirens coming our way. 경찰 사이렌 소리가 우리쪽으로 들려.
B: **I think we'd better** get out of here. 여길 빨리 뜨는게 나을 것 같아.

08 start again 다시 시작하다

A: My search for an apartment was a failure. 아파트 찾는데 실패했어.
B: You'd better get ready to **start again**. 다시 시작할 준비를 해야지.

Americna Drama Best Scene 009

I am not a sex addict!

Friends
Season 5 Episode 9 18:05

난 섹스중독자가 아냐!

챈들러와 모니카는 조이에게 연인관계를 들키고 남은 세 친구에게는 비밀로 하고 조이의 집에서 밀회를 즐긴다. 하지만 모니카의 집에서 챈들러의 팬티가 발견되고 조이가 비디오 카메라로 첫데이트 상대를 촬영하려고 하는 걸로 오해받고 급기야는 한 손엔 치킨, 다른 한손에 모니카의 나체 사진을 들고 감상하고 있는 장면을 레이첼에게 들킨다.

레이첼은 나머지 친구들에게 조이보고 가까이 오지 말라고 하고 자신들의 나체사진을 보고있다(You get away from me!! You sick, sick, sick, sick-o!! Joey has got a secret peephole! Yes! He has a naked picture of Monica! He takes naked pictures of us! And then he eats chicken and looks at them!)고 한다. 이때 피비는 다들 침착하고 조이에게 왜 그렇게 변태인지 설명할 기회를 주자(All right, wait! Just wait. Everybody just calm down. Okay? Let's give our friend Joey a chance to explain why he's such a big pervert!)고 하자 조이는 No! I am not a pervert! Okay?라고 부정한다. 상황이 이렇게 되자 챈들러가 나서서 자기가 설명을 할 수 있을 것 같아(All right, look! Look. I think I can explain this)라고 하면서 조이가 섹스 중독자(Joey's a sex addict)라고 하며 위기를 모면하려고 하는데 조이는 강하게 부정한다. 그러자 모니카까지 나서서 괜찮다고, 그건 병이라며(It's okay! It's good! It's good. It's a disease!) 조이를 섹스중독자로 몰고 간다. 조이는 다시 한번 부정하고(No! No! I am not a sex addict!), 모니카는 조이에게 사정하며 넌 섹스중독자고 그것만이 이 모든 것을 설명할 수 있다(Yes you are! That's the only way to explain all this stuff!)고 정리하려고 하지만 조이는 진실을 말할 걸 요구한다(No it isn't! No, it's not. Because you can also explain it with the truth!).

친구들이 진실이 뭔지(What's the truth?), 무슨 일인지(What's going on?)라고 묻자 조이는 생각을 하다 자기가 모니카하고 잤다(I slept with Monica)라고 한다. 이 말에 챈들러는 다른 사람들 생각이 어떤지 보자(Well let's… let's see what everybody thinks of that?), 로스는 내 동생과 잤어?(You slept with my sister?)라고 하고 조이는 런던에서 한번 그랬다(Uh yes, but it was, we just did it once uh, in London)고 한다. 로스는 분노조절약을 먹으면서 자기 분노에

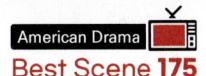

좋지 않다(This is not good for my rage)고 한숨을 쉰다. 레이첼이 그게 맞냐고 모니카에게 묻자 조이는 사실이고 그렇지 않고는 최근의 이상한 일들을 어떻게 설명을 하냐(Of course it's true! How else would you explain all the weird stuff that's been going on?)고 한다.

모니카는 할 수없이 사실이라(Yes, it's true)고 인정하고 레이첼은 그럼 한 번이었다면 요전날 왜 팬티가 자기네 집에서 발견됐냐(Okay, but if it only happened that one time, how come we found your underwear in our apartment the other day?)고 물어본다. 조이가 대답한다. 그게 바로 런던에서 입은 팬티라고(That was the underwear I was wearing that night in London. Right Monica?) 확인하자 모니카는 기념으로 그 팬티를 갖고 싶었다(I guess I wanted to keep it as a souvenir)라고 말한다. 애인이 난처한 처지에 놓이자 챈들러는 다시 한번 조이를 섹스중독자로 몰려고 한다(Are you sure Joe? Are you sure you're not just a sex addict?). 그러자 조이는 섹스중독자가 여기 있다면 그건 모니카이고(No! If anyone's a sex addict here, it's Monica!) 런던 그 일 이후로 계속 자기와 자려고 했다(She has been trying to get me back in the sack ever since London!)고 한다. 피비는 그래서 나체사진을 준거구나(So that's why she gave you a naked picture of herself)라고 하자 조이는 수긍하며 말이 된다(That makes sense!)라고 한다. 레이첼은 그럼 비디오 카메라는 어떻게 된거냐고 묻자 모니카는 어쩔 수 없이 조이를 유혹하려고 했다(I guess I set up the video camera to try and entice Joey)고 한다.

The Best Lines from <Friends>

Rachel: You get away from me!! You sick, sick, sick, sick-o!! Joey has got a secret peephole! Yes! He has a naked picture of Monica! He takes naked pictures of us! And then he eats chicken and looks at them!

Phoebe: All right, wait! Just wait. Everybody just calm down. Okay? Let's give our friend Joey a chance to explain why he's such a big pervert!

Joey: No! I am not a pervert! Okay? It's just... I just... Kinda...

레이첼: 가까이 오지마! 이 변태야! 조이는 우리를 엿보려고 비밀구멍을 만들었어. 맞아! 그는 모니카의 나체사진을 갖고 있어. 잰 우리들 나체사진을 갖고 있다고! 그리고나서 치킨을 먹으면서 그 사진들을 보고 있다고!

피비: 좋아, 기다려. 다들 진정하라고. 알았어? 우리 친구인 조이에게 왜 그가 그렇게 변태가 되었는지 설명할 기회를 주자고.

조이: 아냐! 난 변태가 아냐! 알았어? 난 그저, 그저, 좀…

Chandler: All right, look! Look. I think I can explain this.

Joey: Thank you!

Chandler: Joey's a sex addict.

Joey: What? No I'm not!

Monica: It's okay! It's good! It's good. It's a disease!

Joey: No! No! I am not a sex addict!

Monica: Yes you are! That's the only way to explain all this stuff

Joey: No it isn't! No, it's not. Because you can also explain it with the truth!

Friends: What's the truth? What's going on?

Joey: I slept with Monica.

Chandler: Well let's... let's see what everybody thinks of that?

Ross: You slept with my sister?

Joey: Uh yes, but it was, we just did it once uh, in London.

Ross: This is not good for my rage.

Rachel: Monica, is this true?

Joey: Of course it's true! How else would you explain all the weird stuff that's been going on?

Monica: Yes, it's true.

Rachel: Okay, but if it only happened that one time, how come we found your underwear in our apartment the other day?

Joey: That was the underwear I was wearing that night in London. Right Monica?

Monica: I guess I wanted to keep it as a souvenir.

챈들러: 좋아, 이봐. 내가 이걸 설명할 수 있을 것 같아.

조이: 고마워!

챈들러: 조이는 섹스 중독자야.

조이: 뭐라고!! 난 아냐!!

모니카: 괜찮아! 나쁘게 아냐. 그건 병이야!

조이: 아냐, 아냐. 난 섹스중독자가 아냐!

모니카: 아냐, 넌 중독자야. 그것 만이 이 모든 것을 설명할 수 있는 유일한 방법이다.

조이: 아냐, 그렇지 않아. 네가 진실을 말하면 되잖아.

친구들: 진실이 뭐야? 무슨 일인거야?

조이: 내가 모니카와 잤어.

챈들러: 그래, 그럼 다른 사람들 생각이 어떤지 보자.

로스: 내 동생과 잤어?

조이: 어 맞아, 그랬어. 하지만 런던에서 딱 한 번 그랬어.

로스: 이건 내 분노장애에 좋지 않은데.

레이첼: 모니카, 그게 사실이야?

조이: 사실이지! 그렇지 않고는 최근의 이상한 일들을 어떻게 설명을 하겠어?

모니카: 사실이야.

레이첼: 한 번이었다면 요전날 왜 팬티가 우리집에서 집에서 나온 거야?

조이: 그게 바로 내가 런던에서 입은 팬티야.

모니카: 내가 기념으로 그걸 갖고 싶어했던 것 같아.

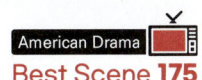

Chandler: Are you sure Joe? Are you sure you're not just a sex addict?

Joey: No! If anyone's a sex addict here, it's Monica! She has been trying to get me back in the sack ever since London!

Phobe: So that's why she gave you a naked picture of herself.

Joey: That makes sense!

Rachel: And the video camera?

Monica: I guess I set up the video camera to try and entice Joey.

챈들러: 조이 확실해? 너 섹스중독자아냐?

조이: 아냐. 여기 섹스 중독자가 있다면 그건 모니카야. 런던 일 이후로 계속 나와 자려고 했어.

피비: 그래서 나체사진을 준거구야.

조이: 말이 되네.

레이첼: 그럼 비디오 카메라는?

모니카: 조이를 유혹하려고 비디오 카메라를 설치한 것 같아.

이 장면에서 놓치면 안되는 표현들

🔊 **01** **You get away from me!** 꺼져!

  A: **Want to sleep with me tonight?** 오늘밤 나랑 자고 싶어?
  B: **Disgusting! You get away from me!** 역겨워라! 꺼져!

🔊 **02** **calm down** 침착하다

  A: **My relationship is stressing me out.** 내 관계 때문에 스트레스를 너무 받아.
  B: **Just calm down. Everything is okay.** 진정하라고. 다 괜찮아.

🔊 **03** **give sb a chance to~** …에게 …할 기회를 주다

  A: **Mindy doesn't understand the system.** 민디는 시스템을 이해하지 못해.
  B: **Give her a chance to figure it out.** 걔에게 그걸 알아낼 기회를 줘.

🔊 **04** **be such a big pervert** 엄청 변태야

  A: **Steve hits on all of the girls.** 스티브는 여자들 모두를 때려.
  B: **He has always been such a big pervert.** 걘 항상 그런 변태중의 변태였어.

🔊 **05** **I think I can explain this** 내가 이거 설명할 수 있을 것 같아

  A: **They're going to ask why you were arrested.**
     걔네들이 네가 왜 체포됐는지 물어볼거야.
  B: **Don't worry, I think I can explain this.** 걱정마, 내가 이거 설명할 수 있을 것 같아.

🔊 **06** **It's good!** 좋아!

  A: **I cooked this apple pie myself.** 이 애플파이 내가 직접 만든거야.
  B: **I can't believe it. It's good!** 믿기지 않아. 맛있는데!

🔊 **07** **That's the only way to explain~** 그것만이 …을 설명할 수 있는 길이야

  A: **Brandon used drugs before he met us.** 브랜든은 우리를 만나기 전에 약을 했어.
  B: **That's the only way to explain his actions.**
     그것만이 걔의 행동들을 설명할 수 있는 유일한 길이야.

044

08 What's the truth? 진실이 뭐야?

A: **People say Karen may be pregnant.** 사람들이 그러는데, 카렌이 임신일지 모른대.
B: **I heard many rumors. What's the truth?** 많은 소문을 들었는데, 사실은 뭐야?

09 What's going on? 무슨 일이야?

A: **Were you yelling? What's going on?** 소리를 질렀어? 무슨 일이야?
B: **I thought I saw someone outside my window.** 창문 밖에 누군가를 본 것 같았어.

10 This is not good for~ 이건 …에 안좋아

A: **I can't invite you to come along with me.** 너를 나와 함께 가자고 초대하지 못해.
B: **This is not good for our friendship.** 이건 우리 우정에 좋지 않은데.

11 Are you sure S+V? …가 확실해?

A: **Are you sure Kirk is coming?** 커크가 오는게 확실해?
B: **Yeah, he said he'd be here real soon.** 응, 걘 곧 도착한다고 했어.

12 She has been trying to~ 걘 …하려고 노력하고 있어

A: **Your sister sucks at playing basketball.** 네 누이는 농구 정말 못한다.
B: **She has been trying to get better.** 누이는 나아지려고 노력하고 있어.

13 get sb in the sack …와 섹스를 하다

A: **I've asked Olive out on a date.** 난 올리브에게 데이트하자고 했어.
B: **You'll never get her in the sack.** 넌 절대로 걔와 잠자리를 하지 못할거야.

14 That's why~ 바로 그래서 …하다

A: **Ben said he lost your phone number.** 벤이 그러는데 네 전화번호를 잃어버렸대.
B: **That's why he never called me.** 그래서 걔가 내게 전화를 하지 않은거구나.

15 That makes sense! 말이 된다!

A: **The cops said they caught the thief here.** 경찰들은 여기서 도둑을 잡았다고 해.
B: **I see. That makes sense.** 그래. 말이 된다.

16 I guess S+V …인 것 같아

A: **Robert moved to Australia last month.** 로버트가 지난달에 호주로 이사했어.
B: **I guess we won't see him again.** 우린 다시 걔를 볼 수 없겠군.

Americna Drama Best Scene 010

It doesn't matter who knows what

>> **Friends**
Season 5 Episode 14 03:44

누가 무엇을 아는게 중요한게 아냐

로스와 레이첼과 함께 모니카 집 건너편의 벌거숭이 남자의 방을 구경하러 온 피비는 창가를 통해 모니카와 챈들러가 하는 것을 보게 된다. 드뎌 로스만 빼고 조이, 레이첼, 피비가 모니카와 챈들러의 관계를 알게 된다. 레이첼이 조이에게 피비도 알게 되었다(Phoebe just found out about Monica and Chandler)고 말하자 비밀을 지키려는 조이는 걔네들이 친구사이 이상이 아니라는 거?(You mean how they're friends and nothing more?)라고 능청을 떤다. 이에 레이첼이 벌거숭이 남자의 방에 있었는데(We were at Ugly Naked Guy's apartment), 창문을 통해서 걔네들이 그 짓하는 것을 봤다(we saw them doing it through the window)고 말하고 나서 다시 좀 더 묘사를 구체적으로 하며 창가에 기대서 섹스를 하는 것을 봤다(Actually, we saw them doing it up against the window)라고 말을 덧붙인다. 여기에 피비가 아주 적나라한 단어인 fornicate를 써서 You know, we saw them fornicating이라고 한다.

피비가 말을 이어간다. 한 문장에 know가 네 번이나 나오는 유명한 대사로 조이에게 걔네들이 조이가 알고 있는 걸 알고 있지만 레이첼이 알고 있는 것을 모르고 있지?(Okay, so now they know that you know and they don't know that Rachel knows?)라고 조이에게 물어본다. 한 박자 늦는 조이는 know가 네 번 들어가는 문장을 어렵게 이해하고 이제 그만 비밀을 없애자고 제안한다. 저 말이야(You know what?), 누가 무엇을 아는게 뭐가 중요하냐(It doesn't matter who knows what), 이제 걔네들에게 우리가 다 알고 있다는 것을 말해주자(Now, enough of us know that we can just tell them that we know!), 그럼 모든 거짓과 비밀은 없어지게 된다(Then all the lying and the secrets would finally be over!)라고 한다. 하지만 장난꾸러기 피비는 대신 모니카와 챈들러에게 알고 있다는 사실을 말하지 않고 놀려먹자(Or, we could not tell them we know and have a little fun of our own)고 한다. 이제 피비가 챈들러를 유혹하는 가장 유명한 장면 중의 하나가 생겨나게 된다.

The Best Lines from <Friends>

Rachel: (to Joy) Phoebe just found out about Monica and Chandler.

Joy: You mean how they're friends and nothing more?

Rachel: We were at Ugly Naked Guy's apartment, we saw them doing it through the window. Actually, we saw them doing it up against the window

Phoebe: You know, we saw them fornicating. Okay, so now they know that you know and they don't know that Rachel knows?

Joy: You know what? It doesn't matter who knows what. Now, enough of us know that we can just tell them that we know! Then all the lying and the secrets would finally be over!

Phoebe: Or, we could not tell them we know and have a little fun of our own.

레이첼: (조이에게) 피비도 챈들러와 모니카의 일 알게 됐어.

조이: 걔네들이 친구사이 이상이 아니라는 것을 말하는거지?

레이첼: 벌거숭이 남자의 아파트에 있었는데, 걔네들이 창문을 통해서 그짓하는 것을 봤어. 정확히 말하자면 창가에 기대서 섹스하는 것을 봤어.

피비: 우리는 걔네들이 성교하는 것을 봤어. 걔네들이 조이가 알고 있는 걸을 알고 있지만 레이첼이 알고 있는 것을 모르고 있지?

조이: 저 말이야? 누가 무엇을 아는게 중요한게 아냐. 이제 걔네들에게 우리가 다 알고 있다는 것을 말해주자. 그럼 모든 거짓과 비밀은 없어지게 된다.

피비: 대신 모니카와 챈들러에게 알고 있다는 사실을 말하지 않고 놀려먹자.

Chris Says: Don't work too hard

This is usually said as a farewell greeting. "Don't work too hard" literally means "Don't make your life stressful by working too hard." Actually, it is similar to saying "Take it easy."

이 장면에서 놓치면 안되는 표현들

🔊 **01 I just found out~** 방금 …을 알았어

A: **I just found out** Jeb Smith died. 젭 스미스가 죽었다는걸 방금 알았어.
B: Oh my God! What happened to him? 어머나! 어떻게 된거야?

A: Why are you looking so sad? 왜 그렇게 슬퍼보여?
B: **I just found out that** Bill passed away. 빌이 돌아가신걸 방금 알았어.

🔊 **02 see them ~ing** 걔네들이 …하는 것을 보다

A: Did Leo and Marie leave yet? 레오와 마리 나갔어?
B: I didn't **see** them gett**ing** on the bus. 걔네들이 버스에 타는 것을 못봤어.

🔊 **03 You mean how~?** …라는 말이지?

A: My boyfriend's habits drive me nuts. 내 남친의 습관 때문에 내가 미쳐.
B: **You mean how** he is always late? 걔가 항상 늦기 때문이라는 말이지?

🔊 **04 You know what?** 저 말이야

A: **You know what?** I need some advice. 저 말야. 나 조언이 필요해.
B: Sit down and tell me about your problems. 앉아서 네 문제들에 대해 말해봐.

A: **You know what?** I like this dessert. 저 말이야. 이 디저트 맘에 들어.
B: It is delicious. Maybe we can get the recipe.
맛있어. 아마 우리가 조리법을 얻을 수 있을지도 몰라.

🔊 **05 It doesn't matter~** …은 상관없어

A: Our school's team didn't win today. 우리 학교 팀이 오늘 졌어.
B: **It doesn't matter that** they lost. 지는 것은 중요하지 않아.

A: Sorry, but I don't want to be a parent. 미안하지만 난 부모가 되고 싶지 않아.
B: **It doesn't matter if** we don't have kids. 우린 애를 가지지 않아도 상관없어.

🔊 **06 have a little fun of our own** 우리끼리 재미보다

A: We weren't invited to the cocktail party. 우리는 칵테일 파티에 초대받지 못했어.
B: We'll just **have a little fun of our own**. 우리끼리 재미있게 놀자.

Americna Drama Best Scene 011

That would be nice

그럼 좋겠어

>> **Friends**
Season 5 Episode 14 16:30

사람마다 다르겠지만 프렌즈 중에서 가장 재미있는 장면. 피비의 아이디어로 모니카와 챈들러를 골려주려고 하고 챈들러를 유혹하기로 한다. 하지만 이를 간파한 모니카와 챈들러는 이에 맞서 유혹을 받아들이는 척을 하게 된다. 이를 알아챈 피비는 걔네들이 우리가 알고 있다는 사실을 우리가 알고 있다는 걸 걔네들이 모르니(They don't know that we know they know we know!) 상대방이 포기할 때까지 세게 나간다고 다짐을 하고 챈들러에게 빨리 함께 성교를 하고싶다(I'm really looking forward to you and me having sexual intercourse)라고 한다. 마침내 약속 시간은 다 가오고 피비는 향수를 바르고 와인과 와인잔을 들고 챈들러의 방으로 전진한다. 레이첼은 피비를 들여보내면서 자기는 여기서 듣고 있겠다(Now, I'm going to try to listen from right here)라고 하면서 피비의 앞가슴 단추를 하나 푼다. 피비는 Good idea!라고 하고 레이첼이 하나 더 푸르려고 하자 Don't give away the farm이라고 한다. 좀 어려운 표현으로 give away the farm은 필요한 실제 이상을 지급하는 것으로 뭔가 좀 과하다는 의미이다.

챈들러는 Come on in이라고 하고 피비는 그럴려고 했어(I was going to)라고 어색하게 대화한다. 와인을 가져왔는데 좀 마실래?(I brought some wine. Would you like some?)라고 하자 챈들러는 좋다(Sure)라고 한다. 피비는 술잔을 따르면서 우리가 여기까지 와버렸네(So here we are)라고 하면서 긴장돼?(Nervous?)라고 묻는다. 챈들러는 긴장되지 않는다면서 역으로 긴장되냐고 피비에게 묻는데 피비는 이러기를 바래(I want this to happen)라고 한다. 챈들러 역시 지지 않고 자기도 그렇다(So do I)라고 하면서 팽팽한 싸움이 지속된다. 술한잔씩을 한 후 챈들러는 음악을 틀겠다(I'm going to put on some music)고 하는데 이상한 소리가 나온다. 조이가 오리를 겁주려고(Joey likes to scare the duck) 한거라고 하면서 다시 춤곡을 튼다. 이때 피비는 챈들러를 위해서 춤을 춰주겠다(Maybe I'll dance for you)고 하면서 그 요상한 피비다운 춤을 춘다. 챈들러는 웃으면서 You look good이라고 하자 피비는 네가 그런 말을 할 때 그 조끼를 확 찢어버리고 싶다(You know, when you say things like that, it makes me want to rip that sweater vest right off)고 다시 유혹을 한다.

모니카의 코치를 받는 챈들러 역시 지지 않으려는 듯 침실로 장소를 옮길까?(Why don't we move into the bedroom?)라고 제안하는데 피비가 Really?라며 허점을 보이자 그러고 싶지 않아?(Do you not want to?)라고 챈들러가 치고 들어간다. 이에 피비는 자기가 먼저 옷을 벗으면 로션을 발라달라고 한다(First I want to take off all my clothes and have you rub lotion on me). 챈들러는 떨면서 That would be nice(그럼 좋겠다)라고 하고 로션을 가져오겠다(I'll go get the lotion)라고 하면서 모니카의 코치를 받는다. 모니카에게 일이 걷잡을 수 없게 되었다(Listen, this is totally getting out of hand! Okay?), 피비가 자기 몸에 로션을 발라달고 한다(She wants me to put lotion on her!)고 하면서 당황해한다. 그러자 모니카는 허풍떠는거야(She's bluffing)라고 말하고 챈들러는 걔가 물러서지 않는다(She's not backing down)라고 한다.

The Best Lines from <Friends>

Phoebe: They don't know that we know they know we know! (to Chandler) I'm really looking forward to you and me having sexual intercourse.

Rachel: Now, I'm going to try to listen from right here.

Phoebe: Good idea! Don't give away the farm.

Chandler: Come on in.

Phoebe: I was going to. I brought some wine. Would you like some?

Chandler: Sure.

Phoebe: So here we are. Nervous?

Chandler: Me? No. You?

Phoebe: No. I want this to happen.

Chandler: So do I. I'm going to put on some music. Joey likes to scare the duck.

Phoebe: Maybe I'll dance for you.

피비: 걔네들이 우리가 알고 있다는 사실을 우리가 알고 있다는 걸 걔네들이 몰라. (챈들러에게) 빨리 함께 성교를 하고 싶어.

레이첼: 난 여기서 듣고 있을게.

피비: 좋은 생각이야! 좀 과하게는 하지마.

챈들러: 들어와.

피비: 그럴려고 했어. 와인가져왔는데 좀 마실래?

챈들러: 좋지.

피비: 우리가 여기까지 와버렸네. 긴장돼?

챈들러: 나? 아니. 넌?

피비: 아니. 난 이렇게 되기를 바래.

챈들러: 나도 그래. 음악을 좀 틀게. 이 소리는 조이가 오리를 겁주려고 한거야.

피비: 내가 너를 위해 춤을 춰줄게.

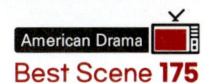

Chandler: You look good.

Phoebe: You know, when you say things like that, it makes me want to rip that sweater vest right off.

Chandler: Why don't we move into the bedroom?

Phoebe: Really?

Chandler: Do you not want to?

Phoebe: First I want to take off all my clothes and have you rub lotion on me.

Chandler: That would be nice. I'll go get the lotion. (to Monica) Listen, this is totally getting out of hand! Okay? She wants me to put lotion on her!

Monica: She's bluffing.

Chandler: She's not backing down.

챈들러: 너 보기 좋다.

피비: 네가 그런 말을 할 때 그 조끼를 확 찢어버리고 싶어.

챈들러: 침실로 장소를 옮길까?

피비: 정말?

챈들러: 그러고 싶지 않아?

피비: 내가 옷을 다 벗으면 로션을 발라 줘.

챈들러: 그럼 좋겠다. 로션 가져올게. (모니카에게) 일이 걷잡을 수 없게 되었어. 알아? 자기 몸에 로션을 발라달라고 해!

모니카: 허풍떠는거야.

챈들러: 걔가 물러서지 않을거야.

 Chris Says: Welcome aboard

Basically, this means the same thing as "welcome." It is sometimes used when people enter ships (get aboard a ship). Otherwise, usually it's used when a person is hired at a job and his boss or other employees say this to make him feel comfortable.

이 장면에서 놓치면 안되는 표현들

🔊 **01 I want this to happen** 이러기를 바래

A: **When should we start working on the repairs?** 보수작업을 언제 시작해야 될까?
B: **I want this to happen as soon as possible.** 가능한 빨리 하기를 바래.

🔊 **02 put on some music** 음악을 좀 틀다

A: **Can I do something to make you comfortable?** 너 편안하게 뭐 좀 해줄까?
B: **Why don't you put on some music?** 음악을 좀 틀어봐.

🔊 **03 it makes me want to~** 그 때문에 내가 …하고 싶어지다

A: **The way Bill acts pisses me off.** 빌의 행동은 나를 열받게 해.
B: **It makes me want to hit him.** 그 때문에 걔를 치고 싶다니까.

🔊 **04 get out of hand** 일이 걷잡을 수 없게 되다

A: **There were several fights last night.** 지난밤에 몇몇 싸움이 있었어.
B: **The whole gathering got out of hand.** 전체 모임이 걷잡을 수 없게 됐어.

🔊 **05 back down** 물러서다

A: **She's demanding that I quit.** 걘 내가 그만둬야 한다고 요구하고 있어.
B: **I don't think she'll back down.** 걔가 물러설 것 같지 않아.

Americna Drama Best Scene 012

Monica, will you marry me?

모니카, 나와 결혼해줄래?

>> **Friends**
Season 6 Episode 24-25 42:15

시즌 6의 가장 인상적인 장면은 마지막 에피소드에서 commitment issue가 있는 챈들러가 모니카에게 청혼하는 모습이다. 챈들러가 방문을 열고 들어오고 어두운 방에 촛불을 켜고 모니카가 방 가운데 서 있다. 그리고 말을 한다. 깜짝 청혼이기를 바랐잖아(You wanted it to be a surprise)라는 말에 놀라며 Oh my God이라고 하는데 이때 모니카가 무릎을 꿇는다. 내 인생에서 너와 사랑에 빠지는 그렇게 운이 좋으리라고는 생각도 못해봤다(In all my life… I never thought I would be so lucky. (Starting to cry) As to…fall in love with my best…my best…)는 말을 울먹이며 잇지 못하고 이래서 청혼은 남자들이 하는거야(There's a reason why girls don't do this!)라고 한다. 챈들러는 Okay!라고 하면서 내가 하겠다(Okay! I'll do it)고 한다.

이제 챈들러의 청혼이 시작된다. I thought~하고 잠시 멈추더니 잠깐만(Wait a minute) 내가 할 수 있어(I can do this)라고 한다. 그리고 본론이 나오기 시작하는데…. 난 무슨 말을 하고 어디서 말을 해야 되는지가 중요하다고 생각했어(I thought that it mattered what I said or where I said it). 그리고 나서 ==난 가장 중요한 유일한 것은 바로 네가 내가 그럴 수 있다고 생각하는 것보다 더 나를 행복하게 해줬다(Then I realized the only thing that matters is that you, you make me happier than I ever thought I could be)==라고 감동적인 말을 한다. 그리고 네가 허락한다면(And if you'll let me), 난 너도 그렇게 느끼게 하도록 내 평생을 바칠거야(I will spend the rest of my life trying to make you feel the same way)라고 하면서 반지를 꺼내며, ==Monica, will you marry me?==라고 한다. 모니카는 Yes라고 하고 키스를 한다. 그리고 결혼을 두려워했던 챈들러에게 넌 결혼할 남자라는 걸 알고 있었어(I knew you were likely to take a wife!)라고 기쁨을 표현한다. 문밖에서 엿듣던 친구들이 들어가도 돼냐?(Can we come in yet?), 여기서 죽을 지경이야(We're dying out here!)로 소리친다. 모니카는 Come in!하면서 우리 약혼했어(We're engaged)라고 소리친다. 다들 기뻐하며 껴안는데 레이첼은 이렇게 질투가 나지 않는 건 처음이야(This is the least jealous I've ever been!), 피비는 이건 아니지(Oh no, wait no, this is wrong), 로스가 없잖아(Ross isn't here)라고 하는데 레이첼이 정리한다. ==걘 세 번이나 해봐서 어떤 건지 알고 있다(He's done this three times! He knows what it's about)==고.

053

The Best Lines from <Friends>

Monica: You wanted it to be a surprise. (He turns to look at Joey who smiles slyly and closes the door leaving them alone.)

Chandler: Oh my God. (Monica gets down on one knee.)

Monica: Chandler... In all my life... I never thought I would be so lucky. (starting to cry.) As to...fall in love with my best...my best... There's a reason why girls don't do this!

Chandler: Okay! (He joins her on one knee) Okay! Okay! I'll do it! Oh God, I thought... (starting to cry, pauses) Wait a minute, I, I can do this. (Pause) I thought that it mattered what I said or where I said it. **Then I realized the only thing that matters is that you,** (Pause) **you make me happier than I ever thought I could be.** (Starting to cry again.) And if you'll let me, I will spend the rest of my life trying to make you feel the same way. (Pause as he gets out the ring.) **Monica, will you marry me?**

Monica: Yes.(The crowd goes wild as he puts the ring on her finger. They hug and kiss this time as an engaged couple.) I knew you were likely to take a wife!(They hug again.)

Joey: Can we come in yet? We're dying out here!

Monica: Come in! Come in! We're engaged!

Rachel: This is the last jealous I've ever

모니카: 네가 깜짝이벤트가 되기를 바랬잖아. (챈들러가 조이를 바라보자, 조이는 슬쩍 미소를 짓고 문을 닫아 두 사람만 남긴다.)

챈들러: 오 마이 갓. (모니카가 한쪽 무릎을 꿇는다.)

모니카: 챈들러… 내 인생에서… 내가 이렇게 행운이라곤 생각해본 적 없어. (울먹이며) 내 가장… 가장 친한 친구와 사랑에 빠질 수 있었다는 건… 여자들이 이런 청혼을 안하는 데는 다 이유가 있는 거구나.

챈들러: 좋아! (무릎을 꿇으며) 알았어! 알았다고! 내가 할게! 오 세상에, 난… (울먹이다가 멈추고) 잠깐만, 나도 할 수 있어. (잠시 멈추고) 난 뭐라고 말해야 할지, 어디서 말해야 할지가 중요하다고 생각했어. 하지만 이제 알았어. 진짜 중요한 건 단 하나, 바로 너야. (멈춤) 넌 나를 내가 상상도 못한 만큼 행복하게 만들어. (다시 울먹이며) 그리고 만약 네가 허락해 준다면, 남은 평생을 너도 그렇게 느끼게 해주기 위해 노력할게. (잠시 멈추고 반지를 꺼내며) 모니카, 나랑 결혼해 줄래?

모니카: 응.(관객이 환호성을 지르며 챈들러가 그녀 손가락에 반지를 끼운다. 두 사람은 약혼한 커플로서 서로 포옹하고 키스한다.) 내가 알았어, 네가 언젠가 아내를 얻을 줄! (두사람 다시 포옹함)

조이: (문 너머에서 외치며) 이제 들어가도 돼?! 우리 여기서 죽을 지

been!

Phobe: Oh, no, wait. This is wrong! Ross isn't here.

Rachel: He's done it three times. He knows what it's about.

경이야!

모니카: 들어와! 들어와! (조이, 레이첼, 피비가 문을 열고 달려 들어온다.)

모니카: 우리 약혼했어!!! (모두가 소리 지르며 단체 포옹을 한다.)

레이첼: 오, 나 질투 안 나는 건 이번이 처음이야!

피비: 아, 아니, 잠깐만, 이건 잘못됐어! 로스가 안 왔잖아!

레이첼: 아, 뭐 어때! 걔는 세 번이나 해봤잖아! 뭘 알아!

조이: 그래!

Chris Says:

I'll tell you what: This is usually used to propose something.
  ex. I'll tell you what. If you clean my house, I'll give you 40,000 won.
Guess what?: This means someone is giving new information.
  ex. Guess what? I got a new job today!
You know what?: This is used to express something the speaker is thinking about.
  ex. You know what? I'm really hungry. Let's go out to eat.

이 장면에서 놓치면 안되는 표현들

🔊 **01 You wanted it to~** 그게 …하기를 바랬잖아

　A: **This wedding cake is beautiful.** 이 웨딩케익 아름답다.
　B: **You wanted it to look fancy.** 멋지게 보이게 해달라고 했잖아.

🔊 **02 I never thought I would be~** 내가 …되리라고는 상상도 못했어

　A: **You have the best grades in our class.** 넌 우리반에서 최고 성적을 받았어.
　B: **I never thought I would be the top student.** 내가 탑이 될 줄은 전혀 생각도 못했어.

🔊 **03 There's a reason why~** …한 이유가 있어

　A: **Simon has really bad body odor.** 사이몬은 몸에서 심한 암내가 나.
　B: **There's a reason why people avoid him.** 사람들이 걔를 피한 이유가 있었어.

🔊 **04 it mattered what~** …한 것은 중요한거였어

　A: **The questions were too hard for me to answer.** 문제들이 너무 어려워 못풀었어.
　B: **It mattered what was on the exam.** 시험에 나온 것은 중요한거였어.

🔊 **05 You make me happier~** 너 때문에 내가 행복해져

　A: **Am I similar to your ex-girlfriend?** 내가 네 전 여친과 비슷해?
　B: **You make me happier than she did.** 걔보다 너로 인해 내가 더 행복해.

🔊 **06 make you feel the same** 너도 같은 생각을 하게 하다

　A: **I know you love me. I don't love you.** 네가 날 사랑하는거 아는데 난 널 사랑안해.
　B: **There's no way to make you feel the same.** 너도 나와 같은 생각을 하게 할 수가 없구나

Americna Drama Best Scene 013

Look, everything worked out okay!

모든 일이 다 순조롭게 됐잖아!

>>> **Friends**
Season 7 Episode 16 14:53

챈들러와 모니카 그리고 피비와 조이가 런던이야기를 하던 중 피비가 엉뚱한 질문을 모니카에게 한다. 런던에서 원래 섹스를 하고 싶어한 사람이 누구인지 챈들러에게 말하라(Tell him who you originally wanted to hook up with that night)하고, 챈들러는 원래 누구랑 하려고 했냐?(Who did you originally want to hook up with?)고 묻는다. 모니카가 그날 상황을 말하기 시작한다. 말하겠지만 화내지 마라(Okay, fine but please don't be upset! Okay?). 난 정말 울적했고(I was really depressed okay?), 그리고 정말 취했었다(And really drunk!)고 서두를 연다. 그리고 자기는 뭔가 어리석고 의미없는 것을 찾았고(I just wanted something stupid and meaningless), 난 단지 섹스를 원했다(I just wanted just sex), 그래서 그날 저녁 네 방에 갔을 때(So, when I went to your room that night), 실은 조이를 찾고 있었다(I was actually looking for Joey)라고 고백한다.

놀란 챈들러는 조이를 찾으러 그 방에 왔냐?(So you came looking for Joey?)고 반문하고 내게 그 얘기를 할 생각은 하기나 했냐?(Did you ever in-intend on telling me about this?)고 다그친다. 모니카는 중요한 문제가 아니라고 생각했다(No, I didn't think it was important)라고 말하는데…. 챈들러는 그게 중요하지 않다고?(Oh, it's not important? It's not important?!)라고 되묻고 신랑 들러리만 아니었으면 내가 아니라 걔랑 결혼하겠네!(If it wasn't for a bride's maid you'd be marrying him, not me!)라고 화를 낸다. 모니카는 그날 저녁 조이가 방에 없어서 얼마나 다행인 줄 모른다(Do you know how unbelievably glad I am that Joey wasn't there?)고 항변하자 조이는 자기도 남자인데 감정이 있다고(I'm a man of the cloth, but I still have feelings!) 말하고 이 말에 챈들러는 너 이 결혼식의 주례 볼 생각하지 마라(There is no way you're doing this wedding now. Okay?)고 한다.

억울한 조이는 일어나 반격한다. 뭐라고!(What!), 그건 불공평하고(That's not fair!), 그건 내 잘못이 아니다(It's not my fault!), 그리고 자기는 신부들러리와 함께 있었고(I was off with my bride's maid!) 그리고 내가 모니카의 섹스부탁에 자기가 예스라고 했겠냐(And who's to say I

057

would've even said yes?!)라고 반박한다. 그러면서 동시에 모니카에게는 내 말은 예스라고 했을거야(I mean I would've said yes)라고 바람둥이다운 말을 하면서 **챈들러에게 넌 사소한 문제를 크게 만들고 있다(Chandler, you are making way too big a deal out of this, all right?), 모든 일이 다 순조롭게 되지 않았냐(Look, everything worked out okay!)**고 하면서 화를 진정시키려 한다.

The Best Lines from <Friends>

Phoebe: **Tell him who you originally wanted to hook up with that night.**

Monica: What?!

Chandler: What?

Phoebe: (To Joey) What?!

Chandler: Who did you originally want to hook up with?

Monica: Okay, fine but please don't be upset! Okay? I was really depressed okay? And really drunk! I just wanted something stupid and meaningless. I just wanted just sex. So, when I went to your room that night, I was actually looking for Joey.

Joey: Yeah baby! (Chandler glares at him.) No baby!

[**Scene**: Monica and Chandler's, scene continued from earlier.]

Chandler: (to Monica) Oh, my God. So you came to the room looking for Joey? Did you ever in-intend on telling me about this?

Monica: No because it-it didn't seem important.

피비: 원래 그날 밤에 누구랑 섹스하려고 했는지 챈들러에게 말해.

모니카: 뭐라고?!

챈들러: 뭐라고?

피비: (조이를 보면서) 뭐라고?!

챈들러: 원래 누구와 섹스하려고 했던거야?

모니카: 좋아, 좋아 하지만 제발 화내지마! 알았어? 난 정말 우울했었어. 그리고 정말 취했구! 난 단지 의미없는 바보같은 일을 원했어. 난 단지 섹스를 원했어. 그래서, 내가 그날 저녁 네 방에 갔을 때, 난 실은 조이를 찾고 있었던거야.

조이: 예~ 베이비! (챈들러가 노려보자) 아, 아니야, 베이비 아니야!

챈들러: (모니카에게) 그러니까 네가 조이를 찾으러 내 방에 온거야? 그럼 그 얘기 나한테 할 생각은 있었어?

모니카: 아니, 말 안 하려고 했어. 왜냐면… 중요하지 않아 보였거든.

Chandler: Oh, it's not important? It's not important?! If it wasn't for a bride's maid you'd be marrying him (Points to Joey) not me!

Monica: No! Do you know how unbelievably glad I am that Joey was not there that night?!

Joey: Hey! (Monica turns and looks at him) Now I'm a man of the cloth, but I still have feelings!

Chandler: (to Joey) Look there is no way you're doing this wedding now. Okay?

Joey: What?! That's not fair! It's not my fault! I was off with my bride's maid! And who's to say I would've even said yes?! (to Monica) I mean I would've said yes. Chandler look y-y-you are making way too big a deal out of this, all right? Look, everything worked out okay!

Chandler: It's werid.

챈들러: 아, 안 중요해? 안 중요하다고?! 만약 들러리가 없었으면 너 지금 (조이를 가리키며) 걔랑 결혼하고 있었을거잖아, 나 말고!

모니카: 챈들러, 제발! 그날 밤 조이가 없었다는게 얼마나 다행인지 몰라!

조이: (기분 상한 듯) 어이! (모니카가 돌아보자) 나 지금 성직자이긴 하지만, 감정은 여전해!

챈들러: (조이에게) 봐, 이 결혼식 주례볼 생각은 아예 하지마. 알았지?

조이: 뭐?! 그건 불공평해! 내 잘못도 아닌데! 난 내 들러리랑 같이 있었던 것뿐이야! 그리고 내가 진짜로 '그래' 했을지도 누가 알아?! (모니카에게) 아, 물론 난 '그래' 했겠지. (챈들러에게) 근데 넌 지금 너무 과민반응하는거야, 알았지? 결국 모든게 잘 됐잖아!

챈들러: 이상하잖아.

이 장면에서 놓치면 안되는 표현들

🔊 **01　hook up with~** …와 섹스하다

A: **Why is Chris sweet talking Terry?** 왜 크리스는 테리랑 얘기하는데 그렇게 상냥한거야?
B: **He thinks he can hook up with her.** 걘 쟤랑 잘 수 있을거라 생각하고 있어.

🔊 **02　There's no way~** …할 길이 없다, …할 리 없다, …할 수밖에 없다

A: **Burt and Connie are always arguing.** 버트와 커니는 맨날 싸워.
B: **There's no way that marriage will last.** 저 결혼이 계속 될 리가 없어.

🔊 **03　Who's to say~** …일지 누가 알겠어?

A: **Do you think I will find true love?** 내가 진정한 사랑을 찾을거라 생각해?
B: **Who's to say what will happen?** 무슨 일이 일어날지 누가 알겠어?

🔊 **04　make a big deal out of~** 호들갑을 떨다, 큰 소동을 벌이다

A: **Martha had some plastic surgery on her face.** 마사가 얼굴 성형을 좀 했어.
B: **Look, let's not make a big deal out of this.** 이봐, 호들갑 떨지마.

🔊 **05　work out okay** 순조롭게 되다

A: **The company is having serious problems.** 회사에는 심각한 문제가 있어.
B: **You know that everything will work out okay.**
　모든게 다 순조롭게 될거라는거 알잖아

Chris Says:

"I promise you" and "I promise" have the same meaning. "I promise you" may be a slightly stronger way to say this. It means "Believe me" or "Trust me."

Americna Drama Best Scene 014

You may kiss the bride

신부에게 키스하세요

>> **Friends**
Season 7 Episode 24 17:03

시즌 7의 마지막 에피소드에는 시즌 6에서 약혼한 모니카와 챈들러가 결혼하는 장면이 나온다. 결혼에 앨러지가 있는 챈들러는 결혼식 직전 도망치는 사태가 벌어지지만 챈들러는 마침내 맘을 굳게 먹고 결혼식을 하게 된다. 늦게 도착한 주례 조이는 신랑이 도망치기 전에 시작하자(Well, let's get started before the groom takes off again. Huh?)고 하고 이 말에 놀란 모니카는 피비와 레이첼을 쳐다본다. 조이의 주례가 이어진다. 우리는 여기 두 사람의 신성한 결혼식을 위해 모였습니다(We are gathered here today, to join this man and this woman in the bonds of holy matrimony). 그리고 모니카와 챈들러는 오랫동안 알고 지내왔고 두 사람만큼 서로에게 완벽한 사람은 없습니다(I've known Monica and Chandler for a long time, and I can not imagine two people more perfect for each other). 이제 주례사를 탈의실에 놓고 왔으므로(And now, as I've left my notes in my dressing room), 이제 결혼서약을 하도록 합니다(We shall proceed to the vows)라고 말하고 모니카보고 혼인서약을 하라고 한다.

모니카가 혼인서약서를 읽어내려간다. 챈들러, 오랫동안 난 내가 나의 이상형을 찾을 수 있을까 생각했다(Chandler, for so long I…I wondered if I would ever find my prince, my soul mate). 그리고 3년전 로스의 결혼식에서 위로 받고자 했던 친구에게서 내가 평생 찾고 있던 모든 것을 찾았어(Then three years ago, at another wedding I turned to a friend for comfort. And instead, I found everything that I'd ever been looking for my whole life)라는 감동적인 서약을 이어간다. 그리고 이제 우리는 우리 앞의 미래와 함께 이렇게 결혼하게 되었고 그리고 나의 왕자이자 천생연분 그리고 친구인 너와 미래를 함께 하고 싶어(And now…here we are…with our future before us…and I only want to spend it with you, my prince, my soul mate, my friend)라고 멋진 서약서를 다 읽어낸다. 하지만 도망쳤다(He took off)는 말에 화난 모니카는 네가 원한다면(Unless you don't want to)이라는 뼈있는 말을 남기고 이제 네가 하라(You go)라고 한다. 조이는 챈들러의 이름을 부르며 혼인서약을 하라고 한다. 로스가 준비한 서약서를 주려하지만 챈들러는 서약서없이 자신의 진심에서 우러나오는 마음을 읽어내려 간다. 모니카, 난 결혼이 내가 지금껏 해야 했던 일 중에서 가장 힘든 일일거라 생각했지만(Monica I

061

thought this was going to be the most difficult thing I ever had to do), 식장 홀을 걸어오는 너를 봤을 때 결혼이란게 얼마나 쉬운 것인지 깨달았어(But when I saw you walking down that aisle I realized how simple it was)라고 하면서 I love you라고 한다. 그리고 우리 앞에 어떤 놀라움이 생기더라도 난 널 항상 사랑할 것이기 때문에 상관없다(Any surprises that come our way it's okay, because I will always love you)고 한다. 너는 내가 내 남은 평생을 함께 보내기로 정해진 사람이고(You are the person I was meant to spend the rest of my life with), 내가 확신이 섰는지 알고 싶어?(You wanna know if I'm sure?)라고 하면서 주례의 허락도 없이 진한 키스를 한다.

조이는 그제서야 신부에게 키스하세요(You may kiss the bride)라고 하고 마무리에 들어간다. 뉴욕주와 인터넷에 의해서 부여받은 권한으로(So, I guess by the powers vested in my by the state of New York and the Internet guys), 두 사람을 부부로 선언합니다(I now pronounce you husband and wife)라 한다. 이때 서로를 받아들이냐는 주례의 한 부분을 빠트린 조이는 잠깐, 서로를 받아들입니까(Oh wait! Do you take each other?)라고 하고 모니카와 챈들러는 I do라고 대답한다.

The Best Lines from <Friends>

Joey: Well, let's get started before the groom takes off again. Huh? (Monica is shocked and looks around.) We are gathered here today, to join this man and this woman in the bonds of holy matrimony. I've known Monica and Chandler for a long time, and I cannot imagine two people more perfect for each other. And now, as I've left my notes in my dressing room. We shall proceed to the vows. Monica? (She turns to get her vows from Rachel.)

Monica: (to Rachel) He took off?

조이: (주례) 자, 신랑이 또 도망가기 전에 시작하죠, 네? (모니카는 놀라서 주위를 둘러본다.) 오늘 우리는 이 남자와 이 여자를 신성한 결혼의 서약으로 하나로 묶기 위해 이 자리에 모였습니다. 저는 모니카와 챈들러를 오래전부터 알아왔고, 이보다 더 잘 어울리는 두 사람은 상상할 수 없습니다. 그리고… 제 주례 노트를 분장실에 두고 왔네요. 그럼 바로 서약으로 넘어가겠습니다. 모니카? (모니카는 레이첼에게 서약문을 받기 위해 몸을 돌린다.)

모니카: (레이첼에게) 그가 도망쳤다고?

Rachel: Go on! Go on. (She turns back to Chandler.)

Monica: Chandler, for so long I…I wondered if I would ever find my prince, my soul mate. **Then three years ago, at another wedding I turned to a friend for comfort. And instead, I found everything that I'd ever been looking for my whole life.** And now…here we are…with our future before us…and I only want to spend it with you, my prince, my soul mate, my friend. Unless you don't want to. You go!

Joey: Chandler? (Ross leans in to give Chandler his vows.)

Chandler: (To Ross) No, that's okay. (Ross nods and retreats.) Monica I thought this was going to be the most difficult thing I ever had to do. But when I saw you walking down that aisle I realized how simple it was. I love you. **Any surprises that come our way it's okay, because I will always love you.** You are the person I was meant to spend the rest of my life with. You wanna know if I'm sure? (He leans in and kisses her.)

Joey: You may not kiss the bride. So, I guess by the powers vested in me by the state of New York and the Internet guys, I now pronounce you husband and wife. Oh wait! **Do you take each other?**

Chandler: I do.

Monica: I do.

레이첼: 어서 해! 어서! (모니카는 다시 챈들러를 바라본다.)

모니카: 챈들러, 오랫동안… 난 내가 진짜로 왕자님, 운명의 짝을 만날 수 있을까 생각해왔어. 그런데 3년 전, 또 다른 결혼식에서 난 그냥 위로받고 싶어 친구에게 다가갔고, 그 대신 나는 내가 평생 찾아 헤맸던 모든 걸 찾았어. 그리고 지금… 우리는 이렇게 미래를 눈앞에 두고 있어… 그리고 나는 그 미래를 당신과 함께 보내고 싶어. 나의 왕자님, 내 소울메이트, 내 친구와 함께. (장난스럽게) …당신이 원하지 않는다면 얘기해도 돼. 자, 이제 당신 차례야!

조이: 챈들러? (로스가 챈들러에게 서약문을 넘기려 다가온다.)

챈들러: (로스에게) 아니, 괜찮아. (로스는 고개를 끄덕이고 물러난다.)

챈들러: 모니카, 난 이게 내 인생에서 가장 어려운 일이 될 줄 알았어. 하지만 당신이 저기서 걸어 나오는 걸 보는 순간, 얼마나 쉬운 일인지 깨달았어. 난 당신을 사랑해. 앞으로 무슨 일이 생기든 괜찮아. 왜냐면 나는 항상 당신을 사랑할 거니까. 당신은 내가 평생을 함께 하도록 운명 지어진 사람이야. 내가 확신하냐고? (그녀에게 다가가 키스한다.)

조이: 어… 아직 입 맞추시면 안 돼요! 그러니까, 뉴욕 주와 인터넷 친구들로부터 부여받은 권한으로… 이제 두 분을 부부로 선언합니다! 아 잠깐! 서로를 남편과 아내로 받아들이십니까?

챈들러: 네, 받아들입니다.

모니카: 네, 받아들입니다.

이 장면에서 놓치면 안되는 표현들

🔊 **01** **let's get started before~** …전에 시작하자

  A: **The whole place needs to be cleaned up.** 이곳 전체가 청소를 해야 되겠구만.
  B: **Let's get started before we are interrupted.** 방해받기 전에 시작하자.

🔊 **02** **I wondered if I would ever~** 내가 …할 수 있을지 궁금해했어

  A: **It took a few hours before they released you.** 널 풀어주는데 몇시간이 걸렸어.
  B: **I wondered if I would ever be able to leave.** 내가 나갈 수 있을지 궁금해했어.

🔊 **03** **You go** 네 차례야, 네가 해라

  A: **Do you mind if I go to the store?** 내가 가게에 가도 괜찮겠어?
  B: **You go. I'll just stay here and wait.** 네가 가라. 난 여기서 남아 기다릴테니.

  A: **They want me to work the midnight shift.** 나 보고 밤근무를 하라는데.
  B: **You go. It's your turn after all.** 네가 해라. 어차피 네 차례잖아.

🔊 **04** **walk down that aisle** 결혼하다

  A: **I never thought my brother would walk down that aisle.** 내 형이 결혼하리라고는 상상도 못했어.
  B: **He seemed like he'd be a bachelor for life.** 평생 총각으로 살 것 같았는데.

  A: **Did you say Tracey got married?** 트레이시가 결혼했다고 했어?
  B: **She walked down that aisle last year.** 작년에 결혼했어.

🔊 **05** **I realized how~** …을 깨닫다

  A: **Why did you start helping them?** 왜 넌 개네들을 돕기 시작한거야?
  B: **I realized how selfish I was being.** 내가 얼마나 이기적이었는지 깨달았어.

  A: **Not many people complete this hike.** 이 하이킹을 끝까지 하는 사람은 많지 않아.
  B: **I realized how tough it was after doing it.** 하고 난 후에 그게 얼마나 힘드는지 알았어.

06 ~come one's way …가 우리 앞에 놓이다, …일이 생기다

A: **You are almost completely broke.** 너 거의 빈털터리네.
B: **I need a little luck to come my way.** 운이 좀 생기는게 필요해.

A: **They say it's going to rain for days.** 며칠간 비가 내릴거래.
B: **Some lousy weather is coming our way.** 안좋은 날씨가 우리 앞에 놓여있구나.

A: **Mindy has had a ton of trouble.** 민디는 정말 많은 문제들이 있어.
B: **Hopefully good luck will come her way.** 운이 걔앞에 있기를 바래.

07 be meant to~ …할 작정이다, …하기로 되어 있다

A: **What is the point of this computer program?** 이 컴퓨터 게임의 요점이 뭐야?
B: **It was meant to help you learn.** 네가 배우는 걸 도와주도록 되어 있어.

A: **What is that pack you're carrying?** 네가 나르는 꾸러미는 뭐야?
B: **It was meant to hold books.** 책을 담는거래.

08 spend the rest of my life 내 남은 평생을 보내다

A: **Your hometown is nice but it's small.** 네 고향은 멋지지만 작네.
B: **I can't spend the rest of my life here.** 난 여기서 내 남은 평생을 살 수가 없어.

A: **You really love your hometown.** 너 정말 네 고향을 좋아하는구나.
B: **I'll spend the rest of my life here.** 난 여기서 남은 평생을 보낼거야.

Americna Drama Best Scene 015

I don't think that's what it is

>>> **Friends**
Season 8 Episode 3 04:30

그런게 아닐게야

모니카와 챈들러의 결혼식과 더불어 큰 화제가 된 것은 레이첼의 임신이다. 레이첼은 아버지가 누구인지 말하지 않고, 친구들은 추측과 추적을 하다 드디어 그게 로스라는 것을 알게 된다. 마침내 레이첼은 아기의 아버지에게 말하겠다고 말하고 로스를 만난 피비와 조이는 힌트를 주려고 하고 있다. 피비가 레이첼을 만났냐?(Did Rachel find you?)라고 묻자 아니 왜(No, why?)라고 로스가 말한다. 피비는 레이첼이 널 찾고 있었다(Oh, she was looking for you)라고 말하자 나중에 만나지 뭐(Oh well, I guess I'll catch up with her later)라고 로스가 가볍게 말한다. 그러자 피비는 지금 너랑 꼭 얘기하고 싶어하는 것 같아(Well, she really wanted to talk to you now)라고 하고 조이는 꽤 중요한 문제인 것 같았어(Yeah, it seemed pretty important)라고 분위기를 띄운다. 급하고 중하다는 말에 로스는 맙소사(Oh, no)라고 말하자 피비는 무슨 일이냐?(What?)고 묻는다.

로스는 무슨 일일지 알 것 같아(I think I might know what this is about)라고 말하고 자기가 생각하는 레이첼의 맘을 추정해본다. 우리는 아무한테도 얘기하지 않기로 약속했지만(Yeah. Uh, uh we promised we weren't gonna tell anybody this but uh), 한달 전 쯤 레이첼과 섹스를 했다(about a month ago Rachel and I slept together)고 고백한다. 이미 알고 있는 피비와 조이의 무반응에 로스는 너희들이 좀 더 놀랄거라고 생각했었다(Wow! I thought you would be a little more shocked)라고 한다. 그리고 말을 이어간다. 우리는 그 한 번으로 끝내자고 말했는데 이제 걔가 다시 관계를 시작하고 싶어하는 것 같아(Well, we-we said we'd just do it that one time but, but now I think she may wanna start things up again)라고 착각을 하자 조이는 그런게 아닐거다(Yeah, I don't think that's what it is)라고 하는데 로스는 그럼 달리 뭐가 있겠느냐?(What-what else could it be?)라고 반문한다. 난처한 상황에 처하자 조이는 엉뚱하게도 몸이 안좋다(Oh wow, I don't feel well)라고 능청을 떠는데 로스는 확신한다. 정말이지 그 문제일거야(I'm telling you. I'm telling you. That's what it is), 걔가 결혼식 동안 나를 이상하게 쳐다보던 것도 당연하지(No wonder she was looking at me all funny during the wedding). 그리고 친구들에게 묻는다. 레이첼이 너희에게 뭐 한 말없냐?(She didn't say anything to you?)고

하자 피비 역시 엉뚱하게 조이에게 몸이 안 좋은 건 뭐 먹은 것 때문이지?(Maybe it's something you ate?)라고 곤란한 질문을 피해간다. 조이는 가서 레이첼과 얘기를 해보라(Please, just-just, just go and talk to Rachel)고 하는데 로스는 그렇게 해야겠다(I guess I should)라고 하고 로스의 엄청난 왕자병이 드러나는 말을 한다. 내가 깨달은게 뭔지 알아?(Man, y'know what I have to realize?), 난 여자들이 하룻밤만 자고 하는 그런 타입의 남자는 아닌 것 같아(Maybe I'm just not the type of guy women can have just one night with), 여자들은 항상 뭔가 더 원하는 것 같아(They always seem to want a little bit more)라고 하고 이 점을 명심해야겠어(I should remember that)라고 한다. 웃지 않고 넘길 수 없는 장면이다.

The Best Lines from <Friends>

Phoebe: Did Rachel find you?

Ross: No why?

Phoebe: Oh she was looking for you.

Ross: Oh well, I guess I'll catch up with her later.

Phoebe: Well, she really wanted to talk to you now.

Joey: Yeah, it seemed pretty important.

Ross: Oh, no.

Phoebe: What?

Ross: I think I might know what this is about. (Phoebe and Joey trade looks)

Joey: Really?

Ross: Yeah. Uh, uh we promised we weren't gonna tell anybody this but uh, about a month ago Rachel and I slept together.

Phoebe: (deadpan) And?

Ross: Wow! I thought you would be a little more shocked.

Phoebe: Oh sorry. (Shocked) And?!

피비: 레이첼이 너 찾았어?

로스: 아니, 왜?

피비: 아, 그녀가 널 찾고 있었거든.

로스: 아, 그래? 그럼 나중에 만나야겠다.

피비: 아니, 지금 꼭 얘기하고 싶어 하는 것 같던데.

조이: 그래, 꽤 중요한 일처럼 보였어.

로스: 오, 안 돼.

피비: 왜?

로스: 무슨 일인지 알 것 같아. (피비와 조이가 눈빛을 주고받는다)

조이: 진짜로?

로스: 어… 사실은 우리 아무한테도 말 안 하기로 했던 건데… 한 달쯤 전에 나랑 레이첼이 함께 잤어.

피비: (무표정하게) 그래서?

로스: 와… 좀 더 충격받을 줄 알았는데?

피비: 아 미안. (깜짝 놀란 척하며) 그래서?!

Ross: Well, we-we said we'd just do it that one time but, but now I think she may wanna start things up again.

Joey: Yeah, I don't think that's what it is.

Ross: Why? What-what else could it be?

Joey: Oh wow, I don't feel well.

Ross: I'm telling you. I'm telling you. That's what it is. No wonder she was looking at me all funny during the wedding. She didn't say anything to you?

Phoebe: (to Joey) Maybe it's something you ate?

Joey: Please, just-just, just go and talk to Rachel.

Ross: Yeah, I guess I should. (starts to leave.) Man, y'know what I have to realize? Maybe I'm just not the type of guy women can have just one night with. Y'know, they-they always seem to want a little bit more. I should remember that. (He pauses and then exits.)

로스: 음, 우리 그때는 딱 한 번만 하자고 했었는데… 근데 지금 보니까, 레이첼이 다시 뭔가 시작하려는 것 같아.

조이: 아니, 그 얘기는 아닌 것 같은데….

로스: 왜? 그럼 뭐… 다른 이유라도 있어?

조이: 와, 갑자기 몸이 안 좋은데…

로스: 정말이야. 정말. 내가 보기엔 그거야. 그래서 결혼식 내내 그렇게 나를 이상하게 쳐다봤구나. 너한텐 아무 말도 안 했어?

피비: (조이에게) 아마 뭔가 잘못 먹은거 아닐까?

조이: 제발, 그냥… 그냥 레이첼한테 가서 얘기 좀 해봐.

로스: 그래, 그래야겠지. (떠나려 하며) 근데 말이야, 나 요즘 깨닫고 있어. 여자들이 나 같은 사람하고는 하룻밤만으로는 끝내기 힘든가 봐. 항상 뭔가 더 원하더라니까. 그걸 명심해야겠어. (잠깐 멈추고 나간다.)

이 장면에서 놓치면 안되는 표현들

🔊 **01 catch up with** 나중에 만나다

    A: Mindy is getting ready to leave. 민디는 나갈 준비를 하고 있어.
    B: Tell her I'll catch up with her later. 걔한테 내가 나중에 만날거라 전해줘.

🔊 **02 I'm telling you~** 정말이지

    A: Why doesn't Brian ever have a girlfriend? 왜 브라이언은 여친이 없는거야?
    B: I'm telling you that I think he's gay. 걔 정말 게이 같다니까.

🔊 **03 That's what it is** 바로 그렇다, 바로 그거야

    A: Should we invest in a balloon shop? 벌룬샵에 우리가 투자해야 할까?
    B: It's a terrible idea, that's what it is. 끔찍한 생각이야, 바로 그거야.

🔊 **04 No wonder~** …는 당연해

    A: Doug was up all night with the baby. 더그는 아이 때문에 밤샜어.
    B: No wonder he looks so tired. 피곤해보이는게 당연하구만.

🔊 **05 I should remember that** 난 그걸 기억해야 돼, 명심하다

    A: We need you to concentrate on finishing the report.
    넌 레포트를 끝내는데 집중해라.
    B: It's important, so I should remember that. 그게 중요하니, 명심해야겠네.

There is no pressure on you

부담갖지마

>> **Friends**
Season 8 Episode 3 9:25

아이의 아빠인 로스에게 임신사실을 말하려고 레이첼과 레이첼이 자기와 섹스를 한번 더 하기를 바란다고 생각하고 있는 로스가 만난다. 레이첼이 얘기 좀 해야겠다(I think there's something that we really need to talk about)고 하자 은근히 자신감있는 목소리로 그럴 것 같다(I think we do)고 말하면서 안으로 들어가자(Why don't we go inside?)고 한다. 방으로 들어선 후 로스가 네가 여기 왜 왔는지 안다(Look uh, I know why you're here)고 하는데 레이첼은 자기 임신사실을 알고 있는 줄 알고 You do?라고 한다. 하지만 다음 이어지는 로스의 대사는 실소를 금치 못하게 한다. 레이첼의 쑥스러움을 덜어주기 위해(Yeah, and to save you from any embarrassment), 자기가 먼저 얘기를 꺼내야 할 것 같다(I think maybe I should talk first)고 한다. 그날 격정의 밤이었지(That's been one heck of a see-saw hasn't it?)라고 하자 레이첼은 혼란스러워하며 뭐라고?(What?)하면서 반문한다.

로스가 달래듯이 말을 한다. 우리의 하룻밤은 재미있었고 열정적이었지만(I mean look, that one night we had was fun and…and certainly passionate) 우린 친구사이로 남는 게 더 낫지 않겠니?(but don't you think it's better if we just stayed friends?)라고 하고, 무슨 말인지 이해가 가질 않는 레이첼은 정말이지 무슨 말이야?(Seriously. What?)라고 묻는다. 아직도 착각하고 있는 로스는 저 말이야(You know what?) 네가 원한다면 우리 한번 더 섹스할 수 있고(If you want to, we can do it one more time), 난 그래도 괜찮아(I mean I'd-I'd be okay with that)라고 말하며 마침 지금 시간도 된다(In fact, I have some time right now)한다.

레이첼이 말을 꺼내기 시작한다. 저 말이야(You know what?), 내가 얘기해도 될까?(Can I talk now?)라고 하고 어렵게 말을 꺼낸다. I'm pregnant. 이말에 로스의 표정은 놀란 표정으로 스탑이 되어버리고 레이첼은 Ross?라고 불러보다 잡지를 들면서 너만 준비되면 말해(Whenever you're ready)라고 말하고나서 네가 아기의 아빠야(And you're the father by the way. But you got~)라고 말해버린다. 아직도 놀란 표정에 말을 잇지 못하는 로스에게 레이첼은 물 좀 갖다 줄까?(Can I get you some water?)라고 하자 로스는 괜찮아(I'm good)라고 한다. 레이첼은 부담갖지마(Ross, there is no pressure on you. Okay?), 내 말은 원하는 만큼만 관여해도 좋아(I mean you can as involved as you want)라고 로스를 진정시키는데. 로스는 말을 더듬으면서 어떻게 이런 일이 벌어질 수 있는지 이해가 되지 않는다(I need uh… I'm just, I don't know, I don't understand, umm, how this happened?)며 우리는 콘돔을 썼다(We used a condom)라고 한다. 레이첼은 콘돔이 97%의 효력만 있다(I know. I know, but y'know condoms only work like 97% of the time)라고 말하자 로스는 그럼 그걸 박스에 표시해야지(What? What? What?!! Well they should put that on the box!)라고 흥분한다.

The Best Lines from <Friends>

Rachel: Hi. (He helps her up.) Umm, I think there's something that we really need to talk about.

Ross: (quietly confident) I think we do. Why don't we go inside? (They go inside.) Look uh, I know why you're here.

Rachel: You do?

Ross: Yeah, and to save you from any embarrassment umm, I think maybe I should talk first.

Rachel: (warily) Okay.

Ross: Okay. (He sits her down in a chair.) Uh, Ross and Rachel. Rachel and Ross. That's been one heck of a see-saw hasn't it?

Rachel: (confused) What?

Ross: I mean look, that one night we had was fun and…and certainly passionate, but don't you think it's better if we just stayed friends?

Rachel: Seriously. What?!

레이첼: 안녕. (그가 레이첼을 일으켜 세워준다.) 음… 우리 꼭 이야기해야 할게 있는 것 같아.

로스: (차분하고 자신감 있게) 나도 그렇게 생각해. 우리 안으로 들어갈까? (둘 다 안으로 들어간다.) 저기… 네가 왜 왔는지 알아.

레이첼: 정말?

로스: 응. 그리고 네가 민망하지 않도록, 내가 먼저 얘기하는게 좋을 것 같아.

레이첼: (조심스럽게) 그래.

로스: 좋아. (그녀를 의자에 앉힌다.) 로스와 레이첼. 레이첼과 로스. 우리 진짜 롤러코스터 같았지, 그치?

레이첼: (혼란스럽게) 뭐라고?

로스: 그러니까, 그날 밤은 재밌었고, 확실히 열정적이긴 했지만, 그냥 친구로 지내는게 더 낫지 않을까 싶어.

레이첼: 진심이야? 뭐라고?!

Ross: Okay. Okay. Y'know what? If you want to, we can do it one more time. I mean I'd-I'd be okay with that. In fact, I have some time right now.

Rachel: Okay, y'know what? Can I, can I talk now?

Ross: Oh sure. (He sits on the apothecary table and touches her hand.)

Rachel: (touches his knee) I'm pregnant. (Ross stops.) Ross? (Ross is staring off into space.) Ross? (Ross is still frozen) Okay, whenever you're ready. (Sits back and opens her magazine.) **And you're the father by the way, but you got that...**

Rachel: (closes her magazine) Can I get you some water?

Ross: I'm good. I'm good.

Rachel: **Ross, there is no pressure on you.** Okay? I mean you can as involved as you want. (Ross nods.)

Ross: Yeah, I need uh… I'm just, I don't know. I don't understand, umm, how this happened? We-we used a condom.

Rachel: I know. I know, but y'know condoms only work like 97% of the time.

Ross: **What? What? What?!! Well they should put that on the box!!!**

로스: 좋아, 좋아. 알겠어. 만약 네가 원한다면, 한 번 더 해도 돼. 난 괜찮아. 사실, 지금 시간도 있어.

레이첼: 좋아, 있잖아… 나 이제 말해도 될까?

로스: 아, 물론이지. (그는 약장 위에 앉으며 레이첼의 손을 살짝 잡는다.)

레이첼: (그의 무릎에 손을 얹으며) 나… 임신했어. (로스가 멈춘다.)

레이첼: 로스? (로스는 허공을 멍하니 응시 중)

레이첼: 로스?? (여전히 얼어붙은 로스)

레이첼: …그래, 준비되면 말해. (다시 자리에 앉아 잡지를 펼친다.) 그리고, 아참. 네가 아빠야. 그건… 알겠지?

레이첼: (잡지를 덮으며) 물 좀 줄까?

로스: 괜찮아. 괜찮아…

레이첼: 로스, 너한테 부담 주려는 거 아니야, 알겠지? 네가 얼마나 관여할지는 완전히 너한테 달려 있어. (로스가 고개를 끄덕인다.)

로스: 응… 나 그냥… 나도 잘 모르겠어. 이해가 안 돼. 우리가… 콘돔 썼잖아.

레이첼: 알아. 알아, 근데… 콘돔도 100%는 아니야. 97% 정도밖에 안 돼.

로스: 뭐?! 뭐?! 뭐?! 그럼 그걸 상자에다가 써놨어야지!!!

American Drama
Best Scene 175

이 장면에서 놓치면 안되는 표현들

🔊 01 Why don't we~ ? …하자

A: **Do you want to try doing it again?** 너 그거 또 하고 싶어?
B: **Why don't we wait a few more days?** 며칠 후에 하자.

🔊 02 I think maybe I should talk first 내가 먼저 얘기를 꺼내야 할 것 같아

A: **We need to leave in fifteen minutes.** 우리 15분 후에는 나가야 돼.
B: **Okay, but I think maybe I should talk first.**
알았어, 그럼 내가 먼저 얘기를 꺼내야 할 것 같아.

🔊 03 Don't you think it's better if~ ? …한다면 그게 더 낫다고 생각되지 않아?

A: **I just got finished building a shed.** 헛간은 방금 다 만들었어.
B: **Don't you think it's better if you get cleaned up?**
네가 씻으면 더 나을거라 생각되지 않아?

🔊 04 You know what? 저 말이야

A: **My book is becoming a bestseller.** 내가 낸 책이 베스트셀러야.
B: **You know what? You're going to be famous.** 저 말야. 너 유명해지겠다.

🔊 05 Whenever you're ready 너만 준비되면

A: **Are you guys in a hurry now?** 너희들 이제 급한거야?
B: **We will leave whenever you're ready.** 우리는 너만 준비되면 나가야 돼.

 Chris Says:

It happens: This means "It's natural" or "It's not unusual" for something to occur.
It could happen: This is expressing the feeling that something is possible, it's not impossible.
That happens[happened]: This means nearly the same thing as "It happens."
It happened!: This means that something occurred or took place.

Americna Drama Best Scene 017

It was just a one night thing

그냥 하룻밤 섹스였어

>> **Friends**
Season 8 Episode 8 11:30

레이첼은 아버지(Dr. Green)에게 어렵게 임신사실을 털어놓고 아기 아빠는 로스라고 말한다. 당연히 Dr. Green은 결혼식을 예상하지만 레이첼은 결혼하지 않고 사생아로 키우겠다고 한다. 이 말에 흥분한 Dr. Green은 로스의 방문을 세게 두들기는데…. 로스가 문을 열자 대뜸 내 딸을 임신시켜놓고 결혼을 하지 않을 수 있다고 생각해?(You think you can knock up my daughter and not marry her)라고 말하면서 널 죽여버릴거야(I'm gonna kill you)라고 한다. 모나와 making out를 하고 있던 로스는 얘기하기에 좋은 타임이 아니다(You know, this is actually not a great time for me)라고 발을 뺀다. 방문을 역시 세게 닫으며 Dr. Green은 계속 다그친다.

자 어서(So come on) 설명을 해봐 이 겔러야(Explain yourself, Geller), 레이첼을 임신시켜놓고(First you get my daughter pregnant)라고 소리지르자 로스의 애인 모나가 놀라면서 레이첼을 임신시켰어(You got Rachel pregnant?)라고 묻는다. 당황한 로스는 누가 그랬대?(Who did?)라고 하고 이말을 받아 Dr. Green은 네가 그랬잖아!(You did!)라고 소리지른다. 모나에게는 레이첼과의 임신이 별거 아니라고 해야 하고 Dr. Green에게는 레이첼이 소중한 사람이라고 말해야 하는 진퇴양난의 상황에서 로스는 진땀을 흘린다. 어 맞아, 내가 그랬지만(Yes, yes, I did but) 그건 그냥 하룻밤 섹스였고(It was just a one night thing) 아무런 의미가 없는거야(It meant nothing)라고 모나를 달랜다. 이 말에 화난 Dr. Green은 어 그래, 내 딸이 너에게는 별거 아니냐?(oh really, that's what my daughter means to you, nothing?)고 하자 로스는 다시 돌변하여, 아닙니다(No, sir) 레이첼은 제게 의미가 크며(She means a lot to me), 제 말은 레이첼을 아끼고 사랑한다는 말입니다(I mean I care I love her Rachel)라고 말하고 나서 바로 모나에게는 내 말은 그런 식이 아니라(I mean not that way), 사랑에 빠진 것이 아니라 친구로서 사랑한다는 말이야(I'm not in love with her, I love her like a friend)라며 양쪽을 진정시키기에 정신이 없다. 하지만 이 말에 Dr. Green은 넌 친구를 그런 식으로 대하냐(that's how you treat a friend), 임신을 시켜놓고 결혼을 하지 않는거야(get her in trouble and then you refuse to marry her?)라고 윽박지른다. 억울한 로스는 결혼하자고 레이첼에게 했다(I offered to marry her)고 하고 나서 또 바로 로스는 모나에게 그러고 싶지는 않았다(But I didn't want to)라고 말한다. Dr. Green이

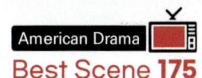

다시 쏘아 붙인다. 왜 결혼을 안하는거야(Why not?), 저런 걸레같은 여자와 시간을 보내려고?(So you could spend your time with this tramp)라고 따진다. 이때 모나는 tramp라는 말에 당황하고 로스는 이제야 서로를 소개시켜주고 있다.

Dr Green: (shouting) You think you can knock up my daughter and not marry her, I'm gonna kill you.

Ross: You know, this is actually not a great time for me.

Dr Green: (shouting) So come on, (shuts the door) explain yourself Geller. First you get my Rachel pregnant.

Mona: You got Rachel pregnant?

Ross: (trying to make himself not look bad) Who did?

Dr Green: (shouting) You did!

Ross: (trying to explain to Mona) Yes, yes I did but, but it was just a one night thing, it meant nothing.

Dr Green: (angry) Oh really, that's what my daughter means to you nothing.

Ross: No, no sir she means a lot to me I mean I care I love her Rachel.

Mona: (shouts) What!

Ross: I mean not in that way I mean I (laughs) I'm not in love with her, I love her like a friend.

그린 박사: (소리치며) 내 딸 임신시켜놓고 결혼도 안 하겠다고? 널 가만두지 않겠다!

로스: 저기요, 지금은 사실 저한텐… 좀 안 좋은 타이밍인데요…

그린 박사: (문을 닫으며 소리치며) 자, 좋아. 설명 좀 해보시지, 겔러 씨! 처음엔 내 레이첼을 임신시키고….

모나: (충격) 레이첼 임신시킨거였어요?!

로스: (자신이 나쁘게 보이지 않으려 애쓰며) 누가요?

그린 박사: (소리치며) 너잖아!

로스: (모나에게 변명하듯) 그래요, 그래요, 제가 했어요. 그치만, 그건 그냥 하룻밤 일이었고, 아무 의미도 없었어요.

그린 박사: (격분해서) 정말? 그럼 내 딸이 너한텐 아무 의미도 없는 존재였단 말이냐?

로스: 아뇨! 아뇨, 전 정말로 레이첼을 아끼고, 사랑… 레이첼을 사랑해요.

모나: (소리치며) 뭐라고요?!

로스: 아니, 그러니까 그런 뜻이 아니라… (웃으며) 그런 사랑이 아니고… 친구로서 사랑하는 거예요.

Dr Green: Oh really is that how you treat a friend you get her in trouble and then you refuse to marry her.

Ross: Hey I offered to marry her.

Mona: (confused) Uh.

Ross: But I didn't want to.

Dr Green: (still shouting) Well why not so you could spend your time with this tramp.

Mona: Tramp?

Ross: Uh I'm sorry (introduces them) Dr. Green Mona, Mona Dr. Green.

그린 박사: 정말? 그게 친구한테 하는 짓이야? 임신시켜놓고선 결혼은 안 하겠다고?

로스: 아니요, 결혼하자고 제안했어요.

모나: (당황) 어.

로스: 근데 하고 싶진 않았어요.

그린 박사: (계속 고함치며) 왜? 그래, 이 여자랑 시간 보내려고? 이 천한 여자랑?

모나: (분노하며) 천한 여자요?

로스: 아, 죄송합니다. (둘을 소개하며) 그린 박사님, 이쪽은 모나. 모나, 이쪽은 그린 박사님.

Chris Says:

I'm cool: This means "I'm OK."
I'm cool with that: This means "I'm okay with that." It also means "I agree" or "That's a good idea."
Cool!: This means "Great!" or "Wonderful!"
Be cool!: This is usually said by younger people when they are saying goodbye. It is similar to saying "Take it easy" or "So long." It can also be used when someone is upset and the speaker is telling them to relax.

이 장면에서 놓치면 안되는 표현들

01 You think you can~ 넌 네가 …할 수 있으리라 생각해

A: You are too stupid to have a job here. 넌 너무 멍청해서 여기서 일을 할 수가 없어.
B: **You think you can** bully everyone. 넌 네가 모든 사람에게 윽박지를 수 있다고 생각하네.

02 knock up sb 임신시키다

A: Danny is upset that he'll be a father. 대니는 자기가 아버지가 된다는 사실에 당황했어.
B: He shouldn't have **knocked up** his girlfriend. 여친을 임신시키지 말았어야지.

03 It meant nothing 그건 아무 의미가 없다

A: I thought you told Jake you loved him.
난 네가 제이크에게 걔를 사랑한다고 말했다고 생각했는데.
B: **It meant nothing** to either of us. 그건 우리 모두에게 아무런 의미가 없어.

04 mean a lot to~ …에게 큰 의미가 있다

A: Should I visit your dad in the hospital? 네 아버지 병문안을 가야 할까?
B: It would **mean a lot to** all of us. 우리에게는 큰 의미가 될거야.

05 I mean not that way 난 그런 의미가 아니었어

A: Am I doing this the right way? 내가 이걸 제대로 하고 있어?
B: No, **I mean not that way**. That's wrong. 아니, 난 그런 식이라 말하지 않았어. 그건 틀렸어.

06 Why not? 왜 안되겠어?, 왜 안하는거야?

A: I refuse to go to another nightclub. 난 다른 나이트클럽에 가지 않을거야.
B: **Why not?** Are we just going to stay home? 왜 안가? 우리 그냥 집에 있을거야?

Americna Drama Best Scene 018

We had a pact!

우린 약속했잖아!

>>> **Friends**
Season 8 Episode 9 12:08

레이첼이 학창시절 괴롭혔던 윌(브래드 피트)이 추수감사절 식사에 초대받아서 오는데…. 로스와 윌은 함께 "I Hate Rachel Club"란 동호회를 공동으로 세웠다는게 밝혀진다. 윌이 레이첼에게 까칠하게 나오자 모니카가 네가 고등학교 때 쟤한테 못되게 굴었나봐(Apparently, um, you were a little mean to him in high school)라고 말해주자, 윌은 좀 못되게 굴었다고(A little mean?), 넌 내 인생을 비참하게 만들었어(You made my life miserable)라고 한다. 레이첼은 몰랐다(I had no idea), 미안하다(I'm sorry)고 하지만, 과거의 한이 풀리지 않은 윌은 당연히 그래야지!(You should be!), 젠장헐(Screw it), 고구마 줘(Bring on the yams!)라고 소리친다. 모니카는 그렇게 다이어트를 했는데(Will, you worked so hard)라고 말리려고 하는데 흥분한 윌은 소리친다. Yams!

레이첼은 윌에게 고등학교시절 자기가 한 모든 짓에 대해 윌에게 사과하고 싶다(Will, I just want to say to you that I'm real sorry for, for whatever I did to you in high school)고 하는데, 이때 윌은 자기만 해당되는게 아니라(Well, it wasn't just me) 우리는 동호회를 했었다(We had a club)라고 한다. 레이첼은 클럽을 했었다고?(You had a club?) 놀라 말하고 윌은 맞아(That's right), 클럽이름은 The "I Hate Rachel Green Club"!이라고 한다. 여전히 놀란 레이첼은 맙소사(Oh my God!), 그래서 뭐야(So what?), 너희들이 모두 날 싫어하기 위해서 모였다(you all just joined together to hate me?)는 말이지?, 그리고 클럽에는 누가 가입했는데?(Who was in this club?)라고 묻는다. 윌은 로스를 가리키며 Me and Ross라고 하고 당황한 로스는 가리킬 필요없어(No need to point), 레이첼은 누가 로스인지 알아(She knows who Ross is)라고 기죽는다.

레이첼이 열받아 말한다. 네가 "I Hate Rachel Club" 회원이었단 말야?(So you were in an "I Hate Rachel Club"?) 그리고 또 누가 회원이었는데(So who else was in this club?)라고 묻자 실은 태국 교환학생이 있었는데(Actually, there, there was also that exchange student from Thailand), 걔는 무슨 클럽이었는지 몰랐을거야(but I, I don't think he knew what it was)라고 한다. 레이첼이 로스에게 2년간 사귀었는데 네가 "I Hate Rachel Club" 회원이었다는 것을 말하지 않았단 말야?(So Ross, we went out for two years and you never told me you were in an "I Hate Rachel Club"?)라고 실망감을 표현하는데…. 레이첼이 로스와 사귀었다는 말에 놀란 윌은 너 쟤랑 데이트를 했다고?(You went out with her?), 우리 약속 맺었잖아!(We had a pact!)라고 한다. 로스는 그건 고등학교 때 일이지(That was in high school), 평생 강제성이 있는 것은 아니잖아(It's not like it was binding forever)라고 과거의 치기로 돌리려고 하지만 윌이 찬물을 끼얹는다. 그럼 "영원"이란 말이 왜들어있던거야?(Then why'd it have the word "eternity" in it?)라고 말이다.

The Best Lines from ⟨Friends⟩

Monica: Apparently, um, you were a little mean to him in high school.

Will: A little mean? You made my life miserable.

Rachel: I'm - I had no idea! I'm sorry!

Will: You should be! Screw it, bring on the yams!!

Monica: Will, you worked so hard!

Will: YAMS!!!

Monica: OK. (He starts spooning a huge helping on his plate.)

Rachel: Uh, Will, I just want to say to you that I'm real sorry for, for whatever I did to you in high school.

Will: Well, it wasn't just me. We had a club.

Rachel: You had a club?!

Will: That's right. The "I Hate Rachel Green Club"!

모니카: 음… 윌 말로는, 고등학교 때 네가 그한테 좀 못되게 굴었어.

윌: 좀 못되게? 넌 내 인생을 지옥으로 만들었어.

레이첼: 전혀 몰랐어! 정말 미안해!

윌: 미안해야지! …아, 모르겠다. 고구마나 줘!!

모니카: 윌, 살 빼느라 애 많이 썼잖아!

윌: 고!구!마!!!

모니카: 알겠어… (윌은 자기 접시에 고구마를 한가득 퍼 담는다.)

레이첼: 윌, 있잖아… 고등학교 때 내가 너한테 뭐 했는지 모르겠지만, 정말 미안해.

윌: 나한테만 그런게 아니었어. 우린 클럽도 있었거든.

레이첼: 클럽이 있었어?!

윌: 맞아. 이름하여 "레이첼 그린을 싫어하는 사람들의 모임" 클럽!

Rachel: Wh - oh my God! So what, you all just joined together to hate me? Who was in this club?

Will: Me and Ross. (He points to him.)

Ross: No need to point. She knows who Ross is. (Rachel is in shock.)

Rachel: So you were in an "I Hate Rachel Club"?

Will: Yes he was! (He raises his hand to high five.)

Ross: No, no.

Rachel: So who else was in this club?

Ross: Actually, there, there was also that exchange student from Thailand, but I, I don't think he knew what it was.

Chandler: You guys are cool.

Rachel: So Ross, we went out for two years and you never told me you were in an "I Hate Rachel Club"?

Will: You went out with her? We had a pact!

Ross: That was in high school. It's not like it was binding forever.

Will: Then why'd it have the word "eternity" in it?

레이첼: 뭐라고, 세상에! 그럼, 너희 다 같이 모여서 나를 싫어했단 말이야? 그 클럽에 누가 있었는데?

윌: 나랑… 로스. (그를 가리킨다.)

로스: 굳이 가리킬 필요 없어. 레이첼은 내가 누군지 알아. (레이첼은 충격에 빠진다.)

레이첼: 그러니까, 네가 "레이첼 혐오 클럽" 멤버였다고?

윌: 맞아, 걔가 그랬어! (하이파이브 하려 손을 든다.)

로스: 아니야, 아니야…

레이첼: 그럼, 또 누가 그 클럽에 있었는데?

로스: 음… 그, 태국에서 온 교환학생도 있었는데, 사실… 자기가 무슨 클럽에 가입한 건지 몰랐던 것 같아.

챈들러: 너희들 멋지다.

레이첼: 2년간 나랑 사귀면서 네가 "I Hate Rachel Club" 회원이었다는 것을 말하지 않았단 말야?

윌: 너 쟤랑 데이트를 했다고? 우리 약속 맺었잖아!

로스: 그건 고등학교 때 일이지. 평생 강제성이 있는 것은 아니잖아.

윌: 그럼 "영원"이란 말이 왜 들어있던거야?

 Chris Says:

"Look at you" can be used to say someone has a reason to be proud or happy. For example, if a student is graduating, at the graduation ceremony a relative might say, "Look at you! We're so proud that you did well at this school!" This expression can also be used to scold or indicate disapproval. If the intonation sounds angry, then it is scolding. For example, a mother might say to her child, "I told you not to go outside, but you did. Look at you! You're really dirty now."

이 장면에서 놓치면 안되는 표현들

01 be mean to sb …에게 야비하게 굴다, 못되게 굴다

A: **You are always mean to your brother.** 넌 항상 네 동생에게 못되게 굴더라.
B: That's because he acts like an idiot. 그건 걔가 바보처럼 행동하기 때문이야.

02 You made my life miserable 너 때문에 내 인생이 비참해졌어

A: Why did you decide to divorce me? 왜 나랑 이혼하기로 한거야?
B: **You made my life miserable and that was wrong.**
너 때문에 내 인생이 비참해졌고 그건 잘못된 것이기 때문이야.

03 I just want to say to you that~ 난 단지 네게 …라고 말하고 싶어

A: **I just want to say to you that you look beautiful.**
난 단지 네가 아름답다고 말하고 싶어.
B: Thank you. This is a new dress. 고마워. 이건 새로 산 드레스야.

04 go out with sb …와 데이트하다

A: Did you **go out with** Anna last year? 너 작년에 애나와 데이트했어?
B: Yeah, we dated for a few months. 어, 우리는 몇 달간 데이트했어.

05 We had a pact! 우리 약속 맺었잖아!

A: Wendell is going to start his own firm. 웬델은 자기 회사를 시작할거야.
B: He can't do that. **We had a pact!** 걔 그러면 안되지. 우린 약속 맺었는데.

Americna Drama Best Scene 019

Let me know if you need a hand

>> **Friends**
Season 9 Episode 21 13:18

도움이 필요하면 말해

모니카와 챈들러는 fertility test를 받기 위해 병원에 왔고 모니카는 아무도 아는 사람이 없으니 신경쓰지 말라고 격려를 하는데…. 모니카는 내 검사는 복도 끝에서 하는데(Hey, honey, my test is down the hall), 자기는 괜찮겠냐?(Are you sure you're going to be okay?)고 묻고 컵에 정액을 받아야 하는 챈들러에게 조금 쑥스럽겠지만(I know this is embarrassing) 아무도 신경안쓰고(but nobody cares!), 여기에 아는 사람도 없다(No one here even knows you!)고 긴장을 풀어주는데 바로 그 순간 재니스가 그 트레이드 마크인 Oh, my God!이라고 흐드러지게 웃으면서 등장한다.

챈들러는 오 이런!(Oh, come on!)이라고 탄식하는데 재니스는 특유의 웃음을 소리내며 정말 재미있다(How great is this!)라고 한다. 모니카는 챈들러에게 우리 아기 낳을 수 있을거야(Hey, we're probably fertile), 집에 가자!(let's go home!)고 한다. 챈들러는 너는 여기에 왜있냐?(Why are you here?)고 한탄스러운 상황을 아쉬워하는데 무슨 일로 왔냐고 물어보는줄 아는 재니스는 남편하고 시도하고 있는게 지난 번에 잘 안되서…(Well, Sid and I are trying again and we had trouble last time because apparently we…)라고 눈치없이 얘기한다. 챈들러는 이를 수정해주며 천장을 바라보면서 아니, 내 말은 왜 그녀가 여기 있는겁니까?(No no no… I mean, why? Why is she here?)라고 탄식한다.

재니스는 챈들러가 손에 들고 있는 컵을 보고서 누구는 컵에다 하려니 좀 짜증나겠네(Oh! Someone's a little cranky today cuz they have to do it in a cup!)라 말하며 웃으면서 컵의 크기를 보면서 챈들러를 놀려댄다. 아동용 컵을 줬네(They gave you the kiddy size)라면서…. 모니카는 재밌었어(This was fun!), 하지만 난 외과자궁검사를 받아야 돼(But I've got an invasive vaginal exam to get to!)라고 말하며 자리를 뜬다. 챈들러는 더 머물고 싶지만(I'd love to stay), 컵을 가리키면서 멋진 데이트가 있어(But I have got a hot date)라고 하면서 자리를 뜨는데 재니스가 다시한번 챈들러를 놀려댄다. 어서 가(Please, go), 그리고 **손이 필요하면 말해(Just let me know if you need a hand)**라고 한다. 여기서 need a hand는 컵에다 Chandler가 손으로 해야 할 것을 상상해보면 중의적으로 쓰였다는 것을 알 수 있다. 이 말에 짜증난 챈들러는 할 맛이 없어졌다(I think it just fell off)라고 하면서 가버린다.

The Best Lines from <Friends>

Monica: Hey, honey, my test is down the hall, are you sure you're going to be okay?

Chandler: Yeah, I guess!

Monica: I know this is embarrassing, but nobody cares! No one here even knows you!

Janice: OH MY GOD!!

Chandler: Oh, Come on!

Janice: Ah ahahahhahaa! How great is this!

Monica: Hey, we're probably fertile, let's go home!

Chandler: Why are you here?

Janice: Well, Sid and I are trying again and we had trouble last time because apparently we...

Chandler: (to Heaven) No no no... I mean, why? Why is she here??

Janice: Oh! Someone's a little cranky today cuz they have to do it in a cup! (laughs) Oh! They gave you the kiddy size (looking at the cup in his hand).

Chandler: What!? (Janice does her "Janice Laugh")

Monica: This was fun! But I've got an invasive vaginal exam to get to! (leaves)

Chandler: I'd love to stay, but I have eh... (points at the cup) got a hot date... (starts to leave)

Janice: Please... go! (Then shouts after him) Just let me know if you need a hand!

Chandler: (disgusted) I think it just fell off. (leaves)

모니카: 자기야, 내 검사는 저기 복도 끝이야. 정말 괜찮겠어?

챈들러: 응… 아마도!

모니카: 이거 좀 창피하긴 하지만, 아무도 신경 안 써! 여기 있는 사람들 중에 당신 아는 사람도 없잖아!

재니스: 오 마이 갓!!!

챈들러: 아, 제발!!!

재니스: 아하하하하!! 진짜 최고다, 안 그래?!

모니카: 우리 지금 상태 좋다니까, 집에 가자!

챈들러: (재니스에게) 왜 여기에 있는거야?

재니스: 나랑 시드가 다시 시도하고 있거든. 지난번엔 문제가 좀 있었는데, 그게 우리가…

챈들러: (위를 보며) 안 돼, 안 돼, 안 돼… 내 말은, 왜?! 왜 여기서 널 또 보는거야?!

재니스: 오~ 누가 오늘 좀 예민하네? 컵에 해야 하니까 그렇지~? (웃음) 어머, 애기용 컵 주셨나봐! (그의 컵을 보며)

챈들러: 뭐라고!? (재니스 특유의 웃음)

모니카: 아~ 오늘 정말 재밌었다! 근데 나 지금 침습적 질 검사 받으러 가야 돼! (떠남)

챈들러: 나도 더 있고 싶은데… (컵을 가리키며) 데이트 약속이 있어서… (떠나려 함)

재니스: 어서 가~! (그에게 소리치며) 필요하면 도와줄게~!

챈들러: (역겨워하며) 지금 할 맛이 떨어져 나간 것 같아… (떠남)

이 장면에서 놓치면 안되는 표현들

🔊 **01 I know this is embarrassing** 이게 창피하다는거 알아

A: **I don't want to take off my underwear.** 난 내 속옷을 벗고 싶지 않아.
B: **I know this is embarrassing,** but you must do it. 창피하겠지만, 넌 벗어야 돼.

🔊 **02 Nobody cares!** 아무도 신경안써!

A: **Do you think my hair looks bad?** 내 머리가 보기 안좋다고 생각해?
B: **Just shut up! Nobody cares anyhow!** 그만해! 어쨌든 아무도 신경안쓴다고!

🔊 **03 How great is this!** 이거 참 대단하다!

A: **We're at a buffet! How great is this!** 뷔페식당에 왔네! 이거 참 대단하다!
B: **I know. I'm going to eat a lot!** 그래. 난 많이 먹을거야!

🔊 **04 be a little cranky** 좀 짜증나다

A: **I tend to be a little cranky in the morning.** 난 오전에는 좀 짜증나는 경향이 있어.
B: **That's right. You always want to argue.** 맞아. 넌 항상 다투려고 해.

🔊 **05 Just let me know if~** …한지 내게 알려줘

A: **I'm settled into my room just fine.** 내 방에 잘 자리 잡았어요.
B: **Just let me know if you need anything.** 뭐 필요한 것 있으면 알려줘요.

🔊 **06 need a hand** 도움이 필요하다

A: **I need a hand moving this weekend.** 이번 주말에 이사하는데 도움이 필요해.
B: **Sorry bud, but I'm going to be busy.** 친구야 미안하지만 나 바쁠거야.

I'll bet: This is similar to saying "I'm sure" or "That's obvious." Sometimes it is used in a sarcastic way to have the opposite meaning.
You can bet on it: This means you can believe it or you can trust it to be true.
You bet, You bet your life, You betcha, You bet your ass: This means "Sure" or "That's right." "You bet" is the most commonly used of these expressions.

Americna Drama Best Scene 020

Please, please stay with me

제발 가지마

>>> Friends
Season 10 Episode 19-20 40:15

〈프렌즈〉 시즌 10의 마지막 에피소드. 파리행 비행기를 타는 레이첼에게 피비와 함께 온 로스가 사랑한다며 남아달라고 하는 장면. 비행기에 들어가다 피비가 자기를 부르는 고함에 뛰쳐나온 레이첼은 친구들을 보며, 이런, 너희들 여기 무슨 일이야?(Oh my God… What.. What are you guys doing here?)라고 하고 피비는 자기 임무는 끝났으니 이젠 로스에게 알아서 하라(Okay, you're on)고 한다.

무슨 영문인지 모르는 레이첼은 무슨 일이야, 무섭잖아(Ross, you're scaring me), 무슨 일이야?(What's going on?)라고 묻는다. 로스가 입을 연다. 그래 무슨 일이냐 하면(The thing is~), 가지 말라(Don't go)고 한다. 제발 나와 함께 있어줘(Please, please stay with me), 난 정말 널 사랑해(I am so in love with you), 제발이지 가지마(Please, don't go), Oh, my God이라고 말하는 레이첼에게 알아, 알아. 진작 말했어야 했는데(I shouldn't have waited 'till now to say it), 내가… 참 바보같지, 응?(but I'm.. That was stupid, okay?), 미안해 하지만 지금 말하잖아(I'm sorry, but I'm telling you now), 널 사랑해(I love you), 이 비행기 타지마(Do not get on this plane)라고 애절하게 말한다. 이 말에 레이첼은 네가 날 사랑하는거 알아(Hey, hey. I know you love me), 네가 그렇다는거 알아(I know you do)라고 말하며 비행기 타야 된다(I have to get on the plane)라고 말한다. 계속 가지 말라는 로스를 뒤로하며 사람들이 기다려(They're waiting for me, Ross), 지금 그렇게 할 수가 없어(I can't do this right now), 미안해(I'm sorry)하면서 비행기에 타버린다.

The Best Lines from <Friends>

Rachel: What? What? Ross, you're scaring me. What's going on?

Ross: Okay, the thing is.

Rachel: Yeah?

Ross: Don't go.

Rachel: What?

Ross: Please, please stay with me. I am so in love with you. Please, don't go.

Rachel: Oh my God.

Ross: I know, I know. I shouldn't have waited 'till now to say it, but I'm.. That was stupid, okay? I'm sorry, but I'm telling you now. I love you. Do not get on this plane.

Gate attendant #2: Miss? Are you boarding the plane?

Ross: Hey, hey. I know you love me. I know you do.

Gate attendant #2: Miss?

Rachel: I - I have to get on the plane.

Ross: No, you don't.

Rachel: Yes, I do.

Ross: No, you don't.

Rachel: They're waiting for me, Ross. I can't do this right now, I'm sorry. I'm sorry.

Ross: Rachel?

Rachel: I'm so sorry.

레이첼: 뭐라고? 뭐? 로스, 나 무섭게 왜 이래? 무슨 일이야?

로스: 그러니까… 그게…

레이첼: 응?

로스: 가지 마.

레이첼: 뭐라고?

로스: 제발, 제발 나랑 같이 있어줘. 나… 너를 정말 사랑해. 제발, 떠나지 마.

레이첼: 세상에…

로스: 알아, 알아. 지금 말하려고 기다린 내가 잘못이야. 너무 바보였어. 정말 미안해. 근데 지금이라도 말할게. 사랑해. 제발 비행기 타지 마.

게이트 직원 #2: 손님, 탑승하셔야 합니다.

로스: 봐, 넌 나를 사랑해. 나도 알아. 너도 그렇잖아.

게이트 직원 #2: 손님?

레이첼: 나… 나 비행기 타야 돼.

로스: 아니, 안 타도 돼.

레이첼: 타야 해.

로스: 아니, 안 그래도 돼.

레이첼: 사람들이 나 기다리고 있어, Ross. 지금은 이럴 수 없어. 미안해. 정말 미안해.

로스: 레이첼?

레이첼: 정말 미안해.

이 장면에서 놓치면 안되는 표현들

01 What are you guys doing here? 너희들 여기 무슨 일이야?

  A: **What are you guys doing here?** 너희들 여기 무슨 일이야?
  B: We just came to see how you're doing. 네가 어떻게 지내는지 보러 왔어.

02 You're on 좋았어, 네가 해라

  A: It's time for your presentation. **You're on.** 네가 발표회를 할 때야. 네 차례야.
  B: I'm so nervous speaking in front of others. 다른 사람들 앞에서 말하는게 초조한데.

03 You're scaring me 무섭잖아

  A: You like to see how fast this car can go? 이 차가 얼마나 빨리 달릴 수 있는지 볼테야?
  B: Please stop it. **You're scaring me.** 제발 그만해. 무섭잖아.

04 What's going on? 무슨 일이야?

  A: Hey there Aldo, **what's going on?** 야, 알도, 무슨 일이야?
  B: Not much. I'm just hanging out. 별일 아냐. 그냥 노는거야.

05 Please stay with me 제발 떠나지마

  A: I think I'd better leave soon. 난 곧 가야될 것 같아.
  B: **Please stay with me** a little longer. 제발 나와 좀 더 있다가.

06 I shouldn't have waited 'till~ …때까지 기다리지 말았어야 했는데

  A: So your wife was angry that you were eating snacks?
  그래 네가 스낵을 먹어서 아내가 화냈어?
  B: **I should've waited till** she fell asleep. 아내가 잠들 때까지 기다렸어야 했는데.

07 I'm telling you now. 지금 말하잖아

  A: It's difficult running a business by myself. 혼자서 사업을 하는 것은 어려워.
  B: **I'm telling you now** that you need help. 이제 내 말하지만 넌 도움이 필요해.

08 I can't do this right now 지금 당장은 이걸 할 수가 없어

  A: Can't you just clean up your desk? 네 책상을 깨끗이 치울 수 없어?
  B: I'm busy and **I can't do this right now.** 나 바빠서 지금 당장은 그럴 수 없어.

Americna Drama Best Scene 021

I got off the plane

>> **Friends**
Season 10 Episode 19-20 42:42

나 비행기에서 내렸어

레이첼을 잡지 못하고 집에 돌아온 로스는 전화기의 자동응답메시지를 확인하는데…. 레이첼이 로스와 헤어진 후 바로 전화기에 메시지를 남긴 것이다. 로스, 나 비행기에 다시 탔는데(Ross, hi. It's me. I just got back on the plane), 기분이 안좋아(And I just feel awful)라고 말하며, 이렇게 우리 관계를 끝내고 싶지 않았는데(That is so not how I wanted things to end with us), 널 만나리라 예상못했고 또 갑자기 네가 거기서 이런저런 일들을 얘기할 줄 몰라서였어(It's just that I wasn't expecting to see you, and all of a sudden you're there and saying these things)라고 한다. 그리고 이제 여기 앉아서 내가 했어야 했는데 하지 않은 모든 일들에 대해 생각하고 있어(And… And now I'm just sitting here and thinking of all the stuff I should have said, and I didn't), 내말은 나도 역시 널 사랑하고 있다는 말조차 하지 못했다는거야(I mean, I didn't even get to tell you that I love you too)라며 자신도 역시 로스를 사랑하고 있다고 한다. 그리고는 로스를 사랑한다고 되뇌이며 갑자기 내가 뭐하는거지?(What am I doing?)라며 널 만나야겠어(Oh, I've gotta see you), 비행기에서 내려야겠어(I've gotta get off this plane)라고 한다.

레이첼은 내가 사랑한다고 말해야 될 사람이 있어 비행기에서 내려야 한다(I'm sorry. I'm really sorry, but I need to get off the plane, okay? I need to tell someone that I love them)고 말하지만 승무원은 내리실 수 없다(Miss, I can't let you off the plane)고 하며 자리에 앉으시라(I am afraid you are gonna have to take a seat)고 한다. 레이첼은 승무원에게 내려달라고 계속 설득하는데(Oh, come on, miss, isn't there any way that you can just let me off…) 그만 자동응답기의 메시지가 끝나버린다. 로스는 맙소사(No! No! Oh, my God), 비행기에서 내렸나(Did she get off the plane? Did she get off the plane?)를 반복하며 안타까워하는데 뒤에서 레이첼이 나 비행기에서 내렸어(I got off the plane)라고 하며 극적인 장면을 연출한다. 둘은 키스하며 서로의 사랑을 재확인한다. 레이첼은 I do love you, 로스 역시 I love you too, 그리고 절대로 다시 놓아주지 않겠다(I'm never letting you go again)라 한다. 레이첼은 좋아, 내가 있고 싶어하는 곳은 여기니까(Okay. 'Cause this is where I wanna be, okay?)라고 하며 다시는

우리 관계를 망치지 말자(No more messing around. I don't wanna mess this up again)라고 다짐하고 로스 역시 나도 그래(Me neither, okay?), 우리가 바보같은 짓은 이제 그만하자(We are - we're done being stupid)라고 역시 다짐한다. 레이첼은 좋아, 너와 나, 이제 같이 있는거야(Okay. You and me, alright?), 그게 다야(This is it)이라하고 로스 역시 말을 받아 This is it 이라고 하는데 로스답게 우리가 잠깐 헤어지지 않는다면(Unless we're on a break)이라고 실언을 한다. 그리고 나서는 이제 농담하지 말자고(Don't make jokes now)하면서 사랑의 키스를 다시 나눈다.

The Best Lines from \<Friends\>

Rachel: (on the answering machine) Ross, hi. It's me. I just got back on the plane. And I just feel awful. That is so not how I wanted things to end with us. It's just that I wasn't expecting to see you, and all of a sudden you're there and saying these things... And... And now I'm just sitting here and thinking of all the stuff I should have said, and I didn't. **I mean, I didn't even get to tell you that I love you too.** Because of course I do. I love you. I love you. I love you. What am I doing? I love you! Oh, I've gotta see you. I've gotta get off this plane.

Ross: Oh my God!

Rachel: (on the answering machine) Excuse me?

Air stewardess: (on the answering machine) Miss? Please, sit down!

Rachel: (on the answering machine) I'm sorry. I'm really sorry, but I need to get off the plane, okay? I need to tell someone that I love love them.

레이첼: (자동응답기에) 로스, 나야. 방금 비행기에 다시 탔어. 근데 정말 기분이 너무 안 좋아. 이게 우리 마지막이 되길 원한 게 아니었는데… 그냥… 너를 볼 줄은 몰랐거든. 그런데 갑자기 네가 나타나서 그런 말들을 하니까… 그리고 지금 앉아서 계속 생각 중이야. 그때 말했어야 할 말들, 근데 못 했던 것들 말이야. "나도 사랑해"라는 말도 못 했잖아. 당연히 나도 사랑하지. 사랑해. 사랑해. 정말 사랑해. 나 지금 뭐 하는거야… 사랑한다고!! 너한테 가야겠어. 이 비행기 내려야 해.

로스: 오 마이 갓!!

레이첼: (자동응답기) 실례합니다?

승무원: (자동응답기) 손님, 자리에 앉아주세요!

레이첼: (자동응답기) 죄송해요. 정말 미안한데, 이 비행기 내려야 해요. 누군가에게 사랑한다고 말해야 하거든요.

Air stewardess: (on the answering machine) Miss, I can't let you off the plane.

Ross: Let her off the plane!

Air stewardess: (on the answering machine) I am afraid you are gonna have to take a seat.

Rachel: (on the answering machine) Oh, please, miss, you don't understand!

Ross: Try to understand!

Rachel: (on the answering machine) Oh, come on, miss, isn't there any way that you can just let me off... (The message is finished. Ross jumps over to the answering machine.)

Ross: No! No! Oh my God. Did she get off the plane? Did she get off the plane?

Rachel: I got off the plane.

Ross: You got off the plane. (He walks over and kisses her.)

Rachel: I do love you.

Ross: I love you too, and I'm never letting you go again.

Rachel: Okay. 'Cause this is where I wanna be, okay? No more messing around. I don't wanna mess this up again.

Ross: Me neither, okay? We are - we're done being stupid.

Rachel: Okay. You and me, alright? This is it.

Ross: This is it. Unless we're on a break. (Rachel gives him a look.) Don't make jokes now. (They kiss again.)

승무원: (자동응답기) 손님, 비행기에서 내릴 수 없습니다.

로스: 내리게 해줘요!!

승무원: (자동응답기) 죄송하지만, 자리로 돌아가셔야 합니다.

레이첼: (자동응답기) 제발요. 정말 제 말을 이해 못 하시겠어요?

로스: 제발 좀 이해해주세요! (레이첼 자동응답기에서: 아, 제발요. 방법 없나요? 그냥… 내려줄 수 있는… 메시지가 끝나고 로스는 자동응답기 쪽으로 몸을 던진다.)

로스: 안 돼! 안 돼!! 제발… 그녀가 비행기에서 내린거야? 내렸어??

레이첼: 내렸어.

로스: …내렸구나. (그는 그녀에게 다가가 키스한다.)

레이첼: 나도 널 사랑해.

로스: 나도 너를 사랑해. 그리고 이제 절대 널 놓치지 않을거야.

레이첼: 좋아. 여기가 내가 있고 싶은 곳이야. 다시는 헷갈리게 굴지 않을게. 다시는 이걸 망치고 싶지 않아.

로스: 나도 그래. 알았지? 우리 이제… 바보 같은 짓 그만하자.

레이첼: 그래. 너와 나, 알지? 이제 다른 얘기 없기야.

로스: 그래, 바로 이거야. …물론 우리가 또 "잠깐 헤어지자"고 하지 않는 한. (레이첼이 째려본다.) 지금 농담할 때 아니지… (둘은 다시 키스한다.)

이 장면에서 놓치면 안되는 표현들

🔊 **01 I just feel awful** 기분이 안좋다

    A: I think you're faking being sick. 너 꾀병부린 것 같아.
    B: Leave me alone. **I feel just awful.** 냅둬. 나 그냥 기분이 안좋아.

🔊 **02 That is so not how~** 그렇게 …하는 것이 아냐

    A: So I just swing the club this way? 그럼 이런 식으로 골프채를 스윙하는거야?
    B: **That is so not how** to hit a golf ball. 그렇게 골프 공을 치는게 아냐.

🔊 **03 It's just that~** …이기 때문이야

    A: Were you disappointed in the food I cooked? 내가 요리한 음식에 실망했어?
    B: **It's just that** it tasted terrible. 맛이 끔찍해서 그래.

🔊 **04 I didn't even get to tell you that~** …라는 것을 네게 말조차 못했어

    A: I haven't seen Rachel all day. 난 하루종일 레이첼을 못봤어.
    B: **I didn't even get to tell you that** she left. 걔가 떠났다는 말을 네게 하지도 못했네.

    A: I can't believe you took my new car. 네가 내 새차를 가져가다니 믿을 수가 없네.
    B: **I didn't even get to tell you that** I borrowed it.
    내가 빌려간다는 말조차 하지 못했네.

🔊 **05 What am I doing?** 내가 뭐하는거지?

    A: I see you are playing with kids toys. 너 아이들 장난감갖고 놀고 있구나.
    B: **What am I doing?** This is stupid. 내가 뭐하는거지? 멍청하긴.

🔊 **06 I am afraid S+V** 안됐지만 …해요

    A: I want to buy a car just like yours. 난 너와 같은 차 사고 싶어.
    B: **I am afraid** you can't afford it. 넌 살 여력이 되지 않을거야.

    A: Did you go to see the carnival? 너 카니발 보러 갔어?
    B: **I'm afraid** we stayed at home. 그냥 집에 남아 있었어.

07 take a seat 자리에 앉다

A: I'm here to see one of your doctors. 네 선생님들 중 한 분을 뵈러 왔어요.
B: Take a seat. You'll be here for a while. 자리에 앉으세요. 잠시 기다릴게요.

08 Isn't there any way that~? …할 방법이 뭐 없을까?

A: This diamond ring costs five thousand dollars.
이 다이아몬드 반지는 5천 달러입니다.
B: Isn't there any way that you can make it cheaper?
더 싸게 해주실 수 있는 방법이 뭐 없을까요?

A: Isn't there any way that we can contact her? 우리가 걔에게 연락할 방법이 뭐 없을까?
B: No, we have no e-mail or phone number. 없어. 이메일이나 전화번호가 없어.

A: The detectives say they found nothing. 형사들은 아무것도 발견하지 못했대.
B: Isn't there any way that they can solve the murder?
형사들이 그 살인사건을 해결할 방법이 뭐 없을까?

09 mess around 망치다, 건드리다, 골려먹다

A: There's a gangster that works out at our gym.
우리 체육관에서 운동하는 갱단이 한 명있어.
B: Don't mess around with dangerous people. 위험한 사람들은 건드리지마라.

A: Jane and Britt said I'm in trouble. 제인과 브릿이 그러는데 내가 큰일났대.
B: They are messing around with you. 걔네들 널 골려먹는거야.

10 make jokes 농담을 하다

A: Are you saying your blind date was bad? 네 소개팅이 안좋았다는 말이야?
B: All he did all night was make jokes. 밤새 그 사람이 한 것은 농담뿐이야.

A: Rodin is really fun to be around. 로딘은 정말 같이 있기에 재미있는 사람이야.
B: He is always making jokes. 걘 언제나 농담을 해..

A: I want to die in your apartment. 나 네 아파트에서 죽고 싶어.
B: Don't make jokes about that. 그런 농담은 하지마.

Americna Drama Best Scene 022

I'm your new neighbor, Penny

새로운 이웃, 페니예요

>> **Big Bang Theory**
Season 1 Episode 1 03:40

돈을 벌려고 hi-IQ 정자은행에 갔다 변심해서 집으로 돌아오는 레너드와 쉘든. 집 앞에서 건너편으로 이사온 집의 열린 문사이로 근사한 몸매의 페니를 보고 인사를 하러 온다. science nerd들인 이들은 어색하게 '하이'를 주고 받고 그나마 사람같은 레너드가 방해하려는 것은 아닌데(we don't mean to interrupt) 건너편에 산다(we live across the hall)고 신고한다. 페니는 이 때 Oh, that's nice라고 하는데 레너드는 페니가 자신들이 게이로 착각하는 줄 알고 그 특유의 버벅거리며 그냥 룸메이트라는 뜻을 전달하려고 동거하는게 아니다(we don't live together), 같이 살지만 떨어져 동성이 아닌 이성애자 침실을 쓴다(we live together but in separate, heterosexual bedrooms)라고 한다. 그러자 페니는 자신이 새로운 이웃이라고(I'm your new neighbor, Penny)라고 소개하자, 레너드가 이름을 말하는데(Leonard, Sheldon) 이처럼 I'd like you to meet~란 표현보다 간단히 이름만 대도 좋은 소개표현이 된다. 어색함 속에서 레너드는 같은 건물에 이사온 것을 환영하고(Welcome to the building), 페니는 언제 한번 커피나 먹자고(We can have coffee sometime) 화답한다.

어색한 만남을 뒤로하고 둘은 건너편 집으로 돌아가는데 레너드는 작업을 걸고 싶은 마음에 점심초대를 했어야 되는게 아니냐며 should have+pp의 용법을 활용해 Should we have invited for her to lunch?라고 하는데 철부지 쉘든은 〈배틀스타 칼락티카〉를 봐야 된다고 안된다고 한다. 그리고 예전의 흑인 여장남자인 이웃 사람을 초대하지 않았다고(We never invited Louis slash Louise over) 하면서 형평성을 주장한다. 여기서 slash[/]는 '…이자 동시에 …인'이라는 뜻으로 여장남자이기 때문에 남자인 Louis이자 여자인 Louise를 말하기 위해 슬래쉬를 쓴 것이다. 또한 초대한다고 할 때는 invite sb over for lunch[dinner]로 쓴다는 것도 알아둔다. 그러자 레너드는 그건 우리가 잘못한 것이라고(that was wrong of us), 옹색한 변명을 대고 사교의 범위를 넓혀야(We need to widen the circle) 한다고 주장한다. 쉘든은 이미 자기는 마당발이어서(I have a very wide circle), 마이스페이스에 친구가 212명이나 된다(I have 212 friends on Myspace)라고 하고 레너드는 그래 하지만 아무도 만나지 않잖아(Yes, and you've never met one of them)라고 하자 쉘든은 바로 그게 좋은 점이지(That's the beauty of it)라고 답한다.

이런저런 대화를 더 하고서 레너드의 고집대로 다시 페니의 집으로 간 둘은 어색한 초대를 하게 되고 겨우 알아들은 페니는 Oh, you're inviting me over to eat?라며 좋다고 한다. 페니는 레너드의 집으로 가면서 뭐하고 노냐고 물어보는데(What do you guys do for fun around here?), 눈치라고는 새똥만큼도 없는 쉘든이 오늘 오전에 한 일을 얘기한다. Well, today we tried masturbating for money.

The Best Lines from <Big Bang Theory>

Penny: Oh, okay, well, guess I'm your new neighbour, Penny.

Leonard: Leonard. Sheldon.

Penny: Hi.

Leonard/Sheldon: Hi.

Penny: Hi.

Leonard: Hi. Well, uh, oh, welcome to the building.

Penny: Thank you, maybe we can have coffee sometime.

Leonard: Oh, great.

Penny: Great.

Sheldon: Great.

Leonard: Great. Well, bye.

Penny: Bye.

Sheldon: Bye.

Leonard: Bye. Should we have invited her for lunch?

Sheldon: No. We're going to start Season Two of Battlestar Galactica.

Leonard: We already watched the Season Two DVDs.

페니: 아, 그래요? 그럼 제가 당신들 새 이웃인 것 같네요. 저는 페니예요.

레너드: 레너드입니다. 여긴 쉘든이고요.

페니: 안녕하세요.

레너드/쉘든: 안녕하세요.

페니: 안녕하세요.

레너드: 아, 네. 어, 건물에 오신 걸 환영해요!

페니: 고마워요. 나중에 커피 한잔 할까요?

레너드: 아, 좋아요!

페니: 좋아요.

쉘든: 좋죠.

레너드: 좋아요. 그럼, 안녕히 계세요.

페니: 안녕히 계세요.

쉘든: 안녕.

레너드: 안녕. 우리 점심 같이 하자고 초대했어야 했나?

쉘든: 아냐. 우리 오늘 배틀스타 갤럭티카 시즌 2 시작하기로 했잖아.

레너드: 시즌 2 DVD는 이미 봤잖아.

Sheldon: Not with commentary.

Leonard: I think we should be good neighbors, invite her over, make her feel welcome.

Sheldon: We never invited Louis-slash-Louise over.

Leonard: Well, then that was wrong of us. We need to widen our circle.

Sheldon: I have a very wide circle. I have 212 friends on MySpace.

Leonard: Yes, and you've never met one of them.

Sheldon: That's the beauty of it.

Leonard: I'm going to invite her over. We'll have a nice meal and chat.

Sheldon: Chat? We don't chat. At least not offline.

Leonard: Well, it's not difficult. You just listen to what she says and then you say something appropriate in response.

Sheldon: To what end?

Leonard: Hi. Again.

Penny: Hi.

Sheldon: Hi.

Leonard: Hi.

Penny: Hi.

Leonard: Anyway, um… We brought home Indian food. And, um. I know that moving can be stressful, and I find that when I'm undergoing stress, that good food and company can have a comforting effect. Also, curry is a natural laxative, and I don't have to tell you that, uh, a clean colon is just one less thing to worry about.

쉘든: 감독해설버전은 안 봤잖아.

레너드: 그래도 새 이웃한테 잘하는 게 좋잖아. 초대해서 환영해줘야지.

쉘든: 루이스/루이즈는 한 번도 안 초대했잖아.

레너드: 그럼 우리가 그때 잘못한 거야. 인간관계 좀 넓혀야 해.

쉘든: 난 이미 인간관계 넓은데? 마이스페이스에 친구만 212명이야.

레너드: 그래, 근데 그중 한 명도 실제로 만나본 적 없잖아.

쉘든: 그게 마이스페이스의 매력이야.

레너드: 난 초대할거야. 맛있는 식사하면서 대화도 나누고.

쉘든: 대화? 우리 그런거 안 하잖아. 적어도 오프라인에서는.

레너드: 그리 어려운 일 아니야. 상대 말 듣고, 거기에 맞는 말만 하면 돼.

쉘든: 무슨 목적으로?

레너드: 또 만나네요.

페니: 안녕하세요.

쉘든: 안녕하세요.

레너드: 안녕.

페니: 안녕하세요.

레너드: 아무튼요… 저희가 인도 음식을 사 왔거든요. 이사하면 스트레스 받잖아요. 저는 스트레스 받을 땐 맛있는 음식이랑 좋은 사람이 큰 위로가 되더라고요. 게다가 카레는 천연 완하제잖아요. 깨끗한 대장은 덜 걱정할 일이니까요…

Sheldon: Leonard, I'm no expert here, but I believe in the context of a luncheon invitation, you might want to skip the reference to bowel movements.

Penny: Oh, you're inviting me over to eat?

Leonard: Uh, yes.

Penny: Oh, that's so nice, I'd love to.

Leonard: Great.

Penny: So, what do you guys do for fun around here?

Sheldon: Well, today we tried masturbating for money.

쉘든: 레너드, 내가 전문가까진 아니지만, 식사 초대하면서 배변 얘기는 빼는게 좋아.

페니: 아, 저를 식사에 초대하는거예요?

레너드: 네, 맞아요.

페니: 와, 너무 친절하시네요. 기꺼이 갈게요.

레너드: 좋아요.

페니: 그럼 여기선 보통 뭐하며 놀아요?

쉘든: 음, 오늘은 돈 받고 자위하는 실험해봤어요.

이 장면에서 놓치면 안되는 표현들

🔊 **01 We don't mean to interrupt, ~** 방해하려던 것은 아닌데

A: **I am in the middle of an important call.** 난 중요한 전화를 받고 있는 중이야.
B: **We don't mean to interrupt** anything important.
우리는 중요한 것을 방해하려는 것은 아냐.

🔊 **02 That was wrong of us** 우리가 잘못했어

A: **You never invited me to your house.** 넌 네 집으로 날 초대하지 않았어.
B: **That was wrong of us. We're sorry.** 우리가 잘못했어. 미안해.

🔊 **03 That's the beauty of it** 그게 좋은 점이지

A: **Do you like using this software?** 이 소프트웨어 쓰는거 좋아해?
B: **It works great. That's the beauty of it.** 아주 잘 돌아가. 그게 좋은 점이지.

🔊 **04 I'm going to invite her over** 난 걔를 초대할거야

A: **People say that Della really likes you.** 사람들이 그러는데 델라가 널 좋아한대.
B: **I'm going to invite her over.** 걔를 초대할거야.

🔊 **05 do sth for fun** 놀겸 …을 하다

A: **It seems you guys are always working out.**
너희들은 언제나 운동을 열심히 하는 것 같아.
B: **We just do these exercises for fun.** 우리는 놀겸해서 이 운동을 하고 있는거야.

I'm good to go

>>> **Big Bang Theory**
Season 1 Episode 5 05:30

당장이라도 할 준비가 됐어

역시 괴짜인 여성 scientist인 레슬리가 4중주 연주하는데 대타로 레너드에게 첼로 연주를 해달라고 부탁하고 레너드의 집에서 연주연습을 하는 장면이다. 연습을 끝내고 레슬리가 남아서 레너드를 유혹하는 장면 또한 잊을 수 없다. 특히 연습마저 끝내고 섹스하러 가자고 합의된 두 사람의 연주속도가 과속으로 치닫는 레슬리와 레너드의 표정은 압권이다.

레슬리는 레너드에게 너 괜찮다면(if you're up for it), 중간부분을 다시 연습하자고 제안한다(we could practice that middle section again). 레너드는 당연이 그러자고(Why not?)한다. 하지만 역시 연애에 젬병인 레너드가 말귀를 못알아 들었을까봐 레슬리는 확실히 하고자(Just so we're clear), 자기가 남아서 연습하자고 한 것은(me hanging back to practice with you), 자기와 섹스할 수 있다는 것을(that I'm sexually available) 알려주기 위한 구실(is a pretext for letting you know~)이라고 말해준다. 레너드는 좋아서 Really?하고 이에 레슬리는 당장이라도 할 준비 되었다고 I'm good to go라 한다. 레너드는 자기에게 관심이 없는 줄 알았다며(I thought you weren't interested in me), 의외라고 하는데 레슬리는 괴짜답게 레너드의 두 다리사이에 아름다운 목재품을 다루는 것을 보고(That was before I saw you handling that beautiful piece of wood between your legs) 관심이 생겼다고 한다. 첼로를 말하는 것이냐고 묻자 레슬리가 정리해준다. 자기 말은 누가봐도 뻔한 중의법(crude double entendre)을 쓴 것이고 지금 유혹하는 중이라고 말이다. 이 말에 놀란 레너드가 No kidding?이라고 하자 레슬리는 어쩌겠냐(What can I say?), 자기는 열정적이고 충동적인 여자라고 말하고 섹스하는게 어떠냐고 물어본다. 당황한 레너드에 레슬리는 페니가 걸리냐고 물어보지만 레너드는 둘 사이는 아무 것도 아니라고(There's nothing going on between Penny and me) 한다. 그러자 성적관계를 맺는게 문제없냐고(You're open to a sexual relationship) 재차 확인하는 레슬리. 이후 연습을 빨리 끝내고(Why don't we finish the section first) 섹스하기 위한 그들의 연주는 속도가 점점 붙고 섹스에 안달난 두 사람의 표정연기는 압권이다

The Best Lines from <Big Bang Theory>

Lesley: You're welcome. If you're up for it we could practice that middle section again.

Leonard: Uh, sure, why not.

Lesley: Just so we're clear, you understand that me hanging back to practise with you is a pretext for letting you know that I'm sexually available.

Leonard: Really?

Lesley: Yeah, I'm good to go.

Leonard: I thought you weren't interested in me.

Lesley: That was before I saw you handling that beautiful piece of wood between your legs.

Leonard: You mean my cello?

Lesley: No, I mean the obvious crude double entendre. I'm seducing you.

Leonard: No kidding?

Lesley: What can I say, I'm a passionate and impulsive woman. So how about it?

Leonard: Gee, uh…

Lesley: Is it the waitress?

Leonard: Penny? What about her?

Lesley: Well, I thought I saw your pupils dilate when you looked at her, which, unless you're a heroin addict, points to sexual attraction.

레슬리: 천만에. 괜찮으면 중간 부분 다시 연습할래?

레너드: 어, 그래. 왜 안 되겠어.

레슬리: 확실히 하자면, 내가 남아서 너랑 연습하겠다는 건 사실 너에게 나랑 자도 된다는 신호야.

레너드: 진짜?

레슬리: 응, 준비됐어.

레너드: 너 나한테 관심 없는 줄 알았는데.

레슬리: 그건 내가 네 다리 사이에 있는 멋진 나무 조각 다루는 걸 보기 전이지.

레너드: 첼로 말하는거야?

레슬리: 아니, 노골적인 이중의미지. 나 지금 너 유혹하는거야.

레너드: 진심이야?

레슬리: 뭐 어쩌겠어, 나는 열정적이고 충동적인 여자야. 그래서, 어때?

레너드: 와, 어…

레슬리: 혹시 그 웨이트리스 때문이야?

레너드: 페니? 걔가 왜?

레슬리: 네가 그녀를 볼 때 동공이 확장되던데. 헤로인 중독자가 아닌 이상 그건 성적끌림이라는 뜻이지.

Leonard: Well, I did have a poppy seed bagel for breakfast, which could give a positive urine test for opiates but certainly not dilate my pupils, so I guess there's no point in bringing it up.

Lesley: You and the waitress then?

Leonard: No. No, there's nothing going on between Penny and me.

Lesley: So, you're open to a sexual relationship?

Leonard: Yeah. Yeah, I guess I am.

Lesley: Good.

Leonard: Yeah, yeah it is good. Did you want to start now?

Lesley: Why don't we finish the section first.

Leonard: Oh, okay.

레너드: 아침에 양귀비씨 베이글을 먹긴 했어. 그게 소변검사에 양성 반응이 나올 수는 있지만, 동공까지 확장시키진 않아. 그러니 그 얘긴 넘어가자.

레슬리: 그럼 너랑 그 웨이트리스랑 무슨 사이야?

레너드: 아니야. 페니랑 나 사이엔 아무 일도 없어.

레슬리: 그럼 성적인 관계에 열려 있다는 뜻이야?

레너드: 어, 그런 것 같아.

레슬리: 좋아.

레너드: 어, 좋아. 지금 시작할래?

레슬리: 일단 연습부터 끝내자.

레너드: 어 그래.

이 장면에서 놓치면 안되는 표현들

🔊 **01 be up for it** …할 준비가 되다, …할 의향이 있다

A: **I'm going sailing. Are you up for it?** 나 항해를 할거야. 너 하고 싶어?
B: **No, I really hate being on boats.** 아니, 난 정말 배타는거 싫어해.

🔊 **02 Just so we're clear** 확실하게 해두겠는데

A: **Just so we're clear, the dinner was canceled.** 분명히 말해두는데, 저녁은 취소됐어.
B: **Okay, I'll spread the word to everyone.** 좋아, 모두에게 내가 전달할게.

🔊 **03 ~be available** 이용할 수 있다, …을 할 수 있다

A: **That woman works in my office.** 저 여자는 우리 사무실에서 일해.
B: **She looks great. Is she available?** 걔 대단하게 보여. 걔 가능해?

🔊 **04 I'm good to go** 난 준비가 다 됐어.

A: **Are you sure you are sober enough to drive?** 너 운전할 정도로 술이 깼는지 확실해?
B: **Don't worry about me. I'm good to go.** 내 걱정마. 난 준비 다 됐어.

🔊 **05 What can I say,** 어쩌겠어

A: **I can't believe Holly wanted to meet you.** 홀리가 널 만나고 싶어했다니 믿기지 않아.
B: **What can I say, I attract women.** 어쩌겠어, 내가 여자들에게 먹히는걸.

🔊 **06 there's nothing going on~** 아무런 일도 없다

A: **Why are you still hanging around?** 왜 아직도 돌아다니고 있어?
B: **There's nothing going on in the club tonight.** 오늘밤 클럽에서 아무런 일도 없어.

🔊 **07 be open to~** …할 의향이 있다

A: **Did your friend Bill want to see me again?** 네 친구 빌이 날 다시 보고 싶어했어?
B: **He's open to getting together with you.** 걘 너와 만날 의향이 있어.

🔊 **08 Why don't we~ ?** 우리 …하자

A: **What should we do this weekend?** 이번 주말에 우리는 뭘해야 돼?
B: **Why don't we go visit your parents?** 네 부모님뵈러 가자.

Americna Drama Best Scene 024

What's gotten into him?

>>> **Big Bang Theory**
Season 1 Episode 8 16:19

재 왜 저래?

라지가 부모님의 성화에 어렸을 때 라지를 괴롭혔던 랄리다 굽타와 선을 보게 된다. 예전에는 뚱뚱했지만 지금은 날씬해진 굽타를 보고 라지는 기쁨에 들떠 있는데, 쉘든은 그 여자를 보고 인도 동화에 나오는 판찰리 공주같다고 하면서 감탄하는데, 굽타 또한 부모님 때문에 마지 못해 나온 터라 라지를 제끼고 쉘든과 둘이 저녁을 먹으러 나간다. 물론 쉘든은 단순한 호기심에서 그런 거지만 외관상 친구의 데이트 상대를 빼앗아 가는 것처럼 보인다. 이를 본 하워드는 What's just happened?, 레너드는 Beats the hell out of me라고 한다. 레너드가 한 말은 "나도 모르겠다"라는 표현인 Beats me를 강조하기 위해 사이에 the hell out of를 넣은 것이다. 그러자 바람둥이 하워드답게 인도여자 꼬시는 법을 배웠다고 말한다(I'll tell you what happened. I just learned how to pick up Indian chicks).

이 상황을 안 라지의 부모님은 라지를 혼내고 쉘든은 들어오는데…. 라지의 부모님은 화가 나 밖에 나가서 이야기하자고 한다. 라지가 나간 후 레너드는 쉘든에게 어떻게 된건지 물어보려 하는데, 쉘든은 아무 이상없다는 듯이 잘 자라고(Well, good night)한다. 방으로 들어가는 쉘든을 Hold on이라고 잡고, 너하고 굽타가 어떻게 된거냐(What happened with you and Lalita?)고 물어보는데 천연덕스럽게 쉘든은 식사를 하고(We ate), 그녀가 잇몸병과 심장병사이의 관련성에 대해 강의를 해줬지만(She lectured me on the link between gum disease and heart attacks), 자기는 이미 다 아는 얘기라고(nothing I didn't already know) 말한다. 레너드는 다시 안만날거지 하자(So you're not going to see her again?), 4차원 세계에 사는 쉘든은 내가 왜 걔를 다시 만나냐고 반문하며(Why would I see her again?), 그 다운 이유를 댄다(I already have a dentist). 이 말에 레너드는 혼잣말로 이성관계에는 아무런 감각이 없는 쉘든의 부모님이 손자를 못볼거라는 것을 누가 얘기해줄지 궁금하다고 말한다(I wonder who's going to tell his parents they're not having grandchildren).

장면이 바뀌어서 칵테일바에서 그 유명한 쉘든의 노래장면이 나온다. <지붕위의 바이올린>에 나오는 노래인 To Life!인데 오리지널 가수들보다 더 슬프게 부른다. 이런 모습을 본 레너드는 페니에게 믿기지 않아(I don't believe it), 쟤 왜 저래(What's gotten into him?)라고 묻는다. 바텐더 페니는 쉘든이 주문한 무알콜 칵테일인 Virgin Cuba Libres에 술을 탔다고 말한다(Virgin Cuba Libres that turned out to be kind of slutty). 레너드가 놀라며 설마(You didn't?)라고 하자 페니가 실험은 너희만 하는게 아냐(You do your experiments, I do mine)라고 귀엽게 한 방 날린다.

The Best Lines from <Big Bang Theory>

Howard: What just happened?
Leonard: Beats the hell out of me.
Howard: I'll tell you what just happened, I just learned how to pick up Indian chicks.

....

Mrs. Koothrappali: What are we supposed to say to Lalita's parents?
Dr. Koothrappali: I play golf with her father, I won't be able to look at him.
Raj: Maybe you should keep your eye on the ball, Papa.
Dr. Koothrappali: Oh, now you're a funny man? This is not funny, Mr. Funny Man.
Leonard: Doctor and Mrs Koothrappali, in all fairness, it wasn't entirely Raj's fault.
Dr. Koothrappali: This is a family matter Sheldon.
Leonard: No, I'm Leonard.
Dr. Koothrappali: Oh, sorry, you all look alike to us.

하워드: 방금 무슨 일이 있었던거야?
레너드: 나도 전혀 모르겠어.
하워드: 내가 말해줄게. 난 지금 인도 여자 꼬시는 법을 배운 거야.

....

라지 엄마: 우리 라릴라 부모님께 뭐라고 말씀드려야 하니?
라지 아빠: 난 걔 아빠랑 골프 치는데, 이젠 얼굴도 못 들겠구나.
라지: 그럼 골프 칠 땐 공이나 잘 보세요, 아빠.
라지 아빠: 이젠 웃기는 사람이라도 된거냐? 이거 하나도 안 웃겨, 웃긴 양반아.
레너드: 두 분 말씀 중에 죄송하지만, 이건 전적으로 라지 잘못은 아니에요.
라지 아빠: 이건 우리 가족 문제야, 쉘든.
레너드: 아뇨, 저는 레너드입니다.
라지 아빠: 아, 미안하네. 자네들 다 비슷하게 생겨서 말이지.

Raj: But he's right, Papa, listen to him. (Sheldon enters) You! You are the one who ruined everything!

Mrs. Koothrappali: Who is it? We can't see.

Dr. Koothrappali: Turn us, turn us.

Raj: Go ahead, tell my parents why they won't have any grandchildren.

Sheldon: How would I know, do you have a low sperm count?

Raj: This has nothing to do with my sperm count.

Mrs. Koothrappali: You are wearing the boxers that we sent you, aren't you Rajesh.

Raj: Yes Mommy.

Mrs. Koothrappali: Because you know what happens to the samosas when you wear the tidy whities.

Raj: Can we please stop talking about my testicles? Sheldon, tell them what you did.

Sheldon: What did I do?

Leonard: You left with his date. Friends don't do that to each other.

Sheldon: Oh. Alright, noted. Sorry.

Raj: Sorry? That's all you can say is sorry?

Leonard: Take it, Raj. It's more than I've ever gotten.

Sheldon: And may I point out she wouldn't have asked me to go with her if you hadn't been drunk and boring.

Dr. Koothrappali: Drunk?

Sheldon: And boring, her words.

Dr. Koothrappali: I knew it, he moves to America and becomes an alcoholic.

Raj: I'm not an alcoholic.

라지: 하지만 아빠, 이 친구 말이 맞아요. 들어보세요. (쉘든에게) 너! 네가 다 망쳐놨어!

라지 엄마: 누구니? 우린 안 보여.

라지 아빠: 우리 좀 돌려줘. 방향 좀 바꿔.

라지: 자, 말해봐. 왜 우리 부모님이 손주를 못 보게 될지.

쉘든: 내가 어떻게 알아. 네 정자 수라도 적니?

라지: 그건 정자 수량은 상관없어!

라지 엄마: 우리 보내준 박서팬티는 입고 있지, 라지?

라지: 네, 엄마.

라지 엄마: 타이트한 팬티 입으면 사모사(은유적으로 고환) 어떻게 되는지 알잖니.

라지: 제발 내 고환 얘기는 그만하자고요. 쉘든, 네가 무슨 짓 했는지 말해!

쉘든: 내가 뭘 했는데?

레너드: 네가 라지의 데이트 상대랑 나갔잖아. 친구끼리는 그런 짓 안 해.

쉘든: 아. 알겠어. 미안.

라지: 미안? 미안하다는게 끝이야?

레너드: 받아들여, 라지. 난 그보다도 못 받은 적 있어.

쉘든: 덧붙이자면, 네가 술 안 마시고 지루하지 않았으면 그녀가 나랑 가자고도 안 했을걸.

라지 아빠: 술 마셨다고?

쉘든: 그리고 지루하다고 했어요. 그녀 말이에요.

라지 아빠: 그럴 줄 알았다. 미국 가더니 알코올중독자가 됐구나.

라지: 저 알코올중독자 아니에요.

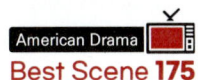

Dr. Koothrappali: Then why were you drunk?

Raj: It was just this one time, Papa, I swear.

Dr. Koothrappali: Are you in denial? Do we have to come over and do an intervention?

Mrs. Koothrappali: Don't embarrass him in front of his friends.

Dr. Koothrappali: Alright. Carry us outside, we want to talk to you in private.

Raj: But Papa, please....

Dr. Koothrappali: Now, Rajesh.

Raj: (to Leonard and Sheldon) I have to go.

Dr. Koothrappali: Now listen to me....

Raj: Please wait until I get into the hall.

Sheldon: Okay, well, good night.

Leonard: Hold on. What happened with you and Lalita?

Sheldon: We ate. She lectured me on the link between gum disease and heart attacks, nothing I didn't already know, and I came home.

Leonard: So you're not going to see her again?

Sheldon: Why would I see her again? I already have a dentist. (Exits)

Leonard: I wonder who's going to tell his parents they're not having grandchildren.

Leonard: I don't believe it, what's gotten into him?

Penny: Oh, maybe a couple of virgin cuba libres that turned out to be kind of slutty.

Leonard: You didn't?

Penny: Hey, you do your experiments, I do mine.

라지 아빠: 그럼 왜 술 마셨어?

라지: 딱 한 번이었어요, 아빠. 맹세해요.

라지 아빠: 현실 부정하니? 우리가 가서 중재라도 해야 하겠니?

라지 엄마: 얘 친구들 앞에서 망신 주지 마세요.

라지 아빠: 알겠어. 우리 좀 밖으로 데려가라. 너랑 단둘이 얘기 좀 하자.

라지: 하지만 아빠, 제발…

라지 아빠: 지금이야, 라지.

라지:(레너드/쉘든에게) 나 가야겠어.

라지 아빠: 자, 내 말 잘 들어라…

라지: 제발, 복도 나갈 때까지만 기다려 주세요.

쉘든: 그래, 잘가.

레너드: 잠깐만. 라릴타와는 어떻게 됐어?

쉘든: 식사하고 걔가 치주염과 심장마비와의 관계에 대한 강의를 했는데, 내가 몰랐던 건 없고, 그리고 집에 왔어.

레너드: 그럼 걔를 다시 만나지 않을거지?

쉘든: 왜 내가 걔를 다시 만나? 난 다니는 치과가 있는데.

레너드: 손자 못보실거라고 쉘든 부모에게 누가 말해야 하나.

∙∙∙∙∙∙∙∙∙∙∙∙∙∙∙∙∙∙∙∙∙∙∙∙∙∙∙∙∙∙∙∙∙∙∙∙

(셸든이 피아노를 치며 Fiddler on the Roof의 "To Life"를 열정적으로 부르고 있다.)

레너드: 믿을 수 없네. 쟤 왜 저래?

페니: 아마도 '순수한' 쿠바 리브레 몇 잔이 알고 보니 꽤 물렁했나 보지.

레너드: 너 진짜 그렇게 한건 아니지?

페니: 너도 실험하잖아. 나도 내 실험 좀 한거야.

이 장면에서 놓치면 안되는 표현들

🔊 **01** **Beats me** 몰라

    A: Did you get the results of the math problem? 너 그 수학문제 답 풀었어?
    B: **Beats me.** I thought you knew the answer.
        몰라. 난 네가 답을 알고 있다고 생각했는데.

🔊 **02** **I'll tell you what happened** 무슨 일이었는지 말해줄게

    A: I heard you got into a fight at the bar. 너 바에게 싸움했다며.
    B: **I'll tell you what happened,** but get me a drink first.
        어떻게 됐는지 말해줄게, 하지만 먼저 술한잔 갖다 주라.

🔊 **03** **pick up** (여자) 낚다, 선택하다, 집다, (상황이) 좋아지다

    A: What was Arami doing in the restaurant? 아라미가 식당에서 뭘 하고 있었어?
    B: He tried to **pick up** some Indian chicks. 걘 인도여자를 꼬실려고 하고 있었어.

🔊 **04** **I wonder who's going to tell~** 누가 얘기를 해줄까 궁금해

    A: Those girls seem to sleep around a lot. 저 여자들은 이 사람 저 사람들과 잠을 자는 것 같아.
    B: **I wonder who's going to tell** their secrets. 누가 걔네들의 비밀을 말해줄지 궁금하네.

🔊 **05** **What's gotten into him?** 쟤 왜 저래?

    A: Arthur spent most of his money in the casino.
        아서는 카지노에서 자기 돈 대부분을 써.
    B: **What's gotten into him?** He shouldn't do that. 쟤 왜 저러는거야? 그러면 안돼지

Let me know: This means "Tell me something later" or "Give me your answer about something later."
Let me see: This means "Let me think about something" or "Let me try to remember."
Let's say: This means "I think..." or "My idea about this is..."
Let's just say~: This can mean the same thing as "Let's say..." It can also mean "I'm going to give you a hint about something, but I won't tell you all of the details."
Say, ~: Often this is used to begin speaking to someone.

Americna Drama Best Scene 025

Take me with you!

나도 데려가줘!

>> Big Bang Theory
Season 1 Episode 11 15:41

<빅뱅이론>에서 또 하나 빼놓을 수 없는 장면은 페니가 쉘든이 아팠을 때 노래불러주는 것이다. 독감에 걸린 쉘든, 아프면 어떻게 뒤치닥거리를 하는지 경험한 레너드, 하워드, 라지는 피신해서 영화를 보고 있고 페니가 쉘든을 돌보는(take care of) 장면이다. 침대에 눕히고 나가는 페니에게 어떤 병을 들고 자기 가슴에 문질러 달라(Will you please rub this on my chest?)라고 한다. 그러자 페니는 아무리 정신적으로 사춘기(pubic age)가 안지난 친구지만 다 큰 성인의 털난 가슴을 문질러 달라는 말에 그냥 혼자하면 안되냐고(Can't you do that yourself?) 사정한다. 하지만 쉘든이 누구냐! 감기크림인 Vaporub을 자기가 바르면 손에서 냄새난다(Vaporub makes my hands smell funny)고 떼를 쓰고, 결국 페니는 자리를 잡으면서 스스로 이런 것을 하는 거에 놀란다(I can't believe I'm doing this). 하지만 시작하자 바로 지적을 받는데, 시계 반대방향으로 문지르라고 한다(counter-clockwise), 그렇지 않으면 가슴털이 헝클어진다(or my chest hair mats)라고 한다.

그리고 한다는 말이 그 유명한 노래 "Soft Kitty"라는 노래를 아냐고 물어본다. 엄마가 아플 때 불러주곤 했던 노래(My mom used to sing it to me when I was sick)란다. 페니가 모른다고하자, 모르는게 없는 쉘든 왈, 가르쳐준다고(I'll teach you) 하고 노래를 부르기 시작한다. Soft kitty, warm kitty…. 쉘든에게 배운 페니가 노래를 부르다 가사를 잊어버려 잠시 가슴 문지르는 것을 멈추자, 쉘든은 가사를 알려줌과 동시에 계속 문지르라고K(eep rubbing) 한다.

이때 영화를 보다 안경이 깨져서 집에 있는 안경을 찾으러 온 세명. 군사작전을 방불케하는 쇼를 벌이다 그만 페니에게 들킨다. 페니의 첫마디는 이 쥐새끼 같은 놈!(You rat bastard!). 이어 일부러 자기를 쉘든과 있게 만들었다(You deliberately stuck me with Sheldon)고 화를 내고 레너드는 어쩔 수 없었다고, 너도 걔가 어떤지 알지 않냐(I had to, you see what he's like)고 변명을 한다. 이때 쉘든이 자기를 찾자, 페니는 레너드가 집에 왔다(Leonard's home!)고 하고 감기크림병을 주면서(Here you go) 행운을 빈다고 빈정거리고 간다. 이때 쉘든의 "Leonard, I'm hungry!"라는 말에 레너드는 황급히 도망가며 페니에게 절규한다, Take me with you!

The Best Lines from <Big Bang Theory>

Penny: Okay, nice and cosy, okay, I'll see you later.

Sheldon: Wait. Will you please rub this on my chest.

Penny: Oh, Sheldon, can't you do that yourself?

Sheldon: Vaporub makes my hands smell funny.

Penny: But Sheldon....

Sheldon: Please, please, please, please, please, please, please.

Penny: I can't believe I'm doing this.

Sheldon: No, no, counter-clockwise or my chest hair mats.

Penny: Sorry.

Sheldon: Can you sing "Soft Kitty".

Penny: What?

Sheldon: My mom used to sing it to me when I was sick.

Penny: I'm sorry, honey, I don't know it.

Sheldon: I'll teach you. "Soft kitty, warm kitty, little ball of fur, happy kitty, sleepy kitty, purr purr purr." Now you.

Penny: (after a loud sigh) Soft kitty, warm kitty...

Sheldon: Little ball of fur. Keep rubbing.

Penny: (through gritted teeth) Little ball of fur.

페니: 좋아, 포근하게 누웠네. 그럼 이만 갈게.

쉘든: 잠깐만. 이거 내 가슴에 좀 발라줄래?

페니: 아, 쉘든, 그건 네가 스스로 할 수 있잖아.

쉘든: 베이퍼럽 바르면 손 냄새가 이상해져.

페니: 하지만 쉘든…

쉘든: 제발, 제발, 제발, 제발…

페니: 내가 이걸 하고 있다니 믿을 수가 없네.

쉘든: 아니, 아니, 시계 반대 방향으로 발라야 내 가슴 털이 엉키지 않아.

페니: 미안.

쉘든: "Soft Kitty" 불러줄 수 있어?

페니: 뭐라고?

쉘든: 아플 때 엄마가 항상 불러주셨어.

페니: 미안, 자기야. 난 그 노래 몰라.

쉘든: 가르쳐줄게. "부드러운 고양이, 따뜻한 고양이, 작은 털뭉치, 행복한 고양이, 졸린 고양이, 야옹야옹." 이제 당신 차례야.

페니: (큰 한숨 쉬며) 부드러운 고양이, 따뜻한 고양이…

쉘든: 작은 털뭉치. 계속 발라줘.

페니: (이를 악물고) 작은 털뭉치…

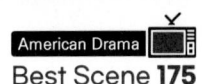

Leonard: What do you see, what do you see.

Raj: The living room appears to be empty.

Leonard: Okay, he must be in his bedroom. My spare glasses are in my bedroom, on my dresser, next to my Bat-signal.

Howard: I'm not going in there.

Leonard: Raj?

Raj: No way, Jose.

Leonard: Well I can't do it, I can't see anything.

Howard: It's all right, wireless mini-cam and Bluetooth headset. We'll be your eyes.

Leonard: Fine.

Howard: One more thing. This is a subsonic impact sensor. If Sheldon gets out of bed and starts to walk, this device will register it and send a signal to the laptop. At that point, based on the geography of the apartment and the ambulatory speed of a sick Sheldon, you'll have seven seconds to get out, glasses or no glasses.

Leonard: Won't my footsteps set it off?

Howard: No, you'll be on your hands and knees. Now you'll need to get the sensor as close as you can to Sheldon's room.

Leonard: Well, how do I carry it if I'm on my hands and knees?

....

Howard: Stay low. Bear left. Now keep true.

Leonard: What?

Howard: It means go straight.

Leonard: Then just say go straight.

셸든 집 거실 도어 (파이버 광학 카메라가 문 밑으로 삽입되고 화면이 카메라 시점으로 전환됨)

레너드: 뭐 보여? 뭐 보여?

라지: 거실엔 아무도 없는 것 같아.

레너드: 좋아, 그럼 침실에 있겠네. 내 예비 안경은 침실 화장대, 배트 시그널 옆에 있어.

하워드: 난 거긴 안 들어가.

레너드: 라지?

라지: 절대 안 돼, 호세.

레너드: 난 못 해. 아무것도 안 보여.

하워드: 괜찮아, 무선 미니 캠이랑 블루투스 헤드셋이 있으니까 우리가 네 눈이 되어줄게.

레너드: 좋아.

하워드: 하나 더. 이건 저음파 충격 센서야. 쉘든이 침대에서 일어나 걷기 시작하면 신호가 노트북으로 전송돼. 그 시점부터, 아파트의 구조와 아픈 쉘든의 보행 속도를 기준으로 계산했을 때, 너에겐 안경을 쓰든 안 쓰든 7초의 도망칠 시간이 있어.

레너드: 내 발소리는 감지 안 돼?

하워드: 아니, 넌 네 발로 기어갈거니까. 이제 쉘든의 방에 최대한 가까운데 이 센서를 설치해야 돼.

레너드: 그럼 손발로 기면서 이걸 어떻게 들고 가?

....

(**장면**: 레너드가 센서를 이로 물고 기어가는 모습)

하워드: 낮게 움직여. 왼쪽으로 가. 그대로 직진해.

레너드: 뭐라고?

하워드: 직진하라는 뜻이야.

레너드: 그럼 그냥 직진이라고 해.

Howard: You don't stay go straight when you're giving bearings, you say keep true.

Leonard: Alright (bangs head on a trunk.) I just hit my head.

Howard: Because you didn't keep true. (Time shift, Leonard is now outside bedrooms) Okay, turn right.

Raj: The… the picture's breaking up.

Howard: Angle your head to the right. A little more. A little more. (Leonard now has his head at right angles to his body) That's it, now just keep true. Alright, you're close enough to Sheldon's room, deploy the sensor. Now turn it on.

Leonard: It wasn't on?

Howard: No.

Leonard: Then why did I have to crawl?

Howard: Oh, I guess you didn't.

Leonard: Okay, it's on.

Howard: Good. From this point forward you will have to crawl.

Leonard: I know.

Howard: Hang on, the sensor's picking up something, turn your head back. (Camera angle shows a pair of female legs.)

Penny: You rat bastard.

Howard: (running down stairs with Raj) Told you the sensor would work.

Leonard: Hi!

Penny: You deliberately stuck me with Sheldon.

Leonard: Well, I had to, you see what he's like.

하워드: 항법 지시할 땐 "직진"이 아니라 "keep true"라고 해.

레너드: 알겠어. (쿵) 머리 박았어.

하워드: 너 직진 안해서 그렇잖아.

하워드: 좋아, 이제 오른쪽으로.

라지: 화면이 끊겨.

하워드: 머리 좀 오른쪽으로… 됐어. 계속 직진 유지하고. 거의 쉘든의 방에 근접했으니, 센서 설치하고… 이제 켜.

레너드: 꺼져 있었던거야?

하워드: 응.

레너드: 그럼 왜 기어간거야?

하워드: 어… 안 그래도 됐었네?

레너드: 좋아, 이제 켜졌네.

하워드: 좋아. 이 지점부터 앞으로 쭉 기어가야 돼.

레너드: 알아.

하워드: 잠깐만, 센서가 뭐가 감지했어… 머리 돌려봐… (카메라 화면에 여성 다리가 보임)

페니: 이 쥐새끼 같은 자식.

하워드: (라지와 함께 도망치며) 센서 잘 작동할거라 했잖아.

레너드: 안녕!

페니: 일부러 쉘든 맡긴거였지?

레너드: 어쩔 수 없었어. 걔 어떤지 알잖아.

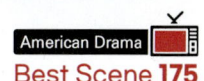

Sheldon: (off) Penny! Penny, I'm hungry.

Penny: Uh, it's okay, sweetie, good news, Leonard's home!

Leonard: No!

Penny: (handing him vaporub) Here you go, good luck, bye.

Leonard: W-wait!

Sheldon: Leonard, I'm hungry!

Leonard: Wait! Penny! Take me with you!
(Runs after her and bumps into pillar. Falls semi-conscious to the floor. Sheldon appears in his comforter.)

쉘: (밖에서) 페니! 페니! 배고파!

페니: 괜찮아, 자기야. 좋은 소식이 있어. 레너드가 왔어!

레너드: 안돼!

페니: 자, 여기. 행운을 빌어, 안녕!

레너드: 자, 잠깐만!

쉘든: 레너드! 나 배고파!

레너드: 잠깐만! 페니! 나도 데려가! (기둥에 부딪혀 쓰러짐. 쉘든이 이불을 두르고 등장)

이 장면에서 놓치면 안되는 표현들

01 take care of 돌보다, 처리하다
A: Is there anything I can do to help you? 널 돕기 위해 내가 뭐 해줄게 있어?
B: Can you **take care of** the kitchen chores? 부엌일 좀 처리해줄테야?

02 rub sth on one's chest …의 가슴에 …을 바르다
A: What am I supposed to do with this lotion? 이 로션을 어떻게 하라고?
B: Just **rub** it **on your chest**. 그냥 네 가슴에 발라.

03 Can't you do that yourself? 혼자 할 수 없어?
A: Will you please put away my books? 내 책들 좀 치워줄테야?
B: You don't need help. **Can't you do that yourself?**
넌 도움이 필요없어. 혼자 하면 안돼?

04 I can't believe I'm doing this 내가 이렇게 하고 있다는게 믿겨지지 않아
A: **I can't believe I'm doing this** for you. 내가 널 위해 이러고 있다는게 믿겨지지 않아.
B: It's about time you gave me some help. 네가 나를 좀 도와줄 때가 됐어.

05 used to~ …하곤 했어
A: It seems like you are familiar with this area. 너 이 지역을 잘 아는 것 같아.
B: I **used to** live on this side of town. 마을 이쪽에서 예전에 살았어.

06 keep ~ing 계속해서 …하다
A: The car doesn't work like it should. 자동차가 정상적으로 작동하지 않아.
B: Just **keep** try**ing** to fix it. 계속해서 고쳐보도록 해.

07 stick me with~ 나를 꼼짝없이 …을 하게 하다
A: What are you so upset for? 뭐 때문에 그렇게 화가 났어?
B: You **stuck** me **with** a weird blind date. 네가 이상한 소개팅에 나를 꼼짝못하게 했잖아.

08 You see what he's like 걔가 어떤지 알지
A: Roger has been pissing off everyone. 로저는 사람들을 모두 다 짜증나게 하고 있어.
B: **You see what he's like.** He's nuts. 걔가 어떤지 알잖아. 또라이야.

Americna Drama Best Scene 026

Will you go out with me?

나와 데이트할래요?

>>> **Big Bang Theory**
Season 1 Episode 15 17:27

이 에피소드에서의 주인공은 쉘든의 이란성 쌍둥이이자 핫걸인 미시와 라지일게다. 첫장면에서 라지는 학교게시판에서 인간관계의 각종 공포증을 겪고 있는 사람들을 치료하는 약을 실험하고 있다는, 그래서 약을 복용할 지원자를 모집한다는 내용을 본다. 바로 이어서 쉘든의 방에서 쉘든의 여동생이 나오고 다들 몸매에 봉간 상태에서 통성명을 하는데, 술없이는 이성 앞에서 말을 못하는 라지는 그만 주머니에 손을 넣고 뚜벅뚜벅 걸어가다 다시 돌아와 약복용실험대상자 게시물을 떼어간다.

부작용이 있지만 약을 먹은 라지는 술없이도 얘기를 할 수가 있게 되고, 레너드, 하워드와 함께 미시에게 작업걸기 위한 수컷들의 치열한 싸움이 벌어진다. 결국 순위에 따라 페니 집에 피신해 있는 미시에게 차례대로 찾아가 데이트신청을 한다. 먼저 레너드는 득의양양 페니집을 노크하고 좀 찜찜했던지 페니에게 어떻게 지내냐(How's it going?)고 묻고 데이트하는 친구 마이크와 아직도 잘 되고 있냐고(Listen, that guy Mike that you were dating, is that still going on?)고 묻는다. 잘 되고 있는데 왜 그러냐고 묻는(Pretty much, why?) 페니에게 레너드는 별거 아니고, 그냥 최근 소식을 듣고 싶어서(Nothing, just catching up)라고 하고 바로 본론으로 들어가, 그건 그렇고 미시하고 얘기할 수 있냐고 묻는다(By the way, may I speak to Missy, please?). 페니는 Of course라고 하고 뒤에서 등장한 미시는 무슨 일이냐고 한다(Hi, Leonard, what's up?). 레너드는 내일 출발하는데 저녁 같이 외식할 수 있냐고 물어본다(Well, since you're leaving tomorrow I was wondering if you'd like to go out to dinner with me?). 하지만 미시의 대답은 단호하고(That's so sweet. But no thanks), 다시 한번 확인하는(You have other plans, or~?) 레너드의 실낱같은 간절함을 단칼에 베어버린다. 바로 포기한 레너드는 저녁 즐겁게 지내라(Alright, enjoy the rest of your evening)고 매너남답게 인사하고 방으로 돌아온다.

다음 타자는 바람둥이 하워드. 페니는 다 알면서도 무슨 일이냐고 묻고(What do you want, Howard?) 능글맞은 하워드는 I'm fine, thanks for asking이라고 답하고 미시를 잠깐 만나러 왔다고(I've come to call on Missy) 한다. 여기서 call on은 전화하다가 아니라 잠깐 방문하러 왔다는 표현이다. 하워드는 징그럽게 자기 소개를 하고, 마술을 좋아하냐고 묻지만(The amazing Howard. Do you like magic?), 돌아오는 대답은 Not really. No. 이 말에 물러서면 하워드가 아니징~. 그럼 한 번 즐겨보시라(Then you are in for a treat)고 한 다음에 어설픈 마술을 보여주며 "Will you go out with me?"라고 적힌 노란천을 펼쳐보이고 미시는 단호히 No라고 한다. 이에 다시 조그만 천을 보여주는데 "Are you sure?"이라는 간절함이 배어있다.

마지막으로 압권은 라지이다. 실험용 약을 먹고 있는 라지는 페니의 집을 노크하고 라지는 고맙다고 인사를 하는 도중 그만 예전의 라지로 돌아간다. 안타까운 페니는 약효가 떨어진거냐고 (Honey, is your medication wearing off?) 물어보지만 더 이상 라지는 말을 하지 못한다. 이때 미시는 네가 오기를 바랬다고 하는데(Oh, hi, cutie pie. I was hoping you'd show up), 이 좋은 찬스에서 라지는 그만 최선을 다하지만 강아지처럼 끙끙거린다. 첫 장면에서처럼 건들건들 걸어가는 모습은 웃음을 참을 수 없는 명장면이다. 미시의 마지막 말이 비참함을 더하는데 저런 소리를 내는 강아지가 있었는데 묻어야만 했다고(We had a dog who made a noise like that. Had to put him down) 한다.

The Best Lines from <Big Bang Theory>

Leonard: Excuse me while I go tell Missy the good news. (leaves and knocks on Penny's door.)

Penny: (answering) Ah, hey Leonard.

Leonard: Hi Penny, how's it going. Listen, that guy Mike that you were dating, is that still going on?

Penny: Uh, pretty much, why?

Leonard: Nothing, just catching up. By the way, may I speak to Missy please?

Penny: Of course.

Missy: Hi, Leonard, what's up?

Leonard: Well, since you're leaving tomorrow I was wondering if you'd like to go out to dinner with me?

레너드: 미시한테 좋은 소식 전하러 갔다 올게. (레너드가 페니의 문을 두드림)

페니: 아, 안녕 레너드.

레너드: 안녕, 잘 지냈어? 저기, 너랑 데이트하던 마이크라는 남자 아직 사귀고 있는거야?

페니: 응, 거의 뭐 그렇지. 왜?

레너드: 아니야, 그냥 근황 물어본 거야. 그런데, 미시랑 잠깐 얘기해도 될까?

페니: 그럼, 물론이지.

미시: 안녕, 레너드. 무슨 일이야?

레너드: 내일 떠난다고 해서, 오늘 나랑 저녁 같이 먹을래?

Missy: That's so sweet. But no thanks.

Leonard: Oh. You have other plans, or...?

Missy: No.

Leonard: Oh. Alright uh... enjoy the rest of your evening.

Missy: Thanks. See you.

Leonard: (returning) Um, here's something we didn't anticipate.

(Time shift. Penny opens door to Howard.)

Penny: What do you want, Howard?

Howard: I'm fine, thanks for asking. I've come to call on Missy.

Penny: Missy?

Missy: Hi Howard.

Howard: The amazing Howard. Do you like magic?

Missy: Not really. No.

Howard: Then you are in for a treat. Behold, an ordinary cane. (taps against doorpost. While humming he tries to perform a trick, but the cane falls in half with a yellow handkerchief flying out. Howard has to retrieve the pieces.) Da-dah! (emerges with the handkerchief, on which are written the words "will you go out with me?")

Missy: No.

Howard: Okay. (Does something with hands, from which another yellow handkerchief emerges. This one reads "are you sure?" Missy closes the door.)

(Time shift. Penny opens the door to Raj.)

Penny: Missy?

미시: 정말 고마워. 하지만 사양할게.

레너드: 아… 다른 약속이 있거나 그런거야?

미시: 아니.

레너드: 아, 그래… 그럼 남은 저녁 잘 보내.

미시: 고마워. 또 봐.

레너드: (돌아오며) 음… 우리가 예상 못한 일이 하나 생겼어.

(**장면 전환**: 하워드가 페니 집 문을 두드림)

페니: 뭐야, 하워드?

하워드: 나야 잘 지내, 물어봐줘서 고마워. 미시 보러 왔어.

페니: 미시?

미시: 안녕, 하워드.

하워드: 마법 같은 하워드 등장! 마술 좋아해?

미시: 별로 안 좋아해. 아니.

하워드: 그럼 더 재미있을거야. 자, 보통 지팡이 하나! (지팡이를 문에 툭툭 치며 마술 시도 → 지팡이가 부러지며 노란 손수건이 날아감) (지팡이 조각을 주워 와서) (손수건에 쓰인 문구: "Will you go out with me?" = 나랑 데이트할래?)

미시: 아니. (다른 손에서 또 하나의 손수건 꺼냄 → 문구: "Are you sure?" = 진짜 확실해?)

(**장면 전환**: 라지가 도착, 페니가 문 열어줌)

페니: 미시 불러줘?

Raj: Thank you. I apprec.... (looks panicked) apprec.... appreeee.... oh-oh.

Penny: Oh, honey, is your medication wearing off? (Raj nods.)

Missy: Oh, hi, cutie pie. I was hoping you'd show up. (Raj attempts to speak. All that emerges is a high pitched wail. After a few more attempts he turns and leaves down the stairs, still making the same sound.)

Missy: We had a dog who made a noise like that. Had to put him down.

라지: 고마워. 감사… 감사… 아… ㅇㅇ…

페니: 오, 약 기운 다 빠졌구나? (라지가 고개 끄덕임)

미시: 안녕, 귀요미. 너 오길 바라고 있었는데. (라지 말하려 하지만 높은 신음소리만 나옴. 몇 번 더 시도하다가 결국 계단 쪽으로 도망감)

미시: 우리 집 개도 그런 소리 냈었는데… 안락사시켰어.

이 장면에서 놓치면 안되는 표현들

🔊 **01 How's it going?** 어떻게 지내?, 안녕?

A: **How's it going?** Are you feeling okay? 어떻게 지내? 기분 좋아?
B: Yes, I'm just feeling a little gloomy. 응, 좀 기분이 울적해.

🔊 **02 Is that still going on?** 아직도 하고 있어?

A: We are headed down to see the art festival. 우리는 예술제를 보러 가고 있어.
B: The art festival? **Is that still going on?** 예술제? 아직도 하고 있어?

🔊 **03 catch up** 새로운 소식을 듣다

A: Were you out on a date with Jill? 너 질과 데이트했어?
B: We **were just catching up** over coffee. 단지 커피마시면서 소식을 주고 받았어.

🔊 **04 What's up?** 안녕?, 무슨 일이야?

A: I feel like I really need your advice. 난 정말 네 조언이 필요해?
B: **What's up?** Is there something troubling you? 무슨 일이야? 뭐 곤란한게 있어?

🔊 **05 I was wondering if you'd like to~** 너 …하고 싶어?

A: **I was wondering if you'd like to** see a movie. 너 영화를 볼래?
B: Sure. Got anything interesting in mind? 좋아. 뭐 생각해둔거 있어?

🔊 **06 go out to dinner with me** 나와 함께 나가서 저녁을 먹다

A: You should **go out to dinner with me** Saturday.
넌 토요일 나와 함께 저녁 외식하자.
B: I can't. My whole weekend will be very busy. 안돼. 주말 내내 무척 바쁠거야.

🔊 **07 You have other plans,** 너 다른 계획이 있구나,

A: I don't have time to meet up with you. 널 만날 시간이 없어.
B: **You have other plans,** so I'll wait. 다른 계획이 있구나, 내가 기다릴게.

🔊 **08 enjoy the rest of your evening** 남은 저녁을 즐기다

A: This has been a very nice dinner. 정말 멋진 저녁식사였어요.
B: Please **enjoy the rest of your evening.** 남은 저녁 즐겁게 보내세요.

09 thanks for asking 물어봐줘서 고마워

A: How do you feel after leaving the hospital? 퇴원후에 어때?
B: I feel normal again, **thanks for asking.** 다시 정상이 된 기분이야, 물어봐줘서 고마워.

10 I've come to call on~ …을 만나러 왔어

A: What are you doing at our apartment? 내 아파트에는 무슨 일이야?
B: **I've come to call on** Missy. Is she here? 미시를 만나러 왔어. 걔 있어?

11 Then you are in for a treat 그럼 (대접할테니) 즐겨보세요

A: I really love watching soccer matches. 난 정말 축구게임 보는 걸 좋아해.
B: **Then you are in for a treat.** 그럼 즐겨 봐.

12 Will you go out with me? 나와 데이트할래?

A: How about a date? **Will you go out with me?** 데이트어때? 나와 함께 외출할래?
B: No, I think we'd be totally wrong for each other.
아니, 우리는 서로 전혀 안맞는 것 같아.

13 Is your medication wearing off? 네 약 약효가 떨어진거야?

A: **Is your medication wearing off?** You seem sick.
네 약효가 떨어진거야? 아파보여.
B: Maybe I should take some more pills. 약을 좀 먹어야 되겠어.

14 I was hoping you'd show up 네가 오기를 바랬어

A: Hey Sam, I stopped by just to see you. 야, 샘, 너 보려고 잠시 들렸어.
B: Thanks. **I was hoping you'd show up.** 고마워. 네가 오기를 바랬어.

15 put down 나이든 동물을 안락사시키다

A: Weren't you supposed to date Greg? 너 그렉과 데이트하기로 되어 있지 않았어?
B: He wanted me, but I had to **put** him **down.**
걘 날 원했지만 난 걔를 거절해야만 했어.

Americna Drama Best Scene 027

I'm pretty sure I never said that

난 절대 그렇게 말한 적이 없어

>>> Big Bang Theory
Season 1 Episode 17 04:20

마이크란 사람하고 데이트하던 페니는 갑자기 레너드의 집으로 와서 창가에 대고 내쫓은 마이크를 향해 아이팟을 던지고 결별을 선언한다. 착한 레너드는 페니의 집으로 와서 위로를 하는 장면이다. 페니는 마이크는 자기가 여짓껏 만났던 사람하고는 좀 다를 거라고(I really thought Mike was different) 생각했고 또한 섬세하고 똑똑하다고 생각했다고 말한다. 거의 마이크의 똑똑함과 scientist nerd하고는 다른 일반차원의 똑똑함, 즉 레너드처럼 이상하게 똑똑한게 아니라 일반인의 기준에서라고 부연설명해준다(I mean, not you smart, normal non-freaky smart). 그런데 마이크가 전세계 사람들이 읽을 수 있게끔 블로그에 자기에 관한 글을 씀으로써 자기에게 모욕을 줬다고 소리친다(he just goes and has to humiliate me by writing about me on his blog so the entire world can read it). 레너드는 위로한답시고 페니의 성생활에 대한 마이크의 블로그를 찾기 어렵다(Actually it's not all that easy to find)고 하는데, 페니는 직장동료와 동생이 봤고(my friends at work found it, my sister found it), 그리고 이메일을 보고 판단하건대(judging by my email), 미시건의 주립교도소(Michigan State Penitentiary)에서도 봤다고 말한다. 여기서 email은 단수형태로도 복수의 의미를 쓴다는 것을 알아두어야 한다.

그러자 블로그 내용을 모르는 레너드는 그 친구가 뭐라고 썼는지 물어보려다(what exactly did this guy write), 페니의 성생활을 보려는 것이 아니라는 자기의 진의를 말하려다(not that I need to know the details of your sex life), 그만 신경쓰지말라고(Never mind) 한다. 페니는 아니라고(Nope)하며 다들 본건데라며 자포자기 심정으로 노트북을 가리키며 보라고 하며(you know what, you might as well read it, everybody else has, go ahead), 다시한번 배신감에 울부짖으며 쥐구멍이라도 있으면 들어가 죽고 싶다고 외친다(Oh God, I just feel so betrayed and embarrassed. I just want to crawl into a hole and die). 블로그 내용을 보는 레너드는 또 위로한답시고 새로운 시각으로 그렇게 나쁘지 않다고(this isn't that bad), 비전통적인 장소에서(in non traditional locales) 애정을 표시하는데 마다않는 사랑스런 여자로 묘사했다고 말한다(It just paints the picture of a very affectionate woman who's open to expressing her affection~).

그러면서 비전통적인 장소들을 나열하는데, 엘리베이터, 공원, 영화관, 그리고 서브웨이가 나오자 호기심에 물어본다고 하면서(out of curiosity), 서브웨이가 지하철인지 아니면 샌드위치가게냐고 물어본다. 이것까지는 이해하지만 페니가 샌드위치 가게라 하자, 거기서 하면 보건위생법 위반이 아니냐(Doesn't that violate the health code?)고 엉뚱한 질문을 한다. 이런 걸보면 사실 레너드가 쉘든 때문에 좀 정상으로 보이지 그 역시 괴짜임에는 틀림없다. 이에 페니는 거기서는 단순한 애무만 했다고(we were only making out), 보건법을 위반하지 않았다고 한다. 여기서 또다시 레너드 실언이 나온다. 자기가 말하는 요지는 페니가 그렇게 당황해할 필요가 없다(my point is that you have absolutely no reason to be embarrassed)고 말하자, 페니는 기다렸다는 듯이 자기가 좀 오버하는 버릇이 있어서(I do overreact), 이번에도 오버한거냐고(Do you think I overreacted?) 묻고서는 잽싸게 마이크에게 전화해서 사과해야겠다고 한다(Maybe I should call Mike and apologize).

그러자 레너드는 페니의 반응에 놀라 단호하게 그러면 굽히고 들어가는거라며(that would be underreacting), 마이크의 행태를 신랄하게 비난한다(He did break the implied confidentiality of the bedroom and, in your case, the elevator, parks and fast food franchise). 그러자 다시 오락가락한 페니는 레너드 말이 맞다고 하며 끝났다고 말해야겠다고 한다(You're right. I should just say I'm done with him). 바람직한 방향으로 가자 레너드는 어서 그렇게 하라고 하지만, 페니는 자기가 마이크에게 설명할 기회를 주지 않았다고 말하자, 레너드는 마이크를 비난한다(What is there to explain, it's all right here, it's a betrayal). 하지만 페니는 다시 레너드가 처음 말한게 맞다며(No, you were right the first time), 마이크는 자기를 사랑하지만 그가 자기를 어떻게 생각하는지 사람들에게 보여주기 위해 어리석은 방법을 쓴거라며(in his own stupid way he was just trying to show people how he feels) 합리화한다. 레너드는 자기는 절대 그렇게 말한 적이 없다고 하지만(I'm pretty sure I never said that), 페니는 레너드가 그 이상을 했고 자기가 스스로 판단하게 도와줬다고 말한다(you did better than that, you helped me see it on my own). 레너드는 잘하는 짓이다(Good for me)라고 말하고 페니는 마이크의 집으로 향한다. 혼자 남은 레너드는 자기의 의사와는 정반대로 된 상황을 보고 아무래도 자기는 페니의 게이 친구인가보다(maybe I am her gay friend)라고 탄식한다.

The Best Lines from <Big Bang Theory>

Leonard: Wait, did you say wait?

Penny: Tell me the truth. Am I just an idiot who picks giant losers?

Leonard: No. No.

Penny: Okay, so I pick good guys, but turn them into losers.

Leonard: Of course not.

Penny: Well, it's got to be one or the other, which is it?

Leonard: I'm sorry, what were the choices again?

Penny: I really thought Mike was different, I thought he was sensitive and smart. I mean, not you smart, normal non-freaky smart.

Leonard: Yeah, no, sure.

Penny: You know, and then he just goes and has to humiliate me by writing about me on his blog so the entire world can read it.

Leonard: Actually it's not all that easy to find.

Penny: Yeah, really, well my friends at work found it, my sister found it, judging by my email a number of prisoners at the Michigan State Penitentiary found it.

Leonard: Okay, well, what exactly did this guy write, not that I need to know the details of your sex life, I just thought…. never mind.

레너드: 잠깐, 방금 "잠깐"이라고 했어?

페니: 솔직히 말해줘. 나 그냥 대형 루저들만 골라 사귀는 바보야?

레너드: 아니야, 전혀 아니야.

페니: 그럼, 내가 좋은 남자를 만나서 루저로 만들어버리는거네.

레너드: 당연히 아니지.

페니: 그럼 둘 중 하나는 맞는거잖아, 뭐가 맞는거야?

레너드: 미안, 선택지가 뭐였지?

페니: 난 정말 마이크는 다를 줄 알았어. 섬세하고 똑똑하다고 생각했거든. 네 스타일의 기괴한 천재 말고, 그냥 정상적인 똑똑함.

레너드: 아, 응… 그래.

페니: 근데 그런 애가 자기 블로그에 나에 대해 써서 전 세계 사람들이 내 얘기를 볼 수 있게 만든거야. 정말 수치스러워.

레너드: 사실 그 블로그, 그렇게 쉽게 찾을 수 있는 건 아니야.

페니: 아, 그래? 근데 직장 동료들이 다 찾았고, 내 여동생도 봤고, 내 이메일을 보면 미시간 주 교도소의 죄수들도 본 것 같던데?

레너드: 음, 그래서 그 남자가 정확히 뭘 썼는데? 아 물론 네 성생활의 세세한 내용을 꼭 알아야 하는 건 아니고… 그냥… 아니야.

Penny: Nope, you know what, you might as well read it, everybody else has, go ahead. Oh God, I just feel so betrayed and embarrassed. I just want to crawl into a hole and die.

Leonard: Okay, well, you know, this isn't that bad. It just paints the picture of a very affectionate woman who's open to expressing her affection in non traditional locales.

Penny: Oh God!

Leonard: Elevators, parks, movie theatres, out of curiosity, is this subway the transportation system or subway the sandwich shop?

Penny: Sandwich shop.

Leonard: Doesn't that violate the health code?

Penny: No, at the sub shop we were only making out.

Leonard: Huh. Okay. But my point is that you have absolutely no reason to be embarrassed.

Penny: Really, do you think I overreacted?

Leonard: Maybe a little.

Penny: 'Cause I do that, I do overreact. Maybe I should call Mike and apologise.

Leonard: No. No, no, that, that would be underreacting. He did break the implied confidentiality of the bedroom and, in your case, the elevator, parks and fast food franchise.

Penny: Yes. You're right. I should just say I'm done with him.

페니: 아냐, 너도 그냥 읽어. 어차피 모두가 봤으니까. 하… 진짜 배신당하고 창피해서 땅속에 숨고 죽고 싶어.

레너드: 음, 뭐… 그렇게 심각한 건 아니네. 그냥 애정 표현에 솔직하고 장소에 구애받지 않는 여성이라는 느낌?

페니: 아, 세상에!

레너드: 엘리베이터, 공원, 영화관… 그냥 궁금해서 그러는데, 여기 나오는 '서브웨이'는 지하철이야, 샌드위치 가게야?

페니: 샌드위치 가게.

레너드: 그거 보건 위생법 위반 아냐?

페니: 아냐, 그땐 그냥 키스만 했어.

레너드: 아, 그래. 근데 내 말은, 창피해할 이유가 전혀 없다는거야.

페니: 진짜야? 내가 너무 과민 반응한 걸까?

레너드: 음… 약간?

페니: 나 원래 그래, 과민하게 굴어. 마이크한테 전화해서 사과해야 하나?

레너드: 아니, 아니, 그건 또 너무 약하게 반응하는거야. 걔는 침실 아니 너의 경우엔 엘리베이터, 공원, 패스트푸드점의 암묵적인 비밀 유지를 깼다고.

페니: 맞아. 너 말이 맞아. 그냥 끝냈다고 해야지.

Leonard: Yes, you should, go ahead, say it.

Penny: But I never gave the man a chance to explain.

Leonard: What is there to explain, it's all right here, it's a betrayal.

Penny: No, you were right the first time, this is a man who loves me, but in his own stupid way he was just trying to show people how he feels.

Leonard: I'm pretty sure I never said that.

Penny: No, you did better than that, you helped me see it on my own.

Leonard: Aw, good for me. Where are you going?

Penny: I'm going over to Mike's. Leonard, thank you so much.

Leonard: Oh, sure. Huh, maybe I am her gay friend.

레너드: 그래, 그렇게 해야지. 자, 말해봐.

페니: 근데 그 사람한테 해명할 기회를 안 줬잖아.

레너드: 뭘 해명하겠다는 거야? 여기 다 나와 있어. 배신이야.

페니: 아니야, 처음에 네가 말한 게 맞아. 이 사람은 날 사랑하는 거야. 단지 바보 같은 방식으로 그 감정을 표현하려고 한 거지.

레너드: 내가 그런 말을 한 적은 없는 것 같은데?

페니: 아냐, 그보다 더 좋은 말을 했지. 네 덕분에 내가 스스로 깨달았잖아.

레너드: 오, 잘했네 잘했어. 근데 어디 가?

페니: 마이크 집에 가려고. 레너드, 정말 고마워.

레너드: 어… 그래. 허, 진짜 걔네들이 말하는 '게이 친구'가 나인가?

 Chris Says:

What are you up to?: Generally, this is asking someone what they are doing right now.
What have you been up to?: This is used often when people haven't seen each other in a while. It means "Has anything changed in your life?" People answer this by talking about their jobs or kids or husbands/wives, or basically anything that is new in their life.

이 장면에서 놓치면 안되는 표현들

01 I thought (that) ~ …라고 생각했는데

A: Cal is still living in our apartment. 칼은 아직 우리 아파트에서 살고 있어.
B: I thought that Ray threw him out. 레이가 걔 쫓아냈다고 생각했는데.

02 judging by my email 내 이멜을 보고 판단하건데

A: Did Helen get over you dumping her? 헬렌은 자기를 차버린 너를 잊었어?
B: Judging by my e-mail, she's still angry. 내 이멜을 보건데, 걔 아직 화나 있어.

03 know the details of~ …의 세부사항을 알고 있다

A: Their marriage ended last year. 걔네들 결혼은 작년에 끝났어.
B: Do you know the details of the breakup? 헤어진 세부내용을 알고 있어?

04 Never mind 신경쓰지마

A: Can I help you with your homework? 네 숙제하는거 도와줄까?
B: Never mind, we already finished it. 신경쓰지마, 우리는 이미 거의 끝냈어.

05 you know what 저 말이야

A: You know what? I'm going to the park. 저 말이야, 나 공원에 갈거야.
B: Be careful. There has been some crime there.
조심해. 그곳에 범죄가 최근에 있었어.

06 You might as well~ …하는게 낫겠어, 좋겠어

A: Do you want to hear about the party? 그 파티에 대해 듣고 싶어?
B: You might as well skip the whole thing. 얘기 안하는게 좋겠어.

07 go ahead 어서 해, 해봐

A: You won't like what I have to tell you. 내가 해야 하는 말을 싫어하게 될거야.
B: Go ahead and tell me the truth. 어서 내게 사실을 말해봐.

08 This isn't that bad 이건 그렇게 나쁘지 않은데

A: They did a terrible job cutting my hair. 걔네들 내 머리를 으악으로 깎아놨어.
B: This isn't that bad. I've seen worse. 그렇게 나쁘지 않은데. 더 으악도 봤는데.

09   out of curiosity 호기심에서, 궁금해서

A: The robber came in while I was at the bank. 내가 은행에 있을 때 강도가 들어왔어.
B: Out of curiosity, did you see his face? 궁금해서 그러는데, 얼굴봤어?

10   We were only making out 우린 그냥 애무를 하고 있었어

A: You and Cindy were getting it on? 너와 신디는 섹스를 하고 있었어?
B: It's not serious, we were only making out.
그렇게 진지하지 않아, 우리는 그냥 애무를 하고 있었어.

11   My point is that~ 내 말의 요점은 …야

A: Meg broke up with me, just like that. 메그는 그냥 그렇게 나와 헤어졌어.
B: My point is that she never really loved you.
내 요점은 걘 절대로 널 사랑하지 않았다는거야.

12   I do overreact 내가 과잉반응을 해

A: It seems like you get angry way too quickly. 너 너무 빨리 화를 내는 것 같아.
B: I do overreact when people insult me. 사람들이 날 모욕할 때 과잉반응을 해.

13   I should just say I'm done with him 난 걔랑 끝났다고 말해야겠지

A: That man of yours is just garbage. 저 네 남자말야 쓰레기야.
B: I know. I should just say I'm done with him. 알아. 걔랑 끝났다고 말해야겠네.

14   You helped me see it on my own 내 스스로 판단하도록 네가 도와줬어

A: I just wanted to give you good advice. 난 단지 네게 좋은 조언을 해주고 싶었어.
B: Thanks. You helped me see it on my own. 고마워. 넌 내가 스스로 판단하도록 도와줬어.

15   Good for me 내게 잘된 일이지

A: Your decorating skills are perfect. 네 장식기술은 완벽해.
B: I did a good job. Good for me! 내가 잘했지. 내게 잘된 일이지.

Americna Drama Best Scene 028

I am not flirting with you

>>> **Big Bang Theory**
Season 2 Episode 12 04:10

난 너와 장난치는게 아냐

로봇대회를 위해 4명의 괴짜가 준비를 하는데 페니가 들어온다. '집적'의 대가인 하워드가 페니에게 가서 치근댄다. 평소에도 느끼하게 생각했지만 그냥 넘어갔는데(Look, normally I can just ignore you), 이번만은 그냥 넘어가지 않고 말을 하겠다고 한다. 내 말은(I mean), 알겠어(I get it), 넌 좀 이상한 사람야(You're a little peculiar), 쉘든처럼(You know, like Sheldon)이라고 하워드를 비난하기 시작한다. 이말에 먼저 쉘든이 무슨 말야, 페니, 이방에서 이상한 사람은 바로 너야(Yeah, excuse me, Penny, but in this room, you're the one who's peculiar)라고 말한다. 페니는 그럴 지도(You might be right)라고 말을 받고서는 다시 <mark>하워드를 향하며 네 얘기를 계속 하자면(But back to you), 넌 네가 달콤한 말로 여자를 꼬신다고 생각하겠지만(I know you think you're some sort of smooth-talking ladies' man), 실은(but the truth is) 넌 한심하고 이상할 뿐이야(you are just pathetic and creepy)라고 비수를 꽂는다.</mark>
당황한 하워드가 무슨 말을 하려는거야?(Um, so what are you saying?)라고 하자 페니의 비난의 강도가 더욱 심해진다. 내 말은 나보고 할만한 가치가 있다고 부르는 것은 칭찬이 아니고(I am saying it is not a compliment to call me doable), 내 엉덩이를 쳐다보며 "잼은 저렇게 안 흔들리니 엉덩이가 젤리임에 틀림없어"라고 말하는 것은 섹시하지 않다(It's not sexy to stare at my ass and say, "Ooh, it must be jelly 'cause jam don't shake like that). 그리고 무엇보다 가장 중요한 것은(And most important), 우리는 함께 탱고를 추는 것도 아니고(we are not dancing a tango), 밀당을 하는 것도 아니다(we're not to'ing and fro'ing). 우리 사이에는 아무런 일도 없을거야(Nothing is ever going to happen between us) 절대로(Ever)라며 직격탄을 날린다. <mark>여기서 to'ing and fro'ing은 to and fro를 동사로 써서 ~ing를 붙인 경우이다. 영단어들의 품사를 넘나드는게 얼마나 폭이 큰지 느껴본다.</mark> 쏘아 붙이는 공격에 당황하고 기가 죽은 하워드는 잠깐만(Wait a minute), 이건 장난하는게 아니라 진심이구나(This isn't flirting, you're serious)라고 하면서 기가 죽는다. 이미 기가 죽은 하워드에게 다시 한번 페니는 직격탄을 날리는데…. 장난한다고?(Flirting?), 내가 장난한다고 생각해?(You think I'm flirting with you?), 난 너와 장난하는게 아냐,(I am not flirting with you), 어떤 여자도 너랑 장난하지 않을거야(No woman is ever gonna flirt with you), 넌 나이들어 외롭게 혼자 죽을거야(you're just gonna grow old and die alone)라고 한다. 융단폭격을 당한 <mark>하워드는 페니에게 알려줘서 고맙다</mark>

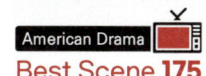

(Thanks for the heads up)고 말하며 방을 나서는데 레너드가 어디가냐(Howard, where you going?)고 묻고 하워드는 자조적으로 이상하고 한심한 삶을 살러 집에 간다(I'm going home to live my creepy, pathetic life)고 한다.

The Best Lines from <Big Bang Theory>

Penny: Look, normally I can just ignore you. I mean, I get it, you're a little peculiar. You know, like Sheldon.

Sheldon: Yeah, excuse me, Penny, but in this room, you're the one who's peculiar.

Penny: Yeah, you might be right. But back to you. I know you think you're some sort of smooth-talking ladies' man, but the truth is, you are just pathetic and creepy.

Howard: Um, so what are you saying?

Penny: I am saying it is not a compliment to call me doable. It's not sexy to stare at my ass and say, "Ooh, it must be jelly 'cause jam don't shake like that." And most important, we are not dancing a tango, we're not to'ing and fro'ing. Nothing is ever going to happen between us. Ever.

Howard: Wait a minute. This isn't flirting, you're serious.

Penny: Flirting? You think I'm flirting with you? I am not flirting with you, no woman is ever gonna flirt with you, you're just gonna grow old and die alone.

Howard: Thanks for the heads up.

Leonard: Howard, where you going?

Howard: I'm going home to live my creepy, pathetic life.

페니: 있잖아, 평소 같았으면 그냥 무시했을거야. 네가 좀 이상한거 알아. 쉘든처럼 말이야.

쉘든: 실례지만, 페니, 이 방에서 이상한 건 너야.

페니: 그래, 네 말이 맞을 수도 있지. 근데 다시 너 얘기로 돌아가자면, 넌 스스로를 말 잘하고 여자를 잘 유혹하는 사람이라고 생각하는 것 같지만, 현실은 그냥 불쌍하고 소름 끼치는 남자일 뿐이야.

하워드: 음… 그게 무슨 말이야?

페니: 내가 말하고 싶은 건, 나보고 "할 만한 여자(doable)"라고 하는 건 칭찬이 아니라는거야. 내 엉덩이 쳐다보면서 "와, 저건 젤리야. 잼은 저렇게 안 흔들리지" 이런 식으로 말하는거 섹시하지도 않아. 그리고 가장 중요한 건, 우리 사이에 무슨 밀고 당기는 관계(tango) 같은 건 없어. 우리 사이에는 절대 아무 일도 안 생길거야.

하워드: 잠깐만. 이거 밀당이 아니라, 진심이구나?

페니: 밀당? 내가 너랑 밀당한다고 생각했어? 나 그런거 아냐. 어떤 여자도 너랑 밀당하지 않을 거야. 넌 그냥 늙어서 혼자 죽을거라고.

하워드: 미리 알려줘서 고마워.

레너드: 하워드, 어디 가?

하워드: 집에 가서 내 소름 끼치고 불쌍한 인생이나 살아야지.

이 장면에서 놓치면 안되는 표현들

🔊 **01 I get it** 알겠어

A: **That is private, and none of your business.** 이건 사적인거야 네 알바가 아니라고.
B: **I get it.** You don't want to discuss it. 알겠어. 넌 그 얘기하기 싫구나.

🔊 **02 What are you saying?** 무슨 말야?

A: **It's about time you dieted.** 너 다이어트 할 때 됐어.
B: **What are you saying? I'm fat?** 무슨 말 하는거야? 내가 뚱뚱하다고?

🔊 **03 We're not to'ing and fro'ing** 밀당하다

A: **So we are completely done? Finished?** 그럼 우리 완전히 끝났거지? 끝난거지?
B: **We're not to'ing and fro'ing anymore.** 우리는 더 이상 밀당하지 말자.

🔊 **04 I am not flirting with you** 난 너와 장난하는게 아냐

A: **You've been paying a lot of attention to me.** 넌 내게 참 많은 관심을 보여왔어.
B: **I am not flirting with you. Don't get confused.**
난 너에게 집적대는거 아냐. 혼동하지마.

🔊 **05 Thanks for the heads up** 알려줘서 고마워

A: **Look out for Butler. He's a scam artist.** 버틀러를 조심해. 갠 사기꾼이야.
B: **Thanks for the heads up. I'll be careful.** 알려줘서 고마워. 조심할게.

Chris Says: Go to hell!

This can be a very impolite expression. Often it is similar to saying "I hate you." If you have an angry argument with someone and can't control your temper, you might say this.

Americna Drama Best Scene 029

It doesn't feel right

느낌이 달라

>> Big Bang Theory
Season 2 Episode 16 09:25

페니가 실수로 서바이벌 게임용 총을 잘못 쏴서 쉘든의 소파자리에 물감이 묻게 된다. 레너드의 걱정에 페니는 그래 좋아, 소파를 뒤집으면 어떨까?(Okay, fine. Well, what if we just flip it over?)라고 하고 뒤집고 나서 자(There), 괜찮아 보이지, 응?(Looks fine, right?)이라고 레너드의 확인을 받으려 한다. 레너드는 소파에 엉덩이 자국(butt print)이 없다(There's no discernible butt print)라고 하자 페니는 앉아서 엉덩이로 소파를 부빈 후(Oh, come on), 자 저기 봐봐, 엉덩이 자국이 생겼어(There, butt print)라고 하는데 레너드는 너무 작고 너무 완벽하다(It's too small and too perfect)며 페니의 엉덩이에 찬사를 보낸다. 이때 쉘든이 들어오자 페니는 레너드에게 평상시처럼 행동해(Act normal)라고 한다. 레너드는 그러나 전혀 평소답지 않게 큰소리로 만화가게 어땠어?(Sheldon! How was the comic book store?)라고 물어본다. 쉘든은 좋았어(Fine), 새 플래쉬 책이 나왔어(The new issue of Flash is out)라고 심드렁하게 말한다. 하지만 레너드는 여전히 노멀하지 않은 말투로 잘됐네(Great, great), 하루종일 걸어다녔어?(Did you walk the whole way?), 좀 춥던데(It's a little chilly)라며 수다를 떤다.

쉘든은 라지가 데려다줬다(Koothrappali picked me up)고 하자 레너드는 이때다 싶어 대단하지 않아?(Isn't that terrific?), 걘 정말 좋은 친구야(He is such a good friend), 친구의 가장 좋은 점이 뭔지 알아?(You know what the best thing about friends is?)라고 유도한다. 그러자 레너드의 수다를 비꼬며 특별한 이유없이 끊임없이 떠들지 않는거(They don't talk incessantly for no particular reason)라고 하고, 레너드는 그게 아니라 친구들의 사소한 문제들을 용서하는(No, no, friends forgive the little things)거야라고 말하며 살 길을 찾으려 한다. 이 틈을 이용해 진범 페니는 집에 가서 머리 감겠다(You know, I gotta go home and wash my hair)고 도망치려 하자 혼자 쉘든을 감당할 수 없는 레너드는 꿈도 꾸지마(Don't you dare, missy)라고 잡는다.

쉘든은 아무런 속도 모르고 새로 산 플래쉬 북을 들고 소파에 앉는다. 안녕, 세상에서 가장 빠른 사람아(Hello, fastest man alive), 내가 네(플래쉬) 만화책 전부를 읽는 것을 보고 싶어?(Want to see me read your entire comic book?), 다시 보고 싶어?(Want to see it again?)라며 자리

129

에 앉는데 뭔가 이상한 듯 의자에서 몸을 비비꼬는 그 유명한 장면을 연출한다. 그러면서 뭔가 이상하다(Something's wrong)고 한다. 레너드는 시치미를 떼고 그게 무슨 말야?(What do you mean?)라고 하고 쉘든은 잘 모르겠어(I'm not sure), 하지만 뭔가 느낌이 달라(It doesn't feel right)라고 한다. 레너드는 무슨 말하는지 모르겠다(I don't know what you're talking about)고 발뺌을 빼다 쉘든이 소파를 뒤집어 물감이 묻은 것을 보며 놀라자 재빠르게 어 그거, 페니가 그랬어(Oh, that. Penny did that)라고 고발한다.

The Best Lines from <Big Bang Theory>

Penny: Why do we have to tell him I did it?

Leonard: Well, we're not gonna tell him I did it.

Penny: Okay, okay, how about this? We tell him somebody broke in.

Leonard: Just to shoot the couch with a paintball gun?

Penny: I'm sorry, I buy it. All those people are on drugs.

Leonard: We could tell him they wanted the couch to stay away from their boyfriend.

Penny: Okay, fine. Well, what if we just flip it over? There. Looks fine, right?

Leonard: Mm, butt print. There's no discernible butt print.

Penny: Oh, come on. (Sits and wriggles around) There, butt print.

Leonard: It's too small and too perfect.

Penny: Thank you.

Leonard: You're welcome.

Penny: (as Sheldon enters) Shh! Act normal.

Leonard: Sheldon! How was the comic book

페니: 왜 내가 했다고 걔한테 말해야 되는거야?

레너드: 글쎄, 내가 했다고 할 순 없잖아.

페니: 좋아, 좋아. 그럼 이렇게 하자. 누가 침입했다고 하자.

레너드: 단지 페인트볼 총으로 소파를 쏘려고 침입했다고?

페니: 미안한데, 난 그게 말이 된다고 봐. 걔네들 다 약에 취했을 수도 있잖아.

레너드: 걔네들이 자기 남자친구랑 소파를 떼어놓고 싶어서 그랬다고 하면 어때?

페니: 좋아, 그럼 그냥 소파를 뒤집자. 자, 봐봐. 괜찮아 보이지?

레너드: 음, 엉덩이 자국. 티 나는 엉덩이 자국이 없어.

페니: 아, 진짜. (앉아서 엉덩이를 비빈다) 자, 엉덩이 자국.

레너드: 너무 작고 너무 완벽해.

페니: 고마워.

레너드: 천만에.

페니: (쉘든이 들어오자) 쉿! 아무렇지 않게 행동해.

store?

Sheldon: Fine. The new issue of Flash is out.

Leonard: Great, great. Did you walk the whole way? It's a little chilly.

Sheldon: Koothrappali picked me up.

Leonard: Isn't that terrific? He is such a good friend. You know what the best thing about friends is?

Sheldon: They don't talk incessantly for no particular reason.

Leonard: No, no, friends forgive the little things.

Penny: You know, I gotta go home and wash my hair.

Leonard: Don't you dare, missy.

Sheldon: Hello, fastest man alive. Want to see me read your entire comic book? Want to see it again? Something's wrong.

Leonard: What do you mean?

Sheldon: I'm not sure. It doesn't feel right.

Leonard: I don't know what you're talking about. Oh, that. Penny did that.

레너드: 쉘든! 만화책 가게는 어땠어?

쉘든: 괜찮았어. 플래시 새 이슈 나왔더라.

레너드: 잘됐네. 걸어서 다녀왔어? 좀 쌀쌀하던데.

쉘든: 쿠트라팔리가 태워줬어.

레너드: 멋지지? 진짜 좋은 친구야. 친구의 가장 좋은 점이 뭔지 알아?

쉘든: 아무 이유 없이 끊임없이 떠들지 않는다는거.

레너드: 아니야, 친구는 사소한 걸 용서해 준다는거야.

페니: 저기, 나 집에 가서 머리 감아야겠어.

레너드: 절대 안 돼, 아가씨.

쉘든: 안녕, 세상에서 가장 빠른 남자. 내가 네 만화책 전부 읽는거 보고 싶어? 다시 보고 싶어? 뭔가 이상한데.

레너드: 무슨 말이야?

쉘든: 잘 모르겠어. 뭔가 느낌이 이상해.

레너드: 무슨 말인지 모르겠는데. 아, 그거 말이야? 그거 페니가 했어.

이 장면에서 놓치면 안되는 표현들

🔊 01   What if~ ? …하면 어쩌지?

A: **Carrie is always having temper tantrums.** 캐리는 늘상 짜증을 부려.
B: **What if we all just ignored her?** 우리 걜 그냥 무시하면 어때?

A: **I think Mr. Davis committed the crime.** 데이비스 씨가 범죄를 저지른 것 같아.
B: **What if we interview him?** 우리가 그 사람 심문하면 어떨까?

🔊 02   flip it over 뒤집다

A: **Nothing is written on this paper.** 이 종이에는 아무 것도 안쓰여있어.
B: **Flip it over and look at the other side.** 뒤집어서 다른 면을 봐봐.

A: **I can't read the writing on this pamphlet.** 이 팜플렛 글씨를 못읽겠어.
B: **Flip it over and look at the other side.** 뒤집어서 다른 면을 봐봐.

🔊 03   act normal 평상시처럼 행동하다

A: **Oh my God, is there a burglar outside?** 맙소사, 도둑이 밖에 있어?
B: **Everything is fine, just act normal.** 모든게 다 괜찮으니, 평상시처럼 행동해

🔊 04   pick me up 나를 데려다주다[오다]

A: **Can you pick me up after work today?** 오늘 퇴근후에 날 픽업할 수 있어?
B: **Sure. What time do you get off?** 그럼. 언제 퇴근하는데?

🔊 05   Isn't that terrific? 끝내주지 않아?

A: **Sally won the award for best exhibit.** 샐리는 최고의 전시물로 상을 받았어.
B: **Isn't that terrific? She'll be so happy!** 끝내주지 않아? 걘 정말 기쁠거야!

A: **My son got accepted into law school.** 내 아들이 법대에 합격했어.
B: **I know. Isn't that terrific?** 알아. 끝내주지 않아?

06 Don't you dare 그러기만 해봐, 그러지마

A: I'll use your money to invest in stocks. 네 돈을 사용해서 주식에 투자할거야.
B: Don't you dare. I don't trust you. 그러기만 해봐. 난 널 신뢰하지 않아.

A: I have texted Fern twenty times. 난 편에게 20번이나 문자를 보냈어.
B: Don't you dare bother her. 감히 걔를 귀찮게 하지마.

07 Something's wrong 뭔가 잘못됐어

A: Are you feeling sick or something? 아프거나 뭐 그런거야?
B: Something's wrong. My head really hurts. 뭔가 잘못됐어. 머리가 정말 아파.

08 What do you mean? 무슨 말이야?

A: Jen seems really upset with you. 젠은 정말로 네게 화가 난 것 같아.
B: What do you mean? Did she say something? 무슨 말야? 걔가 뭐라고 했어?

A: I have a meeting at noon. 정오에 회의가 있어.
B: What do you mean? We can't go to lunch? 무슨 말야? 우린 점심먹으러 못가는거야?

09 It doesn't feel right 느낌이 달라, 느낌이 이상해

A: Why are you acting so scared? 너 왜 그렇게 놀란 것처럼 행동해?
B: I want out. It doesn't feel right. 나 나갈래. 뭔가 느낌이 이상해.

A: Do you want to arrest the suspect? 너 용의자를 체포하고 싶어?
B: Not yet. It doesn't feel right. 아직. 그러면 안될 것 같아.

10 I don't know what you're talking about 네가 무슨 말하는지 모르겠어

A: I've seen you stealing money. 난 네가 돈을 훔치는 것을 봤어.
B: I don't know what you're talking about. 네가 무슨 말을 하는지 모르겠어.

A: I think you broke my lamp. 난 네가 내 램프를 부순 것 같아.
B: I don't know what you're talking about. 네가 무슨 말을 하는지 모르겠어.

Americna Drama Best Scene 030

It's a long story

>>> Big Bang Theory
Season 2 Episode 16 14:02

얘기하자면 길어

네 괴짜와 페니가 식사를 하고 있는데 하워드에게 전화가 오고 전화번호를 보더니 오늘밤에 내가 섹스할 것 같으네(Ooh, looks like I'm gonna have sex tonight)라고 하자 애인이 없는 걸로 알고 있고 또한 밝히는 선수로 하워드를 보는 페니가 명언을 한다.

페니는 하워드가 오늘밤 섹스를 한다고 하자, 쟤 오른 손이 쟤한테 전화거는거야?(His right hand is calling him?)라 물어본다. 자위하는 걸로 생각한 것. 레너드는 레슬리 윙클이야(No, it's Leslie Winkle), 얘기하자면 길어(It's a long story)라고 한다. 하워드는 10분 후에 데리러 가겠다(I'll pick you up in ten minutes)고 하고 신나서 친구들에게 Gentlemen, adieu라고 한다. 레너드는 오늘밤에 할로 게임을 하기로 했잖아(I thought we were going to play Halo tonight)라고 한다.

하워드는 레너드 내가 어떻게 하겠어?(What am I supposed to do, Leonard?), 나와 섹스하고 싶어 안달이 난 여자가 밖에 있는데(There's a woman out there anxious to have sex with me)라고 말하고 페니를 보고 너는 이해하지, 맞지?(You understand, right?)라고 하면서 오버한다. 페니는 어리둥절하며 하워드를 한참 쳐다보다 아니 전혀 모르겠어(No. Not at all)라고 하자 어쨌든(nevertheless) 난 그만 가볼게(I must depart)라고 한다.

 Chris Says:

I made it!: This expression often refers to finishing a journey or beating a deadline. It expresses happiness about completing something in a specific amount of time.
I did it!: This expression is similar to "I made it," but it can be used in more situations. It means "I was successful" or "I accomplished what I wanted to do." We can use this anytime we try something and succeed.

The Best Lines from <Big Bang Theory>

Howard: (after his phone rings) Ooh, looks like I'm gonna have sex tonight. Hey, baby...

Penny: His right hand is calling him?

Leonard: No, it's Leslie Winkle. It's a long story.

Howard: I'll pick you up in ten minutes. Gentlemen, adieu.

Leonard: I thought we were going to play Halo tonight.

Howard: What am I supposed to do, Leonard? There's a woman out there anxious to have sex with me. You understand, right?

Penny: No. Not at all.

Howard: Nevertheless, I must depart. By the way, did I tell you? Leslie pulled some strings and got me on the research trip to Geneva to check out the CERN Supercollider.

하워드: (휴대폰이 울린 후) 오, 오늘밤엔 섹스하겠는걸. 헤이, 자기야...

페니: 쟤 오른손이 쟤한테 전화한거야?

레너드: 아니, 레슬리 윙클야. 얘기하자면 길어.

하워드: 10분 뒤에 데리러 갈게. 신사 여러분, 안녕히.

레너드: 오늘밤 헤일로 하기로 하지 않았어?

하워드: 내가 어쩌겠니, 레너드. 나랑 섹스하고 싶어 안달이 난 여자가 있다고. 네가 이해하겠지?

페니: 아니. 전혀 이해 안 돼.

하워드: 그럼에도 불구하고 나는 떠나야만 해. 참, 내가 말했었나? 레슬리가 인맥 좀 써서 내가 제네바에 있는 CERN 초대형 강입자 충돌기 연구 여행에 참가하게 해줬어.

이 장면에서 놓치면 안되는 표현들

🔊 **01　looks like~** …한 것 같다

　　A: **Mark and Martha were kissing last night.** 마크와 마사는 지난밤에 키스했어.
　　B: **Looks like they spent the night together.** 걔네들 함께 밤을 보낸 것 같아.

🔊 **02　have sex** 섹스를 하다

　　A: **I really think you look beautiful.** 정말 당신 아름답다고 생각해.
　　B: **You want to have sex with me?** 나랑 섹스하고 싶어?

🔊 **03　It's a long story** 얘기가 길어, 얘기하자면 길어

　　A: **Tell me about how you moved to New York.** 네가 어떻게 뉴욕으로 이사했는지 말해봐.
　　B: **It's a long and very boring story.** 얘기하자면 길고 매우 지루해.

🔊 **04　I thought we were going to~** 난 우리가 …할거라 생각했어

　　A: **The meeting has been delayed again.** 회의가 다시 연기됐어.
　　B: **I thought we were going to speed things up.** 난 우리가 서두를거라 생각했어.

🔊 **05　What am I supposed to~?** 내가 뭘 어떻게 해야 돼?

　　A: **They gave you an elephant statue.** 걔네들이 네게 코끼리상을 줬어.
　　B: **What am I supposed to do with a gift like that?**
　　　그런 선물을 보고 어떻게 하라는거야?

🔊 **06　There's sb out there anxious to~** 저 밖에 몹시 …하고 싶어하는 사람이 있어

　　A: **Why have you called my office?** 왜 내 사무실에 전화를 한거야?
　　B: **There's a man out there anxious to meet you.**
　　　밖에 너를 무척 만나고 싶어하는 남자가 있어.

🔊 **07　You understand, right?** 알아들었지, 응?

　　A: **All I wanted was to be with you.** 내가 원했던 것은 단지 너와 함께 있는거였어.
　　B: **It's over between us. You understand, right?** 우리들 사이는 끝났어. 알아들었어, 응?

🔊 **08　I must depart** 난 가야 돼

　　A: **When are you leaving for Chicago?** 넌 언제 시카고로 출발해?
　　B: **I must depart within a few hours.** 몇시간 내로 가야 돼

Americna Drama Best Scene 031

What do you want me to do?

나보고 어쩌라고?

>> Big Bang Theory
Season 2 Episode 21 18:40

쉘든을 뺀 3명의 괴짜는 라스베거스에 가고 혼자 남은 쉘든은 열쇠를 찾지 못해 페니의 집에서 자게 된다. 키가 크다는 이유로 페니의 침대를 차지한 쉘든이 잠이 안와(I can't sleep)라고 말하자 페니는 네가 문을 열어놔서 그런 것일지도 몰라(Maybe that's because your hole is still open)라고 한다. 하지만 쉘든은 자기가 향수병에 걸렸다(I'm homesick)라고 하는데 기가 막힌 페니는 네 집은 여기서 20피트 떨어진 곳에 있잖아(Your home is twenty feet from here)라고 한다. 쉘든은 20피트건 20광년이건 거리는 중요하지 않아(Twenty feet, twenty light years, it doesn't matter), 그리고 스타워즈의 첫 구절을 읊조린다(It's in a galaxy far, far away). 그러자 페니는 젠장(Damn it)이라고 짜증을 내며 나보고 어쩌라고(What do you want me to do?)라고 하면서 쉘든이 누운 침대로 간다. 쉘든은 소프트 키티를 불러달라(Sing soft kitty)고 하고 페니는 그건 네가 아플 때만 불러주는거다(That's only for when you're sick)라고 하는데, 쉘든다운 대사가 이어진다. 향수병도 일종의 병이다(Homesick is a type of being sick)라고 한다. 그러자 페니는 제발, 내가 꼭 그래야돼?(Come on, do I really have to?)라고 묻자, 자지 않고 얘기할 수도 있지(I suppose we can stay up and talk)라고 하면서 페니를 압박한다.

페니는 빨리 재우는게 살 길이라 생각하면서 노래를 부른다. 부르다 중간에 기억이 안나서 쉘든이 알려주는데, 알려주는 곳부터 부르려 하니 쉘든은 처음부터 다시(No. Start over)라고 한다. 페니는 처음부터 다시 노래를 불러주고 있는데 쉘든이 페니의 이름을 부르며 여기 있게 해줘서 고마워(Thank you for letting me stay here)라고 하고 감사인사를 하는 쉘든에게 감동받아 흐뭇해하며 괜찮아(Oh, you're welcome sweetie)라 하며 기분좋아 하는데…. 쉘든은 졸리자 바로 됐어(Okay), 나 졸리니까(I'm sleepy now), 나가(Get out)라고 한다.

다음날 아침 레너드가 문을 열려고 하고 쉘든은 페니의 방문에서 나오고 있다. 쉘든이 레너드를 보고 잘됐네, 드디어 집에 왔구나(Oh, good, you're finally home)라고 하자 레너드는 페니집에서 뭐했어?(What were you doing at Penny's?)라고 묻는다. 쉘든은 저녁을 먹었고(Well, we had dinner), 게임도 했고(played some games), 그리고 밤을 보냈어(and then I spent the night)라고 하고 **내가 friends with benefits를 더 정확히 이해하게 된 걸 네가 좋아할거야(Oh, you'll be happy to know that I now have a much better understanding of friends with benefits)라고 한다.** 쉘든은 순수한 의미의 편의를 제공하는 친구(friends with benefits)를 알게 되었다고 말하는거였지만 일반적으로 friends with benefits는 진지하게 사귀지 않고 성관계를 하는 친구를 말하기 때문에 레너드는 어리둥절한 표정을 짓게 된다.

The Best Lines from \<Big Bang Theory\>

Sheldon: Penny.
Penny: What?
Sheldon: I can't sleep.
Penny: Maybe that's because your hole is still open.
Sheldon: I'm homesick.
Penny: Your home is twenty feet from here.
Sheldon: Twenty feet, twenty light years, it doesn't matter. It's in a galaxy far, far away.
Penny: Damn it. What do you want me to do
Sheldon: Sing soft kitty.
Penny: That's only for when you're sick.
Sheldon: Homesick is a type of being sick.
Penny: Come on, do I really have to?
Sheldon: I suppose we can stay up and talk.
Penny: Soft kitty, warm kitty, little ball of fur. Happy kitty, um…
Sheldon: Sleepy kitty.
Penny: Sleepy ki…
Sheldon: No. Start over.
Penny: Soft kitty, warm kitty, little ball of fur.

쉘든: 페니.
페니: 왜?
쉘든: 잠이 안 와.
페니: 네 구멍이 아직 열려 있어서 그런 거 아냐?
쉘든: 향수병에 걸렸어.
페니: 네 집은 여기서 20피트밖에 안 되잖아.
쉘든: 20피트건, 20광년이든, 그건 중요하지 않아. 내 집은 저 멀리 은하계에 있어.
페니: 젠장. 내가 뭘 해주길 바라는 거야?
쉘든: "소프트 키티" 불러줘.
페니: 그건 아플 때만 부르는 거잖아.
쉘든: 향수병도 아픈 거의 일종이야.
페니: 아 진짜… 꼭 그래야 돼?
쉘든: 그럼 그냥 이야기나 하면서 밤 새우지 뭐.
페니: 소프트 키티, 따뜻한 키티, 작은 털뭉치, 행복한 키티, 음…
쉘든: 졸린 키티.
페니: 졸린 키…
쉘든: 아니야. 처음부터 다시 불러.

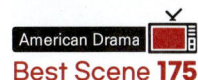

Happy kitty, sleepy kitty, purr, purr, purr.

Sheldon: Penny.

Penny: Yeah.

Sheldon: Thank you for letting me stay here.

Penny: Oh, you're welcome sweetie.

Sheldon: Okay, I'm sleepy now, get out.

··

Sheldon: Oh, good, you're finally home.

Leonard: What were you doing at Penny's?

Sheldon: Well, we had dinner, uh, played some games, and then I spent the night. Oh, you'll be happy to know that I now have a much better understanding of friends with benefits.

페니: (한숨) 소프트 키티, 따뜻한 키티, 작은 털뭉치, 행복한 키티, 졸린 키티, 푸르르 푸르르 푸르르

쉘든: 페니.

페니: 응?

쉘든: 나 여기 있게 해줘서 고마워.

페니: 아유, 괜찮아, 자기야.

쉘든: 좋아, 이제 졸려. 나가.

··

셸든: 아, 잘 됐다. 드디어 집에 왔네.

레너드: 너 페니네 집에서 뭐 하고 있었어?

셸든: 음, 저녁 먹고, 게임 좀 하고, 하룻밤 묵었지. 아, 그리고 너도 알면 좋아할텐데, 이제 '섹스하는 친구'에 대해 훨씬 잘 이해하게 됐어.

I'm all right: This means "I'm OK" or "I have no serious problems."
All right: This means the speaker is agreeing to something. It is similar to saying "Yes" or "OK."
That's all right: Usually this means "Don't worry about something." It can also mean the speaker is agreeing to something. It is important to pay attention to context with this phrase.
That's right: This means the speaker thinks something is correct. Usually it is used in conversations when one person agrees with another person's statement.
You're right: Very simply, this is to agree with someone.

이 장면에서 놓치면 안되는 표현들

🔊 **01   It doesn't matter~** …는 상관없어

   A: I just couldn't work at that office anymore.
   난 저 사무실에서 더 이상 일을 할 수가 없었어.
   B: It doesn't matter if it didn't work out. 그게 잘 되지 않았어도 상관없어.

🔊 **02   What do you want me to do?** 나보고 어쩌라고?

   A: You couldn't finish the report last night? 넌 지난밤에 레포트를 끝낼 수 없었어?
   B: I tried. What do you want me to do? 하려고 했어. 나보고 어쩌라고?

🔊 **03   That's only for when~** 그건 단지 …할 때 뿐이야

   A: There is extra money hidden in the house. 집에는 숨겨둔 여분의 돈이 있어.
   B: That's only for when there is an emergency. 그건 단지 위기상황에서 쓸 돈야.

🔊 **04   Do I really have to~ ?** 내가 정말 …을 해야 돼?

   A: Let's go to the neighbor's gathering. 이웃모임에 가자.
   B: Do I really have to go there with you? 내가 정말 너와 함께 거기에 가야 돼?

🔊 **05   You'll be happy to know that~** 넌 …을 알고 기뻐할거야

   A: You'll be happy to know that Mindy was fired. 민디가 잘린걸 알고 기뻐할거야.
   B: That's great! I hated that bitch! 잘됐다! 그 못된년 정말 싫어했어.

🔊 **06   I have a much better understanding of~** …을 더 많이 잘 이해하게 됐어

   A: Did you think global warming wasn't real? 지구온난화는 실제가 아니라고 생각했어?
   B: Yes, but I have a much better understanding of science now. 어, 하지만 이제 과학에 대해 더 많이 잘 이해하게 됐어

Americna Drama Best Scene 032

Am I interrupting?

내가 방해했어?

>> Big Bang Theory
Season 3 Episode 4 12:15

라지가 추방을 피하기 위해 쉘든과 함께 일을 하기 시작하면서 레너드와 페니는 둘만 있는 시간이 더 많아진다. 페니가 우리만 있으니까 좋아, 그렇지 않아?(It's nice having the place to ourselves, isn't it?)라고 말하고 레너드는 라지가 쉘든과 함께 일하고(Now that Raj is working for Sheldon), 더 이상 걔를 운전해줘야 할 필요도 없고(I don't have to chauffeur him around anymore), 걔네들이 늦게까지 일하니 사생활이 좀 생겼어(Plus, yeah, with them working late so much, we get some privacy)라 한다. 페니가 유혹한다. 우리 좀 미친 짓 좀 해볼까?(Hey, want to get a little crazy?)라 하고 레너드는 뭘 하려고 하냐?(What are you thinking?)고 묻는다. 페니는 쉘든의 소파자리로 가서 애무하자(Let's slide over to Sheldon's spot and make out)라고 하자 레너드는 이런 음탕한 여자라고(You are a dirty girl!) 한다.

페니는 레너드를 쉘든의 자리로 밀치면서 위로 덮치고 있는데 노크소리가 난다. 쉘든인 줄 안 페니는 맙소사, 어떻게 알았지?(Oh, God, how did he know?)라고 짜증을 낸다. 하지만 노크한 사람은 라지와 놀지 못하게 된 하워드이다. 하워드는 눈치도 없이 내가 방해했냐?(Am I interrupting?)고 묻고 레너드는 조금(Little bit, yeah)이라고 답하고 이에 하워드는 전화할걸 그랬다(Guess I should have called)라고 한다. 하워드는 오늘밤은 라지와 함께 팔로미노에 가서 라인댄싱을 하는 저녁인데(Tonight's the night I usually go line dancing with Raj at the Palomino), 하지만 라지가 쉘든과 일하고 있어서(But he's working with Sheldon)라고 자기가 온 변명을 댄다.

페니는 우리도 알고 있다(Yes, we know)라고 말하고 하워드는 내가 갈까?(Want me to leave?)라고 맘에 없는 말을 던져본다. 곤란한 레너드는 저기 맘대로 해(You know, whatever)라고 한다. 이 말이 떨어지자 마자 좋아 좀 놀다갈게(Okay, I guess I can hang for a little while)라고 말하고 TV 뭘보고 있는 중야?(So what are we watching?)라고 보더니 〈섹스앤더시티〉네, 이런!(Sex and the City. Yikes!)이라고 하자 페니가 나 이 영화좋아해(I happen to love this movie)라고 말한다. 이 말에 하워드는 그럼 보자(Let's watch it)라고 하면서 〈섹스앤더시티〉의 나오는 대사를 인용해서 우리 생리기간이 다 같아질지 몰라(Maybe all our periods will synchronize)라고 한다.

141

The Best Lines from <Big Bang Theory>

Penny: Ah, it's nice having the place to ourselves, isn't it?

Leonard: Uh-huh. Now that Raj is working for Sheldon, I don't have to chauffeur him around anymore. Plus, yeah, with them working late so much, we get some privacy.

Penny: Mm-hmm. Hey, want to get a little crazy?

Leonard: What are you thinking?

Penny: Let's slide over to Sheldon's spot a make out.

Leonard: You are a dirty girl.

Penny: (as the making out is interrupted by a knock on the door) Oh, God, how did he know?

Howard: Hello.

Leonard: Hi, Howard.

Howard: Am I interrupting?

Leonard: Little bit, yeah.

Howard: Guess I should have called.

Penny: Yeah, maybe.

Howard: Tonight's the night I usually go line dancing with Raj at the Palomino.

Leonard: Uh-huh.

Howard: But he's working with Sheldon.

Penny: Yes, we know.

Howard: Want me to leave?

Leonard: You know, whatever.

페니: 아, 우리끼리 있으니까 좋다, 그렇지?

레너드: 응. 이제 라지가 쉘든 밑에서 일하니까 내가 더 이상 태워줄 필요도 없고. 게다가 둘이 야근 많이 하니까 우리한테 프라이버시도 생기고.

페니: 응~. 근데 우리 좀 미쳐볼까?

레너드: 무슨 생각인데?

페니: 쉘든 자리로 슬쩍 가서 뽀뽀나 할까?

레너드: 넌 정말 야한 여자야.

(그때 누군가 노크하면서 분위기 깨짐)

페니: 세상에, 어떻게 알았지?

하워드: 안녕?

레너드: 안녕, 하워드.

하워드: 방해했어?

레너드: 조금, 응.

하워드: 전화라도 할 걸 그랬나 봐.

페니: 어, 그랬으면 좋았지.

하워드: 오늘은 원래 라지랑 파로미노에서 라인댄스 추는 날인데…

레너드: 아, 그래.

하워드: 근데 지금 쉘든이랑 일하잖아.

페니: 어, 알아.

하워드: 나 갈까?

레너드: 뭐, 네 마음대로.

Howard: Okay, I guess I can hang for a little while. So what are we watching? Sex and the city. Yikes.
Penny: Hey, I happen to love this movie.
Howard: Fine, let's watch it. Maybe all our periods will synchronize.

하워드: 좋아, 잠깐 같이 있어도 되겠네. 뭐 보고 있었어? 섹스 앤 더 시티? (당황한 표정) 어우야…
페니: 나 이 영화 진짜 좋아하거든?
하워드: 좋아, 같이 보자. 우리 생리주기나 맞춰보게.

 Chris Says:

Sometimes when people can't express their ideas clearly, they use "thing" to simplify their speaking. It is easier than giving a long explanation of something. For example, if there was a special dinner given at my university, here are two ways I could express it.

(A) We have a formal dinner at the university's Memorial Hall tonight which begins at 7 p.m.
(B) We have a dinner thing at the university tonight.

Do you see how using "thing" in (B) omits details, but everything is still understandable? Both sentences are expressing the same basic idea. It's just a style choice.

Sometimes they come to class and say bonehead **things**, and we all laugh, of course.
걔들은 교실에 와서 얼간이들 얘기를 하는 경우가 많고, 그럼 물론 우린 모두 웃지.
I thought this whole revenge **thing** was gonna be fun. 이런 복수라는 게 재미있을 줄 알았지.
I've been dealing with that real estate **thing**. 전 부동산 관련 일들을 처리해왔습니다.

이 장면에서 놓치면 안되는 표현들

🔊 **01** **It's nice ~ing** …해서 좋아

A: **Boyle has gotten over his cancer.** 보일은 암을 이겨냈어.
B: **It's nice seeing him so healthy.** 걔가 건강한 모습을 보게 돼서 좋아.

🔊 **02** **get some privacy** 사생활이 좀 생기다

A: **Why did Garrett go to the library?** 개럿은 왜 도서관에 갔어?
B: **He left to get some privacy.** 사생활을 방해받지 않기 위해 갔어.

🔊 **03** **What are you thinking?** 네 생각은 어때?

A: **We have been offered the chance to be on a TV show.**
우리는 TV에 나올 기회를 제공받았어.
B: **What are you thinking? Should we do it?** 네 생각은 어때? 우리가 해야 될까?

🔊 **04** **make out** 애무하다

A: **I saw Chris make out with your sister.** 크리스가 네 누이와 애무하는 것을 봤어.
B: **Oh my God! I am going to kill him!** 맙소사! 내 그 자식 죽여버릴거야!

🔊 **05** **Want me to leave?** 내가 나갈까?

A: **I am super busy this morning.** 오늘 아침에 엄청 바빴어.
B: **Want me to leave? I can come back later.** 내가 나갈까? 나중에 올 수 있어.

🔊 **06** **hang for a little while** 잠시 놀다

A: **Why didn't you go downtown tonight?** 오늘밤에 왜 시내에 안간거야?
B: **We just decided to hang for a little while.** 우린 잠시 놀기로 했어.

Americna Drama Best Scene 033

I don't know where you're going with this

무슨 말을 하려는건지 모르겠지만

>>> Big Bang Theory
Season 3 Episode 5 06:27

레너드와 페니가 사랑을 나눈 후에 나누는 대화 장면. 레너드가 오래전에(a long time ago), 너와 좀 관련된 약속을 하워드와 맺었다(I made a pact with Wolowitz that kind of involves you)고 말하자 하워드의 느끼함을 싫어하는 페니는 레너드와 잡고 있던 손을 놓고 이상한 표정으로 쳐다 본다. 그리고 그래(Okay), 무슨 말을 하려는 건지 모르겠지만(I don't know where you're going with this), 조심해서 말하지 않으면 이게 우리의 마지막 대화가 될 수도 있다(but tread carefully because it may be the last conversation we ever have)고 경고한다.

레너드는 페니의 오해를 풀기 위해 그런 것이 아니다(No, no, nothing like that), 약속이란건 우리 둘 중 한 명에게 여친이 생기면 여친의 친구 중의 한 명을 소개시켜주기로(The deal was that if either of us ever got a girlfriend, we'd have her fix the other one up with one of her friends) 했다고 한다. 섹스 후의 달콤한 때에 이런 말을 하는 레너드에게 섹스 후에 이런 이야기를 하는게 좋은 때라고 생각했냐?(And you thought a good time to bring this up right after sex)고 묻고 레너드는 분명 섹스 전에 이 이야기를 하려고 하지 않았다(Well, I sure as hell wasn't going to bring it up before sex), 그리고 섹스하는 도중에는 구글에서 (섹스에 관한) 이야기를 기억하려고 했어(and during, I was trying to remember what I read on google)라고 한다.

하워드를 좋아하지 않는 페니는 하워드에게 자기 친구 중의 한명을 소개시켜주지 않을거야(I'm not hooking Wolowitz up with one of my friends)라고 거절하자 레너드는 그러지 말고(Come on), 꼭 좋은 친구일 필요는 없어(it doesn't have to be a good friend)라고 매달리고 깊이 알고 보면 하워드는 정말 착한 친구라고(And you know that deep down inside, Howard's a really nice guy) 사정한다. 페니는 문제는 내면에 무엇이 있느냐가 아니고(The problem isn't what's on the inside), 행동하는게 느끼하게 코팅된 캔디같다(It's the creepy candy coating)는거야 라고 하는데…. 레너드는 생각이라도 좀 해줄테야?(Will you at least think about it?), 나의 부탁을 들어주는 셈치고(Just as a favor to me?)라고 사정한다.

The Best Lines from <Big Bang Theory>

Leonard: Okay. Speaking of what the heart wants, um, a long time ago, I made a pact with Wolowitz that kind of involves you.

Penny: Okay, I don't know where you're going with this, but tread carefully because it may be the last conversation we ever have.

Leonard: No, no, nothing like that. The deal was that if either of us ever got a girlfriend, we'd have her fix the other one up with one of her friends.

Penny: And you thought a good time to bring this up right after sex.

Leonard: Well, I sure as hell wasn't going to bring it up before sex, and during, I was trying to remember what I read on google, so...

Penny: I'm not hooking Wolowitz up with one of my friends.

Leonard: Come on, it doesn't have to be a good friend. And you know that deep down inside, Howard's a really nice guy.

Penny: The problem isn't what's on the inside. It's the creepy candy coating.

Leonard: Will you at least think about it? Just as a favor to me?

레너드: 좋아. 마음이 원하는 것에 대해 말이 나왔으니까 말인데, 음… 예전에 내가 울로위츠랑 너랑 관련되는 약속을 하워드와 맺었어.

페니: 그래, 무슨 말을 하려는건지 모르겠지만, 조심해서 말하지 않으면 이게 우리의 마지막 대화가 될 수도 있어.

레너드: 아냐, 그런거 아냐. 약속이란건 우리 둘 중 한 명에게 여친이 생기면 여친의 친구 중의 한 명을 소개시켜주기로 한거야.

페니: 섹스 후에 이런 말을 하는게 좋은 때라고 생각한거야.

레너드: 난 분명 섹스 전에 이 얘기를 꺼내려고 하지 않았고, 섹스 중에는 구글에서 읽던 것을 기억해내려고 했어. 그러니…

페니: 하워드에게 내 친구 중의 한 명을 소개시켜주지 않을거야.

레너드: 그러지말고, 꼭 좋은 친구일 필요는 없어. 깊이 알고 보면 하워드는 정말 착한 친구야.

페니: 문제는 내면에 무엇이 있느냐가 아니고, 행동하는게 느끼하게 코팅된 캔디같아서.

레너드: 생각이라도 좀 해줄테야? 내 부탁들어주는 셈치고?

이 장면에서 놓치면 안되는 표현들

🔊 **01** **make a pact with sb** …와 약속을 맺다

A: **So, you aren't having any beer with me?** 그래, 넌 나와 맥주를 전혀 마시지 않겠다는거야?
B: **I made a pact with Jim to give up alcohol.** 난 술을 끊겠다고 짐과 약속을 했어.

🔊 **02** **I don't know where you're going with this** 무슨 말하려는 건지 모르겠지만

A: **It seems like you've been making mistakes lately.** 너 요즘에 실수를 하는 것 같아.
B: **I don't know where you're going with this.** 무슨 말을 하려는거야.

🔊 **03** **nothing like that** 전혀 그런게 아냐

A: **She's just using you for your money.** 걘 네 돈 때문에 너를 이용하는거야.
B: **You're wrong. It's nothing like that.** 틀렸어. 전혀 그런게 아냐.

🔊 **04** **The deal was that if~** 약속이란 것은 만약 …라는거였어

A: **I can't believe you are making me quit.** 나를 그만두게 하다니 믿겨지지 않아.
B: **The deal was that if you caused problems, you'd leave.** 네가 문제를 일으키면 너는 나가기로 한게 약속이었잖아.

🔊 **05** **fix sb up with~** …을 …에게 소개시켜주다

A: **Phil is a nice guy, and he's single.** 필은 착한 사람인데 싱글이야.
B: **We should fix him up with your cousin.** 걔에게 네 사촌을 소개시켜줘야겠다.

🔊 **06** **bring this up** 이 얘기를 꺼내다

A: **We should talk about next month's schedule.** 다음달 일정에 대해 얘기를 해야 돼.
B: **It's a bad time to bring this up.** 이 얘기를 하기에는 좋은 때가 아냐.

🔊 **07** **hook sb up with~** …을 …에게 소개시켜주다

A: **Kate has a severe toothache.** 케이트는 치통이 심해.
B: **Let's hook her up with your dentist.** 네 치과의사에게 소개시켜주자.

🔊 **08** **It doesn't have to be~** 꼭 …일 필요는 없어

A: **Don't you like studying math?** 수학 공부하는걸 좋아하지 않아?
B: **It doesn't have to be so boring.** 지루하지 않잖아.

Americna Drama Best Scene 034

Where do you think this is going?

>>> **Big Bang Theory**
Season 3 Episode 9 00:20

이게 어떻게 될 것 같아?

페니가 소개해준 버나뎃과 느끼남 하워드의 세 번째 데이트후 버나뎃 집앞에서 둘이 나누는 대화. 버나뎃이 한가지 물어봐도 되냐?(Can I ask you a question?)고 묻는다. 물론(Sure)이라고 말하고 우리 관계가 어떻게 될 것 같냐?(Where do you think this is going?)고 물어본다. go와 where가 만나면 종종 추상적 의미로 쓰이는 경우가 많다. 진도를 못뺀 하워드가 솔직히(To be honest) 적어도 2루까지는 바랬었다(I was hoping at least second base)고 한다. 여기서 2루는 남녀간의 육체적인 진도를 야구로 비유하는 것으로 일반적으로 2루는 여성의 가슴까지 진도가 나간 것을 말한다. 이 말에 하워드에게 버나뎃은 너 참 재밌어(You're so funny), 개그맨 같아(You're like a stand-up comedian)라고 말한다. 하워드는 유대인 개그맨이라, 새롭네(A Jewish stand-up comedian, that'd be new)라고 말한다. 역시 조금은 괴짜에 속하는 버나뎃은 실은 개그맨들 중 많은 사람들이 유대인이라(Actually, I think a lot of them are Jewish)고 고지식하게 말한다. 진도에 온통 정신팔린 하워드는 아니, 난 그냥, 됐어(No, I was just… never mind)라고 본론으로 들어가고 싶어하는데 버나뎃은 이번이 3번째 데이트이고(Look, Howard, this is our third date), 이게 뭘 의미하는지 둘 다 알고 있다(we both know what that means)라고 한다.

무슨 말인지 모르는 하워드는 우리가 안다고?(We do?)라고 반문하자 버나뎃은 Sex라고 답한다. 소심하게 2루도 빼지 못한 하워드는 놀라서 농담이지(You're kidding?)라고 말하고 버나뎃은 하워드에게 네가 연인관계를 바라는 건지 아니면 하룻밤 사랑을 원하는 건지 알고 싶다(But I need to know whether you're looking for a relationship or a one-night stand)고 한다. 당황한 하워드는 분명히 해둘게 있는데(Okay, just to be clear), 정답은 하나만 있는거지, 맞지?(there's only one correct answer, right?)라고 하며 비행기에서 치킨, 생선을 고르는 거랑은 다르지?(It's not like chicken or fish on an airplane?)라고 묻는다. 버나뎃은 네가 좀 더 생각을 해보라고 하고(Maybe you need to think about it a little), 안달이 난 하워드는 저 말이야(You know) 하룻밤 사랑이 연인관계로 발전하는게 드문 일도 아니다(it's not unheard of for a one-night stand to turn into a relationship)라고 말하지만 버나뎃은 알게 되면 전화하라(Call me when you figure it out)고 한다. 결과적으로 2루도 진도 못뺀 하워드, 그리고 **3번째 데이트가 섹스를 의미한다**(Three dates means sex?)는 것을 몰랐던 하워드는 누가 알았겠어?(Who knew?)라고 자탄하고 발길을 돌린다.

The Best Lines from <Big Bang Theory>

Bernadette: Can I ask you a question?
Howard: Sure.
Bernadette: Where do you think this is going?
Howard: To be honest, I was hoping at least second base.
Bernadette: You're so funny. You're like a stand-up comedian.
Howard: A Jewish stand-up comedian, that'd be new.
Bernadette: Actually, I think a lot of them are Jewish.
Howard: No, I was just… never mind.
Bernadette: Look, Howard, this is our third date and we both know what that means.
Howard: We do?
Bernadette: Sex.
Howard: You're kidding.
Bernadette: But I need to know whether you're looking for a relationship or a one-night stand.
Howard: Okay, just to be clear, there's only one correct answer, right? It's not like chicken or fish on an airplane?
Bernadette: Maybe you need to think about

버나뎃: 한 가지 물어봐도 돼?
하워드: 물론.
버나뎃: 우리 관계가 어떻게 될 것 같아?
하워드: 솔직히 적어도 2루(여성의 가슴)까지는 바랬었어.
버나뎃: 넌 참 재미있어. 개그맨 같아.
하워드: 유대인 개그맨이라… 새롭겠네.
버나뎃: 실은 개그맨 중에 많은 사람들이 유대인이야.
하워드: 난, 그냥… 아냐 됐어.
버나뎃: 하워드, 이번이 세번째 데이트이고 이게 뭘 의미하는지 둘 다 알고 있어.
하워드: 우리가 알고 있다고?
버나뎃: 섹스.
하워드: 농담이지?
버나뎃: 네가 연인관계를 바라는 건지 아니면 하룻밤 사랑을 원하는 건지 알고 싶어.
하워드: 분명히 해둘게 있는데, 정답은 하나만 있는거지, 맞지? 비행기에서 치킨, 생선을 고르는 거랑은 다른거지?

it a little.

Howard: You know, it's not unheard of for a one-night stand to turn into a relationship.

Bernadette: Call me when you figure it out.

Howard: Three dates means sex? Who knew?

버나뎃: 네가 좀 더 생각을 해봐.

하워드: 저 말이야, 하룻밤 사랑이 연인관계로 발전하는게 드문 일도 아냐.

버나뎃: 알게 되면 전화해.

하워드: 세 번째 데이트가 섹스를 의미한다고? 누가 알았겠어?

 Chris Says: creep

When you feel uncomfortable or disgusted by something, you can say "It creeps me out." People refer to a person that they dislike as a creep and say that "he or she is creepy."

I can't help it. He gives me the **creeps**.
어쩔 수 없어. 그 사람을 보면 섬뜩한 느낌이 든다구.

You hire a private eye, he follows her around a couple days, That's too **creepy**.
네가 고용한 사설탐정이란 사람이 이삼일 동안 그 여자를 따라 다녔어. 너무 역겹다구.

I don't want to hear you. Your voice **creeps** me out.
네 얘기 안 들을래. 네 목소리 때문에 짜증나.

That strange looking guy really **creeps** me **out**.
저 표정 이상한 놈 때문에 정말 불편해 죽겠어.

이 장면에서 놓치면 안되는 표현들

🔊 **01 Where do you think this is going?** 이게 어떻게 될 것 같아?

   A: **Our relationship is getting more serious.** 우리 사이가 점점 진지해지고 있어.
   B: **Where do you think this is going?** 이게 어떻게 될 것 같아?

🔊 **02 We both know what that means** 우리 둘다 그게 무슨 의미인지 알아

   A: **Brenda stayed the night at Neil's house.** 브렌다는 닐의 집에서 밤을 보냈어.
   B: Yeah, **we both know what that means.** 그래, 우리 모두 그게 무슨 의미인지 알고 있지.

🔊 **03 You're kidding** 너 농담이지

   A: **Your grandma might have to loan us the money.**
   네 할머니가 돈을 빌려줄지 몰라.
   B: **You're kidding.** She'll never do that. 너 농담하는거지. 할머니는 절대 그러시지 않을거야.

🔊 **04 just to be clear** 분명히 해두겠는데

   A: **I want you to get started right away.** 너 이거 바로 시작하라고.
   B: **Just to be clear,** I'm the boss here. 분명히 해두겠는데, 여기서 내가 사장이라고.

🔊 **05 it's not unheard of for sb to~** …가 …하는 것은 새삼스러운 일이 아냐

   A: **No one has seen Ron for at least a week.** 적어도 일주일간 론을 본 사람이 없어.
   B: **It's not unheard of for** someone **to** disappear.
   누가 잠수타는게 새삼스러운 일은 아니잖아.

🔊 **06 Call me when you figure it out** 알게 되면 전화해

   A: **I'm not sure if we should stay together.** 우리가 함께 있어야 될지 모르겠어.
   B: Okay, **call me when you figure it out.** 그래, 알게 되면 전화해.

Hit us again

>> Big Bang Theory
Season 3 Episode 11 14:10

술 좀 따라줘요

페니가 레너드의 엄마인 베버리를 호텔에 데려다 주는 길에 술을 마시며 대화를 나누는 장면. 술을 처음 마시는 베버리는 술 몇잔을 마신 후, 어 끝내주네(Oh, that is fascinating), 나의 억압들이 바로 풀리고 있는 걸 느끼겠어(I'm noticing an immediate lowering of my inhibitions), 그리고 예를 들어(For example) 저 접시닦이에게 내가 치즈케익을 먹는 동안 뒷골목에서 날 범하라고 하고 싶어져(I'm seriously considering asking that busboy to ravish me in the alleyway while I eat cheesecake)라고 말하고 페니에게 어떻게 생각하냐?(What do you think?)고 물어본다. 페니는 우리가 치즈케익으로 유명하죠(Well, we are known for our cheesecake) 그리고 바텐더에게 다시 좀 따라줘요(Hit us again)라고 한다. 베버리는 취해서, 좋아, 조금도 좋지만 많으면 많을수록 좋아(Yes. If a little is good, more must be better)라고 술주정을 한다.

페니가 화제를 바꾼다. 베버리 그거 아세요?(Hey, Bev, guess what?)라는 말에 베버리는 뭐냐고(What?) 물어보자, 페니는 어머님 아들과 자는 사이에요(I'm sleeping with your son)라고 말해버린다. 취한 베버리는 그래?(Really?), 어느 아들?(Which one?)이라고 묻고, 페이는 복도 건너편에 살고 있는 아들요(The one from whom I live across the hall from)라고 말한다. 그것 참 편하겠구만(Well, that's convenient), 걔 고추가 어때?(How did his penis turn out?)라고 물어본다. 당황한 페니는 남친의 어머니에게 남친 고추에 대해 말할 수 없어요(Oh, Beverly, I can't talk to my boyfriend's mother about his penis)라고 하자, 술에 점점 더 취한 베버리는 그렇지(Fair enough)라고 말하고 그러면 저 접시닦이의 고추는 어떨것 같냐?(What can you tell me, if anything, about that busboy's penis?)고 물어보는데…. 페니는 접시닦이를 보고 실은 전 치즈케익만 먹어봤는데요(Actually, I've only had the cheesecake)라고 말하고 바텐더에게 한잔더달라(One more time)고 한다. 그리고 저 말예요(You know), 레너드는 우리가 데이트하는 걸 어머님께 말하지 않았네요(Leonard did not want to tell you we were dating)라고 한다. 이 말에 베버리는 레너드의 심리를 분석한다. 그 말은 너와의 연인관계를 창피해하거나 혹은 데이트하고 있다는걸 말하지 않을 정도로 엄마를 신경쓰지 않거나(Well, that means he's either embarrassed about the relationship or he doesn't care enough about his mother to tell

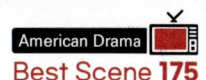

her he's in one)라고 말하며 어떤 경우이든 둘 중 하나는 모욕을 당하는거다(Either way, one of us should be insulted)라고 결론내린다.

페니는 가서 누가 모욕을 당한건지 알아보자(Well, let's go find out who)고 하자 베버리는 넌 가서 택시를 잡아라(You go get a taxi), 난 접시닦이의 뒷주머니에 내 명함을 밀어넣으면서 동시에 탄탄한 오른쪽 엉덩이를 감쌀테니(I'm gonna slip my business card into that busboy's back pocket, cupping his firm, right buttock as I do so)라고 말한다. 택시를 타고 레너드의 집에 온 페니는 나와봐!(Get out here!), 네 엄마가 얘기하고 싶대!(Your mommy wants to talk to you!)라고 말하자 레너드는 도대체 무슨 일이냐?(What the hell is going on?)라고 묻는다. 페니는 넌 큰일났다(You're in trouble)라고 하고 베버리는 취기에 넌 왜 내 절친하고 섹스했냐?(Why didn't you tell me you were tapping my homegirl?)라며 속어를 쓰고 나서 페니를 향하며 내가 제대로 말했어?(Did I say that right?)라고 하고 역시 취한 페니는 괜찮았어요(Yeah, not bad, not bad)라고 말한다. 여기서 tap은 속어로 fuck을 의미한다.

The Best Lines from <Big Bang Theory>

Beverley: Oh, that is fascinating. I'm noticing an immediate lowering of my inhibitions. For example, I'm seriously considering asking that busboy to ravish me in the alleyway while I eat cheesecake. What do you think?
Penny: Well, we're known for our cheesecake. Hit us again.
Beverley: Yes. If a little is good, more must be better.
Penny: Hey, Bev, guess what?
Beverley: What?
Penny: I'm sleeping with your son.
Beverley: Really? Which one?

베버리: 어, 끝내주네. 나의 억압들이 바로 풀리고 있는 걸 느끼겠어. 예를 들어, 저 접시닦이에게 내가 치즈케익을 먹는 동안 뒷골목에서 날 범하라고 하고 싶어지는데. 어떻게 생각해?
페니: 우리 가게가 치즈케익으로 유명하죠. 술 좀 따라줘요.
베버리: 그래. 조금이 좋다면 더 많으면 더 좋겠지.
페니: 베버리, 그거 아세요?
베버리: 뭐?
페니: 저 어머님 아들과 자는 사이예요.
베버리: 정말? 어느 아들?

Penny: The one from whom I live across the hall from.

Beverley: Well, that's convenient. How did his penis turn out?

Penny: Oh, Beverly, I can't talk to my boyfriend's mother about his penis.

Beverley: Oh, fair enough. What can you tell me, if anything, about that busboy's penis?

Penny: Actually, I've only had the cheesecake. One more time. You know, Leonard did not want to tell you we were dating.

Beverley: Really? Well, that means he's either embarrassed about the relationship or he doesn't care enough about his mother to tell her he's in one. Either way, one of us should be insulted.

Penny: Well, let's go find out who.

Beverley: You go get a taxi. I'm gonna slip my business card into that busboy's back pocket, cupping his firm, right buttock as I do so.

페니: 복도 건너편에 살고 있는 아들요.

베버리: 그것 참 편하겠구만. 걔 고추가 어때?

페니: 남친의 어머니에게 남친 고추에 대해 말할 수 없어요.

베버리: 그렇지. 그럼 아는게 있다면 저 접시닦이의 고추는 어떨 것 같냐?

페니: 실은 전 치즈케익만 먹어봤어요. 한 잔 더요. 저기, 레너드는 우리가 데이트하는 걸 어머님께 말하고 싶지 않아했어요.

베버리: 정말? 그건 걔가 너와 연인 사이인 것을 창피해하거나 아니면 데이트하고 있다는 것을 말하지 않을 정도로 엄마를 신경쓰지 않는 것을 뜻한다. 어떤 경우이던지 우리 중 하나는 모욕을 당하고 있는 것일게다.

페니: 누가 모욕을 당하고 있는건지 확인하러 가요.

베버리: 넌 가서 택시를 잡아라. 난 접시닦이의 뒷 주머니에 내 명함을 밀어넣으면서 동시에 탄탄한 오른쪽 엉덩이를 감쌀 테니까.

이 장면에서 놓치면 안되는 표현들

🔊 **01 I'm considering asking~** …을 부탁할 생각이야

    A: **I'm considering asking** Liz out. 난 리즈에게 데이트 신청을 할 생각이야.
    B: You should. She's a great girl. 그래봐. 걘 아주 멋진 여자야.

🔊 **02 ravish sb** 강제로 범하다, 섹스하다

    A: How was your night with Joe? 조와의 저녁은 어땠어?
    B: He totally **ravished** me. 걘 나하고 격렬하게 섹스했어.

🔊 **03 What do you think?** 네 생각은 어때?

    A: It looks like you've written about twenty pages. 너 한 20페이지는 쓴 것 같네.
    B: **What do you think?** Is it enough? 어떻게 생각해? 충분해?

🔊 **04 Hit us again** 술 좀 따라줘요

    A: I really would like a few more drinks. 정말 술 몇 잔 더 하고 싶어.
    B: Bartender, could you **hit us again**? 바텐더, 우리 술 좀 따라줘요.

🔊 **05 Guess what?** 있잖아, 저기

    A: **Guess what?** I'm going to get married. 있잖아. 나 결혼할거야.
    B: Wow, that is great. Who are you marrying? 와, 멋지다. 누구랑 결혼해?

🔊 **06 turn out** …로 판명나다

    A: I am only drinking fluids so I can lose weight. 살을 빼기 위해 유동식만 먹어.
    B: I'm not sure if that will **turn out** well. 그게 잘 될지 모르겠네.

🔊 **07 I can't talk to~ about** 난 …에 대해 …에게 말 못해

    A: Didn't you mention you were having sex? 너 섹스했다고 말 안했지?
    B: **I can't talk to** my mom **about** that. 나 엄마한테 그 얘기를 못하겠어.

08 Fair enough 그렇지

A: **There isn't enough time to go out tonight.** 오늘 저녁에는 외출할 시간이 충분하지 않네.
B: **Fair enough,** we'll do it some other time. 그래, 우리 그럼 다음에 만나자.

09 What can you tell me about~ ? …은 어떨 것 같아?

A: **What can you tell me about** Dave's arrest? 데이브가 체포된 거 어떨 것 같아?
B: People say he was really drunk when the cops came.
사람들이 그러는데 경찰이 왔을 때 걔 만취상태였대.

10 if anything 오히려, 아마, 어느 편인가 하면

A: I appreciate you coming to my party. 네가 파티에 와줘서 고마워.
B: **If anything,** I should be thanking you. 오히려, 내가 고맙지.

11 This means~ 이건 …을 뜻해

A: Mike walked into the building with a helmet.
마이크는 헬멧쓰고 빌딩으로 걸어 들어갔어.
B: **This means** he rode a motorcycle to work.
이건 걔가 오토바이를 타고 출근했다는걸 뜻해.

12 not care enough about~ …에 대해 충분히 신경쓰지 않다

A: I'd rather go out tonight with my friends. 차라리 친구들과 저녁에 외출하겠어.
B: **You don't care enough about** your studies. 넌 네 공부에 제대로 신경을 쓰지 않아.

13 Either way 어떤 경우이든

A: Jake can't decide which girl to stay with. 제이크는 어느 여자와 함께 있을지 결정을 못해.
B: **Either way,** it's going to cause problems. 어떤 경우이든 문제가 생길거야.

14 find out~ …을 알아내다

A: Who was that beautiful woman? 저 아름다운 여자는 누구였어?
B: I never **found out** her name or phone number.
그녀의 이름이나 전번을 전혀 못알아냈어.

15 Get out here! 이리 나와봐! *Get out of here! 웃기지마!, 말도 안되는 말 하지마!

A: Jill said she will never date another man.
질은 다시는 남자와 데이트를 하지 않겠다고 했어.
B: **Get out of here!** I don't believe it! 웃기지마! 말도 안돼!

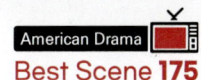

16 What the hell is going on? 도대체 무슨 일이야?

A: **What the hell is going on?** Are you fighting?
도대체 무슨 일이야? 너희들 싸우는거야?

B: No, we were just having a disagreement. 아니, 우린 그냥 의견이 다를 뿐이었어.

17 You're in trouble 너 큰일났다

A: What is my current financial situation? 내 현재 재정상태가 어때?
B: **You're in trouble.** You have no more money. 너 큰일 났어. 더 이상 돈이 없어.

18 tap sb 섹스하다

A: You have been seeing a lot of Tracey. 너 트레이시를 아주 많이 만나더라.
B: I'll **tap her** before the month is finished. 이번 달이 가기 전에 걔와 섹스할거야.

19 Did I say that right? 내가 제대로 말했어?

A: Who is the Polish scientist we hired? 우리가 채용한 폴란드 과학자가 누구야?
B: His name is Kiniski. **Did I say that right?** 그 사람 이름 키니스키야. 내가 제대로 말했나?

 Chris Says: Shame on you!

Here the speaker is telling someone they have done something bad and they should be ashamed.
ex: (Father to daughter) Shame on you for getting pregnant without being married!

I don't blame you

Big Bang Theory
Season 3 Episode 11 18:02

그럴 수도 있죠

페니와 레너드의 엄마가 취한 다음날 레너드는 운전을 하며 공항으로 엄마를 데려다주는데…. 엄마 베버리는 쉘든에게 공항에 데려다 줘서 고마워(Thank you for taking me to the airport)라고 말하고 쉘든은 무슨 말씀을요(You're very welcome)라고 하는데 이 말을 들은 레너드는 다시 말하지만 운전은 제가 하고 있는데요(Once again, I'm driving. I'm right here)라고 한다. 쉘든과 인 베버리는 레너드의 말에 숙취가 지금 너무 심해서 너의 인정받으려는 욕구를 만족시켜줄 기분이 아니다(Please, I am very hungover and in no mood to satisfy your need for approval) 라고 레너드를 뭉개버리고 쉘든에게는 어젯밤에 취해서 쉘든의 입술에 입맞춤한 부적절한 행동에 대해 사과를 한다(Sheldon, I do hope you'll forgive me for my inappropriate behaviour last night). 쉘든은 뭐라 하지 않을게요(I don't blame you), 취하셨잖아요(You were intoxicated) 라고 하고 페니탓이라고(I blame Penny)한다. 페니는 이 말에 자기도 페니탓이라면 나쁜 페니라고(I blame Penny, too. Bad Penny), 술이 덜깬 얼굴로 답한다.

무슨 말을 하는지 모르는 레너드는 잠깐만(Wait a minute), 무슨 얘기하는거예요?(what are you talking about?), 부적절한 행동이라니요?(What inappropriate behavior?)라고 묻지만 엄마는 네가 모르는게 나아(I think it's best that you not know)라고 하고 사정을 아는 쉘든과 페니가 Agreed라 하고 레너드 역시 이런, 나도 동의해(What the hell, agreed)라고 해버린다. 마지막으로 베버리는 아들 레너드에게 페니를 아주 잘 돌봐주라(I want you to take very good care of this young woman)고 하고 장래가 별로 밝지는 않지만(She doesn't have much in the way of career prospects), 그렇다고 오르가즘을 혼자 해결하도록 하지는 말아라(don't make her responsible for her own orgasms as well)는 쉘든 스타일의 말을 한다. 이 말에 페니는 벙찐 표정을 짖고 레너드는 엄마에게 엄마가 저하고 대화를 많이 하지 않아서 불평했던거 기억해요?(Remember when I was complaining that you don't communicate with me enough?)라고 묻고 베버리가 그럼(Yes, dear)이라고 하자 레너드는 이젠 괜찮아요(I'm over it) 라고 대화를 닫는다

The Best Lines from <Big Bang Theory>

Beverley: Thank you for taking me to the airport.

Sheldon: You're very welcome.

Leonard: Once again, I'm driving. I'm right here.

Beverley: Please, I am very hungover and in no mood to satisfy your need for approval. Sheldon, I do hope you'll forgive me for my inappropriate behavior last night.

Sheldon: I don't blame you. You were intoxicated.

Beverley: Thank you.

Sheldon: I blame Penny.

Penny: I blame Penny, too. Bad Penny.

Leonard: Wait a minute, what are you talking about? What inappropriate behaviour?

Beverley: I think it's best that you not know.

Sheldon: Agreed.

Penny: Agreed.

Leonard: What the hell, agreed.

Beverley: And I want you to take very good care of this young woman.

Penny: Oh, thank you, Beverly.

Beverley: You're welcome. She doesn't have much in the way of career prospects, don't make her responsible for her own orgasms as well.

Leonard: Mother, remember when I was complaining that you don't communicate with me enough?

Beverley: Yes, dear.

Leonard: I'm over it.

비벌리: 공항까지 데려다줘서 고마워.

쉘든: 천만에요.

레너드: 다시 말하지만, 운전은 내가 하고 있다고. 나 여기 있거든.

비벌리: 제발, 나 지금 숙취 때문에 기분이 아주 안 좋아서 네 인정 욕구를 채워줄 기분이 아니야. 쉘든, 어젯밤 내 부적절한 행동을 용서해줬으면 해.

쉘든: 당신을 탓하지 않아요. 술에 취하셨잖아요.

비벌리: 고마워.

쉘든: 나는 페니를 탓해요.

페니: 나도 페니 탓할래. 나쁜 페니.

레너드: 잠깐만, 무슨 얘기야? 어떤 부적절한 행동?

비벌리: 넌 모르는게 좋을 것 같아.

쉘든: 동의해요.

페니: 동의해요.

레너드: 젠장, 나도 동의.

비벌리: 그리고 이 아가씨 잘 돌봐줘야 해.

페니: 아, 고마워요, 비벌리.

비벌리: 천만에. 얘는 경력 전망도 별로니까, 오르가즘 책임까지 얘한테 지우지 마.

레너드: 엄마, 내가 왜 엄마랑 소통이 부족하다고 불평했는지 기억나죠?

비벌리: 그래, 아가.

레너드: 그건 이제 됐어.

이 장면에서 놓치면 안되는 표현들

🔊 **01   be in no mood to~** …할 기분이 아니다

    A: I'm here to tell you that you're wrong. 네가 틀렸다고 말하려고 여기 왔어.
    B: I'm in no mood to listen to your bullshit. 네 말도 안되는 소리를 들을 기분이 아냐.

🔊 **02   I do hope you'll forgive me for~** 내가 …한거 용서해주길 바래

    A: You've treated me like shit for too long. 넌 오랫동안 날 거지같이 취급했어.
    B: I do hope you'll forgive me for being cruel. 내가 짓궂은거 용서해주길 바래.

🔊 **03   I don't blame you** 그럴 수도 있어

    A: My husband was mean and beat me. 내 남편은 비열했고 날 때렸어.
    B: I don't blame you for leaving him. 그 사람을 떠날 만도 하네.

🔊 **04   What are you talking about?** 무슨 말이야?

    A: Someone saw you sneak out last night. 네가 지난밤에 살짝 빠져나가는걸 누가 봤어.
    B: What are you talking about? I was here the whole time.
    무슨 말야? 난 줄곧 여기 있었어.

🔊 **05   I think it's best that ~** …가 최선이라고 생각해

    A: What should I do about my mistake? 내 실수에 대해 내가 어떻게 해야 돼?
    B: I think it's best that you apologize. 네가 사과하는게 최선인 것 같아.

🔊 **06   not have much in the way of~** …가 별로 없다

    A: We don't have much in the way of food. 우리는 음식이 별로 없어.
    B: Don't worry, I'll find something in the fridge. 걱정마, 냉장고에서 먹을거 찾을게.

🔊 **07   Remember when~?** …한 때를 기억해?

    A: Remember when we traveled to Cheju? 우리가 제주도 여행했던 때 기억나?
    B: Yeah. It was a beautiful island to be on. 응. 지내기에 아주 아름다운 섬이었어.

🔊 **08   I'm over it** 난 극복했어

    A: Didn't his insults make you angry? 걔의 모욕 때문에 더 화나지 않았어?
    B: It upset me but now I'm over it. 화났지만 이제는 극복했어.

Americna Drama Best Scene 037

I never apologize for the truth

난 사실에 대해서는 사과하지 않아요

>> Big Bang Theory
Season 3 Episode 16 11:32

페니의 어깨가 탈골됐을 때 쉘든은 운전을 해서 병원에 데려갔는데 그때 과속으로 걸렸고 벌금 내라는 통지서가 왔다. 억울한 쉘든은 법정에서 스스로를 변호하다 특유의 깐죽거림으로 판사의 심기를 불편하게 한다. 판사는 쉘든의 변호를 듣고 나서 Guilty라고 하고 벌금(fine)을 내라고 한다. 순순히 벌금을 내면 쉘든이 아닐게다. 그는 이의신청을 합니다(I object), 판사님은 현재 법을 무시하고 있습니다(You're completely ignoring the law)라고 하자 판사는 난 법을 따르고 있고(No, I'm following the law), 당신을 무시하고 있습니다(I'm ignoring you)라고 한다.

그러자 발끈한 쉘든은 정말요?(Really?)라고 하고 자기는 최고의 자리에 올라와 있지만, 당신은 유치한 법정을 주재하고 있네요(I would point out that I am at the top of my profession, while you preside over the kiddy table of yours)라고 직격탄을 날린다. 판사는 쿠퍼박사, 법정모독죄로 감방에 쳐넣기 전(Dr. Cooper, before I find you in contempt and throw you in jail)에 마지막 발언에 사과할 기회를 주겠어요(I'm going to give you a chance to apologize for that last remark)라고 하지만 쉘든은 전 과학자입니다(I am a scientist), 사실에 대해서 사과하지 않습니다(I never apologize for the truth)라고 한다. 쉘든은 유치장에 갇히고 페니는 레너드에게 전화해서 쉘든이 유치장에 갇혀 있다고 한다.

다시 유치장 장면. 의자 끝에 앉아있던 쉘든은 화장실에 가겠다고 저기요, 경관님(Excuse me?, jailor)이라고 부르고 화장실에 가야 한다(I need to use the bathroom)라고 하자 유치장 안의 세면대를 가리키며 해봐요(Knock yourself out)라고 하자 놀란 쉘든은 이게 화장실예요?(That's the toilet?)라고 한다. 경관은 음, 소원을 비는 우물은 아니다(Well, it ain't a wishing well)라고 하자 바로 판사님께 사과하겠다고 말해달라(Please tell the judge I'm ready to apologize)고 한다.

The Best Lines from <Big Bang Theory>

Judge: Impressive.

Sheldon: Thank you.

Judge: Guilty. Pay the cashier.

Sheldon: I object. You're completely ignoring the law.

Judge: No, I'm following the law. I'm ignoring you.

Sheldon: Really? I would point out that I am at the top of my profession, while you preside over the kiddy table of yours.

Judge: Dr. Cooper, before I find you in contempt and throw you in jail, I'm going to give you a chance to apologize for that last remark.

Sheldon: I am a scientist. I never apologize for the truth.

....

Sheldon: That's my spot.

....

Raj: I can't wait to ask Stan Lee why he insists on giving all his characters first and last names that start with the same letter.

Leonard: Oh, come on, why would you do that?

Raj: Bruce Banner, Reed Richards, Sue Storm, Stephen Strange, Otto Octavius, Silver Surfer, Peter Parker, oh, and worst of all, J. Jonah Jameson, Jr.

Howard: Okay, I'm cutting. I'm not gonna talk to Stan Lee after you cheese him off.

판사: 인상적이군요.

쉘든: 감사합니다.

판사: 유죄입니다. 계산대에서 벌금 내세요.

쉘든: 이의 있습니다. 판사님은 전적으로 법을 무시하고 계십니다.

판사: 아뇨, 난 법을 따르고 있습니다. 당신을 무시할 뿐입니다.

쉘든: 정말요? 저는 제 직업 최고의 자리에 위치에 있고 판사님은 유치한 테이블에 앉아 있네요.

판사: 쿠퍼 박사, 법정모독죄로 감방에 쳐넣기 전에 마지막 발언에 사과할 기회를 주겠어요.

쉘든: 전 과학자입니다. 사실에 대해서 사과하지 않습니다.

....

쉘든: 저 자리가 제 자리입니다.

....

라지: 아, 스탠 리에게 왜 캐릭터 이름을 꼭 앞뒤 글자 똑같이 짓냐고 묻고 싶어 죽겠어.

레너드: 아 진짜, 왜 그런 걸 묻고 싶냐?

라지: 브루스 배너, 리드 리처즈, 수 스톰, 스티븐 스트레인지, 오토 옥타비우스, 실버 서퍼, 피터 파커, 그리고 최악은 J. 조나 제임슨 주니어!

하워드: 됐다, 나 줄 선다. 네가 스탠 리 화나게 하면 나 말 못 해.

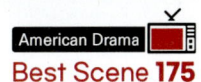

Leonard: (phone rings) Hey.

Penny: Sheldon's in jail.

Leonard: Sheldon's in jail?

Raj: You called it.

Leonard: For what?

Penny: What do you think? For doing the same crap he always does, except to a judge. He has to stay in there until he apologizes.

Leonard: So tell him to apologize.

Penny: Oh, gee, thanks, Leonard. That didn't occur to me. If he doesn't apologize by 5 o'clock he is going to spend the night in jail.

Leonard: Oh, no, that's terrible. Ooh, the line's moving. Got to go. Bye.

Sheldon: Excuse me? Excuse me, jailor?

Guard: What?

Sheldon: I need to use the restroom.

Guard: Knock yourself out. (points to urinal in cell)

Sheldon: That's the toilet?

Guard: Well, it ain't a wishing well.

Sheldon: Please tell the judge I'm ready to apologize.

레너드: (전화받으며) 여보세요?

페니: 셸든 감옥 갔어.

레너드: 셸든이 감옥에 갔다고?

라지: 내 말이 맞았네.

레너드: 무슨 일로?

페니: 뻔하지. 평소처럼 굴다가 판사 상대로 그랬거든. 사과하기 전까지 거기 있어야 한대.

레너드: 그럼 사과하라고 해.

페니: 와, 고마워 레너드. 그 생각은 못 해봤네? 5시까지 사과 안 하면 하룻밤 유치장에서 자야 돼.

레너드: 아, 진짜 안됐다. 오, 줄 움직인다. 끊을게, 안녕!

쉘든: 실례합니다? 실례합니다, 간수님?

간수: 뭐야?

쉘든: 화장실 좀 가야겠습니다.

간수: 맘대로 해봐. (유치장 안의 소변기를 가리킨다)

쉘든: 저게 화장실이라고요?

간수: 소원 우물은 아니잖아.

쉘든: 판사님께 전해주세요. 사과할 준비됐다고요.

이 장면에서 놓치면 안되는 표현들

🔊 **01 I am at the top of~** 난 …의 정상에 있다

A: **How are you doing in school this year?** 너 금년에 학교에서 어떠냐?
B: **I am at the top of my graduating class.** 졸업반에서 일등야.

🔊 **02 find sb in contempt** …을 법정모독죄로 처벌하다

A: **I heard the reporter refused to co-operate.** 난 그 기자가 협조를 거부했다고 들었어.
B: **The judge found him in contempt and sent him to jail.**
판사는 법정모독죄로 유치장에 처넣었어.

🔊 **03 throw sb in jail** 감방에 처넣다

A: **Didn't they get released from custody?** 걔네들 구금상태에서 풀려나지 않았어?
B: **No, the cops decided to throw them in jail.** 응, 경찰은 유치장에 처넣기로 했어.

🔊 **04 give sb a chance to~** …에게 …할 기회를 주다

A: **How do I know you are good with computers?** 네가 컴에 능숙하다는걸 어찌 알겠어?
B: **Give me a chance to show my ability.** 내 능력을 보여줄 기회를 줘.

🔊 **05 apologize for~** …에 대해 사과하다

A: **I apologize for not showing up to our date.** 데이트 장소에 오지 못한거 사과할게.
B: **It was very rude of you not to call.** 네가 전화를 하지 않은 것은 아주 무례한 행동였어.

🔊 **06 Excuse me?** 뭐라고?

A: **Excuse me? Did you say something?** 뭐라고? 무슨 말 했어?
B: **I said that we had better get out of here fast.**
여기서 빨리 빠져나가는게 좋겠다고 했어.

🔊 **07 Knock yourself out** 해볼테면 해봐

A: **Mind if I play this computer game?** 내가 이 컴퓨터 게임을 해도 괜찮겠어?
B: **Sure, go ahead and knock yourself out.** 그럼, 어서 해봐.

🔊 **08 Please tell sb that~** …에게 …라고 말해줘

A: **Please tell Jimmy that I got his message.** 지미에게 걔 메시지를 받았다고 말해줘.
B: **Sure, I can let him know.** 그래, 걔한테 알려줄게.

Americna Drama Best Scene 038

What have we done?

우리가 무슨 짓을 한거지?

>> Big Bang Theory
Season 3 Episode 23 18:30

하워드와 라지는 더러운 양말(dirty socks)로 협박해서 쉘든이 소개팅을 하게 만들어 또 하나의 괴짜인 Amy를 만나게 되는 장면이다. 먼저 에이미가 다가와 실례지만(Excuse me), 에이미 패러 파울러인데요(I'm Amy Farrah Fowler), 쉘든 쿠퍼죠(You're Sheldon Cooper)라고 통성명을 시작한다. 인터넷을 통한 소개팅에 부정적인 쉘든은 나름대로 정중하고 또 한편으로는 거만하게, 안녕하세요 에이미 페러 파울러(Hello, Amy Farrah Fowler), 잘 속고 외로운 사람들이 먹잇감이 되도록 만들어진 인정할 수 없는 통계에 의해 넘어가신 것을 안타깝게도 알려드립니다(I'm sorry to inform you that you have been taken in by unsupportable mathematics designed to prey on the gullible and the lonely)라고 소개팅에 나온 에이미의 처지를 정리해준다. 그리고 자기가 소개팅에 나온 이유는 더러운 양말을 숨겨놓고 협박을 받아서이다(Additionally, I'm being blackmailed with a hidden dirty sock)라고 변명을 한다.

괴짜 에이미는 양말얘기가 무슨 말인지 몰라 그게 슬랭이라면 난 처음들어봐요(If that was slang, I'm unfamiliar with it), 그리고 말그대로라면 더러운 양말은 나도 질색이다(If it was literal, I share your aversion to soiled hosiery)라고 범상치 않은 대화를 이어나간다. 어쨋든(In any case), 내가 여기에 나온 이유는 엄마와 일년에 한번씩 데이트하기로 약속했기 때문이라고(In any case, I'm here because my mother and I have agreed that I will date at least once a year)하는데, 쉘든은 오히려 이 말에 흥미를 느끼며, 재미있군요(Interesting), 저희 엄마와 저도 교회에 대해서 같은 약속을 했는데요(My mother and I have the same agreement about church)라고 공감대가 형성된다. 이말에 에이미는 신이라는 개념에 반대하지는 않지만(I don't object to the concept of a deity), 교회에 출석을 해야 된다는 생각에는 당황스럽네요(but I'm baffled by the notion of one that takes attendance)라고 한다. 쉘든은 이말에 그럼 자기 고향인 동부텍사스는 피하는게 좋겠어요(Well, then you might want to avoid East Texas)라고 한다. 에이미는 알았다(Noted)고 말하고 이제 우리가 더 진전되기 전에(Now, before this goes any further), 성교를 포함한 모든 신체적 접촉은 없는거다(you should know that all forms of physical contact up to and including coitus are off the table)라고 하며 에이미가 쉘든과에 아주 근접한 사람임을 보여준다.

협박에 강제로 나온 쉘든은 어느새 음료수 내가 사도 될까요?(May I buy you a beverage?)라고 하고 있고 에이미는 미지근한 물로 부탁한다(Tepid water, please)고 하는데…. 이를 지켜보며 놀라서 입을 다물지 못하는 **하워드는 맙소사(Good God) 우리가 무슨 짓을 한거지(what have we done?)**라며 놀라워 한다. 중간정도의 괴짜인 버나뎃과 완전 괴짜인 에이미의 등장으로 빅뱅이론은 장수 드라마의 길로 성공적으로 안착한다.

The Best Lines from <Big Bang Theory>

Amy: Excuse me. I'm Amy Farrah Fowler. You're Sheldon Cooper.

Sheldon: Hello, Amy Farrah Fowler. I'm sorry to inform you that you have been taken in by unsupportable mathematics designed to prey on the gullible and the lonely. Additionally, I'm being blackmailed with a hidden dirty sock.

Amy: If that was slang, I'm unfamiliar with it. If it was literal, I share your aversion to soiled hosiery. In any case, I'm here because my mother and I have agreed that I will date at least once a year.

Sheldon: Interesting. My mother and I have the same agreement about church.

Amy: I don't object to the concept of a deity, but I'm baffled by the notion of one that takes attendance.

Sheldon: Well, then you might want to avoid East Texas.

Amy: Noted. Now, before this goes any further, you should know that all forms of physical contact up to and including coitus are off the table.

Sheldon: May I buy you a beverage?

Amy: Tepid water, please.

Howard: Good God, what have we done?

에이미: 실례합니다. 저는 에이미 페러 파울러라고 해요. 당신이 쉘든 쿠퍼죠?

쉘든: 안녕하세요, 에이미 페러 파울러. 안타깝게도 말씀드려야 할 게 있어요. 당신은 허술한 수학 이론에 속은 겁니다. 그건 순진하고 외로운 사람들을 노린거죠. 게다가 저는 지금 숨겨진 더러운 양말로 협박당하고 있는 중입니다.

에이미: 그게 속어라면, 전 익숙하지 않아요. 만약 말 그대로라면, 저도 더러운 양말을 싫어해요. 어쨌든… 내가 여기에 나온 이유는 엄마와 일년에 한번씩 데이트하기로 약속해서예요.

쉘든: 흥미롭군요. 저희 엄마와 저도 교회에 대해서 같은 약속을 했는데요.

에이미: 신이라는 개념에 반대하지는 않지만, 교회에 출석을 해야된다는 생각에는 당황스럽네요.

쉘든: 그럼 동부 텍사스는 피하는게 좋겠어요.

에이미: 알아들었어요. 더 진도가 나가기 전에, 성교를 포함한 모든 종류의 육체적 접촉은 고려 대상이 아니라는 점을 알아둬야 해요.

쉘든: 마실거 사줄까요?

에이미: 미지근한 물 주세요.

하워드: 맙소사, 우리가 무슨 짓을 한거지?

이 장면에서 놓치면 안되는 표현들

01 I'm sorry to inform you that~ 안타깝게도 …을 알려드립니다

A: **Did you decide to hire me after the interview?**
면접후에 절 채용하기로 결정하셨나요?

B: **I'm sorry to inform you that you weren't hired.**
미안한 얘기지만 채용되지 않으셨어요.

02 be taken in by~ …에게 속다

A: **Your friend was seduced and dumped.** 네 친구는 유혹을 당하고 차였어.
B: **She was taken in by Brandon's sweet talk.** 걔는 브랜든의 달콤한 말에 속았어.

A: **Their savings money was stolen.** 걔네들 저축한 돈을 다 도둑맞았어.
B: **They were taken in by a con artist.** 걔네들은 사기꾼에게 속았어.

03 be unfamiliar with …에 익숙하지 않다

A: **How come he was late getting to our office?** 왜 걔는 사무실에 오는데 늦은거야?
B: **Tim was unfamiliar with the new building.**
팀은 새로운 건물에 낯선가봐

04 In any case 어떤 경우이든지, 어쨌든

A: **The car has been making noises.** 자동차가 소음을 내고 있어.
B: **In any case, it needs to be fixed.** 어쨌든, 수리를 해야겠네.

05 I'm here because~ 난 …때문에 여기에 왔어

A: **I thought you hated eating in this place.** 난 네가 이곳에서 먹는걸 싫어하는 줄 알았어.
B: **I'm here because it's the only restaurant still open.**
아직까지 하고 있는 식당이 여기뿐이라 온거야.

A: **Why did you come over today?** 오늘은 왜 들린거야?
B: **I'm here because I want to help.** 도와주고 싶어서 왔어.

06 I don't object to~ …에 반대하지 않아

A: **Can these women sit down with us?** 이 여성분들이 우리와 함께 앉아도 될까요?
B: **I don't object to sharing our table.** 테이블을 같이 쓰는데 반대하지 않아.

07 I'm baffled by~ …에 당황하다

A: Mel acts like such a jerk most of the time. 멜은 대부분 멍청이처럼 행동해.
B: I'm baffled by his bad attitude. 난 걔의 못된 태도에 당황했어.

08 You might want to~ …하는게 나을거야

A: I have a meeting with the school's president. 난 교장선생님과 회의가 있어.
B: You might want to take a gift for him. 넌 교장 선생님 선물을 가져가는게 나을거야.

A: We have to arrest a gangster today. 우리는 오늘 갱단 한 명을 체포해야 돼.
B: You might want to bring a gun. 넌 총을 가져가는게 나을거야.

09 Noted 알겠어

A: The washing machine stopped working. 세탁기가 작동하지 않아.
B: Noted. We'll take care of it later. 알겠어. 나중에 처리할게.

A: I want this whole area repainted. 이 구역 전체를 다시 페인트 칠해. .
B: Noted. We'll get it done soon. 알겠어. 바로 처리할게.

10 before this goes any further 이게 더 진전되기 전에

A: Several fights have broken out between them. 그들간의 싸움이 몇차례 일어났어.
B: You need to stop it before this goes any further.
더 진전되기 전에 그만두게 해야 돼.

A: I don't really love my boyfriend. 난 남친을 정말로 사랑하지 않아.
B: Stop it before this goes any further. 더 진전되기 전에 그만둬.

11 be off the table …는 배제되다, 고려대상이 아니다

A: Didn't they agree to merge the companies? 그 회사들을 합병하기로 동의하지 않았어?
B: That offer is off the table now. 이제 그 제안은 물건너갔어.

A: You offered me a thousand dollars. 넌 나한테 천달러를 제안했어.
B: No, that offer is off the table now. 아니, 이제 그 제안은 물건너갔어.

12 What have we done? 우리가 무슨 짓을 한거지?

A: You guys must be really stupid. 너희들 정말 멍청한게 틀림없구나.
B: Why are you bothering us? What have we done?
왜 우리를 귀찮게 하는거야? 우리가 무슨 짓을 했다고?

A: You two get over here now! 너희 둘 당장 이리로 와!
B: What have we done? We're just walking.
우리가 무슨 짓을 했는데? 그냥 걷고 있었는데.

Americna Drama Best Scene 039

Yeah, we get that a lot

그래요, 우리 그런 소리 많이 들어요

>> Big Bang Theory
Season 4 Episode 1 17:56

하워드가 국제정거장에서 쓰기 위해 제작된 로봇 손으로 혼자서 자위(jack off)하다가 풀리지가 않아 병원에 가는 해프닝. 레너드가 간호사에게, 실례합니다 좀 도와주세요(Excuse me, could you help me out?)라고 하자 간호사는 하워드를 보고 이런 이게 무슨 일인가?(My, my, my. What we have here?)라 하고 하워드는 창피함에 말도 안되는 변명을 댄다. 미끄러져서 넘어졌다(I slipped and fell)고. 간호사는 그런 말 많이 듣는다(Yeah, we get that a lot)라고 비아냥거리고 로봇 손을 보며 이게 뭐냐(What is this?)고 물어본다. 하워드는 로봇 손이다(It's a robot arm)라고 하고 간호사는 로봇의 나머지 다른 부분은 어디 있냐(Where's the rest of the robot?)고 물어본다. 하워드는 팔만 만들었다(I only built the arm)고 하자 간호사 왈 다른 부분은 필요없으니까('Cause that's all you needed, right?)라고 또다시 놀려댄다.

하워드는 그만 놀리고 좀 도와달라(Can you please just help me?)고 하자 간호사는 알았으니 잠깐만 조용히 하고 있어(All right, all right. Hang on, stay calm)라고 하고, 전화기를 들고 스피커모드로 말을 한다. 간호조무사와 휠체어가 필요한데(I need an orderly with a wheelchair), 여기 로봇 손에 페니스를 잡힌 사람이 있다(I got a robot hand grasping a man's penis out here)라고 하자 주변 사람들이 다들 쳐다보고 하워드는 간호사에게 좀 더 조심해달라(You think you could be a little more discreet?)고 항의한다. 간호사는 미안하지만 로봇 손에 페니스를 잡힌 상황에 대해 부르는 병원용어가 없다(I'm sorry, we don't have a code for robot hand grasping a man's penis)고 조롱한다. 그리고는 로봇 손에 달린 노트북을 보면서 이게 왜 연결되어있냐(Why is it hooked up to a computer?)고 물어본다. 레너드는 노트북이 로봇 손을 컨트롤한다(Uh, it's what controls the arm)고 하고 하워드는 노트북 작동이 멈춰졌다(But it's frozen)라고 한다. 간호사는 그럼 껐다 다시 켜보기를 했냐?(Did you try turning it off and back on again?)라고 물어보는데 하워드는 그렇게 단순히 재시동으로 해결되게 아니다(No, you see, it's more complicated than that)라고 하는데 간호사는 하워드의 간절한 "No, wait!" 외침을 뒤로하고 재시동버튼을 누르자 하워드의 페니스를 잡고 있는 로봇 손이 풀어진다.

The Best Lines from <Big Bang Theory>

Leonard: Excuse me, could you help us out?

Nurse: My, my, my. What we have here?

Howard: I slipped and fell.

Nurse: Yeah, we get that a lot. What is this?

Howard: It's a robot arm.

Nurse: Where's the rest of the robot?

Howard: I only built the arm.

Nurse: 'Cause that's all you needed, right?

Howard: Can you please just help me?

Nurse: All right, all right. Hang on, stay calm. I need an orderly with a wheelchair. I got a robot hand grasping a man's penis out here.

Howard: You think you could be a little more discreet?

Nurse: I'm sorry, we don't have a code for robot hand grasping a man's penis. Why is it hooked up to a computer?

Leonard: Uh, it's what controls the arm.

Howard: But it's frozen.

Nurse: Did you try turning it off and back on again?

Howard: No, you see, it's more complicated than that. (Nurse switches off computer) No, wait! (The hand lets go) Winnie the Pooh is out of the honey tree.

레너드: 실례지만, 저희 좀 도와주시겠어요?

간호사: 이런, 이게 무슨 일이람?

하워드: 미끄러져서 넘어졌어요.

간호사: 다들 그렇게 얘기하죠. 이게 뭐죠?

하워드: 로봇 팔예요.

간호사: 나머지 로봇은 어디 있죠?

하워드: 팔만 만들었어요.

간호사: 그 부분만 필요했기 때문이겠죠, 맞죠?

하워드: 그냥 좀 도와주세요.

간호사: 알았어요. 잠깐 진정해. 휠체어를 끌고 직원 한 명 오세요. 로봇 팔이 한 남자의 거시기를 잡고 있어요.

하워드: 좀 더 조심스럽게 말해줄 수는 없어요?

간호사: 죄송하지만, "로봇 손이 남자의 성기를 움켜쥔" 상황에 해당하는 코드가 없어요. 이게 왜 컴퓨터에 연결돼 있는거죠?

레너드: 어, 그게 로봇 팔을 제어하는 장치예요.

하워드: 근데 지금 멈췄어요.

간호사: 껐다가 다시 켜보셨어요?

하워드: 아니요, 그게 그렇게 단순한 문제가 아니거든요. (간호사가 컴퓨터를 꺼버림) 안 돼요, 잠깐만요! (로봇 손이 놓음) 곰돌이 푸가 벌꿀나무에서 빠져나왔어요.

이 장면에서 놓치면 안되는 표현들

01　jack off 자위하다

A: I don't want to go on another blind date. 또 소개팅을 하고 싶지 않아.
B: Why not just stay home and **jack off**? 집에 남아서 자위나 하지 그래?

02　help sb out …을 도와주다

A: Where are you going right now? 너 지금 어디 가는거야?
B: I've got to go **help** Spencer **out**. 난 가서 스펜서를 도와줘야 돼.

03　What we have here? 이게 뭐야?, 이게 무슨 일이야?

A: **What have we here?** Is it a gun? 이게 뭐야? 총이야?
B: Yes. I carry it to protect me from criminals.
응. 범죄자로부터 날 보호하기 위해 지니고 다녀.

04　We get that a lot 그런 소리 많이 들어.

A: I thought you guys were brothers. 난 너희들 형제인줄 알았어.?
B: Don't worry, **we get that a lot**. 걱정마, 우린 그런 소리 많이 들어.

05　Hang on 잠깐만

A: I need assistance with my homework. 나 숙제하는데 도움이 필요해.
B: **Hang on**, someone's coming to help you. 기다려봐, 누가 와서 널 도와줄거야.

06　be a little more discreet 좀 조심하다

A: My wife almost saw me with that woman.
내가 저 여자랑 있는 모습을 아내에게 들킬뻔했어.
B: **Be a little more discreet** so you don't get caught. 걸리지 않도록 좀 더 조심해.

07　be hooked up to~ …에 연결되어 있다

A: Did you see Herman in the hospital? 너 병원에서 허만 봤어?
B: He's **hooked up to** all these medical devices. 의료장치들에 연결되어 있어.

08　turn sth off 끄다

A: We are going to stay for a while longer. 우리는 좀 더 남아 있을거야.
B: Just **turn** the lights **off** when you leave. 나갈 때 불 좀 꺼.

Americna Drama Best Scene 040

He took one for the team!

>>> **Big Bang Theory**
Season 4 Episode 15 17:38

그가 전체를 위해 희생했어!

레너드가 노부인 기부자인 Mrs. Latham과 잠자리를 하고 기부금을 받아낸 장면. 레너드는 라섬 부인의 집적거림에도 불구하고 기부금을 받기 위해 몸을 팔지 않겠다고 다짐했지만 부인의 섹스에 대한 탁월함에 끌려 부인과 섹스를 하고 아침에 옷을 풀어헤친 채 집에 들어오다 페니와 마주친다. 페니는 웃으며 Good morning, slut이라고 하며, 난 보면 walk of shame을 알아본다(Oh, please, I recognize the walk of shame when I see it)라고 한다. 여기서 walk of shame은 밤새 섹스를 하고 흔적이 남은 차림새로 다니는 것을 뜻하는 것으로 현재 레너드의 차림새가 바로 walk of shame이다. 네게 없는 거라고는 번진 마스카라와 팬티를 구겨넣은 핸드백 뿐이다(All you're missing is a little smeared mascara and a purse with panties wadded up in it)라고 비웃는다. 매춘부와 달리 눈화장이 번지거나 핸드백 속에 팬티가 없을 뿐 매춘부와 다르게 없다는 말이다. 이때 쉘든이 방문을 열고 무슨 일이야?(What's going on?)라고 하자 레너드는 아무 일도 아냐(Oh, nothing's going on, Excuse me)라고 하며 황급히 자리를 피하려고 한다.

쉘든은 지금 집에 돌아오는거야?(Are you just getting home?)라고 하면서 페니를 보고 좋은 신호가 아냐(That's a good sign, right?)라고 묻는다. 쉘든은 네가 자랑스럽다(I'm so proud of you), 창녀처럼 네 몸을 팔았구나(You sold yourself out like a common streetwalker!)라고 쉘든 특유의 칭찬을 하는데, 레너드는 돈 때문에 섹스를 한게 아니다(No, I didn't do it for the money)라고 항변한다. 이에 돈을 못받고 섹스를 한 줄로 착각한 쉘든은 부인한테 돈을 떼인거야(She stiffed you?)라고 물어본다.

세상물정 잘 아는 페니는 이말에 레너드가 부인 돈을 떼먹은거야(I believe that's what your roommate did to her)라고 하자 무슨 말인지 이해 못한 쉘든이 What?이라고 하자 페니는 답답한 듯 다시 말하지만 우리가 준 성에 관한 책을 읽어보라(Again, read the book we gave you)고 한다. 그러자 레너드는 쉘든의 질문에, 아니, 내 말은 돈은 먼저 받았어(No, I mean, I, I, I got the money first)라고 하고 쉘든은 영리하군 선불로 받다니(Smart. Get paid up front), 창남짓에 일가견이 있는 것 같아(Yeah, I think you have a real knack for gigolo work, Leonard)라고

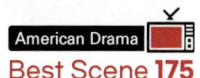

칭찬을 한다. 피곤한 레너드는 가서 누울래(Uh, I'm gonna go lie down)라고 방으로 들어가는데 뒷모습에 대고 쉘든은 좋은 생각이야(That's a good idea), 가서 쉬어(get your rest), 세상에는 돈많은 노부인들이 많고 나는 새로운 선형 가속기가 필요하다(There are a lot more rich old ladies out there, and Daddy needs a new linear accelerator)고 소리친다. 그리고 페니를 쳐다보면서 레너드가 너와 관계에서 아무 것도 배우지 못한 줄 알았어(And I thought he didn't learn anything from his relationship with you)라고 한다. 성을 팔고 그 대가로 뭘 받는 일에 능숙한 페니의 장점(?)를 배웠다는 그만의 칭찬법. 항의하는 페니에게 이것도 칭찬이야(Another compliment!) 좀 알아차리도록 해(Learn to recognize them)라고 한다.

장면이 바뀌어 학교 구내 식당이다. 레너드가 식당에 들어서자 총장은 레너드가 여기 오네(Ah, there he is!), 화제의 인물(The man of the hour!), 전체를 위해 몸을 바쳤다(He took one for the team!)면서 박수를 쳐준다. 레너드는 역시 돈 때문에 한게 아니다(I didn't do it for the money!)라고 하지만 총장은 계속 그렇게 생각해(Keep telling yourself that) 그러면 좀 더 쉬워져(it makes it easier), 정말야(Trust me), 내가 알아(I know)라고 한다.

The Best Lines from <Big Bang Theory>

Penny: Good morning, slut.

Leonard: What?

Penny: Oh, please, I recognize the walk of shame when I see it. All you're missing is a little smeared mascara and a purse with panties wadded up in it.

Sheldon: What's going on?

Leonard: Oh, nothing's going on. Excuse me.

Sheldon: Are you just getting home?

Leonard: Yeah.

Sheldon: That's a good sign, right?

Penny: Oh, yeah.

페니: 좋은 아침이야, 바람둥이.

레너드: 뭐라고?

페니: 아, 제발. 나 그 워크 오브 셰임 걸음걸이 알아보지. 지금 너한테 부족한 건 번진 마스카라랑, 팬티가 꾸깃꾸깃 들어간 핸드백이야.

쉘든: 무슨 일이야?

레너드: 아무 일도 아냐. 실례.

쉘든: 지금 막 집에 들어오는거야?

레너드: 응.

쉘든: 그거 좋은 신호 아닌가?

페니: 그럼.

Sheldon: I'm so proud of you! You sold yourself out like a common streetwalker!

Leonard: No, I didn't do it for the money.

Sheldon: She stiffed you?

Penny: I believe that's what your roommate did to her.

Sheldon: What?

Penny: Again, read the book we gave you.

Leonard: No, I mean, I, I, I got the money first.

Sheldon: Smart. Get paid up front. Yeah, I think you have a real knack for gigolo work, Leonard.

Leonard: Uh, I'm gonna go lie down.

Sheldon: That's a good idea, get your rest. There are a lot more rich old ladies out there, and Daddy needs a new linear accelerator. And I thought he didn't learn anything from his relationship with you.

Penny: Hey!

Sheldon: Another compliment! Learn to recognize them.

· ·

Seibert: Ah, there he is! The man of the hour! He took one for the team!

Leonard: I didn't do it for the money!

Seibert: Keep telling yourself that, it makes it easier. Trust me, I know.

쉘든: 네가 보통 길거리 여자처럼 너 자신을 팔았다니 자랑스러워!

레너드: 아니야, 돈 때문에 한 거 아냐.

쉘든: 돈도 안 줬어?

페니: 그건 네 룸메이트가 그 여자한테 한 짓이지.

쉘든: 뭐라고?

페니: 다시 말하지만, 우리가 준 책 좀 읽어봐.

레너드: 아냐, 내 말은... 난, 난 돈은 미리 받았어.

쉘든: 똑똑했네. 선불로 받는 게 맞지. 기질이 있어, 레너드. 남자 접대업에 소질 있어.

레너드: 나 좀 누울게.

쉘든: 좋은 생각이야, 쉬어둬. 부자 노부인들이 아직 많거든. 그리고 아빠는 새로운 선형 가속기가 필요하단다. 네가 페니랑의 연애에서 아무것도 안 배운 줄 알았는데.

페니: 뭐라고?!

쉘든: 또 하나의 칭찬이야! 칭찬은 알아듣는 법을 배워야지.

· ·

장면: 구내식당

사이버트: 저기 오네! 화제의 인물! 팀을 위해 희생을 했어!

레너드: 돈 때문에 한게 아네요!

사이버트: 계속 그렇게 생각해, 그러면 좀 더 쉬워져. 정말야, 내가 알아.

이 장면에서 놓치면 안되는 표현들

🔊 **01 walk of shame** 간밤에 섹스를 해서 풀어헤쳐진 모습

A: **Why do you think Jane had sex with Sam?**
넌 왜 제인이 샘과 섹스를 했다고 생각하는거야?

B: **I saw her doing the walk of shame out of Sam's apartment.** 난 걔가 샘의 아파트에서 풀어헤친모습으로 걸어가고 있는 것을 봤어.

🔊 **02 What's going on?** 무슨 일이야?

A: **How've you been? What's going on?** 그간 잘 지냈어? 무슨 일이야?

B: **Everything is about the same. I'm fine.** 별일 없어. 잘 지내고 있어.

🔊 **03 nothing's going on** 아무 일도 없어

A: **Why are you just sitting on the sofa?** 왜 소파에 그냥 앉아 있는거야?

B: **Nothing's going on. It's so boring.** 아무 일도 아냐. 그냥 지루해서.

🔊 **04 That's a good sign, right?** 그거 좋은 징조지, 맞지?

A: **Rick texted a few times this morning.** 릭이 오늘 아침에 문자를 몇 번 보냈어.

B: **That's a good sign right? You like him.** 그거 좋은 징조 맞지? 너 걔 좋아하잖아.

🔊 **05 I'm so proud of you** 난 네가 자랑스러워

A: **Did you see my final grades for the semester?** 내 학기 최종 성적으로 봤어?

B: **You did well. I'm so proud of you.** 아주 잘했어. 난 네가 자랑스러워.

🔊 **06 sell oneself out** 몸을 팔다 *sellout 배신자

A: **I think Jack is reporting all our secrets.** 잭이 우리들 비밀을 이르고 있는 것 같아.

B: **He's just a sellout. I don't trust him.** 걘 밀고자에 불과해. 난 걜 믿지 않아.

🔊 **07 She stiffed you?** 걔한테 돈 떼먹혔어?

A: **That woman walked out without paying.** 저 여자는 돈도 안내고 나가 버렸어?

B: **She stiffed you? You're kidding!** 저 여자한테 돈 떼인거야? 말도 안돼!

08 get paid up front 선불로 받다

A: John offered me a part time job. 존은 파트타임 일을 제의했어.
B: Make sure you get paid up front. 선불로 받도록 해.

09 have a real knack for …에 소질이 있다

A: How in the world did Bill get so rich? 도대체 빌은 어떻게 그렇게 부자가 된거야?
B: He has a real knack for investing. 투자에 소질이 있어.

10 get one's rest 쉬다

A: I am too tired to continue writing. 너무 피곤해서 계속 글을 쓸 수가 없어.
B: Get your rest tonight and start again in the morning.
오늘밤은 쉬고 내일 아침 다시 시작해라.

11 learn to …하는 것을 배우다

A: I want to learn how to fly an airplane. 어떻게 항공기를 운항하는지를 배우고 싶어.
B: That is going to cost a fortune. 그건 돈이 아주 많이 들거야.

12 The man of the hour! 화제의 인물!

A: Your brother certainly seems popular. 네 형은 정말 인기가 좋은 것 같아.
B: He is the man of the hour! 화제의 인물이잖아!

13 He took one for the team! 걘 전체를 위해 몸을 바쳤어!

A: The boss was screaming at Mac today. 사장이 오늘 맥에서 소리를 질렀어.
B: It's okay. He took one for the team! 괜찮아. 걔가 팀을 위해 희생한거야.

14 Keep telling yourself that …라고 계속 생각하다

A: Someday I'll win the lottery and get rich. 언젠가 난 로또에 당첨돼서 부자가 될거야.
B: Keep telling yourself that and you'll have problems.
계속 그렇게 생각하면 네게 문제들이 생길거야.

15 it makes it easier 그게 그걸 더 쉽게 만들어

A: It's so hard to figure out how to do this. 이걸 어떻게 하는지 알아내는게 너무 어려워.
B: It makes it easier if you learn from someone else.
네가 다른 사람에게서 배우면 더욱 쉬워질텐데.

16 Trust me 날 믿어

A: Is it really important to exercise? 운동하는게 정말 중요해?
B: Trust me, you'll feel young again. 날 믿어, 다시 젊어진 느낌일거야.

Americna Drama Best Scene 041

That was all she wrote

그걸로 끝이었어

>> Big Bang Theory
Season 5 Episode 1 12:55

페니와 라지가 술을 마시고 취해서 같이 침대에서 자게 된다. 다음날 일어난 페니는 기억이 안나고 둘이 섹스를 한 걸로 생각하고 있다. 그런 페니에게 라지가 찾아와서 그날의 자세한 상황을 설명하는 장면이다. 라지는 친구로서 말을 하는데(Well, uh, as your friend), 우리는 전통적인 방식으로 섹스를 하지 않았다는 걸 알고 싶어 할 것 같다(you might like to know that, um, we didn't have sex in the conventional sense)고 하는데 페니는 인도출신인 라지가 카마수트라로 기이한 체위의 섹스를 했냐(Oh, God. Did you pull some weird Indian crap on me?)고 놀라 묻는다.

라지는 그게 아니라며 우리가 옷을 벗고 침대로 뛰어든 후에(No, no. After we got undressed and jumped in bed), 페니가 콘돔을 갖고 있냐고 물었다(you asked if I had protection)고 하자, 페니는 콘돔을 갖고 있었지, 그렇지 않았겠어?(Oh, you did, didn't you?)라고 확인한다. 라지는 물론 난 항상 갖고 다닌다(Of course. I'm always packing)라고 하고 어쨌든 콘돔을 끼우는데 애를 먹고 있었고(Anyway, um, I had trouble putting it on), 페니는 도와주려고 했는데(you tried to help)…. 그걸로 끝이었다(that was all she wrote)라고 고백한다.

페니는 그럼 우리는 실제로는 하지 않았네(So, we didn't actually)라고 안도의 한숨을 쉬고 라지는 자기는 했고 아름다웠다(I did. It was beautiful)라고 한다. 그리고 페니에게 섹스도 하기전에 혼자 사정해버린 얘기를 아무한테도 말하지 말아달라(Penny, please, please promise me you won't tell anybody about this)고 부탁한다. 실제 섹스를 하지 않았다는 라지의 고백에 안도한 페니는 물론 얘기하지 않겠다(Of course I won't. No, I won't)라고 한다. 라지는 다행이다(Oh, good)라고 하고 사람들에게 우리들 사랑이 너무 눈부시고 너무 빠르게 타버렸다고(Um, can I tell people that our love burned too bright and too quickly?), 마치 바람 속의 촛불처럼(Kind of a Candle in the Wind deal?)이라고 말해도 되겠냐고 묻는다. 페니는 Sure라고 답하자 라지는 한발 더 나아가, 페니가 계속 내 애기를 갖고 싶어했지만 난 가정에 묶이기에는 너무 노는 걸 좋아해서 헤어졌다고 말해도 되냐(Can I say it fell apart because you were all, I want to have

177

your babies, and I was like, I am too rock and roll to be tied down?)라고 묻자 페니는 단호하게 No라고 한다. 라지는 다시 네가 나 이후로는 백인에게 만족하지 못한다라고 말해도 되냐(Can I say I ruined you for white men?)고 실없이 묻자 역시 단호하게 Also no라고 답한다. 그러자 앞에서 얘기한 캔들얘기로만 하겠다(Okay, just the candle thing)라고 한다.

라지는 좋아, 친구야(Cool. All right friend), 다시 보자(I'll see you around)라고 일어서는데 페니가 잠깐 기다려(Okay. Raj, wait), 내 친구가 되어줘서 고마워(Thank you for being my friend)라고 하면서 껴안는데 라지가 좀 당황해하며 It's getting beautiful again이라고 한다. 이 말을 달리 표현하자면 It's getting hard again이라고 할 수 있다.

The Best Lines from <Big Bang Theory>

Raj: Well, uh, as your friend, you might like to know that, um, we didn't have sex in the conventional sense.
Penny: Oh, God. Did you pull some weird Indian crap on me?
Raj: No, no. After we got undressed and jumped in bed, you, you asked if I had protection.
Penny: Oh, you did, didn't you?
Raj: Of course. I'm always packing. Anyway, um, I had trouble putting it on and you tried to help and, that was all she wrote.
Penny: So, we didn't actually…
Raj: I did. It was beautiful.
Penny: Oh!
Raj: Penny, please, please promise me you won't tell anybody about this.
Penny: Of course I won't. No, I won't.

라지: 친구로서 말을 하는데, 우리는 전통적인 방식으로 섹스를 하지 않았다는 걸 알고 싶어할 것 같아서.
페니: 오 맙소사. 인도의 기이한 체위로 섹스를 했냐?
라지: 우리가 옷을 벗고 침대로 뛰어든 후에, 네가 콘돔을 갖고 있냐고 물었어.
페니: 콘돔을 갖고 있었지, 그랬지?
라지: 물론, 난 항상 갖고 다니지. 어쨌든, 콘돔을 끼우는데 애를 먹고 있었고, 페니는 도와주려고 했는데…. 그걸로 끝이었어.
페니: 그럼 우리는 실제로는 하지 않은…
라지: 난 한거지. 아름다웠어.
페니: 오!
라지: 페니, 제발… 제발 아무한테도 이 일 말하지 않겠다고 약속해 줘.
페니: 물론 안 할게. 절대 안 해.

Raj: Oh, good. Um, can I tell people that our love burned too bright and too quickly? Kind of a Candle in the Wind deal?

Penny: Sure.

Raj: Cool. Can I say it fell apart because you were all, I want to have your babies, and I was like, I'm too rock and roll to be tied down?

Penny: No.

Raj: Can I say I ruined you for white men?

Penny: Also no.

Raj: Okay, just the candle thing.

Penny: Yeah.

Raj: Cool. All right, friend.

Penny: Hmm.

Raj: I'll see you around.

Penny: Okay. Raj, wait. Thank you for being my friend. (She hugs him.)

Raj: Penny?

Penny: Mm-hmm?

Raj: It's getting beautiful again.

라지: 아, 다행이다. 음… 사람들이 물어보면, 우리 사랑은 너무 밝고 너무 빨리 타올라서 끝난 거라고 말해도 될까? 약간 바람속의 촛불 같은 느낌으로?

페니: 그래.

라지: 좋아. 그럼 이렇게 말해도 돼? 네가 "당신 아이를 갖고 싶어"라고 하고, 나는 "난 너무 록앤롤이라 얽매일 수 없어"라고 했다든가?

페니: 안 돼.

라지: 그럼 네가 나 때문에 백인 남자들은 이제 못 만난다고 해도 돼?

페니: 그것도 안 돼.

라지: 오케이, 그냥 촛불 얘기만 할게.

페니: 그래.

라지: 쿨. 그럼, 친구야.

페니: 응.

라지: 또 보자.

페니: 응. 라지, 잠깐만. 친구가 되어줘서 고마워. (그를 안아준다.)

라지: 페니?

페니: 응?

라지: 다시 아름다워지고 있어.

Chris Says: Watch your tongue!

This means "Be careful of what you say, it could cause trouble." Sometimes this is used to scold someone for being disrespectful.

이 장면에서 놓치면 안되는 표현들

🔊 01 You might like to know that~ …을 알고 싶어할지 몰라

A: **You might like to know that** Brad is drunk.
브래드가 취했는지 네가 알고 싶어할지도 몰라.
B: Oh no, we'll have to find a way to get him home.
아냐, 걔를 집에 데려오는 방법을 찾아야 될거야.

🔊 02 pull some crap on …에게 이상한 짓을 하다

A: Why was Sharon's friend to angry? 새론의 친구가 왜 화가 난거야?
B: She **pulled some crap on** him. 그녀가 걔를 개떡같이 대했어.

A: Why was the prisoner brought in? 그 죄수는 왜 들어왔대?
B: He **pulled some crap on** an old lady. 노부인에게 이상한 짓을 했어.

🔊 03 have protection 콘돔을 착용하다

A: I feel like we are ready to get it on. 우린 섹스할 준비가 된 것 같아.
B: Do you **have protection** for when we do this?
우리가 섹스할 때 쓸 콘돔을 갖고 있어?

🔊 04 I'm always packing 항상 갖고 다녀

A: Did you bring a condom in case you get lucky?
섹스할 경우를 대비해 콘돔가져왔어?
B: Don't worry, **I'm always packing.** 걱정마, 난 항상 갖고 다니거든.

🔊 05 I had trouble ~ing …하는데 힘들었어

A: So, you didn't like the novel I gave you? 그래, 내가 준 소설을 싫어했단 말이지?
B: **I had trouble finishing** it. 다 읽는데 힘들었어.

A: Why did you fail the oral exam? 너 왜 구두시험에서 떨어진거야?
B: **I had trouble remembering** the answers. 답을 기억하는게 힘들었어.

06 put sth on …을 입다, 착용하다

A: Get out of the bed. We need to talk. 침대에서 일어나. 얘기 좀 해.
B: Hold on a minute while I put some shorts on. 반바지를 입을 동안 좀 기다려.

07 That was all she wrote 그걸로 끝이야

A: Didn't you start a restaurant a few years ago?
몇 년전에 식당을 시작하지 않았어?
B: That business failed, and that was all she wrote.
그 사업은 망했어, 그걸로 끝이었어.

A: So your date was a real bitch? 그래 네 데이트 상대가 정말 못된 년이었다고?.
B: She took a look at me and that was all she wrote.
걘 나를 한번 쳐다보더니 그걸로 끝이었어.

08 Please promise me you won't tell anybody about~
아무한테도 …을 얘기하지 않겠다고 내게 약속해

A: How could you sleep with your friend's boyfriend?
어떻게 내 친구의 남친하고 섹스를 할 수가 있어?
B: Please promise me that you won't tell anyone about this.
아무한테도 이 얘기를 하지 않겠다고 약속해줘.

Where "am" I?: This usually indicates the speaker is lost and doesn't know his location.
Where "was" I? / Where "were" we? : This usually indicates that the speaker got distracted and forgot what he was talking about. He is asking others to remind him of his topic.

Americna Drama Best Scene 042

Sex is off the table, right?

>> **Big Bang Theory**
Season 5 Episode 9 19:20

섹스는 고려 대상이 아니지, 맞지?

헤어진 후 데이트가 아닌 친구로서 함께 영화를 본 레너드와 페니. 서로 계속 언쟁을 하고 집에 올라오면서도 다시 한번 다투는 장면. 어색하게 계단을 올라오는데 레너드가 말을 시작한다. 좋아, 우리는 나가서 영화를 보고 좋은 사람들을 만났고 사람들 있는데서 서로를 헐뜯었어(Okay. So, we went out, saw a movie, met some nice people, said horrible things about each other in public), 그래도 아주 멋진 밤이었어(all in all, a pretty magical night)라고 화해를 시도한다.

페니는 그래(Okay), 나도 잘한 것은 없지만(Okay, I'm not innocent in all this), 넌 날 바보라고 불렀어(but you basically called me stupid), 이 한심한 천식쟁이야(you asthmatic dumbass)라고 비난하자 레너드가 알아(I know), 내가 선을 넘었어(I crossed a line), 그리고 미안하다(And I'm sorry)고 사과한다. 그리고는 아니, 잠깐만(No, no, no, hang on) 그리고 이번 사과는 진심이야(I really mean it)라고 말한다. 우리가 예전에 데이트할 때 섹스를 하려고 무슨 일이든지 사과를 하던 때와 다르다(And it's not like when we were going out, I'd just apologize for everything so we could end up in bed)라고 자기 사과의 진정성을 호소한다. 이건 정말이지 섹스를 바라고 하는 사과가 전혀 아니다(This is a 100% sex-isoff-the-table I'm sorry)라고 자기 맘을 정리하자 페니는 알았어(All right), 고맙고 나도 미안해(All right. Thank you. I'm sorry, too)라고 조금 풀어지자 그 틈을 비집고 들어가, 분명히 하기 위한건데, 섹스는 고려대상이 아니지, 그지?(Just to be clear, sex is off the table, right?)라며 살짝 구걸을 해보는데 날아오는 대답은 차갑게도 Way off(꿈도 꾸지마)라고 한다.

그리고 레너드가 말을 잇는다. 어쩌면 아직 친구로 지낼 준비가 되지 않았나(Maybe we're not ready to hang out as friends)보다라고 말을 하자 페니는 모르겠어(I don't know), 처음에는(Up until the last part) 남자답게 자신감있게 리드하는 레너드가 좋았다(I was kind of enjoying take charge Leonard with a little backbone), 영화를 고르고 자기 주장도 하고 조금은 잘난 척도 했다(Picking the movie, knowing what he wants, a little cocky)라고 레너드를 치켜세워

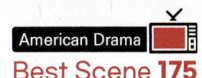

준다. 그러자 바로 레너드는 cocky한 표정을 지으며 그럼(Well, then), 섹스를 다시 고려대상으로 넣어볼게(I'm putting sex back on the table), 페니 생각은 어때?(What do you think about that?)라고 묻는다.

페니는 좋을지도 모르지(Maybe I like it)라고 하자 정말(You do?)이라고 하고 네가 원하는게 그거라면(Because if that's what you like), 난 그런 남자가 될 수 있어(I can be that guy). 정말이지, 네가 원하는건 뭐든 될 수 있다(I swear, I'll be anything you want me to be)라고 예전의 저자세의 레너드가 되어버린다. 페니는 차갑게 Good night, Leonerd라고 하고 레너드는 자기 방으로 들어가면서, 난 정말 한심한 천식쟁이야(I'm such an asthmatic dumbass)라고 자탄하다.

The Best Lines from <Big Bang Theory>

Leonard: Okay. So, we went out, saw a movie, met some nice people, said horrible things about each other in public, all in all, a pretty magical night.

Penny: Okay, I'm not innocent in all this, but you basically called me stupid, you asthmatic dumbass.

Leonard: I know, I crossed a line. And I'm sorry. No, no, no, hang on. I really mean it. And it's not like when we were going out, I'd just apologize for everything so we could end up in bed. This is a 100% sex-is-off-the-table I'm sorry.

Penny: All right. Thank you. I'm sorry, too.

Leonard: Just to be clear, sex is off the table, right?

Penny: Way off.

Leonard: Maybe we're not ready to hang out as friends.

Penny: I don't know. Up until the last part, I

레너드: 좋아, 우리는 나가서 영화를 보고 좋은 사람들을 만났고 사람들 있는데서 서로를 헐뜯었어, 그래도 아주 멋진 밤이었어.

페니: 나도 잘한 것은 없지만 넌 날 바로라고 불렀어, 이 한심한 천식쟁이야.

레너드: 알아, 내가 선을 넘었어. 미안해. 잠깐만. 진심이라고. 그리고 우리가 데이트할 때와는 달라, 섹스하기 위해서 모든 것에 사과하는. 이건 정말이지 섹스를 염두에 두지 않은거야. 미안해.

페니: 좋아. 고마워. 나도 미안해.

레너드: 분명히 해두겠는데, 섹스는 없는거지, 맞지?

페니: 당근이지.

레너드: 우리 아직 친구로 지내기엔 준비가 안 된 걸 수도 있어.

was kind of enjoying take-charge Leonard with a little backbone. Picking the movie, knowing what he wants, a little cocky.

Leonard: Really?

Penny: Yeah.

Leonard: Well, then, I'm putting sex back on the table. What do you think about that?

Penny: Ooh. Maybe I like it.

Leonard: You do? Because if that's what you like, I can be that guy. I swear, I'll be anything you want me to be.

Penny: Good night, Leonard.

Leonard: I am such an asthmatic dumbass. I had a weird night.

페니: 글쎄. 마지막 부분만 빼면, 나는 약간 리더십 있는, 척 좀 하는 레너드 꽤 괜찮았던 것 같아. 영화를 고르고, 자기가 원하는 걸 알고, 조금 건방진 모습.

레너드: 정말?

페니: 응.

레너드: 그렇다면, 섹스를 다시 테이블 위에 올릴게. 그건 어때?

페니: 오. 맘에 들지도 몰라.

레너드: 정말? 네가 그런 스타일을 좋아한다면, 난 그런 남자가 될게. 맹세해, 네가 원하는 사람이 될게.

Penny: 잘 자, 레너드.

페니: 나는 정말 천식 있는 멍청이야. 이상한 밤이었어.

Chris Says: I'm happy for you

This means "I'm glad you're successful." Sometimes it is used with sarcasm, and has the opposite meaning.

이 장면에서 놓치면 안되는 표현들

🔊 01   all in all 대체적으로 보아, 대체로

A: **Did you go to the national zoo?** 국립동물원에 갔어?
B: **All in all it was a very fun time.** 대체로 매우 즐거웠어.

🔊 02   I crossed a line 내가 선을 넘었어

A: **Are you saying Becky won't answer your calls?**
베키가 네 전화를 받지 않을거란 말야?
B: **I crossed a line when I kissed her.** 내가 걔한테 키스했을 때 선을 넘고 말았어.

🔊 03   hang on 잠깐, 기다리다

A: **I intend to become the new manager.** 난 새로운 매니저가 될 작정이야.
B: **Hang on, did you talk to Dave about this?** 잠깐, 그 얘기 데이브에게 말했어?

A: **I've been here for over an hour.** 여기 온지 한시간 넘었어.
B: **Just hang on for a few more minutes.** 조금만 더 기다려.

🔊 04   I really mean it 정말이야

A: **Are you sure you really care about me?** 네가 날 신경쓴다는게 확실해?
B: **I said I love you and I really mean it.** 난 널 사랑한다고 말했고 난 정말 진심이야.

A: **I think Amy is a good match with you.** 에이미는 너와 잘 어울리는 것 같아.
B: **I want to stay with her. I really mean it.** 난 걔랑 함께 있고 싶어. 진심이야.

🔊 05   It's not like~ …와 같지 않아

A: **The judge may put her in jail for a long time.**
판사는 걜 오랫동안 유치장에 가둘지 몰라.
B: **It's not like she stole a million dollars.** 걔가 백만달러를 훔친 것 같지는 않아.

06　end up in bed 섹스를 하게 되다

A: I'm shocked that you slept with Arnold. 난 네가 아놀드와 잤다는 것에 놀랐어.
B: I didn't expect to end up in bed with him. 걔와 섹스를 하게 될 줄은 몰랐어.

A: It seems Carol and Harvey slept together. 캐롤과 하비는 잠자리를 한 것 같아.
B: They ended up in bed the other night. 걔네들은 요전날밤 섹스를 하게 됐어.

07　Just to be clear 분명히 하자면

A: It's not convenient to attend your wedding. 네 결혼식에 참석하는게 불편해.
B: Just to be clear, you don't want to come? 확실히 하자고, 넌 오기 싫어?

A: He always had a bad effect on you. 걘 네게 항상 나쁜 영향을 끼쳐.
B: Just to be clear, our relationship is finished. 분명히 하자면 우리 관계는 끝났어.

08　be off the table 배제되다, 고려대상이 아니다

A: Will you still buy my old car? 그대로 내 낡은 차를 살거야?
B: The offer I extended is now off the table. 네가 포함한 제의는 이제 물건너갔어.

09　Way off! 꿈도 꾸지마!

A: I thought the park took 20 minutes to walk through.
공원을 가로지르는데 20분 걸렸다고 생각했어.
B: You were way off! It's nowhere near that big.
전혀 아냐! 그렇게 오래 걸리지 않았어

10　kind of 약간, 조금

A: So John's swim trunks fell down? 그럼 존의 수영복 바지가 내려졌다고?
B: He kind of felt embarrassed about it. 걘 좀 창피해했어.

11　put sth back on the table 다시 고려하다

A: I think we should put the offer back on the table.
우리는 그 제의를 다시 고려해야 한다고 생각해.
B: Let's just wait and see what happens. 어떻게 되는지 지켜보자고.

A: Maybe they are willing to negotiate. 아마도 걔네들이 협상하려고 할거야.
B: You should put the offer back on the table. 넌 그 제안을 다시 고려해야 돼.

Americna Drama Best Scene 043

She made me a better man

걔 때문에 내가 더 좋은 사람이 됐어

>>> Big Bang Theory
Season 5 Episode 22 18:25

하워드의 총각파티에서 라지가 털어놓은 하워드의 과거의 문란한 행각에 화가 난 버나뎃은 결혼을 계속해야될지 어떨지 고민하는데…. 하워드가 버나뎃을 찾아온다. 문을 열어준 페니에게 버나뎃에게 할 말이 있다(I need to talk to Bernadett)라고 하지만 페니는 지금은 아무하고도 얘기하고 싶지 않은 것 같아(Well, I don't think she wants to talk to anyone right now)라는 말을 한다. 하워드는 좋아(All right), 그럼 말 좀 전해줄테야?(Could you at least give her a message?)라며 버나뎃에 대한 심정을 토로하기 시작한다.

버나뎃에게 미안하다고 말해주고(Tell her I'm really sorry), 그리고 나랑 결혼하기를 원치 않는다면 이해할게(And if she doesn't want to marry me, I get it)라고 말한다. 하지만 **버나뎃이 역겹게 생각하는 예전의 내 모습을 나도 역겹게 생각하고 있다는 걸 알아줬으면 해(But what I really want her to know is the guy that she's disgusted by, is the guy that I am disgusted by, too)**라며 자신의 변화된 모습을 말하고 **그런 사람은 더 이상 존재하지 않아(But that guy doesn't exist anymore), 없어져 버렸어(He's gone)**라고 한다. 그리고 없어진 이유는 버나뎃 때문이다(And the reason is because of her)라고 말을 잇는다. 그래서 **우리 사이가 끝났다고 해도(So, if this relationship is over), 난 버나뎃 덕분에 더 좋은 사람이 되었다는 걸 말해달라(let her know that she made me a better man), 그리고 고맙다고도 말해달라(and tell her thank you)**고 감동적인 멘트를 한다.

평소와 달리 진정성있는 하워드의 모습에 감동을 한 페니는 세상에, 하워드(Oh, my God, Howard)라고 말을 뗀 다음에 내가 들었던 말 중에서 가장 감동적이야(That's the most beautiful thing I've ever heard)라고 한 다음에, 하워드의 입에서 그런 말이 나오다니(And it came out of you)라면서 감동에 벅차오른다. 다른 방에서 하워드의 말을 듣고 있던 버나뎃이 나오면서 Howie라고 하워드를 부르고 하워드는 페니가 전할 말이 있어(Penny has a message for you)라고 한다. 버나뎃은 나 들었어(I heard), 네 목소리는 네 엄마와 같아서 잘 들리거든(Your voice, not unlike your mother's, travels through walls)이라고 한다. 하워드는 내가 그만 갈까?(Do you want me to go?)라고 버나뎃의 의향을 묻고 그녀는 No, come here라고 하고 둘이 껴안는다. 그리고는 나 아직도 화나 있어(I'm still mad at you)라고 하고 하워드는 알아(I get that)라고 답한다. 그리고 버나뎃은 과거에 이상한 짓한게 더 있냐?(Is there anything else about your past I should know?)라고 확인하는데 하워드는 몇가지 일이 있는데(A couple of things), 다 해외에서 일어난 일이야(but, you know, most of them happened overseas)라고 하면서 나중에 얘기해줄게(I'll tell you later)라고 한다. 그리고 하워드는 우리 결혼하는거지?(So, is the wedding still on?)라고 물어보고 버나뎃은 응, 결혼해야지(Yeah, the wedding's still on)라고 답하며 화해한다.

The Best Lines from <Big Bang Theory>

Howard: I need to talk to Bernadette.

Penny: Well, I don't think she wants to talk to anyone right now.

Howard: All right, well, could you at least give her a message?

Penny: Yeah, sure, I guess.

Howard: Tell her I'm really sorry, and if she doesn't want to marry me, I get it. But what I really want her to know is the guy that she's disgusted by, is the guy that I'm disgusted by, too. But that guy doesn't exist any more, he's gone, and the reason is because of her. So, if this relationship is over, let her know that she made me a better man, and tell her thank you.

Penny: Oh, my God, Howard. That's the most beautiful thing I've ever heard. And it came out of you.

하워드: 버나뎃이랑 얘기 좀 해야겠어.

페니: 음, 지금은 아무하고도 얘기하고 싶지 않아 하는 것 같아.

하워드: 알았어, 그럼 적어도 전해줄 말이라도 부탁할 수 있을까?

페니: 응, 그래, 알겠어.

하워드: 그녀한테 정말 미안하다고 전해줘. 그리고 그녀가 나랑 결혼하고 싶지 않더라도 이해한다고. 하지만 내가 진짜 전하고 싶은 건, 그녀가 역겹다고 느낀 그 남자는 나도 역겹게 느낀다는 거야. 근데 그 남자는 이제 존재하지 않아. 사라졌어. 그리고 그 이유는 바로 그녀 때문이야. 그래서 만약 이 관계가 끝난 거라면, 그녀가 날 더 나은 사람으로 만들어줬다는 걸 꼭 전해줘. 그리고 고맙다고 말해줘.

페니: 오, 세상에, 하워드. 내가 들은 말 중에 제일 아름다워. 그게 네 입에서 나왔다는 게 믿기지 않아.

Bernadette: Howie?

Howard: Penny has a message for you.

Bernadette: I heard. Your voice, not unlike your mother's, travels through walls.

Howard: Do you want me to go?

Bernadette: No. Come here. I'm still really mad at you.

Howard: I get that.

Bernadette: Is there anything else about your past I should know?

Howard: Couple things, but, you know, most of them happened overseas. I'll tell you later.

Bernadette: Okay.

Howard: So, is the wedding still on?

Bernadette: Yeah, the wedding's still on.
(They hug)

버나뎃: 하워드?

하워드: 페니가 너한테 전할 말이 있어.

버나뎃: 다 들었어. 네 목소리는 네 엄마 목소리하고는 달리 벽을 뚫고 들리거든.

하워드: 나 갈까?

버나뎃: 아니. 이리 와. 나 아직도 너한테 진짜 화나 있어.

하워드: 그럴 줄 알았어.

버나뎃: 너 과거에 대해서 내가 더 알아야 할 게 있어?

하워드: 몇 가지 있긴 한데, 대부분은 해외에서 있었던 일이야. 나중에 말해줄게.

버나뎃: 알겠어.

하워드: 그럼, 우리 결혼은 계속 하는 거야?

버나뎃: 응, 결혼은 하는거야. (둘이 포옹함)

이 장면에서 놓치면 안되는 표현들

🔊 **01 I need to talk to~** …에게 얘기해야 돼

A: **I need to talk to** Gary right now. 난 지금 당장 게리랑 얘기해야 돼.
B: You'll have to wait. He's not here. 기다려야 돼. 여기 없어.

🔊 **02 be because of~** …때문이야

A: I feel so sick and tired today. 난 오늘 무척 아프고 피곤해.
B: It'**s because of** the flu that you have. 네가 감기에 걸려서 그런거야.

🔊 **03 make sb a better man** …을 더 나은 사람으로 만들다

A: It's not fun working through the night. 밤새 일하는 것은 힘들어.
B: Hard work will **make you a better man**. 열심히 일하면 넌 더 좋은 사람이 될거야.

🔊 **04 I'm still mad at you** 난 아직도 너한테 화났어

A: When will you forgive what I did? 내가 한 짓에 대해 언제 용서해줄거야?
B: Don't talk to me, **I'm still mad at you**. 내게 말걸지마, 나 아직 너한테 화나 있다고.

🔊 **05 Is there anything else about~?** …에 대해 다른 특별한 것이 있어?

A: **Is there anything else about** the holiday plans?
휴일계획에 대해 뭐 다른 특별한 것이 있어?
B: Yes, we are going to have to visit my parents.
우리는 부모님을 방문해야 될거야

I'd just had sex like a man

난 남자처럼 섹스를 했어

>> **Sex and the City**
Season 1 Episode 1 11:00

신문에 섹스관련 칼럼을 쓰는 캐리는 한가지 의문을 갖는다. 여자들이 남자들처럼 섹스하는게 가능할까?(So you think it's possible to pull off this whole women having sex like men thing?)라는 화두를 던진다. 여기서 pull off는 '성공하다,' '해내다'라는 뜻이고 this~thing까지는 pull off의 목적어로 한 단어처럼 생각해야 한다. 그리고 게이인 스탠포드와 점심을 먹다 젊었을 때 자기를 세 번씩이나 찬 적이 있는 웬수인 커트를 보게 되고 "여자가 남자처럼 섹스하기"를 실험하려 한다.

커트에 다가가, 여기 어쩐일이야?(Wow, what are you doing here?)라고 접근하고 커트는 Hey, babe라고 인사하고 너 정말 멋지다(You look gorgeous)라고 한다. 캐리는 어떻게 지내?(How's life?)라고 집적대고 커트는 괜찮아(Not bad), 좋아(can't complain)라고 하고 캐리의 안부를 묻는데 캐리는 늘상 그렇듯(the usual) 칼럼쓰고 있어(You know just writing the column)라고 답한다. 본격적으로 유혹하는 캐리는 요즘 만나는 사람있냐?(So you're seeing someone special?)고 물어보는데 커트는 없다(Not really)고 하고 캐리에게 만나는 사람이 있냐고 물어보는데 캐리는 두세명 만나고 있다(Just a couple of guys)라고 한다. 캐리의 작업은 계속된다. 너 좋아 보인다(But you look good though)라고 말을 이어가고, 커트는 너도 그래(So do you)라고 답한다. 여기서 though는 문장 끝에서 곧잘 쓰이는데 의미는 '그래도,' '어쨌든' 정도의 의미이다. 캐리는 오후에 뭘하거냐?(So, what are you doing later?)고 직설적으로 작업걸고 캐리를 세 번이나 물먹인 커트는 좀 의아해하면서 넌 남은 평생 나하고 말하지 않을거라 생각했는데(I thought you weren't talking to me for the rest of your life)라고 답한다. 이때 캐리가 하는 말은 Who said anything about talking?인데 여기서 Who said anything about~?하게 되면 누가 about 이하의 얘기를 한대?라는 의미의 표현이다. 따라서 캐리의 말은 누가 말을 하자고 했어, 섹스하자는 말이지라는 뜻을 함축하고 있다. 캐리의 대쉬에 흐뭇한 커트는 내 집에서 3시 어때?(What do you say, my place, three o'clock?)라고 장소와 시간을 제안하고 캐리 역시 흐뭇한 표정을 지으며 좋아, 거기서 봐(Alright, see you there)라고 한다.

다시 자리에 온 캐리에게 스탠포드는 너 정신나갔어?(Are you out of your mind?), 지금 무슨 짓을 한거야?(What the hell do you think you're doing?)라며 야단치는데 캐리는 진정해(Calm down), 실험하는거야(It's research)라고 한다. 곧 이어 신(?)을 찾는 캐리의 신음소리(Oh, God!)가 들리고 캐리의 나레이션이 시작된다. 커트는 예전과 같았어(Kurt was just like I remembered), 아니 더 좋아졌어(better) 그리고 그 이유는 감정적으로 지저분하게 얽매이지 않을테니까(Because there would be none of that messy emotional attachment)라고 상황 정리를 한다. 캐리를 애무한 커트가 이번에는 자기를 애무해달라(Alrighty, my turn)고 하는데, 캐리는 미안 나 일하러 가야돼(Oh, sorry. I have to go back to work)라고 하고 커트는 농담하는 거야?(What are you kidding?), 정말야(You serious?)라고 묻는다. 캐리는 당연하지(Oh, yeah completely)라고 하면서 내가 전화할게(But I'll give you a call), 언제 또다시 하자(Maybe we can do it again some time?)라고 하면서 일어난다. 마치 이기적인 섹스만을 바라는 남자처럼 말이다. 그리고 독백으로 옷을 입으면서 생각했는데, 내가 해냈다(As I began to get dressed, I realized that I'd done it), 남자처럼 섹스를 한 것이다(I'd just had sex like a man)라고 한다.

The Best Lines from <Sex and the City>

Carrie : Wow, what are you doing here?
Kurt : Hey, babe. - God, you look gorgeous.
Carrie : Thanks. So, how's life?
Kurt: Not bad, can't complain. You?
Carrie : You know just writing the column, the usual. So, you seeing anyone special?
Kurt: Not really. You?
Carrie : Oh, just a couple of guys. But you look good though.
Kurt: So do you.
Carrie : So... What are you doing later?
Kurt: I thought you weren't talking to me for the rest of your life?
Carrie : Who said anything about talking?

캐리: 와, 여기서 뭐 하고 있어?
커트: 헤이, 자기야. 세상에, 너 진짜 멋져 보인다.
캐리: 고마워. 요즘 어때?
커트: 나쁘지 않아. 별일 없어. 너는?
캐리: 그냥 칼럼 쓰고, 평소랑 똑같지 뭐. 근데 너, 요즘 누구 만나?
커트: 딱히. 너는?
캐리: 뭐, 몇 명 만나고 있지. 근데 너 진짜 좋아 보인다.
커트: 너도 마찬가지야.
캐리: 그럼… 나중에 뭐해?
커트: 평생 나랑 말 안 하겠다며?
캐리: 누가 말한다고 했어?

Kurt: What do you say, my place, three o'clock?

Carrie: Alright. See you there.

Standford: Are you out of your mind? What do you think you're doing?

Carrie: Come down, it's research.

Carrie: Oh, God! Oh, Kurt!

Narration: Kurt was just like I remembered. Better. Because there would be none of that messy emotional attachment.

Kurt: Alrighty. My turn.

Carrie: Oh, sorry. I have to go back to work.

Kurt: What are you kidding? You serious?

Carrie: Oh, yeah completely. But I'll give you a call. Maybe we can do it again some time?

Narration: As I began to get dressed, I realized that I'd done it. I'd just had sex like a man.

커트: 그럼 어때? 우리 집에서, 3시?

캐리: 좋아. 거기서 봐.

스탠포드: 너 미쳤어? 지금 뭐 하는 건지 알긴 해?

캐리: 진정해, 이건 리서치야.

캐리: 오, 세상에! 오, 커트!

내레이션: 커트는 내가 기억한 그대로였어. 아니, 더 나았어. 왜냐면 감정적인 복잡함 따위는 없었으니까.

커트: 좋아, 이제 내 차례지.

캐리: 미안, 나 일하러 가야 돼.

커트: 장난이지? 진심이야?

캐리: 응, 완전 진심. 근데 전화할게. 다음에 또 하자.

내레이션: 옷을 입으면서 깨달았다. 나는 방금 남자처럼 섹스를 한거다.

이 장면에서 놓치면 안되는 표현들

🔊 **01 So you think it's possible to~** 그럼 너 …하는게 가능하다고 생각하는구나

A: **Both Bruce and Jerry are so wonderful.** 브루스와 제리는 모두 아주 대단해.
B: **So you think it's possible to love two people.**
그럼 넌 두명을 사랑하는게 가능하다고 생각하는구나..

🔊 **02 pull off** 성공하다

A: **I'm seeing someone besides my girlfriend.** 난 여친말고 다른 사람도 만나고 있어.
B: **You'll never pull off cheating on her.** 넌 절대로 여친몰래 바람피는데 성공못할거야.

🔊 **03 What are you doing here?** 넌 여기 무슨 일이야?

A: **I thought you moved. What are you doing here?**
너 이사간 줄 알았어. 여기서 뭐해?
B: **I decided to keep my old apartment.** 내 오래된 아파트를 지키기로 결정했어.

🔊 **04 You look gorgeous** 너 너무 멋져

A: **You think my party dress looks good?** 내 파티 드레스가 보기 좋다고 생각해?
B: **Everyone will see you look gorgeous.** 다들 너의 아주 멋진 모습을 보게 될거야.

🔊 **05 How's life?** 어떻게 지내?

A: **How's life? Are you still seeing Jeff?** 어떻게 지내? 아직도 제프 만나?
B: **Yeah, we've been going out for years now.** 응, 이제 몇 년째 사귀고 있어.

🔊 **06 Can't complain** 좋아

A: **What do you think of your new job?** 너 새로운 일은 어때?
B: **It's not perfect but I can't complain.** 완벽하지는 않지만 좋아.

🔊 **07 The usual** 늘상 그래

A: **What are you ladies up to tonight?** 여성분들 오늘밤에 뭐하시나?
B: **We're just sitting around doing the usual.**
우리는 항상 그렇듯이 자리에 앉아 있을거야.

American Drama
Best Scene 175

🔊 08 **You're seeing someone special?** 특별히 뭐 만나는 사람있어?

　A: **I'm sorry, I can't take you with me.** 미안해, 난 너를 데려갈 수 없어.
　B: **You're seeing someone special?** 특별히 뭐 만나는 사람있어?

🔊 09 **I thought you~** 난 네가 …할거라 생각했어

　A: **My muscles are so sore these days.** 요즘 내 근육들이 아파.
　B: **I thought you were doing yoga.** 난 네가 요가를 하고 있는 줄 알았어.

🔊 11 **Who said anything about talking?** 누가 얘기나 하자고 그래?

　A: **Let's not just sit here talking.** 여기 앉아서 얘기하지 말자.
　B: **Hey, who said anything about talking?** 야, 누가 얘기나 하자고 그래?

🔊 12 **What do you say~?** …하는게 어때?

　A: **This meeting is making everyone sleepy.** 이 미팅은 모든 사람들을 졸립게 하네.
　B: **What do you say we have some coffee?** 우리 커피 좀 마시는게 어때?

🔊 13 **Are you out of your mind?** 너 정신나갔어?

　A: **I think I'll drop out of my university.** 대학 중퇴할까봐.
　B: **Are you out of your mind? You can't do that.** 너 제정신이야? 그러면 안돼.

🔊 14 **What the hell do you think you're doing?**
　너 도대체 무슨 짓을 하고 있는거야

　A: **What the hell do you think you're doing?** 너 도대체 무슨 짓을 하고 있는거야?
　B: **I'm breaking all the windows in this place!** 이 곳의 모든 창문을 깨부수는 중이야.

🔊 15 **There would be none of~** …한 건 전혀 없을거야

　A: **Why don't you want me to come along?** 왜 내가 따라가는 걸 싫어하는거야?
　B: **There would be none of the people you're expecting.**
　　네가 바라는 사람은 아무도 오지 않을거야.

🔊 16 **I have to go back to work** 일하러 돌아가야 돼

　A: **Spend the whole afternoon with me.** 나하고 오후 내내 같이 보내자.
　B: **I can't. I have to go back to work.** 안돼. 나 일하러 가야 돼.

17 You serious? 정말야?, 진심야?

A: **Were you outside smoking cigarettes?** 너 밖에서 담배피고 있었어?
B: **You serious?** I quit that years ago. 진심야? 난 수년전에 끊었잖아.

18 get dressed 옷을 입다

A: **Get dressed,** we're leaving soon. 옷입어, 우리 곧 간다.
B: But honey, it's so early in the morning. 하지만 자기야, 아침 너무 이른 시간인데.

19 have done it 해내다, 그것을 하다

A: **Have you made out with any girls?** 여자와 애무해본 적 있어?
B: I **have done it** a few times. 몇 번 해본 적 있어.

Americna Drama Best Scene 045

You've never been in love

사랑을 해본 적이 없군요

>> **Sex and the City**
Season 1 Episode 1 23:42

'남자처럼 섹스하기'의 희생자인 커트를 만나고 나오는 길에 첫장면에서 조우한 적 있는 빅과 대화를 나누는 장면. 클럽에서 놀다 집에 가려고 택시를 잡던 캐리는 빅의 차와 마주치고 빅은 태워다 드릴게요(Well, get in for Christ's sakes)라고 한다. 여기서 for Christ's sake는 for God's sake와 같은 의미로 '부디,' '제발'이란 뜻이다. 어디에 내려주면 되죠?(Where can I drop you?)라고 빅이 묻고 캐리는 3번가 72번지요(72nd Street, Third Avenue)라고 답한다. 빅이 기사를 쳐다보며 알겠지, 알?(You got that, Al?)이라고 한다.

빅은 최근 뭐하고 사시나요?(So what have you been doing lately?)라고 묻자 캐리는 매일 밤 외출하는 것 외예요?(You mean besides going out every night?)라고 확인하자 빅은 그래요, 내 말은 직업이 뭔지 물어본거죠(Yeah, I mean what do you do for work?)라고 말한다. 캐리는 이렇게 밤마다 외출하는게 내 일이다(Well, this is my work), 난 성문화 인류학자라 할 수 있죠(I'm sort of sexual anthroplogist)라고 거창하게 말하는데, 빅은 창녀같은거 말하는 건가요?(You mean like a hooker?)라고 묻는다. 캐리는 웃으며 아뇨 섹스앤더시티라는 칼럼을 써요(No. I write a column called Sex and the City), 그리고 지금은(Right now), ==남자처럼 섹스하는 여성에 대한 기사 자료를 모으는 중이예요(I'm researching an article about women who have sex like men)라고 하는데 빅이 이해를 못하겠다는 표정을 짓자, 섹스하고 나서 아무 감정을 못끼는거 말예요(You know that they have sex and afterwards they feel nothing)라고 추가 설명==을 해준다. 빅은 당신은 그렇지 않잖아요(But you're not like that)라고 하고 캐리는 그럼 당신은 그렇지 않은가요?(Well, aren't you?)라고 묻는다. 다시 말하면 남자인 너도 그런 식으로 섹스하지 않냐고 물어보는 것이다. 이 말에 빅은 빙그레 웃으며 절대 안그렇다(Not a drop. Not even half a drop)고 강조하며 부정한다. 캐리는 당신 남자 맞아요?(Wow. What's wrong with you?)라고 직격탄을 날리고 빅은 활짝 웃으며 알겠어요(I get it), 당신은 사랑을 해본 적이 없군요(You've never been in love)라고 말한다. 캐리는 Oh yeah?라고 답한다. 한방 먹은 캐리의 독백은, 갑자기 세찬 바람에 자신이 나가 떨어진 것 같았다(Suddenly I felt the wind knocked out of me), 그리고 침대보 밑으로 기어들어가 자고 싶어졌다(I wanted to crawl under the covers and go right to sleep)라고 한다.

이제 집에 도착해서 캐리는 내리며 태워줘서 고마워요(Thanks for the ride)라고 하고 빅은 천만 예요(Any time)라고 답한다. 캐리는 걸어가다가 돌연 뒤돌아서서 차 창문에 노크를 한다. 그리고 빅에게 묻는다. 당신은 사랑을 해본 적이 있나요?(Have you ever been in love?). 빅은 Abso-fucking-lutely라고 답하는데 이는 Absolutely의 강조표현이다. 이렇듯 fucking은 아무데다 자기가 강조하고 싶은 단어앞에 붙여 쓰면 되는 초간단 강조어법이다. 물론 잘 모르는 사람끼리 쓰기는 좀 그렇지만 말이다.

The Best Lines from <Sex and the City>

Mr. Big: Well, get in for Christ's sakes. Where can I drop you?

Carrie : 72nd Street, Third Avenue.

Mr. Big: You got that, Al? (Al: Yes, sir.) So what have you been doing lately?

Carrie : You mean besides going out every night?

Mr. Big: Yeah, I mean what do you do for work?

Carrie : Well, this is my work. I'm sort of a sexual anthropologist.

Mr. Big: You mean like a hooker?

Carrie : No. I write a column called Sex And The City. I'm researching an article about women who have sex like men. They have sex and afterwards they feel nothing.

Mr. Big: But you're not like that.

Carrie : Well, aren't you?

Mr. Big: Not a drop. Not even half a drop.

Carrie : Wow. What's wrong with you?

미스터 빅: 어, 참, 어서 타요. 어디까지 데려다줄까요?

캐리: 72번가와 서드 애비뉴요.

미스터 빅: 들었지, 알? (운전기사 알: 네, 알겠습니다.) 요즘 뭐하고 지내요?

캐리: 밤마다 나도는 거 말고요?

미스터 빅: 그래요, 일은 뭐해요?

캐리: 음, 이게 제 일이에요. 저는 일종의 성(性) 인류학자예요.

미스터 빅: 매춘부 같은거예요?

캐리: 아니요. 섹스 앤 더 시티라는 칼럼을 써요. 남자처럼 섹스하는 여자들에 관한 글을 쓰고 있거든요. 그 여자들은 섹스를 하고도 아무런 감정이 없대요.

미스터 빅: 근데 당신은 그런 사람 아니잖아요.

캐리: 당신은요?

미스터 빅: 전혀요. 전혀 그렇지 않아요.

캐리: 와, 뭐가 문제예요?

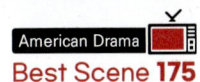

Mr. Big: I get it. You've never been in love.
Carrie: Oh, yeah?
Mr. Big: Yeah.

Narration: Suddenly I felt the wind knocked out of me. I wanted to crawl under the covers and go right to sleep.

Carrie: Thanks for the ride.
Mr. Big: Any time.
Carrie: Wait. Have you ever been in love?
Mr. Big: Abso-fucking-lutely.

미스터 빅: 알겠네요. 당신은 사랑에 빠져본 적이 없군요.
캐리: 아, 그래요?
미스터 빅: 그래요.

내레이션: 갑자기 숨이 턱 막히는 기분이었어요. 그냥 이불 속에 들어가 잠들고 싶었죠.

캐리: 태워줘서 고마워요.
미스터 빅: 언제든지요.
캐리: 잠깐만요. 사랑해본 적 있어요?
미스터 빅: 물론 당연하지요.

이 장면에서 놓치면 안되는 표현들

🔊 01 **for Christ's sakes** 제발, 맙소사, 아무쪼록

    A: **I keep thinking about insulting Marie.** 마리를 모욕하게 계속 생각나.
    B: **For Christ's sakes, will you forget about it?** 제발, 그거 잊어버릴래?

🔊 02 **You got that?** 알았지?, 이해했어?

    A: **I understood the point Tom was trying to make.**
       톰이 말하려고 했던 요지를 이해했어.
    B: **You got that? It confused me.** 이해했어? 난 혼란스러웠어.

🔊 03 **What do you do for work?** 직업이 뭐예요?

    A: **What do you do for work?** 직업이 뭐예요?
    B: **I tend bar in a Manhattan club.** 맨하탄의 한 클럽 술집에서 일해요.

🔊 04 **Not a drop** 절대 안그래, 조금도 안그래

    A: **Come on, let's head to Starbucks.** 자, 스타벅스로 가자.
    B: **I don't drink coffee. Not a drop.** 난 커피를 안마셔, 한모금도 안마셔.

🔊 05 **What's wrong with you?** 너 뭐가 문제야?

    A: **What's wrong with you? Are you angry?** 너 왜 그러는거야? 화났어?
    B: **Yes! You've been rude to me all night!** 응! 밤새 넌 내게 무례했잖아

Americna Drama Best Scene 046

Oral sex is God's gift to women

오럴섹스는 여성에게 신이 주신 선물이야

>>> Sex and the City
Season 1 Episode 7 03:25

〈섹스앤더시티〉는 사랑과 섹스에 관한 토픽이라 야한 얘기들이 많이 나온다. 이번에는 샬롯이 데이트에서 남자가 oral sex를 요구하는데 거절한 얘기를 친구들과 만나서 토론(?)하는 장면. 각자 blow job에 대한 호불호를 말하고 있는데 미란다가 명언을 한다. 오럴 섹스는 여성에게 주신 신의 선물이다(Oral sex is God's gift to women), 임신할 걱정없이 오르가즘에 올라갈 수 있잖아(You can get off without worrying about getting pregnant)라고 하고, 사만다는 게다가 강력한 힘의 느낌이 정말 흥분되고(Plus the sense of power is such a turn-on) 그리고 무릎을 꿇고 있을지 모르겠지만(Maybe you're on you knees), 하지만 남자를 장악하고 있잖아(You've got him by the balls)라고 말한다.

blow job에 거부감을 갖고 있는 샬롯은 바로 그래서 하기 싫은거야(Now you see. That is the reason that I don't want to go down this road)라고 사만다의 말을 받는다. 캐리는 자기야(Sweetheart), 네가 그렇게 그거에 대해 화가 나면(If you're gonna get all choked up about it), 그냥 하지마(Just don't do it, don't do it)라고 한다. 여기서 get choked up about~은 화가 나거나 감정적으로 감당이 안되다라는 뜻이다. 미란다가 다시 샬롯에게 묻는다. 네가 오럴 섹스를 안해주면(If you don't go down on him), 남자가 네게 오럴섹스를 해주지 않을거잖아(You can't expect him to go down on you)라고 물어보고 샬롯은 자기는 기대하지 않는다(I don't)라고 말한다. 그러자 미란다가 그럼 하지마(Oh well, forget it), 난 오럴 섹스를 받기 위해 오럴 섹스를 해주는데(I only give head to get head)라고 하자 섹스라면 빠질 수 없는 사만다가 Me too라고 동조한다. give head는 속어로 '오럴 섹스를 해주다,' get head는 '오럴 섹스를 받다'라는 의미이다. 앞서 나온 go down on sb 역시 '오럴 섹스를 하다'라는 슬랭이다.

201

The Best Lines from <Sex and the City>

Miranda: Oral sex is like God's gift to women. You can get off without worrying about getting pregnant.

Samantha: Plus, the sense of power is such a turn-on. Maybe you're on your knees, but you got em by the balls.

Charlotte: Now, you see, that is the reason that I don't wanna go down this road.

Carrie: Sweetheart, if youre gonna get all choked up about it, just don't do it, don't do it.

Miranda: But if you don't go down on him, how can you expect him to go down on you?

Charlotte: I don't.

Miranda: Oh, well forget it! I only give head to get head.

Samantha: Me too.

미란다: 오럴 섹스는 여자들에게 신이 준 선물 같은 거야. 임신 걱정 없이 오르가즘을 느낄 수 있잖아.

사만다: 게다가 권력을 쥐고 있는 느낌이 엄청 섹시하거든. 무릎 꿇고 있어도, 결국 걔네는 내 손 안에 있는 거지.

샬롯: 봐봐, 그래서 내가 오랄섹스는 하고 싶지 않아.

캐리: 자기야, 그렇게 힘들면 하지 마, 그냥 하지 마.

미란다: 근데 네가 걔한테 안 해주면, 걔가 너한테 해주길 어떻게 기대하겠어?

샬롯: 기대 안 해.

미란다: 아, 그럼 됐어! 난 해주면 받아야지, 주고받는 거 아니면 안 해.

사만다: 나도 그래.

Chris Says:

"I'm outta here" and "I'm getting out of here," both mean "I'm leaving." Generally "I'm getting out of here" is used when someone is nervous or afraid and wants to run away.

American Drama
Best Scene 175

이 장면에서 놓치면 안되는 표현들

🔊 **01 get off** 오르가즘을 느끼다, 오르가즘을 느끼게 해주다

A: **Are you having sexual problems with your wife?** 네 아내와 성적인 문제가 있어?
B: **For some reason I can't get off with her.** 어떤 까닭인지 난 그녀와 마무리가 안돼.

🔊 **02 get pregnant** 임신하다

A: **Why don't you want to have sex with me?** 너 왜 나랑 섹스하기를 원하지 않는거야?
B: **I'm worried that I'll get pregnant.** 임신할까봐 걱정돼.

🔊 **03 a turn-on** 성적흥분을 주는 사람이나 사물

A: **You are staring at those girls a lot.** 너 저 여자애들 엄청 쳐다본다.
B: **Those mini-skirts are a real turn on.** 저 미니스커트들은 정말 흥분돼.

🔊 **04 get sb by the balls** …의 약점을 쥐고 있다

A: **You won't keep your house after the divorce?** 이혼 후에 집을 뺏긴다며.
B: **I can't. The lawyer has me by the balls.** 응 맞아. 변호사가 내 약점을 쥐고 있어.

🔊 **05 get all choked up about~** 감정에 복받쳐 오르다, 목이 메이다

A: **Melinda has been so emotional lately.** 멜린다는 최근에 너무 감정적이야.
B: **She got all choked up about the wedding.** 걘 결혼으로 감정이 복받쳐 오르고 있어.

🔊 **06 go down on sb** 오랄섹스를 해주다

A: **Your sex life isn't that interesting?** 네 성생활은 그렇게 재미없지?
B: **I wish she'd go down on me more.** 아내가 더 자주 오랄섹스를 해주면 좋겠어.

🔊 **07 Forget it** 잊어버려, 관둬

A: **The cops charged him with theft.** 경찰이 그 사람을 절도죄로 기소했어.
B: **Forget it. The whole thing is bullshit.** 관둬. 모든게 다 말도 안돼.

🔊 **08 give[get] head** 오랄섹스를 해주다[받다]

A: **Why do you keep going out with Rachel?** 너 왜 레이첼과 계속 데이트를 하는거야?
B: **She's a great girl who likes to give head.** 걔는 오랄섹스를 좋아하는 아주 멋진 여자야.

Americna Drama Best Scene 047

Is everything OK?

>>> Sex and the City
Season 1 Episode 7 11:30

무슨 일 있는거야?

〈섹스앤더시티〉에서는 문자로 헤어지자는 말을 듣고 흥분하는 장면이 있는데 이보다 더 끔찍한 breakup 장면이 나온다. 미란다는 너무 착한 남자 스키퍼와 헤어진 후에 우연히 스키퍼와 그의 새로운 애인과 우연히 마주친다. 스키퍼가 달라 보인다고 하면서 나중에 전화를 하는데 이때는 바로 스키퍼가 새로운 애인과 섹스를 하는 도중이었다.

전화가 울리고 스키퍼의 자동응답메시지인 "스키퍼입니다. 메시지를 남겨주세요"(Hey, Skipper here, leave a message)라는 소리가 들리고 곧이어 미란다가 스키퍼, 나 미란다야(Hi, Skipper, it's Miranda), 오늘 우연히 만나서 반가웠다라고 말하고 싶었어(I just wanted to say it was great running into you today), 그리고 너 멋져 보였어(You looked great), 머리스타일 바꿨어?(Did you do something different to your hair?)라고 집적대고 이말에 스키퍼는 섹스하다 말고 바로 전화를 받는다. 안녕 미란다(Hello, Miranda), 저기 지금 얘기 못해(Hey, I can't talk right now)라고 숨찬 목소리로 말하고 미란다는 괜찮아(That's OK), 난 단지 언제 저녁식사나 할까 말하고 싶었어(I just wanted to say, maybe… I thought we could have dinner some night?)라고 데이트 신청을 한다. 스키퍼는 정말(Seriously?)이라고 반색을 하며 반기고 미란다는 응, 보고 싶었어(Yeah, I miss you)라고 화답한다. 스키퍼는 I will call you later라고 하고 전화를 끊는다.

스키퍼의 몸무게를 지탱하고 있는 새로운 애인의 얼굴 표정이 걱정스러워지며 괜찮은거야?(Is everything OK?)라고 묻고 스키퍼는 앨리슨, 너 대단하지만(Alison, I think you're great), 나 솔직히 말할게(I've gotta be totally honest with you)라고 한 몸이 된 상태에서 이별선언을 시작한다. 내가 사랑한다고 생각하는 여자가 방금 전화해서 다시 데이트를 신청했어(The woman who I think I love just called and asked me back)라고 말한다. 이말에 벙찐 여자는 지금 내몸에 들어온 상태에서 나와 헤어지자는 소리야(You're breaking up with me while you're still inside of me?)라는 명대사를 남긴다.

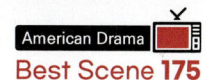

The Best Lines from <Sex and the City>

(Machine) Hey, Skipper here, leave me a message.

Miranda: Hi, Skipper. It's Miranda. I just wanted to say it was great running into you today, and you looked great. Did you do something different to your hair?

Skipper: Hello, Miranda. Hey, I can't talk right now.

Miranda: That's okay, I just wanted to say, maybe you know, I thought we could have dinner some night.

Skipper: Seriously?

Miranda: Yeah, I miss you.

Skipper: I'll call you later.

Alison: Is everything okay?

Skipper: Alison, I think you're great and uh, but I've got to be totally honest with you. The woman who I think I love just called and asked me back.

Alison: You're breaking up with me while you're still inside of me?

(자동응답기): 안녕, 스키퍼야. 메시지 남겨줘.

미란다: 안녕, 스키퍼. 미란다야. 오늘 우연히 마주쳐서 정말 반가웠고, 너 되게 멋져 보였어. 머리 스타일 바꾼거야?

스키퍼: 안녕, 미란다. 지금은 통화 못 해.

미란다: 괜찮아, 그냥 말하고 싶었어. 혹시... 언제 저녁 같이 먹을까 해서.

스키퍼: 진심이야?

미란다: 응, 네가 그리워.

스키퍼: 나중에 전화할게.

앨리슨: 무슨 일 있어?

스키퍼: 앨리슨, 너 정말 괜찮은 사람이야. 근데 솔직하게 말해야겠어. 내가 사랑하는 것 같은 여자가 방금 전화해서 다시 만나자고 했어.

앨리슨: 지금 나랑 관계중인데, 그 와중에 나랑 헤어지겠다고?

이 장면에서 놓치면 안되는 표현들

01 leave a message 메시지를 남기다

A: Can I reach you if there's an emergency? 급할 때 연락할 수 있을까요?
B: Just **leave a message** with the secretary. 비서에게 메시지를 남기세요.

02 I just wanted to say~ 난 단지 …라고 말하고 싶었어

A: Are you calling to talk about your relationship? 네 연애 얘기하려고 전화한거야?
B: **I just wanted to say** we worked it out. 우리 일이 잘 풀렸다고 말하고 싶었어.

03 It was great running into sb …을 우연히 만나 반가웠어

A: I enjoyed spending the afternoon with you. 너와 오후를 함께 보내게 돼서 즐거웠어.
B: **It was great running into** you again. 널 다시 우연히 만나게 돼 정말 좋았어.

04 Seriously? 정말로?

A: Colette passed away last week. 콜레트가 지난주에 돌아가셨어.
B: **Seriously?** But she looked so healthy. 정말? 하지만 건강해 보이셨는데.

05 I miss you 보고 싶어

A: What did you want to talk about? 무슨 얘기를 하고 싶었던거야?
B: **I miss you.** I look forward to being together. 보고 싶어. 함께 있고 싶어.

06 Is everything OK? 별 일 없는거지?

A: **Is everything OK?** You seem sad. 별 일 없는거지? 너 슬퍼보여.
B: I guess I feel depressed these days. 나 요즘 좀 우울한 것 같아.

07 I've gotta be totally honest with you 네게 정말 솔직해져야겠어

A: Do you like my new girlfriend? 너 내 새로운 여친 맘에 들어?
B: **I've gotta be totally honest with you.** She's too young.
솔직히 말해, 걘 너무 어려.

08 break up with …와 헤어지다

A: Why did you **break up with** Paul? 넌 왜 폴과 헤어졌어?
B: He was boring and only talked about himself. 지루하고 자기 얘기만 했어.

Americna Drama Best Scene 048

Why did we break up?

왜 우리가 헤어졌지?

>>> **Sex and the City**
Season 2 Episode 6 21:38

시즌 1에서 빅과 헤어진 캐리는 시즌 2에서 다시 데이트를 하기 시작한다. 지속적이고도 진지한 연인관계를 원하는 캐리와 달리 얽매이지 않는 관계를 원하는 빅, 이런 두 사람의 차이 때문에 그들은 헤어진 것이고 지금 다시 만나기는 하지만 그 문제가 해결된 것은 아니다. 그러던 어느 데이트날 빅은 처음으로 댄스장으로 캐리를 데려간다(That night, for the first time ever, Big took me out dancing). 마치 캐리가 빅에게 얘기할게 있는 것을 알고 있는 것처럼(It was like he knew I needed to talk to him), 그래서 가능한 한 얘기하기 힘들게 하기로 결정한 것처럼(and decided to make it as difficult as possible) 말이다. 계속해서 캐리의 독백이 이어진다. 우리를 서로 묶는게 무엇이든 강했지만(Our attraction, or addiction or whatever, was strong), 내가 더 강해야 한다는 것을 알고 있었다(But I knew I had to be stronger)라고 되뇌인다.

그리고 빅에게 빅이 싫어하는 돌직구를 날린다. 이게 우리 다시 사귀는 걸 뜻하는거야?(Does this mean we're seeing each other again?), 정식으로(Officially?)라고 묻고 빅은 네가 그렇게 생각한다면(If you say so)라는 건성 대답을 한다. 캐리는 그건 정말 화나는 대답이야(That is an infuriating response)라고 불만을 토로하자 빅은 '정식으로'라는 의미가 뭔지 잘 모르겠어(I don't know what "officially" means)라고 하고 캐리는 "정식으로"이란 말은 "정식으로"으로 라는 말이다(Officially means officially), 너 알잖아, 진심으로(You know, for real)라고 Officially 의 의미를 설명하면서까지 계속 밀어붙인다. 능구렁이 빅은 내 인생의 모든 순간이 다 진심이다(Every moment of my life is for real, baby)라고 말하며 빠져나가자 다시 캐리가 질문한다. 이것만 대답해봐(Just answer me this), 왜 우리가 헤어졌지?(Why did we break up?)라고 하자 반 정색을 하면서 빅은 네가 말해봐(You tell me), St. Barts 행 비행기 표 두장만 갖고 홀로 남겨 두고 날 떠난게 자기잖아(You're the one who left me high and dry with two tickets to St. Barts)라며 시즌 1의 마지막 장면을 언급한다. 캐리가 그건 네가 내가 듣고 싶은 말을 안해줬으니까(You didn't say what I wanted to hear)라고 하자 빅이 그것 때문이야(Is that it?)라고 묻자 캐리가 한 발 물러서며 꼭 그렇진 않아(No, not just that)라고 한다.

207

다시 캐리의 독백이 시작된다. 난 빅이 날 절대 사랑할 수 없고 내가 원하는 방식으로 날 사랑해줄 수 없을까봐 걱정이 된다고 말하고 싶었다(I wanted to tell him I was afraid he could never love me and the way I wanted to be loved), 그리고 빅이 자신 외에는 사랑할 수 없는 것을 두려워했다(I was afraid that he didn't really have the capacity to love anyone but himself), 그리고 기회가 주어지면(given the chance), 빅이 다시 상처를 줄까 두려워했다(I was afraid that, given the chance, he'd break my heart again). 그래서 캐리는 거짓말로 좀 두려웠던 것 같아(But I cheated and just said I guess I was afraid)라고 빅에게 말하고 빅은 한가지는 확실히 말해줄 수 있어(I can tell you one thing), 네가 무척 그리웠어(I sure did miss you officially)라고 캐리가 듣고 싶어하는 말과는 조금 거리가 있는 대답을 한다.

The Best Lines from <Sex and the City>

Carrie: That night, for the first time ever, Big took me out dancing. It was like he knew I needed to talk to him... and decided to make it as difficult as possible. Our attraction, or addiction, or whatever, was strong. But I knew I had to be stronger. (to Mr. Big) Does this mean we're seeing each other again? Officially?

Mr. Big: If you say so.

Carrie: That is an infuriating response.

Mr. Big: I don't know what "officially" means.

Carrie: "Officially" means officially. You know, for real.

Mr. Big: Every moment of my life is for real, baby.

Carrie: Just answer me this: Why did we break up?

캐리: 그날 밤, 처음으로 미스터 빅이 나를 데리고 춤추러 갔다. 마치 내가 그와 대화를 나눠야 한다는 걸 알고……일부러 최대한 어렵게 만들기로 한 것 같았다. 우리의 끌림이든, 중독이든, 뭐든 간에 그건 강했다. 하지만 나는 더 강해져야 한다는 걸 알고 있었다.(미스터 빅에게) 그럼, 우리 다시 만나는 거야? 공식적으로?

미스터 빅: 네가 그렇게 말한다면.

캐리: 그건 정말 짜증나는 대답이야.

미스터 빅: 난 '공식적으로'가 뭔지 잘 모르겠어.

캐리: '공식적으로'는 말 그대로 공식적으로지. 진짜로 말이야.

미스터 빅: 내 인생의 모든 순간은 진짜야, 자기야.

캐리: 그럼 이것만 대답해줘. 왜 우리 헤어졌어?

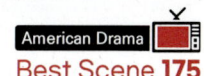

Mr. Big: You tell me. You're the one who left me high and dry with two tickets to St. Barts.

Carrie: You didn't say what I wanted to hear.

Mr. Big: Is that it?

Carrie: No, not just that. (Narration) I wanted to tell him I was afraid he could never love me... the way I wanted to be loved. I was afraid that he didn't really have the capacity... to love anyone but himself. I was afraid that, given the chance, he'd break my heart again. But I cheated and just said.... (to Mr. Big) I guess I was afraid.

Mr. Big: I can tell you one thing. I sure did miss you officially.

미스터 빅: 네가 말해봐. 나한테 세인트바츠가는 티켓 두 장 던져놓고 떠난 건 너잖아.

캐리: 넌 내가 듣고 싶어 하던 말을 안 했어.

미스터 빅: 그게 다야?

캐리: (독백) 그것뿐만은 아니야. 나는 이렇게 말하고 싶었다. 그 사람이 내가 원하는 방식으로 나를 사랑할 수 없는 사람이 아닐까 봐 두려웠다고. 그가 진심으로는 자신 외의 누구도 사랑할 수 없는 사람일지도 모른다는 게 두려웠다고. 기회가 주어지면, 또다시 내 마음을 아프게 할 사람이 아닐까 봐 두려웠다고. 하지만 나는 솔직해지기보단, 이렇게 말해버렸다. (미스터 빅에게) 그냥… 무서웠던 것 같아.

미스터 빅: 한 가지는 확실히 말할 수 있어. 난 널 정말… 공식적으로 그리워했어.

Chris Says: Are you with me?

This means "Do you agree?" or "Do you see my point?" Sometimes it is also asking for someone to help another person. For example, "I thought we could go talk to the boss about a higher salary. Are you with me?"

이 장면에서 놓치면 안되는 표현들

🔊 **01 It was like~** …하는 것과 같았어

   A: Boy, Sylvia treated you very badly. 어휴, 실비아가 네게 아주 못되게 굴었어.
   B: **It was like** she hated me. 그녀가 날 싫어하는 것 같았어.

🔊 **02 Does this mean~?** 이게 …을 뜻하는거야?

   A: I'm celebrating my birthday tonight. 난 오늘밤 생일축하를 할거야.
   B: **Does this mean** you will buy my drinks? 이 말은 네가 술을 산다는 말야?

   A: I'm moving to Australia soon. 난 곧 호주로 이민가.
   B: **Does this mean** we won't meet again? 이 말은 우린 다시 못본다는거야?

🔊 **03 see each other again** 서로 다시 만나다

   A: You know I'm moving very far away. 나 아주 멀리 이사가는거 알지.
   B: I'm sure we'll **see each other again**. 우리는 서로 다시 확실히 만날 수 있을거야.

   A: Your blind date must have been good. 소개팅 상대가 좋았나보구나.
   B: We made plans to **see each other again**. 우리는 서로 다시 만나기로 했어.

🔊 **04 for real** 진짜로

   A: Are you seriously getting married this time? 너 정말 이번에는 결혼할거야?
   B: This time it is **for real**. 이번에는 정말 진짜야.

🔊 **05 You tell me** 네가 말해봐

   A: How did the prisoner escape? 그 죄수가 어떻게 탈출한거야?
   B: **You tell me.** I haven't got a clue. 네가 말해봐. 난 전혀 모르겠어.

   A: You know what a good gift would be? 뭐가 좋은 선물이 될지 알아?
   B: **You tell me.** I have no idea. 네가 말해봐. 난 모르겠어.

   A: Do you have any ideas about the suspect? 용의자에 대해 뭐 아는거 있어?
   B: **You tell me.** You know everything. 네가 말해봐. 넌 모르는게 없잖아.

06 You're the one who~ …한 사람은 바로 너야

A: **I don't want to go through with the deal.** 난 그 거래를 관철시키고 싶지 않아.
B: **You're the one who agreed to do it.** 그렇게 하자고 동의했던 사람은 바로 너야.

A: **This mistake will cost a lot of money.** 이 실수로 많은 돈을 까먹을거야.
B: **You're the one who messed up.** 망쳐놓은 사람은 바로 너야.

07 leave sb high and dry …을 홀로 남겨두다

A: **Someone said that Simon quit.** 누가 그러는데 사이몬이 그만뒀대.
B: **He just left us high and dry.** 걘 우리를 홀로 남겨두고 가버렸구만.

A: **No one came to help you out?** 아무도 널 도와주러 오지 않았어?
B: **They left us high and dry.** 걔네들은 날 홀로 남겨뒀어.

08 Is that it? 그래?, 그것 때문이야?

A: **Did you hear Mark was arrested for theft?** 마크가 절도로 체포되었다는 얘기 들었어?
B: **Is that it? I thought he was acting guilty.**
그래? 난 걔가 떳떳하지 못하게 행동한다고 생각했어.

09 Given the chance, 기회가 주어지면,

A: **How do you like being a lawyer?** 변호사가 되는건 어때?
B: **Given the chance, I'd choose another line of work.**
기회가 주어지면, 난 다른 직종의 일을 할거야.

A: **Did you enjoy going skydiving?** 스카이다이빙 즐거웠어?
B: **Given the chance, I'd do it again.** 기회가 주어지면 난 다시 할거야.

10 break one's heart …의 마음에 상처를 주다, 맘아프게 하다

A: **Your brother failed out of school.** 네 동생이 학교에서 중퇴했어.
B: **It broke my dad's heart.** 그 때문에 아버지 맘이 아프셨어.

A: **His mom can't believe he was so bad.**
걔 엄마는 걔가 너무 형편없는게 믿기지 않아서.
B: **The incident broke her heart.** 그 사건으로 엄마가 마음의 상처를 받았어.

Americna Drama Best Scene 049

Some part of me was holding me back

>> **Sex and the City**
Season 2 Episode 12 25:25

맘 한구석에서 나를 붙잡고 있었어

빅이 수개월동안 파리에 갈지모른다는 말을 듣고 캐리는 연인이면서 어떻게 그렇게 중요한 문제를 자기에게 상의하거나 알려주지 않았는지 실망하고 분노한다. 그리고 친구들에게 그리고 당사자인 빅에게 새벽에 전화해서 대판 따지고 든다. 빅은 잠못이루고 있는 캐리의 집에 찾아오고 캐리가 독백한다. 더 이상 할 말이 없었다(There were no words left), 우리는 모두 털어놓고 말했다(We'd said them all)고 하며 둘은 말없이 섹스를 한다. 아침에 일어나 창가의 의자에 앉아 밖을 보며 캐리의 독백이 또 시작된다. 사랑을 나눈 후에(After we made love), 난 이제 끝났다는 것을 알았다(I knew it was over)라고 생각한다. 그녀의 독백은 계속된다. 내가 정말 빅을 사랑한걸까(Did I ever really love Big?), 아니면 고통에 내가 중독된 것일까?(Was I addicted to the pain?)라고 하는데, 고통에 중독되었다는 말은 이루어질 수 없는 사랑임을 알면서도 계속 매달리게 되는 자기 자신을 비유하는 것이다. 다음에 이어지는 그녀의 말을 보면 그걸 알 수 있다. 얻기가 그렇게 어려운 사람을 원하는 고통의 극치에(The exquisite pain of wanting someone so unattainable) 중독된 걸까?라고 반문한다.

잠자리에게 일어난 빅은 거기서 뭐해(What are doing over there?)라는 말에 캐리는 파리로 가(Go to Paris), 난 안갈거야(I'm not gonna come)라고 말한다. 그리고 아무 것도 아닌 우리의 관계를 끝내자(Let's not pretend we're something we're not), 괜찮아(It's okay)라고 이별통보를 한다. 빅은 침대로 오라(Come to bed)라고 하지만 캐리는 움직이지 않는다. 그리고 다시 독백을 한다. 빅에게 가고 싶었지만(I wanted to go to him), 의자에 묶여있는 것처럼 느꼈다(But I felt like I was tied to the chair), 내 마음의 한 구석에서 나를 붙잡고 있었다(Some part of me was holding me back), 내가 너무 나가서 내 한계에 도달했다는 것을 알고서(knowing I had gone too far and reached my limit)라고 한다. 마지막으로 떠나는 빅을 보고 담배에 불을 붙이고서는 이렇게 말한다. 그냥 그렇게 됐다(And just like that), 난 빅을 떠나 보냈다(I had untied myself from Mr. Big), 나는 자유다(I was free), 하지만 그렇게 즐겁지만은 않은 자유였다(But there was nothing exquisite about it)라고 말을 한다.

212

The Best Lines from <Sex and the City>

Carrie: (Narration) I went to bed at 1:00. I was still wide-awake at 2:30. There were no words left. We'd said them all. After we made love, I knew it was over. **Did I ever really love Big or was I addicted to the pain?** The exquisite pain of wanting someone so unattainable.

Mr. Big : Hey. What are you doing over there?

Carrie : Go to Paris. I'm not gonna come. Let's not pretend we're something we're not. It's okay.

Mr. Big : Come to bed.

Carrie: (Narration) **I wanted to go to him, but I felt like I was tied to the chair. Some part of me was holding me back, knowing I had gone too far.** Reached my limit. And just like that, I had untied myself from Mr. Big. I was free. But there was nothing exquisite about it.

캐리: (독백) 나는 1시에 잠자리에 들었다. 하지만 2시 반이 되어도 여전히 잠이 오지 않았다. 더 이상 할 말도 없었다. 우린 모든 말을 다 해버린 상태였다. 사랑을 나눈 후, 나는 알았다. 이제 정말 끝났다는 걸. 나는 정말 미스터 빅을 사랑했던 걸까, 아니면 손에 닿지 않는 사람을 원하면서 느끼는 그 고통에 중독되어 있었던 걸까? 닿을 수 없는 사람을 원하는 그 찬란한 고통에.

미스터 빅: 있잖아, 거기서 뭐 하고 있어?

캐리: 파리에 가. 난 안 갈거야. 우리가 아닌 무언가인 척하는거 이제 그만하자. 괜찮아.

미스터 빅: 침대로 와.

캐리: (독백) 그에게 가고 싶었다. 하지만 의자에 묶인 것처럼 느껴졌다. 나를 잡고 있는 무언가가 있었고, 이미 너무 멀리 와버렸다는 걸, 내 한계를 넘었다는 걸 알고 있었다. 그리고 그렇게, 나는 미스터 빅으로부터 나 자신을 풀어냈다. 나는 자유로워졌다. 하지만 거기엔 더 이상 찬란함도, 아름다움도 없었다.

이 장면에서 놓치면 안되는 표현들

🔊 **01** **There were no words left** 더 이상 할 말이 없었다

A: I'm sorry that your relationship ended. 네 연애가 끝나서 안됐어.
B: **There were no words left** for us to say. 우리들이 할 말이 더 이상 없었어.

🔊 **02** **make love** 사랑을 나누다

A: Were you and Randy having a lot of sex? 너와 랜디는 섹스를 많이 했었어?
B: No, we never **made love** while dating. 아니, 데이트할 때는 절대로 사랑을 나누지 않았어.

🔊 **03** **be over** 끝나다, 잊다

A: How come you keep your ex-boyfriend's picture?
년 왜 네 전 남친사진을 지니고 있어?
B: I don't think I'**m over** him yet. 난 아직 그를 잊지 못한 것 같아.

🔊 **04** **Was I addicted to~?** 내가 …에 중독되었나?

A: Seems like you always fell in love with the wrong women.
년 늘상 아닌 여자랑 사랑에 빠지는 것 같아.
B: **Was I addicted to** having my heart broken? 마음에 상처입는 것에 내가 중독이 된건가?

🔊 **05** **Let's not pretend~** …인 척하지 말자

A: Why did everyone dislike my sister? 왜 다들 내 누이를 싫어했던거야?
B: **Let's not pretend** she acted kind. 걔가 착하게 군 것처럼 하지 말자.

🔊 **06** **go too far** 도를 넘다, 너무 나가다

A: She got drunk and took off her clothes. 걔는 취해서 옷을 벗었어.
B: Leslie sometimes **goes too far**. 레슬리는 가끔 너무 지나쳐.

🔊 **07** **Just like that** 그냥 그렇게

A: I thought there was a crowd here. 난 여기에 사람들이 많이 있다고 생각했는데.
B: They left, **just like that**. 그 사람들 그냥 그렇게 가버렸어.

🔊 **08** **untie oneself from** …로부터 해방되다, …로부터 벗어나다

A: I'm having a hard time with my divorce. 난 이혼하느라 힘든 시기를 보내고 있어.
B: You'll have to **untie yourself from** him. 넌 걔로부터 해방되어야 돼.

Americna Drama Best Scene 050

Has this ever happened to you before?

이런 일이 자주 있었어?

>> **Sex and the City**
Season 3 Episode 12 14:21

샬롯은 트레이와 결혼식을 앞두고 있는데 아직까지 트레이와 섹스를 해보지 않았다. 친구들의 원성에 샬롯은 트레이를 찾아간다. 찾아온 샬롯에게 샬롯 요크 취했어?(Charlotte Yorke, are you drunk?)라고 묻자 취했다고 하면서 오늘이 우리들의 공식적인 결혼식 날이다(And today is officially our wedding day)라고 하면서 시운전(test drive)을 해보려고 한다. 계속해서 난 더 이상 못기다리겠다(And I can't wait any longer), 우리 지금 당장 사랑을 나누자(Can we please make love right now?)라고 하고 트레이는 정말이야?(Are you sure?)라고 하고 샬롯은 Yes, I am이라고 하면서 침대로 날 데려가달라(Take me to your bedroom now)고 한다.

하지만 둘의 making love는 실패하고 만다. 트레이는 운이 나빴어(That was unfortunate)라 변명하고 샬롯은 이런 일이 자주 있었냐(Has this ever happened to you before?)고 묻는다. 트레이는 가끔식(Every now and then) 그랬다고 하면서 샬롯과 할 때 이럴 줄은 몰랐다(I just didn't think it would happen with you)라고 하면서 별 일 아냐(It's no big deal)라고 샬롯을 안심시킨다. 가끔은 섹스가 하기 힘들다(Sometimes intercourse just doesn't do it for me)라고 자기 사정을 말하며 비유적으로 배의 돛은 올렸는데 항구에 넣을 수가 없는거지(I can get the sails up, just can't bring it into the harbor)라고 한다. 착한 샬롯은 뭐 내가 도와줄 것은 없냐(Is there anything I can do?)라고 친절히 물어보고 트레이는 있다(Yes, there is)라고 하면서 자기와 결혼해달라(You can marry me)고 한다. 샬롯은 결혼은 이미 하고 있잖아(I'm already doing that)라고 하는데 트레이는 사랑한다고 하면서 섹스는 우리에게 그렇게 중요한게 아냐(Sex is such a small part of it for us), 너의 그런 점을 바로 내가 사랑하는거야(That's what I love about you), 섹스 때문이 아니고 말야(It's not just about the sex)라는 불행을 예고하는 말을 한다.

The Best Lines from <Sex and the City>

Trey: Charlotte Yorke, are you drunk?

Charlotte: Yes. Yes, I am, Trey MacDougal. And today is officially our wedding day. And I can't wait any longer. Can we please make love right now?

Trey: Are you sure?

Charlotte: Oh, yes, I am. Take me to your bedroom now.

Trey: All righty then. That was unfortunate.

Charlotte: Has this... ever happened to you before?

Trey: Every now and then. I just didn't think it would happen with you. It's no big deal. Sometimes intercourse just doesn't do it for me. I can get the sails up, just can't bring it into the harbor.

Charlotte: Is there anything I can do?

Trey: Yes, there is.

Charlotte: What?

Trey: You can marry me.

Charlotte: I'm already doing that.

Trey: I love you, Charlotte. Sex is such a small part of it for us. That's what I love about you. It's not just about the sex.

트레이: 샬롯 요크, 술 마셨어?

샬롯: 맞아. 트레이 맥두걸. 그리고 오늘은 공식적으로 우리 결혼식 날이야. 난 더는 못 기다리겠어. 지금 당장 사랑을 나눌 수 있을까?

트레이: 정말 확실해?

샬롯: 어, 정말이야. 당장 나를 침실로 데려가.

트레이: 좋아. 이건 좀... 안타깝네.

샬롯: 이런 일이... 예전에도 있었어?

트레이: 가끔 있었어. 하지만 당신이랑은 그럴 줄 몰랐어. 가끔은 관계만으로는 만족이 안 될 수도 있어. 돛은 올랐는데 항구에 못 들어가는거지.

샬롯: 내가 도와줄 수 있는게 있을까?

트레이: 어, 있어.

샬롯: 뭔데?

트레이: 나랑 결혼해줘.

샬롯: 이미 그러고 있잖아.

트레이: 난 당신을 사랑해, 샬롯. 우리에게 섹스는 아주 작은 부분이야. 그게 내가 당신을 사랑하는 이유야. 우리 관계는 단지 섹스 때문이 아니까.

이 장면에서 놓치면 안되는 표현들

01 I can't wait any longer 더 이상 기다리지 못하겠어
A: The medicine will be delivered tomorrow. 약이 내일 배달될거야.
B: I need it now. I can't wait any longer. 난 당장 필요해. 더 이상 기다릴 수가 없어.

02 Has this ever happened to you before? 이런 일 자주 있었어?
A: I felt dizzy and then I fainted. 난 현기증이 난 다음에 기절했어.
B: Has this ever happened to you before? 너 이런 일이 자주 있었어?

03 Every now and then 가끔씩, 때때로
A: Every now and then my stomach really hurts. 가끔, 내 배가 정말 아파.
B: You'd better go see a doctor. 병원에 가봐.

04 I just didn't think~ …을 생각하지 못했어
A: Why did you ask Mr. Frank to participate? 넌 왜 프랭크 씨에게 참여해달라고 한거야?
B: I just didn't think he'd refuse. 그가 거절하리라고는 생각하지 못했어.

05 It's no big deal 별 일 아냐
A: We heard you were rejected from Oxford. 너 옥스퍼드 대학교로부터 거절당했다며.
B: It's no big deal, but I'm a little disappointed. 별거 아니지만 좀 실망스러워.

06 Is there anything I can do? 내가 뭐 도와줄게 있어?
A: The whole apartment was flooded. 아파트 전체가 물로 넘쳐났어.
B: I'm sorry. Is there anything I can do? 안됐네. 내가 뭐 도와줄게 있어?

07 That's what I+V+about sb …에 대해 …한 것이 바로 그거야
A: Angie sleeps with a ton of guys. 앤지는 아주 많은 남자들과 잠자리를 가져.
B: That's what I heard about her. 그점이 바로 내가 걔에 대해 들은거야.

08 It's not just about~ …가 문제가 아냐, …에 대한 것이 아냐
A: You've made me very upset! 너 때문에 내가 엄청 화났어!
B: It's not just about your feelings. 네 감정의 문제가 아냐

Americna Drama Best Scene 051

I don't know what I was thinking

>> **Sex and the City**
Season 3 Episode 12 20:10

내가 무슨 생각을 하고 있었는지 모르겠어

캐리는 애인 에이든과 함께 샬롯의 결혼식에 가려고 집에서 만난다. 캐리는 빅과 바람을 핀 죄책감에 에이든을 예전처럼 가까이 하지 못하는데…. 에이든이 캐리를 안으며 요즘은 안지도 못하게 하는데(You never let me hold you anymore), 왜 자꾸 도망가려고 하는거야?(Why do you keep running away?)라고 물어보자 캐리는 도망가려는게 아니다(I'm not running away)라고 말한다. 에이든은 캐리를 쳐다보며 뭐가 두려운거야?(What are you afraid of?)라 묻는데, 이 물음에 캐리는 자신이 바람핀 것을 고백한다. 나 옛날 남친과 잤어(Aidan, I slept with my ex-boyfriend), 가구 전시회에서 네가 만난 남자이고(You met him at the furniture show), 그리고나서 우리는 같이 잤어(Then we slept together), 그리고 너한테 말을 안했는데(I didn't tell you), 미안해(I'm sorry)라고 한다.

화난 에이든은 그 남자와 잤다고? 우리가 데이트는 하는 동안에?(You slept with that guy? When we were going out?)라고 확인하다. 그리고 한번만 그랬냐고 묻는데 캐리는 솔직하게 그 이상이라(No, more than once)고 한다. 걔는 유부남이고(He was married), 엉망이었고(It was a mess), 그리고 난 내가 무슨 생각을 하고 있었는지도 모르겠고(I don't know what I was thinking), 아무 생각이 없었다고(I wasn't thinking) 사정한다. 그리고 이제 다 끝났고(It's so over), 잘못했다(And it was wrong)고 용서를 구한다(I just hope you can…).

캐리의 솔직한 고백에 당황하고 화난 에이든은 샬롯 결혼식 선물을 주며 혼자 있고 싶다(Here. I want to be alone)고 하고 캐리는 같이 가기로 한 결혼식은 어떻게 하냐(What about the wedding?)고 묻는데 에이든은 나없이 혼자가(Just go without me), 난 좀 걷고 싶어(I'm gonna take a walk)라고 한다. 캐리는 결혼식에 나중에라도 올테야?(Will you meet me there later?)라고 사정하는데 에이든의 문닫는 소리가 들린다.

The Best Lines from <Sex and the City>

Aidan: You never let me hold you anymore. Why do you keep running away?

Carrie: I'm not running away.

Aidan: What are you afraid of?

Carrie: Aidan, I slept with my ex-boyfriend. You met him at the furniture show. Then we slept together. I didn't tell you, and I'm sorry.

Aidan: You slept with that guy? When we were going out? Once?

Carrie: No, more than once. He was married. It was a mess. I don't know what I was thinking. I wasn't thinking. It's so over. And it was wrong. I just hope you can…

Aidan: Here. I want to be alone.

Carrie: What about the wedding?

Aidan: Just go without me. I'm gonna take a walk.

Carrie: Will you meet me there later?

에이든: 당신은 더 이상 나를 안아 주지도 않아. 왜 자꾸 도망치려고 해?

캐리: "나 도망치는거 아니야.

에이든: 뭐가 그렇게 두려운 건데?

캐리: 에이든, 나… 전 남자친구랑 잤어. 가구 박람회에서 당신이 만났던 그 사람이야. 그 후에 우리… 잠자리를 가졌어. 당신한텐 말 안 했고… 미안해.

에이든: 그 사람이랑 잤다고? 우리가 사귀고 있을 때? 한번만?

캐리: 한 번이 아니야. 그 사람은 결혼한 상태였고, 모든 게 엉망이었어. 내가 무슨 생각이었는지 모르겠어. 아니, 아무 생각도 안 했던 것 같아. 지금은 완전히 끝났고, 그땐 정말 잘못된 일이었어. 그냥… 당신이 나를…

에이든: (캐리에게 뭔가 건네며) 나 혼자 있고 싶어.

캐리: 그럼… 결혼식은 어쩌고?

에이든: 나 없이 그냥 가. 산책 좀 할게.

캐리: 나중에 거기서 볼 수 있을까?

Chris Says: I wish I could, but I can't

This is another way to say "I'm not able to do something." Sometimes it's a polite way to refuse to do something.

이 장면에서 놓치면 안되는 표현들

🔊 **01 You never let me~** 넌 내가 절대 …하지 못하게 하잖아

A: **What was Brenda's response?** 브렌다의 대답은 뭐였어?
B: **You never let me finish texting her.** 넌 내가 절대 걔한테 문자보내는걸 끝내지 못하게 하잖아.

🔊 **02 Why do you keep running away?** 왜 그렇게 계속 달아나는거야?

A: **Why do you keep running away?** 왜 그렇게 계속 달아나는거야?
B: **I'm sick of living in the same place.** 난 같은 곳에서 사는게 지겨워서.

🔊 **03 What are you afraid of?** 뭘 두려워하는거야?

A: **What are you afraid of?** 뭘 두려워하는거야?
B: **I don't like talking to girls I don't know.** 난 모르는 여자애들과 얘기하는게 싫어.

🔊 **04 sleep with sb** …와 잠자리를 하다

A: **Did you sleep with Carol?** 너 캐롤과 잠자리를 했어?
B: **Not yet, but I hope I will.** 아직 하지만 할 바래.

🔊 **05 I didn't tell you** 내가 네게 …을 말하지 않았어

A: **It seems like James and Erin aren't speaking.**
제임스와 에린이 말을 하지 않는 것 같아.
B: **I didn't tell you about the fight they had.** 걔네들 싸운거 너한테 내가 말했구나.

🔊 **06 It was a mess** 엉망이었어

A: **What happened after the party?** 파티가 끝난 후에 어떻게 됐어?
B: **It was a mess. We spent hours cleaning up.** 엉망이었어. 청소하는데 몇시간 걸렸어.

🔊 **07 I don't know what I was thinking** 내가 무슨 생각을 하고 있었는지 모르겠어

A: **You should have left her alone.** 넌 걔를 가만 놔뒀어야 했는데.
B: **Sorry, I don't know what I was thinking.** 미안. 내가 무슨 생각을 하고 있었는지 모르겠어.

🔊 **08 It's so over** 이젠 완전 끝났어

A: **You and John made a cute couple.** 너와 존은 귀여운 커플였어.
B: **Forget it. It's so over.** 그만둬. 이제 다 끝났어.

220

Americna Drama Best Scene 052

I never meant to hurt you

네게 상처를 주려고 했던 것은 아냐

>>> **Sex and the City**
Season 3 Episode 12 26:08

샬롯의 결혼식이 끝나고 캐리는 에이든이 결혼식장 밖에서 걸어오는 것을 본다. 에이든에게 다가가는데…. 에이든은 한 한시간 동안 걸어다녔는데(I walked around for about an hour), 결혼식장 안으로 들어갈 수가 없었어(I couldn't bring myself to go in)라 하고 캐리는 너무 미안해(I'm so sorry, Aidan)라고 한다.

알고 있다(I know that)라고 말하는 에이든에게 너에게 상처를 주려고 했던 것은 아니지만(I never meant to hurt you), 자기가 상처를 줬다(But I did. I'm sorry)고 하며 이 상황이 나무처럼 될 수는 없을까(Couldn't it be like the wood?), 그건 내 흠집이고(That's my flaw)년 다른 나무가 되어서(And you're the other wood) 그렇게 해서 우리가 더 강해지는거야(And that makes us stronger)라며 용서받기를 원하지만, 에이든은 그게 그렇게 간단한 문제가 아냐(It's not that simple, Carrie)라고 한다. 그리고 아예 모르는게 나을 뻔 했다(I wish I didn't know about this)라고 하는 말에 캐리는 너에게 솔직해지고 싶었다(I just wanted to be honest with you)라고 한다.

캐리는 에이든의 얼굴을 어루만지며 사람들은 실수하잖아(People makes mistakes)라며 매달리는데 에이든은 난 나 자신을 알아(I just know myself), 이런 일을 내가 이겨내지 못할거야(This is not the kind of thing I can get over)라고 말하며 잠시 동안 혼자 있어야겠어(I just need to be on my own for a while), 나 혼자 말이야(Me on my own)라고 하며 마지막으로 I really loved you라는 말을 남기고 에이든은 캐리의 곁을 떠난다.

221

The Best Lines from <Sex and the City>

Aidan: I walked around for about an hour. I couldn't bring myself to go in.
Carrie: I'm so sorry, Aidan.
Aidan: I know that.
Carrie: I never meant to hurt you.
Aidan: I know.
Carrie: But I did. I'm sorry. Couldn't it be like the wood? That's my flaw, and... you're the other wood, and that makes us stronger.
Aidan: It's not that simple, Carrie. I wish I didn't know about this.
Carrie: I just wanted to be honest with you. People make mistakes.
Aidan: I just know myself. This is not the kind of thing I can get over. I just need to be on my own for a while. Me on my own. I really loved you.

에이든: 한 시간 정도 거리를 걸었어. 그 안으로 들어갈 용기가 나지 않았어.
캐리: 정말 미안해, 에이든.
에이든: 알아.
캐리: 널 상처 주려던 건 아니었어.
에이든: 알고 있어.
캐리: 하지만 결국 상처 줬어. 정말 미안해. 혹시... 이걸 나무로 비유할 수 없을까? 내가 결함 있는 나무라면... 넌 그걸 보완해주는 나무고, 그래서 우리가 더 강해지는 거야.
에이든: 그렇게 간단한 문제가 아니야, 캐리. 차라리 이 사실을 몰랐으면 좋았을텐데.
캐리: 그냥 솔직하고 싶었을 뿐이야. 사람은 누구나 실수하잖아.
에이든: 난 나 자신을 잘 알아. 이건... 내가 쉽게 넘어갈 수 있는 일이 아니야. 당분간은 혼자 있어야 할 것 같아. 난 정말 너를 사랑했어.

American Drama
Best Scene 175

이 장면에서 놓치면 안되는 표현들

01 walk around 돌아다니다

A: I'm sorry, I think we're lost now. 미안하지만 우리 길을 잃은 것 같아.
B: We've been walking around for hours. 우리는 수시간째 계속 돌아다니고 있어.

02 I couldn't bring myself to~ 선뜻 …을 할 수가 없었어

A: Why didn't you two break up? 왜 너희들은 헤어지지 않은거야?
B: I couldn't bring myself to end it. 내가 선뜻 끝낼 수가 없었어.

03 I never meant to~ 전혀 …을 뜻하지 않았어

A: You've been a complete asshole! 넌 완전 개자식이야!
B: I never meant to hurt you. 너를 다치게 할 뜻은 전혀 없었어.

04 It's not that simple 그게 그렇게 단순하지 않아

A: I can just go there and get a job. 난 저기 가서 취직을 할 수 있어.
B: You're wrong. It's not that simple. 틀렸어. 그게 그렇게 단순하지 않아.

05 I wish I didn't know about this 내가 이걸 모르는게 나을뻔 했어

A: It looks like he was cheating on you. 걔가 너 몰래 바람피우는 것 같아.
B: I wish I didn't know about this. 내가 아예 모르는게 나을뻔 했어.

06 I just wanted to be honest with you 난 네게 솔직해지고 싶었어

A: The things you've said are very upsetting. 네가 한 말들은 정말 화나게 해.
B: Sorry, but I just wanted to be honest with you.
   미안해, 하지만 네게 솔직해지고 싶었어.

07 get over 극복하다, 이겨내다

A: Every moment I just miss her so much. 난 매순간 그녀가 너무 보고 싶어.
B: It will take a while to get over the pain. 고통을 이겨내는데 시간이 좀 걸릴거야.

08 be on my own for a while 잠시 (사귀지 않고) 혼자 있다

A: Do you want me to set you up on a blind date? 내가 소개팅 시켜줄까?
B: I think I need to be on my own for a while. 나 잠시동안 혼자 있어야 될 것 같아.

223

Americna Drama Best Scene 053

I'm touching myself

>>> **Sex and the City**
Season 3 Episode 16 23:51

나 자위하고 있어

결혼한 지 한달이 지났음에도 불구하고 아직 섹스를 해보지 못한 샬롯은 섹스 매니아인 사만다의 조언대로 남편에게 야한 모습을 보이며 자극하기로 맘먹는다. 야한 씨스루 드레스를 입고 남편 트레이 앞에 선 샬롯. 트레이는, 세상에 뭘 입은거야?(What in God's name are you wearing?)라고 놀라고 샬롯은 섹시하게 보이려고(It's supposed to be sexy)라고 답한다. 트레이는 그러지마, 넌 내 아내야(Come on, you're my wife), 그건 네 모습이 아니니(That's not you), 벗어(Take it off)라고 말한다.

Take if off란 말을 바로 받아서 샬롯은 야한 드레스 마저 벗고 다벗은 샬롯의 몸에서 눈을 피하는 남편을 향해 Look at me라고 한다. 샬롯은 이게 바로 나야(This is me)라고 하면서 난 성녀도 아니고 그리고 창녀도 아니야(I'm not a Madonna, and I'm not a whore)라고 말하고 난 너의 아내야(I'm your wife), 성적이고(I'm sexual) 그리고 너를 사랑해(I love you)라고 한다. 그리고 오른 손을 아래로 내려 자위를 시작하는데 놀란 트레이는 뭐하는거야?(What are you doing?)라고 하고 샬롯은 자위하고 있어(I'm touching myself)라 말한다. 트레이는 그런 것 같네(I can see that)라고 하면서 자신도 흥분됨을 느끼며 바람이 거세게 부는 것 같아(I think we have a stiff breeze)라고 한다. 이는 자신의 성적인 단점인 돛을 올렸지만 항구에 들어가지 못하는거에 비유했는데 바람이 거세게 분다니까 배가 항구로 들어갈 수 있게 되었다고 비유적으로 말하는 것이다.

캐리의 독백이 이어진다. 그날 밤(That night), 트레이는 성공적으로 자기 아내와 1분 30초간 섹스를 했다(Trey successfully screwed his wife for a full minute and a half), 그리고 바람이 멎었다(before the wind died)고 말한다. 샬롯은 섹스를 하고 나서(After Charlotte's night of love), 가장 고마운 친구에게 걸었다(she called the one person she knew who appreciate it the most). 그리고 샬롯이 말한다. 트레이랑 섹스했어(He fucked me)라고 하고 사만다는 잘됐다(Honey, that's great), 네가 해낼 줄 알았어(I knew you could do it)라고 칭찬을 해주며 금요일 밤 삼바클럽에 오는 것 잊지말라(Don't forget Samba Friday night)고 한다. 샬롯은 갈게(I'll be there)라고 답하고 사만다는 샬롯에게 Did you come?이라고 하는데 여기서 come은 '오르가즘에 오르다,' '사정하다'라는 뜻이다.

The Best Lines from <Sex and the City>

Trey: What in God's name are you wearing?

Charlotte: It's supposed to be sexy.

Trey: Come on, you're my wife. That's not you. Take it off.

Charlotte: Fine. Look at me. This is me. I'm not a Madonna, and I'm not a whore. I'm your wife. I'm sexual and I love you.

Trey: What are you doing?

Charlotte: I'm touching myself.

Trey: I can... I can see that.

Charlotte: Good. Trey.

Trey: I think we have a stiff breeze.

Carrie: (Narration) That night, Trey successfully screwed his wife for a full minute and a half before the wind died. After Charlotte's night of love, she called the one person she knew who would appreciate it the most.

Samantha: Hello?

Charlotte: He fucked me.

Samantha: Honey, that's great. I knew you could do it.

Charlotte: Thanks.

Samantha: Don't forget Samba Friday night.

Charlotte: I'll be there.

Samantha: Did you come?

트레이: 도대체 지금 뭘 입고 있는 거야?

샬롯: 섹시해 보이려고 입은거야.

트레이: 제발 좀, 넌 내 아내잖아. 그건 너답지 않아. 벗어.

샬롯: 좋아. 날 봐. 이게 진짜 나야. 난 성모 마리아도 아니고, 창녀도 아니야. 난 당신의 아내고, 섹슈얼한 존재고, 당신을 사랑해.

트레이: 지금 뭐 하는거야?

샬롯: 나 자위하고 있어.

트레이: 그건... 알겠는데.

샬롯: 좋아. 자기야.

트레이: 이제 돛이 제대로 펴진 것 같아.

캐리: (내레이션) 그날 밤, Trey는 성공적으로 그의 아내와 1분 30초 동안 관계를 가졌고, 바람은 잠잠해졌다. 샬롯은 사랑의 밤을 보낸 후 그 사실을 가장 기뻐해 줄 사람에게 전화를 걸었다.

사만다: 여보세요?

샬롯: 트레이와 섹스했어.

사만다: 세상에, 잘했어! 내가 너라면 할 수 있을거라 했잖아.

샬롯: 고마워.

사만다: 금요일 삼바 모임 잊지 마.

샬롯: 갈게.

사만다: 너 오르가즘에 올랐어?

이 장면에서 놓치면 안되는 표현들

🔊 **01　in God's name** 도대체

A: What **in God's name** are you doing? 너 도대체 뭘하고 있는거야?
B: I'm looking for my lost keys. 잃어버린 열쇠를 찾고 있어.

🔊 **02　It's supposed to~** 그건 …하기로 되어 있어

A: Why are you taking that herb? 너 왜 그 허브를 먹는거야?
B: **It's supposed to** cure cancer. 그게 암을 치료한대.

🔊 **03　That's not you** 그건 너답지 않아

A: Doesn't this dress look great? 이 드레스 멋져 보이지 않아?
B: It's very fashionable, but **that's not you.** 아주 유행하는 것 같지만 너와는 안 어울려.

A: I started screaming and yelling at her. 난 개한테 소리를 바락바락 지르기 시작했어.
B: **That's not you.** You're better than that. 그건 너 답지 않아. 너 그 정도는 아니잖아.

🔊 **04　take it off** 벗다

A: I plan to wear this to the ceremony. 난 기념식장에 이걸 입을거야.
B: **Take it off,** it looks terrible. 벗어, 으악야.

A: What should I remove first? 내가 뭐부터 벗어야 돼.
B: That shirt, **take it off.** 그 셔츠부터, 벗어.

🔊 **05　Look at me** 날 봐봐

A: It always seems so hard to get rich. 부자가 되는건 항상 어려워보여.
B: Anyone can do it. **Look at me.** 아무나 할 수 있어. 나를 봐봐.

🔊 **06　This is me** 이게 나야

A: I don't like the way you're living your life. 난 네 살아가는 방식이 맘에 안들어.
B: **This is me.** You have to accept that. 이게 나야. 받아들여야 돼.

🔊 **07　I'm touching myself** 나 자위하고 있어

A: Tell me what you're doing right now. 너 지금 뭐하고 있는지 말해봐.
B: **I'm touching myself** as I think of you. 널 생각하면서 자위하고 있어.

A: **What are you doing right now?** 너 지금 뭐하고 있니?
B: **I'm touching myself.** How about you? 자위하고 있어. 너는?

08　I can see that 알겠네

A: **You have done a poor job cleaning up.** 너 청소하는데 제대로 못해놨어.
B: **I can see that,** so stop pointing it out. 알겠으니 그만 지적하라고.

09　screw sb …와 섹스하다

A: **I really liked being with Tracey.** 난 트레이시와 있는 걸 정말 좋아했어.
B: **You shouldn't have screwed her though.** 그래도 걔와 섹스하지 말았어야지.

A: **You think he had sex with Brenda?** 네 생각에 걔가 브렌다하고 섹스한 것 같아?
B: **Oh yeah, he definitely screwed her.** 그럼. 걔 분명히 걔와 섹스했어.

10　fuck sb …와 섹스하다

A: **Why did Tina act so odd around Chris?**
왜 티나는 크리스 옆에서 어색하게 행동한거야?
B: **It's because she fucked him a few years back.**
그건 몇 년전에 걔가 크리스와 섹스를 했기 때문이야.

A: **So you and Terry have hooked up?** 그럼 너와 테리가 섹스를 했어?
B: **I fucked her a couple of years ago.** 몇년 전에 걔와 섹스했어.

11　I knew you could do it 난 네가 할 수 있다는걸 알고 있었어

A: **I got hired at the Samsung plant.** 난 삼성 공장에 채용됐어.
B: **That's great! I knew you could do it.** 잘됐어! 난 네가 할 수 있을거라는 걸 알고 있었어.

A: **I don't feel like going to the gym.** 난 운동하러 체육관에 갈 맘이 없어.
B: **I know you could do it if you wanted.** 네가 원한다면 할 수 있을거라는걸 알고 있어.

12　I'll be there 내가 갈게

A: **Let's meet up on Tuesday for dinner.** 화요일에 만나서 저녁먹자.
B: **It's a date. I'll be there.** 이거 데이트다. 나 갈게.

13　Did you come? 오르가즘에 올랐어?

A: **That felt good. Did you come?** 정말 좋았어. 오르가즘에 올랐어?
B: **No, but I really enjoyed myself.** 아니 그렇지만 나 정말 좋았어.

A: **That was great. Did you come?** 정말 끝내줬어. 오르가즘에 올랐어?
B: **Yeah, and it felt wonderful.** 응, 정말 멋졌어.

Americna Drama Best Scene 054

Shove this marriage up your ass!

>> Sex and the City
Season 4 Episode 4 19:23

이런 결혼은 때려치우자고!

샬롯은 트레이와 별거 중에 오히려 다양한 장소에서의 섹스를 만끽하고 있다. 트레이는 자신의 되살아난 섹스력에 자신의 물건에 스스로 대견해하고, 샬롯은 트레이가 발기할지 노심초사하면서 동시에 트레이의 대견해하는 페니스 얘기에 짜증을 낸다. 섹스를 한 후 트레이가 솔직히 말을 할게(I'm just going to say it), 다음에 내가 발기할 때, 내 페니스의 크기를 재봐줄테야?(Next time I'm hard, would you consider measuring my John Thomas?)라고 한다. 사만다의 대척점에 있는 가장 노멀한 샬롯은, 놀라며 What?, No라고 거절한다. 트레이는 이해해(I understand), 유치하지(It's juvenile), 알아(I know), 하지만 이렇게 크게 발기한 적이 없어서(but I've just never seen it like this)라고 한다. 샬롯은 페니스 얘기에 짜증내며 샤워하겠다(I am taking a shower)라고 한다.

캐리의 독백이 시작된다. **샬롯은 별로 페니스에 대해 신경을 쓰지 않았는데(Charlotte never cared much about penises), 지금은 페니스가 그녀의 삶을 휘둘르고 있었다(and now a penis was running her life)라고 한다.** 샬롯의 반응에 트레이는 그럼 잊어버려(Forget it)라고 하는데 샬롯은 머리를 감으면서 화가 치밀어오르기 시작했다(As Charlotte lathered up, she started to get lathered up), 트레이는 도대체 뭐지(Who did he think he was?), 우리들은 엄연히 부부사이인데(He was husband and she was wife), 이 악몽 속에서 도대체 무슨 일이란 말인가?(What the hell was going on in this nightmare?)며 정상적인 결혼 생활을 하지 못하고 오로지 섹스 특히 트레이의 발기에 초점이 맞추어진 자신의 결혼생활에 그만 분노하고 만다. 샤워하고 나와서 샬롯은 트레이에게 소리친다. **난 네 페니스와 결혼한거에 지쳤어(I am tired of being married to your penis!), 나도 사람이라고(I am a person!), 결혼은 관계이어야 해(This should be a relationship!), 난 더 이상 계란위를 걷는 아슬아슬한 삶을 그만둘래(I'm done walking on eggshells)라고 말한다.** 트레이가 페니스 중심으로 말하는 예를 몇가지 든다. 페니스 앞에서 다시 합치는 거 얘기하지마(Don't talk about moving in front of the penis), 죽을 수도 있어(because it might go soft!), 페니스가 이걸 좋아하지만 그렇게는 아니고(The penis likes this and the penis doesn't like that), 그리고 페니스가 크기를 알고 싶대(and the penis wants to be measured!).

트레이는 그냥 생각해본거(It was just a thought)라고 말하는데 샬롯은 이를 받아서 이건 어때(Here's another)라고 하면서 이런 결혼은 집어치우자고!(Shove this marriage up your ass!)라고 말하며 결혼을 끝내자고 한다. 트레이는 가지말라(Charlotte, don't go)고 하고, 샬롯은 내가 임대한 아파트인 집으로 난 갈테니(I'm going home to my apartment, where I have a lease), 너와 네 페니스는 아주 사랑스런 밤을 지내라(I hope that you and your penis have a very lovely night!)고 비난하며 집을 나선다.

The Best Lines from <Sex and the City>

Trey: I'm just going to say it. Next time I'm hard, would you consider measuring my John Thomas?

Charlotte: What? No!

Trey: I understand. It's juvenile, I know, but I've just never seen it like this.

Charlotte: I'm taking a shower.

Carrie: (Narration) **Charlotte never cared much about penises and now a penis was running her life.**

Trey: Forget it.

Carrie: (Narration) As Charlotte lathered up, she started to get lathered up. Who did he think he was? He was a husband, and she was a wife. What the hell was going on in this nightmare?

트레이: 그냥 솔직히 말할게. 다음에 내가 발기되면, 내 존 토마스(성기)를 한 번 재줄 수 있을까?

샬롯: 뭐라고? 안 돼!

트레이: 알아, 유치한 거. 근데 이렇게 된 건 처음이라서 그래.

샬롯: 나 샤워할거야.

캐리: (내레이션) 샬럿은 평소에 성기에 별 관심이 없었다. 그런데 이제는 성기가 그녀의 인생을 지배하고 있었다.

트레이: 그냥 잊어.

캐리: (내레이션) 샬럿이 거품을 내며 씻던 중, 속에서 울컥하는 감정이 올라오기 시작했다. 도대체 자기가 누군데 이러는거지? 그들은 부부였다. 근데 이건 도대체 무슨 악몽이란 말인가?

Charlotte: Trey! I am tired of being married to your penis! I am a person! This should be a relationship! I am done walking on eggshells! Don't talk about moving in in front of the penis, it might go soft! The penis likes this but not that and the penis wants to be measured!

Trey: It was just a thought.

Charlotte: Here's another. Shove this marriage up your ass!

Trey: Charlotte, don't go.

Charlotte: I'm going home to my apartment, where I have a lease. I hope that you and your penis have a very lovely night!

샬롯: 자기야! 나는 당신 성기랑 결혼한게 아니야! 나는 사람이라고! 이건 관계여야 한다고! 당신 성기 눈치 보면서 사는 것도 이제 지겨워! 성기 앞에서 같이 살자는 얘기하지마, 갑자기 축 처질 수도 있으니까! 성기는 이건 좋아하고 저건 싫어하고, 성기는 자기를 재보고 싶대!

트레이: 그냥 생각해본거였어.

샬롯: 그럼 이건 어때. 이 결혼을 엉덩이에나 처박아!

트레이: 샬롯, 가지마!

샬롯: 나 내 아파트로 갈거야. 거긴 내가 임대 계약한 집이거든. 당신이랑 당신 성기랑 정말 아름다운 밤 보내시길 바래!

 Chris Says: Why would you say that?

This is indicating a person doesn't understand the reason someone else said something, and they probably don't agree.

이 장면에서 놓치면 안되는 표현들

01 Would you consider ~ing? …을 할테야?

A: We went skydiving this summer. 우리는 이번 여름에 스카이다이빙하러 갔어.
B: **Would you consider doing** it again? 다시 그것을 할 생각이야?

02 I've just never seen it like this 그게 이런 모습은 처음 봐

A: Didn't you experience a big storm before? 전에 거대한 폭풍을 경험하지 않았어?
B: **I've just never seen it like this.** 이와 같은 것은 전혀 본 적이 없어.

03 get lathered up 화내다

A: You have made everyone here angry. 넌 여기 있는 모두들 열받게 했어.
B: Look, there's no need to **get all lathered up.** 이봐, 모두 다 화낼 필요는 없잖아.

04 I'm done ~ing …하는 것을 끝냈어

A: Hey, I'm not finished speaking. 야, 내 얘기 아직 안 끝났어.
B: **I'm done listening** to you complain. 난 네가 불평하는거 다 들었거든.

05 It was just a thought 그냥 생각해본거야

A: You really want to get a dog? 너 정말 개를 기르고 싶어?
B: I'm not sure, **it was just a thought.** 잘 모르겠어, 그냥 생각해본거야.

Americna Drama Best Scene 055

That's quite a package

>>> Sex and the City
Season 5 Episode 4 06:05

물건 한번 대단하네요

리차드와 헤어진 사만다가 사무실에서 배달부에게 blow job을 해주다 캐리에게 들키는 장면. 소포를 가지고 온 배달부의 볼록 튀어나온 아랫도리를 보면서 물건 한번 대단하네요(That's quite a package)라고 유혹을 한다. 여기서 package는 balls을 포함한 남자의 성기세트를 말한다. package를 가져온 배달부에게 package의 또다른 의미를 사용하여 유혹하는 장면이다.

처음엔 무슨 말인지 몰라 뭐라구요?(Excuse me?)라고 배달부는 말하고 사만다는 다시 한번 감동하면서 That's quite a package라고 반복한다. 배달부는 여기에 사인해주시겠어요?(Want to sign right here, please?)라고 한다. 요염한 몸동작을 하면서 사인을 하고 나서 자 됐어요(There), 일은 어때요?(How's that?)라고 묻고 배달부는 괜찮아요(Pretty damn good)라고 말한다.

그리고 사만다 특유의 그리고 노련한 유혹기술이 나온다. 방금 손톱 손질을 해서 그러는데(I just got my nails done), 내 package를 뜯어줄래요?(Would you mind opening my package?)라고 노골적으로 유혹한다. 배달부가 소포를 뜯어주자 이제 내가 당신 물건을 열어 봐도 될 것 같은데요(Now, maybe I can help you with your package)라고 하자 배달부는 좋지요(Fucking A)라고 한다. Fucking A는 상대방의 말에 동의하면서 하는 슬랭이다.

이렇게 사만다가 사무실에 열심히 일(blow job)을 하고 있는데 캐리가 찾아온다. 캐리의 독백이다. 정확인 12시 15분에 사만다 사무실에 들러서 데리고 나가 어떡해 섹시한 건지 결정하기 위해 점심먹으면서 진지하게 얘기하려고 했다(At exactly 12:15, I stopped by to pick up Samantha for our business lunch to decide what we thought was sexy)고 하면서 사만다 사무실에 들어가는데, 그만 친구가 한참 일에 열심인 장면을 목격하게 된다. 캐리는 당황해서 I'm sorry라고 하면서 황급히 뒤돌아 나가고, 배달부는 계속할까요?(Wanna keep going?)라고 하지만 사만다 역시 당황하여 아뇨, 그만 됐어요(No, I've had enough)라고 한다.

The Best Lines from <Sex and the City>

Samantha: That's quite a package.
Delivery Man: Excuse me?
Samantha: That's quite a package.
Delivery Man: Want to sign right here, please?
Samantha: There. How's that?
Delivery Man: Pretty damn good.
Samantha: I just got my nails done. Would you mind opening my package? Ooh, thank you. Now, maybe I can help you with your package.
Delivery Man: Fucking A.

Carrie: (Narration) At exactly 12:15, I stopped by to pick up Samantha for our business lunch to decide what we thought was sexy.

Carrie: Oh, I'm sorry.
Delivery Man: Wanna keep going?
Samantha: No, I've had enough.

사만다: 꽤 괜찮은 물건이네요.
배달부: 뭐라고요?
사만다: 꽤 괜찮은 물건이라고요.
배달부: 여기 서명해 주세요.
사만다: 자, 이렇게 하면 되나요?
배달부: 아주 좋네요.
사만다: 저 방금 네일 했거든요. 혹시… 제 소포 좀 열어주실래요? 오, 감사합니다. 그럼 이제… 제가 당신 소포를 도와드릴까요?
배달부: 젠장, 최고네.

캐리: (내레이션) 정확히 12시 15분, 나는 사만다를 데리러 들렀다. 우리가 생각하는 '섹시함'에 대해 논의하기 위한 비즈니스 런치였다.

캐리: 미안해.
배달부: 계속할래요?
사만다: 아뇨, 이제 충분해요.

이 장면에서 놓치면 안되는 표현들

🔊 **01 That's quite a package** 대단한 물건이네

A: **Watch me while I drop my pants.** 내가 바지를 벗을 때 나를 지켜봐.
B: **Whoa, that's quite a package!** 와, 물건 하나 대단하네!

🔊 **02 How's that?** 그거 어때?, 그게 어떻다고?

A: **How's that? What were you saying?** 그게 어떻다고? 무슨 말을 했던거야?
B: **I said you need to buy a hearing aid.** 너 보청기 사야겠다라고 했어.

🔊 **03 Would you mind~ing?** …해도 괜찮겠어?

A: **Would you mind getting me something to drink?** 뭐 마실 것 좀 갖다줄래?
B: **Sure. We've got soda, coffee or tea.** 그래. 탄산음료, 커피 아니면 차가 있어.

🔊 **04 help you with~** 네가 …하는 것을 돕다

A: **Jill and I argue a whole lot.** 질과 나는 아주 많이 다퉈.
B: **I can't help you with these personal problems.**
이런 개인적 문제들은 내가 도와줄 수 없어.

🔊 **05 Fucking A** 대단해, 동감이야, 맞아

A: **Someone stole my stuff while I slept.** 누가 내가 자는 사이 내 물건들을 훔쳐갔어.
B: **Fucking A, why would anyone do that?** 맞아, 누가 왜 그런 짓을 했을까?

🔊 **06 stop by to** …하기 위해 들르다

A: **What was your aunt doing here?** 네 숙모가 여기서 뭐하고 계시는거였어?
B: **She just stopped by to see how I was doing.**
내가 어떻게 지내는지 보시려고 들리신거야.

🔊 **07 Wanna keep going?** 계속 하고 싶어?

A: **I know you're tired. Wanna keep going?** 너 피곤하지. 계속 할까?
B: **Yes. Let's get this thing finished.** 응. 이 일을 끝내자고.

🔊 **08 I've had enough** 그만 됐어, 충분해, 지긋지긋해

A: **I hate working in this place.** 난 이곳에서 일하는게 싫어.
B: **Screw this shit. I've had enough too.** 여기 엿같아. 나도 지긋지긋해.

Americna Drama Best Scene 056

Don't be ridiculous

말도 안되는 얘기하지마요

>>> **Sex and the City**
Season 5 Episode 7 10:54

샬롯은 트레이와 이혼하고, 샬롯의 이혼 변호사 대머리 해리가 샬롯을 유혹하는 장면. 내가 만난 여자 중에서 가장 섹시한 여자다(You are the sexiest woman I ever met)라는 말에 샬롯은 해리, 그러지마요(Harry, don't be ridiculous), 안경도 쓰고 있는데요(I'm wearing my glasses) 라고 한다. 해리는 계속해서 열정적으로 말을 이어간다. 당신이 내 이름을 부를 때마다 난 미치겠 어요(It makes me crazy when you say my name)라고 하자 샬롯은 그럼 그만 이름을 불러 야겠네요(Then, definitely, I'm gonna stop saying it)라고 한다. 해리는 계속 고백을 이어가는 데…. 당신의 전남편은 정말 멍충이다(What a putz your ex-husband is)라는 말에 샬롯은 트레 이는 멍충이가 아녜요(Trey was not)라고 말한다.

해리는 내가 당신과 잘 수 있다면(If I was lucky to have you in my bed), 난 절대로 당신을 놔 두지 않을거예요(I would never be able to take my hands off you), 당신을 처음으로 본 이후 에 다른 것을 생각할 수 없다(Ever since I first saw you, I can't think about anything else) 고 간절히 말한 다음 난 빌어먹을 로미오같다(I'm like fucking Romeo over here)고 하자 샬롯 은 더워 땀이 나네요(It's hot, I'm sweating), 창문 좀 열래요?(Can you open a window?)라고 한다. 해리는 당신의 입술, 당신의 완벽한 핑크빛 입술을 상상해요(I fantasize about your lips, your perfect pink lips). 이 말에 샬롯은 가방을 떨어트리고 해리에게 다가가 진한 키스를 하기 시작한다.

The Best Lines from <Sex and the City>

Harry: Charlotte, I think you are the sexiest woman I have ever met.

Charlotte: Harry, don't be ridiculous. I'm wearing my glasses.

Harry: It makes me crazy when you say my name.

Charlotte: I'll stop saying it.

Harry: What a putz your ex-husband is.

Charlotte: Trey was not.

Harry: If I had you in my bed, I would never be able to take my hands off you.

Charlotte: Stop, Harry.

Harry: Ever since at the first moment I saw you, I can't think about anything else. I'm like fucking Romeo.

Charlotte: It's hot. Can you open a window?

Harry: I fantasize about your lips, your perfect pink lips.

해리: 샬롯, 당신은 내가 만난 여자 중에 가장 섹시한 것 같아요.

샬롯: 해리, 말도 안 돼요. 나 지금 안경도 쓰고 있잖아요.

해리: 당신이 내 이름 부를 때마다 미칠 것 같아요.

샬롯: 그럼 안 부를게요.

해리: 당신 전남편은 진짜 바보에요.

샬롯: 트레이는 안 그래요.

해리: 내가 당신이랑 침대에 같이 있다면 절대 당신을 손에서 뗄 수 없을거예요.

샬롯: 그만해요, 해리.

해리: 처음 당신을 봤을 때부터 계속 당신만 생각나. 나 완전 로미오 같아요.

샬롯: 더워요. 창문 좀 열어줄래요?

해리: 당신 입술을 상상해요, 그 완벽한 핑크빛 입술을…

American Drama
Best Scene 175

이 장면에서 놓치면 안되는 표현들

🔊 **01 You are ~ I ever met** 넌 네가 만난 사람 중에서 가장 …해

A: **I was dumped by yet another woman.** 나 또 다른 여자한테 차였어.
B: **You are the biggest loser I ever met.** 넌 네가 만나본 사람중에서 가장 멍청이야.

🔊 **02 Don't be ridiculous** 그러지마, 말도 안돼

A: **Isn't driving on this road dangerous?** 이 도로에서 운전하는게 위험하지 않아?
B: **Don't be ridiculous, it's not a problem.** 그러지마, 그건 문제도 안돼.

🔊 **03 It makes me crazy when~** …하면 내가 미쳐

A: **Rick has been sleeping all day.** 릭은 온종일 자고 있어.
B: **It makes me crazy when he does that.** 걔가 그럴 때면 내가 미친다고.

🔊 **04 have sb in one's bed** …와 잠자리를 하다

A: **Why hasn't Ted been out with us?** 테드는 왜 요즘 우리와 나와 놀지 않는거야?
B: **He has a new woman in his bed.** 걘 새로운 여자와 잠자리를 하고 있어.

🔊 **05 I would never be able to~** 난 절대로 …할 수 없을거야

A: **Why didn't you fight that man?** 넌 왜 저 남자와 싸움을 하지 않은거야?
B: **I would never be able to hurt someone.** 난 절대로 다른 사람을 해칠 수 없을거야.

🔊 **06 take one's hands off** …로부터 손을 떼다

A: **I told you that you're not allowed to leave.** 너 떠나면 안된다고 내가 말했잖아.
B: **Take your hands off of me!** 내게서 손을 떼라고!

🔊 **07 I can't think about anything else** 다른 것은 생각을 할 수가 없어

A: **You seem very excited about the concert.** 콘서트에 가는거에 매우 들떠 있는 것 같아.
B: **It's true. I can't think about anything else.** 맞어. 다른 것은 생각을 할 수가 없어.

🔊 **08 fucking+N** 빌어먹을…

A: **The police arrested you last night?** 경찰이 널 어젯밤에 체포했다고?
B: **The fucking cops never leave me alone.** 빌어먹을 경찰들이 절대로 날 가만히 두지 않아.

237

Americna Drama Best Scene 057

I'm gonna help you be a star

>> **Sex and the City**
Season 6 Episode 5 12:15

네가 스타가 되는걸 도와줄게

근육질의 웨이터 겸 연극배우인 스미스와 사귀고 있는 사만다가 그가 전라(full frontal)로 나오는 연극을 보고 나서 함께 섹스를 하는 장면이다. 스미스가 연극 보러올 가치가 있었어?(So it was worth the trip?)라고 묻고 사만다는 보통 연극을 보는 편은 아니지만(I'm not usually a fan of a theater), 네 페니스가 나오니까!(but get your cock out!)라고 하며 달아올랐다고 한다. 여기서 trip은 여행이 아니라 사만다가 연극을 보러온 것을 말하는 것으로 trip이나 travel 등을 오로지 여행으로만 생각하면 안된다는 것을 알 수 있다.

스미스는 연극 좋았어?(Did you like the play?)라고 묻고 사만다는 신경안정제 주사를 맞은 것 같았어(I felt like I was hit with a tranquilizer dart)라고 답하며 스미스의 옷을 벗기는데 여념이 없다. 연극배우로서 인정받고 싶은 제리는 그럼 적어도 내 독백은 좋았냐?(Well did you at least like my monologue?)라고 물어보지만 사만다는 무슨 독백?(What monologue?)이냐고 반문한다. 그리고는 네가 바지를 내린 후에는(After you dropped trou), 난 온통 저거 좀 먹어야겠다라는 생각뿐이였어(all I could think was I gotta get me some of that)라며 제리를 침대에 눕힌다. 제리는 비평가들이 당신보다 자기 연극을 좋아해야 할텐데(Well I hope the critics like it more than you), 난 오늘 웨이터 일 그만뒀거든(I quit my restaurant job today)라고 말한다. 사만다가 놀라는데, 스미스는 식당에서 내가 연극을 못하게 하길래(Yeah, they wouldn't let me off to do the play), 엿먹으라고 했어(so fuck'em), 그러면서 순진하게도 연극이 크게 히트할지도 몰라(Maybe it'll be a big hit)라고 한다. 사만다는 How?!라고 놀라며 이것의 홍보가 엉망이던데(The promotion of this thing is out of whack!)라고 다시 부연설명한다. 내 말은 홍보전단지도 형편없고(I mean you have this pathetic sad, little flyer), 전단지 그 어디에도 연극의 가장 중요한게 적혀져 있지 않아(and nowhere on it does it say the most important thing about the play)라고 홍보 전문가답게 말해준다. 스미스는 그게 뭐냐?(What's that?)고 물어보고 사만다는 전라노출(full-frontal)이라고 말하고, 네가 다 벗었고, 그게 연극을 보러가는 이유지(You. Naked. Now that's a reason to go to the theater)라고 하며 누가 홍보를 하고 있냐(Who's doing the PR?)고 묻는다. 스미스는 아무도 안해(No one), 그런데 쓸 돈이 없어(They don't have money

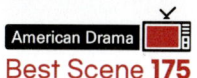

for that kind of thing), 우리 30달러 받는데(We're getting paid like 30 bucks)라고 현실을 말해준다.

사만다는 정말 인생에서 꼭 하고 싶은게 그거냐?(Is this really what you want to do with your life?), 텅빈 극장에 서서 옥수수 수확타령이나 하며?(Stand in an empty theater, talking some harvest, harvest bullshit?)라는 말에 스미스는 응, 난 좋아(I love it), 난 배우잖아(I'm an actor)라는 말에 사만다는 그럼 자기가 도와줄게(Then I'm gonna help you)라고 하자 제리는 내가 배우가 되는 걸 도와준다고(You're gonna help me be an actor?)라며 되묻자 사만다는 아니, 네가 스타가 되는 걸 도와줄게(No, I'm gonna help you be a star)라고 한다.

The Best Lines from <Sex and the City>

Smith: So it was worth the trip?

Samantha: I'm not usually a fan of a theater but get your cock out!

Smith: Do you like the play?

Samantha: I felt like I was hit with a tranquilizer dart.

Smith: Well did you at least like my monologue?

Samantha: What monologue? After you dropped trou, all I could think was I gotta get me some of that.

Smith: Well I hope the critics like it more than you. I quit my restaurant job today. Yeah, they wouldn't let me off to do the play so... fuck'em. Maybe it'll be a big hit.

Samantha: How?! The promotion of this thing is out of whack! I mean you have this pathetic sad, little flyer and nowhere on it does it say the most important thing about the play.

스미스: 그럼 올만한 가치가 있었어?

사만다: 난 평소엔 연극 안 좋아하는데, 거시기를 꺼내다니!

스미스: 연극은 마음에 들었어?

사만다: 마치 마취총에 맞은 기분이었어.

스미스: 적어도 내 독백은 어땠어?

사만다: 무슨 독백? 네가 바지 내리는 순간부터 계속 저건 내가 꼭 가져야 해라는 생각 밖에 안났어.

스미스: 이거 말이지! 그래도 평론가들은 너보단 좋아했으면 좋겠다. 나 오늘 레스토랑 알바 그만뒀어. 연극하느라 쉬는 거 안 된대서… 엿 먹으라고 했지. 혹시 대박날 수도 있잖아.

사만다: 어떻게?! 이 연극 홍보 완전 엉망이야. 이 초라하고 구린 전단지엔 가장 중요한 정보가 빠져 있어.

스미스: 그게 뭔데?

Smith: What's that?

Samantha: Full-frontal! You naked. Now that's a reason to go to the theater. Who's doing the PR?

Smith: No one. They don't have money for that kind of thing. We're getting paid like 30 bucks.

Samantha: Is this really what you want to do with your life? Stand in an empty theater, talking some harvest, harvest bullshit?

Smith: Yeah, I love it. I'm an actor.

Samantha: Then I'm gonna help you.

Smith: You're gonna help me be an actor?

Samantha: No, I'm gonna help you be a star.

사만다: 전라! 네가 벗는다고! 극장에 올 이유로 충분하지 않아? 홍보는 누가 맡았어?

스미스: 아무도 없어. 그런 예산 없어. 우리 출연료도 30달러밖에 안 돼.

사만다: 이런게 네가 정말 하고 싶은 일이야? 텅 빈 극장에서 수확 어쩌고저쩌고 떠드는거?

스미스: 응, 난 좋아. 나는 배우야.

사만다: 그럼 내가 도와줄게.

스미스: 내가 배우되는 걸 도와준다고?

사만다: 아니, 내가 널 스타로 만들어줄게.

Chris Says: What do you want from me?

This phrase indicates that the person doesn't understand their relationship with another person. They are asking "What will make you satisfied?" or "What can I do to make you happy?"

이 장면에서 놓치면 안되는 표현들

01 All I could think was~ 난 온통 …생각뿐이었어

A: I heard your airplane had engine problems. 네가 탄 비행기 엔진문제가 있었다며.
B: **All I could think was** I wouldn't survive. 난 온통 이제 죽겠구나라는 생각뿐이었어.

02 let sb off 해고하다, 보내다

A: The police stopped you for speeding? 경찰한테 과속으로 잡혔어?
B: Thankfully they **let** us **off** with a warning. 고맙게도 경고만 하고 보내줬어.

03 be out of whack 엉망이다

A: These damned computers aren't working. 이 망할놈의 컴퓨터가 작동을 안해.
B: The whole system **is out of whack** today. 오늘 전체 시스템이 엉망야.

04 Is this really what you want to do with your life?
네 인생에서 꼭 하고 싶은게 그거야?

A: I work three jobs to pay my bills. 난 청구서 요금을 내기 위해 세가지 일을 하고 있어
B: **Is this really what you want to do with your life?**
네 인생에서 꼭 하고 싶은게 그거야?

I guess I deserve that

>>> Sex and the City
Season 6 Episode 13 08:24

난 그렇게 당해도 싸

미란다는 흑인 의사인 로버트와 사귀다 극적으로 아이의 아버지인 스티브와 재결합하게 된다. 같은 빌딩에 살기 때문에 엘리베이터에서 만나 어색할 때가 있어 미란다는 계단을 이용하는데 로버트도 같은 생각으로 계단으로 이용하다 서로 마주친다.

미란다의 인사에 로버트가 반응없자, 난 그렇게 당해도 싸(OK. I guess I deserve that)라고 혼잣말을 하고 다시 로버트를 불러 세운다. 미안해(I'm sorry), 상처를 주려고 그런 건 아냐(I never meant to hurt you), 스티브와 내가 다시 사랑하게 되어서(Steve and I just fell back in love)라고 사과한다. 분통 터지는 로버트는 그럼 난 너에게 잠시 쉬는 동안의 쇼였냐?(And so was I a little half time show?)라고 시니컬하게 말한다. 미란다는 전혀 아니라고(Not at all), 스티브와 다시 함께 할 줄은 정말 몰랐고(I never thought that Steve and I would get back together), 알았다면 너하고 절대로 사귀기 시작하지 않았을거야(I never would have started up with you)라고 사정을 말하고 네가 이해해주길 바래(I hope you understand that)라고 부탁하자 로버트는 노력해보겠다(Well, I'll try)라고 답하고 바로 말을 받아 나도 네가 내 청구서를 받고서 이해해주길 바래(And I hope you understand when you get my bill)라고 한다. 무슨 말인지 몰라 Your bill?이라고 미란다가 하자, 내가 봉사한 서비스료(My bill for services rendered)라고 말한다. 거 말이야(You know), 남자 사육비(My stud fee)라고 정리해준다. 미란다는 그러지 말라고 하는데 로버트는 아냐, 멋지잖아(It's cool), 네가 노래부르듯이 하는 말 알잖아(I got your singing), 일도 바쁘고 애도 있으니(You are a busy working mother), 요리하기 피곤하면(Too tired to go out and eat), 후난치킨에 전화하고(call Hunan Kitchen), 나가서 섹스하기 힘들면(Too tired to go out and fuck), 로버트에게 전화하고(call Robert)라고 분을 터뜨린다.

미란다는 사실이 아냐(That's not true)라고 하고 로버트는 그게 맞아(Sure it is)라고 대꾸한다. Fast food, Fast fuck이라고 정리해주는데 미란다는 넌 임시섹스상대가 아녔어(You were not a fast fuck)라고 진심을 말하는데 돌아오는건 비아냥이다. 맞아(No), 네 말이 맞아(you're right), 난 패스트펑이 아냐라고 한다. fast fuck은 임시방편 섹스를 말하는데 말장난하여 fast fuck을 빨

242

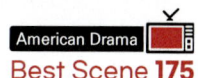

리 끝내는 섹스로 해석하여 자기는 오랫동안 섹스를 해줬다(I was slow), 아주 천천히(Nice and slow), 네가 꼭 원했든 방식으로(Just the way you liked it)라고 말하면서 미란다가 섹스도중에 지르는 말들을 흉내낸다(Ooh, Robert, ooh, yes. Robert, oh god. Robert, ooh), 이렇게 깊이 들어온 사람은 처음이야(No man has ever been in this deep)라고 말이다.

다시 집으로 돌아온 미란다를 보고 스티브는 왜 돌아오는거야?(Hey, what are doing back?) 라 물어보고 미란다는 로버트에게 엘리베이터 사용권을 줬어(I gave Robert custody of the elevator)라고 말한다. 스티브는 뭐라고?(What?) 다음주에 이리로 이사오는데(We're moving my stuff in here next week), 엘리베이터를 줬단 말야?(and you gave him the elevator?) 라고 황당해하는데 미란다는 아이를 뺏기지 않은게 다행이야(You're lucky I didn't give him Brady), 계단에서 로버트와 마주쳤어(I bumped into him on the stairs)라고 하자 스티브가 얼마나 안좋았는데(How bad was it?)라고 하자 미란다는 안아달라(Hug me)라고 한다. 스티브는 그렇게 안좋았어?(Oh, it's that bad, huh?)라고 하면서 그럼 우린 엘리베이터 사용못하는 거야?(So we can't ever use the elevator?)라고 묻자 오전 8시부터 오후 10시까지는 안돼(Not between 8 a.m. and 10 p.m.)라고 한다. 스티브는 걱정어린 표정으로 우리 유모차도 있잖아(We have a baby in a stroller)라는 말에 미란다는 자책하며 왜 난 이렇게 일을 망쳐놓았을까?(why did I have to shit where I eat?)라 한다. 그러자 스티브는 로버트가 화나있지만(Look, he's just upset), 사그라들거야(It'll blow over)라고 미란다를 달랜다.

The Best Lines from <Sex and the City>

Miranda: Robert, hi. OK, I guess I deserve that. Robert. I'm sorry. I've never meant to hurt you. Steve and I just fell back in love.

Robert: And so what was I to you? A little half time show? What?

Miranda: Not at all. I never thought that Steve and I would get back together, or I never would have started up with you. I hope you understand that.

Robert: Well, I'll try. And I hope you understand

미란다: 난 이렇게 당해도 싸. 내가 미안해. 상처를 주려고 그런 건 아냐. 스티브와 내가 다시 사랑하게 되었어.

로버트: 어, 그러면 난 당신에게 뭐였어? 잠시 쉬는 동안의 쇼였나?

미란다: 뭐라고? 전혀 아냐. 난 스티브와 다시 함께 할 줄은 정말 몰랐고, 알았다면 너하고 절대로 사귀기 시작하지 않았을거야. 네가 이해해주기를 바래.

로버트: 글쎄, 노력은 해볼게. 그리고 너도 내가 보낼 청구서를 이해하길 바래.

when you get my bill.

Miranda: Your bill?

Robert: Yeah, My bill for services rendered. You know, my stud fee.

Miranda: Robert, come on.

Robert: Hey, It's cool. I got your singing. You're a busy working mother, too tired to go out and eat, Hoonen Kitchen, too tired to go out and fuck, call Robert.

Miranda: That's not true.

Robert: Sure it is. Fastfood, Fast fuck.

Miranda: You were not a fast fuck.

Robert: No, you're right, I wasn't. I was slow. Nice and slow. Just the way you liked it. Ooh, Robert, ooh, yes. Robert, oh god. Robert, ooh. No man has ever been in this deep.

Steve: Hey, what are doing back?

Miranda: I gave Robert custody of the elevator.

Steve: What? We're moving my stuff in here next week and you gave him the elevator?

Miranda: You're lucky I didn't give him Brady. I bumped into him on the stairs.

Steve: How bad was it?

Miranda: Hug me.

Steve: Oh, it's that bad, huh? So we can't ever use the elevator?

Miranda: Not between 8 a.m. and 10 p.m.

Steve: We have a baby in a stroller.

Miranda: I know. Why, why, why did I have to shit where I eat?

Steve: Look, he's just upset, it'll blow over.

미란다: 청구서?

로버트: 그래, 내가 한 서비스에 대한 요금 말이야. 이른바, 남자 사육비(stud fee).

미란다: 로버트, 제발.

로버트: 아냐, 아냐, 괜찮아. 노래도 해줬지. 일하느라 바쁜 엄마, 나가서 밥 먹을 힘도 없고, 후엔 키친, 나가서 섹스할 힘도 없으면 로버트를 불러.

미란다: 그건 사실이 아니야.

로버트: 사실이지. 패스트 푸드, 패스트 섹스.

미란다: 넌 임시섹스상대가 아니었어.

로버트: 맞아, 난 느렸지. 아주 느릿느릿. 네가 좋아했던 그 방식대로. 오, 로버트. 오, 좋아. 로버트, 오 신이여. 로버트, 오~, 어떤 남자도 이렇게 깊이 들어온 적 없었지.

스티브: 무슨 일이야, 다시 왜 올라왔어?

미란다: 로버트한테 엘리베이터 사용권을 줬거든.

스티브: 뭐라고? 우리 다음 주에 이사 오는데, 엘리베이터를 줘버렸다고?

미란다: 브래디(아기 이름) 안 준게 다행이지. 계단에서 마주쳤어.

스티브: 얼마나 심했는데?

미란다: 안아줘.

스티브: 그 정도야...? 그럼 우리 엘리베이터 못 쓰는거야?

미란다: 아침 8시부터 밤 10시까지는 못 써.

스티브: 우리 유모차 끌고 다녀야 하는데...?

미란다: 나도 알아. 왜, 왜, 왜 내가 먹는 데다 똥을 쌌을까?

스티브: 그냥 지금은 화가 난거야. 곧 괜찮아질거야.

이 장면에서 놓치면 안되는 표현들

🔊 **01 I deserve that** 난 그럴 자격이 있어, 당해도 싸

  A: You don't work as hard as the others. 넌 다른 사람들만큼 열심히 일하지 않아.
  B: Okay, **I deserve that.** But don't insult me. 그래, 난 그런 말 들어싸지만 모욕은 하지마.

🔊 **02 I never meant to hurt you** 네게 상처를 주려던게 전혀 아녔어

  A: I felt so bad after you yelled at me. 네가 나한테 소리친 후에 기분이 되게 안좋았어.
  B: I'm sorry, **I never meant to hurt you.** 미안해, 네게 상처를 주려던게 아녔어

🔊 **03 fall back in love** 다시 사랑에 빠지다

  A: You act a lot happier these days. 너 요즘 무척 행복해보이더라.
  B: I may **be falling back in love with** my ex-husband.
  내 전 남친과 다시 사랑에 빠진 것 같아.

🔊 **04 Not at all** 전혀 아냐

  A: Do we need to go shopping this afternoon? 우리 오늘 오후에 쇼핑해야 돼?
  B: **Not at all.** We can do it any time. 전혀. 아무 때나 해도 돼.

🔊 **05 I never thought~** 전혀 …을 생각못했어

  A: It wasn't easy becoming a millionaire. 백만장자가 되는 것은 쉽지 않았어.
  B: **I never thought** you'd be successful. 난 네가 성공하리라고는 전혀 생각못했어.

🔊 **06 get back together** 다시 합치다, 다시 만나다

  A: People said you'd never date Danny again.
  사람들이 그러는데 너 다시는 대니와 데이트안할거라며.
  B: Nope. We're never **getting back together.** 그래. 우린 절대로 다시 만나지 않을거야.

🔊 **07 start up with sb** 사귀기 시작하다

  A: I find your brother very attractive. 네 오빠가 정말 매력적이다.
  B: Oh God, why did you **start up with** him? 맙소사, 너 왜 오빠랑 사귀기 시작하려는거야?

245

08 I'll try 노력해볼게

A: **Can we hire someone to help us?** 우리를 도와줄 누구 채용할 수 있어요?
B: **I'm not sure, but I'll try.** 잘 모르겠지만, 노력해볼게.

09 That's not true 그건 사실이 아냐

A: **I heard he hooked up with Elizabeth.** 걔가 엘리자베스와 잤다며.
B: **That's not true. It never happened.** 그건 사실이 아냐. 전혀 그런일 없었어.

10 give sb custody of~ …에게 …의 양육권을 주다, …에게 …의 사용권을 주다

A: **Patty just got through a messy divorce.** 패티는 지저분한 이혼을 경험했어
B: **The courts gave her custody of the kids.** 법원이 그녀에게 아이들 양육권을 줬어.

11 move one's stuff 짐을 이동하다, 짐을 치우다

A: **You have to move your stuff out of here.** 너 네 짐 여기서 치워야 돼.
B: **Okay, I will do that this weekend.** 알았어. 이번 주말에 할게.

12 You're lucky~ …하다니 너 운좋다

A: **Mr. Picard allowed me to take the day off.** 피카드 씨가 나 하루 휴가 주셨어.
B: **You're lucky the boss likes you.** 사장이 널 좋아하다니 너 운좋다.

13 bump into sb …을 우연히 만나다

A: **How did you meet your girlfriend?** 네 여친을 어떻게 만난거야?
B: **I bumped into her at a museum downtown.** 시내 박물관에서 우연히 만났어.

14 How bad was it? 얼마나 안좋아?

A: **The storm caused the highway to be shut down.** 폭풍 때문에 고속도로가 폐쇄됐어.
B: **That's hard to believe. How bad was it?** 믿기지 않네. 얼마나 안좋은데?

15 Why did I have to shit where I eat? 내가 일을 왜 이렇게 망쳐놓았을까?

A: **You shouldn't have slept with women in your workplace.** 넌 같은 직장여성과 자면 안되는거였는데.
B: **Why did I have to shit where I eat?** 내가 일을 왜 이렇게 망쳐놓았을까?

16 It'll blow over 잊혀질거야, 사그라들거야

A: **Too many people are upset at each other.** 너무 많은 사람들이 서로에게 화나 있어.
B: **Just stay strong and it'll blow over.** 강하게 버티면 곧 사그라들거야.

Americna Drama Best Scene 059

You do this every time

넌 맨날 그래

>> Sex and the City
Season 6 Episode 19 05:03

캐리는 러시안 애인과 파리로 가는 날 저녁 찾아온 빅을 만난다. 파리로 떠난다는 말에 빅은 파리로 이사가는거야?(Are you moving to Paris?), 언제 얘기하려고 했어?(When were you gonna tell me?), 같이 떠나는 사람이 누군지 말 안해줄거야?(What, you're not even gonna tell me who he is?)라 연달아 묻자 캐리는 애인이름은 알렉산더 페트로브스키야(His name is Aleksander Petrovsky)라고 하자 러시아놈하고 프랑스에 이사가는거야?(You're moving to France with a Ruski?)라고 말한다. 이 말에 캐리의 표정이 굳어지자, 그러지마(Come on), 농담야(It's a joke, Carrie)라고 하는데…. 드뎌 캐리의 한이 터진다. 넌 맨날 이래(You do this every time, every time), 뭐 레이다라도 갖고 있는거야?(What do you have, some kind of radar?), 캐리가 행복할지 모르니(Carrie might be happy), 밀고 들어와 다 망칠 때라고(it's time to sweep in and shit all over it?)라고 소리지른다.

빅은 당황해하며 What?, 아냐 난 뭐 좀 얘기하러 왔어(No, no. Look, I came here to tell you something), 내가 실수했어(I made a mistake), 너와 나는(You and I…)이라고 말을 이어가는데 캐리가 단칼에 말을 자르며 들어온다. 너와 난 아무 것도 없어!(You and I, nothing!), 나한테 다시는 이러지마(You cannot do this to me again), 날 골리지 말라(You cannot jerk me around)고 계속 소리친다. 빅은 캐리, 들어봐, 이번은 다르다(Carrie, listen. It is different this time)고 말을 해보려고 하지만 6년간의 한이 맺힌 캐리의 말이 계속 쏟아져 나온다. 절대로 다르지 않아(Oh, it's never being different), 6년간 전혀 변한게 없어(It's six years of never being different), 이제 끝이야(But this is it), 난 끝났어(I'm done), 절대로 내게 전화하지마(Don't call me, ever again), 내 전화번호 아는 것도 잊어버리고(Forget you know my number), 사실은 내 이름까지도 잊어버려(In fact, forget you know my name). 그리고 아무데나 차를 몰고 다녀도 돼(And you can drive down this street all you want), 난 더 이상 여기서 살지 않으니까(because I don't live here anymore)라고 소리치고 뛰어 가버린다.

The Best Lines from <Sex and the City>

Mr. Big: Are you moving to Paris? When were you gonna tell me? What, you're not even gonna tell me who he is?

Carrie: His name is Aleksandr Petrovsky.

Mr. Big: You're moving to France with a Rusky? Oh, come on, it's a joke, Carrie.

Carrie: You do this every time. Every time. What do you have, some kind of radar? Carrie might be happy, it's time to sweep in and shit all over it?

Mr. Big: What? No, no. Look, I came here to tell you something. I made a mistake. You and I...

Carrie: You and I, nothing! You cannot do this to me again. You cannot jerk me around.

Mr. Big: Carrie, listen. It is different this time.

Carrie: Oh, it's never different. It's six years of never being different. But this is it, I am done. Don't call me, ever again. Forget you know my number. In fact, forget you know my name. And you can drive down this street all you want, because I don't live here anymore.

미스터 빅: 너 파리로 이사가는거야? 도대체 언제 나한테 말할 생각이었어? 뭐야, 그 사람이 누군지도 안 알려줄거야?

캐리: 이름은 알렉산드르 페트로프스키야.

미스터 빅: 러시아 놈이랑 프랑스로 간다고? 아 좀, 농담이야, 캐리.

캐리: 너 항상 그래. 언제나. 너 무슨 레이더라도 달렸니? 캐리가 행복해질 것 같으면 꼭 나타나서 다 망쳐놓잖아?

미스터 빅: 뭐라고? 아니야, 아니야. 나 너한테 할 말이 있어서 온거야. 내가 실수했어. 우리 둘은...

캐리: 우리 둘? 그런 건 없어! 또 이럴 순 없어. 나 가지고 놀지마.

미스터 빅: 캐리, 제발 들어봐. 이번엔 달라.

캐리: 아니야, 절대 안 달라. 6년 동안 한 번도 달랐던 적 없어. 근데 이제 끝이야. 나 진짜 끝났어. 다신 전화하지마. 내 번호도 잊어버려. 아예 내 이름도 잊어. 그리고 네가 이 거리로 차를 몰고 오든 말든, 나 이제 여기 안 살아.

이 장면에서 놓치면 안되는 표현들

🔊 01 Are you moving to~? …로 이사가?

A: **Are you moving to** your hometown? 고향으로 이사가?
B: Yes. I really miss my family these days. 응. 요즘 내 가족이 몹시 보고 싶어.

🔊 02 When were you gonna tell me? 언제 내게 말하려고 했어?

A: She said she didn't want to see you again. 걔는 다시는 널 보고 싶지 않다고 했어.
B: **When were you gonna tell me?** 언제 내게 말하려고 했어?

🔊 03 It's a joke 그거 농담야, 장난야

A: Did you put this pepper in my sandwich? 너 이 후추 내 샌드위치에 넣었어?
B: Don't get upset, **it's just a joke**. 화내지마, 장난친거야.

🔊 04 You do this every time 넌 맨날 이래

A: I need another ten minutes to get ready. 나 준비하는데 10분 더 필요해?
B: This is bullshit. **You do this every time.** 말도 안돼. 넌 맨날 이러더라.

🔊 05 You cannot do this to me again 넌 다시는 내게 이러면 안돼.

A: I think we need to break up. 우리 헤어져야 될 것 같아
B: Oh no, **you cannot do this to me again.** 이런, 넌 내게 또 이러면 안돼지.

🔊 06 You cannot jerk me around 넌 날 골리지마

A: I'm just not sure we should be together. 우리가 함께 해야 되는지 모르겠어.
B: **You cannot jerk me around.** It's not right. 날 골리지마. 옳지 않아.

🔊 07 It is different this time 이번에는 달라

A: The last time I was here the food sucked. 지난번에 여기 왔을 때 음식이 엿같았어.
B: Don't worry, **it's different this time.** 걱정마, 이번에는 달라.

🔊 08 This is it 바로 이거야

A: We only have one chance to do it? 우리는 그걸 할 기회가 단 한번 뿐이야.
B: **This is it.** Don't screw it up. 바로 그거야. 망치지 말라고.

Go get our girl

Sex and the City
Season 6 Episode 19 28:10

가서 캐리를 붙잡아요

파리로 떠난 캐리의 집에 들른 샬롯은 빅의 전화메시지를 듣게 된다. 빅은 전화기에 대고 나야(It's me), 나보고 다시는 네게 전화하지 말라고 했지만(I know you said you never wanted me to call you again), 내가 아직 시내에 있고(But I'm still in town), 네가 이 번호로 전화할지 조차 모르겠지만(I don't even know if you're calling this number), 전화를 해야 했어(but I had to call)라고 한다. 계속 그의 고백이 이어진다. 이 시점에서 생각해봤는데(I figured at this point), 난 너외에는 잃을 것도 없고(I've got nothing to lose except you), 캐리 난 널 다시 잃고 싶지 않아(I can't lose you again, Carrie), 사랑해(I love you)라고 하는데…. 파리에서 행복하지 못한 캐리의 근황을 알고 있는 샬롯은 전화기를 들고 빅과 통화하여 만나기로 한다.

빅과 사만다, 미란다, 샬롯이 카페에서 만나고 있다. 빅이 말을 꺼낸다. 지난 몇 년간 날 좋게 보지 않은 걸 알고 있어요(Well, I know I haven't been your favorite over the few years)라는 말에 남을 배려하는 맘이 큰 샬롯은 그렇지 않은걸요(I wouldn't say that)라고 말하고 직설적이고 공격적인 사만다는 난 그렇게 생각해요(I would)라고 차갑게 얘기한다. 빅이 말을 이어간다. 정말이지 캐리에게 많은 실수를 했어요(Well, god knows I've made a lot of mistakes with Carrie), 내가 망쳐버렸죠(I fucked it up), 여러번요(Many times), 알고 있어요(I know that)라고 말하며 저기 여러분의 조언이 필요해요(Look, I need your advice)라고 부탁을 한다. 여러분 세명은 어느 누구보다도 캐리를 잘 알고 있잖아요(You three know her better than anyone), 그리고 여러분들은 걔의 가장 소중한 친구들이잖아요(You're the loves of her life)라고 한다. 그리고 캐리가 사랑하는 남자는 여러분 세명 다음에 네번째로 와도 정말 행운아이겠지만(And a guy's just lucky to come in fourth), 하지만 난 캐리를 정말 사랑해요(But I do love her)라고 고백을 한다. 그리고 내게 조금이라도 기회가 있다고 생각한다면(And if you think I have the slightest chance), 파리행 다음 비행기를 타고 가서(I'll be on the next plane to Paris), 캐리를 찾을 때까지 거리들을 뒤질거고(I'll roam the streets until I find her), 뭐든지 할거예요(I'll do anything)라고 강한 의지를 표현한다. 하지만 여러분 생각에 캐리가 정말 행복하고(But if you think that she really is happy), 그렇다면 그녀를 위해 망가트리지 않고 싶어요(I wouldn't want to wreck that for her), 그리고 난 사라질게요(And I'll be history)라고 한다. 빅의 진정성 있는 말에 미란다 가 말을 한다. 가서 캐리를 잡아요(Go get our girl)라고 말이다.

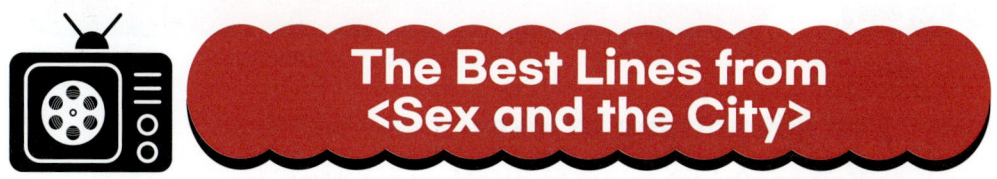

Mr. Big: (On the phone) It's me. I know you said you never wanted me to call you again. But I'm still in town, I don't even know if you're calling this number but I had to call. I figured at this point, I've got nothing to lose except you. I can't lose you again, Carrie. I love you.

Charlotte: Hi, it's Charlotte.

Mr. Big: Well, I know I haven't been your favorite over the few years.

Charlotte: I wouldn't say that.

Samantha: I would.

Mr. Big: Well, God knows I've made a lot of mistakes with Carrie. I fucked it up. Many times. I know that. Look, I need your advice. You three know her better than anyone. You're the loves of her life. And a guy's just lucky to come in fourth. But I do love her. And if you think I have the slightest chance, I'll be on the next plane to Paris, I'll roam the streets until I find her. I'll do anything. But if you think that she really is happy, well, I wouldn't want to wreck that for her. And I'll be history.

Miranda: Go get our girl.

미스터 빅: (음성 메시지) 나야. 네가 다시는 전화하지 말라고 한 거 알아. 그래도 나 아직 이 도시에 있어. 이 번호로 네가 전화를 받는지도 모르겠지만, 어쨌든 꼭 전화하고 싶었어. 이젠 잃을 게 아무것도 없어. 너 말고는. 다시 널 잃을 순 없어, 캐리. 사랑해.

샬롯: 안녕하세요, 저 샬롯예요.

빅: 지난 몇 년간 날 좋게 보지 않은 걸 알고 있어요.

샬롯: 그렇지 않은 걸요.

사만다: 난 그렇게 생각해요.

빅: 정말이지 캐리에게 많은 실수를 했어요. 내가 망쳐버렸죠. 여러 번요. 알고 있어요. 저기, 여러분의 조언이 필요해요. 여러분 세명은 어느 누구보다도 캐리를 잘 알고 있잖아요. 여러분들은 걔의 가장 소중한 친구들 이잖아요. 캐리를 사랑하는 남자는 여러분 세명 다음에 네번째로 와도 정말 행운아이겠지만 난 캐리를 정말 사랑해요. 가능성이 조금이라도 있다면 다음 비행기로 파리에 갈거예요. 찾을 때까지 거리를 돌아다닐 거예요. 뭐든지 할거예요. 하지만 그녀가 정말 행복하다면 괜히 방해하지 않을게요. 그리고 잊혀질 게요.

미란다: 가서 캐리를 잡아요.

이 장면에서 놓치면 안되는 표현들

🔊 **01** **I've got nothing to lose** 난 잃을게 없어

   A: You can't just move to another country. 넌 다른 나라로 이민가면 안돼.
   B: I'll do it because **I've got nothing to lose.** 난 잃을게 없으니 그렇게 할거야.

🔊 **02** **I wouldn't say that** 나라면 …라고 하지 않겠어

   A: Your blind date was supposed to be stunning.
   네 소개팅 상대는 아주 아름답다고 했어.
   B: **I wouldn't say** that she was beautiful. 나라면 걔가 예쁘다고 하지 않겠어.

🔊 **03** **God knows~** 정말이지 …야

   A: The school is sending you to a tutor. 학교에서 네게 가정교사를 보낼거래.
   B: **God knows** I could use some help. 정말이지 난 도움이 있었으면 좋겠어.

🔊 **04** **I fucked it up** 내가 망쳤어

   A: What happened with the project at work? 직장에서 하던 그 프로젝트 어떻게 됐어?
   B: **I fucked it up** and now they are pissed off. 내가 망쳐버려서 그들이 화나 있어.

🔊 **05** **I'll do anything** 난 뭐라도 할거야

   A: You may have to do more work. 넌 일을 더 많이 해야 될지도 몰라.
   B: **I'll do anything** to keep my job. 잘리지 않기 위해서는 뭐라도 할거야.

🔊 **06** **I'll be history** 나 완전히 사라질게

   A: Our company may merge with another firm.
   우리회사가 다른 회사와 합병될지도 몰라.
   B: If that happens, **I'll be history.** 그렇게 되면 난 사라지겠지

Carrie you're the one

캐리, 난 너밖에 없어

>> Sex and the City
Season 6 Episode 20 34:40

캐리 친구들의 조언을 받고 파리에 와서 캐리를 찾는 빅. 빅은 어느 호텔에서 들어오다 캐리가 바닥에 뭐 떨어져있는 것을 찾다 빅과 눈이 마주치자 그만 눈물을 흘리고 만다. 빅이 왜 울어?(Why the tears?)라고 묻자, 파리는 엉망이야(Paris is a mess), 여기 오는게 아니었어(I never should have come here), 모든게 엉망이고(Everything fell apart), 우리는 크게 싸웠고 뺨을 얻어 맞았어(We had a big fight and then I got slapped)라고 말한다.

이말에 놀란 빅은 어떻게 됐다(You got what?)고 화를 내는데 캐리는 아냐, 그럴려고 그런게 아냐(No. He didn't' mean it), 사고였어(It was an accident)라고 하는데 캐리가 맞았다는 사실에 화가 난 빅은 네 뺨을 때렸다(He slapped you?)고 하는데, 캐리는 뭐라고?(what?), 아냐(No), 그런게 아냐(It's not like that)라고 하지만 빅은 씩씩거리면서 그 자식 혼내줄거야(I will kick his ass), 몇호실에 묵었어?(What room were you in?)라고 묻지만 얘기안해주겠다(I'm not telling you that)고 하는데 옆에 있는 호텔 직원이 625실에 묵었습니다(I see you were in room 625)라고 알려준다. 고맙다고 말하고는 6층으로 올라가는데 뒤를 쫓아가면서 캐리는 기다려, 멈춰, 지금 뭐하는거야?(What do you think you're doing?)라고 하자, 러시안 놈을 혼내줄 생각이야(I think I'm kicking some Russian ass)라 하고, 캐리는 뭐라고?(What?), 그런게 아니라니까(No. It's not like that), 네가 잘못 알고 있는거야(You've got it completely wrong)라고 빅을 말린다. 빅은 계단을 올라가면서 두고 봐야지(We'll see about that)라고 하는데 <mark>캐리는 네가 그렇게 할 필요가 없어(I don't need you to do this), 멈춰(Stop), 그럴 필요가 없어(This is totally unnecessary), 뭐하는 짓이야?(What do you think you're doing?), 천천히 가(Stop. Slow down), 심장마비 걸리겠어(You're gonna have a heart attack), 정말야(I mean it), 이 일을 내가 처리했으니(I took care of this myself), 네가 날 구해줄 필요없어(I don't need you to rescue me)</mark>라고 극구 말린다. 빅은 이봐(Listen), 내가 이 외국인을 때려줄거야(I'm clocking this foreigner), 넌 날 막을 방법이 전혀 없어(and there's nothing you can do to stop me)라고 강한 의지를 보인다. <mark>여기서 clock은 구어체 동사로 hit sb를 뜻한다</mark>. 안되겠다 싶은 캐리가 빅의 다리를 걸어 둘은 복도에 넘어지고 한참을 서로를 보면서 웃는다.

253

그리고 다시 호텔밖으로 나와 걸으면서 빅이 말을 건다. 너한테 손들었어(I gotta hand it to you kid), 대부분 사람들은 파리에 와서 사랑에 빠지는데(Most people come to Paris to fall in love), 넌 와서 뺨을 맞으니 말야(You came and got slapped)라고 하는데 캐리는 그게 왜 이렇게 우습지(Why is that funny?)라고 하고 빅은 캐리에게 춥냐(Are you cold?)고 물어본다. 캐리는 아직 충격을 못벗어나서 그렇다고(No. I'm still in shock)하면서 이게 꼭 현실같지가 않아(This is so surreal)라고 말한다. 그리고 여기 어떻게 오게 된거야?(How did you even get here?)라고 묻고 빅은 여기까지 오는데 정말 오랜 시간이 걸렸어(It took me a really long time to get here)라고 하는데 이건 자기가 캐리에게 사랑한다고 말하기까지 많은 시간이 걸렸다는 것을 말한다. 계속 말을 이어간다. 하지만 나 여기 있잖아(But I'm here)라고 하면서 사랑고백을 한다. 캐리, 난 너 밖에 없어(Carrie you're the one)라고 하자 캐리는 큰 울보야 키스해줘(Kiss me you big crybaby), 그리고 뉴욕이 그리워(I miss New York), 집으로 데려다줘(Take me home)라고 한다.

The Best Lines from <Sex and the City>

Mr. Big: Why the tears?

Carrie: Paris is a mess. I never should have come here. Everything fell apart. We had a big fight and then I got slapped.

Mr. Big: You got what?

Carrie: No. He didn't mean it. It was an accident. It was…

Mr. Big: He slapped you?

Carrie: What? No. It's not like that.

Mr. Big: I'll kick his ass.

Carrie: What? No.

Mr. Big: What room were you in?

Carrie: I'm not telling you that. (Hotel front desk clerk: I see you were in room 625.) Wait. Stop. What you.. Oh… hey. Stop. What do you think you're doing?

미스터 빅: 왜 울고 있어?

캐리: 파리는 엉망이야. 여기 오지 말았어야 했어. 모든게 다 망가졌어. 우리는 크게 싸웠고 뺨을 얻어 맞았어.

미스터 빅: 어떻게 됐다고?

캐리: 아니. 그럴려고 그런게 아냐. 사고였어. 그건…

미스터 빅: 네 뺨을 때렸다고?

캐리: 뭐? 아니. 그런게 아냐.

미스터 빅: 그 자식 혼내줄거야.

캐리: 뭐? 안 돼, 안 돼.

미스터 빅: 몇 호실에 있었어?

캐리: 안 알려줄거야.(호텔직원: 625호실이시군요.)

미스터 빅: 625호실? 고마워요.

캐리: 잠깐만! 멈춰! 뭐 하는거야?

Mr. Big: I think I'm kicking some Russian ass.

Carrie: What? No. It's not like that. You've got it completely wrong.

Mr. Big: We'll see about that.

Carrie: I don't need you to do this. Stop. This is totally unnecessary. What do you think you're doing? Stop. Slow down. You're gonna have a heart attack. I mean it. I took care of this myself. I don't need you to rescue me.

Mr. Big: Listen. I'm clocking this foreigner and there's nothing you can do to stop me. I gotta hand it to you kid. Most people come to Paris to fall in love. You came and got slapped.

Carrie: Why is that funny?

Mr. Big: Are you cold?

Carrie: No. I'm still in shock. This is so surreal. What.. How did you even get here?

Mr. Big: It took me a really long time to get here. But I'm here. Carrie you're the one.

Carrie: Kiss me you big crybaby. I miss New York. Take me home.

미스터 빅: 러시아 놈한테 한방 먹이러 간다.

캐리: 무슨 소리야? 그런 일 아니야. 완전히 오해하고 있어.

미스터 빅: 그건 가서 확인해보자고.

캐리: 내가 알아서 할 수 있어. 날 구해줄 필요 없어. 멈춰. 지금 무슨 짓을 하고 있는거야? 멈춰. 진정하라고. 심장마비 오겠어. 진심이야. 이건 내 스스로 처리할게. 당신이 날 구해주지 안해도 돼.

미스터 빅: 이봐. 나 지금 이 외국 놈 한방 먹이려는거고, 넌 그걸 막을 수 없어. 너한테 손들었어. 대부분 사람들은 파리에 사랑하러 오잖아. 넌 와서 따귀나 맞고.

캐리: 왜 그게 웃겨?

미스터 빅: 추워?

캐리: 아니. 아직도 충격이야. 이게 뭐야, 이게 다 뭐야… 여기는 어떻게 온게 된거야?

빅: 여기까지 오는데 정말 시간이 오래 걸렸지. 하지만 난 여기 있어. 캐리, 너밖에 없어.

캐리: 다 큰 울보쟁이야 키스해줘. 뉴욕이 그리워. 집에 데려다 줘.

이 장면에서 놓치면 안되는 표현들

01 Why the tears? 왜 눈물을 흘려?

A: **Why the tears?** Is something wrong? 왜 눈물을 흘려? 뭔가 잘못됐어?
B: Yes. Michael is leaving me! 응. 마이클이 날 떠난대!

02 I never should have come here 난 여기에 오지 말았어야 했는데

A: Sorry, but I've never been in love with you. 미안해, 하지만 난 널 사랑한 적이 없어.
B: This was a mistake. **I never should have come here.**
실수했네. 오지 말았어야 했는데.

03 Everything fell apart 모든게 다 엉망이야

A: This business is having serious problems. 이 사업은 심각한 문제들이 있어.
B: **Everything fell apart** after the financial crisis.
재정위기 후에 모든게 엉망이 됐어.

04 have a big fight 대판 싸우다

A: Didn't Amy and Sam came to the club? 에이미와 샘이 클럽에 오지 않았어?
B: They stayed home after they **had a big fight**.
걔네들 대판 싸운 다음에 집에 남았어

05 He didn't mean it 그럴려고 그런게 아냐

A: Mr. Kent is very unpopular here. 켄트 씨는 여기서 정말 인기없어.
B: He acted cruel, but **he didn't mean it**. 걘 잔인하게 행동했지만 원래 그럴려고 그런게 아냐.

06 It was an accident 그건 사고였어

A: How the hell could you sleep with him? 네가 어떻게 걔랑 잠자리를 할 수가 있어?
B: **It was an accident.** It wasn't intended to happen.
사고였어. 전혀 의도하지 않은거였어.

07 It's not like that 그런게 아냐

A: I think you just use women for sex. 넌 단지 섹스하기 위해 여자를 이용하는 것 같아.
B: Come on now, **it's not like that**. 정말, 그런게 아냐.

American Drama
Best Scene 175

🔊 **08 What do you think you're doing?** 지금 뭐하고 있는거야?

　A: **What do you think you're doing?** 지금 너 뭐하고 있는거야?
　B: I wanted to look through your briefcase. 네 서류가방을 훑어보고 싶었어.

🔊 **09 You've got it completely wrong** 네가 완전히 잘못 알고 있는거야

　A: Tom must have assaulted that man. 톰은 저 남자를 공격한 것 같아.
　B: **You've got it completely wrong.** He's innocent.
　　완전히 잘못 알고 있는거야. 걔 무관해.

🔊 **10 We'll see about that** 두고 봐야지

　A: We'll both be rich in a few years. 우리는 둘다 몇 년 후에 부자가 될거야.
　B: **We'll see about that.** It seems unlikely. 두고 봐야지. 그럴 것 같지 않아.

🔊 **11 I don't need you to do this** 네가 그렇게 하지 않아도 돼

　A: Would you like a hand with that work? 그 일 하는데 도움이 필요해?
　B: It's okay, **I don't need you to do this.** 괜찮아, 네가 그렇게 하지 않아도 돼.

🔊 **12 This is totally unnecessary** 그럴 필요가 전혀 없어

　A: I want to apologize for my behavior. 내 행동에 대해 사과하고 싶어.
　B: **This is totally unnecessary.** Let's forget it. 그럴 필요가 전혀 없어. 잊어버리자고.

🔊 **13 Slow down** 천천히 해

　A: We've got to hurry through these questions. 우리는 이 문제들을 서둘러 마쳐야 돼.
　B: **Slow down.** You need to take your time. 천천히 해. 넌 좀 천천히 해야 돼.

🔊 **14 I mean it** 정말야, 진심이야

　A: You're saying someone is out to get me? 누군가 나를 해치려 한다는 말야?
　B: Your family is in danger. **I mean it.** 네 가족은 위험에 처했어. 정말이야.

🔊 **15 There's nothing you can do to~** …할 방법이 전혀 없어

　A: I hate watching Lenny fail this class. 레니가 이 과목에서 낙제하는걸 보기 싫어
　B: **There's nothing you can do to** stop it. 그렇게 못하게 할 방법이 전혀 없어.

🔊 **16 I gotta hand it to you** 너한테 손들었어

　A: The cops never knew I stole the diamond.
　　경찰은 내가 다이아몬드 훔친 사실을 전혀 몰랐어.
　B: **I gotta hand it to you,** you fooled everyone. 너한테 손들었다. 넌 모든 사람을 속였어.

17 **Why is that funny?** 그게 왜 웃겨?

A: We all laughed when he fell down. 우리는 모두 걔가 넘어졌을 때 웃었어.
B: **Why is that funny?** I don't understand. 그게 왜 웃겨? 난 이해가 안돼.

18 **I'm still in shock** 난 아직 충격에서 못벗어났어

A: It was a surprise when he passed away. 그가 돌아가셨을 때 정말 놀랬어.
B: To be honest, **I'm still in shock** about it.
솔직히 말해서, 난 아직도 그 충격에서 못벗어났어.

19 **It took me a really long time to~** 내가 …하는데 정말 많은 시간이 걸렸어

A: Your divorce looked really painful. 네 이혼은 정말 고통스러워 보였어.
B: **It took me a really long time to** get over it. 극복하는데 정말 많은 시간이 걸렸어.

20 **You're the one** 난 너밖에 없어

A: Why do you think you're in love with me? 왜 너는 나를 사랑한다고 생각하는거야?
B: **You're the one.** There's never been anyone else.
난 너뿐이야. 다른 사람은 전혀 없었어.

Americna Drama Best Scene 062

I really like it when we hook up

우리가 섹스를 할 때 정말 좋아요

>>> **Desperate Housewives**
Season 1 Episode 1 19:01

개비와 정원사 존의 정사장면. 남편이 출근하자 존을 안으로 유인하여 성관계를 가지려 한다. 존은 우리가 관계를 맺을 때 정말 좋지만(I really like it when we hook up), 하지만 하던 일도 끝마쳐야 되고(But, um, well, you know I got to get my work done), 그리고 이 일을 잃으면 안돼요(and I can't afford to lose this job)라고 사양을 한다. 하지만 이런 말을 하는 도중에 옷을 벗은 개비의 모습을 본 존은 그녀에게 이끌린다. 특히 테이블을 만지면서 이 탁자는 수공예품이야(This table is hand-carved), 남편 카를로스가 이탈리아에서 수입한거야(Carlos had it imported from Italy), 2만 3천 달러짜리야(It cost him $23,000)라고 자극적으로 유혹한다. 존은 이번에는 그 탁자 위에서 하고 싶어요?(You want to do it on the table this time?)라고 물어보고 개비는 Absolutely란 말을 하면서 존의 옷을 벗기고 진한 애무작업에 들어간다. 여기서 hook up은 슬랭으로 거의 have sex란 의미로 쓰이고 do it 역시 have sex란 뜻이다.

좀 장면이 지나서 22:51 부분이다. 사랑을 나눈 개비와 존은 대화를 나누기 시작한다. 존이 물어본다. 이해가 안되는게 하나 있어요(You know what I don't get)라면서 왜 남편과 결혼했냐고(Why you married Mr. Solis?) 물어본다. 개비는 내가 가지고 싶은 것은 뭐든 갖게 해주겠다고 약속을 했거든(He promised to give me everything I've ever wanted)이라고 답하고 존은 그렇게 했나요?(And did he?)라고 다시 묻는다. 개비의 Yes라는 답변에 그럼 왜 당신은 행복하지 않아요?(Then why aren't you happy?)라고 묻고 개비는 잠시 생각을 하다 내가 다 쓸데없는 것들을 원했던 것을 알게 되었으니까(Turns out I wanted all the wrong things)라고 답한다. 존이 직설적으로 남편을 사랑해요?(So do you love him?)라고 묻고 개비는 I do라고 답한다. 이해가 안되는 존은 그럼 왜 저하고 이런 짓을 하는거예요?(Well, then, why are we here? Why are we doing this?)라고 이해가 안되는 점을 물어본다. 개비는 시즌 첫장면에서 갑작스럽게 자살한 메리를 떠올리며, 난 어느날 갑자기 아침에 일어나 내 머리를 총으로 쏘고 싶지 않으니까(Because I don't wake up one morning with a sudden urge to blow my brains out)라 한다. 존은 개비가 피는 담배를 한 모금피워도 되냐고(Hey, can I have a drag?)라고 물어보고, 개비는 Abosolutely not이라고 하고 넌 담배피기에는 너무 어리다(You are much too young to smoke)라고 한다.

The Best Lines from <Desperate Housewives>

John: I really like it when we hook up, but you know, I just gotta get my work done. I can't afford to lose this...job, and...

Gabrielle : This table was hand-carved. Carlos had it imported from Italy. It cost him $23,000. John:

John: You want to do it on the table this time?

Gabrielle: Absolutely.

John: You know what I don't get?

Gabrielle : What?

John: Why you married Mr. Solis?

Gabrielle: Well, he promised to give me everything I've ever wanted.

John: And did he?

Gabrielle: Yes.

John: So why aren't you happy?

Gabrielle: Turns out I wanted all the wrong things.

John: So do you love him?

Gabrielle: I do.

John: Then why are we here? Why are we doing this?

Gabrielle: Because I don't want to wake up one morning with a sudden urge to blow my brains out.

John: Hmm. Hey, can I have a drag?

Gabrielle: Absolutely not. You're much too young to smoke.

존: 우리 관계, 난 정말 좋아요. 하지만 지금은 일이 너무 바빠서… 이 일 놓치면 안 되거든요…

가브리엘: 내가 지금 앉아 있는 이 테이블, 이탈리아에서 수입한 수제품이야. 카를로스가 2만 3천 달러에 수입한거야.

존: 그럼 이번엔 테이블 위에서 할래요?

가브리엘: 그럼.

존: 이해가 안되는게 하나 있어요.

가브리엘: 뭔데?

존: 남편하고는 왜 결혼하셨어요?

가브리엘: 그 사람이 나한테 말했어. 내가 원하는 건 뭐든 다 해주겠다고.

존: 그리고 진짜 그렇게 해줬어요?

가브리엘: 응, 다 해줬지.

존: 근데 왜 행복하지 않은거예요?

가브리엘: 내가 다 쓸데없는 것들을 원했다는 것을 알게 되었으니까.

존: 그럼 그 사람을 사랑해요?

가브리엘: 사랑해.

존: 근데 그럼 왜 우리가 여기서 이런 짓을 하는거예요?

가브리엘: 어느날 아침 눈 뜨자마자 갑자기 내 머리에 총을 쏘고 싶은 기분으로 살고 싶지 않아서.

존: 흠… 야, 한 모금만 피워도 돼요?

가브리엘: 절대 안 돼. 넌 아직 너무 어려서 담배 못 피워.

이 장면에서 놓치면 안되는 표현들

01 I really like it when~ …할 때가 정말 좋아

A: **How does it feel when I rub your shoulders?**
내가 네 어깨를 문질러줄 때 기분이 어때?
B: **I really like it when you touch me there.** 난 네가 거기를 만져줄 때가 정말 좋아.

02 hook up 섹스하다

A: **You slept with Miss Francis?** 프랜시스 양과 잤다고?
B: **We hooked up after being out dancing.** 우리는 댄스를 한 다음에 잤어.

03 get my work done 내 일을 끝내다

A: **You should join us when we go out.** 우리가 나갈 때 너도 함께 해야 돼.
B: **Just let me get my work done.** 내 일을 끝내게 해줘.

04 You know what I don't get 내가 이해가 안되는게 뭔지 알아

A: **Donald is a huge asshole. He's always critical.**
도널드는 완전 개자식야. 늘상 비판적이야.
B: **You know what I don't get? Why do people like him?**
내가 이해가 안되는게 뭔지 알아? 왜 사람들이 걔를 좋아하냐는거야?

05 Why are we doing this? 우리가 왜 이렇고 있지?

A: **All we have to do is sort these papers.** 우리는 이 서류들을 분류하기만 하면 돼.
B: **Why are we doing this? It's stupid.** 왜 우리가 이걸 하고 있어? 어리석은 짓이야.

06 blow my brains out 머리에 총을 쏴서 자살하다

A: **God, studying math is so boring.** 어휴, 수학공부하는거 정말 지루하다.
B: **It makes me feel like blowing my brains out.**
머리에 총을 쏴서 자살할 것 같은 기분이 들게 해.

Americna Drama Best Scene 063

I got to have you

>>> Desperate Housewives
Season 1 Episode 1 30:40

난 당신하고 해야겠어

출장을 갔다 와 오래간만에 아내 르넷을 본 씨내리 톰이 서둘러 아이들을 밖으로 보내고 아내와 콘돔없이 회포를 풀려다 주먹으로 빰을 얻어맞는 장면. 톰이 르넷을 안고 침대에 눕히자 오, 진심이야(Oh, you got to be kidding), 난 지쳤다고(I'm exhausted), 꼴도 말이 아니고(It looks terrible), 복숭아로 범벅이 되어 있는데(I'm covered in peaches)라고 한다. 육욕에 눈이 먼 톰은 괜찮아, 자기야(That's all right, baby), 너랑 해야겠어(I got to have you)라고 노골적으로 말한다. 아이들 때문에 지친 르넷은 그럼 나 여기 그냥 누워있어도 돼?(Well, is it okay if I just lie here?)라고 하는데 이것저것 가릴게 없는 종마 톰은 Absolutely라고 한다. 르넷은 사랑해(I love you)라고 하고 톰은 난 더 사랑해(And I love you more)라고 한다.

다산의 여왕 르넷은 또 아이를 가질까봐 잠깐, 말해두는데(Oh, wait, I got to tell you), 몸이 붓는 증상이 있어서 의사가 피임약을 먹지 말래니까(I was having trouble with swelling, so the doctor took me off the pill), 네가 콘돔을 껴야 될거야(so you're just going to have to put on a condom)라고 하는데, 철없는 톰은 콘돔이라고?(Condom?) 뭐 대수라고?(What's the big deal?) 걍 하자(Let's risk it)라고 조르는데 Let's risk it란 말에 꼭지가 돈 르넷은 주먹으로 톰의 얼굴을 갈긴다.

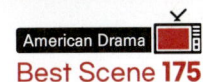

The Best Lines from <Desperate Housewives>

Lynette: Oh, no. You got to be kidding. I'm exhausted. I look terrible. I'm covered in peaches.

Tom: That's all right, baby. **I got to have you.**

Lynette: Well, is it OK if I just lie here?

Tom: Absolutely.

Lynette: I love you.

Tom: I love you more... Oh, baby.

Lynette: Wait. I got to tell you. I was having trouble with swelling, so the doctor took me off the pill. So you're just going to have to put on a condom

Tom: A condom? **What's the big deal? Let's risk it.**

Lynette: Let's risk it?

Tom: Yeah.

르넷: 나 완전 피곤해, 지금 꼴도 말이 아니고, 온몸에 복숭아가 묻었어.

톰: 괜찮아, 자기야. 너와 해야 되겠어.

르넷: 나 그냥 누워있어도 돼?

톰: 물론이지.

르넷: 사랑해.

톰: 자기야, 내가 더 사랑해.

르넷: 요즘 몸이 좀 붓는게 있어서, 의사가 피임약 끊으라고 했어. 그러니까 콘돔 써야 해.

톰: 콘돔? 뭘 그렇게 유난이야? 그냥 한번 모험해보자.

르넷: 모험해보자고?

톰: 그래.

Chris Says: What do you mean by that?

In this case, the speaker is not sure what someone wants to say. He is asking for a deeper or more clear explanation.

이 장면에서 놓치면 안되는 표현들

🔊 **01 You got to be kidding** 농담이겠지, 장난이지

A: **You caused me to fall down!** 너 때문에 내가 넘어졌어!
B: **You got to be kidding.** It's not my fault. 농담이겠지. 그건 내 잘못이 아냐.

🔊 **02 I got to have you** 너와 해야겠어

A: **All I can think about is you these days.** 난 요즘 네 생각만 하고 있어.
B: **Baby, I got to have you.** 자기야, 나 너랑 해야겠어.

🔊 **03 I got to tell you** 네가 …을 말해야겠어

A: **I got to tell you about someone I met.** 내가 만난 사람에 대해 말해야겠어.
B: **Is it someone you'll start a relationship with?** 네가 만나기 시작할 사람이야?

🔊 **04 have trouble with~** …하는데 어려움을 겪다

A: **You always look so tired.** 넌 항상 피곤해 보여.
B: **I'm having trouble with getting to sleep.** 잠을 자는데 어려움을 겪고 있어.

🔊 **05 You're just going to have to~** 네가 …을 해야 할거야

A: **I really can't stand my co-worker.** 난 정말이지 같이 일하는 동료를 못참겠어.
B: **You're just going to have to be polite to her.**
넌 걔한테 친절하게 잘 대해줘야 될거야.

🔊 **06 put on a condom** 콘돔을 끼다

A: **There are a lot of sexual diseases.** 많은 성병이 있어.
B: **It's best to put on a condom every time.** 항상 콘돔을 하는게 최선이야.

🔊 **07 What's the big deal?** 뭐 큰일이라고?, 웬 소란이야?

A: **How could you drive so recklessly?** 너 어떻게 그렇게 부주의하게 운전할 수 있어?
B: **What's the big deal? No one got hurt.** 웬 소동이야? 아무도 안다쳤구만.

🔊 **08 Let's risk it** 도전해보자, 한번 해보자

A: **We are not ready to start operating.** 우리는 아직 운영할 준비가 되지 않았어.
B: **There may be problems, but let's risk it.** 문제가 있을지 모르지만 한번 해보자.

Americna Drama Best Scene 064

Take my breath away

나를 감동시켜줘, 설레게 해줘

>>> Desperate Housewives
Season 1 Episode 2 08:18

일로 바쁜 카를로스가 또 늦게 퇴근한다. 들어오면서 너 안자는거 알아(I know you're awake)라고 하자 개비는 네가 멍청이라는거 알고 있어(I know you're a jerk)라고 받아친다. 비즈니스 거래선인 타나카와 저녁식사가 길어져서(Dinner with Tanaka ran long), 미안해(I'm sorry)라고 사과하는데 개비는 매일 혼자 저녁을 먹으려고 너와 결혼하게 아니야(I didn't marry you so I could have dinner by myself six times a week)라고 불만을 털어놓는다. 그리고 자기가 오늘 얼마나 지겨웠는지 아냐?(You know how bored I was today?)라고 하면서 내가 집안청소를 할 뻔 했다니까(I came this close to actually cleaning the house)라고 한다. 그러자 카를로스는 너무 그러지마(Don't be that way), 선물사왔어(I got you a gift)라고 달랜다. 화가 안풀린 개비는 안돼(Nope, no), 이번에는 너의 그런 얕은 수에 안넘어가(You're not going to buy your way out of this one)라고 말하고 토라지는데 카를로스는 아주 멋진 선물이야(It's a good gift)라고 하자 선물을 열어보고 이게 백금이야?(Is that white gold?)라고 한다. 카를로스는 그거 차고(Put it on), 내게 사랑을 해줘(and then make love to me)라고 한다. 개비는 그럴 기분이 아니다(I'm not in the mood)라고 하고 대신 잠안자고 얘기를 하자(But we could stay up and talk)라고 한다.

이말에 카를로스는 웃으면서 남자가 여자에게 비싼 보석을 사줄 때는(When a man buys a woman expensive jewerly), 그 대가로 바라는게 많이 있을 수 있는데(there are many things he may want in return for future reference), 대화나누는 것은 해당되지 않아(Conversation ain't one of them)라고 말하는데…. 이말에 화난 개비는 선물을 카를로스의 등에 던진다. 카를로스는 농담였어(That was a joke)라고 말하고 개비는 그렇기도 하겠다(Yeah, right)라고 비꼬며 자리에서 일어난다. 카를로스는 그녀를 잡고 도대체 뭐가 문제야?(What the hell is wrong with you?)라고 따지고 개비는 이거 놔(Let go of me)라고 한다. 카를로스가 쌓였던 불만을 토로한다. 한달동안 마치 악몽처럼 구는데(You've been acting like a nightmare for a month), 뭐가 문제야?(What's wrong?)라고 다그치며, 말하지 않으면 고칠 수도 없다(I can't fix it unless you tell me)며 문제해결을 하려고 한다. 개비도 마침내 자신의 문제를 털어놓는다. 더 이상 즐겁지가 않아(It's not exciting anymore, Carlos)라고 하자, 카를로스는 그럼 내가 어떻게 하면 되는데(So what am I supposed to do?)라고 묻는다. 개비는 나도 모르겠어(I don't know), 예전의 당신으로 돌아가는거(Be the way you used to be), 날 놀래주고(Surprise me), 날 감동시켜줘(Take my breath away)라고 한다.

The Best Lines from <Desperate Housewives>

Carlos: I know you're awake.

Gabrielle: I know you're a jerk.

Carlos: Dinner with Tanaka ran long. I'm sorry.

Gabrielle: You know, Carlos, I didn't marry you so I could have dinner by myself 6 times a week. You know how bored I was today. I came this close to actually cleaning the house.

Carlos: Don't be that way. I got you a gift.

Gabrielle: Nope. No, no, no, no. You're not gonna buy your way out of this one.

Carlos: It's a good gift. He tosses a red jewelry box in front of her. (She opens it.) Is that white gold?

Carlos: Yeah. Put it on. (He kisses her shoulder.) And then make love to me.

Gabrielle: I'm not in the mood. But, we could stay up and talk.

Carlos: When a man buys a woman expensive jewelry, there are many things he may want in return. For future reference, conversation ain't one of them. Hey, that was a joke.

Gabrielle: Yeah, right.

Carlos: What the hell is wrong with you?

Gabrielle: Let go of me.

Carlos: You've been acting like a nightmare for a month.

Gabrielle: Stop!

Carlos: What's wrong? I can't fix it unless

카를로스: 너 깨어있는거 알아.

가브리엘: 너 재수없는 것도 알아.

카를로스: 다나카랑 저녁이 좀 길어졌어. 미안해.

가브리엘: 있지, 카를로스. 내가 너랑 결혼한 게 일주일에 여섯 번 혼자 저녁 먹으려고 그런 건 아니야. 오늘 얼마나 지루했는지 알아? 나 진짜 청소할 뻔했어.

카를로스: 그러지마. 선물 사왔어.

가브리엘: 아니, 아니, 아니, 이번엔 그걸로 안 넘어가. 선물로 넘어가 줄 생각 없어.

카를로스: 진짜 좋은 선물이야.

가브리엘: 이거 화이트 골드야?

카를로스: 응. 껴봐. 그리고 나랑 사랑 좀 해줘.

가브리엘: 그럴 기분 아니야. 대신 그냥 같이 앉아서 얘기나 할까?

카를로스: 남자가 여자한테 비싼 보석을 사주는 데는 여러 이유가 있어. 참고로 말하자면, 대화하자는 건 그 이유에 안 들어. 야, 농담이었잖아.

가브리엘: 그래, 웃기다 정말.

카를로스: 대체 왜 이러는 건데?

가브리엘: 놓으라고.

카를로스: 너 한 달째 악몽같이 굴고 있어.

가브리엘: 그만해!

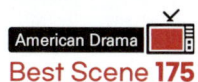

you tell me.

Gabrielle: It's not exciting anymore, Carlos.

Carlos: So what am I supposed to do?

Gabrielle: I dunno. Be the way you used to be. Surprise me. take my breath away.

Carlos: Okay.

카를로스: 대체 뭐가 문제야? 얘기 해줘야 고칠 수 있잖아.

가브리엘: 이젠 더 이상 설레지 않아, 카를로스.

카를로스: 그럼 내가 어떻게 해야 하는데?

가브리엘: 몰라. 예전처럼 해봐. 나를 놀래켜줘. 숨이 멎을 만큼.

카를로스: 알겠어.

이 장면에서 놓치면 안되는 표현들

🔊 **01** **You're a jerk** 넌 멍청이야

A: **What is it that you hate about me?** 넌 뭐 때문에 날 싫어하는거야?
B: **You're a jerk. Everyone says so.** 넌 멍청이야. 다들 그렇게 말해.

🔊 **02** **You know how bored I was today?** 내가 오늘 얼마나 지루했는지 알아?

A: **I don't like these dark winter days.** 난 이런 칙칙한 겨울날씨는 싫어해.
B: **You know how bored I was today? I just stayed in bed.**
내가 오늘 얼마나 지루했는지 알아? 그냥 침대에 누워 있었어.

🔊 **03** **I came this close to~ing** 나 거의 …할뻔했어

A: **Julie really seems to like you.** 줄리는 정말 너를 좋아하는 것 같아.
B: **I came this close to sleeping with her.** 난 거의 개랑 잘뻔 했어.

A: **That was a boring movie.** 그건 정말 지겨운 영화였어.
B: **I came this close to falling asleep.** 난 거의 잠들뻔 했어.

🔊 **04** **Don't be that way** 너무 그러지마

A: **Nothing is going right in my life these days.**
요즘 내 인생에서 제대로 되는거 아무것도 없어.
B: **Don't be that way. It will all work out.** 그렇게 살지마. 다 잘될거야.

🔊 **05** **buy one's way out of~** 돈으로 …을 해결하다

A: **Al was arrested twice last year.** 알은 작년에 두 번이나 체포됐어.
B: **His dad buys his way out of legal trouble.** 걔 아버지는 돈으로 법적인 문제를 해결해.

A: **Why didn't the cop ticket you for speeding?**
왜 경찰이 속도위반티켓을 끊지 않았어?
B: **I bought my way out of the ticket.** 내가 돈으로 해결했거든.

06 make love 사랑을 나누다

A: **That woman you picked up was real sexy.** 네가 꼬신 저 여자 정말 섹시했어.
B: **We made love four times last night.** 우린 지난 밤에 네 번이나 했어.

A: **You had a romantic evening with Chris?** 너 크리스와 낭만적인 저녁을 보냈어?
B: **Yeah, we made love until the sun came up.**
  응, 우리는 해가 뜰 때까지 사랑을 나누었어.

07 I'm not in the mood 나 그럴 기분이 아냐, 기분이 안좋아

A: **Come on, let's go to the bedroom.** 자, 어서 침실로 가자.
B: **Sorry, I'm really not in the mood.** 미안, 나 그럴 기분이 아냐.

08 in return for …의 대가로

A: **I need someone to move these items.** 누가 이 물건들을 이동해줄 사람이 필요해.
B: **I'll help you in return for some money.** 돈 좀 주면 내가 도와줄게.

09 That was a joke 농담이었어

A: **You sent a stripper to my workplace?** 내 직장으로 스트리퍼를 보냈어?
B: **That was a joke, so don't get mad.** 농담이었어, 화내지마.

A: **You said you were moving to Russia.** 너 러시아로 이민간다며.
B: **That was a joke. Don't take it seriously.** 농담이었어, 진지하게 받아들이지마.

10 What the hell is wrong with you? 너 도대체 무슨 문제야?

A: **I hit him in the face after he made me angry.**
  걔가 날 화나게 해서 내가 걔 얼굴을 때렸어.
B: **What the hell is wrong with you? You can't fight everyone.**
  너 도대체 왜그러냐? 모든 사람과 싸울 수는 없어.

11 Let go of me 날 놔줘

A: **Hey, hold on a minute!** 저기, 잠깐만 기다려봐.
B: **Let go of me. I've had enough of you.** 날 놔줘. 난 네가 지겨워.

A: **I don't want you to leave yet.** 벌써 가지마.
B: **Let go of me! You can't stop me!** 날 놔줘. 네가 날 막지는 못해!

🔊 **12 What am I supposed to do?** 내가 어떻게 해야 돼?

    A: She is making a complete fool of you. 걔가 너를 완전히 골탕먹이고 있어.
    B: What am I supposed to do? I love her. 내가 어떻게 해야 돼. 난 걜 사랑해.

🔊 **13 Be the way you used to be** 예전처럼 행동해봐

    A: It will take a while before I'm healthy again.
       내가 다시 건강해지까지 시간이 좀 걸릴거야.
    B: We just want you to be the way you used to be.
       우린 네가 예전의 모습이 되길 바래.

    A: Why are you so worried about my health? 넌 왜 그렇게 내 건강에 신경을 쓰는거야?
    B: I just want you to be the way you used to be. 난 네가 예전의 모습이 되길 바래.

🔊 **14 Take my breath away** 나를 감동시켜봐

    A: Your wife looks amazing tonight. 네 아내 오늘 밤에 끝내준다.
    B: Looking at her takes my breath away. 그녀를 바라만봐도 가슴벅차.

Americna Drama Best Scene 065

I'm just gonna let you off with a warning

이번에는 경고만 할게요

>>> **Desperate Housewives**
Season 1 Episode 2 14:10

르넷이 극성떠는 아이들을 차로 데리고 가다가 아이들이 안전벨트을 매지 않아 경찰단속에 걸린다. 경찰이 아이들 통제를 하라고 충고를 하자, 아이들에게 지치고 지친 르넷의 분노가 폭발한다. 경찰이 면허증 제시를 요구하면서 왜 차를 세우라고 했는지 압니까?(Ma'am, you know why I pulled you over?)라고 묻자 르넷은 아이들을 한번 쳐다보고는 짐작은 가요(I have a theory)라고 웃는다.

경찰이 혼내기 시작한다. 아이들이 차안에서 날뛰고 있어요(Kids are jumping up and down). 아이들은 앉아서 안전벨트를 매고 있어야 합니다(They should be sitting, wearing their seat belts)라고 일갈한다. 르넷은 저렇게 하지 못하도록 했는데(I don't let them…), 쟤네들은 제말을 듣지도 않아요(They don't even listen to me), 정말 화가 나요(It's very frustrating)라고 고충을 털어놓는다. 하지만 돌아오는건 경찰의 이해가 아니라 따끔한 질책일 뿐이다. 아이들을 통제하는 방법을 찾으셔야죠(You have to find a way to control them), 어찌됐건 그건 당신의 일이니까요(After all, that's your job). 잠시 메리의 나레이션이 이어진 후….

르넷이 열받은 채로 차문을 열고 나와 경찰에게 다가가며 내가 나쁜 엄마라고 말하는거예요?(Are you saying I'm a bad mother?)라고 하자 경찰은 부인, 차로 돌아가세요(Ma'am you need to get back in your car, please)라고 말하지만 르넷은 한발 한발 경찰에게 다가가면서 하소연을 한다. 아무런 도움도 받고 있지 못해요(I have no help), 남편은 늘상 출장가있고(My husband is always away on business)라고 말을 잇는데 경찰은 다시 한번 이제 그만 뒤로 물러서세요(I'm gonna have to ask you to step back now)라고 한다. 르넷은 경찰의 경고에 신경도 쓰지 않고 넋두리를 계속한다. 내 보모는 증인보호프로그램에 들어갔고(My baby-sitter joined the witness relocation program), 난 6년간 밤에 잠을 잘 못잤어요(I haven't slept through the night in six years), 그런데 당신이 거기 서서 날 비난해요(And for you to stand there and judge me)라면서 경찰에 다가가자 경찰은 총집에 손을 갖다 댄다. 그리고는 알았어요, 딱지는 안 끊을게요(Okay. I'm not gonna give you a ticket), 이번에는 경고만 할게요(I'm just gonna let you off with a warning)라고 물러서자 르넷이 사과를 받아들이지요(I accept your apology)라고 한다.

The Best Lines from <Desperate Housewives>

Lynette: Oh, crap.

Cop: License and registration, please. Ma'am, you know why I pulled you over?

Lynette: I have a theory.

Cop: Kids are jumping up and down. They should be sitting, wearing their seat belts.

Lynette: I yelled at them. They never listen to me. It's very frustrating.

Cop: Well, you have to find a way to control them. After all, that's your job.

Lynette: Are you saying I'm a bad mother?

Cop: Ma'am you need to get back in your car, please.

Lynette: I have no help. My husband is always away on business.

Cop: I'm gonna have to ask you to step back now.

Lynette: My baby-sitter joined the witness relocation program. I haven't slept through the night in six years. And for you to stand there and judge me.

Cop: Okay. I'm not gonna give you a ticket. I'm just gonna let you off with a warning.

Lynette: I accept your apology.

르넷: 아, 젠장.

경찰: 면허증과 등록증 좀 보여주세요. 부인, 제가 왜 차를 세운지 아시겠습니까?

르넷: 짐작은 가요.

경찰: 아이들이 차 안에서 뛰어다니고 있어요. 앉아서 안전벨트를 매야 합니다.

르넷: 소리쳤어요. 근데 애들이 말을 안 들어요. 정말 속 터져요.

경찰: 어떻게든 아이들을 통제하셔야죠. 그게 부모의 책임 아닙니까.

르넷: 내가 나쁜 엄마라는 말예요?

경찰: 부인, 차안으로 다시 돌아가십시오.

르넷: 난 도움도 못받아요. 남편은 항상 출장 중이구요.

경찰: 뒤로 물러서라고 말씀드려야겠네요.

르넷: 내 보모는 증인보호프로그램에 들어갔고, 난 6년간 밤에 잠을 못잤어요. 그래 당신이 거기 서서 날 비난해요.

경찰: 좋아요. 딱지 끊지는 않을게요. 이번에는 경고만 할게요.

르넷: 사과를 받아들이지요.

American Drama Best Scene 175

이 장면에서 놓치면 안되는 표현들

01 You know why I~ ? 내가 왜 …하는지 알아?

A: **You know why** I worry about Ray? 내가 왜 레이를 걱정하는지 알아?
B: No. Is he in danger or something? 아니, 뭐 위험 등에 처한거야?

02 pull sb over …의 차를 세우다

A: Why were the police chasing you? 왜 경찰이 너를 추적한거야?
B: They **pulled me over** for speeding in my car. 내가 과속했다고 내 차를 세웠어.

03 I have a theory …라는 짐작은 가

A: Are you still waiting for your ex-girlfriend? 너 아직도 전 여친을 기다리고 있는거야?
B: **I have a theory** that she'll come back to me. 걔가 내게 돌아오리라 짐작이 가.

04 wear one's seat belts 안전벨트를 매다

A: Do you have a seatbelt on right now? 지금 안전벨트 했어?
B: The law requires everyone to **wear their seatbelts**.
모든 사람은 법에 따라 안전벨트를 매야 돼.

05 They don't even listen to me 걔네들 내 말을 듣지 않아

A: Your kids are out of control. 네 아이들 통제불능이야.
B: **They don't even listen to me.** It's upsetting. 내 말을 듣지 않아. 속상해.

06 It's very frustrating 정말 화가 나

A: I work long hours for low pay. 월급은 적은데 일을 많이 해.
B: **It's very frustrating** to have a dead end job. 장래성 없는 직장을 다니는게 화가 나.

07 You have to find a way to~ …하는 방법을 찾아야 해

A: My boss has been giving me a hard time. 사장이 나를 힘들게 해.
B: **You have to find a way to** get along with him.
사장하고 잘 지내는 방법을 찾아야 돼.

08 That's your job 그게 네 일이야

A: Every day I have to deal with idiots. 매일 난 멍청한 놈들을 상대해야 돼.
B: Don't complain. That's your job. 불평하지마. 그게 네 일이잖아.

A: I need you to clean up here. 너 여기 청소 좀 해라.
B: That's your job. I don't have to clean. 그건 네 일이지. 난 치울 필요가 없어.

09 Are you saying~ ? …란 말이야?

A: Aaron may have committed that crime. 애런이 이 범죄를 저질렀을 수가 있어.
B: Are you saying he's a murderer? 걔가 살인자란 말이야?

10 You need to~ 넌 …을 해야 돼

A: This usb chip holds the report we wrote.
이 USB에는 우리가 작성한 보고서가 들어있어.
B: You need to take it to work tomorrow. 넌 내일 이걸 직장에 가져가야 돼.

11 be away on business 출장중이다 *be on business 사업을 생각하다

A: Could I speak to your husband please? 남편분하고 잠깐 얘기해도 될까요?
B: He is away on business in Chicago. 시카고로 출장가셨어요.

A: It's so boring to talk to my boss. 내 사장하고 얘기하는거 정말 지루해.
B: His mind is on business all the time. 사장의 생각은 항상 온통 사업뿐이야.

12 I'm gonna have to ask you to~ …을 부탁해야겠네

A: I swear I didn't do anything illegal. 정말이지 난 불법적인 일을 한 적이 없어요.
B: I'm gonna have to ask you to come to the police station.
경찰서에 나와 주십사 부탁드려야겠네요.

13 step back 물러서다

A: Jessica is sliding down the mountain. 제시카는 산을 미끄러져 내려오고 있어.
B: Step back or you'll be injured. 뒤로 물러나 그렇지 않으면 다칠거야.

A: These reporters want to interview you. 이 기자들은 당신과 인터뷰하기를 원해.
B: They need to step back and give me some space.
걔네들은 뒤로 물러서 내게 공간을 좀 줘야 돼.

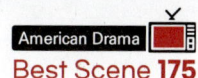

14 judge sb 비난하다

A: **Don't spend so much time out at night.** 밤에 밖에서 그렇게 너무 많은 시간을 보내지마.
B: **You can't judge me or my lifestyle.** 나나 내 살아가는 방식에 대해 비난하지마.

15 give sb a ticket 딱지를 끊다

A: **What has made you so angry?** 뭐 때문에 그렇게 골이 났어?
B: **The damned cops just gave me a ticket.** 저 망할 경찰이 딱지를 끊었어.

16 I'm just gonna let you off with a warning
이번에는 경고만 하고 보내드리겠습니다

A: **Please don't give me a traffic ticket.** 제발 딱지를 끊지 말아주세요.
B: **I'm just gonna let you off with a warning.** 경고만 하고 보내드릴게요.

Chris Says: That's no excuse

"That's no excuse" means that the speaker doesn't believe someone has given a good reason for something.

I'm nowhere near ready to laugh about it

>> Desperate Housewives
Season 1 Episode 3 27:16

난 그에 대해 전혀 웃을 상태가 아녜요

수잔은 샤워중에 찾아온 이혼한 남편과 자동차까지 와서 다투다 타올이 그만 차에 끼어 백주대낮에 나체로 집앞에 서있게 된다. 재빨리 중요부위를 가리고 집안으로 들어가려고 하지만 문이 잠겨져 버렸다. 할 수 없이 뒷문으로도 가보지만 역시 닫혀있다. 수잔은 할 수 없이 옆 창문을 열려고 하다 그만 나무 위에 쓰러진다. 이때 데이트 신청을 한 마이크가 찾아와서 나무위에 전라로 누워있는 수잔을 보게 된다. 마이크가 딴 곳을 바라다보면서 무슨 일예요?(What are you doing?)라고 하자, 민망한 웃음을 지으며 문이 잠겼어요(Lock myself out), 다 벗은 채로요(Naked), 그리고 넘어졌죠(And, then I fell), 그리고는 마이크에게 어떻게 지내냐(So how are you?)라고 한다. 여기서 보듯 How are you?나 How're you doing?은 새로 만날 때만 쓰는 인사로 알면 안된다. 얘기하는 도중에 또 어떤 상황이 진행되는 중에 상대방이 어떠냐고 물어볼 때도 쓰인다는 점을 알아둔다.

마이크는 잘 지내요(Good. Good), 방금 돌아왔어요(I just got back), 하루종일 나가 있다(I've been gone all day), 저녁식사하자는 당신 메시지를 들었어요(I got your messages about dinner)라고 말하고 아직 그 초대가 유효하다면 가고 싶다(I'd love to come if that invite still stands)라고 한다. 수잔은 그건 데이트예요(It's a date!)라고 수정하고 마이크는 좋아요(All right), 복장은 캐주얼이겠죠(I assume the dress is casual)라고 물어보자 수잔은 그래요 캐주얼예요(Yeah. It's casual)라고 말해준다.

다음, 장면이 바뀌어서 저녁파티가 열리는 브리의 집 앞이다. 수잔과 마이크가 함께 걸어가며 대화를 나눈다. 집에 들어가게 해줘서 고마워요(Thanks for helping me break in), 방충망을 교체하는게 어려울까요?(Do you think it will be hard to replace that screen)라고 물어본다. 마이크는 그건 경우에 따라 다르죠(Well, it depends), 스스로 못질을 하려면(If you nail it in yourself), 장갑을 끼는게 좋아요(You might want to wear gloves), 아니면 바지라도…라 하면서 수잔을 놀려대기 시작한다. 바지를 입어도 돼요(Pants wouldn't hurt)라고 한다.

수잔은 좋아요(Okay), 방금 일어난 일이 재미있다는 것은 이론적으로 나도 알아요(I know what just happened is funny, in theory), 하지만 난 그 일에 관해 아직 웃을 상태가 아니니(But I'm nowhere near ready to laugh about it), 제발 놀리지 마세요(so please, no jokes)라고 한

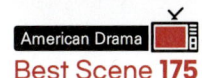

다. 이때 브리가 문을 열고 둘다 어디 있다 온거야?(Hey! Where have you two been?)라고 묻자 마이크가 다시 장난스럽게 수잔이 입을 옷을 찾지 못해서요(Susan had a problem finding something to wear)라고 농짓거리를 한다.

The Best Lines from <Desperate Housewives>

Mike: Uh, whatcha doing?

Susan: Locked myself out. Naked.

Mike: Oh...

Susan: And, then I fell. So, how are you?

Mike: Good. Good. I just got back. I've been gone all day, and I got your messages about dinner. And, um, I, would love to come, if that invite still stands.

Susan: It's a date!

Mike: All right. I, uh, assume the dress is casual.

Susan: Yeah. It's, it's casual.

Mike: Hmmm.

··

Susan: Thanks for helping me break in. Do you think it will be hard to replace that screen?

Mike: Well, it depends. If you nail it in yourself, you might want to wear gloves. Or pants... Pants wouldn't hurt.

Susan: Okay. I know what just happened is funny, in theory. But I'm nowhere near ready to laugh about it, so please, no jokes.

Bree: Hey! Where've you two been?

Mike: Uh, Susan had a problem finding something to wear.

마이크: 어… 뭐 하시는거예요?

수잔: 저... 벌거벗은 채로 집 밖에 나왔다가 문이 잠겼어요.

마이크: 오…

수잔: 그리고는 넘어졌지요. …그래서, 당신은 이때요?

마이크: 좋아요. 괜찮아요. 하루 종일 나가 있다가 방금 돌아왔어요. 당신이 저녁 얘기한 메시지 받았고요. 초대가 아직 유효하다면… 가고 싶어요.

수잔: 좋아요, 그럼 데이트예요!

마이크: 좋아요. 음… 복장은 캐주얼인가요?

수잔: 예, 완전 캐주얼.

마이크: 흠.

수잔: 집에 들어가게 해줘서 고마워요. 그 방충망 다시 다는거 어렵지 않을까요?

마이크: 글쎄요. 직접 못질할거면… 장갑을 끼는게 좋을거예요. 아니면 바지라도 입던가… 바지는 아무래도 도움이 됐을 텐데요.

수잔: 알아요. 이 상황이 이론적으로는 웃길 수 있다는거. 하지만 난 아직 웃을 준비안 됐으니까, 제발 농담은 그만해요.

브리: 어머! 두 사람 어디 있었어요?

마이크: 어… 수잔이 입을 옷을 찾느라 좀 고생했거든요.

이 장면에서 놓치면 안되는 표현들

01 What are you doing? 뭐하고 있어?, 뭐하는거야?

A: This paperwork doesn't belong here. 이 서류작업은 여기꺼 아냐.
B: **What are you doing?** You're making a mess. 뭐하는거야? 네가 엉망으로 만들잖아.

02 lock myself out 문이 잠겨 못들어가다

A: You spent the night in the hallway? 복도에서 밤을 보낸거야?
B: It was because I **locked myself out of** the apartment.
아파트 문이 잠겨서 못들어갔기 때문이야.

03 I just got back 방금 돌아왔어

A: You look like you feel relaxed. 너 긴장이 풀린 것 같아.
B: **I just got back** from a tour of Europe. 방금 유럽여행에서 돌아왔어.

04 I've been gone all day 하루종일 나가 있었어

A: Was my husband here at work? 내 남편이 여기 직장에 나왔어?
B: I don't know. **I've been gone all day.** 몰라. 하루종일 나가 있었어.

05 I got your messages about~ …에 대한 메시지를 받았어

A: **I got your messages about** Frank's behavior. 프랭크의 행실에 대한 메시지를 받았어.
B: It's shocking. He's got to stop acting this way.
쇼킹해. 걘 이런 식으로 행동하는걸 멈춰야 돼.

06 ~ still stand …가 유효하다

A: The two companies merged years ago. 그 두 회사는 오래전에 합병을 했어.
B: That merger agreement **still stands**. 그 합법안은 아직도 유효해.

07 I assume~ …라고 가정하다

A: My computer shut down every few minutes. 내 컴퓨터가 몇분마다 꺼져버려.
B: **I assume** you corrected the problem. 문제를 고쳐겠지.

08 break in 가택침입을 하다

A: A burglar was in my neighbor's place. 한 도둑이 내 이웃집에 들어왔어.
B: Lots of thieves **break into** these apartments. 많은 도둑들이 이 아파트에 침입해.

A: The criminals refuse to leave the apartment. 범죄자들이 아파트에서 나오려 하지 않아.
B: We'll have to **break in** the door. 문을 부수고 들어가야 돼.

🔊 09 Do you think it will be hard to~? …하는게 어려울거라 생각해?

A: Do you think it will be hard to get a good grade? 좋은 점수를 얻는게 힘들거라 생각해?
B: Yes. This is the hardest class we have. 응. 이건 우리가 듣는 가장 어려운 과목이야.

A: I am going to attend medical school. 난 의대에 들어갈려고.
B: Do you think it will be hard to pay for it? 학비를 대는게 어려울거라 생각해?

🔊 10 You might want to~ …하는게 나을거야

A: Alan told me I could make money in real estate. 알랜은 부동산에서 돈을 벌 수 있을거라고 말했어.
B: You might want to research before investing. 투자하기 전에 조사해보는게 나을거야.

A: I have several interviews tomorrow. 난 내일 인터뷰가 여러개 있어.
B: You might want to get some new clothes. 옷을 좀 새로 사입는게 나을거야.

🔊 11 in theory 이론적으로

A: Did you bring enough cash? 돈 충분히 가져왔어?
B: In theory, we won't need more money. 이론적으로는, 우린 더 돈이 필요없을거야.

A: Do you think that this is a good plan? 이게 좋은 계획인 것 같아?
B: In theory, it could work. 이론적으로는, 그렇게 될 수 있어.

🔊 12 Where have you two been? 너희 둘 어디 있었어?

A: Where have you two been? I've been waiting for you. 너희 둘 어디 있었어? 너희들 기다렸잖아.
B: Our flight was delayed for several hours. 비행편이 몇시간 연착됐어.

🔊 13 have a problem ~ing …하는데 문제가 있다

A: It looks like you've gained some weight. 너 살 좀 찐 것 같다.
B: I have a problem keep**ing** in shape. 몸매를 유지하는데 문제가 있어.

A: Why did Maggie quit studying English? 매기는 왜 영어공부를 그만둔거야?
B: She **had a problem** understand**ing** the teacher. 선생님 말을 알아듣는데 어려움을 겪었어.

Americna Drama Best Scene 067

How could you do the same thing?

>>> **Desperate Housewives**
Season 1 Episode 9 12:42

어떻게 똑같은 짓을 할 수 있는거야?

권총자살한 메리, 이혼중인 브리, 이혼한 수잔, 그리고 아이들도 제대로 못기르는 나쁜 엄마라는 자책감에 우는 르넷. **다들 겉으로는 행복해보이지만 점점 다들 행복하지 않다는 사실을 깨닫게 된다.** 남편이 바람이 나 이혼한 수잔은 우연히 모든 걸 다 갖춘 듯 보이는 개비가 고등학교 정원사인 존의 사타구니를 발로 자극하는 것을 보고 분개한다. 따지기 위해서 개비의 집에 찾아온 수잔에게 개비는 좌석배치표 놓는 것 좀 도와줄래?(Do you want to help with the seating cards?)라고 하고 수잔은 그래(Sure), 어제 네 발이 왜 존의 사타구니에 있었는지 말해줄래?(Do you want to tell me why you had your foot in John Rowland's crotch yesterday?)라고 직설적으로 묻는다. 당황한 개비는 아 그거(Oh, that), 내가 스타킹 올을 바로 잡아주는 걸 존이 도와줬는데(He was helping me adjust the seam in my stocking), 네 각도에서 보면 좀 이상하게 보일 수도 있었을거야(from your angle, it must have looked a little weird)라 둘러댄다.

배우자의 바람 때문에 이혼한, 그래서 상처받은 수잔은 단도직입적으로 들어간다. 너 걔랑 섹스하지, 그렇지 않아?(You're sleeping with him, aren't you?)라 하자 개비는 할 수 없이 그래 맞아, 하지만 아무한테도 얘기하면 안돼(Okay, yes, but you have to promise not to tell anybody)라고 한다. 수잔은 걘 고등학생이어서 불법이야(Gabrielle, he's in high school and, it's illegal), 그리고 넌 결혼했잖아(and you're married), 카를로스가 알면 걜 죽일거야(If Carlos found out, this would kill him)라고 걱정해주는데 개비는 그냥 섹스만 하는거여서 아무한테도 해를 끼치지 않는다(It's just sex, it's totally harmless)고 하는데….

이 말에 수잔은 흥분하며 어떻게 이와 같은 일이 해를 끼치지 않는다고 할 수 있어?(How can you call something like this harmless?), 내가 남편 칼 때문에 겪은 일들을 다 알고 나서 말야(After everything you know about what I went through with Carl?)라고 비난한다. 개비가 발끈하며 이건 네 문제가 아니야(This isn't about you)라고 바로 잡으려 하지만 수잔은 맞아(Yes it is), 그건 내 문제이고 사랑하던 사람에게 엿먹은 모든 다른 사람의 문제야(It's about me, and about every other person who was screwed over by somebody they loved)라고 한다. 칼이 비

서 브랜디와 떠났을 때(When Carl ran off with Brandy), 넌 내가 얼마나 망가졌는지 봤잖아(You saw what a basket case I was), 난 울었고(I was crying), 난 남편의 옷들을 갈기갈기 찢어버렸고(I was tearing up his clothes), 침대에서 하루종일 나올 수가 없었어(I couldn't get out of bed all day). 넌 그 자리에 있었잖아(You were right there), 그런데 어떻게 똑같은 짓을 할 수 있는거야(How could you do the same thing?)라고 장황하게 몰아붙인다.

개비의 반격이 시작된다. 어떻게 나를 칼과 비교할 수 있어?(How can compare me to Carl?), 그건 불공평해(It's not fair). 넌 내 삶이 어떤지 알지도 못한다고(You have no idea what my life is like)라고 반박하자 수잔은 평소 개비에 대해 생각했던 바를 말한다. 그래 네가 알려줘봐(Well, why don't you enlighten me?), 넌 아름답고(You're beautiful), 쓸 돈이 넘쳐나고(you have more money than you could spend), 그리고 너를 사랑하는 남편이 있잖아(and you have a husband who adores you!)라고 한다. 그러자 개비는 아냐, 그는 날 사랑하지 않아(No, he doesn't adore me), 그는 날 소유하는걸 사랑해(He adores having me)라고 자기 결혼생활의 문제점을 말한다. 그렇지만 수잔은 그건 합리화에 지나지 않는다(That's a rationalization and you know it!)고 쏘아 붙이고 그만 자리를 뜬다(See you at the show).

The Best Lines from \<Desperate Housewives\>

Gabrielle: Susan, hi! Do you want to help with the seating cards?

Susan: Sure. Do you want to tell me why you had your foot in John Rowland's crotch yesterday?

Gabrielle: Oh, that! Uh… He was helping me adjust the seam in my stocking, and from your angle, it must have looked a little weird.

Susan: You're sleeping with him, aren't you?

Gabrielle: Okay, yes, but you have to promise not to tell anybody.

가브리엘: 수잔, 안녕! 자리 카드 만드는 거 도와줄래?

수잔: 좋아. 그런데 어제 왜 존 롤랜드의 사타구니에 발을 얹고 있었는지 설명해 줄래?

가브리엘: 아, 그거! 어… 걔가 내 스타킹 솔기 정리 좀 도와주고 있었는데, 네가 본 각도에선 좀 이상하게 보였나 봐.

수잔: 지금 걔랑 자는 사이지?

가브리엘: 그래, 맞아. 하지만 아무한테도 말하지 않겠다고 약속해야 해.

Susan: Gabrielle, he's in high school, and, it's illegal, and you're married. If Carlos found out, this would kill him.

Gabrielle: It's just sex, it's totally harmless.

Susan: How can you call something like this harmless? After everything you know about what I went through with Carl?

Gabrielle: This isn't about you.

Susan: Yes it is. It's about me, and about every other person who was screwed over by somebody they loved. When Carl ran off with Brandy, you saw what a basket case I was. I was crying, I, I was tearing up his clothes, I couldn't get out of bed all day. You were right there. How could you do the same thing?

Gabrielle: How can compare me to Carl? It's not fair. You have no idea what my life is like.

Susan: Well, why don't you enlighten me? You're beautiful, you have more money than you could spend, and you have a husband who adores you!

Gabrielle: No, he doesn't adore me. He adores having me.

Susan: That's a rationalization and you know it! See you at the show.

수잔: 가브리엘, 걔는 아직 고등학생이고, 그건 불법이야. 너는 결혼도 했잖아. 카를로스가 알게 되면 정말 큰일 나.

가브리엘: 그냥 섹스일 뿐이야. 완전히 무해해.

수잔: 이런 걸 어떻게 무해하다고 할 수 있어? 내가 칼 때문에 겪은 일 다 알고 있잖아!

가브리엘: 이건 너랑 상관없는 일이야.

수잔: 아니, 나랑도 상관 있어. 나뿐만 아니라, 사랑하는 사람에게 배신당한 모든 사람들한테 해당되는 일이야. 칼이 브랜디랑 바람나서 떠났을 때, 내가 얼마나 엉망이었는지 네가 봤잖아. 맨날 울고, 걔 옷 찢고, 하루 종일 침대에서 못 일어나고... 너 거기 있었잖아. 그런데 어떻게 너도 똑같은 짓을 해?

가브리엘: 나랑 칼을 비교하다니 말도 안 돼! 그건 불공평해. 너는 내가 어떤 삶을 사는지 전혀 몰라.

수잔: 그럼 말해봐. 넌 예쁘고, 평생 써도 다 못 쓸 만큼 돈도 많고, 널 사랑해주는 남편도 있잖아!

가브리엘: 아니, 그는 날 사랑하는 게 아니야. 날 소유하는 걸 좋아하는거지.

수잔: 그건 자기합리화야, 너도 알잖아. 공연에서 봐.

이 장면에서 놓치면 안되는 표현들

🔊 **01** **Do you want to help with~?** …을 도와주고 싶어?

A: **Do you want to help with** buying some new clothes?
  새옷사는거 도와주고 싶어?
B: No, I just don't have time for that. 아니, 그럴 시간이 없어.

🔊 **02** **Sure** 물론, 그럼

A: Shall we keep working on this report? 우리가 이 보고서 계속 작업해야 할까?
B: **Sure.** It's a good idea to finish it up. 그럼. 마무리하는게 좋은 생각이야.

🔊 **03** **must have+pp** …했음에 틀림없다

A: My car was destroyed in the accident. 내 차가 사고나서 망가졌어.
B: It **must have done** a lot of damage. 많이 부서졌음에 틀림없구나.

🔊 **04** **look a little weird** 조금 이상하게 보이다

A: Teresa just got plastic surgery. 테레사는 성형수술을 받았어.
B: Her face **looks a little weird.** 걔 얼굴은 조금 이상해보여.

🔊 **05** **You have to promise not to~** …을 하지 않는다고 넌 약속해야 돼

A: I know that you are having an affair. 난 네가 바람피고 있는 걸 알고 있어.
B: **You have to promise not to** tell anyone. 아무한테도 말하지 않는다고 약속해야 돼.

🔊 **06** **find out** 알아내다

A: The outing is scheduled to happen tomorrow.
  야유회가 내일 열리기로 예정되어 있어.
B: I'll **find out** what the weather forecast is. 일기예보가 어떤지 알아낼게.

🔊 **07** **It's just sex** 그냥 섹스였어

A: You've been seeing a lot of Chris. 너 요즘 크리스 많이 만나더라.
B: **It's just sex.** It's not a serious relationship.
  그냥 섹스하는거야. 진지한 관계는 아냐.

283

🔊 08　**How can you call A B?** 어떻게 A를 B라고 할 수 있어?

　　A: **How can you call** my sister stupid? 어떻게 내 누이를 멍청하다고 말할 수 있는거야?
　　B: She screws up everything she's supposed to do.
　　　　걔는 하기로 되어 있는 일 다 망치잖아.

🔊 09　**go through with** …을 관철하다, 완수하다

　　A: I think they are trying to cheat you. 난 걔네들이 너를 속이려고 하는 것 같아.
　　B: I may not **go through with** the deal. 내가 그 계약건을 완수하지 못할지도 몰라.

🔊 10　**be screwed over by** …에 속아 넘어가다

　　A: Dad lost a lot of money last year. 아버지는 작년에 많은 돈을 잃었어.
　　B: He **was screwed over by** his bank. 아버지는 거래은행에서 속아 넘어갔어

🔊 11　**run off with** …와 달아나다, …와 도망치다

　　A: One day my boss just disappeared. 어느날 사장이 그냥 사라졌어.
　　B: The rumor is he **ran off with** his secretary. 비서와 도망쳤다는 소문이 있어.

🔊 12　**a basket case** 무기력한 사람, 무능한 사람

　　A: Larry has been tested for cancer in his body.
　　　　래리는 몸에 암이 있는지 테스트를 받았어.
　　B: Waiting for the results made him **a basket case**.
　　　　결과를 기다리는 동안 걘 무기력해졌어.

🔊 13　**How could you do the same thing?** 어떻게 똑같은 일을 할 수가 있어?

　　A: My parents divorced when I was very young.
　　　　내가 매우 어렸을 때 부모님은 이혼하셨어.
　　B: **How could you do the same thing?** 어쩌면 그렇게 똑같은 일을 겪을 수가 있을까?

🔊 14　**How can compare me to sb?** 어떻게 나를 …와 비교할 수 있어?

　　A: You are a bonehead, just like Bubba. 넌 버바처럼 멍청이야.
　　B: **How can compare me to** an idiot like that? 날 어떻게 그런 바보와 비교할 수 있어?

🔊 15　**It's not fair** 그건 공평하지 않아

　　A: You'll have to pay for this damage. 넌 이 파손된 것에 대해 지불해야 돼.
　　B: **It's not fair.** We didn't do it. 그건 공평하지 않아. 우리가 안그랬는데.

🔊 16　**You have no idea what~** 넌 …을 알지 못해

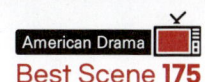

A: **I think you were all behaving badly.** 내 생각에 너희들 모두 못되게 굴었던 것 같아.
B: **You have no idea what went on.** 넌 무슨 일이 있었는지 알지도 못하면서.

17 Why don't you~? …하는게 어때?

A: **I think that girl at the bar is hot.** 바에 있는 저 여자 섹시한 것 같아.
B: **Why don't you go talk to her?** 가서 얘기해봐.

18 enlighten me 나를 깨우치다, 이해시키다

A: **Haven't you heard about the terror attack?** 테러 공격에 대해 듣지 않았어?
B: **You will need to enlighten me.** 나를 이해시켜봐.

Chris Says: Don't take it personally

This phrase means "Don't be offended" or "Don't get upset about this." Usually this is said when criticizing someone.

I am no longer your wife

>>> **Desperate Housewives**
Season 1 Episode 10 38:55

난 더 이상 당신의 아내가 아냐

브리의 남편 렉스는 자신의 특이한 성적욕망을 메이지라는 여자에게서 구하고 있었는데, 어느날 세션중에 심장에 무리가 와서 응급실에 실려간다. 병원에 온 브리는 남편을 데려온 여자를 알아내고 찾아가 따지는데 남편이 아직도 자기를 사랑한다는 사실을 알게 된다. 수술을 받은 렉스가 병상에서 깨어나고 창가에는 브리가 서있다.

렉스가 말한다. 수술을 했나봐(I guess they operated, huh?)라고 하자 브리는 그래 했어(They sure did)라고 답하고, 렉스는 어떻대?(How'd it go?)라고 묻고 브리는 잘됐어(It went well), 의사들이 그러는데 새것처럼 건강해질거라고 해(The surgeon says you're going to be as good as new)라고 말하는데 브리의 눈가에 눈물이 고여 있다. 렉스는 당신 울고 있었어?(You look like you've been crying)라고 하고 브리는 그래(I have), 당신이 죽을까봐 정말 걱정했었어(I was so afraid you were gonna die), 당신에게 아직 하지 못한 말들이 정말 많은데(There were so many things I haven't had a chance to tell you)라고 한다. 렉스는 걱정하게 해서 미안해(I'm sorry you were so worried)라고 하고 브리는 괜찮아(That's okay), 렉스 당신은 어때?(How are you now, Rex?), 내가 해야되는 말들을 견뎌낼 정도로 건강한거야?(Are you strong enough to listen to the things I need to tell you?)라고 묻는다. 렉스는 물론 자기야(Sure, hon)라고 한다.

브리는 렉스의 얼굴에 다가가면서 말을 하기 시작한다. 당신 아직 날 사랑한다는거 알아(I know you still love me), 메이지가 말해줬어(Maisy told me)라고 하고 렉스는 그녀가 그랬어?(She did?)라고 한다. 자기한테 만족못하고 다른 여자에게서 성적만족을 하고 다니는 남편에 수치심을 느끼고 자존심이 꺾인 브리의 잔혹한 면이 들어나는 장면이다. 렉스, 이 순간부터 난 더 이상 당신 아내가 아냐(As of this moment, Rex, I am no longer your wife), 난 나가서 가장 잔인한 변호사를 찾아서(I am going to go out, and find the most vindictive lawyer I can find), 함께 당신 모든 걸 거덜낼거야(and together, we are going to eviscerate you). 당신 돈과 가족 그리고 당신의 체면까지 다 빼앗아갈거야(I'm going to take away your money, your family, and your dignity)라고 하면서 알겠어?(Do you hear me?)라고 경고한다. 그리고 계속 협박은 이어진다. 그리고 당신이 날 여전히 사랑하고 있다는 걸 알게 돼서 너무 기분 좋아(And I am so thrilled to know that you still love me), 내가 당신에게 일어날 일이 인간이 감당할 수 없을 만큼의 고통이 되게끔 할거기 때문이야(Because I want what's about to happen to you, to hurt as much is as humanly possible)라는 끔찍한 말을 하고나서는 마지막으로 이 말을 듣기 전에 죽지 않아서 정말 다행이야(I'm so glad you didn't die before I got a chance to tell you that)라고 말하고 방을 나선다.

The Best Lines from <Desperate Housewives>

Rex: I guess they operated, huh?

Bree: They sure did.

Rex: How'd it go?

Bree: It went well. The surgeon says you're going to be as good as new.

Rex: You look like you've been crying.

Bree: I have. I was so afraid you were gonna die. There were so many things I haven't had a chance to tell you.

Rex: I'm sorry you were so worried.

Bree: That's okay. How are you now, Rex? Are you strong enough to listen to the things I need to tell you?

Rex: Sure, hon.

Bree: I know you still love me. Maisy told me.

Rex: She did?

렉스: 수술했나 보네?

브리: 응, 했어.

렉스: 잘 됐대?

브리: 응, 잘 됐대. 의사 말로는 당신 금방 예전처럼 좋아질 거래.

렉스: 근데... 당신 울었어?

브리: 응, 울었어. 당신이 죽을까 봐 너무 무서웠거든. 아직도 당신한테 못한 말이 너무 많았어.

렉스: 걱정하게 해서 미안해.

브리: 괜찮아. 그런데 지금 어때, 렉스? 내가 꼭 해야 할 말들을 들을 만큼 힘은 돼?

렉스: 그럼, 여보.

브리: 당신 아직도 날 사랑하는 거 알아. 메이지가 말해줬어.

렉스: 그랬어?

Bree: As of this moment, Rex, I am no longer your wife. I am going to go out, and find the most vindictive lawyer I can find, and together, we are going to eviscerate you. I'm going to take away your money, your family, and your dignity. Do you hear me?

Rex: Bree,

Bree: And I am so thrilled to know that you still love me. Because I want what's about to happen to you, to hurt as much is as humanly possible. I'm so glad you didn't die before I got a chance to tell you that.

브리: 이 순간부터, 렉스, 난 더 이상 당신 아내가 아니야. 이제 나 가서 내가 찾을 수 있는 가장 독하고 악랄한 변호사를 구할 거야. 그리고 그 사람과 함께 당신을 박살 낼거야. 당신 돈, 가족, 자존심 전부 다 빼앗을거야. 잘 들었어?

렉스: 브리,

브리: 그리고 당신이 아직도 날 사랑한다는 게 정말 기뻐. 왜냐하면, 이제부터 당신에게 일어날 일이 가능한 한 고통스럽길 바라거든. 내가 이 말 하기 전에 당신이 죽지 않아서 정말 다행이야.

Chris Says: I'm swamped

The speaker is saying that he has too much work to do.

이 장면에서 놓치면 안되는 표현들

01 How'd it go? 어떻게 됐어?

A: **How'd it go? Were you successful?** 어떻게 됐어? 성공했어?
B: **No, they didn't like my presentation.** 아니, 내 프리젠테이션을 맘에 들어하지 않았어.

02 I was so afraid~ …을 무척 걱정했어

A: **Greg doesn't know about your affair.** 그렉은 네가 바람피는 걸 몰라.
B: **I was so afraid he would find out.** 걔가 알아낼까봐 무척 걱정했네.

03 Are you strong enough to~? …할 정도로 (건)강해?

A: **It looks like I'm going to lose my job.** 내가 실직할 것 같아.
B: **Are you strong enough to deal with that?** 그거에 대처할 정도로 충분히 강해?

04 take away 뺏아가다

A: **What's got you so upset with our company.** 우리 회사 뭐에 그렇게 화났어?
B: **They're going to take away our vacation days.** 휴가를 없앨거래. .

05 Do you hear me? 알겠어? 내 말 듣고 있어?

A: **Do you hear me? I'm talking to you.** 내 말 듣고 있어? 너한테 말하잖아.
B: **Huh? I didn't realize you said anything.** 그래? 네가 얘기하고 있는 줄 몰랐어.

Americna Drama Best Scene 069

It's not unheard of

>> Desperate Housewives
Season 1 Episode 15 00:57

새삼스러운 일도 아니지

렉스와 다시 노력중인 브리는 어느날 빨래통에서 콘돔을 발견하곤 렉스에게 따지는 장면. 콘돔을 들이대자 렉스는 내꺼 아냐(It's not mine)라고 하자 브리는 바람은 더 이상 피지 않겠다고 약속했잖아(You promised the cheating had stopped, Rex), 네가 약속했잖아(You promised)라고 추궁한다. 렉스는 우리 서로 소리지르지 않을 수 없을까?(Could we not yell at each other?), 나 오늘 정말 힘들거든(I'm feeling really lousy today)이라고 한다. 여기서 lousy는 미드에 자주 나오는 형용사로 '안좋은,' '형편없는,' '엉망인'이라는 뜻이다. 렉스가 바람핀다고 확신하는 브리는 렉스보고 당장 집에서 나가(I want you out of the house!)라고 소리친다. 렉스가 다시 한번 자기 것이 아니라고 한다. 브리, 나 좀 봐(Bree, look at me), 그거 내꺼 아냐(It's not mine). 그러자 브리는 그럼 이게 누구꺼야?(Well, then, whose is it?), 내 빨래바구니에 갑자기 나타난 것 아니잖아(It didn't just magically appear in my laundry basket)라고 하자 렉스는 이 집에서 나만 그 빨래통을 쓰는 남자는 아냐(Well, I'm not the only guy in this house that uses that hamper)라고 힌트를 준다.

그럼 남는 사람은 16세 아들 앤드류이다. 브리는 말도 안돼(No)라고 하고 렉스는 안됐네(Sorry)라고 한다. 브리가 말을 잇는다. 걘 아직 아이야(Andrew is still a child)라고 하자 렉스는 걘 열여섯 살이야(He's sixteen), 새삼스럽지도 않은 일이지(It's not unheard of)라고 가능성이 크다고 말한다. '아이가 섹스를' 이라고 놀란 브리는 걔하고 얘기해봐(Honey, you have to talk to him)라고 하지만 렉스는 걔에게 뭐를 말해?(And tell him what?)라고 반문하자 브리는 걔에게 네 콘돔을 발견했고 넌 아직 하면 안된다(Tell him that we found his condom and that he is forbidden from - y'know)라고 다그치라고 한다. 렉스는 아직 어리다고 걔한테 말할 수는 있지만(I can absolutely tell him that we think he's too young), 별 효과가 없을거라(but I don't think it's gonna do any good)고 한다. 앤드류의 섹스 가능성에 안달이 난 브리는 그럼 적어도 걔 방을 뒤져서(Well, then the least we can do is go search his room), 콘돔이 더 나오면 전부 압수하는거야(and if we find any more of these, we'll confiscate them)라고 제안한다. 렉스는 그래서 뭐 어쩔건데?(And that will accomplish what?)라고 브리를 말리고, 브리는 우리

가 콘돔을 없애면 아마도…(Well, if we take away his condoms, maybe--)라고 말을 흐린다. 렉스가 현실적인 이야기를 한다. 갠 십대소년야(He's a teenage boy), 걔 페니스를 없애도(We could take away his penis), 섹스를 하려고 할거야(He'd still try to have sex)라는 명언을 한다. 어린 아들의 섹스를 인정하기 힘든 브리는 그럼 콘돔을 방에 놓지 말자(Well, we can't put it back in his room), 갖다 놓으면 혼전섹스를 우리가 허락하는 셈이 될거라는 말이야(I mean that would be like we're condoning him having pre-marital sex)라고 마음을 정리한다. 렉스가 답답해하면서 브리를 설득한다. 브리, 다르게 생각해보자(Bree, let me put this another way), 손자 보고 싶지 않아?(Do you want to become a grandmother?)라고 말한다.

The Best Lines from <Desperate Housewives>

Rex: It's not mine.
Bree: You promised the cheating had stopped, Rex. You promised.
Rex: Could we not yell at each other? I'm feeling really lousy today.
Bree: I want you out of the house!
Rex: Bree, look at me. It's not mine.
Bree: Well, then, whose is it? It didn't just magically appear in my laundry basket.
Rex: Well, I'm not the only guy in this house that uses that hamper.
Bree: No.
Rex: Sorry.
Bree: Andrew is still a child.
Rex: He's sixteen. It's not unheard of.
Bree: Honey, you have to talk to him.
Rex: And tell him what?

렉스: 그거 내꺼 아니야.
브리: 당신 바람피우는거 끝났다고 약속했잖아, 렉스. 약속했잖아!
렉스: 우리 서로 소리 좀 지르지 말자, 응? 나 오늘 진짜 몸 상태 안 좋아.
브리: 당장 집에서 나가!
렉스: 브리, 나 좀 봐. 그거 진짜 내 꺼 아니야.
브리: 그럼 누구거야? 세탁 바구니에 갑자기 마법처럼 생겼단 말이야?
렉스: 그 빨래통 쓰는 사람이 나 혼자만은 아니잖아.
브리: 안 돼.
렉스: 미안해.
브리: 앤드류는 아직 애야.
렉스: 걔 열여섯이야. 그 나이에 그런거 이상한거 아니야.
브리: 당신이 걔랑 얘기 좀 해야겠어.
렉스: 가서 무슨 얘기를 하라고?

Bree: Tell him that we found his condom and that he is forbidden from, y'know.

Rex: I can absolutely tell him that we think he's too young, but I don't think it's gonna do any good.

Bree: Well, then the least we can do is go search his room and if we find any more of these, we'll confiscate them.

Rex: And that will accomplish what?

Bree: Well, if we take away his condoms, maybe,

Rex: He's a teenage boy. We could take away his penis. He'd still try to have sex.

Bree: Well, we can't put it back in his room. I mean that would be like we're condoning him having pre-marital sex.

Rex: Bree, let me put this another way. Do you want to become a grandmother?

브리: 우리가 콘돔을 발견했고, 그러니까 절대로… 그, 그런 일은 금지라고 말해줘.

렉스: 걔한테 우리가 아직 어리다고 생각한다고 말할 수는 있어. 하지만 그게 효과가 있을거 같진 않아.

브리: 그럼 최소한 걔 방을 수색해서 더 나오면 다 압수하자.

렉스: 그래서 뭐가 달라질 건데?

브리: 그러니까… 콘돔을 없애면 혹시라도…

렉스: 걔는 10대 남자애야. 우리가 그놈의 고추를 떼버린다 해도, 어떻게든 관계를 하려고 들걸.

브리: 하지만 그걸 다시 방에 두는 건 안 돼. 그건 마치 우리가 혼전 성관계를 허락하는 것 같잖아.

렉스: 브리, 이렇게 묻자. 당신, 손자보고 싶지 않아?

 Chris Says: I got it

This expression can have different meanings. Usually it means "I know the answer" or "I understand something now." Usually the speaker feels excited.

이 장면에서 놓치면 안되는 표현들

🔊 **01 feel lousy** 기분이 안좋다

A: **Where were you last Saturday?** 지난 토요일날 어디 있었어?
B: **I spent the day in bed because I felt lousy.**
기분이 꿀꿀해서 종일 침대에 누워있었어.

🔊 **02 It's not unheard of~** 새삼스러운 일도 아니다

A: **Are you really afraid of spiders?** 너 정말 거미가 무서워?
B: **It's not unheard of to be scared by them.** 거미들을 무서워하는게 드문 일도 아니지.

🔊 **03 do any good** 도움이 되다, 효과가 있다

A: **My parents gave Bill some advice.** 내 부모님은 빌에게 조언을 좀 하셨어.
B: **I don't think it will do any good.** 별 효과가 없을 것 같은데.

🔊 **04 The least we can do is~** 우리가 할 수 있는 최소한의 것은 …이다

A: **Houston is still staying in the hospital.** 휴스턴은 아직 병원에 있어.
B: **The least we can do is go and visit him.** 우리가 할 수 있는 최소한의 것은 병문안하는거야.

🔊 **05 I mean that would be like~** 내 말은 그건 …하는 것과 같은 셈일거야

A: **We can't have Bobby staying in the spare bedroom.**
우리는 예비침실에 바비를 재울 수 없어.
B: **I mean that would be like him moving in with us.**
그렇게 하면 우리와 함께 사는 셈이 될거야.

Americna Drama Best Scene 070

I know that you're lying to me

>>> **Desperate Housewives**
Season 1 Episode 18 03:56

내게 거짓말하는거 알아요

메리가 자살한 이유는 협박을 받았기 때문이다. 과거에 메리 부부는 아들 잭을 지키기 위해 생모를 죽였고, 아버지 폴은 잭에게 호숫가에 버린 장난감 큰 박스안에 남자시신이 있다고 말했었다. 그리고 경찰이 찾아와서 메리가 12년 전에 장난감 박스를 구입한 사실을 밝혀냈다고 말하며 그 박스를 보자고 한다. 폴은 기억에 없다고 하고 잭은 어렸을 적에 망가져서 버렸다고 곤경에 처한 아버지를 구해준다. 잭은 경찰에게 상자안에 뭐가 들었냐고 물어보고 경찰은 여자 토막시신이 들어있다고 한다. 남자시신이 있는 걸로 알고 있었던 잭은 아버지가 거짓말을 했다고 생각한다. 폴은 아들에게 우리 대화 좀 해야겠다(Obviously, we need to talk)라고 하며 둘은 집안으로 들어간다.

잭은 나한테 거짓말을 했어요(You lied to me), 박스안에 남자가 있다고 했잖아요(You said there was a man in the box)라고 따지마 폴은 아냐 난 거짓말하지 않았어(No, I didn't lie)라고 한다. 잭은 경찰이 여자시신이라고 말했어요(Well, the policeman said that it was a woman's body), 명백히 거짓말한거예요(Of course you were lying)라고 계속 따지자 폴은 난 사립탐정이 와서 널 우리한테서 떼어가려고 했었다라고 말했어(I told you a private detective had come to take you away from us), 난 절대로 그게 남자라고 말한 적이 없다(I never said it was a man)고 오해를 풀려고 한다.

잭은 남자라고 말한 적이 없다고요?(You didn't?)라고 확인하자 폴은 안했어(No)라고 말한다. 잭은 내 생각에…(Well, I thought that~)라고 말하다 아녜요, 제발 그만하세요(No, stop, please just stop), 내게 거짓말하는거 알아요(I know that you're lying to me), 거짓말하는거 알아요(I know that you're lying)라고 계속 아버지에게 사실을 추궁하자 마침내 폴이 진실을 말한다. 마지막으로 말하겠는데(For the last time), 누군가 와서 널 우리로부터 데려가려고 했었다(Someone came and tried to take you away from us)라고 하자 기억이 난 듯 잭은 맞아요, 여자요, 여자가 왔었어요(Yes, a woman. A woman came)라고 한다. 폴은 그래 그 여자가 널 훔쳐가려고 했었다(Yes, she tried to steal you), 네가 알고 있는 유일한 가족으로부터 말이다(From the only family that you've ever really known), 그리고 우리는 그렇게 되도록 놔둘 수는 없었어(And

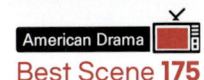

we couldn't let that happen) 또한 그렇게 하지 않았다(and we didn't), 그리고 그게 사실이다 (And that is the truth)라고 고백한다.

The Best Lines from <Desperate Housewives>

Detective: Sorry to bother you on a weekend. We just have a few questions for you.
Paul: About what?
Detective: Twelve years ago your late wife purchased a toy chest.
Paul: Toy chest?
Detective: Yeah, it was about this big, had little dancing bears on it.
Paul: Gosh, I'm sorry.
Detective #2: The craftsman who makes these chests keeps a list of customers. Apparently you purchased one in August nineteen ninety-two.
Detective: Yeah, we'd like to know where that chest is now.
Paul: Wow, I, um, I wish I could help you. I don't recall any toy chest.
Zach: I remember. Yeah it had little bears and balloons on it, right?
Detective: Yes, son, that's right.
Zach: Yeah, we threw that chest away when I was little. I was standing on it and it just busted. Remember, dad?
Paul: Vaguely.
Detective: I guess that's all, then. Thank you both for your time.
Zach: Hey. What's the deal with this chest

형사: 주말에 죄송합니다. 몇 가지 질문이 있어서요.
폴: 무슨 일인데요?
형사: 12년 전에, 당신의 고인이 된 아내가 장난감 상자를 하나 구입 했더군요.
폴: 장난감 상자요?
형사: 네, 이만한 크기였고요, 춤추 는 곰돌이 그림이 그려져 있었어 요.
폴: 아, 미안하네요. 기억이 안 납니 다.
형사2: 이 상자를 만든 장인이 고객 목록을 보관하고 있더라고요. 당 신이 1992년 8월에 하나를 구매 한 걸로 되어 있어요.
형사: 그래서 지금 그 상자가 어디 있는지 알고 싶습니다.
폴: 와… 그건, 음, 도와드리고 싶은 데요. 그런 장난감 상자는 기억이 안 나네요.
잭: 나 기억나요. 곰돌이랑 풍선 그 림 있었죠?
형사: 맞아, 꼬마야. 바로 그거야.
잭: 우리 어릴 때 그거 버렸잖아. 내 가 그 위에 올라섰다가 박살 났던 거 기억나? 아빠, 기억나죠?
폴: 어렴풋이.
형사: 그럼 이만 물러가겠습니다. 시간 내줘서 감사합니다.

anyway?

Detective: The one just like you had washed up on Torch Lake. It had a woman in it.

Zach: A woman?

Detective: She was all chopped up.

Paul: Obviously, we need to talk.

Zach: You lied to me. You said there was a man in the box.

Paul: No, I didn't lie.

Zach: Well, the policeman said that it was a woman body. Of course you were lying.

Paul: I told you a private detective had come to take you away from us. I never said it was a man.

Zach: You didn't?

Paul: No.

Zach: Well I thought that-

Paul: No.

Zach: No, stop, please just stop, I know that you're lying to me. I know that you're lying.

Paul: For the last time. Someone came and tried to take you away from us.

Zach: Yes, a woman. A woman came.

Paul: Yes, she tried to steal you. From the only family that you've ever really known. And we couldn't let that happen, and we didn't. And that is the truth.

잭: 잠깐만요. 근데 그 상자가 왜 중요한 거예요?

형사: 너희 집에 있던 거랑 똑같은 상자가 토치 호수에 떠내려왔거든.

잭: 상자가요?

형사: 안에 여자가 들어 있었어. 토막 난 상태로.

폴: 우리가 얘기 좀 해야겠다.

잭: 아빠는 나한테 거짓말했어요. 상자 안에 남자가 있었다고 했잖아요.

폴: 아니야, 난 거짓말하지 않았어.

잭: 경찰은 여자 시체라고 했어요. 거짓말한 거잖아요.

폴: 나는 사립탐정이 널 데려가려고 왔다고 했지, 그게 남자라고 말한 적은 없어.

잭: 그랬어요?

폴: 그래.

잭: 난 그렇게 생각했는데…

폴: 아니야.

잭: 그만, 제발 그만해요. 거짓말하는 거 알아요. 아빠가 나한테 거짓말하고 있는 거 알아요.

폴: 마지막으로 말할게. 누군가가 널 우리한테서 데려가려고 했어.

잭: 그래요, 여자였어요. 여자가 왔어요.

폴: 맞아. 널 훔쳐가려고 했어. 네가 평생 알고 지낸 가족에게서. 우리는 그걸 막았고, 실제로 막아냈어. 그게 진실이야.

이 장면에서 놓치면 안되는 표현들

🔊 **01** **You lied to me** 넌 내게 거짓말했어

A: **Why on earth are you still angry?** 도대체 넌 왜 아직도 화가 나 있는거야?
B: **You lied to me and I can't forgive you.** 넌 내게 거짓말했고 난 널 용서할 수가 없어.

🔊 **02** **You said there was~** …가 있다고 말했잖아

A: **Where did you want to go when we're finished?**
우리가 끝내고 어디 가고 싶다고 했어?
B: **You said there was a place to go for privacy.**
넌 사생활이 보호되는 갈 곳이 있다고 했어.

🔊 **03** **I told you~** …라고 말했잖아

A: **The mailman hasn't delivered anything.** 우편배달부가 아무 것도 배달하지 않았어.
B: **I told you the mail must be picked up.** 우편물을 픽업하라고 내가 말했잖아.

🔊 **04** **I never said~** 난 …라고 말한 적이 없어

A: **When we got there, the store was closed.** 우리가 가게에 도착했을 때 문이 닫혀 있었어.
B: **I never said the store was open.** 가게 문이 열려 있다고 말한 적 없어.

🔊 **05** **I know that you're lying to me** 난 네가 거짓말하고 있다는 걸 알아

A: **No, I was never out with my ex-girlfriend.**
아니, 난 전 여친과 절대로 데이트하지 않았어.
B: **That's not true. I know that you're lying to me.**
사실아냐. 네가 거짓말하고 있다는 걸 알아.

🔊 **06** **We couldn't let that happen** 우리는 그렇게 되도록 놔둘 수는 없었어

A: **They wanted to take our extra food.** 걔네들은 음식을 더 가져가길 바랬어.
B: **We couldn't let that happen.** 우리는 그렇게 하도록 내버려 둘 수가 없었어

297

Americna Drama Best Scene 071

if we make a big deal out of this

>>> **Desperate Housewives**
Season 2 Episode 1 21:58

이 일을 크게 만들면

마이크가 아버지를 죽이러 갔다는 말을 전해 들은 잭은 수잔과 같이 살고 있는 마이크의 집에 총을 들고 쳐들어와서 수잔에게 총을 겨누고 마이크를 기다린다. 마이크가 돌아와서 우당탕탕하게 되고 마이크는 잭을 제압하게 되었는데, 마이크가 잭을 고소하지 않겠다고 경찰에 얘기했다는 소문이 돌고 있다. 이 소문을 들은 수잔은 자기를 죽이려고 했던 잭을 고소하지 않겠다는 마이크에게 실망해서 마이크를 찾아와 그 이유를 물어본다. 마이크가 안녕(Well, hey, how's it goin')이라고 하자 수잔은 Good이라고 대답하고 네가 잭을 고소하지 않는다는 소문이 돌아서말야(There's a rumor going around that you don't wanna press charges against Zach), 그게 사실이야?(Is that true?)라고 묻는다. 마이크가 그렇다고 하자 좀 혼란스러운데(Wow. Um, I find that confusing)라며 말을 흐리자 마이크는 이 일을 크게 만들면(Look, if we make a big deal out of this), 걘 감옥에 갈 수도 있어(he could end up going to prison)라고 말한다. 수잔은 개가 내 얼굴에 총을 겨눴는데(He held a gun to my face), 그래서 난 그게 맞다고 생각하는데(so I'm thinking, "good")라며 잭이 감옥에 가야 된다고 말한다. 마이크는 내가 감옥에 갔다 온 적이 있는데(I've been to prison), 걘 견딜 수 없을거야(He couldn't handle it)라고 한다. 수잔은 알게 뭐야?(Who cares?)라고 하지만 마이크는 내가 신경써(I care)라고 하자 수잔은 넌 날 더 신경써야지(Well, you should care more about me), 난 네 여자친구이고(I'm your girlfriend), 함께 살고 있잖아(We're moving in together), 잭은 그냥 이웃이고(He's just a neighbor), 잘 알지도 모르잖아(You don't even know Zach)라고 따진다.

마이크는 잭에 대해서 충분히 알고 있고(I know enough about him to know that deep down), 좋은 아이야(he's a good kid)라고 이유를 댄다. 수잔은 발끈하며 걘 네가 죽기를 바랬어(Mike, he wanted to kill you)라고 하지만 마이크는 걘 그러지 않았어(But he didn't)라고 요지부동한다. 수잔은 잭이 왜 널 죽이고 싶어했는지 내게 묻지도 않았어(You never asked me why Zach wanted to shoot you), 궁금하지도 않아?(Aren't you curious?)라고 묻자 마이크는 그게 무슨 상관이야?(Does it matter?)라고 말하지만 수잔이 그 이유를 말해준다. 잭이 그랬는데 네가 자기 아버지를 납치해서 죽이려고 했대(Zach said you kidnapped his father so you could kill him)라고 하자 마이크는 난 폴 영을 죽이지 않았어(I didn't kill Paul Young)라고 하고 수잔은 네가 그러지 않을거라 생각했어(I didn't think you did), 이제 왜 잭이 그렇게 생각하는지 말해줘(Now tell me why Zach does)라고 묻자 마이크는 그간 알아낸 사실을 말해준다. 폴이 디아드라를 살해했다는 암시하는 증거를 좀 찾았어(I found some evidence that suggested that Paul murdered Deirdre), 16년 전인데 디아드라에게는 아이가 있었고(Sixteen years ago, Deirdre had a baby), 폴과 메리 앨리스 영부부가 아이를 납치해서 자신의 아이로 길렀어(Paul and Mary Alice Young kidnapped him and raised him as their own). 디아드라는 폴을 추적해서 여기 위스테리아까지 왔고(Deirdre tracked him down here to Wisteria Lane), 자기 아이를 돌려달라고 했어(and demanded her baby back). 수잔은 놀라며 그럼 폴이 그녀를 죽인거야?(So Paul killed her?)라고 하자 실은 메리 앨리스가 죽였어(Actually, it was Mary Alice)라고 말하자 수잔은 Oh, my God이라고 한다. 이렇게 해서 메리가 자살하게 된 근본적인 이유가 설명된 셈이다.

The Best Lines from <Desperate Housewives>

Mike: Well, hey, how's it goin'?

Susan: Good. There's a rumor going around that you don't wanna press charges against Zach. Is that true?

Mike: Yeah.

Susan: Wow. Um, I find that confusing.

Mike: Look, if we make a big deal out of this, he could end up going to prison.

Susan: He held a gun to my face, so I'm thinking, good.

Mike: I've been to prison. He couldn't handle it.

Susan: Who cares?

Mike: I care.

Susan: Well, you should care more about me. I'm your girlfriend. We're moving in together. He's just a neighbor. You don't even know Zach.

마이크: 오, 안녕. 어떻게 지냈어?

수잔: 좋아. 그런데 잭에 대해 고소 안 하겠다는 소문이 있던데, 진짜야?

마이크: 응, 맞아.

수잔: 와… 좀 이해가 안가네.

마이크: 이 일을 크게 만들면, 잭은 감옥에 갈 수도 있어.

수잔: 걔가 내 얼굴에 총을 들이댔는데, 그래서 난… 감옥 가는게 맞다고 생각해.

마이크: 나 감옥 가봤어. 걔는 거기서 못 버텨.

수잔: 그게 뭐가 중요해?

마이크: 난 중요하게 생각해.

수잔: 나한테 더 신경써야 하는거 아냐? 난 당신 여자친구야. 우리 같이 살기로 했잖아. 잭은 그냥 이웃일 뿐이야. 게다가 당신은 걔에 대해 잘 알지도 못하잖아.

Mike: I know enough about him to know that deep down, he's a good kid.

Susan: Mike, he wanted to kill you.

Mike: But he didn't.

Susan: You never asked me why Zach wanted to shoot you. Aren't you curious?

Mike: Does it matter?

Susan: Zach said you kidnapped his father so you could kill him.

Mike: I didn't kill Paul Young.

Susan: I didn't think you did. Now tell me why Zach does.

Mike: I found some evidence that suggested that Paul murdered Deirdre. Sixteen years ago, Deirdre had a baby, and Paul and Mary Alice Young kidnapped him and raised him as their own. **Deirdre tracked him down here to Wisteria Lane and demanded her baby back.**

Susan: So Paul killed her?

Mike: **Actually, it was Mary Alice.**

Susan: Oh, my God.

마이크: 난 잭이 본래 착한 애라는 걸 알 만큼은 알아.

수잔: 마이크, 잭은 당신을 죽이려 했어.

마이크: 하지만 결국 안 했잖아.

수잔: 왜 잭이 당신한테 총을 겨눴는지 당신은 묻지도 않아. 궁금하지도 않아?

마이크: 그게 중요해?

수잔: 잭이 말하길, 당신이 자기 아빠를 납치해서 죽이려고 했다고 하더라고.

마이크: 난 폴 영을 죽이지 않았어.

수잔: 나도 당신이 그랬다고는 생각 안 해. 그럼 왜 잭은 그렇게 믿는 건데?

마이크: 난 폴이 디어드리(Deirdre)를 죽였다는 증거를 좀 찾았어. 16년 전에 디어드리는 아기를 낳았고, 폴과 메리 앨리스 영 부부가 그 아이를 납치해서 자기 자식처럼 키운거야. 디어드리가 아이를 되찾으려고 위스터리아레인까지 찾아왔고, 아기를 돌려달라고 요구했지.

수잔: 그래서 폴이 그녀를 죽인거야?

마이크: 아니, 실제로 죽인 건 메리 앨리스였어.

수잔: 세상에...

이 장면에서 놓치면 안되는 표현들

📢 01 There's a rumor going around that~ …라는 소문이 돌고 있어

A: **Bob and Karen don't seem to be going out anymore.**
밥과 카렌은 더 이상 데이트하는 것 같지 않아

B: **There's a rumor going around that he's seeing someone else.** 밥이 다른 사람을 만나고 다닌다는 소문이 있어.

📢 02 press charges against~ …에 대한 기소를 하다

A: **Tracey hit his girlfriend last night.** 트레이시는 지난밤에 여친을 폭행했어.

B: **She intends to press charges against him.** 걘 그를 기소하려고 해.

📢 03 make a big deal out of~ 과장하다, 호들갑을 떨다

A: **This is becoming a major crisis.** 이건 아주 커다란 위기가 되고 있어.

B: **Look, don't make a big deal out of it.** 이것봐, 과장하지마.

📢 04 Who cares? 누가 신경이나 쓴데?, 알게 뭐야?

A: **My favorite restaurant is going out of business.**
내가 좋아하는 식당이 폐업중이야.

B: **Who cares? It doesn't make any difference.** 알게 뭐야? 아무런 상관도 없는데.

Chris Says: Gotch

This word means the same as "I got it" or "I understand." Sometimes it can also mean "I tricked you."

Americna Drama Best Scene 072

What do we know about our neighbors?

>> **Desperate Housewives**
Season 2 Episode 1 39:04

우리가 이웃에 대해 뭘 알고 있을까?

브리의 남편 렉스 장례식을 마치고 네 친구가 마을을 걸어가면서 얘기를 나누는 장면. 메리의 자살의 동기를 알게 되면서, 같은 동네에서 친하게 지내고 서로 잘 알고 있는 것처럼 살지만 실제로는 자기들의 문제 외에는 정말로 신경쓰지 않는다는, 사람사는 세상에서 아프지만 부정할 수 없는 현실을 말하고 있다.

수잔이 그래서 메리가 친모가 잭을 데려가지 못하도록 잭의 친모를 죽인 것 같아(So it looks like Mary Alice killed Zach's birth mother in order to keep her from taking Zach away)라고 하자 르넷이 놀란다. 맙소사(Oh, my God), 메리가 자살한 이유는 뭔가 커다란 이유가 있다고 생각했지만 정말 놀랍네(I mean, I knew Mary Alice had killed herself over something big, but wow)라고 말하며 그런 죄를 짓고 사는 걸 상상할 수 있겠어?(Can you imagine living with that guilt?)라며 놀람을 표현한다. 개비는 폴과 메리는 그 세월동안 이 비밀을 지니고 있었는데 우리는 몰랐다는게 이상하지 않아?(Isn't it bizarre that Paul and Mary Alice had this secret all those years, and we didn't even know about it?)라고 한다. 수잔은 이상하지 않아(No, not really), 내 말은 우리가 이웃에 관해 뭘 알고 있을까?(I mean, what do we actually know about our neighbors?), 잔디를 잘 가꾸는거나(I mean, we can tell if they keep their lawns nice), 쓰레기통들을 가지고 들어가는 것을 알지만(or they take their trash cans in), 이웃들이 그런 일들을 할 때(but when they do those things), 우리는 묻지를 않지(we stop asking questions), 좋은 이웃이라면('cause if people are good neighbors)라고 슬픈 현실을 말하고 브리가 한마디로 정리해준다. 우리는 닫힌 문 뒤에서 무슨 일이 벌어지는지 신경쓰지 않으니까(we don't really care what happens behind closed door)라고 말이다

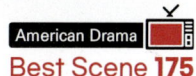

The Best Lines from <Desperate Housewives>

Susan: So it looks like Mary Alice killed Zach's birth mother in order to keep her from taking Zach away.

Lynette: Oh, my god. I mean, I knew Mary Alice had killed herself over something big, but wow. Can you imagine living with that guilt?

Gabrielle: Isn't it bizarre that Paul and Mary Alice had this secret all those years, and we didn't even know about it?

Susan: No, not really. I mean, what do we actually know about our neighbors? I mean, we can tell if they keep their lawns nice or they take their trash cans in, but when they do those things, we stop asking questions 'cause if people are good neighbors...

Bree: ...We don't really care what happens behind closed doors.

수잔: 결국 메리 앨리스가 잭의 친엄마를 죽인 건, 잭을 빼앗기지 않으려고 했던거네.

르넷: 세상에… 메리 앨리스가 뭔가 큰일로 자살한 건 알았지만, 이 정도일 줄은 몰랐어. 그런 죄책감을 안고 살아간다는거, 상상이나 돼?

가브리엘: 폴이랑 메리 앨리스가 그렇게 오랫동안 그런 비밀을 숨기고 있었는데, 우린 전혀 몰랐다는게 이상하지 않아?

수잔: 아니, 그렇게 이상하진 않아. 사실 우린 이웃들에 대해 얼마나 알고 있지? 잔디 관리는 잘 하는지, 쓰레기통은 제때 들여놓는지 정도는 보지만, 그런 걸 보면 더 이상 궁금해하지 않잖아. 왜냐하면, 사람들이 좋은 이웃이라면…

브리: …그 집 안에서 무슨 일이 일어나는지는 별로 신경 안 쓰거든.

Chris Says: I can see that

This means "It's obvious to me" or "I already understand that."

이 장면에서 놓치면 안되는 표현들

🔊 **01 It looks like~** …할 것 같아, …처럼 보여

A: **I don't see our neighbors inside.** 안에 이웃들이 안보여.
B: **It looks like they went to the football game.** 축구 경기보러 간 것처럼 보여.

🔊 **02 keep sb from ~ing** …가 …하지 못하게 하다

A: **I can't tell my wife I spent too much money.**
내가 돈을 많이 썼다고 아내에게 말 못하겠어.
B: **You've got to keep her from finding out.** 넌 아내가 알아내지 못하도록 해야 돼.

🔊 **03 I mean, ~** 내말은…

A: **Did you get intimate with Sara?** 새라와 섹스했다고?
B: **I mean, we kissed out in the hallway.** 내 말은, 복도에서 키스했다고.

🔊 **04 kill oneself over~** …때문에 자살하다

A: **I have only slept a few hours each night.** 매일 밤 두어시간 밖에 잠을 못자.
B: **You're going to kill yourself over this stupid job.** 이 한심한 일 때문에 너 자살하겠다.

🔊 **05 Can you imagine ~ing?** …을 상상할 수 있겠어?

A: **The temperature in Alaska is far below freezing.** 알라스카의 기온은 아주 낮은 영하야.
B: **Can you imagine living there?** 거기서 산다는걸 상상할 수 있겠어?

🔊 **06 Isn't it bizarre that~?** …가 이상하지 않아?

A: **Art wandered off and we didn't see him again.**
아트가 헤매고 돌아다니더니 다시는 보이지 않았어.
B: **Isn't it bizarre that he never came back?** 다시 돌아오지 않는게 이상하지 않아?

🔊 **07 What do we actually know about~?** …에 대해 우리가 뭘 알고 있을까?

A: **I think Cleo may be spying for someone.** 클레오는 누군가를 정탐할지도 모를 것 같아.
B: **What do we actually know about that guy?** 우리가 걔에 대해 실제 알고 있는게 뭘까?

🔊 **08 We don't really care what~** 우리는 …을 정말 신경안써

A: **Hilda has been starting rumors again.** 힐다가 다시 소문을 퍼뜨리고 있어.
B: **We don't really care what she says.** 걔가 뭐라던 우리는 정말 신경안써.

Americna Drama Best Scene 073

How could he not know me?

어떻게 나를 모를 수가 있어?

>>> **Desperate Housewives**
Season 2 Episode 5 38:50

경찰로부터 남편 렉스의 시신을 인계받아 묘지에 매장을 하러 친구들과 함께 가는 장면. 브리가 앞장서서 걷는데 예정된 렉스의 묘자리가 아닌 다른 곳으로 브리가 씩씩거리며 걷는다. 그러면서 렉스가 자기를 화나게 해서 묘자리를 바꿨다고 말한다.

르넷이 이해를 못하겠다며, 잠깐만(Bree, wait), 설명을 해줘야지(you're gonna have to explain), 렉스는 죽었는데(Rex is dead), 걔가 너를 어떻게 화나게 할 수 있냐?(What could he have done to upset you?)고 묻는다. 나와 18년을 함께 산 사람인 내 남편이 내가 자기를 살해했다고 생각하면서 죽었어!(My husband, the man I spent my life with for eighteen years, died thinking that I murdered him!)라고 격앙된 목소리로 말한다. 브리의 말이 계속 이어진다. 그 심장전문의가 그 바보같은 이론을 렉스에게 말해줬더니(Yes, the cardiologist shared this moronic theory with Rex), 렉스가 그걸 믿었대!(and Rex believed him!)라고 한다. 개비가 놀라 정말야?(Are you sure?)라고 하자 브리는 Yes, 남편이 메모장을 남겼기 때문이야(because he left a note), 그 메모장에 써있는 걸 내가 인용하자면(And it said, and I quote), "브리, 당신을 이해하고 용서해"(Bree, I understand and I forgive you)라고 했어. 내가 이 남자와 18년을 살았는데(I spent eighteen years of my life with this man), 어떻게 날 모를 수가 있을까?(How could he not know me?)라고 분노한다. 렉스가 다른 것을 용서한다는 것일 수도 있잖아(Well, maybe he was forgiving you for something else)라고 하자 드디어 브리의 억눌렸던 분노가 터져 나온다.

난 용서받을 일을 한게 없어!(I have done nothing to be forgiven for!), 난 더할나위없는 아내였어!(I was a fantastic wife), 남편이 아팠을 때, 간호를 했고(When he was sick, I nursed him), 돈이 쪼들릴 때는 예산 내에서 지출을 했고(When we were low on money, I stayed within a budget), 난 남편의 식사를 요리했고, 옷들을 수선했어(I cooked his meals, I mended his clothes)라고 열변을 토하면서 서서히 말이 거칠어진다. 빌어먹을(For the love of god), 난 여드름이 났나 남편의 등까지 확인해줬는데(I used to check his back for acne), 이 한심한 놈이 감히 나를 이해하고 용서한다고!(And that miserable son of a bitch has the nerve to understand and forgive me!), 웃기지 말라고 해(Well, the joke's on him), 난 절대로 이해하지도 용서하지도 않을테니까!(because I do not understand and I do not forgive!)라고 한다. 여기서 don't 대신에 do not을 쓴 이유는 강조하기 위해서이다.

The Best Lines from <Desperate Housewives>

Gabrielle: Where are we going?

Bree: To Rex's grave site.

Edie: Well, I thought this was his grave site.

Bree: I've changing it.

Susan: Why?

Bree: Well, he did something to upset me and I want him gone!

Susan: What did he do?

Bree: You know, it's so unpleasant I'd rather not get into it. Have you seen these gravestones? Some are from the eighteen hundreds. Just fascinating.

Lynette: Bree, wait, you're gonna have to explain. Rex is dead. What could he have done to upset you?

Bree: My husband, the man I spent my life with for eighteen years, died thinking that I murdered him!

Susan: What?

Bree: Yes, the cardiologist shared this moronic theory with Rex and Rex believed him!

Gabrielle: Are you sure?

Bree: Yes, because he left a note. And it said, and I quote, Bree, I understand and I forgive you. I spent eighteen years of my life with this man. How could he not know me?

Edie: Well, maybe he was forgiving you for something else.

가브리엘: 우리 지금 어디 가는거야?

브리: 렉스 무덤이야.

에디: 어라? 여기가 렉스 무덤 아니었어?

브리: 이제 바꿀거야.

수잔: 왜?

브리: 그 사람이 나를 화나게 했거든. 그래서 저기서 없애버릴거야!

수잔: 무슨 짓을 했는데?"

브리: 정말 불쾌한 일이니까 말 안 할래. 근데 이 묘지석들 봤어? 1800년대 거도 있네. 정말 흥미롭지 않아?

르넷: 잠깐만, 브리. 설명은 해야지. 렉스는 죽었잖아. 그런 사람이 뭘 했다고 널 화나게 해?

브리: 내 남편, 내가 18년 동안 함께 한 그 사람이, 내가 자기를 죽였다고 생각하면서 죽었어!

수잔: 뭐라고?

브리: 그래, 심장전문의가 그런 말도 안되는 이론을 렉스한테 말했고, 렉스는 그걸 믿었어!

가브리엘: 확실해?

브리: 확실하지! 렉스가 쪽지를 남겼거든. 거기 이렇게 써 있었어. 정확히 말하자면, "브리, 이해해. 그리고 용서해." 내가 이 남자와 18년을 살았는데 어떻게 날 모를 수가 있을까?

에디: 음… 혹시 다른 일로 용서한다는 말일 수도 있잖아.

Bree: I have done nothing to be forgiven for! I was a fantastic wife! When he was sick, I nursed him. When we were low on money, I stayed within a budget. I cooked his meals, I mended his clothes. For the love of God, I used to check his back for acne. **And that miserable son of a bitch has the nerve to understand and forgive me! Well, the joke's on him because I do not understand and I do not forgive!**

브리: 내가 용서받아야 할 일을 한 적이 없어! 난 정말 환상적인 아내였어! 그가 아플 땐 내가 간호했고, 형편이 어려울 땐 예산 맞춰 살았고, 밥 해주고, 옷 꿰매주고, 제발 좀! 등 여드름까지 내가 일일이 확인해줬다고! 그런데도 그 비열한 인간이 감히 날 이해하고 용서한다고? 웃기지도 마! 진짜 웃긴 건, 난 전혀 이해하지도 않고, 용서할 생각도 없다는거야!

 Chris Says: I get your point

This means "I understand what you are saying" or "What you are saying is clear to me."

이 장면에서 놓치면 안되는 표현들

🔊 **01 You're gonna have to explain** 넌 …을 설명해야 될거야

　A: **I'm sorry, I didn't mean to break your window.**
　　미안해, 네 창문을 깨려고 한게 아녔어.
　B: **You're gonna have to explain it to the police.** 넌 경찰에 그걸 설명해야 될거야.

🔊 **02 How could he not know me?** 어떻게 걔가 날 모를 수가 있어?

　A: **Your dad didn't even recognize you.** 네 아빠는 너를 알아보시지 조차 못했어.
　B: **I don't believe it. How could he not know me?**
　　말도 안돼. 어떻게 날 모를 수가 있어?

🔊 **03 I have done nothing to~** 난 …할 일을 전혀 한게 없어

　A: **The judge sentenced you to ten years in jail.**
　　판사는 네게 10년 징역형을 선고했어.
　B: **I have done nothing to deserve this punishment.**
　　난 그런 벌을 받을 만한 짓을 한게 아무것도 없어.

🔊 **04 stay within a budget** 예산에 맞춰 살아가다

　A: **I bought these things while out shopping.** 밖에서 쇼핑하다 이것들을 샀어.
　B: **It pisses me off that you don't stay within our budget.**
　　네가 예산범위를 초과하는거에 짜증이 나.

🔊 **05 The joke's on sb** …가 웃음거리가 되다, 참 운도 없다

　A: **The Wilsons expect you to be there at eight.**
　　윌슨 네는 네가 8시까지 거기에 오기를 기대하고 있어.
　B: **The joke's on them. I'm not going.** 웃기지 말라고 해. 나 안가.

Americna Drama Best Scene 074

I have God on my side

하나님이 내 편인걸요

>> Desperate Housewives
Season 2 Episode 9 32:05

카톨릭 단체의 도움을 받아 가석방된 카를로스는 매주 성당에 가기 시작하고 hot한 수녀에게 차를 기증하기도 하자, 카를로스의 이런 변화에 위기감을 느낀 개비는 수녀와 단둘이 집밖에서 얘기를 나눈다. 저기(Look), 이런 무례를 범하고 싶지 않은데요(I don't mean any disrespect), 카를로스가 집에 왔으니(It's just now that Carlos is home), 우리는 예전의 일상으로 돌아가야 되는데요(we need to get back on our routine), 카를로스가 계속 성당이나 자선빵 세일에 계속 다니면 우리가 그럴 수가 없거든요(we can't do that if he keeps running off to church and charity bake sales)라면서 우리에게는 우리의 시간이 필요해요(We need us time)라 하면서 제 말이 무슨 뜻인지 알겠죠?(Do you know what I mean?)라고 사정한다.

이 말에 메리 수녀는 이해한다(I do)라고 하자 개비는 한숨을 돌리며, 어 잘됐네요(Oh, good. Good), 그럼 수녀님이 좀 뒤로 물러서시면 우리 결혼생활에 정말 도움이 될 것 같아요(So it would really help our marriage if you just backed off for a while, okay?)라고 말하지만 돌아오는 대답은 의외로 "No"이다. 놀란 개비가 Huh?하자 다시 한번 메리 수녀는 확고하게 아니라고 했어요(I said no)라고 한다. 개비는 무슨 말을 했는지는 알아요(I know what you said), 난 왜 그렇게 얘기했는지 궁금해서요(I'm wondering why you said it)라고 왜 No라고 했는지 묻는다. 메리 수녀는 카를로스는 다듬어지지 않은 다이아몬드예요, 물론 결함이 있는 사람이지만(Carlos is a diamond in the rough, a flawed man to be sure), 뭔가 믿을 만한 것을 간절히 구하고 있는 사람예요(but someone who is desperately searching for something to believe in)라고 말문을 연뒤 계속해서 카를로스가 처한 상황에 대해 연설을 한다.

당신을 물질적으로 만족시켜주기 위해 그는 결국 법을 어기고 말았어요(To satisfy your materialism, he ended up breaking the law), 당신의 간통문제를 해결하려고 폭력을 구사했구요(To deal with your adultery, he resorted to assault)라고 직설적으로 말하며 결론적으로 카를로스가 당신과 있는 한(As long as he's with you), 그는 절대로 자신이 구하는 것을 찾지 못할거예요(he will never find what he's looking for)라고 말해버린다. 그러자 개비는 그건 카를로스가 나와 결혼하기 전에 생각을 했었어야죠(Well, I guess he should have thought of that before he married me)라고 여유있게 받아넘긴다.

309

하지만 메리 수녀가 일부 결혼은 혼인무효선언을 해야 하는 것들도 있죠(Some marriages are meant to be annulled)라고 직격탄을 날리자, 개비는 흥분하며 무슨 수녀가 이래요?(What the hell kind of nun are you?)라면서 나와 내 남편 사이에 끼려고 하면(Look, if you try to come between me and my husband), 내가 가만두지 않을거예요(I will take you down)라고 경고를 한다. 이에 메리 수녀는 난 시카고 남부에서 자랐어요(I grew up on the south side of Chicago), 날 협박하려면 그거 갖고는 부족하죠(If you wanna threaten me, you're gonna have to do a lot better than that)라며 비아냥거린다. 화가 치민 개비는 내말 들어 이 못된 년아(You listen to me, you little bitch), 나와 싸움을 시작하지 않는게 좋을거야(You do not want to start a war with me)라 협박을 하지만 메리 수녀는 하나님이 내 편인 걸요(Well, I have God on my side), 어디 한번 해봐요(Bring it on)라고 하며 시종일관 웃음을 잃지 않는다.

The Best Lines from <Desperate Housewives>

Gabrielle: Hi. Carlos will be down in a little while. We had an intense talk. He's resting.

Sister Mary: Yeah, I overheard some of your talk.

Gabrielle: Sorry. He's such an animal but since we have a couple of minutes, why don't we, uh, chat? Look, I don't mean any disrespect. It's just now that Carlos is home, we need to get back on our routine, and we can't do that if he keeps running off to church and charity bake sales. We need us time. Do you know what I mean?

Sister Mary: I do.

Gabrielle: Oh, good. Good. So it would really help our marriage if you just backed off for a while, okay?

가브리엘: 안녕하세요. 카를로스는 좀 있다가 내려올거예요. 방금 진지하게 대화를 나눴거든요. 지금은 좀 쉬고 있어요.

메리수녀: 네, 그 대화 일부 들었어요.

가브리엘: 죄송해요. 그 사람 좀 짐승 같죠. 그런데 몇 분 시간 남았으니까 우리 잠깐 얘기 좀 할래요? 무례하게 들릴지도 모르지만, 지금 카를로스가 집에 돌아왔으니 다시 우리 일상으로 돌아가야 해요. 근데 그가 계속 교회 가고 자선 바자회에 뛰어다니면 그게 어렵잖아요. 우리만의 시간이 필요하다고요. 무슨 말인지 아시죠?

메리수녀: 무슨 말인지 알겠어요.

가브리엘: 좋아요, 정말 다행이에요. 그러니까 우리 부부 사이를 위해서라도, 당분간은 좀 물러나 주시면 좋겠어요. 네?

메리수녀: 싫어요.

Sister Mary: No.

Gabrielle: Huh?

Sister Mary: I said no.

Gabrielle: I know what you said. I'm wondering why you said it.

Sister Mary: Carlos is a diamond in the rough, a flawed man to be sure, but someone who is desperately searching for something to believe in. To satisfy your materialism, he ended up breaking the law. To deal with your adultery, he resorted to assault. As long as he's with you, he will never find what he's looking for.

Gabrielle: Well, I guess he should have thought of that before he married me.

Sister Mary: Some marriages are meant to be annulled.

Gabrielle: What the hell kind of nun are you? Look, if you try to come between me and my husband, I will take you down.

Sister Mary: I grew up on the south side of Chicago. If you wanna threaten me, you're gonna have to do a lot better than that.

Gabrielle: You listen to me, you little bitch. You do not want to start a war with me.

Sister Mary: Well, I have God on my side, Bring it on.

가브리엘: 네?

메리수녀: 싫다고요.

가브리엘: 무슨 말인지 알아요. 근데 왜 그런 말을 하셨는지 궁금해서요.

메리수녀: 카를로스는 다듬어지지 않은 다이아몬드예요. 결함은 있지만, 간절히 믿을 무언가를 찾고 있는 사람이죠. 당신의 물질주의를 만족시키기 위해 그는 법을 어겼고, 당신의 불륜에 대처하기 위해 폭력을 썼죠. 당신이랑 같이 있는 한, 그가 찾는 걸 절대 찾을 수 없어요.

가브리엘: 그럼 그런 생각은 결혼하기 전에 했어야죠.

메리수녀: 어떤 결혼은 무효로 돌려져야 마땅해요.

가브리엘: 무슨 수녀가 이래요? 이봐요, 당신이 나와 내 남편사이에 끼어들면 가만두지 않을거예요.

메리 수녀: 전 시카고 남부에서 자라났어요. 협박을 하려면 그 정도로는 턱도 없지요.

가브리엘: 내 말들어, 이 못된 년아. 나와 싸울 생각을 아예 하지 말라고.

메리 수녀: 하나님이 내 편이니 어디 해볼테면 해봐요.

이 장면에서 놓치면 안되는 표현들

🔊 **01 I don't mean any disrespect** 이런 무례를 범하고 싶지 않지만

A: **I may sell everything and join a monastery.**
난 모든 것을 팔아치우고 수도원에 들어갈지도 몰라.

B: **I don't mean any disrespect, but are you crazy?**
무례를 범하고 싶지 않지만 너 미쳤니?

A: **I may become a garbage collector.** 청소부가 될지도 몰라.

B: **I don't mean any disrespect, but you're crazy.**
무례를 범하고 싶지 않지만, 너 정신나갔구나.

🔊 **02 It's just now that~** 이제 …했으니

A: **Have you heard from your brother?** 네 형으로부터 얘기를 들었어?

B: **It's just now that he contacted me.** 이제야 연락을 해왔어.

A: **You never want to hang out with me anymore.**
넌 더이상 나랑 놀고 싶지 않을거야.

B: **It's just now that we have a baby, things are busy.**
우리에게 애기가 생겼으니, 일이 바빠.

🔊 **03 get back on our routine** 일상으로 돌아가다

A: **Are you happy to be returning home?** 집에 돌아오게 되어 기뻐?

B: **It will take some time to get back on my routine.**
일상으로 돌아가는데는 시간이 좀 걸릴거야.

A: **Everything was different after getting back from vacation.**
휴가에서 돌아오니 모든게 달라졌어.

B: **It takes a while to get back on your routine.**
다시 일상으로 돌아가는데 좀 시간이 걸릴거야.

🔊 **04 Do you know what I mean?** 내 말이 무슨 뜻인지 알겠어?

A: **I hate parties. Do you know what I mean?** 난 파티를 싫어해. 무슨 말인지 알겠어?

B: **Well, I kind of enjoy going out to them.** 음, 난 파티에 가는 걸 좀 즐기는데.

05 **back off** 물러서다

A: I called my ex twenty times today. 난 오늘 전 애인에게 20번 전화했어.
B: Just **back off** and she may come back to you.
그만해봐 다시 네게 돌아올지도 모르잖아.

A: Helen isn't as passionate anymore. 헬렌은 예전처럼 열정적이지 않아.
B: I'd suggest **backing off** for a while. 내가 잠시동안 뒤로 빠지라고 해야 할까봐.

06 **I'm wondering why you said it** 네가 왜 그 말을 했는지 궁금해

A: You thought I shouldn't have criticized the boss?
내가 사장을 비난하지 말았어야 했다고 생각했어?
B: It was stupid and **I'm wondering why you said it**.
멍청한 짓이었어 그리고 네가 왜 그 말을 했는지 궁금해.

07 **I will take you down** 널 가만두지 않을거야

A: I may challenge you to a foot race. 내가 도보경주에 너한테 도전할지도 몰라.
B: If you do that, **I will take you down**. 네가 그러면 내가 널 물리쳐주겠어.

A: I'm the toughest fighter in this room. 내가 이방에 있는 사람중 가장 터프한 싸움꾼이야.
B: Don't be an idiot. **I will take you down**. 바보같은 소리야. 내가 너를 쓰러뜨릴거야.

08 **You're gonna have to do a lot better than that** 그걸론 부족할거야

A: These gifts are for my new girlfriend. 이 선물들은 내 새로운 여친꺼야.
B: **You're gonna have to do a lot better than that**. 그것 갖고는 부족할거야.

A: I'll offer you five thousand for the car. 그 차에 5천 달러를 제안할게.
B: **You're gonna have to do a lot better than that**. 그것 갖고는 부족할거야.

09 **start a war with~** …와 전쟁(싸움)을 시작하다

A: I am upset with the neighbor's behavior. 난 이웃의 행동에 화가 났어.
B: Don't **start a war with** them. 걔네들과 싸움을 시작하지마.

A: Why did you **start a war with** Madeline? 왜 넌 마들렌과 싸움을 시작했어?
B: She had been insulting me every day. 매일 나를 모욕했어.

10 **Bring it on** 덤벼봐

A: You aren't that good at playing chess. 넌 체스두는데 그렇게 잘하지 못해.
B: If you think you can beat me, **bring it on**. 날 이길 수 있다면 어디 한번 해봐.

A: You better give me the stuff you took. 네가 가져간 물건들 돌려주는게 좋을거야.
B: You want it, **bring it on**. 그걸 원한다면, 어디 한번 해봐.

Americna Drama Best Scene 075

You can go anywhere you want

>>> **Desperate Housewives**
Season 2 Episode 21 35:58

어디든 가고 싶은데로 가라

아들 앤드류와 갈등을 견뎌내지 못한 브리는 대학교 견학을 간다는 이유로 차로 이동하다 한적한 곳에 앤드류를 유기하는 장면.

브리가 먼저 말을 연다. 너한테 하고 싶은 얘기가 정말 많구나(There's so many things I wanna say to you, Andrew), 하지만 무엇보다도 내가 네게 얼마나 미안한지 알아주길 바란다(But mostly, I just want you to know how sorry I am)라고 말하고, 영문을 모르는 앤드류는 뭐가 미안하다는거예요?(Sorry for what?)라고 묻는다. 브리가 답한다. 모든 아이들은 조건없는 사랑을 받아야 하고(Every child deserves to be loved unconditionally), 내가 네게 한 사랑도 그렇다고 생각했었다(and I thought that was the kind of love that I had for you), 그리고 이어서 너에 대한 내 사랑이 그랬다면, 이렇게 되지 않았을지도 몰라(Maybe if I had, it would've been different)라고 말한다. 앤드류는 이상한 분위기에 오늘 퍼킨스 대학교에 가지 못할 것 같은 생각이 갑자기 왜 들까요?(Why do I suddenly get the feeling we're not gonna make it out to Perkins College today?)라고 말하자 브리는 안전벨트를 풀고 차에서 내려 트렁크에서 짐을 내린다. 앤드류가 뭐하는거예요?(What are you doing?)라고 묻자 브리가 네 물건들 좀 가방에 쌌고(I packed up some of your things), 봉투에 돈 좀 넣어뒀으니(There's also, um, an envelope in here with some money), 그 돈으로 네가 취직하기까지 버틸 수 있을게다(and that should tide you over until you get a job)라고 말하자 앤드류는 당황하며 뭐예요(What), 어딘지도 모르는 곳에 날 버리겠다는거예요?(you're gonna, you're gonna leave me out here in the middle of nowhere?)라고 한다. 브리는 한 1마일 전에 버스정거장을 봤어(I noticed a bus stop about a mile back), 가고 싶은데 어디로든 가라(You can go anywhere you want) 고 하는데 앤드류는 엄마, 이러지 마세요(Mama, mom, please don't do this)라고 사정하지만 브리는 그래야 돼(I have to), 난 네 곁에 있을 수가 없어(I can't be around you anymore), 난 그렇게 강하지 못해(I'm just not strong enough)라고 한다.

어쩔 수 없음을 알아차린 앤드류는 포기하며 그래도 좋은 소식이 뭔지 알아요?(You know what

the good news is?), 내가 이겼어요(I win)라고 한다. 브리가 네가 이겼다고(You win?)라고 하자 앤드류는 내가 게이라고 말했을 때 엄마의 표정을 기억해요(I remember the look in your eyes when I told you I was gay), 그리고 언젠가 나 사랑하지 않을거라는 걸 알았어요(and I knew that one day, you would stop loving me), 그리고 이렇게 됐네요(So here we are), 내가 맞았어요(I was right), 내가 이겼어요(I win)라고 자위한다. 브리는 마지막으로 잘했구나(Well, good for you)라는 말을 남기고 가버린다.

The Best Lines from <Desperate Housewives>

Andrew: Why'd we stop here? We have half a tank left.

Bree: There's so many things I wanna say to you, Andrew. But mostly, I just want you to know how sorry I am.

Andrew: Sorry for what?

Bree: Every child deserves to be loved unconditionally and I thought that was the kind of love that I had for you. Maybe if I had, it would've been different.

Andrew: Why do I suddenly get the feeling we're not gonna make it out to Perkins College today? What are you doing?

Bree: I packed up some of your things. There's also, um, an envelope in here with some money and that should tide you over until you get a job.

Andrew: What, you're gonna, you're gonna leave me out here in the middle of nowhere?

Bree: I noticed a bus stop about a mile back. You can go anywhere you want.

Andrew: Mama, mom, please don't do this.

앤드류: 왜 여기서 멈춘거야? 아직 반은 남았잖아.

브리: 너한테 하고 싶은 말이 너무 많아, 앤드류. 하지만 제일 먼저 말하고 싶은 건… 정말 미안하다는거야.

앤드류: 뭐가 미안한데?

브리: 모든 아이는 무조건적인 사랑을 받아야 해. 그리고 난 너한테 그런 사랑을 준 줄 알았어. 내가 정말 그랬다면… 달라졌을지도 모르지.

앤드류: 왜 갑자기 오늘 퍼킨스 대학엔 안 갈 것 같은 느낌이 드는거지? 뭐 하는거야?

브리: 네 짐 몇 가지 챙겨뒀어. 여기 봉투 안에 약간의 돈도 들어 있어. 직업 구하기 전까진 그걸로 버틸 수 있을거야.

앤드류: 잠깐, 진짜… 나를 여기 이 외진데 버리고 가겠다는거야?

브리: 한 마일쯤 전에 버스 정류장 하나 봤어. 어디든 갈 수 있을거야.

Bree: I have to. I can't be around you anymore. I'm just not strong enough.

Andrew: You know what the good news is? I win.

Bree: You win?

Andrew: I remember the look in your eyes when I told you I was gay and I knew that one day, you would stop loving me. So here we are. I was right. I, I win.

Bree: Well, good for you.

앤드류: 엄마, 제발 이러지마. 부탁이야.

브리: 이렇게 해야 해. 더는 너랑 같이 있을 수가 없어. 내가 그럴 만큼 강하지 않거든.

앤드류: 근데 좋은 소식이 뭔 줄 알아? 내가 이겼다는거야.

브리: 네가 이겼다고?

앤드류: 내가 게이라고 말했을 때, 엄마 눈빛 기억나. 그때 알았어. 언젠가는 엄마가 날 사랑하지 않게 될거라는 걸. 그리고 지금 그 순간이 온거야. 내가 맞았어. 내가 이긴거야.

브리: 그래, 잘됐구나.

Chris Says: I ran into her

This means "I meet her unexpectedly somewhere." This can be used when you are away from home and see someone you know on the street or in shops or restaurants. It would indicate some surprise.

이 장면에서 놓치면 안되는 표현들

🔊 **01 Why do I suddenly get the feeling~?** 왜 …라는 생각이 갑자기 드는걸까?

A: **The police are looking in the window.** 경찰이 창문안으로 들여다보고 있어.
B: **Why do I suddenly get the feeling we're in trouble?**
우리가 곤경에 처했다는 생각이 갑자기 왜 드는걸까?

🔊 **02 make it out to** …에 도착하다

A: **Your mom said she might visit.** 네 엄마가 방문하실지 모른다고 하셨어.
B: **I hope she'll make it out to see us.** 오셔서 우리를 만나시기를 바래.

🔊 **03 tide sb over** 버티다

A: **Are you sure $300 is enough?** 300달러면 충분하겠어?
B: **It will tide me over until I get paid.** 급여가 나올 때까지 버틸 수 있을거야.

🔊 **04 leave me out here in the middle of nowhere**
어딘지도 모르는 곳에 나를 버려두다

A: **How did you get stranded in this town?** 너는 왜 이 마을에서 오도가도 못하게 됐어?
B: **The taxi driver left me out here in the middle of nowhere.**
택시기사가 어딘지도 모르는 곳에 나를 버려뒀어.

🔊 **05 Please don't do this** 제발 이러지마

A: **I'm going to try smoking cigarettes.** 담배를 펴볼거야.
B: **Please don't do this. You'll regret it.** 제발 그러지마. 후회할거야.

Americna Drama Best Scene 076

It'll grow on you
점점 네 마음에 들거야

>>> Desperate Housewives
Season 3 Episode 6 09:23

톰은 피자가게를 하겠다고 하고 르넷은 마지못해 톰의 결정을 도와주겠다고 한다. 어느날 톰의 연락을 받고 한 허름한 반지하 가게 문앞에서 르넷이 노크를 한다. 톰이 문을 살짝 열고 들어오기 전에 눈을 감아봐(Before you come in, cover your eyes)라고 한다. 르넷이 하기 싫어하자 Do it 이라고 톰이 말한다. 눈을 가린 르넷을 안으로 데리고 들어오면서 내가 눈떠라고 하면 눈에 보이는 대로 보려고 하지말고(When I say "open," don't look with your eyes), 상상력을 발휘해서 봐(Look with your imagination)라고 한다. 톰이 문을 닫고 눈을 뜨라고 하고 르넷이 눈을 뜨고 보고 처음 하는 소리는 Oh, dear god(맙소사)이고 이 말에 톰은 젠장(Damn it), 눈으로 본거지(You looked with your eyes!)라고 불평한다. 르넷이 이건 완전 쓰레기장이잖아(It's a dump!), 당신 무슨 생각을 하는거야?(What are you thinking?)라고 일침하자 톰은 나도 그렇게 생각해(Oh, I'll grant you), 고칠데가 한두군데가 아닌 곳이지(It's a fixerupper)라고 동의한다. 르넷은 놀라서 한 발 더 나아가 여긴 아예 철거해야 되는 곳인데(It's a burner-downer)라고 실망하자, 톰은 자기야 그러지 말고 이리와봐(Come on, honey, go with me)라고 하면서 상상력을 발휘하기 시작한다. 우린 여기에 체크무늬로 된 식탁보가 깔린 칸막이 된 자리를 설치하고(We can put in booths with checkered tablecloths), 여기는 주크박스, 그리고 스포츠 경기를 볼 대형스크린을 설치하는거야(a jukebox, a big-screen to watch sports on)라며 어떻게 이곳의 잠재력을 못보는거야?(How can you not see the potential in this place?)라고 항변한다.

르넷은 난 보이지 않아(I just don't), 톰, 피자가게 여는 일에 대해 내가 어떻게 생각하는지 알잖아(Tom, you know how I feel about this pizza thing)라고 부정적으로 말하는데 톰은 내 희망하는데, 당신 마음에 점점 들거야(Well, hopefully, it'll grow on you)라고 하자, 깜짝 놀란 르넷은 임대계약을 했다는 말은 아니겠지(Don't tell me you didn't sign a lease)라고 하자 톰은 계속 상상력을 발휘하여 다트판도 달거야(There's gonna be a dartboard)라고 하며, 계약하려는 사람들이 많아서 빨리 결정을 해야 했다(There were multiple offers. I had to move fast)라고 변명한다. 열받은 르넷은 나한테 말도 없이 임대계약을 했단말야?(You leased a building without telling me?)라고 하자, 톰은 당신이 내 평생의 기회를 못잡게 할거라는 걸 알기 때문에 말을 안했

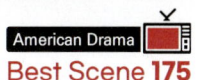

을 수도 있어(Well, maybe I didn't tell you because I knew you'd try and talk me out of the best opportunity in my life)라고 솔직히 털어놓는다.

르넷은 좋아, 그럼 이렇게 하자(Okay, here's what we're going to do), 계약하려는 사람이 많았다니까(You said there were multiple offers), 그럼 재임대를 하자(so we can sublease)라고 하며 당장 여기서 나가자(Now let's get the hell out of here)라고 한다. 톰은 르넷의 반응에 화가 나서, 당신 내 꿈을 지지해준다고 했잖아(You said you'd support my dream)라고 대들자 르넷은 내 실수였어(My mistake), 난 당신이 지지해줄만한 꿈을 가지고 있을거라 생각했거든(I assumed you'd have a dream worth supporting)이라고 쏘아 붙인다. 이 말에 삐진 톰은 나 오늘 여기서 잘래(I'm gonna stay here tonight)라고 하자 역시 화난 르넷은 좋아(Fine)라고 말하며 나간다.

The Best Lines from <Desperate Housewives>

Tom: Before you come in, cover your eyes.
Lynette: Tom...
Tom: Do it! Okay, now when I say open, don't look with your eyes. Look with your imagination.
Lynette: Okay.
Tom: Okay. Open.
Lynette: Oh, dear god.
Tom: Damn it, you looked with your eyes!
Lynette: It's a dump! What are you thinking?
Tom: Oh, I'll grant you it's a fixer-upper.
Lynette: It's a burner-downer.
Tom: Come on, honey, go with me. We can put in booths with checkered tablecloths, a jukebox, a big-screen to watch sports on. How can you not see the potential in this place?

톰: 들어오기 전에, 눈 가려.
르넷: 톰...
톰: 가려! 자, 이제 내가 '봐'라고 하면 눈으로 보지 말고, 상상력으로 보는거야.
르넷: 알겠어.
톰: 좋아. 봐!
르넷: 오, 세상에 맙소사.
톰: 젠장, 눈으로 봤잖아!
르넷: 이건 그냥 쓰레기장이야! 도대체 무슨 생각을 한거야?
톰: 뭐, 손 좀 봐야 할 곳이긴 해.
르넷: 수리 정도가 아니라 그냥 불태워야 할 수준이야.
톰: 제발, 자기야. 내 말 좀 들어봐. 체크무늬 식탁보 깔고 부스 만들고, 주크박스 놓고, 대형 스크린 설치해서 스포츠 경기 틀고… 이곳의 잠재력을 왜 못 보는거야?

Lynette: Well, I just don't. Tom, you know how I feel about this pizza thing.

Tom: Well, hopefully, it'll grow on you.

Lynette: Don't tell me you didn't sign a lease.

Tom: There's gonna be a dartboard!

Lynette: Tom! No.

Tom: There were multiple offers. I had to move fast.

Lynette: You leased a building without telling me?

Tom: Well, maybe I didn't tell you because I knew you'd try and talk me out of the best opportunity in my life.

Lynette: Okay. Okay, here's what we're going to do. You said there were multiple offers, so we can sublease. Now let's get the hell out of here.

Tom: You said you'd support my dream.

Lynette: My mistake. I assumed you'd have a dream worth supporting.

Tom: I'm gonna stay here tonight.

Lynette: Fine.

르넷: 난 그냥 못 보겠어. 톰, 나 이 피자가게 얘기 어떻게 생각하는지 알잖아.

톰: 글쎄, 시간이 지나면 마음이 바뀔 수도 있잖아.

르넷: 설마 계약한 건 아니지?

톰: 다트판도 있을거야!

르넷: 톰! 안 돼.

톰: 여러 명이 경쟁 중이었어. 빨리 결정해야 했어.

르넷: 나한테 말도 안 하고 건물 임대했단 말이야?

톰: 음… 말 안 한 건, 당신이 분명 나를 말릴거란 걸 알았기 때문이야. 이건 내 인생 최고의 기회일지도 모른다고 생각했거든.

르넷: 좋아. 좋아, 이제 이렇게 하자. 당신 말로는 경쟁자가 많았다며? 그럼 다시 전대(sublease)하면 돼. 자, 이제 당장 여기서 나가자.

톰: 당신, 내 꿈을 응원하겠다고 했잖아.

르넷: 내 착각이었지. 그 꿈이 응원할 가치가 있을 줄 알았거든.

톰: 난 오늘 밤 여기서 잘거야.

르넷: 좋아, 맘대로 해.

이 장면에서 놓치면 안되는 표현들

01 cover one's eyes 눈을 가리다

A: **Cover your eyes.** I have a surprise for you. 눈을 가려봐. 네게 줄 깜짝 선물이 있어.
B: Really? Oh, I can't wait to see what it is. 정말? 원지 빨리 보고 싶어.

02 Damn it 젠장헐, 빌어먹을

A: I let your dog out into the front yard. 네 개를 앞마당에 풀어줬어.
B: **Damn it,** I told you not to do that! 젠장, 그렇게 하지 말라고 했잖아!

03 What are you thinking? 무슨 생각하고 있는거야?

A: I'm starving. Let's go get something to eat. 나 배고파. 가서 뭐 좀 먹자.
B: **What are you thinking?** Maybe Italian food?
무슨 생각하고 있어? 혹시 이태리 음식?

04 How can you not see~? 어떻게 …을 모를 수가 있어?

A: The schedule was completely changed. 스케줄이 완전히 바뀌었어.
B: **How can you not see** the problems this caused?
이게 초래할 문제점들을 어떻게 모를 수가 있어?

A: Why don't you like my new boyfriend? 넌 왜 내 남친을 싫어하는거야?
B: **How can you not see** that he's a liar? 어떻게 걔가 거짓말쟁이라는걸 모를 수가 있어?

05 You know how I feel about~ …에 대해서 내가 어떻게 느끼는지 알잖아

A: Do you mind if I have a cigar? 시가하나 펴도 괜찮겠어?
B: **You know how I feel about** smoking. 내가 담배에 대해 어떻게 생각하는지 알잖아.

06 It'll grow on you 그거 좋아하게 될거야

A: Are you sure I'll like salsa dancing? 내가 살사댄싱을 좋아하게 될거라 확신해?
B: Just try it. **It'll grow on you.** 그냥 한번 해봐. 좋아하게 될거야.

A: I don't like the new design. 난 새로운 디자인이 맘에 안들어.
B: Give it time. **It'll grow on you.** 시간을 두고 봐. 좋아하게 될거야.

A: **I'm not sure I like Vietnamese food.** 내가 베트남 음식을 좋아하는지 모르겠어.
B: **It'll grow on you.** **Everyone likes it.** 좋아하게 될거야. 모두들 좋아하잖아.

🔊 07 Don't tell me~ …라고 말하지마

A: **God, Angie is the worst bitch I ever met.** 맙소사, 앤지 같이 못된년은 처음 만나.
B: **Don't tell me** she stole your boyfriend. 설마 네 남친을 빼앗긴 건 아니겠지.

A: **Don't tell me** Moe asked you out. 모가 네게 데이트 신청한 건 아니겠지.
B: Yeah, he wanted to go to the movies. 맞아, 영화보러 가고 싶어했어.

🔊 08 talk sb out of~ …을 설득해서 …하지 못하게 하다

A: **I couldn't talk Christine out of plastic surgery.**
크리스틴이 성형수술을 하지 않도록 설득할 수가 없었어.
B: Well, I think she looks beautiful already. 저기, 내 생각에 걔 지금도 아름다운데.

A: Jill plans to get plastic surgery. 질이 성형수술을 받을거래.
B: You'll have to **talk** her **out of** it. 네가 말해서 하지 않도록 해야 돼.

🔊 09 Here's what we're going to do 그럼 이렇게 하자

A: You haven't told us your plan yet. 넌 아직 네 계획을 우리에게 말하지 않았어.
B: **Here's what we're going to do.** It's simple. 그럼 이렇게 하자. 간단해.

A: We don't have enough time to prepare. 우린 준비할 시간이 충분하지 않아.
B: Listen carefully. **Here's what we're going to do.** 잘들어. 그럼 이렇게 하자.

Americna Drama Best Scene 077

Don't you dare say that I wanted this

어떻게 감히 내가 이걸 원했다고 말하는거야?

>>> Desperate Housewives
Season 3 Episode 7 33:48

브리의 새로운 남편 올슨의 과거를 들춰내며 브리에게 경고를 해주던 캐롤린은 브리에게서 자기 남편이 바람을 피고 있다는 사실을 알게 된다. 캐롤린은 총을 지니고 식료품점 매니저인 남편을 찾아가 총질을 해대며 자기 방으로 도망간 남편을 쫓아간다. 캐롤린은 남편이 방에 숨자 장을 보던 사람들을 인질로 잡고 있다.

인질이 된 노라가 르넷에게 말을 걸기 시작한다. 지금 아이들 걱정하고 있죠?(You're thinking about your kid, right?), 아이들을 다시 못보게 된다면 얼마나 끔찍하겠어요(How awful it'd be to never see them again)라며, 지금 당신은 내게 평생 그렇게 느끼면서 살라고 하는거예요(Well, that's what you're asking me to feel, but for the rest of my life)라고 따져 묻는다. 총을 든 케롤린은 얘기 소리가 들리자 내가 뭐라고 했어(Hey, what did I say?)라고 하자 르넷은 미안해요, 조용히 할게요(I'm sorry. We'll be quiet)라고 캐롤린을 진정시킨다. 캐롤린은 르넷과 노라를 보고 너와 네 친구 거슬리기 시작해(You and your friend are really starting to bug me)라고 하자, 르넷은 얘 내 친구아냐(She's not my friend)라고 하고 이 말을 들은 노라는 이 여자가 내 아이를 훔치려고 해요(She's trying to steal my kid)라고 한다. 르넷은 조용히 해(Shut up!)라고 노라에게 신경질을 내고 캐롤린은 그게 사실이야(Is that true?)라고 물어보자, 르넷은 우린 양육권을 공동으로 갖고 있는데(We're sharing custody), 이 여자가 내 남편을 유혹하려고 했었다(and then she tried to seduce my husband)고 말을 하게 되고 캐롤린은 이 여자가 당신남편을 유혹했다고?(She put the moves on your husband?)라고 확인하면서, 왜 진작 그렇게 말하지 않았어?(Why didn't you say so?)라고 하면서 한치의 망설임도 없이 노라에게 총을 쏜다.

르넷이 놀라서 캐롤린을 쳐다보자, 당신이 지금 찾고 있는 말은 "고맙다"라고 생각해(I believe the phrase you're looking for is thank you)라고 한다. 자기 남편의 애인을 죽여줬으니 말이다. 총소리에 식료품점 밖과 마을 사람들은 요동치기 시작한다. 다시 식료품점 안이다. 르넷이 총맞은 노라의 출혈을 멈추려고 하는데(Okay I gotta keep the pressure up to stop the bleeding),

노라는 죽어가면서 좋은 소식은 당신은 그 변호사가 필요하지 않을거라는거야(Good news is you won't need that lawyer now)라고 하자, 르넷은 넌 반드시 견뎌낼거야(You are gonna get through this just fine), 저기 밖 주차장에 앰뷸런스가 많이 와 있거든(There's a parking lot full of ambulances out there)이라고 위로한다. 그리고 캐롤린을 향해서 이 여자를 밖으로 내보내게 해줘요(You gotta let us take her out of here!)라고 한다. 캐롤린은 단호하게 아무도 못나가(No one's leaving)라고 말한다. 노라가 죽어가면서 르넷에게 말을 한다. 내말 들어봐요, 르넷(Listen to me, Lynette), 케일라 말이야(about Kayla)라고 하자 르넷은 잊어버려(Forget it), 나중에 해결하면 되잖아(We'll work that out later)라고 진정시킨다. 노라는 자신의 상처를 보면서, 나한테는 나중이란 없어요, 이 멍청한 여자야(No! I don't have later, you stupid bitch)라며 말을 잇는다. 케일라는 내 평생 내가 한 일 중에서 가장 잘한 일이야(Kayla's the only good thing that I've ever done in my whole life), 당신이 정말 케일라를 잘 돌봐줘요(I need you to really take really good care of her), 알았어요?(Okay?)라고 하고 르넷의 답을 재촉한다. 난 시간이 없어요(I don't have all day), 어서요(come on)라고 하자 르넷은 그렇게 하겠다(Yes, I will)라고 답한다. 내 자식처럼 사랑해줄게(I will love her like she is my own)라고 말을 하는데 그만 노라가 죽는다.

르넷이 분노해서 캐롤린을 쳐다보자 오, 그런 식으로 날 쳐다보지마. 걔가 죽기를 바랬잖아(Oh, don't look at me that way. You know you wanted her dead)라 하자 르넷은 어떻게 그렇게 말할 수 있어?(How can you say that?)라고 소리친다. 캐롤린은 내가 창녀들을 어떻게 생각하는지 분명히 말한 후에 넌 걔와 네 남편에 대해서 말했어(Well, you told me about her and your husband after I made it pretty clear where I stand on whores)라고 변명을 해대는데…. 르넷은 난 이걸 원하지 않았어(I did not want this), 어떻게 감히 내가 이걸 원했다고 말하는거야?(Don't you dare say that I wanted this)라고 울부짖는다. 캐롤린은 입닥쳐(Shut up!)라고 하고 르넷은 안돼(No), 난 입다물지 않을거야!(I will not shut up!), 넌 도대체 뭐가 문제야?!(What's the matter with you?)라고 하자 캐롤린은 지금까지 내 말 못 들었어?(Have you not been paying attention?), 내 남편이 바람을 폈다고!(My husband cheated on me!)라고 한다. 르넷이 열변을 토한다. 그래서? 누가 신경이나 쓴대?(Who cares!), 우리 모두 아픔을 갖고 있어(We all have pains!), 여기 있는 모든 사람은 아픔이 있지만 헤쳐나가고 있다고(Everyone in here has pain, but we deal with it!), 우리는 맘속으로 삼키고 삶을 살아가고 있다고(We swallow it and get going with our lives!), 우리가 하지 않는 것은 돌아다니면서 총을 쏘는 일이라고!(What we don't do is go around shooting strangers!) 외친다. 캐롤린은 노라는 죽어도 싸다(She deserved it)라고 외치고 르넷은 흥분한 상태에서 당신은 남편이 바람을 피워도 싸(Maybe you deserved to be cheated on)라는 극단적인 말을 하게 되고 바로 미안하다(I'm sorry), 그런 말을 해서는 안되는건데(I shouldn't have said that)라고 하자 캐롤린은 그래 그런 말을 하지 말았어야지(You shouldn't have)라고 하면서 르넷을 향해 총을 겨눈다.

The Best Lines from <Desperate Housewives>

Nora: I hope all this is giving you a little perspective on our situation.

Lynette: Shh! She told us not to talk.

Nora: You're thinking about your kids, right? How awful it'd be to never see them again. Well, that's what you're asking me to feel, but for the rest of my life!

Lynette: Nora, please!

Carolyn: Hey, what'd I say?

Lynette: I'm sorry. I'm sorry. We'll, we'll be quiet.

Carolyn: You and your friend are really starting to bug me.

Lynette: She's not my friend.

Nora: She's trying to steal my kid.

Lynette: Nora, shut up!

Carolyn: Is that true?

Lynette: No! I, we're, we have, we're sharing custody, and then, she tried to seduce my husband, so...

Carolyn: She put the moves on your husband? Why didn't you say so?

Field's Market Parking Lot

Reporter: That was a shot! We just heard a shot fired inside the building. A shot has been fired.

노라: 이 상황이 너한테 우리 사이에 대한 시야를 좀 넓혀줬길 바래.

르넷: 쉿! 그녀가 말하지 말랬잖아.

노라: 너 지금 네 아이들 생각하고 있지? 그 애들을 다시는 못 보게 된다면 얼마나 끔찍할지. 난 그걸 평생 느끼게 되겠지!

르넷: 노라, 제발!

캐롤린: 내가 뭐라 그랬지?

르넷: 죄송해요, 죄송해요. 조용히 있을게요.

캐롤린: 너랑 네 친구, 진짜 짜증나게 하네.

르넷: 쟤 내 친구 아니에요.

노라: 쟤는 내 아이를 뺏어가려는 사람이에요!

르넷: 노라, 닥쳐!

캐롤린: 그게 사실이야?

르넷: 아니요! 우리는… 양육권을 공유하고 있어요. 그런데 쟤가 우리 남편을 유혹하려 했고요, 그래서…

캐롤린: 네 남편을 유혹했다고? 왜 그런 얘길 진작 안 했어?

[Field's Market 주차장]

기자: 방금 총성이 들렸습니다! 건물 안에서 총성이 울렸습니다. 누군가 총을 쐈습니다.

Carolyn: I believe the phrase you're looking for is 'thank you.'

....

Field's Market Parking Lot

Reporter: We just had a shot. We heard a shot fired inside the market. You can see police are responding, taking this very seriously. We are going to just continue to stand and watch and wait and see what happens.

Ian's limo pulls up and Ian runs up to Susan. They hug.

Ian: It was on the television at the airport. I came as soon as I could.

Susan: The last thing I said to her was that she disappointed me.

....

Bree's House. The TV is still on.

Reporter: Police have just confirmed that a hostage has been shot. Repeat, a hostage has been shot. There's no word on the name of the victim at this time, but it is believed to be female.

Twin: (One of the twins comes up to Bree.) Mrs. Hodge? When's mommy gonna be back from the store?

Bree: I'm sure she'll be back soon. Why don't we, uh, go have some cookies?

Parker: Mommy said we can't have cookies before dinner.

캐롤린: 지금 네가 해야 할 말은 '고마워요'야.

....

[Field's Market 주차장]

기자: 방금 총성이 있었습니다. 마켓 안에서 총성이 들렸습니다. 경찰이 긴급히 대응하고 있는 걸 볼 수 있습니다. 지금 우리는 그저 상황을 지켜보고 기다릴 수밖에 없습니다.

이언의 리무진이 도착하고, 이언이 수잔에게 달려간다. 둘은 끌어안는다.

이언: 공항에서 TV로 봤어. 최대한 빨리 왔어.

수잔: 내가 마지막으로 그녀에게 한 말이… 넌 나를 실망시켰다는거였어.

....

[브리의 집] TV가 켜져 있다.

기자: 경찰은 인질 중 한 명이 총에 맞았다고 확인했습니다. 다시 말씀드립니다. 인질 중 한 명이 총에 맞았습니다. 현재 피해자의 이름은 밝혀지지 않았지만, 여성으로 추정되고 있습니다.

트윈: 아주머니? 우리 엄마는 언제 가게에서 돌아와요?

브리: 곧 돌아오실거야. 우리… 가서 쿠키 먹을까?

파커: 엄마가 저녁 전에 쿠키 먹지 말랬어요.

Bree: Well, uh, I'm sure she won't mind. Come on. Let's go. Come on.

Lynette: Okay, I gotta keep the pressure up to stop the bleeding!

Nora: Good news is you won't need that lawyer now.

Lynette: You are gonna get through this just fine. There is a parking lot full of ambulances out there. You gotta let us take her out of here!

Carolyn: No one's leaving.

Nora: Listen to me, Lynette. About Kayla...

Lynette: Oh, forget it! Forget it! We'll work that out later.

Nora: No, I don't have, have later, you stupid bitch. Okay? So listen.

Lynette: Okay, I'm listening.

Nora: Kayla's the only good thing that I've ever done in my whole life. I need you to really take really good care of her. Okay? I don't have all day. Come on.

Lynette: Yeah, yes, I will, I will, I will. I will love her like she is my own. I will, Nora. Nora? Nora!

Carolyn: Oh, don't look at me that way. You know you wanted her dead.

Lynette: How can you say that?

Carolyn: Well, you told me about her and your husband after I mad it pretty clear where I stand on whores.

Lynette: I did not want this. Don't you dare say that I wanted this.

Carolyn: Shut up!

브리: 그래도 오늘은 괜찮을거야. 가자, 어서.

르넷: 출혈 멈추려면 계속 눌러야 해!

노라: 좋은 소식이 하나 있네. 이제 변호사는 필요 없겠네.

르넷: 넌 괜찮아질거야. 바깥에 구급차가 가득해. 제발 그녀를 밖으로 데려가게 해줘요!

캐롤린: 아무도 나갈 수 없어.

노라: 르넷, 내 말 들어. 케일라에 대해서...

르넷: 아니, 됐어! 나중에 얘기하자고!

노라: 아니, 난 나중이 없어, 이 멍청한 년아. 그러니까 잘 들어!

르넷: 알았어, 듣고 있어.

노라: 케일라는 내가 평생 한 일 중에 유일하게 제대로 한거야. 그 애, 꼭 잘 돌봐줘야 해. 알았지? 시간 없어. 얼른.

르넷: 그래, 그래. 그 애를 내 아이처럼 사랑할게. 약속해, 노라. 노라? 노라!

캐롤린: 오, 그런 식으로 날 쳐다보지마. 걔가 죽기를 바랬잖아.

르넷: 어떻게 그렇게 말할 수 있어?

캐롤린: 내가 창녀들을 어떻게 생각하는지 분명히 말한 후에 넌 걔와 네 남편에 대해서 말했어.

르넷: 난 이걸 원하지 않았어. 어떻게 감히 내가 이걸 원했다고 말하는거야?

캐롤린: 입닥쳐!

Lynette: No, I will not shut up! What's the matter with you?!

Carolyn: Have you not been paying attention? My husband cheated on me!

Lynette: Who cares?! Who cares? We all have pain! Everyone in here has pain, but we deal with it! We swallow it and get going with our lives! What we don't do is go around shooting strangers!

Carolyn: She deserved it!

Lynette: Well, maybe you deserved to be cheated on! I'm, I'm, I'm sorry. I shouldn't have said that.

Carolyn: Yeah, you shouldn't have.

르넷: 안돼, 난 입다물지 않을거야! 넌 도대체 뭐가 문제야?!

캐롤린: 지금까지 내 말 못들었어? 내 남편이 바람을 폈다고!

르넷: 그래서? 누가 신경이나 쓴대? 우리 모두 아픔을 갖고 있어. 여기 있는 모든 사람은 아픔이 있지만 헤쳐나가고 있다고. 우리는 맘속으로 삼키고 삶을 살아가고 있다고. 우리가 하지 않는 것은 돌아다니면서 총을 쏘는 일이라고!

캐롤린: 그 여자는 당해도 싸!

르넷: 그래? 그럼 당신은 바람맞아도 쌌겠네! 미안. 그런 말하면 안 됐어.

캐롤린: 그래, 안 했어야지.

American Drama Best Scene 175

이 장면에서 놓치면 안되는 표현들

🔊 **01 How awful it'd be to never~?** …하지 못한다면 얼마나 끔찍하겠어

    A: I've been celibate for at least a year. 적어도 일년간은 성관계를 하지 않았어.
    B: **How awful it'd be to never** have sex. 섹스를 하지 못하면 얼마나 끔찍하겠어.

🔊 **02 What did I say?** 내가 뭐라고 했어?

    A: Can I come out now? Is it time? 이제 내가 나와도 돼? 때가 됐어?
    B: **What did I say?** Stay in your room! 내가 뭐라고 했어? 방에 있으라고!

🔊 **03 put the moves on sb** …을 유혹하다

    A: What has made you so upset? 뭐 때문에 그렇게 화가 났어?
    B: Your fiance tried to **put the moves on** me! 네 약혼자가 날 유혹하려고 했어.

🔊 **04 Why didn't you say so?** 넌 왜 그렇게 말하지 않았어?

    A: I think you and I attended the same school. 너와 나는 같은 학교를 다녔던 것 같아.
    B: You went to my university? **Why didn't you say so?**
    나와 같은 대학을 다녔다고? 왜 그렇게 말하지 않았어?

🔊 **05 You're gonna get through this** 넌 이걸 견뎌낼거야

    A: I'm freaking out! I'm so far behind! 눈앞이 캄캄하군! 내가 너무 뒤쳐졌어.
    B: Take it easy. **You're gonna get through this.** 침착해. 넌 견뎌낼거야.

🔊 **06 We'll work that out later** 그건 나중에 해결하자고

    A: These contracts need to be revised. 이 계약서들은 수정되어야 해.
    B: It's okay, **we'll work that out later**. 알았어, 그건 나중에 해결하자고.

🔊 **07 I don't have all day** 시간이 없어

    A: It will just take a minute to do this. 이거 하는데 금방이면 돼.
    B: Hurry up. **I don't have all day.** 서둘러. 난 시간이 없어.

🔊 **08 Don't look at me that way** 날 그런 식으로 쳐다보지마

    A: You are looking sexy tonight. 너 오늘밤 섹시하게 보여.
    B: **Don't look at me that way.** I don't like it. 날 그런 식으로 쳐다보지마. 난 싫다고.

09 How can you say that? 어떻게 그렇게 말할 수 있어?

A: People think you may have taken some money.
사람들은 네가 돈을 좀 갈취했을지도 모른다고 생각해.

B: How can you say that? I'm very trustworthy.
어떻게 그렇게 말할 수 있어? 난 정말 믿을만한 사람이라고.

10 make it clear where I stand on~ …에 대해 어떻게 생각하는지 분명히 하다

A: None is certain what you'll do about the salary increase.
임금인상건에 네가 어떻게 할까 아무도 확실히 모르고 있어.

B: I'd better make it clear where I stand on that.
그거에 대해 내 입장을 분명히 해야겠군.

11 Don't you dare say that~ 감히 …라고 말하지마

A: This is the worst effort you've made. 이건 네가 한 노력중에서 최악이다.
B: Don't you dare say my work sucks. 내 일이 형편없다고 감히 말하지마.

12 What's the matter with you? 너 왜 그래?, 너 문제가 뭐야?

A: What's the matter with you? You're acting weird.
너 왜 그래? 이상하게 행동하고 있어.

B: I had an unpleasant day at work. 직장에서 불쾌하게 보내서.

13 cheat on sb …몰래 바람피우다

A: How did your marriage break up? 네 결혼이 어떻게 끝난거야?
B: It ended because I cheated on her. 내가 걔 몰래 바람피우다가 끝났어.

14 We deal with it 헤쳐나가다

A: How do you take care of your elderly parents?
네 노부모를 어떻게 돌보고 있어?

B: It's not easy, but we deal with it. 쉽지 않지만 헤쳐나가고 있어.

15 get going with our lives 삶을 살아가다

A: It's nice that you guys bought a house. 너희들이 집을 사서 잘했어.
B: I figured it was time to get going with our lives.
우리 삶을 살아갈 때라고 생각했어.

Americna Drama Best Scene 078

You cannot say these things

당신은 이런 얘기들을 하면 안돼요

>>> Desperate Housewives
Season 3 Episode 21 29:20

르넷과 주방장 릭이 강도들에게 냉장고에 갇히게 되고 CCTV를 보던 남편 톰은 둘사이가 심상치 않다는 것을 느끼고 릭과 함께 점심을 먹는다. 나중에 릭은 르넷에게 톰이 한 말을 해준다. 톰이 내가 당신과 자냐고 물어봤어요(He asked me if I was sleeping with you), 깜짝 놀란 르넷은 What?, I'm so sorry. Oh my God이라고 반응하면서 편집증에 걸린 그 멍청이(That paranoid idiot), 내가 그럴 줄 알았어요(You know, I knew it), 감시 테이프를 볼 때, 톰이 완전히 오해 할 줄 알았어요(I knew when we were watching the surveillance tapes that he would completely misinterpret it)라고 한다. 뭔가 둘사이의 조금의 교감이 오갔다고 생각하는 릭은 톰이 그런 걸까요?(Oh, did he?)라고 하자 르넷은 뭘 그래요(Did he what?)라고 모른 척한다. 릭이 완전한 문장을 만들어준다. **톰이 오해한 걸까요?(Did he misinterpret it?), 아니면 당신과 나는 인정할 수 없는 뭔가 분명한 것을 본걸까요?(Or did he just see what is obvious that you and I can't admit?)**라고 르넷이 회피하고 있는 감정을 툭 찌른다. 여전히 모른척 해야 하는 르넷은 무슨 말하는지 모르겠어요(I don't know what you're talking about), 인정할게 아무것도 없는데요(There's nothing to admit)라고 한다.

이제 릭이 직설적으로 표현한다. 언제까지 우리들 자신을 속일거예요?(How long are we gonna kid ourselves?), 난 당신에게 감정이 있고(I have feelings for you), 당신도 내가 뭔가 느끼고 있다는 걸 알아요(I know you feel something for me)라고 금기된 표현을 해버리고 만다. 르넷이 **화를 내며 그만해요 그런말 하지마요(Stop! Don't say it), 그런 소리 하면 안돼요(You cannot say these things)**라고 서로의 감정을 숨기자고 말하지만 눈치없는 릭은 그러지마요(Come on), 우리는 그게 사실인지 알잖아요(We both know it's true), 우리는 처음 만났을 때부터 계속 시시덕거렸잖아요(We've been flirting since we met)라고 노골적으로 말한다. 르넷이 격노한다. 맞아요, **시시덕거리는거(Yes, flirting), 그게 다예요(That's it!)**라고 외치면서 결혼한 사람들은 다 그래요(It's what married people do), 넘을 수 없는 선이 있다는 것을 알고 있으니까요(because we know there is a line you don't cross), 그리고 내가 그 선에 가까이 근접했을 수도 있어요(And maybe I've gotten close to that line), 아니면 그 선에 가까이 가는걸 즐겼을 수도 있어

331

요(and maybe I've enjoyed getting close to that line), 하지만 난 절대로 그 선을 넘은 적은 없어요(But I have never once crossed it)라고 한다. 릭은 내가 해줄 수 있는 건 별로 없지만(Look, I know I don't have much to offer…)라고 말을 꺼내자 르넷은 난 해줄게 아무것도 없어요(And I have nothing to offer), 난 임자있는 몸이라구요!(I am taken!)라고 소리치며 접시를 깨트린다.

릭은 좋아요(Great), 뭐예요(Now what), 나한테 화난거예요(you're mad at me?)라고 묻자 르넷은 맞아요 화났어요(Yeah, I'm mad!), 함께 하는 저녁을 정말 좋아했기 때문에 화났어요(I'm mad because I loved our nights together), 그리고 계속 말을 이어간다. 그때문에 난 섹시하고 행복하다는 느낌을 가졌고(It made me feel sexy and happy), 그게 얼마나 내가 필요로 했었는데(How I needed that), 이제 다 끝났어요(Now it's over), 당신이 말을 꺼냄으로써 다 망쳤어요(You ruined it)라고 울부짖는다. 마지막으로 당신은 이제 여기서 일할 수 없어요(You can't work here anymore)라고 하자 릭은 날 해고할거예요?(You're gonna fire me?)라고 묻고 르넷은 맙소사, 내가 달리 선택할 수 있어요?(Oh, jeez. What choice do I have?)라고 반문한다.

The Best Lines from <Desperate Housewives>

Lynette: There. Hey…I made you an espresso.
Rick: Great.
Lynette: You okay? You've been so quiet all night.
Rick: I had lunch with Tom today.
Lynette: That's funny. He didn't mention it.
Rick: He asked me if I was sleeping with you.
Lynette: What? I'm so sorry. Oh, my God. I'm so sorry. That paranoid idiot. You know, I knew it. I knew when we were watching the surveillance tapes that he would completely misinterpret it.
Rick: Oh, did he?

르넷: 됐네. 자… 에스프레소 만들어 놨어요.
릭: 고마워요.
르넷: 무슨 일 있어요? 오늘밤 내내 너무 조용했잖아요.
릭: 오늘 톰이랑 점심을 먹었어요.
르넷: 정말? 그런 말은 안 하던데요?
릭: 저한테 당신이랑 자고 있냐고 묻더군요.
르넷: 뭐라고?! 정말 미안해요. 세상에, 미안해요. 그 피해망상 환자 같으니라고. 나 진짜 알았어요. 우리가 CCTV 영상 같이 보던 날, 저 사람이 완전히 오해할거라는 걸.

Lynette: Did he what?

Rick: Uh, did he misinterpret it? Or did he just see what is obvious that you and I can't admit?

Lynette: I don't know what you're talking about. There's nothing to admit.

Rick: Lynette, how long are we gonna kid ourselves? I have feelings for you. I know you feel something for me.

Lynette: Stop! Don't say it! You cannot say these things.

Rick: Come on. We both know it's true. We've been flirting since we met.

Lynette: Yes, flirting! That's it! It's what married people do, because we know there is a line you don't cross. And maybe I've gotten close to that line, and maybe I've enjoyed getting close to that line, but I have never once crossed it.

Rick: Look, I know I don't have much to offer...

Lynette: And I have nothing to offer! I am taken! God!

Rick: Great, great. Now, now what, you're mad at me?

Lynette: Yeah, I'm mad! I am mad because I loved our nights together. It made me feel sexy and happy, and, God, how I needed that. And now it's over. You ruined it. You can't work here anymore.

Rick: Wait...you're gonna fire me?

Lynette: Oh, jeez. What choice do I have?

Rick: Lynette. Lynette, please...

릭: 정말 오해한 걸까요?

르넷: 뭐가요?

릭: 음… 오해한거예요? 아니면, 우리가 애써 부정하는 걸 그냥 본 걸까요?

르넷: 무슨 말 하는거예요? 우리 사이에 부정할 만한 건 없어요.

릭: 르넷, 우리가 얼마나 더 자기기만을 해야 할까요? 전 당신한테 마음이 있어요. 당신도 저한테 뭔가 느끼는 거 알아요.

르넷: 그만해요! 그런 말 하지마요! 그런 말 하면 안돼요.

릭: 제발요. 우리 둘 다 진실이라는 거 알잖아요. 우리 처음 만났을 때부터 계속 장난처럼 눈 맞추고 있었잖아요.

르넷: 그래요, 장난이었죠. 그게 전부예요. 결혼한 사람들은 그래요. 왜냐면 우린 선을 넘지 않는다는 걸 알고 있으니까요. 그리고 어쩌면 제가 그 선 가까이 간 적은 있을지 몰라요. 어쩌면 그게 좋았을지도 모르죠. 하지만 한 번도 넘은 적은 없어요.

릭: 전 줄 게 많진 않지만…

르넷: 그리고 난 줄 게 아무것도 없어요! 난 이미 누군가의 사람이에요! 세상에!

릭: 좋아요, 좋아요. 그러면 이제 저한테 화난거예요?

르넷: 맞아요, 화났어요! 화가 나요, 왜냐면… 우린 함께한 밤들이 정말 좋았거든요. 그 시간이 나를 섹시하고 행복하게 느끼게 해줬고, 그게 나한테 얼마나 필요했는지 몰라요. 그런데 이제 다 끝났어요. 당신이 망쳤어요. 당신은 더 이상 여기서 일할 수 없어요.

릭: 잠깐만요… 절 해고하겠다는거예요?

르넷: 어쩌겠어요? 내가 무슨 선택이 있겠어요?

릭: 르넷… 제발요, 르넷.

이 장면에서 놓치면 안되는 표현들

🔊 **01 ask sb if~** …인지 …에게 물어보다
　A: **Are you doing your work well?** 너 일 잘하고 있어?
　B: **Ask anyone if I am a good worker.** 내가 우수한 직원인지 아무한테나 물어봐.

🔊 **02 I knew it** 그럴줄 알았어
　A: **I was shocked when I got the news.** 내가 그 소식을 듣고 충격을 받았어.
　B: **I knew it. I could see it on your face.** 내가 그럴 줄 알았어. 네 얼굴보고 알 수 있었어.

🔊 **03 I knew when~** 언제 …했다는 걸 알고 있었어
　A: **People were surprised that Leon left.** 사람들은 레온이 떠났다는 사실에 놀랐어.
　B: **I knew when he decided to do it.** 난 걔가 언제 그렇게 하기로 결정했는지 알고 있었어.

🔊 **04 I don't know what you're talking about**
네가 무슨 말을 하는지 모르겠어
　A: **I think you know something about the murder.**
　　네가 살인에 대해 뭔가 알고 있는 것 같아.
　B: **You're crazy. I don't know what you're talking about.**
　　미쳤구만. 네가 무슨 소리를 하는지 모르겠어.

🔊 **05 There's nothing to admit** 인정할게 아무 것도 없어
　A: **Maybe you'll admit something to the cops.** 너 경찰에 뭔가 인정을 하게 될지 몰라.
　B: **There's nothing to admit. I'm innocent.** 난 인정할게 아무 것도 없어. 난 무죄라고.

🔊 **06 How long are we gonna kid ourselves?** 얼마나 오래 우리 자신들을 속일거야?
　A: **Maybe we can save this relationship.** 우리 사이를 살릴 수 있을지도 몰라.
　B: **It's over. How long are we gonna kid ourselves?**
　　끝났어. 얼마나 더 우리 자신들을 속일거야?

🔊 **07 I have feelings for you** 너한테 감정이 있어
　A: **I have feelings for you. I have for a long time.** 난 너를 좋아해. 오랫동안 그랬어..
　B: **Oh please don't tell me that now.** 제발 이제 그런 말 하지마.

🔊 **08 Don't say it** 그런 말 하지마
　A: **I ought to tell our manager what I think of him.**
　　매니저한테 내가 자기를 어떻게 생각하는지 말해야겠어.
　B: **Don't say it. It will only cause problems.** 그런 말 하지마. 문제만 일으킬 뿐이야.

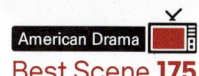

09 flirt 집적대다, 장난치다
A: **So Jessica enjoyed going out?** 그래 제시카는 외출하는걸 좋아했어?
B: **She was flirting with a lot of guys.** 걘 많은 남자들과 농짓거리를 했어.

10 That's it! 바로 그거야!
A: **You wanted to see this textbook?** 이 교과서를 보고 싶었다고?
B: **That's it! That's the one I was looking for!** 바로 그거야! 내가 찾던게 바로 그거야

11 get close to~ …에 근접하다
A: **I hope I can marry a billionaire.** 난 백만장자와 결혼하기를 바래.
B: **You'll never get close to someone like that.**
그런 사람 옆에 절대로 가까이 가지도 못할거야.

12 I am taken 임자있는 몸이다
A: **Would you like to go out with me?** 나하고 데이트할래요?
B: **Sorry, but I'm already taken.** 미안, 난 이미 임자있는 몸이에요.

13 Now what? 이번에 또 뭐야?, 이제 어떻게 하지?
A: **It appears that our car was stolen.** 우리 자동차가 도난당한 것 같아.
B: **So now what? What can we do?** 그럼 어떻게 하지? 우리가 뭘 할 수 있어?

14 You're mad at me? 나한테 화났어?
A: **I'm really pissed off at you right now!** 난 지금 너한테 정말 열받았어!
B: **You're mad at me? That doesn't make sense!** 너 나한테 화났어? 그건 말도 안돼!

15 It made me feel~ 그 때문에 난 기분이 …했어
A: **How was your vacation to Brazil?** 브라질에서의 휴가 어땠어?
B: **It made me feel like I was young again.** 그덕에 난 다시 젊어진 기분이었어.

16 You ruined it 네가 망쳐버렸어
A: **I'm sorry I screwed up your wedding.** 네 결혼식을 망쳐버려서 미안해.
B: **It was my special day and you ruined it.** 특별한 날이었는데 네가 망쳐버렸어.

17 What choice do I have? 내가 달리 선택할게 있어?
A: **So, where are you going now?** 그래, 지금 어디 갈거야?
B: **I'm staying here. What choice do I have?** 난 여기 있을거야. 달리 선택할게 없어.

Americna Drama Best Scene 079

Take this as a compliment as well

>> Desperate Housewives
Season 4 Episode 16 20:06

이것도 칭찬으로 받아줘요

비록 점잖은 표현은 아니지만 우리말이 목사의 입을 통해 나오는 반가운 장면. 브리는 남편 올슨이 마이크를 차로 친 것을 알아내고는 집에서 쫓아냈지만 올슨은 계속 주변을 맴돈다. 브리가 목사님과 저녁식사를 하는 도중 올슨이 들어오는 것을 본 브리는 목사님께 손을 잡아달라(Would you mind terribly if I took your hand?)고 하고 목사님은 기꺼이 손을 잡는다(My hand is at your service).

식사를 마치고 목사가 브리를 집에까지 차로 데려다 준다. 목사가 멋진 저녁이었어요(Well, thank you for a lovely evening, Bree)라고 하고, 저기(You know), 웃기지만(it's funny), 당신을 더 이상 같은 교구민으로 보지 못할 것 같아요(I don't think I'll be able to look at you as just another parishioner anymore)라는 집적대는데 아직 상황파악이 안된 브리는 ==칭찬으로 받아들이겠지만 그렇게 특별대우를 해주시면 안돼요(We mustn't play favorites, although I will take that as a compliment)==라고 한다. 그러자 목사가 일보 전진하려 한다. 그럼 이것도 칭찬으로 받아줘요(Well, take this as a compliment as well)라고 말하며 당신의 눈동자는 달빛이 비친 압록강처럼 빛나요(Your eyes glimmer like the Yalu river on a moolit night)라고 노골적으로 접근하고 이에 당황한 브리는 정말 멋진 색감있는 표현이네요(How colorfully put)라고 피하는데 ==목사는 우리말로 "난 너를 원해"라고 한다. 무슨 말인지 모르는 브리는 그게 무슨 말이예요?(What does that mean?)==라고 물어보고 목사님은 "I want you"라고 통역해준다. 그리고 바로 브리에게 달려드는데 브리는 목사님을 내치면서 그린 목사님(Reverend Green!)이라고 부르지만, 목사는 당신이 식당에서 내 손을 잡았을 때(When you took my hand in that restaurant), 난 짜릿함을 느낄 수 있었고(I could feel the electricity), 그리고 당신도 그렇게 느꼈을거라는 걸 알아요(I know you felt it, too)며 혼자 착각을 하고 있다. 브리는 아녜요, 말씀드렸잖아요(No, I told you), 내 전남편에게 메시지를 보내려 했던 것 뿐이었어요(I was only trying to send a message to my ex)라고 상황을 정리해준다. 아직도 망상에서 못벗어난 목사님은 그러지마요(Oh, please), 우리 둘 사이엔 항상 성적 긴장감이 있었어요(There's always been sexual tension between us), 우리가 같은 종려나뭇잎에 손을 뻗었던 1996년의 종려주일 이후로 말이예요(ever since palm Sunday 1996, when we both reached for the same frond)라고 고백을 한다. 브리는 No라고 외치지만 내가 거절하면 그냥 넘어가는 사람이었더라면(If I took no for an answer), 강원도엔 아직도 242명의 구원받지 못한 영혼이 있을거야(Kangwon Porvince would still have 242 unsaved souls)라며 자신의 북한선교사업을 자랑한다. 동시에 브리에게 달려들어 애무를 시작하는데 브리는 성경책으로 목사의 얼굴을 강타하자 당신은 지금 복잡한 신호를 내보내고 있군요(Well, now you're sending out mixed signals)라며 헷갈려한다. 브리는 그러면 분명한 신호를 보내드리죠(Then let me send you a clear one)라면서 난 당신에게 끌리지 않아요(I am not attracted to you)라고 한다.

The Best Lines from <Desperate Housewives>

Reverend Green: Is everything all right?

Bree: Oh, this is a bit awkward, but my soon-to-be ex just walked in. He's been following me everywhere. Would you mind terribly if I took your hand? Maybe that way, he'll finally get the Idea that I've moved on.

Reverend Green: My hands is at your service.

Bree: Thank you for that.

Reverend Green: It was my pleasure.

Tom: The bail bondsman said he has to run a credit check, then he'll wire the money. So after you've been processed, you can leave.

Lynette: And go where? I can't get within 500 feet of my children. Are you not up to speed on The People Vs. Lynette Scavo?

Tom: We'll figure something out.

Policeman: Mrs. Scavo, It's time to go.

그린 목사: 무슨 일 있으세요?

브리: 아, 좀 난처한데요… 곧 이혼할 남편이 식당에 들어왔어요. 요즘 저를 계속 따라다녀요. 혹시… 제 손 좀 잡아주실래요? 그러면 이제 그 사람이 내가 끝냈다는 걸 깨달을지도 모르니까요.

그린 목사: 제 손은 당신을 위해 준비되어 있습니다.

브리: 고마워요.

그린 목사: 천만에요. 기꺼이 도와 드렸어요.

톰: 보석 보증인이 신용조회부터 해야 한대. 그 다음에 돈을 송금하겠대. 처리 절차 끝나면 나갈 수 있어.

르넷: 그리고… 어디로 가? 이젠 내 아이들 500피트 이내에도 접근할 수 없어. '주 대 르넷 스카보' 사건, 아직도 상황파악이 안돼?

톰: 뭔가 방법을 찾아볼게.

경찰: 스카보 씨, 들어갈 시간입니다.

Lynette: No, you'll figure something out. I have to go back to my cell.

Tom: Honey, I am so sorry. Look, just hang in there. It's only gonna be a couple more hours at the most.

Lynette: How can you talk like that? What else has to happen for you to get what's going on here?

Tom: I do get It. But Kayla's my daughter, so I'm trying to deal with this in a way that protects our family.

Lynette: No, you are trying to stay on the fence while I fight to stop Kyla from destroying us. But look around you, Tom. Look where I am! You have got to do something now. Fix this.

······································

Reverend Green: Well, thank you for a lovely evening, Bree. Oh. You know, it's funny. I don't think I'll be able to look at you as just another parishioner anymore.

Bree: Now, Now. We mustn't play favorites, although I will take that as a compliment.

Reverend Green: Well, take this as a compliment as well. Your eyes glimmer like the Yalu River on a noonlit night.

Bree: Oh. How, Um, colorfully put. (Reverend Green: 난 너를 원해) What Does That Mean?

Reverend Green: I Want You.

Bree: Reverend Green!

Reverend Green: When you took my hand in that restaurant, I could feel the electricity, and I know you felt it, too.

르넷: 아니. 방법은 당신이 찾아. 난 감방으로 돌아가야 해.

톰: 자기야, 정말 미안해. 조금만 더 버텨봐. 기껏해야 몇 시간 안 남았어.

르넷: 어떻게 그렇게 말할 수 있어? 지금 상황이 어떤 건지 정말 모르겠어?

톰: 알고 있어. 하지만 케일라는 내 딸이야. 그래서 우리 가족을 지킬 수 있는 방법으로 대처하려는거야.

르넷: 아니, 당신은 그저 중립을 지키려는거야. 내가 케일라가 우리를 무너뜨리는 걸 막으려고 싸우는 동안. 주위를 좀 봐, 톰. 내가 지금 어디에 있는지 봐. 당장 뭔가 해야 해. 이걸 해결해.

······································

그린 목사: 정말 멋진 저녁이었어요, 브리. 참 재밌죠. 앞으로 당신을 그냥 평범한 교인으로는 못 볼 것 같아요.

브리: 편애하면 안 되지만, 칭찬으로 받아들일게요.

그린 목사: 그럼 이것도 칭찬으로 받아주세요. 당신 눈은 달빛 아래 압록강처럼 반짝여요.

브리: 어머... 참... 시적인 표현이네요. (목사: 난 너를 원해) 그게 무슨 뜻이에요?

그린 목사: 당신이 갖고 싶다는 뜻이에요.

브리: 그린 목사님!

그린 목사: 식당에서 제 손 잡았을 때 전기 흐르는 것 같았어요. 당신도 느꼈잖아요.

American Drama
Best Scene 175

Bree: No, I told you. I was only trying to send a message to my ex.

Reverend Green: Oh, please. There's always been sexual tension between us, ever since palm Sunday 1996, when we both reached for the same frond.

Bree: No!

Reverend Green: Bree, if I took no for an answer, Kangwon Province would still have 242 unsaved souls. Well, now you're sending out mixed signals.

Bree: Then let me send you a clear one. I am not attracted to you.

브리: 아니에요. 전 그냥 제 전 남편한테 메시지 전하려고 했던거예요.

그린 목사: 아, 제발요. 우린 처음부터 성적인 긴장감이 있었어요. 1996년 종려주일 기억 안나세요? 우리 둘이 같은 종려나뭇잎 잡으려 했던거죠.

브리: 안돼요!

그린 목사: 브리, 제가 '아니요'라는 말을 받아들였더라면 강원도엔 아직도 242명의 미개종자가 남아 있었을 겁니다. 지금 좀 헷갈리게 하시네요.

브리: 그럼 분명히 말씀드릴게요. 당신한테 아무 감정 없어요.

 Chris Says: That never happened to me

It means that the speaker never has a certain experience. Possibly they are expressing some envy that another person has had a good experience.
ex. That handsome guy asked you on a date? Oh, that never happens to me!

이 장면에서 놓치면 안되는 표현들

🔊 **01 Would you mind if~ ?** …해도 괜찮겠어?

　A: **Would you mind if** I used the Internet? 내가 인터넷을 이용해도 괜찮겠어?
　B: Sure, just log onto the wireless connection. 그럼, 그냥 무선망에 연결해.

🔊 **02 take that as a compliment** 그걸 칭찬으로 받아들이다

　A: You look pretty good for your age. 너 네 나이치고는 아주 좋아 보여.
　B: I think I'll **take that as a compliment**. 그걸 칭찬으로 받아들일게.

🔊 **03 What does that mean?** 그게 무슨 의미야?

　A: They want you to wait for a while. 걔네들은 네가 잠시 기다리길 바래.
　B: I don't understand. **What does that mean?** 이해가 안돼. 그게 무슨 의미야?

🔊 **04 take no for an answer** 거절을 받아들이지 않다

　A: Matuska is very aggressive with women. 마추스카는 여자들에게 매우 공격적이야.
　B: He never **takes no for an answer**. 걔는 거절을 받아들이지 않아.

🔊 **05 I'm not attracted to you** 난 너한테 끌리지 않아

　A: Do you like the way I look? 내 모습 맘에 들어?
　B: Honestly, **I'm not attracted to you**. 솔직히 말해서, 난 너한테 끌리지 않아.

Americna Drama Best Scene 080

Did I miss anything?

무슨 일 있었어?

>>> **Desperate Housewives**
Season 6 Episode 1 38:10

마이크는 캐서린과 사귀다가 다시 극적으로 수잔과 결혼을 하게 된다. 결혼식을 마치고 결혼식장을 내려가는 그들 앞에 캐서린이 등장한다. 늦어서 미안해(Sorry I'm late), 무슨 일 있었어?(Did I miss anything?)라고 하자 마이크는 이게 무슨?(What the hell?), 당신 여기서 뭐하는거야?(What are you doing here?)라고 따지자, 캐서린은 수잔은 알고 있다(Susan knows)고 한다. 마이크는 결혼식을 망치지 않기 위해, 당신이 뭘 원하는지 모르겠지만(Look I don't know what you want), 조용히 나가줬으면 좋겠어(But I'm asking you nicely to leave)라고 부탁한다. 이어서 그렇지 않으면(And if you don't), 정말이지(so help me God), 내가 직접 교회밖으로 당신으로 끌어낼거야(I will drag you out of this church myself)라 경고한다. 캐서린은 I'm sorry, I just wanted~ 라고 말을 잇지 못하다가 갈게(I'll go)라고 힘 없이 말한다.

캐서린이 돌아서서 걸어나가자 수잔은 Katherine, Wait라고 하고 단상에 올라가 마이크를 잡고 이야기를 시작한다. 안녕하세요, 여러분, 드릴 말씀이 있어요(Hello, everybody. I just wanna say something)라고 하면서 캐서린에게 다가가다 비디오 촬영자에게는 이건 찍지 말아요(Oh, we don't need this on the video)라고 한다. 이제 일장연설을 시작한다. 마이크가 다시 또 결혼 하자고 했을 때(When Mike asked me to marry him, again), 내 인생에서 가장 행복한 날 중의 하루였어요(It was one of the happiest days of my life), 하지만 다른 누군가에게는(But for someone else), 그녀의 세상이 무너지는 날이었어요(It was the day her whole world fell apart)라고 하며 캐서린의 맘을 헤아려준다. 고백할게 있는데요(And I have to admit), 난 신경쓰지 않았어요(I didn't care), 그 순간(In that moment), 난 이기적이었고(I was a selfish person), 그리고 내 행복만 챙겼어요(and I chose my happiness)라고 말한다. 하지만 여러분 모두 내가 그녀의 인생의 길을 바꿔놓은 것에 대해 정말 미안해하고 있다는 것을 알아줬으면 해요(But I want you all to know that I am truly sorry for changing her path)라고 캐서린에게 사과한다. 캐서린도 행복을 찾고(And I hope that Katherine Mayfair finds happiness), 그리고 날 용서해줄 마음을 찾기를(and can find it in her heart to forgive me), 그리고 다시 내 친구가 돼주길 바래요(and be my friend again)라고 화해를 청한다. 감동적인 연설에 캐서린과 수잔은 포옹을 하고 수잔은 도움이 됐기를 바래(I hope that helped)라고 말하지만 캐서린은 솔직히 말해서 아니(Honestly, it didn't)라고 하면서 사죄를 받아들이지 않는다.

The Best Lines from <Desperate Housewives>

Katherine: Sorry I'm late. Did I miss anything?

Mike: What the hell? What are you doing here?

Katherine: Susan knows.

Mike: Look, I don't know what you want, but I'm asking you nicely to leave. And if you don't, so help me God, I will drag you out of this church myself.

Mike: I'm sorry, I just wanted... I'll go.

Susan: Katherine, wait. Hello, everybody. I just want to say something. Oh, we don't need this on the video. When Mike asked me to marry him again, it was one of the happiest days of my life. But for someone else, it was the day her whole world fell apart. And I have to admit, I didn't care. In that moment, I was a selfish person and I chose my happiness. But I want you all to know that I am truly sorry for changing her path. And I hope that Katherine Mayfair finds happiness and can find it in her heart to forgive me, and be my friend again. I hope that helped.

Katherine: Honestly, it didn't.

캐서린: 늦어서 미안해요. 뭐 놓친 거 있어요?

마이크: 뭐야, 대체? 당신 여기서 뭐 하는거야?

캐서린: 수잔은 알아.

마이크: 무슨 의도인지 모르겠지만, 정중하게 말할게. 지금 당장 나가 줘. 안 그러면 맹세컨대, 내가 직접 당신을 이 교회에서 끌어낼거야.

캐서린: 미안해요. 그냥... 하고 싶은 말이 있어서... 갈게요.

수잔: 캐서린, 잠깐만. 어… 안녕하세요, 여러분. 잠깐 말씀드릴게 있어요. 이건 영상에 안 담겼으면 좋겠는데… 마이크가 다시 청혼했을 때, 그건 제 인생에서 가장 행복한 날 중 하나였어요. 하지만 누군가에게는, 그날이 세상이 무너진 날이었죠. 솔직히 말하면, 그땐 신경 쓰지 않았어요. 그 순간엔 이기적인 사람이었고, 제 행복을 선택했어요. 하지만 여러분 모두가 알아줬으면 해요. 그녀의 인생을 바꿔버린 것에 대해 진심으로 미안하게 생각해요. 그리고 저는 캐서린 메이페어가 다시 행복을 찾기를 바랍니다. 그리고 언젠가 그녀 마음속에 저를 용서하고 다시 내 친구가 돼주길 바래요. 도움이 됐길 바래요.

캐서린: 솔직히… 전혀.

이 장면에서 놓치면 안되는 표현들

🔊 **01 Did I miss anything?** 무슨 일 있었어?

  A: I'm back. **Did I miss anything?** 나 왔어. 무슨 일 있었어?
  B: No, it's been very quiet today. 아니, 아주 조용한 하루였어.

🔊 **02 What the hell?** 이게 뭐야?, 도대체 뭐야?, 안될거 없지?

  A: Your best friend called me this morning. 네 절친이 오늘 아침 내게 전화했어.
  B: **What the hell?** You know him? 도대체 뭐야? 걔 알아?

🔊 **03 so help me God** 맹세코, 틀림없이

  A: They say no one can find the killer. 아무도 그 살인자를 찾을 수가 없대.
  B: I'll solve this case, **so help me God!** 맹세코 이 사건을 내가 풀겠어.

🔊 **04 I have to admit,** 인정해야겠네,

  A: Denny just bought that suit. 데니는 저 정장을 샀어.
  B: **I have to admit,** he looks very stylish. 인정해야겠네, 걔 정말 멋져보여.

🔊 **05 find it in one's heart to~** …의 맘속에 …하는 것을 찾다

  A: Rob spent a lot of time with other women. 롭은 다른 여자들과 많은 시간을 보냈어.
  B: Could you **find it in your heart to** forgive him? 걔를 용서할 맘을 찾을 수 있겠어?

🔊 **06 I hope that helped** 그게 도움이 되었기를 바래

  A: It was good to spend a day at the spa. 스파에서 하루 보내는 것은 좋았어.
  B: Well, **I hope that helped you.** 응, 그게 도움이 되었기를 바래.

Americna Drama Best Scene 081

Tell me why you're doing this

>>> **Breaking Bad**
Season 1 Episode 1 36:00

선생님이 왜 이러는지
이유를 말해줘요

월터가 핑크맨의 약점을 잡고 마약제조사업을 시작하게 된다. 하지만 '바른 선생님' 월터가 왜 갑자기 마약업에 뛰어들려고 하는지 궁금한 핑크맨이 대놓고 물어본다. 마약을 만들 캠핑용 차를 사라고 월터에게 돈을 받고서는 물어본다. 왜 이런 짓을 하려는 건지 말해달라(Tell me why you're doing this. Seriously)고 하는데, 월터는 넌 왜 하냐고(Why do you do it?) 반문한다. 핑크맨은 돈 때문이라고 하자(Money, mainly), 월터는 돌아서면서 There you go라고 한다. 이 There you go는 상대방에게 뭔가 주거나 보여줄 때 혹은 여기서처럼 상대방의 말에 동의하면서 하는 말로 "바로 그거야"라는 의미.

궁금증이 풀리지 않은 핑크맨은 그러지 말고 말해줘요(No, come on, man)라고 한다. Come on 역시 권유할 때 등도 쓰이지만 여기서처럼 상대방이 언행에 이해못하겠다면서 던지는 표현이다. 이어서 선생님처럼 올바르게 살아온 사람(Some straight like you)이, 그리고 엄청나게 완고한 사람이(giant stick up his ass…), 갑자기 60이 되어서 망가지기로 하셨나요(all of a sudden at age, what, 60, he's just gonna break bad?)라며 이해못하겠다고 한다. 여기서 break bad는 '심하게 망가지다'라는 의미로 제목인 Breaking Bad로 쓰인 표현이다.

그러자 월터는 I'm 50라고 말하고, 핑크맨은 정말 이상하고 이해가 되지 않는다(It's weird, is all. Okay it doesn't compute)고 말하며 당신이 미쳤거나 우울해서 그런다면 자기한테도 문제가 되기 때문에 자기가 알아야 되는 부분이라고 열변한다(Listen, if you've gone crazy or something, I mean, if you've gone crazy or depressed, I'm just saying. That's something I need to know about. Okay, I mean, that affects me). 이때 월터는 단 한마디로 핑크맨을 벙찌게 한다 (I'm awake).

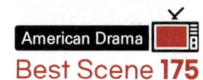

The Best Lines from <Breaking Bad>

Pinkman: You are not how I remember you from class, I mean, like, not at all.

Walter: I gotta go.

Pinkman: Wait, wait. Hold on. Tell me why you're doing this. Seriously.

Walter: Why do you do it?

Pinkman: Money, mainly.

Walter: There you go.

Pinkman: No, come on, man, Some straight like you, giant stick up his ass, all of a sudden at age, what, 60, he's just gonna break bad?

Walter: I'm 50.

Pinkman: It's weird is all, okay? It doesn't compute. Listen if you've gone crazy or something I mean, if you've if you've gone crazy or depressed, I'm just saying that's something I need to know about. Okay? I mean, that affects me.

Walter: I am awake.

핑크맨: 수업에서 봤던 선생님이랑은 완전히 다른데요. 전혀 기억이 안 나요.

월터: 나 가봐야 돼.

핑크맨: 잠깐만요. 왜 이러는 건지 말 좀 해줘요. 진심으로요. 왜 이런 짓을 하는거예요?

월터: 넌 왜하는데?

핑크맨: 주로 돈 때문이죠.

월터: 거 봐! 그거잖아.

핑크맨: 아니, 진짜로 말해봐요! 선생님처럼 바른생활 하는 사람이, 딱 봐도 꼿꼿한 성격의 사람이, 갑자기 나이 60쯤 돼서 이런 짓을 한다고요?

월터: 나, 50이야.

핑크맨: 그냥 이상하단 말이에요, 말이 안 돼요. 혹시 미쳤거나… 그러니까, 우울증이라도 있는 거라면… 그런 건 나도 알아야 해요. 알겠죠? 그건 나한테도 영향을 주는 일이니까요.

월터: 나, 제 정신이야.

Chris Says: One way or another

This means that regardless of the method, something will be accomplished or completed successfully.

345

이 장면에서 놓치면 안되는 표현들

🔊 **01 Tell me why you're doing this** 네가 왜 이러는지 말해봐

  A: **There are some things we've got to talk about.**
   우리가 얘기해야 하는 것들이 있어.
  B: **You need to tell me why you're doing this.** 왜 이러는지 나한테 말해봐.

🔊 **02 Why do you do it?** 너는 왜 이걸 하는거야?

  A: **You're a criminal. Why do you do it?** 넌 범죄자야. 왜 그렇게 하는거야?
  B: **I need money to pay for a drug habit.** 마약상용에 들어갈 돈이 필요해서요.

🔊 **03 There you go** 바로 그거야

  A: **So you've been secretly hiding money?** 그럼 너 몰래 돈을 숨겨놨다고?
  B: **There you go. Now you understand it.** 그렇지. 이제 이해하는구만.

🔊 **04 go crazy** 미치다

  A: **Don't you spend a lot of money in bars?** 술집에서 너 돈 많이 쓰지 않아?
  B: **I'd go crazy if I just stayed home.** 내가 집에만 있다면 내가 미치겠지.

🔊 **05 I'm just saying** 그냥 …라는 말야

  A: **You think Harry may have hurt someone?** 해리가 누굴 다치게 했을거라 생각해?
  B: **I'm just saying that he's dangerous.** 난 단지 걔가 위험하다고 말하는 것뿐이야.

🔊 **06 That's something I need to know about** 그건 내가 알아야 되는거야

  A: **There may be illegal things going on over there.**
   저기에는 불법적인 일들이 벌어지고 있을지 몰라.
  B: **That's something I need to know about.** 그건 내가 알아야 되는 부분인데.

🔊 **07 That affects me** 내게 영향을 미쳐

  A: **The relationship seems to be going bad.** 관계가 나빠지는 것 같아.
  B: **That affects me more than it does you.** 그건 너한테보다는 내게 더 큰 영향을 미쳐.

Americna Drama Best Scene 082

Get off my ass

그만 괴롭허라

>> **Breaking Bad**
Season 1 Episode 2 34:50

집으로 온 전화를 역으로 추적해서 월터에게 전화한 사람은 텔레마케터가 아니라 제시 핑크맨이라는 걸 알게 된 부인 스카일러는 남편에게 묻는다(Who's Jesse Pinkman?). 남편의 학생였다는 것까지 알게 된 스카일러는 최근의 남편의 이상행동과 맞물려 무슨 마약먹고 녹초(druggie burnout)가 됐냐고 따진다. 아무도 아니라는(He's nobody) 월터의 말에 다시 한번 핑크맨하고 무슨 사이냐고(Who's this Jesse Pinkman to you?)하며 되묻는다. 월터는 핑크맨에서 마리화나를 조금 샀다(He sells me a pot. Not a lot. I mean, I don't know. I knid of like it)고 한다. 이 말에 기가막힌 스카일러는 정신나갔냐고 네가 무슨 16살이라도 되는 줄 아냐(Are you out of your mind? What are you, like, 16 years old?), 처남이 마약단속국에 다니는데 너 제정신이냐(Your brother-in-law is a DEA agent. What's wrong with you?)라고 마구 쏘아 붙인다.

월터는 요즘 자신이 예전과 같지 않다(I just haven't quite been myself lately)라고 변명을 대기 시작하자 스카일러는 알기라도 하니 다행이네(Yeah. No shit. Thanks for noticing)라고 한다. 월터는 예전같지 않지만 그래도 당신을 사랑한다고 말하고 아무것도 변한 것은 없다(Nothing about that has changed. Nothing ever will)고 다짐한다. 그리고 아내에게 자기를 그만 괴롭히라(So right now, what I need is for you to climb down out of my ass. Can you do that? Will you do that for me, honey?)고 한다. 이어 표현을 달리하여 다시 한번 부탁인지 경고인지 이번만은 놔두라(Will you please, just once, get off my ass?)고 한다.

The Best Lines from <Breaking Bad>

Skyler: Who is Jesse Pinkman? Jesse Pinkman. He called just this morning, Walt, please don't deny it. It says on his MyShout page he attended Wynne. Was he one of your students?

Walter: Yeah. He was nobody.

Skyler: Who is he to you? Why is he calling? What is this big secret you seem to be discussing with some druggie burn-out? You don't come home last night until 2 in the morning, you don't tell me where you've been. You spent the entire night in the bathroom, Walt. Tell me what's going on with you. Don't you think you owe me that? Who's this Jesse Pinkman to you?

Walter: He sells me pot.

Skyler: He sells you pot? Marijuana, yeah.

Walter: Not a lot. I mean, I don't know. I kinda like it.

Skyler: Are you out of your mind? What are you, like 16 years old? Your brother-in-law is a DEA agent. What is wrong with you?

Walter: Skyler, I just haven't quite been myself lately.

Skyler: Yeah, no shit. Thanks for noticing.

Walter: I haven't been myself lately, but I love you. Nothing about that has changed. Nothing ever will. So right now, what I need is for you to climb down out of my ass. Can you do that? Will you do that for me, honey? Will you, please, just once, get off my ass? You know, I'd appreciate it. I really would.

스카일러: 제시 핑크맨이 누구야? 제시… 제시 핑크맨. 오늘 아침에 그 애가 전화했어, 월트. 부인하지마. 그 애 마이샤웃(MyShout) 페이지 보니까, 윈 고등학교에 다녔더라. 당신 학생이었어?

월터: 그래. 그냥 별 볼 일 없는 애였어.

스카일러: 그 애가 당신한테 누구길래 자꾸 전화해? 대체 당신은 왜 어떤 마약 중독자랑 무슨 비밀 얘기를 하는거야? 어젯밤엔 새벽 2시에 들어오고, 어디 있었는지도 말 안 하고, 밤새 욕실에만 틀어박혀 있었잖아, 월트. 대체 무슨 일 있는거야? 나한테 말해줄 수는 있잖아. 그 정도는 나한테 빚졌다고 생각 안 해? 그 제시 핑크맨이 당신한테 뭐야?

월터: 그 애가… 내게 마리화나 팔아.

스카일러: 뭐라고? 마리화나?

월터: 응, 대마. 많이는 아니고… 그냥… 좀 좋아하게 됐어.

스카일러: 당신 미쳤어? 지금 몇 살인데 그런 짓을 해? 제부는 마약 단속국(DEA) 요원이잖아. 제정신이야?

월터: 스카일러… 요즘 내가 좀 예전 같지 않아서 그래. 그래, 그건 나도 알아.

스카일러: 알기라도 하니 다행이네.

월터: 내가 요즘 나답지 않지만… 당신을 사랑하는 마음만은 변한 적 없어. 앞으로도 절대 변하지 않을거야. 그러니까 지금 내가 필요한 건, 당신이 제발 좀 나한테 잔소리 그만하는거야. 그렇게 해줄 수 있어? 딱 한 번만이라도, 나를 좀 놔줄 수 있어? 정말 고맙겠어. 진심으로.

이 장면에서 놓치면 안되는 표현들

🔊 **01 He's nobody** 걘 아무도 아냐

  A: **Detective Ryan was here asking about you.**
  라이언 형사가 여기와서 너에 대해 물어봤어.
  B: **Forget about him. He's nobody.** 그 사람은 잊어버려. 아무도 아냐.

🔊 **02 Are you out of your mind?** 너 정신나갔어?

  A: **I will convince her to marry me.** 그녀를 설득해서 나와 결혼하자고 할거야.
  B: **Are you out of your mind? It will never work.** 너 정신나갔어? 절대 그렇게 안될거야.

🔊 **03 like,** 거, 뭐,

  A: **You think you'll be able to buy that house?** 넌 네가 저집을 살 수 있을거라 생각해?
  B: **It will be, like, in twenty years or so.** 뭐 한 20년 정도 쯤이면 될거야.

🔊 **04 What's wrong with you?** 너 왜그래?

  A: **I can't continue working for Mr. Thomas.** 토마스 씨 밑에서 더 일못하겠어.
  B: **You're acting stupid. What's wrong with you?** 바보처럼 구네. 너 왜그래?

🔊 **05 I just haven't quite been myself lately** 최근에 내가 제정신이 아니었어

  A: **Are you okay? You look pale.** 너 괜찮아? 창백해보여.
  B: **I just haven't quite been myself lately.** 최근에 내가 제정신이 아녔어.

🔊 **06 No shit** 제기랄

  A: **This house is supposed to be haunted.** 이 집에 귀신 들었대.
  B: **No shit. I heard that a while back.** 제기랄. 얼마 전에 들었어.

🔊 **07 climb down out of one's ass** …을 그만 괴롭히다

  A: **Your work is just not very good.** 네가 하는 일은 그렇게 좋지 않아.
  B: **Why don't you just climb down out of my ass?** 그만 나 좀 괴롭혀.

🔊 **08 get off one's ass** …을 그만 괴롭히다

  A: **You better start behaving yourself.** 행동거지 바르게 해라.
  B: **Look, just get off my ass.** 이봐, 그만 좀 괴롭혀

Just think outside the box here

 Americna Drama Best Scene 083

>>> **Breaking Bad**
Season 1 Episode 6 16:28

창의적으로 생각을 해봐

아내의 간곡한 부탁에 암치료를 받기 시작한 월터는 치료비를 대기 위해 다시 마약제조전선에 뛰어든다. 양질의 마약을 제조하는 월터는 핑크맨의 판매량이 맘에 안든다며 왜 소규모로 파느냐(Why are you selling it in such small quantites?), 1파운드씩 대량으로 파는게 어떠냐(Why don't you just sell the whole pound at once?)고 다그치자 핑크맨은 내가 무슨 알카포네처럼 보이냐(To who? What do I look like, Scarface?)고 되받는데. 불법을 저지르는 대가치고는 너무 적다(This is unacceptable. I'm breaking the law here. This return is too little for the risk), 핑크맨이 오늘 1파운드 양의 마약을 팔 수 있을거라고 생각했는데(I thought you'd be ready for another pound today)라며 핑크맨에게 실망을 표하자 자존심 상한 핑크맨은 화학에 대해서는 잘 알지 모르겠지만 마약판매에 대해서는 아무 것도 모른다(You may know a lot about chemistry, man, but you don't know Jack about slinging dope)고 되받아친다.

월터는 선생님의 시각(?)에서 자기가 보기에 핑크맨의 의욕이 부족해보인다(Well, I'll tell you, I know a lack of motivation when I see it), 그러니 머리를 굴려봐야 된다(Come on, you've got to be more imaginative, you know?), 한마디로 창의적으로 생각을 해보라고(Just think outside the box here) 한다. 치료비를 대야 하는 월터는 대량으로 생산해서 도매로 팔아야 한다고 한다(We have to move out product in bulk, wholesale, now)고 하면서 그러려면 어떻게 해야 하냐(How do we do that?)고 묻는다. 이제야 말귀를 알아들은 핑크맨은 중간도매상을 말하는거냐(What do you mean, like a distributor?)고 말하자 그게 바로 우리가 필요한거다(Yes. That's what we need. We need a distributor now)라고 흥분하며 누구 아는 사람있냐(Do you know anyone like that?)고 물어본다. 그러자 핑크맨은 아는 사람이 있었죠(I mean I used to). 선생님이 그를 죽이기 전까지는요(until you killed him)라고 답한다.

The Best Lines from <Breaking Bad>

Walter: Why are you selling it in such small quanties? Why don't you just sell the whole pound at once?

Pinkman: To who? What do I look like, Scarface?

Walter: This is unacceptable. I am breaking the law here. This return is too little for the risk. I thought you'd be ready for another pound today.

Pinkman: You may know a lot about chemistry, but you don't know jack about slinging dope.

Walter: Well, I'll tell you, I know a lack of motivation when I see it. You've got to be more imaginative, you know? Just think outside the box here. We have to move our product in bulk, wholesale, now. How do we do that?

Pinkman: What do you mean, to a distributor?

Walter: Yes. Yes. That's what we need. We need a distributor now. Do you know anyone like that?

Pinkman: Yeah, I mean I used to, until you killed him.

월터: 왜 그렇게 조금씩 팔고 있는 거야? 그냥 한꺼번에 한 파운드 다 팔면 되잖아?

핑크맨: 누구한테요? 내가 무슨 스카페이스처럼 보여요?

월터: 이건 말도 안 돼. 난 지금 범죄를 저지르고 있어. 이 정도 수익으로는 위험을 감수할 이유가 없어. 난 오늘 또 한 파운드 준비 됐을 줄 알았어.

핑크맨: 선생님은 화학에 대해서는 잘 알지 모르지만, 약을 어떻게 파는지는 하나도 몰라요.

월터: 그래? 근데 의욕이 부족한건 알아보겠더라. 좀 더 창의적으로 생각해야 해, 알겠어? 틀에서 벗어나서 생각해 봐. 우리는 지금 이 물건을 대량으로, 도매로 팔아야 해. 그걸 어떻게 해야 돼?

핑크맨: 무슨 말예요, 유통업자한테 넘기자는거예요?

월터: 맞아, 바로 그거야. 지금 우리한테 필요한 건 유통업자야. 그런 사람 알아?

핑크맨: 알았는데, 선생님이 죽였잖아요.

THINK OUTSIDE THE BOX

이 장면에서 놓치면 안되는 표현들

🔊 **01 What do I look like?** 내가 뭐처럼 보여?

　A: **Want to make some money selling drugs?** 마약을 팔아서 돈을 좀 벌고 싶어?
　B: **What do I look like? An idiot?** 내가 뭐처럼 보여? 바보?

🔊 **02 You don't know Jack about~** …에 대해 아무 것도 모르다

　A: **Some people say I should be a hitman.** 어떤 사람들은 내가 청부살인업자가 되어야 한대.
　B: **You don't know jack about the mafia.** 넌 마피아에 대해 아무 것도 모르잖아.

🔊 **03 I'll tell you,** 저 말이지,

　A: **Have you met the guy in this picture?** 이 사진에 있는 사람 만나본 적 있어?
　B: **I'll tell you, I've never seen him before.** 저 말이지, 난 전에 그 사람을 본 적이 없어.

🔊 **04 You've got to be more~** 넌 더 …해야 돼

　A: **Why aren't they respecting me?** 왜 걔네들 나를 존중하지 않는거야?
　B: **You've got to be more forceful with them.** 넌 걔네들에게 더 단호하게 대해야 돼.

🔊 **05 Think outside the box here** 이 부분에서 창의적으로 생각해봐

　A: **There's no way you can get away with it.** 넌 그것에서 벗어날 방법이 없어.
　B: **We need to think outside the box here.** 우리는 여기서 창의적으로 생각해야 돼.

🔊 **06 How do we do that?** 우리가 어떻게 해야 돼?

　A: **We need these trucks repaired.** 우리는 이 트럭들을 수리해야 돼.
　B: **I understand. How do we do that?** 알아. 우리가 어떻게 해야 돼?

🔊 **07 What do you mean, like~ ?** …같은 것을 말하는거야?

　A: **We came here to see you.** 우린 널 만나러 왔어.
　B: **What do you mean, like, visit me?** 뭐 날 방문하러 왔다는거야?

🔊 **08 That's what we need** 그게 바로 우리가 필요한거야

　A: **You came here to make a deal?** 거래를 하기 위해 여기에 왔다고?
　B: **You have the stuff. That's what we need.**
　　넌 물건이 있잖아. 그게 바로 우리가 필요한거야.

352

Americna Drama Best Scene 084

People sometimes do things for their families

사람들은 가끔 가족을
위해서라면 뭐든지 해

>>> **Breaking Bad**
Season 1 Episode 7 41:05

한증막(sweat lodge)에 갔다 왔다고 거짓말하고 하루일과(마약제조)를 끝내고 돌아온 월터와 동생 Marie가 베이비 샤워에서 준 선물(You know that tiara that Marie gave us? Well, she stole it)을 환불하러 갔다 도난품이라며 도둑으로 몰린(I practically got arrested trying to return it at the store) 스카일러의 대화장면. 만나서 따졌지만 딱 잡아떼고 사과하지도 않는다(She refuses to admit it. She refuses to apologize)고 황당해(I don't know what to do) 한다. 이에 월터는 극의 주제라고나 할 수 있는 말을 한다. 가끔 사람들은 가족을 위해서 뭐라도 한다(People sometimes do things for their families)고. 교과서 같은 삶을 산 월터의 이 말에 놀란 스카일러는 그게 불법적인 걸 정당화할 수 있냐(And, what, that justifies stealing?)고 반문하면서 오늘 갔다 온 한증막때문(That must have been some sweat lodge)일거라고 농담을 하며 당신이 무슨 말을 한 걸 줄이나 아냐(Have you been listening to the words coming out of your mouth?)고 다시 놀라워한다.

월터는 가정법을 써서 만약에 자기가 불법적인 일을 했다면[도둑질을 했다면] 어떻게 하겠냐(What would you do if it were me?)고 물어보는데 무슨 말인지 언뜻 이해못한 스카일러는 What do you mean if it were you?라고 되묻는다. 월터는 내가 훔쳤다면(If it were me, what would you do?) 이혼하려고 했을까(Would you divorce me?) 아니면 경찰에 신고했을까(Would you turn me in to the police?)라고 가정해본다. 스카일러는 곤란한 질문에 모르는게 나을거라(You don't want to find out)고 말을 돌리며 월터에게 키스를 하기 시작한다.

353

The Best Lines from <Breaking Bad>

Walter: Hey, is everything okay?

Skyler: No. Not really. Actually, not at all. You know that tiara that Marie gave us? Well, she stole it. I practically got arrested trying to return it at the store. She refuses to admit it.

Walter: Oh, my God!

Skyler: She refuses to apologize. I don't know what to do.

Walter: People sometimes do things for their families.

Skyler: People sometimes do things for their families? And, what, that justifies stealing? That must have been some sweat lodge. Have you been listening to the words coming out of your mouth?

Walter: What would you do if it were me?

Skyler: What do you mean if it were you?

Walter: If it were me, what would you do? Would you divorce me? Would you turn me in to the police?

Skyler: You don't want to find out.

월터: 있잖아, 무슨 일 있어? 괜찮아?

스카일러: 아니. 사실 하나도 안 괜찮아. 마리가 우리한테 줬던 왕관 기억나? 그거, 마리가 훔친 거야. 응. 나 그거 가게에 환불받으러 갔다가 체포당할 뻔했어. 근데 마리는 절대 인정도 안 하고,

월터: 이런!

스카일러: 사과도 안 해. 나 정말 어떻게 해야 할지 모르겠어.

월터: 사람들은 가끔 가족을 위해 그런 짓도 하잖아.

스카일러: 가족을 위해 그런 짓도 한다고? 그게 도둑질을 정당화해? 진짜 그 한증막 갔다와서 그런 말 하는거야? 당신 지금 무슨 말을 하고 있는 줄이나 알아?

월터: 만약 그게 나였다면, 어떻게 했을거야?

스카일러: 그게 당신이었다면이라고?

월터: 응, 내가 그랬다면, 당신 어땠을거야? 이혼했을까? 경찰에 신고했을까?

스카일러: 모르는게 나을걸.

이 장면에서 놓치면 안되는 표현들

01 I got arrested ~ing 난 …하다가 체포됐어

A: **Sorry to see you got put in jail.** 감방에 들어간 모습보니 안됐네.
B: **I got arrested selling cocaine.** 코카인을 팔다가 체포됐어.

02 refuse to admit it 인정하기를 거부하다

A: **You think Tonia had sex with Barry?** 토니아가 배리하고 섹스했다고 생각해?
B: **She did, but she refuses to admit it.** 그래, 하지만 걘 인정하기를 거부하고 있어.

03 I don't know what to do 어떻게 해야 할지 모르겠어

A: **What happened to your new cell phone?** 네 새로 산 핸드폰 어떻게 된거야?
B: **It was stolen and I don't know what to do.** 도난당했는데 어떻게 해야 할지 모르겠어.

04 do things for one's family 가족을 위해서 뭐라도 하다

A: **How could you start stealing money?** 넌 어떻게 돈을 훔치기 시작한거야?
B: **I did those things for my family.** 가족을 위해서 그랬어.

05 That justifies sth? 그게 …을 정당화해?

A: **I swear that I never hurt anyone.** 절대로 아무도 다치게 하지 않았어.
B: **That justifies the bad things you did?** 그게 네가 한 못된 짓들이 정당화 돼?

06 What would you do if~ ? …하면 너 어떻게 하겠어?

A: **Kevin owes me thousands of dollars.** 케빈은 내게 수천 달러를 빚지고 있어.
B: **What would you do if he didn't pay you back?**
너한테 돈을 갚지 않으면 어떻게 할거야?

07 turn sb in to the police …을 경찰에 신고하다

A: **How did the cops find the fugitive?** 경찰이 어떻게 도망자를 찾았어?
B: **His girlfriend turned him in to the police.** 여친이 경찰에 신고했어.

08 You don't want to~ …하지마라, …하지 않는게 나아

A: **It seems that Ryan is very mysterious.** 라이언은 정말 신비로운 것 같아.
B: **You don't want to know about his past.** 넌 걔 과거를 모르는게 나아.

Americna Drama Best Scene 085

I'm not having an affair, okay?

>>> **Breaking Bad**
Season 2 Episode 4 36:50

난 바람을 피우지 않아, 알았어?

중간도매상 투코로부터 벗어나는 과정에서 월터는 기억상실증을 위장해야 되고 또한 핸드폰이 2개라는 사실이 뽀록난다. 월터는 당분간 조심하면서 가족과 가까워지는데 노력한다. 하지만 사실을 말하지 않고 비밀을 간직하고 있다고 생각하는 부인 스카일러는 남편과 얘기도 하지 않고 매일 집을 비운다. 불법을 저지르면서까지 가족을 지키려는 눈물나는 월터의 비밀에 답답한 스카일러와 이런 월터에 마음의 문을 닫아버린 스카일러에 짜증난 월터는 드디어 서로 폭발한다.

월터는 아내를 달래려고 말을 꺼낸다. 지금까지 자신의 기이한 행동들을 사과하면서 암이라고 해서 그 모든 것의 핑계가 될 수 없다(Having cancer doesn't excuse all that)고, 아내의 좋은 파트너가 되지 못했기(I haven't been a good partner to you) 때문에(and for that) 정말 미안하다고(I'm very sorry) 사과한다. 계속 그는 자신의 진심을 토로한다. I love you and I love this family라고 말하며 우리가 서로 멀어지지 않는 걸 확실히 하고 싶다(And I just want to make sure that we don't lose contact)고 한다. 남편의 사죄에 Thank you. I agree라고 하는 스카일러, 하지만 아직 월터가 비밀을 털어놓지 않자 그게 다냐(Is that it?)고 반문한다.

가족의 생존을 위해 마약을 만들고 있다는 걸 털어놓을 수 없는 월터는 짜증을 내기 시작한다. 스카일러에게 도대체 얼마나 더 이럴거냐(God, how long are you going to do this?)는 짜증에 스카일러는 뭐를?(Do what?)이라고 되묻자 월터는 한 단어를 내뱉으며 폭발을 한다. 이러는거(This). 그리고 이어 말한다. 내게 말을 걸지 않는거(Not talking to me), 하루 종일 외출하면서 어디 갔다왔는지 말안해주는거(Going out all day and refusing to tell me where)를 언제까지 할거냐고 물으며, 당신은 무슨 문제로 자기한테 화가 나 있으니(You are obviously angry with me about something), 서로 터놓고 얘기하자(So, let's talk about it)고 한다. 스카일러의 냉소적인 반응에 월터는 다시 말을 이어간다. 자기가 뭔가 꾸미고 있다고 생각하기 때문에 자기에게 화가 나있다고 생각한다(I feel like you're upset with me because you think that I'm up to something)고 말하며 대화의 장을 한 단계 깊이 한다. 스카일러는 Like what?이라고 비밀을 말해달라고 하지만 월터는 I have no idea, Skyler라고 답답함을 토로한다. 내가 바람을 피운다고 생각하는거야?, 바로 그거냐?, 그래서 이러는거냐?(What, that I'm having an affair? Is that it? Is that what you think?)고 분노한다. 그래서 핸드폰이 두개냐고 물어본거냐?, 내가 바람피운다고 생각하기 때문에?(Is that why you asked me about the, some other phone? Because you think that I'm being unfaithful?)라며 울분을 토한다. 스카일러는 I don't know라고 하자 월터는 So ask me라고 한다. 그러자 스카일러가 드디어 입을 열기 시작한다.

왜 그래야 되냐(Why?)고, 대답은 해줄거냐고(Would you even tell me?)라고 묻는다. 월터는 자신있게 Yes, I would. Of course, I would라고 하며 다시 한번 자신은 바람을 피우는게 아니라(No. I'm not. I'm not having an affair, okay?)고 강조하며 어떻게 해야 자기 말을 믿어주겠냐(No, what do I do to prove that to you?), 맹세를 할까?, 하느님 앞에 오른 손을 들고 맹세할게, 나 바람 안피워(Swear an oath? My right hand to God. I'm not having an affair)라고 자신있게 말한다. 바람을 피우기 때문에 월터가 기이하게 행동한 것은 아니라는 것을 알고 있는 스카일러는 알아들었어(I heard you, Walt)라고 말을 막은 뒤 바람은 피우지 않는구나, 축하해(You're not having an affair. Congratulations)라고 비꼰다. 이 말에 발끈한 월터는 저 말이야 당신이 축하를 받아야지(No you know what? Congratulations to you, Skyler), 대단하군(Great job!)이라고 역시 비꼬며, 이게 뭐하자는거야? 나보고 어쩌라는거야?(I mean, what is this? What do I have to do?), 당신과 대화하려고 하고 있고(I am trying to talk to you, and you~)라고 하자 스카일러가 그럼 얘기해봐(Okay, so talk, Walt!)라고 하며 참고 억누르고 있던 분노와 답답함을 폭발시킨다. 바람 안피운다는 말도 안되는 얘기말고 다른 얘기를 해봐(Shut up and say something that isn't complete bullshit), 뭘 어떻게 해야 할지 모르겠다고?(You want to know what you have to do?)하면서 직설적으로 묻는다. 지금 무슨 일이 벌어지고 있는지 말해봐(You have to tell me what's really going on right now)라고. 당장말해라, 더 이상 변명이나 사과나 이상한 아침식사 준비 등을 말고(Today. No more excuses. No more apologies, No more of these obvious, desperate breakfast), 자기랑 멀어지고 싶지 않다고 했는데(You don't want to lose contact with me, Walt?), 좋아(Good), 그럼 말해봐(So tell me. Now)라고 하는데 월터의 대답은 뭘 말하려는거야(Tell you what?)이라고 반문한다. 이 마지막 두 문장은 현재 둘 사이의 벌어질 수 밖에 없는 간극을 극명하게 보여주는 대화이다.

월터는 나보고 무슨 말을 하라는건지 모르겠어(What is it you want me to tell you? I don't know)라고 하며 뛰쳐나가는 스카일러를 뒤쫓아가며 아직 얘기 끝나지 않았고(We're not done here), 자기가 가족을 위해 뭘하고 있는지 아냐?(Do you know what I've done for this family?)라고 억울해 한다.

The Best Lines from <Breaking Bad>

Walter: I wanted to apologize for everything. My desire for privacy. My emotional unavailability. Having cancer doesn't excuse all that. I haven't been a good partner to you and for that I'm very sorry. I love you. And I love this family. **And I just want to make sure that we don't lose contact.**

Skyler: Thank you. Okay. I agree. Is that it?

Walter: God, how long are you going to do this?

Skyler: Do what?

Walter: This. Not talking to me. Going out all day and refusing to tell me where. You are obviously angry with me about something, so let's talk about it. God. I feel like you're upset with me because you think that I'm up to something.

Skyler: Like what?

Walter: I have no idea, Skyler. What, that I'm having an affair? Is that it? Is that what you think? Is that why you asked me about the, some other phone? Because you think that I'm being unfaithful?

Skyler: I don't know.

Walter: Okay. So ask me.

Skyler: Why? Would you even tell me?

월터: 그동안의 모든 일들에 대해 사과하고 싶어. 내 사생활을 고집했던거, 감정적으로 닫혀 있었던 거…. 암에 걸렸다는 게 그걸 다 정당화하진 않잖아. 난 당신한테 좋은 배우자가 아니었어. 그 점 정말 미안하게 생각해. 난 당신을 사랑해. 그리고 우리 가족도. 우리가 서로 멀어지지 않게 하고 싶어.

스카일러: 고마워. 그래. 나도 동의해. 그게 다야?

월터: 맙소사, 도대체 얼마나 더 이럴거야?

스카일러: 뭐를?

월터: 이거 말야. 내게 말하지 않는 거. 하루종일 나가 돌아다니고 어디갔는지 말도 안하고. 당신은 분명 뭔가 나에게 화가 난거야. 그러니 얘기하자고. 내가 뭔가 꾸미고 있다고 생각하기 때문에 화가 나있다고 생각해.

스카일러: 예를 들어 어떤거?

월터: 난 몰라, 스카일러. 뭐야. 내가 바람을 피운다고 생각하는거야? 바로 그거야? 그래서 그러는거야? 그래서 다른 핸드폰 있는지 물어봤던거고? 내가 바람 피운다고 생각하는거야?

스카일러: 잘 모르겠어.

월터: 그럼 물어봐.

스카일러: 왜? 말해줄거야?

월터: 물론이지. 당연히 말하지. 아니야. 나 바람 안 피워. 알았지? 절대 안 피워. 맹세라도 해야 돼?

Walter: Yes. I would. Of course, I would. And no. I'm not. I'm not having an affair, okay? Now, what do I do to prove that to you? Swear an oath? My right hand to God. I'm not having an affair.

Skyler: I heard you, Walt. You're not having an affair. Congratulations.

Walter: No, you know what? Congratulations to you, Skyler. Great job. What is this? What do I have to do? I'm trying to talk to you, and you…

Skyler: Okay, so talk, Walt. Shut up and say something that isn't complete bullshit. You want to know what you have to do? You have to tell me what's really going on right now. Today. No more excuses. No more apologies. No more of these. These obvious desperate breakfasts. You don't wanna lose contact with me, Walt? Good. Then tell me. Now.

Walter: Tell you what? Skyler. What is it you want me to tell you? I don't know. We're not done here. Skyler. Do you know what I've done for this family?

스카일러: 알았어, 월트. 당신 바람 안 피운다며. 축하해.

월트: 아니, 아니지. 스카일러, 당신이야말로 축하받을 일이네. 잘했다. 대체 이게 뭐야? 내가 뭘 더 해야 돼? 나 지금 당신이랑 진지하게 얘기하려는 중이야, 그런데 당신은….

스카일러: 좋아, 그럼 얘기해, 월트. 닥치고 헛소리말고 진짜 말 좀 해. 당신이 지금 해야 할 건 뭔 줄 알아? 그건 진짜로 무슨 일이 일어나고 있는지 말하는거야. 오늘. 지금. 더 이상 변명도, 사과도, 이렇게 절박한 듯한 아침식사도 필요 없어. 나랑 멀어지고 싶지 않다고? 좋아. 그럼 말해. 지금 당장.

월터: 뭘 말하라는거야? 스카일러, 무슨 말을 듣고 싶은 건데? 난 모르겠어. 아직 얘기 끝나지 않았어. 스카일러, 내가 이 가족을 위해 뭘 해왔는지 알아?

이 장면에서 놓치면 안되는 표현들

🔊 **01 I just want to make sure that~** 난 …을 확실히 하고 싶어

A: **Thank you for calling to see if I was okay.**
내가 잘 있는지 알아보기 위해 전화해줘서 고마워.
B: **I just want to make sure that you're safe.** 네가 안전한지 확실히 하고 싶어서.

🔊 **02 lose contact** 연락이 끊기다, 접촉이 멀어지다

A: **I haven't heard from Athena for years.** 오랫동안 애씨너로부터 소식을 못들었어.
B: **Sometimes you lose contact with people you know.**
때때로 네가 알고 있는 사람들과 연락이 끊기지.

🔊 **03 Is that it?** 바로 그거야?, 그런거야?

A: **Sometimes I start to act a little nuts.** 가끔 난 좀 또라이처럼 행동하기 시작해.
B: **You have some mental issues. Is that it?** 정신건강에 문제가 있구나. 그런거야?

🔊 **04 How long are you going to do this?** 얼마나 더 이렇게 할거야?

A: **I started studying how to do yoga.** 난 요가하는 법을 공부하기 시작했어.
B: **How long are you going to do this?** 얼마나 더 그렇게 할거야?

🔊 **05 I feel like you're upset with me because you think that~** 네가 …라고 생각하기 때문에 내게 화가 난 것 같아

A: **You never cared about anyone besides yourself.** 넌 너 자신밖에 모르잖아.
B: **I feel like you're upset with me because you think that I'm selfish.** 넌 내가 이기적이기 때문에 나한테 화가 난 것 같아.

🔊 **06 be up to something** 뭔가 꾸미다

A: **I hate Jack. I just don't trust him.** 난 잭을 싫어해. 난 걔를 못믿겠어.
B: **Jack is always up to something.** 잭은 항상 뭔가 꾸미고 있어.

🔊 **07 I'm having an affair?** 내가 바람을 핀다고?

A: **I know you've been screwing some blonde.**
네가 금발의 어떤 여자와 섹스하고 있는거 알아.
B: **I'm having an affair? Who told you that?** 내가 바람을 핀다고? 누가 말해줬어?

08 Is that what you think? 그게 네가 생각하는거야?

A: **Be careful. You are going to be in big trouble.** 조심해. 너 큰 어려움에 처할거야.
B: **I'm surprised. Is that what you think?** 놀랐는데. 그게 네가 생각하는거야?

09 What do I do to prove that to you? 내가 그걸 어떻게 너한테 증명하지?

A: **No one believes that you are wealthy.** 네가 부자라는걸 아무도 믿지 않아.
B: **What do I do to prove that to you?** 내가 그걸 어떻게 너한테 증명해?

10 I heard you 알았어, 알아들었어

A: **Did you hear me when I told you to leave?** 내가 나가라고 한 말 알아들었어?
B: **I heard you. I just didn't know what to say.** 알아들었어. 뭐라 해야 할지 몰랐을 뿐야.

11 You have to tell me what~ …을 내게 말해야 돼

A: **I spent all night working on this plan.** 이 계획을 작업하느라 밤을 샜어.
B: **You have to tell me what you want to do.** 넌 네가 뭘 하고 싶은지 내게 말해야 돼.

12 Tell you what? 네게 뭘 말하라고?

A: **You better tell me all about it.** 넌 그것에 대해 모두 다 내게 말해야 돼.
B: **Tell you what? What do you want to hear?**
네게 뭘 말하라고? 무슨 얘기를 듣고 싶은거야?

13 What is it you want me to tell you? 나보고 무슨 말을 하라는거야?

A: **I need to hear some answers from you.** 너로부터 대답을 좀 들어야겠어.
B: **What is it you want me to tell you?** 나보고 무슨 말을 하라는거야?

14 We're not done here 우리 아직 안끝났어

A: **Am I free to go home now?** 이제 집에 가도 돼?
B: **Stick around, we're not done here.** 그대로 있어. 아직 얘기 안끝났어.

15 Do you know what I've done for~? …을 위해 내가 뭘 했는지 알아?

A: **Why do you think he owes you?** 걔가 왜 너한테 빚지고 있다고 생각해?
B: **Do you know what I've done for my boss?** 사장을 위해 내가 뭘 했는지 알아?

Americna Drama Best Scene 086

I take that back

>> **Breaking Bad**
Season 2 Episode 12 31:19

내 말을 취소하겠어요

월터는 거물 중개상 Gustavo와 첫 거래로 많은 돈을 벌었지만 약물에 찌든 제시에게는 돈을 나중에 주겠다고 한다. 그러나 제시의 애인인 제인이 돈얘기를 듣고 월터의 집으로 전화해서 돈을 내놓으라고 한다. 제인의 전화에 놀란 월터는 어떻게 이 번호를 알았는(How the hell did you get this number? Did Jesse give it to you?)지 다그치자 제인은 제시가 원하는 건 더도 아니고 덜도 아니고 원래 받아야 할 자기 몫을 원할 뿐이라(All Jesse wants is what's coming to him. No more, no less)며 돈을 요구한다.

돈얘기에 놀란 월터는 무슨 말이냐(What are you talking about?)고 되묻고 제인이 48만 달러라고 말하자, 제시가 말했구나(He told you about the money)라고 하며 또 한번 제시에 대해 실망한다. 제인은 제시가 모든 걸 얘기한다(He told me everything)고 자랑질을 한다. 어이없어 하는 월터는 이 상황이 뭐하자는건지, 협박하자는거냐고(So, what is this? Some blackmail or something?) 따지지만 제인 왈 제시가 당연히 받아야 할 것을 달라고 말하는 것 뿐이라(This is me telling you to do right by Jesse and bring him what you owe him)고 다시 정리해주며 이건 협박이 아니고 남들한테 부끄럽지 않게 제대로 행동하라(I don't call that blackmail. I call that you getting off your ass and being a decent human being)는 것이라고 야무지게 말한다. 완강한 성격의 월터는 이건 협박이다. 집으로 전화하고 아내와 얘기하고(I call it blackmail. Dialing my number. Talking to my wife), 그리고 돈을 달라고 하는 목적이 뭐냐, 오십만 달러로 얼마만큼의 헤로인을 살 수 있냐(How's your end of this? How much heroin does half a million dollars buy?)라고 비아냥거린다. 그리고 제시의 돈을 보관하고 있는 것 뿐이고 나중에 한 푼도 빠짐없이 다 그가 받을거다(For your information, I'm holding Jesse's money for him, he will receive every last dollar of it. He will, not you), 적당한 때가 되면(At a time when I see fit)이라고 한다. 하지만 지금 돈을 줘서 헤로인을 하게 하지 않겠으니(But I will not contribute to his overdose) 제시한테 약만 끊으면 주겠다고(Now, you tell him, if he gets clean, if you both get clean)하며 불법을 저지르는 가운데서도 꼰대질을 해대는데 이때 제인은 You know what?이라고 월터의 말을 끊고 내 말을 취소하겠다, 이건 협박이다, 내가 당신에 관

362

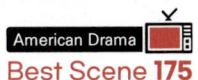

해 아는게 있기 때문인데, 동서가 마약단속요원인 고등학교 교사가 마약딜러가 되었다(I take that back. This is blackmail. Because what I know about you, high school teacher turned drug dealer with a brother-in-law in the DEA)라고 월터의 약점을 걸고 넘어진다. 그것만으로 엄청난 뉴스거리가 될거라(That'd make one hell of a story. National news, I'll bet)고 협박을 하며 오늘밤까지 제시몫을 가져와라, 그렇지 않으면 끝장을 내주겠다고(Do right by Jesse tonight, or I will burn you to the ground) 최후통첩을 한다.

Walter: How the hell did you get this number? Did Jesse give it to you?

Jane: All Jesse wants is what's coming to him. No more, no less.

Walter: What are you talking about?

Jane: Four hundred and eighty thousand.

Walter: He told you about the money.

Jane: He told me everything.

Walter: So, what is this? What, some kind of blackmail or something?

Jane: This is me telling you to do right by Jesse. Bring him what you owe him. I don't call that blackmail. I call that you getting off your ass, and being a decent human being.

월터: 도대체 이 번호는 어떻게 알았어? 제시가 준거야?

제인: 제시는 자기 몫을 받고 싶은 것뿐이에요. 더도 말고 덜도 말고요.

월터: 무슨 소리야?

제인: 48만 달러요.

월터: 그가 돈 얘기까지 했다고?

제인: 그 사람, 전부 다 말했어요.

월터: 뭐야 이거, 협박 같은거야?

제인: 아뇨. 그냥 제시한테 정당하게 하라는거예요. 당신이 그에게 줘야 할 돈, 지금 당장 줘요. 그게 협박이라고 생각 안 해요. 난 그걸 '남들한테 부끄럽게 행동하지 않는 것'이라고 부르죠.

Walter: Well, I call it blackmail. Dialling my number. Talking to my wife. And what's your end of this? How much heroin does a half a million dollars buy? For your information, I am holding Jesse's money for him and he will receive every last dollar of it. He will, not you at a time when I see fit. But I will not contribute to his overdose. Now you tell him, if he gets clean, if you both get clean.

Jane: You know what? I take that back. This is blackmail. Because what I know about you, high-school teacher turned drug dealer, with a brother-in-law in the DEA that would make one hell of a story. National news, I'll bet. Do right by Jesse tonight or I will burn you to the ground.

월터: 난 협박이라 부르겠네. 내 번호 알아내고, 내 아내한테까지 연락한 주제에. 그래서 당신은 뭐가 목적이야? 50만 달러면 헤로인 얼마나 살 수 있어? 참고로 말하자면, 난 제시의 돈을 대신 맡고 있을 뿐이고, 그 돈은 한 푼도 빠짐없이 그에게 갈거야. 당신한테 가는게 아니라, 내가 적절하다고 판단되는 시점에 그에게 갈거야. 하지만, 그의 과다복용에 내가 일조하진 않을거야. 그에게 전해. 그가 약 끊으면, 아니, 당신들도 둘 다 약 끊으면,

제인: 아니, 됐네요. 지금 보니까 이건 협박이 맞아요. 당신에 대해서 내가 아는 걸 생각해봐요. 고등학교 선생이 마약상으로 변하고, DEA 요원이 동서라니, 이거야말로 대박 뉴스거리겠죠? 전국 뉴스감이겠네요. 오늘밤 제시한테 제대로 된 대우를 하세요. 안 그럼 당신을 송두리째 불태워버릴 테니까요.

Chris Says: Coming through

The person is probably indicating that he needs to pass through a crowd of people. It is similar to saying "Excuse me."

이 장면에서 놓치면 안되는 표현들

🔊 **01 How did you get~ ?** 어떻게 …했어?

A: **How did you get** promoted to vice president? 어떻게 부사장으로 승진한거야?
B: I worked very hard at the office. 나 사무실에서 아주 열심히 일했어.

A: **How did you get** my phone number? 넌 어떻게 내 전화번호를 구한거야?
B: I asked Jason to give it to me. 제이슨보고 내게 알려달라고 했어.

🔊 **02 All sb wants is what~** …가 원하는 건 …것뿐이야

A: Carrie seems like she's a greedy person. 캐리는 욕심이 많은 사람같아.
B: **All she wants is what** everyone else has. 다른 사람들이 갖고 있는 건 다 갖고 싶어해.

🔊 **03 This is me telling~** 내가 …라고 말하는거야

A: Are you breaking up with Renee? 너 르네하고 헤어지는거야?
B: **This is me telling** her goodbye. 내가 걔에게 작별인사를 했어.

🔊 **04 do right by** …을 공정하게 대하다

A: Fran wants to be paid by tomorrow. 프랜은 내일 지급받기를 원해.
B: You'll have to **do right by** your cousin. 넌 네 사촌을 공정하게 대해야 돼.

🔊 **05 I don't call that~** 난 그걸 …라고 하지 않아

A: This work is extremely sloppy. 이 일은 정말이지 엉성해.
B: **I don't call that** a good effort. 난 그걸 훌륭했다고 하지 않아.

🔊 **06 How's your end of it?** 이렇게 하는 네 목적은 뭐야?

A: I see your business has gone well. 네 사업이 잘되는걸 알고 있어.
B: **How's your end of it?** 이렇게 말하는 네 목적은 뭐야?

07 at a time when I see fit 내가 적당하다고 생각하는 때에

A: When are you going to finish fixing the TV? TV 수리를 언제 끝낼거야?
B: I'll do it at a time when I see fit. 내가 적당하다고 생각하는 때에 할게.

A: When are you going to visit the dentist? 너 언제 치과에 갈거야?
B: I'll make an appointment at a time when I see fit.
내가 적당하다고 생각하는 때에 예약할게.

08 You know what? 저 말이야

A: You should've never gotten involved with him.
넌 걔와 절대 사귀지 말았어야 했는데.
B: You know what? I really regret it. 저 말이야, 나 정말 후회하고 있어.

09 I take that back 내가 취소할게

A: You called me stupid last night. 넌 지난밤에 날 바보라고 했어.
B: I take that back. I never meant it. 내가 취소할게. 절대 진심이 아녔어.

10 make one hell of a story 엄청난 이야기가 되다

A: I've traveled all over the world and seen many things.
난 전세계를 일주하며 많은 것들을 봤어.
B: Your life would make one hell of a story. 네 인생은 엄청난 이야기가 되겠어.

A: I'm writing an article about my African trip. 아프리카 여행에 관한 기사를 쓰고 있어.
B: It will make one hell of a story. 아주 엄청난 얘기가 되겠어.

11 I'll bet 왜 안그러겠어, 그렇겠지

A: My daughter causes me a ton of stress. 내 딸 때문에 엄청나게 스트레스를 받아.
B: I'll bet. She is always in trouble. 왜 안그러겠어. 걘 항상 사고뭉치잖아.

A: The police have been looking for Jeb. 경찰은 젭을 찾고 있어.
B: I'll bet he's really nervous right now. 걔 지금은 엄청 초조해하는게 분명해.

12 burn sb to the ground 다 불태우다, …을 끝장내다

A: How did the shed catch on fire? 어떻게 헛간에 불이 붙었지?
B: He decided we'd burn it to the ground. 걘 우리가 그걸 다 불태울 것을 결정했어.

Americna Drama Best Scene 087

I thought I made myself very clear

내가 분명히 말한 것 같은데

>>> **Breaking Bad**
Season 3 Episode 2 34:50

월터는 별거중이고 아내는 이혼을 요구하고 있다. 이제 그 유명한 피자씬이 나온다. 아들이 월터를 찾아오자 커다란 피자를 사서 아들과 함께 집으로 가는 월터는 아내와 대화를 시도하려고 한다. 하지만 피자를 사왔다(Brought pizza)고 하자 저녁 준비하고 있다(I'm making dinner)라는 차가운 반응만이 올 뿐이다. 월터는 그럼 냉장고에 두고 내일 먹으면 더 맛있을거야(Okay. I'll put it in the fridge. It's even better the next day, huh?)고 납작 엎드린다. 그래도 반응이 없자 사람을 어떻게 이렇게 밖에 세워두느냐, 함께 앉아서 피자를 먹으면서 어른들처럼 문제를 해결하자(Skyler. Honey. What kind of example do we want to set here? Right? I mean, can't we at least just sit down and eat a piece of pizza together? Just hash things out like adults?)고 한다.

그러나 스카일러는 차갑게 할 얘기는 다했다(We have discussed everything we need to discuss)고 단칼에 자르며 자기는 자기 의사를 명백하게 전달한 걸로 안다(I thought I made myself very clear)고 하는데, 간절한 월터는 피자에 치즈 스틱도 있다(I got dipping sticks)고 구걸한다. 문전박대당한 월터는 분노를 참지 못하고 피자를 집어던지는데 공교롭게도 지붕 위로 피자가 떨어진다. 담날 아침 실의에 빠져 자고 있는데 아내의 전화가 온다. 아침에 신문가지러 갔는데 지붕에 피자가 있더라, 이거에 대해 아는게 있냐 물으면서(When I went out this morning to get the newspaper, I saw a pizza on our roof. Would you know anything about that?), 스스로를 통제하고 진정하고 상황을 받아들이고 거리를 두라(Listen to me, Walt. You need to control yourself. Calm down, accept the situation and keep your distance)고 한다. 그렇지 못하면 접근 금지명령을 신청할거(If you can't manage that, I will get a restraining order)라고 한다. 그러자 월터는 지금 이렇게 떨어져 사는게 접근금지명령이다(I got your restraining order right here)라고 분노한다.

The Best Lines from <Breaking Bad>

Walter: Brought pizza.

Skyler: Yeah. Well, I'm making dinner.

Walter: Oh, okay. I'll just, uh, put it in the fridge. It's even better the next day, huh? Skyler, Honey, what kind of example do we want to set here? Right? I mean, can't we at least just sit down and eat a piece of pizza together? Just to hash things out like adults?

Skyler: You know, we have discussed everything we need to discuss. I thought I made myself very clear.

Walter: I got dipping sticks.

Skyler: (on the phone) When I went out this morning to get the newspaper, I saw a pizza on our roof. Would you know anything about that? Listen to me, Walt. You need to control yourself. Calm down, accept the situation, and keep your distance. If you can't manage that, I will get a restraining order.

Walter: Skyler. I got your restraining order right here! Restrain this! Oh.

월터: 피자 사왔어.

스카일러: 그래. 근데 나 저녁 만들고 있어.

월터: 아, 그래? 그럼 냉장고에 넣어둘게. 다음 날 먹으면 더 맛있잖아, 그치? 스카일러, 자기야. 어떻게 사람을 이렇게 밖에 세워둬? 적어도 앉아서 피자 한 조각 같이 먹으면서 어른답게 얘기 좀 할 수는 없을까? 서로 이야기 좀 정리하고.

스카일러: 우리는 이야기할거 다 했어. 내가 충분히 분명히 말했잖아.

월터: 딥핑 스틱도 샀어!

스카일러:(전화에서) 오늘 아침 신문 가지러 나갔는데, 우리 집 지붕 위에 피자가 있더라. 혹시 이거에 대해서 아는거 있어? 잘 들어, 월트. 당신, 이성 좀 챙겨. 진정하고, 현실을 받아들여. 그리고 거리를 좀 둬. 그게 안되면, 접근금지명령 신청할거야.

월터: 지금 이렇게 떨어져 사는게 접근금지명령이야

이 장면에서 놓치면 안되는 표현들

🔊 **01 make dinner** 저녁을 준비하다

A: **Hey, slow down. Do you have to leave so soon?** 서두르지마. 일찍 가야 돼?
B: **I've got to get home and make dinner.** 집에 가서 저녁을 준비해야 돼.

🔊 **02 hash ~ out** …을 해결하다, 논의하다

A: **It's too late to go over the agreement.** 합의한 것을 검토하기에는 너무 늦었어.
B: **We can hash the details out tomorrow.** 우린 내일 세부사항을 논의할 수 있어.

🔊 **03 make myself clear** 내 생각을 분명히 하다

A: **There are a lot of misunderstandings at work.** 직장에서 많은 오해들이 있어.
B: **I better make myself clear to the boss.** 난 사장에게 내 생각을 분명히 해야겠어.

🔊 **04 go out to~** 나가서 …하다

A: **Why isn't your co-worker here?** 네 동료는 왜 여기에 없는거야?
B: **He had to go out to meet someone.** 갠 누굴 만나러 가야 했어요.

🔊 **05 Would you know anything about~ ?** …에 대해 뭐 좀 아는거 있어?

A: **Would you know anything about fixing a heater?**
히터 고치는거 뭐 좀 아는거 있어?
B: **No, I'm terrible at repairing things.** 아니, 난 뭐 수리하는데 젬병이야.

🔊 **06 Listen to me** 내 말들어봐

A: **I drank a bottle of wine again last night.** 지난밤에 다시 와인 한 병을 마셨어.
B: **Listen to me, we can't continue with this.** 내 말들어봐, 우리는 이렇게 계속 할 수 없어.

🔊 **07 You need to control yourself** 넌 자신을 통제해야 돼

A: **This whole thing has me freaking out!** 이 모든 것 때문에 내가 질겁을 했어!
B: **Relax, you need to control yourself.** 진정해, 넌 자신을 통제해야 돼.

🔊 **08 keep one's distance** 거리를 두다

A: **Rob was very unfriendly to the guests.** 롭은 손님들에게 매우 친절하지 않았어.
B: **It was strange. He kept his distance.** 이상했어. 갠 거리를 뒀어.

369

Americna Drama Best Scene 088

I did it for us

>> **Breaking Bad**
Season 3 Episode 3 39:21

난 우리를 위해서 그랬어

별거 중이던 월터는 일방적으로 집에 들어오고 아내에게 마약제조로 번 돈을 보여주며 자기가 왜 마약을 제조했는지를 절망적인 심정으로 토해내는 장면이다. 먼저 자기가 불법적인 일을 저질렀지만 충분한 이유가 있었다(I've done a terrible thing, but I did it for a good reason)고 말하면서 극의 주제라고 할 수도 있는 월터의 절박한 심정을 I did it for us라고 표현한다.

좀 더 구체적으로 들어가서 아들의 학비와 갓태어난 홀리의 교육비, 가족들의 건강보험과 특히 아들의 장애치료와 과외비, 그리고 식료품비, 기름값, 파티비용 등을 위한 것이라(That is college tuition for Walter Junior and Holly, 18 years down the road. Then it's health insurance for you and the kids, for Junior's physical therapy, his SAT tutor. It's money for groceries and gas, for birthdays and graduation parties)고 한다. 그리고 자기가 죽으면 이 집에 걸려 있는 담보대출은 아내의 파트타임 회계원 월급으로는 갚을 여력이 안될 것이라(That money is for this roof over your head, the mortgage that you are not going to be able to afford on a part-time bookkeeper's salary when I'm gone)고 말한다.

그런 다음, 이 돈은 훔친 것도 아니고 다른 사람의 것도 아니고 내가 번 것이다(This money, I didn't steal it. It doesn't belong to anyone else. I earned it)라고 말하고 돈을 벌기 위해 한 일들, 해야만 했던 일들을, 자기는 그래야만 했다(The things I've done to earn it, the things I've had to do, I've got to live with them)고 어쩔 수 없음을 토로한다. 그리고 간곡히 부탁한다. 만약 이 돈을 받아주지 않는다면 자기가 가족을 위해 한 모든 희생은 수포로 돌아간다(Skyler. All that I've done, all the sacrifices that I have made for this family, all of that will be for nothing, if you don't accept what I've earned. Please)고 하면서 퇴근할 때까지 집에 있을테니까 그때 답을 달라고 한다(I'll be here when you get home from work, You can give me your answer then).

The Best Lines from <Breaking Bad>

Walter: I've done a terrible thing, but I did it for a good reason. I did it for us. That is college tuition for Walter Junior and Holly, Huh? Then it's health insurance for you and the kids, for Junior's physical therapy, his SAT tutor. It's money for groceries and gas, for birthdays and graduation parties. Skyler, that money is for this roof over your head, the mortgage that you are not going to be able to afford on a part-time bookkeeper's salary when I'm gone.

Skyler: Walt, I,

Walter: Please. Please. This money I didn't steal it. It doesn't belong to anyone else. I earned it. The things I've done to earn it, the things I've have to do, I've got to live with them. Skyler. All that I've done, all the sacrifices that I have made for this family, all of that will be for nothing if you don't accept what I've earned. Please. I'll be here when you get home from work. You can give me your answer then.

월터: 내가 끔찍한 일을 저질렀어. 하지만 그건 다 이유가 있었어. 우리를 위해서 한거야. 저건 월터 주니어와 홀리의 대학 등록금이야. 알겠어? 그리고 당신이랑 애들 건강보험이기도 해. 주니어의 물리 치료비, SAT 과외비. 식료품 값, 기름값, 생일 파티, 졸업식 비용까지 포함이야. 스카일러, 저 돈은 지금 네 머리 위에 있는 이 지붕, 그러니까 이 집의 담보 대출금이야. 내가 떠난 뒤, 당신 파트타임 경리 월급으로는 감당 못할 그 집 대출 말이야.

스카일러: 월트, 난,

월터: 제발. 부탁이야. 이 돈은 내가 훔친게 아니야. 그 누구의 것도 아니야. 내가 벌어들인거야. 그 돈을 벌기 위해 내가 해 온 일들, 해야만 했던 일들..., 그건 내가 평생 짊어지고 가야 할 짐이야. 스카일러, 내가 한 모든 일들 내가 이 가족을 위해 희생해 온 모든 것들이 네가 그 돈을 받아들이지 않으면 전부 아무 의미도 없어져. 부탁이야. 내가 여기 있을게. 당신이 퇴근하고 돌아올 때까지. 그때 당신의 대답을 해줘.

이 장면에서 놓치면 안되는 표현들

🔊 **01 I've done a terrible thing** 내가 끔찍한 일을 저질렀어

    A: It seems you are an unhappy person. 넌 불행한 사람처럼 보여.
    B: I've done a terrible thing and can't forgive myself.
       내가 끔찍한 일을 저질렀고 나 자신을 용서하지 못하겠어.

🔊 **02 I did it for a good reason** 난 선의로 그걸 했어

    A: Did you strip naked and run down the street?
       너 나체로 옷을 벗고 거리를 뛰어갔어?
    B: Don't laugh. I did it for a good reason. 웃지마. 난 선의로 그렇게 한거야.

🔊 **03 ~over one's head** 능력밖인, 감당할 수 없는

    A: Don has been a terrible manager. 돈은 매니저로 아주 으악이야.
    B: He's in over his head at this job. 걘 자기 일을 감당하지 못해.

🔊 **04 It doesn't belong to~** 그건 …에 속하지 않아

    A: Whose car is parked in the driveway? 드라이브웨이에 주차된 차 누구꺼?
    B: It doesn't belong to anyone here. 여기 있는 사람 누구의 것도 아냐.

🔊 **05 I earned it** 내가 번거야

    A: It must be nice to be a millionaire. 백만장자가 되는 것은 멋진 걸거야.
    B: I earned it by working many years. 오랫동안 일하면서 내가 번거야.

🔊 **06 I've got to live with sth** 난 …을 감수해야 돼

    A: You should have never committed the crime. 넌 죄를 짓지 말아야 했는데.
    B: I've got to live with the problems it caused. 내가 초래한 문제를 감수해야지.

🔊 **07 make sacrifices for** …을 위해 희생하다

    A: I have to go pick up my son at school. 난 학교에 가서 아들을 픽업해야 돼.
    B: You always make sacrifices for your kids. 넌 항상 아이들을 위해 희생하더라

I'm not in danger, I'm the danger

위험에 빠진게 아니라
내 자체가 위험이야

>>> **Breaking Bad**
Season 4 Episode 6 08:33

세차장을 직접운영하며 돈세탁을 직접하겠다는 스카일러는 월터의 목숨이 위험에 처해있다는 것을 알고는 경찰에 가자고 하지만(I've said it before. If you are in danger, we go to the police), 월터는 경찰얘기는 듣고 싶지 않다(Oh, no. I don't want to hear about the police) 고 한다. 스카일러는 don't 대신 do not으로 강조하며 가볍게 얘기하는게 아니다(I do not say that lightly), 신고하면 어떻게 되는지 알지만(I know what it could do to this family), 그게 유일한 선택사항이고, 그렇게 되거나 혹은 문을 열다가 총에 맞아 죽거나(But if it's the only real choice we have, if it's either that or your getting shot when you open your front door) 라면서 말을 이어가자, 월터가 다시 경찰얘기를 듣고 싶지 않다고 말을 끊자 스카일러는 너는 흉악범은 아니지 않냐(You're not some hardened criminal, Walt), 네가 감당할 범위를 벗어났고(You're in over your head), 그렇게 경찰에 말하자, 그게 사실이니까(That's what we tell them. That's the truth)라고 설득한다. 월터는 That's not the truth라고 말하지만 스카일러는 사실이라고 말하며 월터의 상황을 A school teacher, cancer, desperate for money?라고 하는데 월터는 얘기 그만두자고(We're done here) 한다. 스카일러는 꾀임에 속아 일을 시작했는데 그만둘 수도 없다(Roped into working for~, unable to even quit?)라고 경찰에 말하자고 한다. 내게 그렇게 말하지 않았냐(You told me that yourself, Walt)라고 다그치며 자기가 무슨 생각을 했던거지(What was I thinking?)라며 자책한다. 그리고 이 모든 일을 합리화하지 말고 네가 위험에 처해있다는 것을 인정하자(Let both of us stop trying to justify this whole thing and admit you're in danger)라고 한다.

이때 월터가 현실을 얘기하기 시작한다. 지금 누구랑 얘기하는 줄이나 아냐(Who are you talking to right now?), 네가 보는 사람이 누구라고 생각하느냐(Who is it you think you see?), 내가 일년에 얼마를 버는 줄 아느냐, 말해도 믿지 못할거다(Do you know how much I make a year? I mean, even if I told you, you wouldn't believe it), 내가 일을 관두면 어떤 일이 생길 줄 아냐(Do you know what would happen if I suddenly decided to stop going in to work?)고 질문포화를 던지고, 나스닥에 상장될 정도의 큰 기업체가 망해서 없어질거라(A business big

373

enough that it could be listed on the NASDAQ, goes belly-up, disappears)고 한다. 자기 없이는 존재하지 않는다(It cease to exist without me. No)고 하면서 네가 지금 누구하고 얘기하고 있는 줄을 모르니 힌트를 주겠다(You clearly don't know who you're talking to, so let me clue you in)고 하면서 자기는 위험한 상황에 처한게 아니라 자기 자신이 바로 위험이라고 (I'm not in danger, Skyler. I am the danger) 말한다.

The Best Lines from <Breaking Bad>

Skyler: I've said it before. If you are in danger, we go to the police.

Walter: Oh, no. I don't want to hear about the police.

Skyler: I do not say that lightly. I know what it could do to this family. But if it's the only real choice we have, if it's either that, oh or your getting shot when you open your front door…

Walter: I don't want to hear about the police.

Skyler: You're not some hardened criminal, Walt. You're in over your head. That's what we tell them. That's the truth.

Walter: That is not the truth.

Skyler: Of course it is. A schoolteacher, cancer, desperate for money?

Walter: Okay, we're done here.

스카일러: 나도 여러 번 말했지만, 당신이 위험에 처했다면 우리 경찰에 가야 해.

월터: 안 돼. 경찰 얘긴 듣고 싶지 않아.

스카일러: 그 말을 가볍게 하는 건 아냐. 그게 우리 가족에게 어떤 영향을 줄지 알아. 하지만 그게 우리가 가진 유일한 현실적인 선택지라면, 그게 당신이 문 열다가 총을 맞는 것과 비교될 수 있다면…

월터: 그러니까 경찰 얘긴 그만하라고.

스카일러: 당신은 무슨 흉악범은 아니야, 월트. 당신은 지금 자기가 감당할 수 없는 일에 휘말린거야. 우리가 경찰에 그렇게 말하면 돼. 그게 진실이잖아.

월터: 그건 진실이 아니야.

스카일러: 당연히 진실이지. 학교 교사가 암에 걸려서 돈이 절박해져서 그런거라고?

월터: 좋아, 얘기 그만하자고.

Skyler: Roped into working for-- Unable to even quit? You told me that yourself, Walt. Jesus, what was I thinking? Walt, please. Let's both of us stop trying to justify this whole thing and admit you're in danger.

Walter: Who are you talking to right now? Who is it you think you see? Do you know how much I make a year? I mean, even if I told you, you wouldn't believe it. Do you know what would happen if I suddenly decided to stop going in to work? A business big enough that it could be listed on the NASDAQ goes belly-up, disappears. It ceases to exist without me. No. You clearly don't know who you're talking to, so let me clue you in. I am not in danger, Skyler. I am the danger.

스카일러: 꾐에 속아 일을 시작했는데 그만 둘 수 없었다? 그렇게 내게 말했잖아, 월트. 맙소사, 내가 무슨 생각이었지? 월트, 제발. 우리 둘 다 이 모든 일을 합리화 하지 말고 네가 위험에 처해있다는 것을 인정하자.

월터: 지금 누구랑 얘기하는 줄이나 알아? 네가 보는 사람이 누구라고 생각해? 내가 일년에 얼마를 버는 줄 알아? 말해도 믿지 못할거야. 내가 일을 관두면 어떤 일이 생길 줄 알아? 나스닥에 상장될 정도의 큰 기업체가 망해서 없어질거야. 나 없이는 존재하지도 않아. 안되지. 당신이 지금 누구하고 얘기하는 줄 모르니 힌트를 줄게. 난 위험에 빠진게 아냐, 내 자신이 바로 위험이라고.

이 장면에서 놓치면 안되는 표현들

🔊 01 I've said it before 내가 전에 말했잖아

A: **No one likes the new rules.** 아무도 새로운 규칙을 좋아하지 않아.
B: **I've said it before, they will cause problems.**
내가 전에 말했듯이, 문제들을 초래할거야.

A: **We are going to wear pajamas all day.** 우리는 종일 파자마를 입고 있을거야..
B: **I've said it before, this seems ridiculous.** 내가 전에 말했듯이, 우스워보일거야.

🔊 02 I do not say that lightly 가볍게 그걸 얘기하는게 아냐

A: **What do you think of Dr. Phillips?** 필립스 박사 어떻게 생각해?
B: **He's a genius, and I do not say that lightly.** 천재야, 내가 가볍게 말하는게 아냐.

A: **You seem to have great respect for your dad.**
너 네 아빠를 무척 존경하는 것같이 보여.
B: **He's a great man. I do not say that lightly.** 대단한 분이셔. 그냥 하는 말이 아냐.

🔊 03 I know what it could do to~ 그게 …에게 어떻게 되는지 알아

A: **Joe will have problems after losing his job.** 조는 실직을 한 후에 문제들이 생길거야.
B: **I know what it could do to his family.** 그게 그의 가족에게 어떻게 될런지 알아.

🔊 04 You're in over your head 네가 감당하기 힘든 상황이야

A: **My new job has me so stressed out.** 내 새로운 일로 스트레스를 엄청 받아.
B: **Admit it. You're in over your head.** 인정하라고. 네가 감당하기 힘든 상황이야.

A: **Every day I feel more stressed out.** 매일 난 스트레스를 엄청 받아.
B: **That's because you're in over your head.** 네가 감당하기 힘들 정도로 일하기 때문이야.

🔊 05 We're done here 다했어, 끝났어

A: **You got anything else for us to do?** 우리가 뭐 할 다른 일 있어?
B: **We're done here. Let's go home.** 끝났어. 집에 가자.

A: **I think we've discussed everything.** 우리 다 토의를 한 것 같아.
B: **We're done here. Let's go.** 우리 끝났어. 가자.

06 What was I thinking? (후회하면서) 내가 무슨 생각을 했던거지?, 내가 왜 그랬을까?

A: **Are you sure you want to date Warren?** 너 정말 워렌과 데이트하고 싶은거야?
B: **What was I thinking? I can't do this.** 내가 왜 그랬을까? 그렇게는 못해.

A: **You shouldn't have told her you were working late.**
넌 걔한테 야근한다고 얘기하지 말았어야 했는데.
B: **What was I thinking? She'll never believe it.**
내가 왜 그랬을까? 걘 절대로 그걸 믿지 않을거야.

07 You wouldn't believe~ 넌 …을 믿지 않을거야

A: **I like the ring that you're wearing.** 네가 끼고 있는 반지가 맘에 들어.
B: **You wouldn't believe how much it cost.** 그게 얼마짜리인지 넌 믿지 못할거야.

A: **You wouldn't believe the things I've seen.** 넌 내가 본것들을 믿지 않을거야.
B: **I know your life has been interesting.** 네 인생이 흥미롭다는걸 알고 있어.

08 Do you know what would happen, if~ …하면 어떻게 될지 알아?

A: **I don't think Clara will get a divorce.** 클라라가 이혼할거라 생각하지 않아.
B: **Do you know what would happen if she did?** 걔가 그러면 어떻게 될지 알아?

09 go belly-up 폭싹 망하다

A: **The service in this store sucks.** 이 가게의 서비스는 형편없어.
B: **The whole place is starting to go belly up.** 가게 전체가 망하기 시작하고 있어.

A: **This store never has many customers.** 이 가게는 손님이 항상 적어.
B: **It's about to go belly up.** 곧 망하겠네.

10 clue sb in …에게 힌트를 주다

A: **There's a big problem at our headquarters.** 본사에 큰 문제가 있어.
B: **Can someone clue me in about that?** 누가 그것에 대해 힌트를 줄 수 있어?

A: **Sylvia doesn't understand the rules.** 실비아는 규칙들을 이해하지 못해.
B: **You had better clue her in.** 넌 걔한테 힌트를 줘봐.

Americna Drama Best Scene 090

Live life on your own terms

>>> **Breaking Bad**
Season 4 Episode 8 05:22

자신의 삶을 살아라

병원에 PET스캔을 받으러 온 월터가 암에 걸린 젊은 환자와 대화를 하는 장면. 젊은이에게 하는 말을 통해 월터가 암에 걸린 후 어떤 신조로 살아가는 지를 엿볼 수 있다.

젊은 환자는 갑자기 암에 걸려 인생을 포기하고 통제력을 잃게 되었다고 하자, 월터는 절대 통제력을 포기하지 말고 자신의 삶을 살라(Never give up control. Live life on your own terms)고 충고한다. 젊은 환자는 무슨 말인지는 알겠지만 다른 것이 아니라 암이지 않냐(Yeah, no. I get what you're saying. But cancer is cancer, so,)고 한다. 암이 무슨 대수냐(Oh, to hell with your cancer), 난 반년 넘게 암진단받고 살고 있고(I've been living with cancer for the better part of a year), 처음에는 사형선고였고(Right from the start, it's a death sentence), 다들 사람들이 그렇게들 말한다(It's what they keep telling me)고 자신의 경험을 털어놓는다.

그런 다음 자신의 생각을 말하기 시작한다. Well, guess what? 모든 삶은 사형선고를 받게 되기 마련이다(Every life comes with a death sentence). 자기는 몇 달에 한 번식 정기 스캔을 받으러 여기 오는데, 언제쯤, 오늘일 수도 있겠지만, 난 안좋은 소식을 듣게 될 것이다(So every few months, I come in here for my regular scan, knowing full well that one of these times, hell, maybe even today, I'm gonna hear some bad news)라고 암선배로서 어떻게 암을 받아들여야 하는지 말해준다. 계속 말을 잇는다. 나쁜 소식을 듣기 전까지 삶의 주인은 누구냐?(But until then, who's in charge?) 그건 바로 자기다(Me)라고 말하면서 자기는 이런 인식하에 삶을 살고 있다고 말한다(That's how I live my life).

The Best Lines from <Breaking Bad>

Walter: Never give up control. Live life on your own terms.

Patient: Yeah, no, I get what you're saying but cancer is cancer, so.

Walter: Oh, to hell with your cancer. I've been living with cancer for the better part of a year. From the start, it's a death sentence. That's what they keep telling me. Well, guess what? Every life comes with a death sentence. So every few months, I come in here for my regular scan knowing full well that one of these times, hell, maybe even today. I'm gonna hear some bad news. But until then who's in charge? Me. That's how I live my life.

월터: 절대 통제를 포기하지마요. 당신 인생은 당신 방식대로 살아요.

환자: 음… 무슨 말씀이신지는 알겠는데요, 그래도 암은 암이잖아요.

월터: 암이 무슨 대수냐요! 나도 1년 가까이 암을 달고 살고 있어요. 처음부터 그건 사형선고나 마찬가지였어요. 의사들이 계속 그렇게 말하니까. 그런데 말이지, 들어봐요. 인간의 삶이란 원래 사형선고가 따라오는거예요. 난 몇 달에 한 번씩 이렇게 정기검진 받으러 와요. 알면서도 오는 거예요. 언젠가는, 아니 어쩌면 바로 오늘, 정말 나쁜 소식을 듣게 될지도 모른다는 걸 알면서도 말이죠. 하지만 그 전까지는… 삶의 주인은 누구인가요? 바로 자신예요. 난 그렇게 내 인생을 살고 있어요.

Chris Says: Now there you have me

Usually, this means "You have a good point" or "You've said something I can't disagree with." Sometimes it also means the speaker isn't sure about how to respond to a question.

이 장면에서 놓치면 안되는 표현들

01 Live life on your own terms 자신의 삶을 살아라

A: Everyone is always telling me what to do. 사람들이 모두 늘상 내게 이래라 저래라 해.
B: It's best to **live life on your own terms**. 자기 자신의 삶을 사는게 최상이야.

02 I get what you're saying 무슨 말인지 알겠어

A: Did you understand my meaning? 내가 말한 의미를 알아들었어?
B: Sure, **I get what you're saying**. 그럼, 무슨 말인지 알겠어.

03 to hell with~ …가 대수야, …을 집어치워

A: They aren't allowing us to enter. 걔네들은 우리를 못들어가게 해.
B: **To hell with** the rules! Just do it. 무슨 놈의 규칙들은 집어치워! 그냥 해버려.

04 for the better part of~ 거의 …동안

A: Was the snowstorm bad in your neighborhood?
눈폭풍이 네 이웃지역에 심각했어?
B: We were stranded **for the better part of** a week.
거의 일주일간 오도가도 못했어.

05 It's what they keep telling me 그들이 계속 얘기하는게 바로 그거야

A: The doctors said Sheila has to stay in the hospital.
의사들이 말하기를 쉴라는 병원에 계속 있어야 된대.
B: It's serious. **It's what they keep telling me.**
심각해. 그들이 계속 얘기하는게 바로 그거야.

06 Who's in charge? 누가 책임자야?

A: I'm sorry, but no one is allowed here. 미안하지만 아무도 여기에 있으시면 안됩니다.
B: **Who's in charge?** I want to talk to them. 누가 책임자예요? 책임자와 얘기하고 싶어요.

07 That's how I live my life 난 그런 식으로 내 삶을 살고 있어

A: You really went skydiving? 너 정말 스카이다이빙 갔었어?
B: I'm fearless. **That's how I live my life.** 난 두려움이 없어. 그런 식으로 난 내 삶을 살고 있어.

Americna Drama Best Scene 091

We've got bigger fish to fry

우리에게는 더 중요한 문제가 있어

>>> **Breaking Bad**
Season 5 Episode 1 15:10

Gus가 죽었다는 소식을 듣고 차를 모는 마이크와 역시 마이크를 찾아 차를 모는 월터와 제시의 만남. 마이크는 흥분해서 먼저 Son of a bitch라고 욕부터 하며 월터에게 총을 겨누지만 제시가 Whoa! Whoa! Whoa! Hold up! Hold up!이라고 말리면서 두사람 사이에 끼어든다. 마이크는 비키라고(Get out of my way, kid) 하고, 제시는 마이크에게 진정하고 월터의 말을 들어보라고 한다(Mike, wait a minute, all right? Let him talk). 흥분한 마이크는 무슨 말을 하게 하냐며 월터자식 얘기 다 들었다("Let him talk." I'm done listening to this asshole talk)라며 제시에게 비키라고(Now get out of my way)라고 소리친다. 제시는 진정시키면서 월터에게 마이크가 알아야 될 얘기가 있다(He's got something you need to hear, all right?)고 하지만 흥분을 가라앉히지 못하는 마이크는 네가 무슨 짓을 한건지나 알고 있냐(What did you do, Jesse? Do you even know? Do you even know what you've done?)고 다그친다. 이때 월터가 제시는 자기 목숨을 구한거라(He saved his own life)고 하고 마이크는 조준을 하면서 한 마디만 더하면(One more word,~)이라며 흥분이 극에 달한다. 제시는 월터를 죽이려면 자기도 죽이라고 적극적으로 말린다(If you kill him, you're going to have to kill me. Come on). 마이크는 도대체 너희 둘은 왜 그러는거냐(What is it with you guys? Honest to God)며 답답해한다.

이때 월터가 다시 입을 열기 시작한다.(May I?) 서로 다른 점이 무엇이든 접어두고(Look. Whatever differences you and I have, they'll keep), 현재는 더 큰 문제가 있다(Right now we've got bigger fish to fry)고 말하고 제시가 The video cameras라고 거든다. 월터가 설명을 이어간다. 거스는 실험실, 세탁소 그리고 어딘지 모를 곳에서 자신들을 카메라에 담았고(Gus kept cameras on us at the lab, at the laundry, God only knows where else), 물론 자기가 '우리'라고 말할 때는 당신도 포함된다(Of course, when I say 'us,' including you)며 사건의 심각성을 말해준다. 제시가 마이크에게 거스가 우리가 마약제조하고 마이크가 가져가는 것을 녹화했다면(Mike, if he taped all that shit, us cooking, you picking up)이라고 말하는데, 다시 월터가 정리한다. 거스가 그걸 녹화했고 경찰이 우리보다 먼저 발견한다면(If Gus had a record of that and the police get to it before we do) 이라 하면서 마이크에게 녹화된 테입을 거스가 어디에 두는지 물어본다.

381

The Best Lines from <Breaking Bad>

Mike: It's Gustavo. He's dead. Son of a bitch. Son of a bitch.

Jessy: Hold up! Hold up!

Mike: Get out of my way, kid.

Jessy: Wait a minute, all right? Let him talk.

Mike: I am done listening to this asshole talk. Now get out of my way.

Jesse: He's got something you need to hear, all right?

Mike: What did you do, Jesse? Do you even know? Do you even know what you've done?

Walter: He saves your own life.

Mike: One more word,

Jesse: Mike. Mike. If you kill him, you're going to have to kill me. Come on.

Mike: Oh, Jesse. Jesus. What is it with you guys? Honest to God.

Walter: May I? Look. Whatever differences you and I have, they'll keep. Right now we've got bigger fish to fry.

Mike: Bigger fish.

Jesse: The video cameras.

Walter: Gus kept cameras on us at the lab, at the laundry, God only knows where else. And, of course, when I say "us," including you, Mike.

마이크: 구스타보야. 그가 죽었어. 이 개자식.

제시: 잠깐만! 잠깐만!

마이크: 비켜, 꼬맹이.

제시: 기다려봐요, 제발. 이 사람 말 좀 들어봐요.

마이크: 이 한심한 자식이 말하는 걸 듣는 건 끝이야. 비키라고.

제시: 당신이 꼭 들어야 할 말이 있어요, 알았어요?

마이크: 제시, 무슨 짓을 한거야? 알기나 해? 네가 무슨 짓을 했는지 알기나 하냐고?

월터: 네 목숨을 구하고 있지.

마이크: 한 마디만 더 해봐라.

제시: 마이크, 마이크, 선생님을 죽이면 나도 죽여야 될거야. 그러지 마요.

마이크: 오, 제시. 맙소사. 너희들 문제가 뭐야?

월터: 진심이야. 말해도 될까? 너와 내가 다른 점은 뭐든 그냥 놔두자고. 지금 현재 우리에게 더 큰 문제가 있어.

마이크: 더 큰 문제라.

제시: 비디오 카메라요.

월터: 거스가 실험실과 세탁소의 우리들을 카메라에 담았어. 아무도 어디에 있는지 몰라. 물론 내가 '우리'라고 말할 때는 너도 포함되는거야.

Jessy: Mike, if he taped all that shit us cooking, you picking up...

Walter: If Gus had a record of that and the police get to it before we do.

Mike: You son of a bitch.

Walter: Mike, it's all on tape somewhere, or a hard drive. Where? Where did he keep it?

Mike: He had a laptop in his office. Kept it in the back of the restaurant.

제시: 만약 우리가 마약을 만들던 장면이나 당신이 픽업하던 걸 거스가 다 녹화했고, 그걸 경찰이 먼저 손에 넣으면….

마이크: 이 개자식.

월터: 마이크, 그 모든게 어딘가에 테이프로, 아니면 하드 드라이브에 저장되어 있어. 어디야? 그걸 어디에 뒀는데?

마이크: 거스 사무실에 노트북이 있었어. 식당 뒤쪽에 뒀지.

Chris Says: You'll never get away with it

This is usually said when someone is going to break the law or trick others. It indicates the speaker thinks the person will be caught and punished.

이 장면에서 놓치면 안되는 표현들

🔊 **01 Get out of my way!** 비켜!

A: **Hey, stop! I'm only trying to help you.** 야, 그만해! 난 단지 널 도우려는거야.
B: **Get out of my way! I don't need this.** 비키라고! 난 필요없어.

🔊 **02 I'm done ~ing** …을 끝냈어

A: **You seriously are finished with Sean?** 너 정말 션하고 끝났어?
B: **I'm done waiting around for him.** 난 왔다갔다하면서 걔 기다리는 걸 끝냈어.

🔊 **03 He saved his own life** 그는 내 목숨을 구해줬어

A: **My dad decided to give up cigarettes.** 아버지는 금연하시기로 했어.
B: **He saved his own life by quitting.** 담배 끊으시고 목숨을 구하셨구나.

🔊 **04 What is it with you guys?** 너희들 도대체 왜 그러는거야?

A: **I hate sticking around this place.** 난 이곳에 있는게 싫어.
B: **What is it with you guys? You're so negative.** 너희들 왜그래? 너무 부정적이야.

🔊 **05 Honest to God** 정말로, 도대체

A: **Where is the shirt I lent you?** 내가 빌려준 셔츠 어디있어?
B: **Honest to God, I gave it back to you.** 맹세코, 난 네게 돌려줬어.

🔊 **06 We've got bigger fish to fry** 우리에겐 더 큰 문제가 있어

A: **You don't care about catching the pickpocket?**
너 소매치기 잡는데 신경안쓰지?
B: **Forget it, we've got bigger fish to fry.** 잊어버려, 우리에겐 더 큰 문제가 있어.

Americna Drama Best Scene 092

You have to forgive yourself

자신을 용서해야 돼

>> **Breaking Bad**
Season 5 Episode 6 15:18

스카일러는 집이 안전하지 않다고 생각하고 아이들을 동생 마리 집에 있게 한다. 스카일러는 불안정한 증상을 보이고 이를 걱정하는 동생 마리와의 대화장면. 스카일러가 자기 자식들이 부모들로부터 안전하지 못하다고 말하며, 마리에게 네가 모르는게 있고(There are things you just don't know), 네가 알게 되면 다시는 나와 말을 하지 않을거야(That if you knew, you'd never speak to me again)라며 비밀이 있음을 말한다.

마리는 마약제조는 상상도 못하며 스카일러가 바람을 핀 것이라 생각해서 내게 말해봐(Try me)라고 한다. 스카일러가 말을 못하자 마리는 얘기를 하지 않겠다면 자기가 하겠다(Okay. If you're not gonna say it, I will)고 하며, 바람핀 상대남인 테드 일은 스스로 용서를 해야 한다(Skyler, you have to forgive yourself for Ted)고 하며, 바람 좀 폈다고 너무 자책하지 말라(You can't keep beating yourself up over some stupid little affair)고 말을 꺼낸다. 월터가 말했구나(Walt told you)라고 스카일러가 말하자, 마리는 월터를 비난하지 말라(Please don't blame him)고 감싼다. 자기가 강제적으로 말하게 했고 아무 말도 하지 않을 생각이었지만(I practically forced him to, and I wasn't gonna say anything), 언니가 이렇게 괴로워 하는 모습을 참을 수가 없고(But I can't stand to watch you torture yourself like this), 그러니 자신을 용서하라고(You have to forgive yourself, Skyler) 조언한다. 그 이유로는 언니는 월터와 이 모든 문제들이 있었고(You were having all these problems with Walt), 테드는 정말 잘 생겼고(And Ted is a really good-looking man), 언니도 사람이니까(You're only human), 진지하지 않게라도 난 생각조차 해보지 않았지만 언니가 유혹에 넘어간걸 이해 할 수 있다(Hell, I've even thought of, you know, I mean, not seriously, but I totally get your temptation)고 한다. 그리고 맘을 털어놓으니 기분이 후련하지 않냐(Doesn't it feel good to get it off your chest?)라고 말한다.

The Best Lines from <Breaking Bad>

Marie: So, what's this about the kids not being safe? Safe from what?

Skyler: From us. From Walt and me.

Marie: Like what? Like you're bad parents? Because you're not. Not even close.

Skyler: Marie, there are things you just don't know that if you knew you'd never speak to me again.

Marie: Try me. Okay, if you're not gonna say it, I will. Skyler, you have to forgive yourself for Ted.

Skyler: What?

Marie: You can't keep beating yourself up over some stupid little affair.

Skyler: Walt told you.

Marie: Please don't blame him. I practically forced him to, and I wasn't gonna say anything. But I cannot stand to watch you torture yourself like this. You have to forgive yourself, Skyler. You were having all these problems with Walt. And Ted is a really good-looking man. You're only human. Hell, I've even thought of, you know I mean, not seriously, but I totally get your temptation. Doesn't it feel good to get it off your chest?

Skyler: I feel better.

마리: 그래서 아이들이 안전하지 않다는게 무슨 말이야? 뭐로부터 안전하지 않다는 건데?

스카일러: 우리로부터. 월트랑 나로부터.

마리: 무슨 뜻이야? 너희가 나쁜 부모라는거야? 그건 아니잖아. 전혀 아니야.

스카일러: 마리… 네가 모르는 일들이 있어. 그걸 알게 되면, 아마 나랑 다시는 말도 안 할거야.

마리: 말해봐. 나한테 말해 봐. 좋아, 네가 말 안 할거면 내가 할게. 스카일러, 언니는 테드 일은 이젠 용서해야 해.

스카일러: 뭐라고?

마리: 그 멍청한 바람 때문에 계속 자책하고 있잖아. 그러지마.

스카일러: 월트가 말했구나…

마리: 제발 형부 탓하지마. 내가 사실상 강요해서 말하게 한거야. 나도 원래는 아무 말 안 하려고 했어. 근데 언니가 스스로를 그렇게 괴롭히는 걸 더는 못 보겠어. 스카일러, 그때 월트랑 문제가 많았잖아. 그리고 테드는 꽤 잘생겼잖아. 언니도 그냥 인간일 뿐이야. 솔직히 나도… 그러니까 진지하게 생각한 건 아니지만, 언니에게 유혹이 있었다는거, 정말 이해돼. 속얘기하니까 좀 속이 시원하지?

스카일러: 어, 훨씬 낫네.

이 장면에서 놓치면 안되는 표현들

🔊 **01 Try me** 내게 말해봐
A: I'm afraid you won't believe what I say. 내가 하는 말을 믿지 않을 것 같아.
B: **Try me.** I can listen with an open mind. 내게 말해봐. 열린 마음으로 들을게.

🔊 **02 forgive oneself for** 스스로를 용서하다
A: I don't think I'll go to her graduation. 걔 졸업식에 가지 못할 것 같아.
B: You'll never **forgive yourself for** skipping it.
가지 않은거에 대해 스스로를 용서하지 못할거야.

🔊 **03 beat yourself up over** …로 자책하다
A: Why didn't I study a few hours more? 왜 내가 몇시간 더 공부를 안했을까?
B: Don't **beat yourself up over** small things. 사소한 일로 자책하지마.

🔊 **04 I can't stand to~** …을 참을 수가 없어
A: Why aren't you coming with us? 넌 왜 우리와 함께 가지 않는거야?
B: **I can't stand to** sit through church services.
예배시간 끝까지 앉아있는걸 참을 수가 없어.

🔊 **05 torture yourself like this** 이처럼 괴로워하다
A: We'd still be together if I'd treated her better.
내가 걔한테 좀 더 잘 대했더라면 우린 헤어지지 않았을텐데.
B: Look, stop **torturing yourself like this.** 이봐, 그만 괴로워 해.

🔊 **06 have all the problems with~** …에 문제점이 많다
A: Your phone needs to be fixed a lot. 네 핸드폰은 수리를 많이 해야 돼.
B: I've **had all the problems with** it. 핸드폰에 문제들이 많았어.

🔊 **07 Doesn't it feel good to~?** …하니 기분이 좋지 않아?
A: Thank God I'm finally out of the hospital. 다행히, 난 마침내 퇴원했어.
B: **Doesn't it feel good to** be healthy again? 다시 건강해지니 기분이 좋지 않아?

🔊 **08 get ~ off one's chest** 맘을 털어놓다
A: I secretly committed a crime many years ago. 난 오래전에 몰래 죄를 지었어.
B: It's time to **get** it **off your chest.** 이제 털어놓을 때야.

Americna Drama Best Scene 093

Isn't this what you've been working for?

>>> **Breaking Bad**
Season 5 Episode 6 29:18

그럴려고 그렇게 일을 했던거 아녜요?

DEA의 미행이 계속되면서 마이크는 가지고 있던 메틸아민을 경쟁자에 팔아처분하고 사업에서 빠지려고 한다. 제시도 이에 동의하지만 월터는 계속 사업을 지속하기를 고집한다. 마이크와 제시는 자신들의 몫만 팔려고 했으나 경쟁자는 메틸아민 전량을 원하고 이에 제시가 월터를 설득하려고 집에 온다. 각자 5백만 달러를 받고 사업을 그만두자고 다시 주장하지만 돌아오는 말을 '노'이다.

그러자 제시는 월터에게 처음 시작했을 때 오백만 달러를 상상해본적이 있냐(When you started this thing, did you ever dream of having $5 million dollars?), 생각해본 적이 없을거야(I know for a fact that you didn't), 당신은 737,000달러만 있으면 다 해결 된다고 했다(I know for a fact all you need was 737,000, 'cause you worked it all out, like, mathmatically)고 초심을 건드린다. 그리고 지금 메틸아민을 팔면 죽는 사람도 없고(If selling the methylamine now means that no one else ever gets killed), 그래서 그만두기로 했다, 손떼기로 했다(Then I vote for that, man. Hands down), 그래서 내일이면 돈을 받을 수 있고(And we could have it tomorrow), 사업에서 손뗄 수 있다(We would be out)라고 한다. 그러면 월터 당신은 가족과 함께 지낼 수 있고(You could spend time with your family) 가족이 다치거나 정체가 들킬 걱정을 하지 않아도 된다(No more worrying about them getting hurt or finding out about everything)고 설득하면서 그럴려고 약을 만든거 아니었냐(Isn't this what you've been working for?)고 다그친다.

이에 월터는 이렇게 처분하려고 지금까지 열심히 일한 것이 아니다(I have not been working this hard just to sell out)라고 반박하자 제시는 그냥 처분하는게 아니다(It's not selling out)라고 하지만 월터는 처분하는게 맞다며(Yes, it is, Jesse), 이 사업을 위해 진짜 고생하고 피를 흘렸기 때문에(We have suffered and bled, literally, for this business), 이 사업을 거저 처분할 수는 없다(And I will not throw it away for nothing)고 한다. 절망한 제시는 뭐라 할 말이 없다(I don't know how else to say it, Mr, White), 오백만 달러는 거저가 아니다(5 million isn't nothing)라고 말한다.

The Best Lines from <Breaking Bad>

Walter: Absolutely not.

Jessy: Yeah, I figured you'd say that. But I've been thinking about it and it really makes sense. Kind of.

Walter: It does, does it?

Jessy: Look, when you started this thing did you ever dream of having $5 million? I know for a fact that you didn't. I know for a fact all you needed was 737,000 because you worked it all out, like, mathematically. Look, if selling the methylamine now means that no one else ever gets killed then I vote for that, man. Hands down. And we could have it tomorrow. We would be out. You could spend time with your family. No more worrying about them getting hurt or finding out about everything. Isn't this what you've been working for?

Water: I have not been working this hard just to sell out.

Jessy: It's not selling out.

Walter: Yes, it is, Jesse. I have… We have suffered and bled, literally, for this business. And I will not throw it away for nothing.

Jessy: I don't know how else to say it, Mr. White. Five million dollars isn't nothing.

월터: 절대 안 돼.

제시: 그럴 줄 알았어요. 근데 곰곰이 생각해봤는데, 이게 말이 되더라고요. 어느 정도는요.

월터: 그래? 말이 된다고?

제시: 봐요, 처음 이 일 시작했을 때, 선생님 500만 달러 벌거라고 꿈이나 꿨어요? 전 확실히 알고 있어요. 선생님 목표는 737,000 달러였잖아요. 수학적으로 다 계산한거요. 근데 지금 메틸아민을 팔면 앞으로 더 이상 아무도 죽지 않아도 돼요. 전 그게 정답이라고 생각해요. 무조건. 그리고 그 돈, 내일이면 받을 수 있어요. 우린 이 판에서 손을 떼는거예요. 가족이랑 시간 보내고, 더 이상 그들이 다치거나 이 모든 걸 알게 될까 걱정하지 않아도 돼요. 이게 선생님이 지금껏 원해온 거 아니었어요?

월터: 난 이 일을 이렇게 열심히 한 게 그냥 팔아치우기 위해서가 아니야.

제시: 그게 팔아치우는게 아니잖아요.

월터: 그게 바로 처분하는거야, 제시. 나… 우린 이 사업을 위해 피도 흘리고, 고통도 겪었어. 그리고 난 그걸 아무 대가없이 버릴 순 없어.

제시: 뭐라고 더 말해야 할지 모르겠네요, 화이트 선생님. 500만 달러가 '아무것도 아닌 돈'은 아니잖아요.

이 장면에서 놓치면 안되는 표현들

🔊 **01 Did you ever dream of~** …을 상상해본 적이 있어?

A: **Did you ever dream of** living in a house this big?
이렇게 큰 집에서 사는걸 상상해본 적이 있어?
B: No, this place is really huge! 아니, 이 집은 정말 크다!

🔊 **02 for a fact** 확실히, 분명히

A: Don denies being in the warehouse. 돈은 창고에 있었다는걸 부정해.
B: I know **for a fact** he was there. 분명히 걘 거기에 있었어.

🔊 **03 work it all out** 모두 해결하다

A: We weren't able to come to an agreement. 우리는 합의에 도달할 수가 없었어.
B: You guys can **work it all out** later. 너희들은 나중에 모두 해결할 수 있어.

🔊 **04 worry about sb ~ing** …가 …할까 걱정하다

A: Isabelle can become violent when drinking. 이자벨은 술먹으면 난폭해질 수 있어.
B: I **worry about** her do**ing** something terrible.
걔가 뭔가 끔찍한 일을 저지를까봐 걱정돼.

🔊 **05 Isn't this what you've been working for?**
그럴려고 그렇게 일을 했던거 아냐?

A: I finally met someone I'm in love with. 마침내 사랑하는 사람을 만났어.
B: **Isn't this what you've been working for?** 그럴려고 그렇게 일을 했던거 아냐?

🔊 **06 work this hard to~** …하려고 열심히 일하다

A: Just let her have everything when you divorce. 이혼하면 걔가 모든 걸 갖도록 해.
B: I didn't **work this hard to** give it all up. 모든 걸 포기하려고 이렇게 열심히 일한게 아닌데.

🔊 **07 I don't know how else to say it,** 뭐라 할 말이 없어.

A: I think my heart will break if she doesn't call.
걔가 전화하지 않으면 내 맘에 상처가 생길 것 같아.
B: **I don't know how else to say it,** but she's not interested in you. 뭐라 할 말이 없지만 걘 너한테 관심없어.

Americna Drama Best Scene 094

Why don't you walk me through this?

내게 이걸 설명을 해줘봐

>> **Breaking Bad**
Season 5 Episode 7 42:50

DEA에 쫓기는 마이크에게 월터는 마이크가 차에 숨겨둔 가방을 갖다 준다. 월터는 가방을 주는 대신 거스의 부하로 수감된 9명의 이름을 알려달라고 한다(I want those names, Mike. You owe me that much) 마이크에게 엄청나게 당하는 장면. 마이크는 월터에게 빚진게 하나도 없고(I don't owe you a damn thing), 이렇게 된게 이렇게 망하는게 다 월터 때문이다(All of this, falling apart like this, is on you)라고 한다.

월터는 기가막혀하면서 말도 안되는 논리라고 되받으며(Wow, that's some kind of logic right there, Mike), 마이크가 일을 그르치고 DEA에 미행당하는데(You screw up, get yourself followed by the DEA), 이제 와서 다 내 잘못이라는게 말이 되냐(And now, suddenly, this is all my fault?)고 하면서 어떻게 그런지 설명을 해달라(Why don't you walk me through this, Mike?)고 한다. 이에 장황하게 마이크가 열변을 토한다. 이 나쁜 놈아, 과거에는 좋았고, 거스가 있었고 제조실도 있었다, 그리고 필요한 건 다 있었고 시계처럼 정확하게 돌아갔었다(We had a good thing, you stupid son of a bitch! We had Fring. We had a lab. We had everything we needed and it all ran like clockwise)고 한다. 이어서 월터가 입다물고 약이나 제조하고 필요한 만큼 돈을 벌었으면 되었을텐데(You could've shut your mouth, cooked and made as much money as you ever needed)라고 아쉬워하면서 과거에는 It was perfect했다고 한다.

하지만 월터가 다 날려버렸다(But no, you just had to blow it up), 월터의 알량한 자존심과 이기심 때문이라고(You and your pride and your ego!) 쏘아붙인다. 남자처럼 행동한답시고(You just had to be the man), 일을 제대로 하고 주제파악을 했더라면(If you'd done your job, known your place), 지금쯤 다들 좋았을거라고(we'd all be fine right now!)하면서 이 모든 것이 월터의 잘못이라고 한다.

391

The Best Lines from <Breaking Bad>

Mike: Goodbye, Walter.

Walter: You're welcome!

Mike: I'm sorry, what?

Walter: I want those names, Mike. You owe me that much.

Mike: I don't owe you a damn thing. All of this, falling apart like this, is on you.

Walter: Oh, that's some kind of logic right there, Mike. You screw up, get yourself followed by the DEA and now suddenly, this is all my fault? Why don't you walk me through this?

Mike: We had a good thing you stupid son of a bitch! We had Fring. We had a lab. We had everything we needed, and it all ran like clockwork.

Walter: Oh, my God.

Mike: You could've shut your mouth cooked, and made as much money as you ever needed. It was perfect. But, no, you just had to blow it up. You and your pride and your ego! You just had to be the man. If you'd done your job, known your place we'd all be fine right now.

마이크: 잘 가, 월터.

월터: 천만에!

마이크: 뭐라고? 뭐?

월터: 그 이름들을 알려줘, 마이크. 그 정도는 내게 해줘야 되는거 아니야?

마이크: 난 당신한테 해줘야 할 아무것도 없어. 전부 다 이렇게 무너지게 당신 때문이잖아.

월터: 와, 논리 참 기가 막히네. 당신이 일을 그르치고 DEA한테 꼬리 밟힌 건 너잖아. 근데 이게 다 내 탓이라고? 그럼 한번 설명 좀 해보시지?

마이크: 우리는 잘 굴러가는 판이었어, 이 멍청한 자식아! 우리에겐 거스가 있었고, 실험실도 있었고, 필요한 건 다 갖췄었지. 모든게 시계처럼 정확히 돌아갔어.

월터: 오, 세상에…

마이크: 너는 그냥 입 다물고 요리만 했으면 평생 쓰고도 남을 만큼 돈 벌 수 있었어. 완벽했어. 근데 아니지. 넌 꼭 그걸 망쳐야만 했어. 너 그 자존심, 그 쓸데없는 자만심! 꼭 네가 '주인공'이어야 했잖아. 제대로 일만 했고, 자기 위치만 지켰으면 우린 지금도 잘 살고 있었을거야.

American Drama
Best Scene 175

이 장면에서 놓치면 안되는 표현들

🔊 01 You owe me~ 넌 내게 …을 빚지고 있어

A: **Why should I finish your homework?** 왜 내가 네 숙제를 끝내줘야 하는데?
B: **You'll do this because you owe me.** 넌 나한테 빚진게 있으니 그렇게 할거야.

🔊 02 fall apart 망가지다, 망하다

A: **God, why is Steve so depressed?** 어휴, 왜 스티브는 그렇게 우울해 해?
B: **Things fell apart when he got fired.** 잘린 이후에 상황이 망가졌어.

🔊 03 screw up 일을 그르치다, 망치다

A: **I'll tell Carter about your past behavior.** 카터에게 네 과거 행동에 대해 말할거야.
B: **Don't screw up things between us.** 우리 사이의 일들을 그르치지 말라고.

🔊 04 walk sb through …에게 설명해주다

A: **What do you want me to do today?** 오늘 내가 어떻게 하면 돼?
B: **Just walk the new employees through the routine.**
신입사원들에게 일상적인 일들에 대해 설명해줘.

🔊 05 run like clockwise[clockwork] 계획대로 진행되다

A: **Our new manager is very competent.** 우리 새 매니저는 매우 능력있어.
B: **He'll have everything running like clockwork.**
걘 모든 일이 계획대로 순조롭게 진행되도록 해.

🔊 06 blow sth up …을 날려버리다

A: **I'm pleased I finally got a job.** 마침내 직업을 갖게 돼 기뻐.
B: **Just don't blow it all up.** 날려버리지 않도록 해.

🔊 07 know one's place 주제파악을 하다, 분수를 알다

A: **Chris continually tells the boss what to do.**
크리스는 계속 사장에게 이래라 저래라 해.
B: **She'll be fired because she doesn't know her place.**
걘 주제파악을 하지 못하면 잘릴거야.

Americna Drama Best Scene 095

I don't know where this is coming from

이게 무슨 말인지 모르겠어

>> Breaking Bad
Season 5 Episode 9 43:50

행크는 드디어 월터가 하이젠버그라는 사실을 알게 된 후 둘이 처음 만나는 장면. 행크는 먼저 월터의 안면에 주먹을 날린다. 그러면서 그게 너였어, 지금까지 쭉 너였어!(It was you. All along, it was you! You son of a bitch)라고 하면서 그동안 월터가 했던 몇가지 일을 나열한다.

먼저 세차장에 가는 걸 막기 위해 교통사고를 내고(You drove into traffic to keep me from that laundry), 마리가 병원에 있다는 전화도 네가 한거고(That call I got telling me Marie was in the hospital, that wasn't Pinkman. You had my cell number), 자기 목숨건지려고 10명의 증인을 죽였고(You killed ten witnesses to save your sorry ass), 그리고 네가 요양원을 폭파했다(You bombed a nursing home)고 비난하면서 Heisenberg, Heisenberg라 외친다. 거짓말하는 두 얼굴의 쓰레기 같은 놈이라(You lying tow-faced sack of shit)고 직격탄을 날린다. 월터는 지금 무슨 소리를 하는지 모르겠어(I don't know where this is coming from, Hank)라고 하지만 행크는 맹세코 널 감옥에 집어넣겠다(I swear to Christ, I will put you under the jail)라고 다짐한다.

월터는 진정하고(Just take a breath, okay?), 정신 좀 차리라고(Just listen to yourself) 진정시키며 그런 억측으로 우리 가족을 파멸시킬 수도 있다(These wild accusations, they could destroy our family)고 하는데, 이때 행크는 월터가 가장 가슴아파할 말을 한다. 젠장 네가 언제 가족을 신경썼다고 그러냐(Damn like you give a shit about family!)고 말을 한다. 월터는 현실적인 문제를 거론하기 시작한다. 자기 암이 도졌다고 살날이 얼마 안남았다고(Hank, my cancer is back) 말하지만 행크의 반응은 싸늘하다. 잘됐다, 썩어 죽어라(Good. Rot. You son of a bitch)고 하고 월터는 그렇게 느끼다니 유감이라(I'm sorry you feel that way)고 한다.

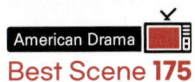

The Best Lines from <Breaking Bad>

Hank: It was you. All along, it was you! You son of a bitch. You drove into traffic to keep me from that laundry.

Walter: Calm down.

Hank: That call I got telling me Marie was in the hospital that wasn't Pinkman. You had my cell number. You killed ten witnesses to save your sorry ass.

Walter: Listen to me.

Hank: You bombed a nursing home. Heisenberg. Heisenberg! You lying, two-faced sack of shit.

Walter: Hank, look, I don't know where this is coming from, Hank, but just,

Hank: I swear to Christ, I will put you under the jail.

Walter: Just take a breath, okay? Just listen to yourself. These wild accusations, they could destroy our family. And for what?

Hank: Damn, like you give a shit about family!

Walter: Hank, my cancer is back.

Hank: Good. Rot, you son of a bitch.

Walter: I'm sorry you feel that way.

행크: 바로 너였어. 지금까지 쭉, 너였어! 이 개자식. 내가 세차장가는 것을 막기 위해 교통사고를 냈어.

월터: 진정해.

행크: 마리가 병원에 있다는 전화를 받는 것도 핑크맨이 한게 아니었어. 넌 내 핸드폰 번호를 알잖아. 넌 네 목숨을 부지하기 위해 10명의 증인을 살해했어.

월터: 내 말 좀 들어봐.

행크: 넌 요양원을 폭파했어. 하이젠버그, 하이젠버그! 넌 거짓말하는 두 얼굴의 쓰레기 같은 놈이야.

월터: 행크, 이봐. 지금 자네가 무슨 말을 하는지 모르겠어. 행크, 하지만…

행크: 맹세코 널 감옥에 집어넣겠어.

월터: 진정 좀 하고, 알았어? 정신 좀 차리라고. 그런 억측은 우리 가족을 파멸시킬 수도 있어. 뭐 때문에?

행크: 젠장, 네가 언제 가족을 신경썼다고 그러냐.

월터: 행크, 암이 재발했네.

행크: 잘됐네. 썩어죽어라, 개자식아.

월터: 그렇게 생각하다니 유감이네.

이 장면에서 놓치면 안되는 표현들

🔊 **01 keep sb from~** …가 …하는 걸 막다
　A: **No one wants his aunt at the church.** 아무도 걔 숙모가 교회에 오는 걸 원하지 않아.
　B: **You can't keep her from going to the funeral.** 숙모가 장례식에 가는걸 막을 수는 없잖아.

🔊 **02 save one's ass** …의 목숨을 건지다, 구하다
　A: **What did you come by to tell me?** 내게 무슨 얘길 하려고 들린거야?
　B: **I wanted to thank you for saving my ass.** 날 구해줘서 고맙다는 말을 하고 싶었어.

🔊 **03 I don't know where this is coming from** 이게 무슨 말인지 모르겠어
　A: **Look, things between us have changed.** 이봐, 우리 사이의 일들이 변했어.
　B: **I don't know where this is coming from.** 이게 무슨 말인지 모르겠어.

🔊 **04 I swear to Christ** 맹세코
　A: **People say you're in serious trouble.** 사람들이 그러는데 너 아주 큰일났다며.
　B: **I swear to Christ I never did anything wrong.**
　　맹세코 난 나쁜 짓을 절대 하지 않았어.

🔊 **05 put sb under the jail** …을 감방에 처넣다(put sb in jail)
　A: **What happened after the drunk driving arrest?**
　　음주운전자가 체포된 후 어떻게 됐어?
　B: **They put him in jail for six months.** 6개월간 감방에 처넣었어.

🔊 **06 listen to yourself** 정신차려
　A: **I'm going to hurt all of my enemies.** 내 모든 적에게 상처를 줄거야.
　B: **Listen to yourself. You sound crazy.** 정신차려. 너 미친 것 같아.

🔊 **07 not give a shit about** …에 대해 신경을 쓰지 않다
　A: **A bunch of us are going to play computer games.**
　　우리들 무리는 컴게임을 할거야.
　B: **I don't give a shit about stupid stuff like that.**
　　난 그런 한심한 일에는 신경도 쓰지 않아.

🔊 **08 feel that way** 그렇게 느끼다
　A: **I don't want to hang with you guys.** 난 너희들과 놀고 싶지 않아.
　B: **Tell us why you feel that way.** 왜 그렇게 느끼는지 우리에게 말해줘.

Americna Drama Best Scene 096

You never believed in me

넌 절대로 나를 믿지 않았어

>>> **Breaking Bad**
Season 5 Episode 14 41:30

자기가 번 가장 소중한 돈을 다 포기하고라도 자기를 체포한, 그래도 가족인 행크를 살리려고 한 월터. 집에 와서 함께 새로운 삶을 시작하자는 제안에 스카일러가 반대하자 복수로 딸을 데리고 혼자 나간다. 그리고는 스카일러에게 전화해서 자신이 얼마나 가족을 소중히 여겼는데 자신의 노력을 인정해주지 않은 스카일러를 비난하는 장면이다.

월터는 너 도대체 왜 그러냐(What the hell is wrong with you?), 내가 말하는 한 가지 일도 하지 못하냐(Why can't you do one thing I say?)고 비난하면서 이 모든 건 네 잘못이고(This is your fault), 나를 무시한 대가이다(This is what comes of your disrespect)라고 말한다. 그리고 내가 이번 일년이 힘들거라고 미리 말했는데 내 말을 어겼으니 결과가 있을거야(I told you, Skyler. I warned you for a solid year. You cross me, there will be consequence)라고 한다. 그리고 답답해하면서 뭐가 이해가 안돼냐(What part of that didn't you understand?)라는 말에 스카일러는 네가 내 아이를 가져갔다(You took my child)라고 하자, 네가 좀 배워야하기 때문이라고('Cause you need to learn) 하며 분노를 표출한다.

스카일러가 다시 아이를 데려오라고(You bring her back)하자 이제야 말을 알아듣는군(Maybe now you'll listen), 이제야 머리가 돌아가겠구만(Maybe now you'll use your damn head)이라고 비아냥거린다. 묵혀왔던 분노가 계속 터져 나온다. 넌 날 믿은 적이 없다(You know, you never believed in me), 내가 가족을 위해서 한 일에 대해 고마워하지도 않았다(You were never grateful for anything I did for this family)고 하면서 스카일러의 말투를 흉내낸다(Oh, no. Walt. Walt, you have to stop. You have to stop this. It's immoral. It's illegal. Someone might get hurt). 이처럼 언제나 내가 돈버는거에 대해 징징거리고 불평을 해댔고 끌어내리기만 했다(You're always whining and complaining about how I make my money, just dragging me down, while I do everything)고 비난한다. 그리고 이제는 그렇게 비밀로 하라고 한 자기의 일을 아들에게 말했다고 하며(And now you tell my son what I do after I've told you and told you to keep your damn mouth shut), 스카일러를 You stupid bitch라고 부른다.

The Best Lines from <Breaking Bad>

Walter: What the hell is wrong with you? Why can't you do one thing I say? What? This is your fault. This is what comes of your disrespect. I told you, Skyler. I warned you for a solid year. You cross me, there will be consequences. What part of that didn't you understand?

Skyler: You took my child.

Walter: 'Cause you need to learn.

Skyler: You bring her back.

Walter: Maybe now you'll listen. Maybe now you'll use your damn head. You know, you never believed in me. You were never grateful for anything I did for this family. Oh, no. Walt. Walt, you have to stop. You have to stop this. It's immoral. It's illegal. Someone might get hurt. You're always whining and complaining about how I make my money, just dragging me down. While I do everything. And now, now you tell my son what I do after I've told you and told you to keep your damn mouth shut. You stupid bitch.

월트: 대체 당신은 왜 이러는거야? 내 말은 왜 단 한 번도 제대로 들어주질 않아? 이건 당신 잘못이야. 이건 다 당신이 나를 무시한 결과야. 나는 경고했어, 스카일러. 1년 동안 계속 경고했잖아. 날 건드리면 그에 따른 결과가 있을거라고. 그 말 뜻을 이해 못 했니?

스카일러: 당신은 우리 애를 데려갔어.

월트: 그래, 당신이 배워야 할 때니까.

스카일러: 애를 데려와.

월트: 이제 내 말 이해가 되나? 이제 좀 머리가 돌아가겠구만? 당신은 나를 한 번도 믿은 적 없어. 내가 가족을 위해 한 일에 대해 고마워한 적도 없고. "안 돼, 월트. 월트, 이제 그만해. 그건 도덕적으로 잘못된 일이야. 불법이야. 누군가 다칠 수도 있어."라고 당신은 항상 그렇게 투덜대기만 했지. 내가 돈버는 방식에 대해 불평하고, 계속 나를 깎아내리기만 했어. 나는 모든 걸 다 했는데. 그런데 이제 와서는 우리 아들이 내 정체를 알게 만들어? 내가 몇 번이나 입 다물라고 했는데? 넌, 멍청한 년이야.

이 장면에서 놓치면 안되는 표현들

01 What the hell is wrong with you? 도대체 넌 뭐가 문제야?

A: I feel like the people in Africa can starve. 아프리카 사람들이 굶주리고 있는 것 같아.
B: **What the hell is wrong with you?** Don't you care?
넌 뭐가 문제야? 신경도 안쓰냐?

02 This is what comes of~ 이건 …의 대가야

A: It seems like no one trusts me anymore. 더 이상 아무도 나를 믿지 않는 것 같아.
B: **This is what comes of** lying about something. 네가 거짓말을 한 대가야.

03 I told you~ …라고 말했잖아

A: The girl you set me up with is really great. 네가 소개시켜준 여자 대단하더라.
B: **I told you** you'd like her. 네 맘에 들거라고 내 말했잖아.

04 You cross me 네가 내 말을 어기다

A: The cops want me to report on you. 경찰이 나보고 너에 대해 신고를 하라고 해.
B: If **you cross me**, you'll be very sorry. 나를 거스르면 넌 후회하게 될거야.

05 What part of that didn't you understand? 어느 부분을 이해못한거야?

A: The announcement didn't make sense to me. 그 발표내용은 내게 이해가 안됐어.
B: **What part of that didn't you understand?** 어느 부분을 이해못한거야?

06 bring sb back …을 다시 데려오다

A: How did Jane's mother die? 제인의 어머니가 어떻게 돌아가셨어?
B: The doctors couldn't **bring** her **back**. 의사들이 어머니를 되살리지 못했어.

07 keep one's mouth shut 입을 다물다

A: I saw you starting the bar fight. 난 네가 술집에서 싸움을 시작하는걸 봤어.
B: You'd better **keep your mouth shut** about it. 너 그거에 대해 입다물고 있는게 좋아.

I did it for me
나 자신을 위해서 그랬어

>>> **Breaking Bad**
Season 5 Episode 16 33:12

사업파트너들로부터 버림받고 고등학교 화학교사로 생계유지를 하면서 생긴 억압과 바르게 살아야 한다는 강박관념에 고집스럽게 정직했던 월터는 암에 걸린 후 가족을 위해 자신을 희생하면서 마약제조라는 불법을 저질렀다고 생각한다.

월터가 마지막으로 스카일러를 찾아와 얘기를 나누는 장면에서 월터는 처음으로 자신의 진심을 털어놓는다. 자기가 한 모든 일들을 이해해줘야 돼(All the things that I did, you need to understand)라고 말을 시작하자 스카일러가 말을 끊는다. 만약 가족을 위해서 이렇게 했다고 한번만 더 들어야 한다면(If I have to hear one more time that you did this for the family)이라고 말을 자르자 월터가 속내를 들어낸다. I did it for me라고. 자신을 위해서 한거고 그렇게 하는 게 좋았고(I liked it), 또 자기가 잘 해냈었다(I was good at it), 그리고 그렇게 하는 동안 자신은 살아있다(I was alive)는 느낌이 들었다고 한다. 월터가 가장 바랬던 것은 바로 이렇게 '살아있음'이 아니었을까라는 생각이 든다.

The Best Lines from <Breaking Bad>

Walter: All the things that I did, you need to understand.

Skyler: If I have to hear one more time that you did this for the family.

Walter: I did it for me. I liked it. I was good at it. And I was really... I was alive.

Skyler: Flynn will be home soon.

Walter: Before I go may I see her?

월터: 내가 했던 모든 일들… 너는 이해할 필요가 있어.

스카일러: 그 말을 한 번만 더 들으면 정말. 가족을 위해서였어라는 그 말.

월터: 나 자신을 위해서였어. 나는 그 일이 좋았어. 난 잘했어. 그리고 정말… 살아 있다는 느낌이 들었어.

스카일러: 플린 곧 집에 와.

월터: 가기 전에 그 아이를 볼 수 있을까?

이 장면에서 놓치면 안되는 표현들

🔊 **01 You need to understand** 넌 …을 이해해야 돼

A: **Why do we tolerate John's behavior?** 왜 우리는 존의 행동을 참아야 돼?
B: **You need to understand** that he's odd. 넌 걔가 이상하다는 걸 이해해야 돼.

🔊 **02 do this for the family** 가족을 위해서 이렇게 하다

A: **So we are all contributing a thousand dollars?**
그럼 우리 모두 천 달러를 기부하는거야?
B: **It will be difficult, but do this for the family.** 힘들지만 가족을 위해서 이렇게 하자.

🔊 **03 I did it for me** 난 나를 위해서 그렇게 했어

A: **You've lost a ton of weight.** 넌 살이 아주 많이 빠졌어.
B: **It wasn't easy, but I did it for me.** 쉽지 않았지만 날 위해서 그렇게 했어.

A: **Why did you disappear for a week?** 넌 왜 일주일간 사라진거야?
B: **I did it for me. I needed a break.** 날 위해서 그랬어. 난 휴식이 필요했어.

🔊 **04 I liked it** 맘에 들었어

A: **I heard you saw the new art exhibit.** 너 새로운 미술 전시회를 봤다며.
B: **It was different, but I liked it.** 좀 달랐지만 맘에 들었어.

🔊 **05 I was good at it** 난 그거에 능숙했어

A: **Have you ever played the guitar?** 기타를 쳐본 적 있어?
B: **I did it when I was young, and I was good at it.**
어렸을 때 쳐봤는데 난 곧잘 했어.

A: **I heard you used to interview celebrities.** 유명인들 인터뷰를 했다고 하던데?
B: **I was good at it. I met many famous people.**
내가 잘했었지. 많은 유명인을 만났어.

🔊 **06 I was alive** 난 살아있었어

A: **How did you survive the shootout?** 그 총격전에서 어떻게 살아 남았어?
B: **The shooters didn't know I was alive.** 총쏘는 사람들이 내가 살아있다는걸 몰랐어.

Americna Drama Best Scene 098

Let us keep trying as long as we can

할 수 있는한 우리가
계속 노력할 수 있게 해줘요

>>> **The Walking Dead**
Season 1 Episode 6 32:25

릭의 일행은 일말의 희망을 갖고 CDC(질병관리센터)를 찾아 들어오게 되지만 이곳에는 에드윈이라는 단 한 명의 박사만 있을 뿐이다. 일행은 기뻐하지만 CDC는 전력이 다해 자체 폭발하도록 프로그래밍되어 있다는 말에 다들 아연 실색한다. 절망의 세계에서 희망을 끈을 놓지 않고 최선을 다해 삶을 찾아가려는 릭과 희망이 없는 세상에서 그만 죽음을 선택하자는 박사와의 갈등은 이 워킹데드가 시즌을 계속 이어나가는 이유가 되었다.

에드윈은 엄청난 화력으로 폭발하기 때문에 죽을 때 고통도 없고(No pain), 슬픔과 비탄 그리고 후회도 없죠(an end to sorrow, grief, regret), 모든 것(Everything)…이라고 절망적으로 말한다. 데릴은 문을 열라(Open the damn door!)고 소리치고, 쉐인은 도끼를 들고 뛰면서 길을 비켜!(Out of my way!)라고 뛰어가면서 문을 부수려고 한다. 에드윈은 릭의 일행에게 들어오지 말고 그냥 가시지 그랬어요(You should've left well enough alone), 그게 훨씬 더 쉬웠을텐데요(It would've been so much easier)라고 말한다. 캐롤은 누구에게 더 쉽다는거예요?(Easier for who?)라고 하고 박사는 당신들 모두요(All of you), 바깥이 어떤지 알잖아요(You know what's out there), 짧고 잔혹한 삶, 그리고 고통스러운 죽음(A short, brutal life and an agonizing death)요. 그리고 여동생을 잃은 앤드리아에게 말을 건다. 여동생, 당신의 여동생 이름이 뭐였죠?(Your sister. What was her name?), 이 질병이 어떤건지 알잖아요(You know what this does), 봤잖아요(You've seen it), 그리고는 릭을 향해서 당신 아내와 아들이 그렇게 되기를 정말 바래요?(Is that really what you want for your wife and son?)라고 하자 릭은 난 이 상황을 원치 않아요(I don't want this)라고 말한다. 도끼질 하던 쉐인은 문을 못뚫겠다(Can't make a dent)라고 하고, 박사는 저 문들은 미사일도 견딜 수 있도록 만들어졌어요(Those doors are designed to withstand a rocket launcher)라고 하자 열받은 다혈질 데릴은 네 머리는 그렇지 않겠지(Well, your head ain't)라며 달려든다. 사람들이 말리고, 박사는 일어서서 다시 말을 하기 시작한다. 당신들도 이걸 원하잖아요(You do want this), 지난밤에 말했잖아요(Last night you said), 당신이 사랑하는 모든 사람들이 죽는 것은 단지 시간문제라는 걸 안다고요(You knew it was just a matter of time before everybody you loved was dead)라고 릭에게 말한다. 그러자 쉐인은 뭐라고?(What?), 너 정말 그렇게 말했어?(You really said that?), 그렇게 장담을 해놓고서?(After all your big talk?), 릭은 난 희망을 가지려고 했었어, 그렇지 않아?(I had to keep hope alive, didn't I?)라고 말하는데 박사는 희망은 없어요(There is no hope), 희망은 없었어요(There never was)라고 말한다. 릭은 희망은 언제나 있어요(There's always hope), 당신은 아니거나(Maybe it won't be you), 여기가 아닐지 몰라도요(maybe not here), 하지만 누군가, 어디선가 희망이 있을거예요(but somebody, somewhere~)라고 열변을 토한다.

앤드리아는 릭에게 모든 것을 다 잃었다는데, 당신은 왜 이해를 못해요?(What part of "everything is gone" do you not understand?)라고 하고 이에 박사는 당신 동료 말을 들어요(Listen to your friend), 이해하잖아요(She gets it), 이게 우리 인류를 없애버리는거예요(This is what takes us down), 이게 인류의 종말이예요(This is our extinction event)라고 단정한다. 이에 캐롤은 이건 옳지 않아요(This isn't right), 우리를 여기에 가둬 둘 수는 없어요(You can't just keep us here)라고 울먹이고, 박사는 아주 눈깜박할 시간이예요, 고통도 없어요(One tiny moment, a millisecond. No pain)라고 설득하는데 캐롤은 내 딸은 이렇게 죽을 수는 없어요(My daughter doesn't deserve to die like this)라고 계속 죽음 앞에 울먹인다. 박사는 냉정하게 사랑하는 사람들의 손을 잡고 폭발할 시간을 기다리는게 더 인간적이고 더 다정하지 않을까요?(Wouldn't it be kinder, more compassionate to just hold your loved ones and wait for the clock to run down?)라며 그만 포기하고 죽음을 맞이하자고 하자, 쉐인은 총을 들고 박사에게로 달려가면서 비켜!(Out of the way, Rick!)라고 하고 총구를 박사의 얼굴에 겨누며 문을 열어, 그렇지 않으면 머리통을 날려버릴거야(Open that door or I'm gonna blow your head off), 알았어?(Do you hear me?)라고 소리친다. 릭이 다가와 친구야, 이런 식으로 하면 안돼(Brother, brother, this is not the way you do this), 우린 절대 나가지 못할거야(We will never get out of here)라고 설득하고 릭의 부인도 쉐인, 릭의 말을 들어(Shane, you listen to him)라고 거든다. 릭은 박사가 죽으면 우린 전부 다 죽어(He dies, we all die! Shane!)라고 진정시킨다. 쉐인은 참지 못하고 다른 곳을 향해서 총을 쏘기 시작하고 릭은 쉐인을 제압하고 이제 다했어?(Are you done now? Are you done?)라고 말하고 쉐인은 그래, 우리 모두 다 죽었어(Yeah, I guess we all are)라고 한다. are 다음에는 done이 생략된 것이다.

릭은 일행들의 얼굴들을 차례로 쳐다보다 박사를 향해 당신이 거짓말하는 것 같아요(I think you're lying), 희망이 없다는거에 거짓말하고 있어요(You're lying about no hope), 그렇게 생각했다면(If that were true), 당신은 다른 사람들과 함께 도망쳤거나 쉬운 방법을 택했겠지요(you'd have bolted with the rest or taken the easy way out), 하지만 당신은 그러지 않았어요(You didn't), 당신은 힘든 길을 선택했어요, 왜죠?(You chose the hard path, why?)라고 묻자, 박사는 상관없어요(It doesn't matter)라고 하고 릭은 상관있어요(It does matter), 언제나 상관이 있어요(It always matters), 다른 사람들이 도망쳤을 때 당신은 남았어요(You stayed when others ran), 왜죠?(Why?)라고 묻고 박사는 내가 원해서 그랬던 것은 아녜요(Not because I wanted to), 난 약속을 했어요(I made a promise), 그리고 화면을 가리키면서 To her, my wife 라고 한다. 릭의 부인은 실험대상 19번이 당신의 아내였어요?(Test subject 19 was your wife?) 라고 묻고, 박사는 아내는 내가 할 수 있는 최대한 노력을 하라고 간청했어요(She begged me to keep going as long as I could), 그런데 내가 어떻게 거절할 수 있겠어요?(How could I say no?), 아내는 죽어가고 있었고(She was dying), 그리고 저 실험대에 누워있는 사람은 나였어야 했어요(It should've been me on that table), 나는 별로 중요한 사람이 아니었지만(I wouldn't have mattered to anybody), 아내는 세상에 손실였어요(She was a loss to the world), 아내는 여기 소장이었고(She ran this place), 난 여기 직원이었을 뿐이었요(I just worked here), 우리 분야에서 아내는 아인슈타인이었다구요(In our field, she was an Einstein), 나요? 난 에드윈 제너에 불과해요(Me? I'm just Edwin Jenner), 아내라면 어떻게든 뭔가 해냈을거예요(She could've done something about this), 내가 아니라(Not me)라고 자조적인 말을 한다.

릭은 당신 아내는 선택권이 없었잖아요(Your wife didn't have a choice), 당신은 선택권이 있어요(You do), 우리가 원하는 건 그 뿐예요(That's all we want), 선택(a choice)과 기회(a chance)예요. 릭의 부인이 우리가 할 수 있는한 노력할 수 있도록 해주세요(Let us keep trying as long as we can)라고 사정하자 박사는 내가 말했듯이 윗층은 잠겼어요(I told you topside's locked down), 나도 거긴 열 수 없어요(I can't open those)라고 하면서 안의 문을 열어준다. 일행들은 Come on, Let's go, We're gonna get out of here! 등을 외치면서 달려 나가고, 박사는 릭에게 당신에게 기회가 주어졌습니다(There's your chance), 잡으세요(Take it)라고 하자 릭은 감사해요(I'm grateful)라고 한다. 하지만 박사는 감사한 걸 후회하는 날이 올 겁니다(The day will come when you won't be)라는 암담한 이야기를 건넨다.

Edwin: No pain. An end to sorrow, grief, regret. Everything.
Daryl: Open the damn door!
Shane: Out of my way! Daryl!

에드윈: 고통도 없이. 슬픔, 비탄, 후회⋯ 전부 사라져요.
대릴: 문 열어! 젠장, 문 열라고!
쉐인: 비켜! 대릴!

Edwin: You should've left well enough alone. It would've been so much easier.

Carol: Easier for who?

Edwin: All of you. You know what's out there A short, brutal life and an agonizing death. Your sister what was her name? You know what this does. You've seen it. Is that really what you want for your wife and son?

Rick: I don't want this.

Shane: Can't make a dent.

Edwin: Those doors are designed to withstand a rocket launcher.

Daryl: Well, your head ain't!

Edwin: You do want this. Last night you said you knew it was just a matter of time before everybody you loved was dead.

Shane: What? What? You really said that? After all your big talk?

Rick: I had to keep hope alive, didn't I?

Edwin: There is no hope. There never was.

Rick: There's always hope. Maybe it won't be you, maybe not here, but somebody somewhere.

Andrea: What part of "everything is gone" do you not understand?

Edwin: Listen to your friend. She gets it. This is what takes us down. This is our extinction event.

Carol: This isn't right. You can't just keep us here.

Edwin: One tiny moment a millisecond. No pain.

Carol: My daughter doesn't deserve to die like this.

Edwin: Wouldn't it be kinder, more compassionate to just hold your loved ones and wait for the clock to run down?

에드윈: 그냥 뒀어야 했어요. 그랬으면 훨씬 쉬웠을텐데.

캐롤: 누구한테 쉬워요?

에드윈: 여러분 모두들에게요. 밖에 뭐가 있는지 알잖아요. 짧고 끔찍한 삶, 그리고 고통스러운 죽음. 당신, 당신 여동생… 이름이 뭐였지요? (앤드리아) 에이미. 에이미… 이게 뭘 의미하는지 당신도 알잖아요. 직접 봤잖아요. 그게 당신 아내와 아들에게 진심으로 원하는거예요?

릭: 난 이런거 원하지 않아요.

쉐인: 망할 문은 절대 안 부서지네.

에드윈: 로켓포도 못 뚫어요.

대릴: 네 머리는 다르지!

에드윈: 당신도 원하고 있잖아요. 어젯밤에 말했잖아요. 사랑하는 사람들이 모두 죽는 건 시간문제라고.

쉐인: 뭐? 그 말을 정말로 했어요? 늘 희망 얘기하더니?

릭: 희망을 지켜야 했으니까요.

에드윈: 희망은 없어요. 애초에 없었어요.

릭: 지금 여기가 아니더라도, 어딘가엔 가능성이 있어요.

앤드리아: "모든 게 끝났다"는 말이 이해 안 돼요?

에드윈: 당신 친구 말 들어봐. 걘 현실을 아네요. 이게 우리를 끝장내는거예요. 이게 우리 멸종의 순간이죠.

캐롤: 이건 옳지 않아요. 우릴 이렇게 가둬둘 수는 없어요.

에드윈: 한 순간이예요. 고통도 없어요.

캐롤: 내 딸은 이렇게 죽을 이유 없어요.

에드윈: 사랑하는 사람을 끌어안고 시간이 다 가기를 기다리는게, 차라리 자비로운 선택 아닐까요?

Shane: Out of the way, Rick! Stay out of my way! Open that door or I'm gonna blow your head off. Do you hear me?!

Rick: Brother, brother, this is not the way you do this. We will never get out of here.

Lori: Shane, you listen to him.

Edwin: It's too late.

Rick: He dies, we all, we all die! Shane! Shane! Are you done now? Are you done?

Shane: Yeah, I guess we all are.

Rick: I think you're lying. You're lying about no hope. If that were true, you'd have bolted with the rest or taken the easy way out. You didn't. You chose the hard path. Why?

Edwin: It doesn't matter.

Rick: It does matter. It always matters. You stayed when others ran. Why?

Edwin: Not because I wanted to. I made a promise to her. My wife.

Lori: Test subject 19 was your wife?

Edwin: She begged me to keep going as long as I could. How could I say no? She was dying. It should've been me on that table. I wouldn't have mattered to anybody. She was a loss to the world. She ran this place. I just worked here. In our field, she was an Einstein. Me? I'm just Edwin Jenner. She could've done something about this. Not me.

Rick: Your wife didn't have a choice. You do. That's all we want a choice, a chance.

Lori: **Let us keep trying as long as we can.**

Edwin: I told you topside's locked down. I can't open those. **There's your chance. Take it.**

Rick: **I'm grateful.**

Edwin: **The day will come when you won't be.**

쉐인: 비켜, 릭! 비켜, 지금 당장 문 안 열면 너 머리통 날려버린다! 들었어?!

릭: 형제야, 이런 식으로 하면 안 돼.

로리: 셰인, 릭 말 들어요!

에드윈: 이미 늦었어요.

릭: 그가 죽으면, 우리 전부 다 죽어. 쉐인! 쉐인! 이제 됐어?

쉐인: 이제 만족했어요.

릭: 당신 거짓말하고 있잖아요. 희망이 없다고요. 그 말, 거짓말이예요. 정말 그랬다면 당신도 도망쳤거나, 스스로 목숨을 끊었겠지요. 하지만 안 그랬잖아요. 어려운 길을 선택했어요. 왜죠?

에드윈: 그건… 중요하지 않아요.

릭: 아니, 중요해요. 항상 중요해요. 당신은 남았잖아요. 모두가 떠났을 때. 왜죠?

에드윈: 원해서 남은 건 아니예요. 난 약속했어요. 그녀에게. 내 아내에게요.

로리: 19번이 당신 아내였어요?

에드윈: 그녀가 말했어요. 가능한 한 계속하라고요. 어떻게 거절하겠어요. 그녀는 죽어가고 있었어요. 내가 대신이었어야 했어요. 난 아무 의미 없는 인간이예요. 그녀는 세상에 필요한 사람이었어요. 이곳을 운영한 것도 그녀였고, 난 그냥 일하던 사람일 뿐예요. 그녀는 이 분야의 아인슈타인이었고, 난 그냥 직원이었어요. 그녀라면 뭔가 해결했을거예요. 난 안돼요.

릭: 당신 아내는 선택권이 없었지만, 당신에겐 있어요. 그게 우리가 원하는거예요. 선택할 수 있는 기회. 계속 해볼 수 있는 기회.

로리: 우리가 할 수 있는 한 계속 시도해보게 해주세요.

에드윈: 윗층은 봉쇄됐어요. 그 문은 내가 열 수 없어요. 이게 당신 기회예요. 잡아요.

릭: 정말 고마워요.

에드윈: 언젠간 그 말 후회하게 될 거예요.

이 장면에서 놓치면 안되는 표현들

🔊 **01 Out of my way!** 비켜!, 비키라고!

    A: **Out of my way! I'm in a hurry!** 비켜 나 바쁘다고!
    B: Okay, calm down, I'm moving. 알았어, 진정해, 비킨다고.

🔊 **02 You should have+pp** 너는 …을 했어야 했는데

    A: They were going to the circus. 걔네들 서커스에 가는 중이었어.
    B: **You should have** gone with them. 넌 걔네들과 함께 갔어야 했는데.

🔊 **03 Is that really what you want for~ ?** 그게 …로 네가 정말 필요로 하는거야?

    A: I'm hoping to get a mink coat. 밍크 코트를 받기를 바라고 있어.
    B: **Is that really what you want for** your birthday?
    네 생일선물로 원하는게 바로 그거야?

🔊 **04 I don't want this** 난 이걸 원치 않아

    A: Why is your relationship so unhappy? 네 관계는 왜 그렇게 불행한거야?
    B: **I don't want this.** It's no good. 난 이런 상황을 원치 않아. 재미없어.

🔊 **05 be designed to~** …하기로 되어 있다

    A: There are bars over the windows. 창문에 막대기들이 있네.
    B: They **were designed to** prevent theft. 절도를 막으려고 만든거야.

🔊 **06 It was just a matter of time before~** …하는건 단지 시간문제야

    A: The rumor is that Ralph is gay. 랄프가 게이라는 소문이 있어.
    B: **It was just a matter of time before** everyone knew.
    다들 알게 되는건 시간문제였네.

🔊 **07 You really said that?** 너 정말 그렇게 말했어?

    A: I told Felicia she looked fat. 난 펠리시아에게 뚱뚱해 보인다고 말했어.
    B: **You really said that?** That was stupid. 정말 그렇게 말했어? 그건 멍청한 짓이었어.

08 There is no hope 희망이 없어

A: Will I get into law school? 내가 법대에 들어가게 될까?
B: There is no hope. Give up. 희망이 없어. 포기해.

09 take sb down …을 잡다, 혼내주다

A: He's been running down the street with a gun.
그가 총을 들고 거리로 달아나고 있었어.
B: The cops are going to take him down. 경찰이 그놈을 잡을거야.

10 This isn't right 이건 옳지 않아

A: I used all of the money for myself. 난 모든 돈을 나를 위해 썼어.
B: This isn't right and you know it. 이건 옳지 않아, 너도 알잖아.

11 not deserve to die like this 이렇게 죽으면 안된다

A: Jake was shot down in his business. 제이크는 회사 건물에서 총에 맞았어.
B: He didn't deserve to die like this. 걘 이렇게 죽어서는 안되는거였어.

12 blow one's head off 머리를 쏴서 죽이다

A: So Phil was mad at his girlfriend? 그럼 필이 자기 여친에게 화났었어?
B: He threatened to blow her head off. 총으로 머리를 날려버리겠다고 협박했어.

13 Do you hear me? 알았지?

A: I need someone to pick me up. 날 픽업해줄 사람이 필요해.
B: I'll get you. Do you hear me? 내가 할게. 알았지?

14 This is not the way you do this 이런 식으로 하면 안돼

A: I arranged the wedding before I proposed to her.
난 걔한테 프로포즈하기 전에 결혼식을 준비했어.
B: This is not the way you do this. 이런 식으로 하면 안돼.

15 We will never get out of this 우리는 여기서 절대 나가지 못할거야

A: Are we in serious danger? 우리 심각한 위험에 빠진거야?
B: We will never get out of this. 우리는 절대로 여기서 벗어나지 못할거야.

16 Are you done now? 너 이제 다했어?

A: **Are you done now? Can we go home?** 너 이제 다했어? 우리 집에 가도 돼?
B: Yeah, let's get out of here. 응, 여기서 나가자.

17 I think you're lying 너 거짓말하는 것 같아

A: Why are you treating me so badly? 왜 너 내게 그렇게 못되게 구는거야?
B: **I think you're lying** and I'll prove it. 너 거짓말하는 것 같은데 내가 증명할거야.

18 It doesn't matter 상관없어

A: Some things are still not finished. 일들이 아직 다 끝나지 않았어.
B: **It doesn't matter.** We're done. 상관없어. 우리는 끝났어.

19 I made a promise 난 약속했어

A: You won't date anyone else? 너 다른 사람과 데이트 안할거야?
B: I can't do it. **I made a promise.** 그렇게 못해. 내가 약속했거든.

20 She begged me to~ 걘 내게 …해달라고 사정했어

A: We are still going to have to fire her. 우리는 그녀를 해고해야 될거야.
B: **She begged me to** give her a second chance. 기회 한번 더 달라고 사정했어. .

21 keep going~ 계속 가하다

A: Susan didn't stop when she saw you? 수잔은 널 보고도 계속 가버렸어?
B: She just **kept going** by us. 우리들 옆을 지나 계속 그냥 갔어.

22 How could I say no? 내가 어떻게 아니라고 말할 수 있겠어?

A: I wouldn't have lent him money. 나라면 걔한테 돈을 빌려주지 않았을텐데.
B: **How could I say no?** 내가 어떻게 아니라고 말할 수 있겠어?

23 Let us keep trying as long as we can 우리가 할 수 있는 한 노력할 수 있게 해줘

A: Soon we'll run out of time. 곧 시간이 다 될거야.
B: **Let us keep trying as long as we can.** 우리가 할 수 있는 한 노력할 수 있게 해줘.

24 The day will come when~ …하는 날이 올거야

A: I decided to give up on my dreams. 난 꿈을 포기하기로 했어.
B: **The day will come when** you regret it. 네가 후회하는 날이 올거야.

Americna Drama Best Scene 099

She doesn't have to be afraid anymore

갠 더 이상 두려워하지 않아도 돼

>> **The Walking Dead**
Season 2 Episode 3 13:03

릭의 아들 칼은 사슴 사냥꾼의 총에 맞아 허슬이란 수의사에게서 치료를 받고 있다. 장비의 부족으로 산소호흡기 없이 수술을 해야 될 삶과 죽음의 기로 속에 릭과 로리는 다시 한번 절망과 고통의 현실의 삶과 고통없는 죽음의 세계에 대한 논쟁을 시작한다.

로리는 이 세상은 더 이상 아이들을 위한 곳은 아닌 것 같아(Maybe this isn't a world for children anymore)라는 말에 릭은 우리는 애가 있잖아(Yeah, well, we have a child), 칼은 지금 여기 이 세상에서 살고 있어(Carl is here in this world now)라고 하자 로리는 칼이 여기 있는 건 아닌 것 같아(Maybe he shouldn't be), 이렇게 끝나야 될 일인지도 몰라(Maybe this is how it's supposed to be)라고 하며 칼의 죽음이 더 나을거라는 말을 한다. 릭은 그런말 하면 안되지(You can't mean that), Okay, All right(알았어, 좋아), 그런 생각이 들었다는 걸 이해해(I can understand that thought crossing your mind)라고 반응하자, 로리는 그런 생각이 잠시 든게 아냐(It didn't cross my mind, Rick), 계속 그 생각을 떨쳐버릴 수가 없어(I can't stop thinking it), 우리는 왜 칼을 이런 세상에 살게 하는거야?(Why do we want Carl to live in this world?), 이런 삶을 살려고(To have this life?), 그럼 칼은 눈앞에서 사람들이 찢겨져 나가는 모습을 더 볼 수 있게 될거야(So he can see more people torn apart in front of him?), 그리고 앞으로 얼마나 더 오래될지 모르는 동안 굶주리고 두려움에 떨어야 될거야(So that he can be hungry and scared for however long he has before he…), 그래서 걔는 계속 달려야 할거고(So he can run and run and run and run), 그리고 나서 걔가 만약 생존을 한다고 해도(and then even if he survives), 걘 결국 생존외에는 아무 것도 모르는 또 다른 동물이 되어 버릴거잖아?(he ends up just another animal who doesn't know anything except survival?), 그리고 어렵게 말을 꺼낸다. 칼이 만약 오늘 죽는다면(If he dies tonight), 걔한테는 그걸로 끝이잖아(it ends for him), 그리고 이보다 더 좋은 방법이 있으면 말해봐(Tell me why it would be better another way)라고 릭에게 묻는다.

릭은 뭐 때문에 변했어?(What changed?), CDC에서 제너 박사가 함께 죽자고 했고(Jenner

offered us a way out), 당신은 계속 노력하게 해달라고 했잖아(You asked him to let us keep trying), 당신은 간청했어(You begged him), 우리가 할 수 있는 한이라고 말야("For as long as we can," you said)라고 말하면서 다시 한번 왜 맘이 바뀌었는지 물어본다.

로리가 마음이 바뀐 계기를 말하기 시작한다. 요전날 잠깐이었지만 재키가 죽은 걸 잊고 있었던 적이 있었어(There was a moment the other day it was just a second but I forgot Jacqui was dead), 나는 뒤로 돌아서, 그녀에게 뭔가 말하려고 했었어(I turned around, I wanted to tell her something), 거의 그녀의 이름을 말할 뻔했어(I almost said her name), 순간이었지만 내가 기억을 해냈어(It was just a second and then I remembered), 그리고나서 난 그녀가 아무 것도 볼 필요가 없었다는걸 깨달았어(But then I realized she didn't have to see any of it), 고속도로, 좀비떼, 소피아, 총에 맞은 칼(The highway, the herds, Sophia, Carl getting shot), 이미 죽은 재키는 그럴 필요가 없었고(she didn't), 더 이상 두려워하지 않아도 돼(She doesn't have to be afraid anymore), 배고프지도(hungry), 화나지도 않아(angry), 릭, 이건 멈추지 않고 계속 일어나(It hasn't stopped happening, Rick), 이건 매일 매순간마다 목에 칼이 들어오는 것 같아(It's like we live with a knife at our throats every second of every day).

하지만 재키는 그렇지 않아(But Jacqui doesn't), 더 이상은(Not anymore), 그런 다음에야 난 생각했어 제너박사가 옳았을지도 몰라(And then I thought, "maybe Jenner was right)라고 말하자 릭은 그렇지 않아(I don't accept that), 인정할 수 없어(I can't accept that)라고 부정하면서, 그 박사는 포기한거야(That man surrendered), 그가 무슨 말을 했던 아무 상관없어(It doesn't matter what he said), 그 어떤 것도(None of it)라고 강하게 반박한다. 그러면서 우리가 칼을 포기하는게 더 나을거라고 정말 생각하는거야?(You really think it would be better if Carl, if we just gave up?)라고 묻고 로리는 그렇다면 살아남아 있는게 왜 더 나은 지 이유를 말해줘(Tell me why it would be better the other way)라고 말한다

Chris Says: I'm cool with that

This means "I don't object" or "I see no problem with your idea."

The Best Lines from <The Walking Dead>

Lori: Maybe this isn't a world for children anymore.

Rick: Yeah well, we have a child. Carl is here in this world now.

Lori: Maybe he shouldn't be. Maybe this is how it's supposed to be.

Rick: You can't mean that. Okay. All right. I can understand that thought crossing your mind.

Lori: It didn't cross my mind, Rick. I can't stop thinking it. Why do we want Carl to live in this world? To have this life? So he can see more people torn apart in front of him? So that he can be hungry and scared for however long he has before he, So he can run and run and run and run and then even if he survives, he ends up just another animal who doesn't know anything except survival? If he, if he dies tonight, it ends for him. Tell me why it would be better another way.

Rick: What changed? What? Jenner offered us a way out. You asked him to let us keep trying. You begged him. "For as long as we can," you said. What changed?

로리: 어쩌면⋯ 이제 이 세상은 더 이상 아이들을 위한 세상이 아닐지도 몰라.

릭: 그래도 우린 아이가 있어. 칼은 지금 이 세상에 살고 있다고.

로리: 그게 잘못된 걸 수도 있어. 이게 원래 그래야 했던거 아닐까?

릭: 그럴 리 없어. 그럴 생각을 했다는 건 이해할 수 있지만⋯

로리: 그런 생각이 스친게 아니야, 릭. 난 계속 그 생각만 해. 왜 우리가 칼을 이 세상에서 살게 해야 해? 이런 삶을 왜 겪게 해야 해? 그 애가 또 누군가가 찢겨 나가는 걸 보게 하려고? 굶주리고, 두려움에 떨며, 언제까지 살지도 모를 시간 동안 그렇게 지내게 하려고? 도망치고, 도망치고, 또 도망치다가 결국 살아남는다 해도⋯ 그냥 생존밖에 모르는 짐승처럼 되어버릴텐데? 만약 오늘밤 그 애가 죽는다면 그걸로 모든게 끝이야. 왜 다른 방식이 더 나은지 말해봐.

릭: 뭐가 바뀐거야? 제너가 우릴 놔주겠다고 했을 때, 너는 우리가 계속 버티게 해달라고 애원했잖아. "할 수 있는 데까지 버텨보자"고. 그랬잖아. 근데 지금은 왜 이래?

Lori: There was a moment the other day it was just a second but I forgot Jacqui was dead. I turned around, I wanted to tell her something. I almost said her name. It was just a second and then I remembered. But then I realized she didn't have to see any of it. The highway, the herds, Sophia, Carl getting shot. She didn't. She doesn't have to be afraid anymore. Hungry. Angry. It hasn't stopped happening, Rick. It's like we live with a knife at our throats every second of every day. But Jacqui doesn't. Not anymore. And then I thought, maybe Jenner was right.

Rick: I don't accept that. I can't accept that. That man surrendered. It doesn't matter, it doesn't matter what he said. None of it. You really think it would be better if Carl, if we just gave up?

Lori: Tell me why it would be better the other way.

로리: 며칠 전, 잠깐이었어. 그냥 몇 초였는데… 재키가 죽었다는 걸 잊었었어. 뒤를 돌아보다가, 무슨 얘기를 재키한테 해주고 싶었는데 그 이름을 부를 뻔했지. 순간적으로 그랬다가 곧 기억이 나더라. 재키는 이제 그 모든 걸 볼 필요가 없다는 걸. 고속도로, 좀비떼, 소피아…, 칼이 총 맞은 거. 그 애는 그런 거 안 봐도 돼. 이제는 더 이상 무섭지 않잖아. 굶주리지도, 화가 나지도 않아. 하지만 우린 여전히 매일 목에 칼을 들이댄 채로 살아. 매순간이 그래. 그런데 재키는 아니야. 이제는 아니야. 그리고 문득 이런 생각이 들었어. 어쩌면 제너가 맞았던 걸지도 몰라.

릭: 난 그걸 받아들일 수 없어. 절대 못 받아들여. 그 사람은 포기한거야. 그 사람이 무슨 말을 했든 상관없어. 아무 의미없어. 네 말대로면 칼이 죽는게 더 나은 거라고? 우리가 그냥 포기해야 된다고? 정말 그렇게 믿어?

로리: 그럼 나한테 말해봐. 칼이 사는게 왜 더 나은 선택인지.

이 장면에서 놓치면 안되는 표현들

🔊 01 **This is how it's supposed to be** 이렇게 될 일인지도 몰라

A: **So you'll get married and have kids?** 너 결혼해서 아이들을 가질거라고?
B: **This is how it's supposed to be.** 이렇게 돼야 되는 일이겠지.

🔊 02 **You can't mean that** 그렇게 말하면 안돼

A: **He is the ugliest person I know.** 걔처럼 못생긴 사람은 처음봐.
B: **You can't mean that.** 그렇게 말하면 안돼.

🔊 03 **I can understand that thought crossing your mind**
네게 그런 생각이 들었다는걸 이해해

A: **Sometimes I just want to run away from it all.**
간혹 모든 것으로부터 도망치고 싶어.
B: **I can understand that thought crossing your mind.**
네게 그런 생각이 들었다는걸 이해해.

🔊 04 **I can't stop thinking~** 계속 …라는 생각이 들어

A: **Do you believe he cheated on you?** 걔가 너 몰래 바람폈다고 생각해?
B: **I can't stop thinking it might be true.** 그게 사실일 수도 있다는 생각이 계속 들어.

🔊 05 **Why do we want sb to~?** 왜 우리는 …가 …하기를 바래?

A: **Why do we want Jenny to leave?** 왜 제니가 가기를 우리가 바라는거야?
B: **She makes everyone else upset.** 걘 다른 모든 사람들을 화나게 하잖아.

🔊 06 **end up** 결국 …하게 되다

A: **I am writing a brand new novel.** 난 새로운 소설을 쓰고 있어.
B: **You might end up famous.** 넌 유명하게 될 지도 몰라.

🔊 07 **not know anything except~** …외에는 아무 것도 모르다

A: **Did you find any additional clues?** 추가 단서 뭐좀 나온거 있어?
B: **I don't know anything except what you told me.**
네가 말해준거 외에는 아무것도 몰라.

08 Tell me why~ 왜 …한지 내게 말해줘

A: Tell me why Mark quit. 왜 마크가 그만뒀는지 말해줘.
B: He has been frustrated with his job. 걘 자기 일에 실망하고 있었어.

09 What changed? 뭐 때문에 바뀐거야?

A: I finally decided to divorce Brad. 난 마침내 브래드와 이혼하기로 결정했어
B: What changed? I thought you'd never do it.
뭐때문에 그런거야? 절대 안할거라 생각했는데.

10 You asked him to~ 넌 걔한테 …해달라고 했어

A: He punched someone that approached us. 걘 우리에게 다가오는 누군가를 쳤어.
B: You asked him to protect you. 네가 걔한테 널 보호해달라고 했잖아.

11 There was a moment the other day~ 요전날 …한 때가 있었어

A: How has Stella been since Tom died? 톰이 죽은 후 스텔라는 어떻게 지내?
B: There was a moment the other day she looked sad.
요전날 슬퍼하는 모습을 본 적이 있었어.

12 I almost said~ 거의 …라고 말할 뻔했어

A: It's not easy dealing with Aunt Hilda. 힐다 숙모를 상대하는 것은 쉽지 않아.
B: I almost said something unkind. 난 불손한 말을 거의 할 뻔했어.

13 It's like~ …하는 것과 같아

A: That kid looks scared out of his mind. 저 아이는 너무 무서워 정신나간 것처럼 보여.
B: It's like he saw something terrible. 걘 뭔가 끔찍한 것을 본 것 같아.

14 I don't accept that 그렇지 않아

A: They have no money to give raises. 임금인상을 해줄 돈이 없어.
B: I don't accept that. It's bullshit. 그렇지 않아. 거짓말이야.

15 It doesn't matter what he said 걔가 뭐라고 했든 상관없어

A: Sam says he can beat anyone. 샘은 자기가 싸움에서 다 이긴다고 해.
B: It doesn't matter what he said. 걔가 뭐라고 했든 상관없어.

16 You really think it would be better if~ ?
…하는게 더 나을지도 모른다고 정말 생각하는거야?

A: Both of us need to date other people. 우리 둘 다 다른 사람과 데이트해야 돼.
B: You really think it would be better if we broke up?
우리가 헤어지는게 더 나을지도 모른다고 정말 생각하는거야?

Americna Drama Best Scene 100

How can you think like that?

어떻게 그렇게 생각할 수 있어?

>>> **The Walking Dead**
Season 2 Episode 6 38:50

릭의 아내 로리는 임신을 하게 되고 이런 상황하에서 유산을 하려 하다가 릭이 이를 알게 된다. 릭이 로리를 찾아가서 이에 대해 얘기를 나누는 장면. 릭이 로리에게 나한테 뭐 할 말 있지 않아?(Is there something you need to tell me?)라고 묻고 로리는 우리 못떠나(We can't leave), 나 임신했어(I'm pregnant)라고 하자 릭은 낙태약박스를 들어올리며 그래?(Are you?)라고 한다. 그러자 로리는 나 그 약들 토해버렸어(I threw them up), 원한다면 소리질러도 돼(You can yell if you want), 그래야 한다면 소리를 질러도 돼지만 내게 말을 해봐(You can scream if you have to, but talk to me)라고 한다.

릭은 로리에게 다가가며 언제부터 알았어?(How long have you known?)라고 묻고 로리는 그게 중요해?(Does it matter?)라고 하는데 릭은 며칠된거야? 몇주 된거야(Days? Weeks?), 그런데 내게 말을 하지 않았어?(And you didn't tell me?)라고 따지자 로리는 지금 말하고 있잖아(I'm telling you now)라고 한다. 릭은 아냐(No), 내가 이걸 발견했지(I found these), 그럼 글렌은 알고 있는거야?(So Glenn knows, right?), 내게 오는 대신에 글렌에게 약을 가져오게 했어?(Instead of going to me, you sent him to get pills?)라고 화를 낸다. 로리는 내가 정신이 없었어(I panicked), 우린 살 집도 없다고 말했잖아(You tell me we have no roof and no walls)라고 하자 릭은 분노하며 이걸 내탓으로 돌리지마!(Do not put this on me!)라고 소리지른다. 내게 비밀이 있다고 심하게 비난해놓고 당신은 이 비밀을 지니고 있었어?(You tear into me for keeping secrets when you're holding onto this?)라고 비난하자 로리는 이런 상황에서 아기를 낳으라고?(You want me to bring a baby into this?), 잔인하게 짧게 살다 가라고?(To live a short, cruel life?)하면서 로리는 반박한다.

릭은 어떻게 그렇게 생각해?(How can you think like that?)라고 소리지르고, 로리는 우린 이미 있는 아이조차도 보호하지 못하잖아(We can't even protect the son we already have)라고 하자 릭은 약봉지를 내팽개치면서 그래서 이게 해결책이야?(So this is the solution?)라고 하자 로리는 릭, 토해버렸어(Rick, I threw them up), 내가 망쳐버렸어(I screwed up), 어떻게 해야 할

417

지 모르겠어(I don't know how we do this)라고 울먹이자, 릭은 우리는 해낼 수 있어(We can make it work)라고 한다. 로리는 어떻게(How?), 어떻게 할 수 있는지 말해줘(Tell me how)라고 말하고 릭은 우리는 알아낼거야(We'll figure it out), 알아내도록 해봐야 되지 않아?(Shouldn't we try to figure it out?), 당신은 약을 토해내잖아(You threw up the pills), 당신은 이 아이를 원해(You want this baby), 당신이 그렇다는거 알아(I know you do)라고 설득한다.

로리는 이런 식은 아니야(Not like this), 도랑에서 아기를 낳는건 아냐(Not giving birth in a ditch), 태어나자마자 삶이 위태로와질 때는 아냐(Not when its life will hang by a thread from the second it's born), 매번 울 때마다 칼과 우리가 아끼는 사람들을 위험에 빠뜨릴 때는 아냐(Not when every cry will put it, and Carl, and everyone we care about, in danger), 이건 옳지 않아(That's not right)라고 하고 릭은 살기회조차 주지 않는 것 또한 옳지 않아(Not even giving it a chance isn't right either)라고 한다.

로리는 아마 이래서 내가 당신에게 말하지 않은걸거야(Maybe this is why I didn't want to tell you)라고 하고 릭은 난 아직도 그 이유를 모르겠어(I still I still don't understand why), 당신이 원하지도 않는 아기를 내가 낳게 할거라 정말 생각했어?(You really think I'd make you have a baby you don't want?)라는 말에 로리는 아니(No), 그러니 내가 그걸 겪어도, 그건 당신 양심이 아닌 내 양심에 달린거니까(so that if I went through with it, it would be on my conscience and not yours)라고 말한다.

릭은 그게 사실일지 몰라도(Maybe that's true), 난 더 이상 이렇게는 못살아(but I can't live like this anymore, Lori), 이렇게는 못 산다고(We can't live like this), 그러면서 내가 뭐 알아야 할게 더 있냐고 묻는다(Is there anything else I should know about?). 그러자 로리는 쉐인과 나는(Shane and I)이라고 말문을 여는데, 릭은 알고 있다(I know. Of course I know), 내가 죽은 줄 알았잖아(You thought I was dead), 세상은 엉망이 되었고 내가 죽었다고 생각했잖아(The world went to shit and you thought I was dead), 그러면서 로리에게 Right?이라고 묻고 로리는 Yeah라고 답한다.

The Best Lines from <The Walking Dead>

Rick: Is there something you need to tell me?

Lori: We can't leave. I'm pregnant.

Rick: Are you?

Lori: I threw them up. You can yell if you want. You can scream if you have to, but talk to me.

Rick: How long have you known?

Lori: Does it matter?

Rick: Days? Weeks? And you didn't tell me?

Lori: I'm telling you now.

Rick: No. I found these. So Glenn knows, right? Instead of going to me, you sent him to get pills?

Lori: I panicked. You tell me we have no roof and no walls.

Rick: Do not put this on me! You tear into me for keeping secrets when you're holding onto this?

Laurie: You want me to bring a baby into this? To live a short, cruel life?

Rick: How can you think like that?

Laurie: We can't even protect the son we already have.

Rick: So, this is the solution?

Laurie: Rick, I threw them up. I screwed up. I don't know how we do this.

Rick: We can make it work.

릭: 나한테 말해야 할게 있지 않아?

로리: 우린 떠날 수 없어. 나… 임신했어.

릭: 그래?

로리: 이건 토해냈어. 소리쳐도 돼. 소리 지르고 싶으면 질러. 근데 제발 나랑 대화 좀 해줘.

릭: 언제부터 알고 있었어?

로리: 그게 중요해?

릭: 며칠? 몇 주? 그리고 내게 말하지 않았어?

로리: 지금 말하고 있잖아.

릭: 아니야. 내가 이 약들을 찾았어. 그럼 글렌은 알고 있었단 얘기지? 나한텐 말도 안하고 글렌을 약 구하러 보낸거야?

로리: 겁이 났었어. 당신이 말했잖아. 우린 지붕도 없고 벽도 없다고…

릭: 그걸 내탓으로 돌리지마! 당신은 내 비밀에 그렇게 화를 내더니 정작 당신은 이걸 숨기고 있었잖아?

로리: 이런 상황에서 아기를 낳으라고? 잔인하게 짧게 살다 가라고?

릭: 어떻게 그렇게 생각해?

로리: 우린 이미 있는 아이조차도 보호하지 못하잖아.

릭: 그래서 이게 해결책이야?

로리: 릭, 토해버렸어, 내가 망쳐버렸어. 어떻게 해야 할지 모르겠어?

릭: 우리는 해낼 수 있어.

Laurie: How? Tell me how.

Rick: We'll figure it out. Shouldn't we try to figure it out? You threw up the pills. You want this baby. I know you do.

Lori: Not like this. Not giving birth in a ditch. Not when its life will hang by a thread from the second it's born. Not when every cry will put it, and Carl, and everyone we care about, in danger. That's not right.

Rick: Not even giving it a chance isn't right either.

Lori: Maybe this is why I didn't want to tell you.

Rick: I still I still don't understand why. You really think I'd make you have a baby you don't want?

Lori: No, so that if I went through with it, it would be on my conscience and not yours.

Rick: Maybe that's true, but I can't live like this anymore, Lori. We can't live like this. Is there anything else I should know about?

Lori: Shane and I.

Rick: I know. Of course I know. You thought I was dead. The world went to shit and you thought I was dead. Right?

Lori: Yeah.

로리: 어떻게? 어떻게 할 수 있는지 말해줘.

릭: 우리가 알아낼거야. 적어도 시도는 해봐야 하지 않겠어? 당신은 약을 토했어. 당신은 이 아기를 원해. 당신도 알고 있잖아.

로리: 근데 이런 식으론 안 돼. 길가 배수로에서 출산하고, 태어나는 순간부터 목숨이 위태롭고, 울기만 해도 그 아이랑 칼이랑 우리 모두가 위험에 처하고… 그건 옳지 않아.

릭: 하지만… 아무런 기회조차 안 주는 것도 옳지 않아.

로리: 바로 그래서 당신에게 말하지 않았던거야.

릭: 난 아직도 그 이유가 이해되지 않아. 당신이 원하지도 않는 아이를 내가 낳게 만들까 봐 두려웠던 거야?

로리: 내가 낳기로 하면 그건 당신 양심이 아니라 내 양심에 남을 테니까.

릭: 그럴 수도 있지. 하지만 이젠 이렇게는 못 살겠어, 로리. 우리 이렇게 살 수 없어. 혹시… 또 나한테 말하지 않은게 있어?

로리: 쉐인이랑 나….

릭: 알고 있어. 물론 알고 있었지. 당신은 내가 죽은 줄 알았잖아. 세상은 무너졌고… 당신은 내가 죽었다고 믿었고. 그렇지?

로리: 응…

American Drama Best Scene 175

이 장면에서 놓치면 안되는 표현들

🔊 **01 You can+V if you want** 원한다면 …해도 돼

A: **I don't have any plans for tonight.** 난 오늘밤에 아무런 계획도 없어.
B: **You can join us if you want.** 원한다면 우리와 함께 해도 돼.

🔊 **02 How long have you known?** 안지 얼마나 됐어?

A: **I heard your grandfather has cancer.** 네 할아버지 암이라며.
B: **How long have you known?** 안지 얼마나 됐어?

🔊 **03 Does it matter?** 그게 중요해?, 그게 상관있어?

A: **Chelsea decided not to get married.** 첼시는 결혼하지 않기로 했어.
B: **Does it matter? No one cares.** 그게 중요해? 아무도 신경안쓰는데.

🔊 **04 I'm telling you now** 이제 너한테 말하고 있잖아

A: **How could you not tell me you were pregnant?**
어떻게 임신한걸 말하지 않을 수 있어?
B: **I'm telling you now.** 지금 말하고 있잖아.

🔊 **05 You sent him to get~ ?** 걔를 보내 …을 가져오게 했어?

A: **Carl is at the store buying beer.** 칼은 가게에서 맥주를 사고 있어.
B: **You sent him to get more alcohol?** 걔를 보내 술을 더 사오게 했단 말야?

🔊 **06 You're telling me~ ?** …라고 말하는거야?, …라고 말했잖아

A: **The window was smashed and the door was opened.**
창문은 부숴졌고 문은 열려 있었어.
B: **You're telling people broke in here?** 여기 있는 사람들이 깨뜨렸다고 말하는거야?

🔊 **07 Do not put this on me!** 내 탓으로 돌리지마!

A: **You told me to do this.** 네가 이렇게 하라고 했잖아.
B: **Do not put this on me!** 내 탓으로 돌리지마!

08 You tear into me for ~ing 내가 …했다고 비난했잖아

A: **I was only trying to protect my sister.** 난 단지 내 누이를 보호하려고 했어.
B: **You tore into me for** helping her. 걔를 도와줬다고 나를 비난했잖아.

09 How can you think like that? 어떻게 그렇게 생각할 수 있어?

A: **I hate people who are different from me.** 나하고 다른 사람들은 싫어.
B: **How can you think like that?** 어떻게 그렇게 생각할 수 있어?

10 I screwed up 내가 망쳤어

A: **You went to the wrong apartment yesterday.** 너 어제 엉뚱한 아파트에 갔어.
B: **I screwed up.** Everyone knows it. 내가 일을 망쳤어. 다들 알고 있어.

11 We can make this work 우리는 해낼 수 있어

A: **Our relationship has many problems.** 우리 사이에는 문제가 많아.
B: **We can make this work.** Give it time. 우리도 잘 풀어나갈 수 있어. 시간을 가져봐.

12 We'll figure it out 우리는 알아낼거야

A: **We need a better work schedule.** 근무일정이 더 나아져야겠어.
B: **Don't worry. We'll figure it out.** 걱정마. 우리가 알아낼거야.

13 Shouldn't we try to~? 우리가 …하도록 해야 되지 않아?

A: **Those teenagers are shoplifting.** 저 십대애들은 가게를 털고 있어.
B: **Shouldn't we try to** stop it? 우리가 못하도록 해야 되지 않을까?

14 Not like this 이런 식은 아냐

A: **You are embezzling company funds?** 너 회사기금 횡령하고 있지?
B: **I won't get caught. Not like this.** 난 걸리지 않을거야. 이런 식은 아냐.

15 Is there anything else I should know about?
내가 알아야 할게 뭐 더 있어?

A: **The cops found evidence of an assault.** 경찰은 폭행의 증거를 찾았어.
B: **Is there anything else I should know about?** 내가 알아야 할게 뭐 더 있어?

16 ~ went to shit 엉망이 되다

A: **What happened to the business you started?** 너 시작한 사업 어떻게 됐어?
B: **The whole thing went to shit.** 모든게 다 엉망이 됐어.

Americna Drama Best Scene 101

I'm just another monster, too

나 역시 또다른 괴물이 된 것 같아요

>>> **The Walking Dead**
Season 4 Episode 16 23:15

칼이 칼잡이 미숀과 함께 걸어가면서 나누는 대화장면. 미숀이 왜 아빠랑 같이 가지 않은거야?(Why didn't you go with your dad?)라고 묻지만 아무런 대답도 하지 않는다. 그러자 미숀이 다시 말을 이어간다. 내가 안드레에 대해 말해줬을 때(When I told you about Andre), 너 그가 어떻게 죽었는지 물어보지 않았어(you never asked how he died)라고 말하자 칼은 왜 그랬는지 알고 있었어요(I knew why)라고 하고 미숀은 그래, 하지만 어떻게 죽느냐는 것도 중요해(Yeah, but the how is important), 우리는 피난캠프로 갔었어(We went to a refugee camp), 안드레와 안드레의 아버지인 내 애인 마이크, 그리고 내 친구 테리(Andre and my boyfriend Mike that was Andre's father and our friend Terry), 그리고 캠프 안에서 상황이 점점 악화됐어(At the camp, it just got worse and worse), 사람들은 떠나가고(People were leaving), 포기하는 사람들도 있고(People giving up), 하지만 난 그러지 않았어(But I didn't). 내가 도망치다 캠프로 돌아왔었어(I was coming back from a run), 난 울타리가 다 부서져 있는 걸 봤어(I saw the fences were down), 신음소리가 났고(I heard the moans), 모든게 다 끝났어(It was over). 그리고 마이크와 테리는 좀비로 변해 있었어(And Mike and Terry, they were high when it happened), 그들은 좀비에게 물렸고(They were bit), 멈추게 할 수도 없었고(Could have stopped it), 죽일 수도 있었어(Could have killed them), 하지만 난 그들을 그냥 놔뒀어(But I let them turn), 난 그들이 물지 못하게 턱을 잘랐고 붙잡지 못하게 팔도 잘랐지(I made it so they couldn't bite, couldn't scratch), 그들 목에 난 체인을 둘렀어(I tied chains around their necks), 미친 짓이었지(It was insane), 역겨운 일이었지만(It was sick), 내가 해야 될 일 같았어(It felt like what I deserved), 그들을 끌고 다녔지(dragging them around), 그래서 난 항상 알고 있었지(so that I would always know), 그들이 나를 안전하게 지켜준다는 것을 알았어(I found out that they kept me safe), 그들 덕택에 내가 보이지 않았어(They hid me), 좀비들이 날 구별하지 못했어(The walkers didn't see me anymore), 난 그저 또 다른 괴물이었어(I was just another monster), 내가 그랬어(And I was), 나는?(Me?), 난 오래전에 사라져버렸어(I was gone for a long time)라고 좀비세상에서 자기 자신을 잃고 점점 또 다른 괴물이 되어가는 과정을 칼에게 얘기해준다.

그리고 앤드리아가 나를 구해줬고(But then Andrea brought me back), 네 아빠가 나를 살려줬지(Your dad brought me back), 너도 그랬고(You did)라고 말한다. 네가 아빠를 어떻게 보고 있는지 알고 있어(I see how you've been looking at your dad), 그리고는 나나 네 아빠를 두려워 할 필요는 없어(You don't have to be afraid of me or him)라고 말한다. 칼은 요전날 아빠가 제가 자랑스럽다고 말씀하셨어요(He told me the other day that he was proud of me), 내가 좋은 사람이라구요(That I was a good man), 하지만 아니예요(I'm not), 이제 저도 잘 알아요(I know more now), 아빠가 제게 뭘 원하는지요(About what he wanted from me), 그리고 노력은 했지만(And I tried, but), 이런 생각에서 빠져나올 수가 없어요(I still have these thoughts), 이젠 난 아빠가 생각하는 그런 사람이 아녜요(I'm not what he thinks I am), 저도 이제 또 다른 괴물이 된 것 같아요(I'm just another monster, too)라고 말한다. 미숀은 자기의 경험담을 통해 괴물로 변했던 자기가 릭의 일행을 만나 다시 벗어날 수 있었다고 위로하는데 릭의 어린 아들 칼은 자신이 점점 괴물이 되어가는 것 같다고 괴로워한다.

The Best Lines from <The Walking Dead>

Michonne: Why didn't you go with your dad? When I told you about Andre, you never asked how he died.

Carl: I knew why.

Michonne: Yeah, but the how is important. We went to a refugee camp. Andre and my boyfriend Mike, that was Andre's father, and our friend Terry. At the camp, it just got worse and worse. People were leaving. People giving up. But I didn't. I was coming back from a run. I saw the fences were down. I heard the moans. It was over. And Mike and Terry, they were high when it happened. They were bit. Could have stopped it. Could have killed them. But I let them turn. I made it so they couldn't bite, couldn't scratch. I tied

미숀: 왜 아버지랑 같이 안 갔어? 내가 안드레 얘기했을 때, 너는 그 아이가 어떻게 죽었는지 묻지 않았지.

칼: 왜 죽었는지는 알고 있었으니까요.

미숀: 그래도 어떻게 죽느냐도 중요해. 우린 피난 캠프로 갔어. 안드레와 안드레의 아버지인 내 남자친구 마이크 그리고 내 친구 테리랑. 그 캠프는 점점 더 엉망이 되어갔지. 사람들이 떠나고, 사람들이 포기하고 있었어. 근데 난 그러지 않았어. 도망치다 캠프에 돌아왔어어. 난 울타리가 무너져 있는 걸 봤고 신음소리가 들렸어. 모든게 끝났다는 걸 알았지. 마이크랑 테리는 좀비로 변해있었어. 좀비에 물린거지. 멈추게 할 수도 없었고, 그들을 죽일 수도 있

chains around their necks. It was insane. It was sick. It felt like what I deserved, dragging them around so that I would always know. I found out that they kept me safe. They hid me. The walkers didn't see me anymore. I was just another monster. And I was. Me? I was gone for a long time. But then Andrea brought me back. Your dad brought me back. You did. I see how you've been looking at your dad. You don't have to be afraid of me or him.

Carl: He told me the other day that he was proud of me. That I was a good man. I'm not. I know more now. About what he wanted from me. And I tried, but I still have these thoughts. I'm not what he thinks I am. I'm just another monster, too.

었어. 하지만 난 그냥 놔뒀어. 그들이 변하게 놔뒀어. 난 그들이 물거나 할퀴지는 못하게는 턱을 잘랐고 팔을 잘랐지. 난 그들 목에 사슬을 감았어. 미친 짓이었고, 역겨운 일이었지만, 내가 해야 될 일 같았어. 그들을 끌고 다니면서 난 늘 알고 있었어. 그들 덕택에 내가 보이지 않았어. 그들이 나를 지켜줬단 걸. 그들이 날 숨겨줬어. 좀비들이 더 이상 나를 못 봤거든. 난 그저 또 다른 괴물일 분이었어. 내가 그랬어. 그리고 나는? 난 오래전에 사라져버렸어. 하지만 앤드리아가 나를 구해줬고 네 아빠가 나를 살려줬지. 너고 그랬고. 네가 아빠를 어떻게 보고 있는지 알고 있어. 나나 네 아빠를 두려워 할 필요는 없어.

칼: 요전날 아빠가 제가 자랑스럽다고 말씀하셨어요. 하지만 아니예요. 이제 저도 잘 알아요. 아빠가 제게 뭘 원하는지요. 노력은 했지만 이런 생각에서 벗어날 수가 없어요. 이젠 전 아빠가 생각하는 그런 사람이 아니예요. 저도 이제 또 다른 괴물이 된 것 같아요.

Chris Says: I have no problem with that

In this case, the speaker is agreeing to something that has been suggested.

이 장면에서 놓치면 안되는 표현들

🔊 **01 Why didn't you~?** 넌 왜 …하지 않았어?

   A: **Then the guy pulled out a gun.** 그런 다음 그 사람이 총을 꺼냈어.
   B: **Why didn't you just run away?** 넌 왜 그냥 도망가지 않았어?

🔊 **02 You never asked how~** 넌 어떻게 …했는지 묻지 않았어

   A: **You never asked how Jeff escaped.** 넌 어떻게 제프가 탈출했는지 묻지 않았어.
   B: **I assumed that he overpowered a guard.** 걔가 경비원을 제압한 걸로 생각했어.

🔊 **03 It felt like what~** 그건 …같았어

   A: **Why don't you trust Ted?** 넌 왜 테드를 믿지 않는거야?
   B: **It felt like what he said was untrue.** 걔가 하는 말은 거짓같았어.

🔊 **04 I'm not what he thinks I am** 난 걔가 생각하는 그런 사람이 아냐

   A: **Your boyfriend always says you're wonderful.** 네 남친은 항상 네가 아주 멋지다고해.
   B: **I'm not what he thinks I am.** 난 걔가 생각하는 그런 사람이 아냐.

Americna Drama Best Scene 102

If you don't fight, you die

싸우지 않으면 죽게 돼요

>> **The Walking Dead**
Season 5 Episode 15 32:22

릭 일행은 디에나가 꾸려가고 있는 마을에 들어와 기거하게 된다. 처음 머리를 깎아 준 제시가 남편에게 맞고 산다는 것을 알게 된 릭은 제시를 찾아간다. 담배를 피고 있던 제시는 일어나며 아이들이 제가 담배피는 것을 몰랐으면 해요(I don't want Ron and Sam to know about these)라고 하자 릭은 **비밀을 지켜줄게요(Well, your secret's safe)**라 한다.

제시는 죽은 노아는 착한 아이였어요(Noah was a sweet kid), 하지만 태라는 핏이 잘 돌보고 있어요(But Tara, she's in good hands with Pete)라고 하자, 릭이 핏은 당신을 때리고 있어요(He's hitting you), 그는 당신에게 상처주고 있어요(He's hurting you). 그런 일은 멈춰져야 해요(It has to stop), 한참 고민을 하던 제시는 그렇게 될거예요(It will)라고 하고 릭은 어떻게요?(How?)라고 묻는다. 제시는 남편에게 이런저런 일들은 많이 있었어요(There are things in his life that happened)라고 하고 릭은 그건 알바아녜요(I don't care)라고 말한다. 제시는 저기요(Look), 이런 일은 전에도 있었구요(it was like this before), 그리고 그는 도움을 받았어요(and he got help), 내가 도와줬어요(I helped him), 그리고 상황도 좋아졌어요(and things were good)라고 하면서 내가 고칠 수 있어요(I can fix it)라고 한다. 하지만 릭은 당신은 그럴 수 없어요(No, you can't), 하지만 나는 할 수 있어요(But I can)라고 하자, 제시는 고개를 흔들면서 아녜요, 당신이 뭘 할 수 있다는거예요?(No, what can you do?), 어떻게 할거예요?(What are you gonna do?), 그를 감옥에라도 쳐넣을건가요?(You gonna put him in jail?)라고 다그치며, 당신은 단지 상황을 더 악화시킬거예요(You're only gonna make things worse)라고 반대한다.

릭은 상황이 더 악화된다면(If it's gotten worse), 그건 당신을 죽였다는 걸 말할거예요(it means he's killed you), 다음에 일어날 일이 바로 그거예요(That's what's next), 난 그런 일이 일어나도록 내버려 두지 않을거예요(And I'm not gonna let that happen)라고 다짐한다. 제시는 한참 릭을 쳐다보더니 당신이 왜 그렇게 신경을 쓰죠?(Why do you care?), 그게 왜 그렇게 중요한가요?(Why is this so important to you?), 이제 봐요(Now?), 당신은 해냈어요(You've made it), 아이들이 살 집도 갖고 있어요(You have a home for your kids), 그러면서 릭, 뭐하

자는거예요?(Rick, what are you doing?)라고 따지고 릭은 난 단지 도와줄려는 것뿐예요(I'm trying to help)라고 한다. 제시는 내가 도와달라고 한 적은 없는데요(I don't know that)라고 하면서 I'm married(난 유부녀예요)라고 소리친다. 알았어요?(Okay?)라고 하면서 내 일은 내가 알아서 할 수 있어요(I can take care of myself), 그리고 차고에서 집으로 들어가면서 우리는 자기 일을 스스로 해결해야 돼요(We have to take care of ourselves)라고 하면서 차고 문을 닫는다.

릭은 걸어가다가 멈추고 이번에는 다시 제시 집의 정문으로 들어간다. 울고 있던 제시는 릭에게 왜 이러는거예요?(What are you doing?)라고 묻자, 릭은 아들 샘이 당신을 보호하기 위해 총을 찾고 있던 것은 알고 있어요?(You know Sam asked for a gun? To protect you)라고 사태의 심각성을 알려준다. 하지만 제시는 당신은 여기 있으면 안돼요(You shouldn't be here)라고 하고 릭은 제시, 여기에 있으면 당신은 제대로 볼 수가 없어요(Jessie, in here, you can't see it), 하지만 그건 담장 밖에 있는 것과 같아요(but it's the same as out there), 우리는 음식이 있고 지붕이 있는 거처할 곳이 있어요(We have food and roofs over our heads), 하지만 그것들이 당신을 살게 해주는 것은 아녜요(but you don't get to just live), 일을 미루거나 없어지기를 바라면 안돼요(You don't get to put it off or wish it away, Jessie)라고 하면서 릭이 좀비세상에서 얻게 된 철칙을 말한다.

==싸우지 않으면 죽게 돼요(If you don't fight, you die), 그리고 난 당신이 죽는 걸 원치 않아요(and I don't want you to die)==라고 사심을 드러낸다. 내가 도와줄 수 있어요(I can help you), 내가 당신과 당신 아이들을 안전하게 지켜줄 수 있어요(I can keep you and your boys safe), 당신은 그저 "네"라고만 말하면 돼요(All you have to do is say 'yes')라고 한다. ==제시는 다른 사람이어도 이렇게 했을까요?(Would you do this for someone else?), 누구한테라도 이렇게 할건가요?(Would you do this for anyone?)라고 묻자 릭은 No==라고 말하고 울먹이던 제시는 드뎌 Yes라고 하며 도움을 청한다.

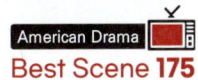

The Best Lines from <The Walking Dead>

Jessie: I don't want Ron and Sam to know about those.

Rick: Well, your secret's safe.

Jessie: Noah was a sweet kid. But Tara, she's in good hands with Pete.

Rick: He's hitting you. He's hurting you. It has to stop.

Jessie: It will.

Rick: How?

Jessie: There are things in his life that happened.

Rick: I don't care.

Jessie: Look, it was like this before and he got help. I helped him and things were good. I can fix it.

Rick: No, you can't. But I can.

Jessie: No, what-- what can you do? What are you gonna do? You gonna put him in jail? You're only gonna make things worse.

Rick: If it's gotten worse, it means he's killed you. That's what's next. And I'm not gonna let that happen.

Jessie: Why do you care? Why is this so important to you? Now? You've made it. You have a home for your kids. Rick, what are you doing?

Rick: I'm trying to help.

제시: 론이랑 샘이 내가 담배피는거 몰랐으면 해요.

릭: 비밀은 지켜줄게요.

제시: 노아는 참 착한 아이였어요. 근데 태라는 피트한테 잘 보살핌 받고 있을거예요.

릭: 그 사람(Pete)이 당신 때리고 있잖아요. 당신을 다치게 하고 있다고요. 이제 멈춰야 해요.

제시: 멈출거예요.

릭: 어떻게요?

제시: 그 사람 인생에 힘든 일들이 있었어요.

릭: 그건 중요하지 않아요.

제시: 예전에도 이런 적 있었고, 그 때는 도움을 받았어요. 나도 도왔고, 다시 좋아졌어요. 이번에도 고칠 수 있어요.

릭: 아니, 당신은 못 고쳐요. 하지만 나는 할 수 있어요.

제시: 아니, 대체 뭘 어떻게 하겠다는거예요? 그 사람을 감옥에 넣겠다고요? 그러면 상황만 더 악화될거예요.

릭: 상황이 악화됐다는 건 그 사람이 당신을 죽였다는 뜻이예요. 그게 다음 차례예요. 그리고 난 그렇게 되지 않게 할거예요.

제시: 왜 신경을 써요? 왜 이게 당신한텐 그렇게 중요한거예요? 지금 와서? 당신은 이미 성공했잖아요. 애들 키울 집도 생겼고. 릭, 지금 뭐하고 있는거예요?

릭: 내가 도와주고 싶어서 그래요.

Jessie: I don't know that. I'm married. Okay? I can take care of myself. We have to take care of ourselves. What are you doing?

Rick: You know Sam asked for a gun? To protect you.

Jessie: You shouldn't be here.

Rick: Jessie, in here, you can't see it, but it's the same. It's the same as out there. We have food and roofs over our heads, but you don't get to just live. You don't get to put it off or wish it away, Jessie. If you don't fight, you die. And I don't want you to die. I can help you. I can keep you and your boys safe. I can. All you have to do is say yes.

Jessie: Would you do this for someone else? Would you do this for anyone?

Rick: No. No.

Jessie: Yes.

제시: 모르겠어요. 난 결혼한 사람이에요. 알죠? 나 혼자서도 처리할 수 있어요. 우리는 우리 스스로 지켜야 해요. 당신은 지금 뭐하고 있는거예요?

릭: 샘이 총 달라고 했던거 알아요? 당신을 지키겠다고.

제시: 당신은 여기 있으면 안 돼요.

릭: 제시, 여기 안에서는 모를 수 있지만 담장 밖이랑 똑같아요. 우리 음식도 있고, 지붕도 있지만, 그렇지만 그것들이 당신을 살게 해주는 것은 아녜요. 일을 미루거나 없어지기를 바라면 안돼요. 싸우지 않으면 죽어요. 그리고 난... 당신이 죽는거 보기 싫어요. 내가 도와줄 수 있어요. 당신과 당신 아들들. 내가 지켜줄 수 있어요. 내가 할 수 있어요. 당신은 그래요라고 한마디만 해주면 돼요.

제시: 다른 사람이었어도 이렇게까지 했을까요? 누구한테라도 이렇게 할건가요?

릭: 아니요.

제시: 알았어요.

 Chris Says: That's weird

Usually it means "That's strange" or "That's odd" or "That's unusual."

이 장면에서 놓치면 안되는 표현들

01 Your secret's safe 네 비밀을 지켜줄게

A: Please don't tell anyone what I told you. 내가 말한거 아무한테도 말하지마.
B: Don't worry. **Your secret's safe** with me. 걱정마. 네 비밀을 지켜줄게.

02 be in good hands with~ …가 잘 돌보고 있다

A: Are they really safe here? 걔네들 여기서 정말 안전한거야?
B: They **are in good hands with** us. 우리가 걔네들 잘 돌보고 있어.

03 It has to stop 그건 멈춰져야 해

A: The cops cancelled the car races. 경찰은 자동차 경주를 취소시겼어.
B: **It had to stop** before someone got hurt. 누가 다치기 전에 멈춰져야 했어.

04 It was like this before 이런 일은 전에도 있었어

A: This whole place is messed up. 여기 전체가 다 엉망이구나.
B: **It was like this before.** Nothing has changed. 전에도 그랬어. 하나도 안바뀌었어.

05 I can fix it 내가 바로 잡을 수 있어

A: Do you know why the phone doesn't work? 왜 전화가 안되는지 알아?
B: Not really, but I'm sure **I can fix it.** 몰라, 하지만 내가 확실히 고칠 수 있어.

06 What can you do? 네가 뭘 할 수 있어?

A: He broke up with me. I never expected it. 걔는 나와 헤어졌어. 전혀 예상밖이었어.
B: **What can you do?** Forget about it. 네가 어쩌겠어? 잊어버려.

07 make things worse 상황을 악화시키다

A: Was the advice Belle gave you helpful? 벨이 준 조언이 도움이 되었어?
B: No. It only **made things worse.** 아니, 오히려 상황이 더 나빠졌어.

08 get worse 악화되다

A: Is the snowstorm outside stopping soon? 밖의 눈폭풍이 바로 멈췄어?
B: It's likely to **get worse.** 점점 더 심해지는 것 같아.

09 It means~ 그건 …을 뜻해, 그건 …을 말해

A: **Perry was able to get the top grade.** 페리는 최고 점수를 받을 수 있었어.
B: **It means he is smarter than us.** 그 말은 걔가 우리보다 똑똑하다는거야.

10 I'm not gonna let that happen 그런 일이 없도록 할거야

A: **Ernie wants to date your sister.** 어니는 네 누이와 데이트를 하고 싶어해.
B: **I'm not gonna let that happen.** 그런 일은 없도록 할거야.

11 Why do you care? 왜 신경을 쓰는거야?

A: **I don't like the things he said.** 난 걔가 말하는 것들이 맘에 들지 않아.
B: **Why do you care? He's not your friend.** 왜 신경을 써? 네 친구도 아니잖아.

12 You've made it 넌 해냈어

A: **Is this where the marathon ends?** 여기가 마라톤이 끝나는 곳이야?
B: **You've made it. This is the finish line.** 넌 해냈어. 여기가 결승선이야.

13 I'm trying to help 난 도와주려는거야

A: **I didn't know you'd be here today.** 네가 오늘 여기에 올거라는 걸 몰랐어.
B: **I'm trying to help clean things up.** 청소하는거 도와주려는거야.

14 You shouldn't be here 여기에 있으면 안돼

A: **You shouldn't be here right now.** 넌 지금 여기에 있으면 안돼.
B: **I know, but I had nowhere else to go.** 알아, 하지만 달리 갈 곳이 없었어.

15 I don't want you to~ 넌 …하지 말아

A: **I hear you are going solo to Zaire.** 넌 혼자 자이레에 간다며.
B: **I don't want you to worry about it.** 네가 걱정하지 않기를 바래.

16 All you have to do is~ 넌 …하기만 하면 돼

A: **So you are ready to propose to your girlfriend?**
여친에게 프로포즈할 준비됐어?
B: **All you have to do is meet her parents.** 넌 걔의 부모님을 만나기만 하면 돼.

17 Would you do this for someone else? 다른 사람이어도 이렇게 했을까?

A: **I can help you make a lot of money.** 네가 돈 많이 벌도록 도와줄게.
B: **Would you do this for someone else?** 다른 사람에게도 이렇게 했을까?

Americna Drama Best Scene 103

I'm sorry for not saying it sooner

더 일찍 말하지 못해서 미안해요

>>> **The Walking Dead**
Season 5 Episode 16 59:35

릭의 행동에 대해 커뮤니티 회의가 있는 날 밤. 릭은 뒤늦게 좀비 하나를 바닥에 떨어트리며 등장한다. 그러면서 정문에 지키는 사람이 없었어요(There wan't a guard on the gate), 열려 있었어요(It was open)라고 말한다. 마을 사람 한명이 디에나에게 가브리엘 신부님보고 문을 닫아달라고 했는데요(I asked Gabriel to close it)라고 하자 디에나는 빨리 가보라(Go)고 한다.

릭은 내가 끌여들인게 아닙니다(I didn't bring it in), 스스로 걸어서 들어온겁니다(It got inside on its own), 그것들은 항상 그럴겁니다(They always will~), 죽은자와 살아있는자(the dead and the living), 우린 여기에 있으니까요(because we're in here), 그리고 바깥에 있는 것들은(And the ones out there), 우리를 쫓아와서(they'll hunt us), 우리를 찾게 될겁니다(they'll find us), 우리를 이용하려고 들거고(They'll try to use us), 우리를 죽이려고 할겁니다(They'll try to kill us)라고 열변을 토해낸다. 하지만 우리가 그것들을 죽일 겁니다(But we'll kill them), 우리는 살아남을 것입니다(We'll survive), 내가 그 방법을 여러분께 알려주겠습니다(I'll show you how)라고 한다.

이어서 여러분들 목숨을 살리기 위해서 내가 얼마나 많은 사람들을 죽여야 했는지 생각을 해봤어요?(I was thinking how many of you do I have to kill to save your lives?), 하지만 앞으로 그렇게 하지 않을겁니다(But I'm not gonna do that), 여러분들이 변할겁니다(You're gonna change), 전 어젯밤에 한 말에 대해 미안하지 않습니다(I'm not sorry for what I said last night), 더 일찍 말하지 못해서 미안합니다(I'm sorry for not saying it sooner), 그리고 디에나를 보고서 여러분은 아직 준비가 안되어 있어요(You're not ready), 하지만 준비를 해야 합니다(but you have to be), 지금 당장 준비해야 돼요(Right now, you have to be), 운이 다 되어가요(Luck runs out)라고 말하면서 빨리 좀비세상에서 살아남을 준비를 해야 한다고 역설한다.

433

The Best Lines from <The Walking Dead>

Rick: There wasn't a guard on the gate. It was open.

A man: (to Deanna) I asked Gabriel to close it.

Deanna: Go.

Rick: I didn't bring it in. It got inside on its own. They always will, the dead and the living, because we're in here. And the ones out there they'll hunt us. They'll find us. They'll try to use us. They'll try to kill us. But we'll kill them. We'll survive. I'll show you how. You know, I was thinking, I was thinking how many of you do I have to kill to save your lives? But I'm not gonna do that. You're gonna change. **I'm not sorry for what I said last night. I'm sorry for not saying it sooner.** (to Deanna) **You're not ready, but you have to be. Right now, you have to be. Luck runs out.**

릭: 문에 경비가 없었어요. 열려 있었어요.

마을주민: 가브리엘 신부님한테문을 닫으라고 했어요.

디애나: 가 봐요.

릭: 내가 들인게 아니예요. 스스로 들어온겁니다. 그것들은 항상 그럴겁니다. 죽은자와 살아있는자, 그리고 우리는 여기 안에 있으니까요. 그리고 밖에 있는 것들은 우릴 쫓아와서 우리를 찾게 될겁니다. 우릴 이용하려고 들고, 우릴 죽이려고 할 겁니다. 하지만 우리가 그들을 죽일겁니다. 우리는 우린 살아남을 겁니다. 내가 그 방법을 알려주겠습니다. 내가 여러분 목숨을 살리기 위해서 얼마나 많은 사람들을을 죽여야 했는지 생각을 해봤어요? 하지만 앞으로 그러진 않을겁니다. 여러분들이 변하게 될겁니다. 어젯밤에 내가 한 말 미안합니다. 다만 더 일찍 말하지 못한 걸 후회합니다. (디애나를 보고) 여러분은 아직 준비가 안되어 있습니다. 하지만 준비를 해야 합니다. 지금 당장 준비해야 돼요. 운이 다해가고 있으니까요.

이 장면에서 놓치면 안되는 표현들

🔊 **01 I asked him to~** 난 걔한테 …해달라고 했어

　A: **Nick is standing outside our house.** 닉은 우리 집 밖에 서있어.
　B: **I asked him to come and see us.** 내가 걔보고 들어와서 우리를 보자고 했어.

🔊 **02 get inside** 안으로 들어오다

　A: **Were you able to open the apartment door?** 아파트 문을 열 수 있었어?
　B: **There is no way to get inside.** 안으로 들어갈 수가 없어.

🔊 **03 on its own** 스스로

　A: **A lot of people have come down with the flu.** 많은 사람들이 독감에 걸렸어.
　B: **They will get better on their own.** 그들은 스스로 나아질거야.

🔊 **04 I'll show you how~** 어떻게 …하는지 네게 알려줄게

　A: **How can I turn on the cable TV?** 어떻게 해야 케이블 TV를 켤 수 있어?
　B: **I'll show you how to get it to work.** 어떻게 트는지 알려줄게.

🔊 **05 I was thinking how~** 난 얼마나 …했는지 생각을 해봤어

　A: **Why are you staring at the wedding album?** 왜 결혼앨범을 보고 있는거야?
　B: **I was thinking how in love we once were.**
　　과거 한때 우리가 얼마나 사랑했는지를 생각하고 있었어.

🔊 **06 You're not ready** 넌 준비가 되지 않았어

　A: **Should I open my own business?** 내가 내 사업을 시작해야 될까?
　B: **You're not ready to do that.** 넌 아직 그럴 준비가 안됐어.

🔊 **07 Luck runs out** 운이 다 되어가

　A: **Why did Jack have to die so young?** 잭은 왜 그렇게 일찍 죽어야 했어?
　B: **Sometimes a person's luck runs out.** 때때로 사람의 운이 다되는 경우가 있어.

Americna Drama Best Scene 104

I have my mind

>>> Game of Thrones
Season 1 Episode 2 26:28

내겐 머리가 있어요

네드 스타크의 서자(bastard)인 존 스노우와 라니스터 가문의 난쟁이 티리온 라니스터가 얼음 장벽(The Wall)을 지키고 있는 나이트 워치에 함께 가면서 야영을 하는 장면. 존 스노우가 책만 읽고 있는 티리온에게 왜 그렇게 책을 많이 읽어요?(Why do you read so much?)라고 하자 티리온은 날 바라봐요 그리고 뭐가 보이는지 말해봐요(Look at me and tell me what you see)라고 한다. 말장난이냐고(Is this a trick?)라고 존이 되묻자 티리온은 여전히 책에서 눈을 떼지 않고 당신 눈앞에 있는 사람은 난쟁이예요(What you see is a dwarf), 내가 농부의 아들로 태어났다면(If I'd been born a peasant), 숲속에다 버려 죽게 놔뒀을거예요(they might've left me out in the woods to die), 하지만(Alas), 난 캐스털리 락의 라니스터 가문으로 태어났어요(I was born a Lannister of Casterly Rock). 그리고 계속 말을 이어 간다. 사람들은 내게서 기대하는 것들이 있지요(Things are expected of me), 나의 아버지는 20년간 왕의 핸드였어요(My father was the Hand of the King for 20 years)라는 말을 하자마자 존 스노우는 당신 형이 그 왕을 죽일 때까지 말이죠(Until your brother killed that King)라고 말을 한다. 여기서 티리온의 아버지가 모신 왕은 타르가르옌 가문의 왕이었지만 그 근위대에서 근무하고 있던 제이미 라니스터가 왕을 살해한 것을 말한다. 티리온은 맞아요, 우리 형이 왕을 죽일 때 까지였죠(Yes, until my brother killed him)라고 인정하면서 티리온 특유의 말투가 이어진다.

인생에는 이런 작은 아이러니들로 가득차있죠(Life is full of these little ironies), 내 누이(세르세이)는 새로운 왕(로버트 바라테온)과 결혼하고(My sister married the new King), 나의 (근친상간으로 태어난) 역겨운 조카가 다음 왕이 되겠죠(and my repulsive nephew will the King after him)라고 한다. 역겨운 조카, 조프리 바라테온은 공식적으로는 세르세이와 로버드 바라테온 사이의 아들이기 때문에 조프리 바라테온이라고 부른다. 자기 가문의 이야기를 늘어놓더니 서서히 왜 자기가 책을 읽어야 되는지를 말해주고 있다. 나도 가문의 명예를 위해 내 역할을 해야 돼요, 그렇지 않겠어요?(I must do my part for the honor of my house, wouldn't youagree?)라고 말하고 하지만 어떻게(But how?)라고 자문한다. 내 형 제이미는 칼을 잘 쓰고(Well, my brother has his sword), 내겐 머리가 있지요(and I have my mind)라고 답한다. 칼에서는 숫돌이 필요하듯이 머리에는 책이 필요한거지요(And a mind needs books like a sword needs a whetstone), 그래서 내가 책을 많이 읽는거예요, 존 스노우(That's why I read so much, John Snow)라고 한다. 그리고는 자기 얘기는 다 했으니 존 스노우에게 묻는다. 그럼 당신은요(And you?), 당신 사연은 뭐예요, 서자 양반?(What's your story, bastard?)라고 하자 존 스노우는 좋게 물어보면 말해줄지도 모르죠, 난쟁이 양반(Ask me nicely and maybe I'll tell you, dwarf)이라고 받아친다.

The Best Lines from <Game of Thrones>

Jon: Why do you read so much?

Tyrion: Look at me and tell me what you see.

Jon: Is this a trick?

Tyrion: What you see is a dwarf. If I'd been born a peasant they might've left me out in the woods to die. Alas, I was born a Lannister of Casterly Rock. Things are expected of me. My father was the Hand of the King for 20 years.

Jon: Until your brother killed that king.

Tyrion: Yes, until my brother killed him. Life is full of these little ironies. My sister married the new king, and my repulsive nephew will be king after him. I must do my part for the honor of my house. Wouldn't you agree? But how? Well, my brother has his sword and I have my mind, and a mind needs books like a sword needs a whetstone. That's why I read so much, Jon Snow. And you? What's your story, bastard?

Jon: Ask me nicely and maybe I'll tell you, dwarf.

존: 왜 그렇게 책을 많이 읽어요?

티리온: 날 봐요, 그리고 뭐가 보이는지 말해봐요.

존: 이거 말장난인가요?

티리온: 당신에게 보이는 건 난쟁이지요. 내가 농부 집안에서 태어났다면, 숲 속에 버려졌을지도 모르죠. 하지만 난 캐스터리 록의 라니스터 가문에서 태어났어요. 그러면 기대되는게 있단 말이죠. 내 아버지는 20년간 왕의 책사였어요.

존: 당신 형이 그 왕을 죽이기 전까지요.

티리온: 그래요, 내 형이 그를 죽이기 전까지요. 인생은 이런 아이러니로 가득하지요. 내 여동생은 새 왕과 결혼했고, 내 혐오스러운 조카가 그 다음 왕이 될거예요. 나도 우리 가문의 명예를 위해 내 역할을 해야 해요. 그렇지 않겠어요? 내 형에게는 검이 있고, 내겐 머리가 있지요. 그리고 머리는 책이 필요해요. 검이 숫돌이 필요한 것처럼요. 그게 내가 책을 많이 읽는 이유예요, 존 스노우. 그럼 당신은요? 당신 사연은 뭔가요, 사생아 양반?

존: 정중히 물으면, 알려줄게요, 난쟁이 양반.

이 장면에서 놓치면 안되는 표현들

🔊 **01 Is this a trick?** 무슨 장난이야?

    A: If you give me $100, I'll give you $1,000. 내게 백달러를 주면 천달러를 줄게.
    B: I can't believe that. **Is this a trick?** 말도 안돼. 무슨 트릭이야?

🔊 **02 I must do my part~** 난 내 역할을 해야 돼

    A: You are always doing charity work. 넌 항상 자선사업을 하더라.
    B: **I must do my part** to help out. 사람들 도와주는데 내 역할을 해야 돼.

🔊 **03 ~wouldn't you agree?** 그렇지 않겠어?

    A: We ended up canceling the project. 우린 결국 그 프로젝트를 취소하게 됐어.
    B: It was a waste of time, **wouldn't you agree?** 그건 시간낭비였어, 그렇지 않겠어?

🔊 **04 That's why~** 그래서 …하는거야

    A: The boss is acting grouchy today. 사장이 오늘 성질을 내는 것 같아.
    B: **That's why** we're going to avoid him. 그래서 우리는 사장하고 마주치지 않으려고 하잖아.

🔊 **05 What's your story?** 네 사연은 뭐야?

    A: **What's your story?** Are you new? 당신 사연은 뭐예요? 신입예요?
    B: Yeah, I just arrived last week. 예, 지난 주에 도착했는데요

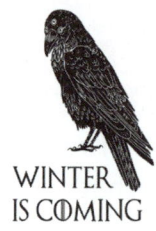

I'm the King. I get what I want

내가 왕이니 하라는대로 하게

>> Game of Thrones
Season 1 Episode 6 03:50

네드 스타크의 아내 캐틀린은 아들 브랜의 살해용의자로 난쟁이 티리온을 인질로 잡고 있고, 이를 안 라니스터 가문의 제이미는 네드 스타크를 공격하여 상처를 입힌다. 상처입은 네드 스타크와 그를 방문한 왕 로버트의 대화장면. 무늬만 부부인 로버트와 세르세이는 말다툼 끝에 로버트가 세르세이의 뺨을 갈기고 그녀는 방을 나간다. 이제 둘만 남아 대화를 나눈다. 로버트 왕이 말한다. 내 마누라가 내게 하는 짓 봤지(See what she does to me?)하면서 My loving wife라며 비아냥거린다. 그리고는 그녀를 때리지 말았어야 했는데(I should not have hit her)라 후회한다. 그건 왕답지 못한 행동였어(That was not kingly)라고 한다.

스타크는 우리가 행동하지 않으면(If we don't act), 전쟁이 일어날 것입니다(there will be a war)라고 걱정하고 왕은 그러니 아내보고 그 난쟁이를 여기 킹스랜딩으로 돌려보내라고 하게(So tell your wife to return that little shit of an imp to King's Landing)라며 해결책을 제시한다. 자네 아내가 볼 일은 봤을테니, 이쯤해서 끝내라고(She's had her fun, now put an end to it)하는데 스타크가 아무말도 없자, 내 말 듣고 있나?(You hear me?), 전령을 보내서 그만 끝내라고 해(Send a raven and put an end to it)라고 다그친다. 그러자 스타크는 자신을 공격한 제이미 라니스터는 어떻게 하실 겁니까?(And what about Jaime Lannister?), What about Jaime?라고 되묻고 왕은 제이미의 아버지, 즉 라니스터 가문에게 왕국의 반을 빚지고 있네(I'm half a Kingdom in debt to his bloody father), 자네와 그 노란 머리를 한 것들(라니스터 가문은 노란 머리들이다) 사이에 무슨 일이 있었는지 모르네(I don't know what happened between you and those yellow-haired shits), 난 알고 싶지도 않네(I don't want to know), 중요한 건 바로 이거야(This is what matters), 스타크 가문과 라니스터 가문이 서로 목을 노리는 상황이라면 내가 왕국을 통치할 수 없다는거네(I can't rule the Kingdoms if the Starks and the Lannisters are at each other's throats)라며 현실을 토로한다. 그러니 이쯤하게(So enough)라고 하자 스타크는 명령대로 하겠습니다, 전하(As you command, Your Grace)라고 한다. 전하께서 나가는대로(With your leave), 윈터펠로 돌아가서 문제들을 바로 잡겠습니다(I will return to Winterfell and set matters straight)라고 하지만, 왕은 말도 안되는 소리하지마(Piss on that), 전령을 보내게(Send a raven)라고 한다. 그리고 자네는 여기 있어주게(I want you to stay)라고 하면서 내가 왕이니 내가 하라면 그렇게 하게(I'm the King. I get what I want)라고 정리한다. 그리고는 술 한모금을 마신 다음, 난 내 형제들을 좋아해본 적이 없네(I never loved my brothers), 한 사람이 말하기에 슬픈 일이지만(A sad thing for a man to admit) 하지만 그게 사실이네(but it's true), 그러면서 스타크를 쳐다보며 내가 선택한 형제는 바로 자네이네(You were the brother I chose)라고 하면서 그의 두터운 신임을 표현한다.

The Best Lines from <Game of Thrones>

Robert: See what she does to me? My loving wife. I should not have hit her. That was not kingly.

Ned: If we don't act, there will be a war.

Robert: So tell your wife to return that little shit of an imp to King's Landing. She's had her fun, now put an end to it. You hear me? Send a raven and put an end to it.

Ned: And what about Jaime Lannister? What about Jaime?

Robert: I'm half a kingdom in debt to his bloody father. I don't know what happened between you and those yellow-haired shits. I don't want to know. This is what matters. **I can't rule the Kingdoms if the Starks and the Lannisters are at each other's throats, so enough.**

Ned: As you command, Your Grace. With your leave I will return to Winterfell and set matters straight.

Robert: Piss on that. Send a raven. I want you to stay. **I'm the king. I get what I want.** I never loved my brothers. A sad thing for a man to admit, but it's true. **You were the brother I chose.**

로버트: 봤지, 저 여자가 나한테 어떻게 하는지? 내 사랑하는 아내 말이야. 내가 그녀를 때리지 말았어야 했는데. 왕답지 못했지.

네드: 우리가 아무것도 안 하면 전쟁이 날겁니다.

로버트: 그러니까 자네 아내한테 말해, 그 멍청한 난쟁이 놈을 킹스랜딩으로 돌려보내라고. 부인이 볼 일은 봤을테니, 이제 끝을 내야지. 듣고 있나? 까마귀를 보내. 끝을 내란 말이다.

네드: 그럼 제이미 라니스터는요?

로버트: 그 놈 애비한테 내가 왕국 절반은 빚지고 있어. 자네와 그 금발 머리 자식들 사이에 무슨 일이 있었는지는 모르겠고, 알고 싶지도 않아. 중요한 건 이거야. 스타크 가문이랑 라니스터 가문이 서로 싸우면 내가 왕국을 다스릴 수 없어. 그러니까 그만해. 싸움 그만하라고.

네드: 폐하의 명령대로 따르겠습니다. 전하가 나가는대로, 윈터펠로 돌아가서 문제를 바로잡겠습니다.

로버트: 그딴 소리 집어치워. 까마귀나 보내. 자넨 여기 있어야 해. 내가 왕이니. 내가 하라는대로 하게. 난 내 친형제들을 사랑한 적이 없어. 남자로서 참 슬픈 고백이지, 하지만 사실이야. 자네는 내가 선택한 형제였어.

이 장면에서 놓치면 안되는 표현들

🔊 **01 I should not have hit her** 난 걔를 때리지 말았어야 했는데

  A: **The police arrested you for assaulting Patty?** 경찰이 패티 폭행죄로 널 체포했어.
  B: **I know, I should not have hit her.** 알아, 내가 걔를 때리지 말았어야 했는데.

🔊 **02 This is what matters** 중요한건 바로 이거야

  A: **Why are we reorganizing these files?** 왜 우리는 이 파일들을 재정리하는거야?
  B: **This is what matters to our boss.** 사장한테 중요한건 바로 이거야.

🔊 **03 be at each other's throats** 서로 목을 노리고 있다

  A: **I hated hanging out with Nicole and Chuck.** 니콜과 척이 함께 노는걸 싫어했어.
  B: **They were at each other's throats all the time.**
  서로 항상 못잡아먹어서 난리였지.

🔊 **04 set matters straight** 문제들을 바로 잡다

  A: **No one in the office respects me.** 사무실의 어느 누구도 나를 존경하지 않아.
  B: **You'd better set matters straight with them.**
  넌 걔네들과의 문제들을 바로 잡아라.

🔊 **05 Piss on that** 말도 안되는 말은 하지마

  A: **They are trying to make me work all weekend.** 주말내내 나를 일시키려고 해.
  B: **Piss on that, I'd refuse to do it.** 웃기지 말라고 해, 나라면 그렇게 하지 않을거야.

When you play the Game of Thrones, you win or you die

>>> Game of Thrones
Season 1 Episode 7 08:05

왕좌의 게임을 할 때는
승리아니면 죽음 뿐예요

상처입은 네드 스타크가 왕비 세르세이를 불러내서 왕궁을 떠나라고 하는 장면. 세르세이는 다가오면서 아파 보이는군요(You're in pain)라고 말을 건네자 스타크는 지팡이를 짚고 일어나 더 심한 일도 있었습니다(I've had worse, My Lady)라고 답한다. 세르세이는 이제 집에 돌아갈 때인지도 몰라요(Perhaps it's time to go home), 북쪽 출신인 스타크는 남부와는 잘 맞지 않는 것처럼 보인다(The South doesn't seem to agree with you)라고 말하며 떠날 것을 강요한다. 스타크는 이 말을 무시하고 자기의 전임자인 존 아린이 왜 죽었는지 압니다(I know the truth John Arryn died for)라고 반격하기 시작한다. 세르세이는 그래요, 스타크 경?(Do you, Lord Stark?), 그래서 날 여기로 불렀나요, 수수께끼를 내려고요?(Is that why you called me here to pose me riddles?)라고 태연을 떤다.

스타크는 세르세이의 멍든 얼굴을 가리키면서 왕이 예전에도 그런 적이 있나요?(Has he done this before?)라고 묻고 만약 그랬더라면 제이미가 죽였을거예요(Jaime would have killed him). 내 동생은 당신 친구(네드의 친구인 로버트 왕을 가리킨다)보다 천배는 더 소중해요(My brother is worth a thousand of your friend)라고 하는데, 스타크가 Your brother? Or your lover?라고 정곡을 찌른다. 세르세이는 한참 스타크를 쳐다보니 타르가르옌 가문은 지난 300년간 남매끼리 결혼을 시켜서(The Targaryens wed brothers and sisters for 300 years), 순수 혈통을 지켰어요(to keep bloodlines pure)라고 하면서 제이미와 나는 단순한 남매 이상예요(Jaime and I are more than brother and sister)라고 말하면서 우리는 같은 자궁을 공유했고(We shared a womb), 함께 태어났고(We came into this world together), 우리는 함께 있어야 돼요(We belong together)라고 한다. 이말을 들은 스타크는 내 아들(브랜)이 당신이 제이미와 함께 있는 것을 봤군요(My son saw you with him)라고 추정하면서 둘 사이의 긴장감이 팽팽해진다. 세르세이가 말을 다시 연다. 애들을 사랑하나요?(Do you love your children?)라는 말에 스타크는 온 맘을 다해서 사랑해요(With all my heart)라고 답하고, 이에 세르세이는 내가 내 아이들을 사랑하는 것만큼은 아닐거예요(No more than I love mine)라고 말한다. 이에 스타크는 그 아이들은 모두 제이미의 아이들이죠(And they are all Jaime's)라고 하자 세르세이는 감사한 일이죠(Thank the Gods)라고 답한다.

그리고는 그 이유를 설명하기 시작한다. 드물지만 왕이 창녀들을 떠나 술에 취해 내 방에 오면(In the rare event that Robert leaves his whores for long enough to stumble drunk into my bed), 난 다른 방식으로 왕을 만족시켜줬어요(I finish him off in other ways), 그리고 아침이면 왕은 기억도 못하죠(In the morning, he doesn't remember)라고 하자 스타크는 당신은 항상 로버트 왕을 싫어했어요(You've always hated him)라고 한다. 세르세이가 반박한다. 싫어했다고요?(Hated him?), 난 왕을 숭배했어요(I worshipped him), 칠왕국의 모든 여자들은 로버트를 갈망했지만(Every girl in the Seven Kingdoms dreamed of him), 언약에 의해 왕은 내것이 되었죠(but he was mine by oath), 그리고 마침내 결혼식 날 Sept of Baelor에서 마르고 날카롭고 검은 수염의 왕을 처음 봤을 때(And when I finally saw him on our wedding day in the Sept of Baelor, lean and fierce and black-bearded), 그때가 내 인생의 가장 행복한 순간이었죠(it was the happiest moment of my life)라고 회상하면서 계속 말을 잇는다. 그런데 그날 밤 와인 냄새를 풍기며 내 위로 기어 올라와서는(Then that night he crawled on top of me, stinking of wine), 자기가 할 일을 했는데(and did what he did…), 아주 엉망으로 했죠(what little he could do…), 그리고는 내 귀에다 "리안나"라고 속삭였죠(and whispered in my ear, "Lyanna")라고 말한다. 리안나는 스타크의 죽은 누이로, 세르세이는 당신의 누이는 시체였고 난 살아있는 여자였는데(Your sister was a corpse and I was a living girl), 왕은 나보다 그녀를 더 사랑했죠(and he loved her more than me)라고 자기와 왕의 관계의 히스토리를 털어놓으며 근친상간의 변명으로 포장한다.

하지만 스타크는 왕이 사냥에서 돌아오면 난 진실을 말할 겁니다(When the King returns from his hunt, I'll tell him the truth), 그전에 당신과 아이들은 떠나야 합니다(You must be gone by then, you and your children), 내 손에 그들의 피를 묻히지 않겠습니다(I will not have their blood on my hands), 가능한 멀리 가능한 많은 사람들과 함께 가세요(Go as far away as you can with as many men as you can), 당신이 어디를 가든지(Because wherever you go), 왕의 분노가 따라갈 것이기 때문입니다(Robert's wrath will follow you)라고 충고한다. 세르세이는 그럼 나의 분노는 어떻게 하나요?(And what of my wrath, Lord Stark?)라고 되묻고, 스타크에게 당신이 왕국을 직접 차지해야 했어요(You should have taken the realm for yourself), 제이미가 킹스랜딩을 함락한 날에 대해 얘기해줬어요(Jaime told me about the day King's Landing fell), 제이미가 왕좌에 앉아 있었는데(He was sitting in the Iron Thrones), 당신이 그를 포기하게 했다죠(and you made him give it up), 당신은 단지 계단을 오르기만 하면 됐었어요(All you needed to do was climb the steps yourself)라고 하면서, 정말 아주 슬픈 실수였죠(Such a sad mistake)라고 하자 스타크는 내가 살면서 많은 실수를 했지만(I've made many mistakes in my life), 하지만 그건 나의 실수가 아니었습니다(but that wasn't one of them)라고 답한다. 세르세이는 반박한다. 그건 실수 맞아요(But it was), 왕좌의 게임을 할 때는 승리하거나 아니면 죽음뿐이예요(When you play the Game of Thrones, you win or you die), 그 중간은 없어요(There is no middle ground)라고 하면서 스타크의 죽음을 예고한다.

The Best Lines from <Game of Thrones>

Cersei: You're in pain.

Ned: I've had worse, My lady.

Cersei: Perhaps it's time to go home. **The South doesn't seem to agree with you.**

Ned: I know the truth Jon Arryn died for.

Cersei: Do you, Lord Stark? Is that why you called me here, to pose me riddles?

Ned: Has he done this before?

Cersei: Jaime would have killed him. My brother is worth a thousand of your friend.

Ned: Your brother or your lover?

Cersei: **The Targaryens wed brothers and sisters for 300 years to keep bloodlines pure.** Jaime and I are more than brother and sister. We shared a womb. We came into this world together. We belong together.

Ned: My son saw you with him.

Cersei: Do you love your children?

Ned: With all my heart.

Cersei: No more than I love mine.

Ned: And they're all Jaime's.

Cersei: Thank the Gods. In the rare event that Robert leaves his whores for long enough to stumble drunk into my bed, I finish him off in other ways. In the morning, he doesn't remember.

Ned: You've always hated him.

Cersei: Hated him? I worshipped him. Every girl in the Seven Kingdoms dreamed of

세르세이: 다치셨군요.

네드: 더 심한 고통도 견뎌봤습니다, 부인.

세르세이: 이젠 고향으로 돌아가셔야 할 때가 된 것 같군요. 남쪽은 당신과 안 맞는 것 같아요.

네드: 난 존 애린이 죽은 이유를 압니다.

세르세이: 정말인가요, 스타크 경? 날 여기로 부른 게 수수께끼를 내기 위해서였나요?

네드: 왕이 예전에 이런 짓을 한 적이 있습니까?

세르세이: 제이미가 알았다면 벌써 그를 죽였겠지요. 내 오빠는 당신 친구 열 명보다 더 가치 있는 사람이에요.

네드: 부인 동생인가요, 아니면 연인인가요?

세르세이: 타르가르옌들은 300년 동안 순혈을 유지하려고 남매끼리 결혼했어요. 제이미와 나는 단순한 남매 그 이상이에요. 우리는 같은 뱃속에서 나왔고, 같은 날 세상에 태어났어요. 우리는 함께 있어야 해요.

네드: 내 아들이 당신과 제이미가 함께 있는 걸 봤군요.

세르세이: 당신은 자식을 사랑하나요?

네드: 진심으로 사랑합니다.

세르세이: 나도 내 아이들을 그만큼 사랑해요.

네드: 그 애들은 모두 제이미의 아이들이지요.

세르세이: 신들께 감사한 일이죠. 가끔 로버트가 창녀들 곁을 떠나

him, but he was mine by oath. And when I finally saw him on our wedding day in the Sept of Baelor, lean and fierce and black-bearded, it was the happiest moment of my life. That night he crawled on top of me, stinking of wine, and did what he did, what little he could do, and **whispered in my ear, "Lyanna." Your sister was a corpse and I was a living girl and he loved her more than me.**

Ned: When the king returns from his hunt, I'll tell him the truth. You must be gone by then, you and your children. I will not have their blood on my hands. Go as far away as you can, with as many men as you can. Because wherever you go, Robert's wrath will follow you.

Cercei: And what of my wrath, Lord Stark? You should have taken the realm for yourself. Jaime told me about the day King's Landing fell. He was sitting in the Iron Throne and you made him give it up. All you needed to do was climb the steps yourself. Such a sad mistake.

Ned: I've made many mistakes in my life, but that wasn't one of them.

Cercei: Oh, but it was. **When you play the Game of Thrones, you win or you die. There is no middle ground.**

술에 취해 내 침대로 비틀거리며 들어오면, 난 다른 방법으로 그를 끝내줘요. 아침이 되면 그는 기억조차 못하죠.

네드: 부인은 항상 그를 증오했군요.

세르세이: 증오했다고요? 난 그를 숭배했어요. 세븐 킹덤의 모든 소녀들이 그를 꿈꿨고, 맹세로 그는 내 것이었죠. 결혼식 날 셉트 오브 베일러에서 마른 체형에 검은 수염을 가진 그를 처음 보았을 때, 그건 내 인생에서 가장 행복한 순간이었어요. 그날 밤, 그는 술 냄새를 풍기며 내 위에 올라탔고, 아주 엉망으로 했죠. 그리고 내 귀에 속삭였어요. "리아나." 당신 여동생, 리아나는 이미 시체였고, 난 살아있는 여자였어요. 그런데도 그는 나보다 그녀를 더 사랑했어요.

네드: 왕이 사냥에서 돌아오면 난 그에게 진실을 말할 겁니다. 그 전에 떠나세요. 당신과 아이들 모두. 그 아이들의 피를 내 손에 묻히지 않겠습니다. 갈 수 있는 한 멀리, 가능한 많은 병력을 데리고 떠나세요. 어디로 가든, 로버트의 분노가 따라갈 테니까요.

세르세이: 나의 분노는 어떻게 하나요? 당신이 왕국을 직접 차지했어야 했어요. 제이미가 킹스랜딩을 함락한 날에 대해 얘기해줬어요. 제이미가 왕좌에 앉아 있었는데, 당신이 그를 포기하게 했다죠. 당신은 단지 계단을 오르기만 하면 됐었어요. 정말 아주 슬픈 실수였죠.

네드: 살면서 많은 실수를 했지만, 하지만 그건 나의 실수가 아니었습니다.

세르세이: 그건 실수 맞아요. 왕좌의 게임을 할 때는 승리하거나 아니면 죽음뿐이에요. 그 중간은 없어요.

이 장면에서 놓치면 안되는 표현들

🔊 **01 I've had worse** 더 심한 경우도 당해봤어

A: **How was the dinner she cooked?** 걔가 요리한 저녁식사 어땠어?
B: **It wasn't good, but I've had worse.** 좋지는 않았지만 더 심한 경우도 봤어.

🔊 **02 It's time to~** …할 때야

A: **This damned computer keeps crashing.** 이 망할 놈의 컴퓨터가 계속 고장나.
B: **It's time to get a new one.** 새 컴퓨터를 살 때가 된거야.

🔊 **03 Sth doesn't seem to agree with you** …는 너와 맞지 않는 것 같아

A: **It's too far away from the city here.** 여기 도시에서 아주 멀리 떨어진 곳이야.
B: **Being in the country doesn't seem to agree with you.**
시골생활은 너와 맞지 않는 것 같아.

🔊 **04 Is that why you called me here to~?**
…하려고 날 이곳으로 불러낸게 바로 그거야?

A: **I missed you and wanted to be together.** 널 보고 싶었고 함께 하고 싶었어.
B: **Is that why you called me here to stay overnight?**
밤새 같이 있자고 이리로 날 불러낸게 바로 그때문이야?

🔊 **05 Has he done this before?** 걔가 전에도 이런 적이 있어?

A: **Arnold never came home last night.** 아놀드는 지난밤에 집에 들어오지 않았어.
B: **Has he done this before?** 걔가 전에도 이런 적이 있어?

🔊 **06 be worth~** …할 가치가 있다

A: **Do you think this ring is valuable?** 이 반지가 비싸다고 생각해?
B: **It would be worth money to someone.** 누구에게는 돈값어치를 하겠지.

🔊 **07 We belong together** 우리는 함께 있어야 돼

A: **You and Ronnie are such a good couple.** 너와 로니는 정말 잘 어울리는 커플이야.
B: **Everyone knows we belong together.** 다들 우리가 서로 잘 어울린다는걸 알아.

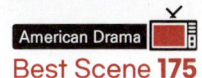

08 with all my heart 내 온 맘을 다해서

A: **Anything you want me to say to him?** 내가 걔에게 뭐 전해줄 말이 있어?
B: **Tell him I love him with all my heart.** 내 온 맘을 다해서 걔를 사랑한다고 말해줘.

09 crawl on~ …위로 기어 올라가다

A: **Don't let the baby crawl on the sidewalk.** 아이가 보도를 기어다니지 않게 해.
B: **I won't. It's dirty down there.** 그럴게. 거기 밑은 지저분해.

10 I'll tell him the truth 난 걔에게 진실을 말할거야

A: **I can't admit that I cheated him.** 내가 걔 몰래 바람폈다는 걸 인정할 수가 없어.
B: **I'll tell him the truth if you don't.** 네가 말하지 않으면 내가 걔에게 사실을 말할거야.

11 What of~ …은 어떻게 하나?

A: **I think all of my bills have been paid.** 내 청구서는 다 낸걸로 아는데.
B: **What of the gambling debt you had?** 네가 진 도박빚은 어떻게 해?

12 All you needed to do was~ 넌 …하기만 되는 거였는데

A: **Somehow Karen didn't enjoy our date.** 어쨌든 카렌은 우리 데이트를 즐기지 않았어.
B: **All you needed to do was flatter her.** 넌 걔한테 알랑되기만 하면 되는 거였는데.

Americna Drama Best Scene 107

You repaid our faith with treachery

>>> Game of Thrones
Season 2 Episode 4 24:00

당신은 우리의 신뢰를 배신으로 갚았어

롭 스타크의 특사자격으로 렌리 바라테온의 진영에 온 스타크의 부인 캐틀린은 그녀를 짝사랑했던 조프리의 신하이자 네드 스타크를 배신한 베일리쉬를 만난다. 캐틀린의 처소로 들어온 베일리쉬를 보고는 감히 당신이 어떻게(How dare you?)라고 놀라는 캐틀린에게 베일리쉬는 잘못된 보고를 들으셨을겁니다(You may have heard false reports)라고 답한다. 당신은 네드를 배신했어요(You betrayed Ned)라고 하자 Betrayed?라고 반문하며 난 네드 경이 왕국의 수호자로 역할을 하기를 바랬어요(I wanted him to serve as Protector of the Realm), 난 기회를 잘 잡으라고 간청했어요(I begged him to seize the moment)라고 변명을 한다. 캐틀린은 난 당신을 믿었고(I trusted you), 내 남편도 당신을 믿었어요(My husband trusted you) 그런데 당신은 우리의 신뢰를 배신으로 갚았어요(And you repaid our faith with treachery)라고 하며 Get out!이라고 소리친다. 베일리쉬는 난 어렸을 때부터 당신을 사랑했어요(I've loved you since I was a boy), 내게는 운명이 이 기회를 준 것 같아요(It seems to me that fate has given us this chance)라고 하고 들이대자 캐틀린은 단검을 빼들고 당신 미쳤어?(Have you lost your mind?), 나가요!(Get out!)라고 소리친다.

뒷걸음질을 치던 베일리쉬는 당신 딸들을 다시 보고 싶어요?(Do you want to see your girls again?), 산사는 전보다 더 아름다워졌어요(Sansan, more beautiful than ever), 그리고 아리아는 어느 때보다 와일드하고요(And Arya, just as wild as ever)라고 하자 캐틀린은 아리아도 데리고 있어요?(You have Arya, too?)라고 묻자, 베일리쉬는 두 딸 모두 지금은 건강하고 안전해요(Both girls are healthy and safe for now), 하지만 왕후와 조프리를 알잖아요(But you know the Queen and you know Joffrey), 그러면서 수도 킹스랜딩에 남는다면 그 아이들의 목숨이 걱정돼요(I fear for the their longevity if they remain in the capital)라고 캐틀린의 약점을 파고든다.

딸들의 얘기에 약해진 캐틀린은 뭘 원하는거예요?(What do you want?)라고 하자 베일리쉬은 라니스터 가는 당신 두 딸과 왕시해범인 제이미를 교환할겁니다(The Lannisters will trade your daughters for the Kingslayer)라고 한다. 캐틀린은 당연히 그러겠지(Of course they will), 제이미 라니스터와 두 딸을?(Jaime Lannister for two girls?)이라고 비아냥거리고, 아들 롭은 그 제안에 절대 동의하지 않을거예요(Robb will never agree to those terms)라고 하자 베일리쉬는 롭에게 그 제안을 하자는게 아닙니다(I'm not bringing these terms to him), 당신에게 하는 제안입니다 (I'm bringing them to you)라고 말한다. 그러자 캐틀린은 내가 아들에게 비밀로 할거라 생각해요?(You think I'd keep secrets from my son?)라고 반박한다. 베일리쉬는, 롭은 전쟁터에서 솜씨로 다들 놀라게 했지만(Robb had surprised them all with his skills in battle), 롭은 어머니가 아니잖아요(but he's not a mother)라고 틈새를 파고 들면서 생각해봐요 (Consider it, Cat)라고 한다. 계속해서 다른 기회는 없을지도 모른다(You may not get another chance)라고 재촉한다.

The Best Lines from <Game of Thrones>

Catelyn: How dare you?
Baelish: You may have heard false reports.
Catelyn: You betrayed Ned.
Baelish: Betrayed? I wanted him to serve as Protector of the Realm. I begged him to seize the moment.
Catelyn: I trusted you. My husband trusted you. And you repaid our faith with treachery.
Baelish: No, My Lady.
Catelyn: Get out!
Baelish: Cat, I've I've loved you since I was a boy. It seems to me that fate has given us this chance.
Catelyn: Have you lost your mind? Get out!
Baelish: Do you want to see your girls again? Sansa, more beautiful than ever? And Arya, just as wild as ever?

캐틀린: 어떻게 그럴 수가 있어요?
베일리쉬: 잘못된 소문을 들었겠지요.
캐틀린: 당신은 네드를 배신했어요.
베일리쉬: 배신? 나는 그가 왕국의 수호자가 되길 바랐어요. 그 순간을 잡으라고 간청했어요.
캐틀린: 난 당신을 믿었고, 내 남편도 당신을 믿었어요. 그 믿음을 배신으로 갚았죠.
베일리쉬: 아니에요, 부인.
캐틀린: 나가요!
베일리쉬: 캣... 난 어릴 적부터 당신을 사랑했어요. 운명이 우리에게 이 기회를 준 것 같지 않나요?
캐틀린: 정신 나갔어요? 당장 나가요!
베일리쉬: 딸들을 다시 보고 싶지 않나요? 산사는 예전보다 더 아름다워졌고, 아리아는 여전히 야성 그대로예요.

Catelyn: You have Arya, too?

Baelish: Both girls are healthy and safe for now. But you know the Queen and you know Joffrey. I fear for their longevity if they remain in the capital.

Catelyn: What do you want?

Baelish: The Lannisters will trade your daughters for the Kingslayer.

Catelyn: Of course they will. Jaime Lannister for two girls? Robb will never agree to those terms.

Baelish: I'm not bringing these terms to him. I'm bringing them to you.

Catelyn: You think I keep secrets from my son?

Baelish: Robb has surprised them all with his skills in battle, but he's not a mother. **Consider it, Cat. You may not get another chance.**

캐틀린: 아리아도 데리고 있어요?

베일리쉬: 두 아이 모두 건강하고 무사해요. 지금은요. 하지만 당신도 왕비와 조프리를 잘 알잖아요. 그 애들이 수도에 남아 있으면 오래 살 수 있을지 걱정돼요.

캐틀린: 뭘 원하는거죠?

베일리쉬: 라니스터 가문은 킹슬레이어(제이미 라니스터)와 당신 딸들을 바꾸고 싶어해요.

캐틀린: 당연히 그러겠죠. 제이미 라니스터 한 명과 딸 둘? 롭은 그런 조건을 절대 받아들이지 않을 거예요.

베일리쉬: 난 그 조건을 롭에게 전달하려는게 아니에요. 당신에게 전달하려는거죠.

캐틀린: 당신은 내가 아들에게 비밀로 할거라 생각해요?

베일리쉬: 롭은 전장에서 모두를 놀라게 할 만큼 유능하지만, 그는 어머니가 아니잖아요. 생각해 보세요, 캣. 이런 기회는 다시 오지 않을 수도 있어요.

Chris Says: Sounds like a plan

This means "It sounds like a good idea" or "It sounds like something we could do."

이 장면에서 놓치면 안되는 표현들

01 How dare you? 네가 감히 어떻게?

A: **I'm taking over your job at work.** 직장에서 네가 하던 일을 내가 맡는다.
B: **How dare you?** I won't put up with it. 네가 감히 어떻게? 난 참지 않을거야.

02 I begged him to~ 난 걔한테 …해달라고 간청했어

A: **It's hard to believe that Kevin died.** 케빈이 죽다니 믿겨지지 않아.
B: **I begged him to** see a doctor. 병원에 가자고 애원했었어.

03 seize the moment 기회를 잡다

A: **There is a chance she will go out with me.** 걔가 나하고 데이트할 가능성이 있어.
B: **You have to seize the moment when you're able.**
가능할 때 기회를 잡아야 돼.

04 You repaid our faith with treachery 우리의 신뢰를 배신으로 갚았어

A: **I'm sorry I gave the secrets to your competitor.**
경쟁회사에 비밀을 넘겨줘서 미안.
B: **You repaid our faith with treachery.** 넌 우리의 신뢰를 배신으로 갚았어.

05 I fear for~ …가 걱정돼

A: **They are in a remote part of Africa.** 걔네들은 아프리카의 외진 곳에 있어.
B: **That's not good. I fear for their safety.** 좋지 않아. 걔네들의 안전이 걱정돼.

He doesn't listen to me

>> Game of Thrones
Season 2 Episode 7 47:41

걘 내 말을 들으려고 하지 않아

스타니스 바라테온이 동생 겐리 바라테온을 살해한 후 킹스랜딩을 향해 진군하고 있는 상황에서 나누는 난쟁이 티리온과 세르세이의 대화장면. 세르세이가 촛불을 켜는 모습을 보고 티리온이 언제부터 직접 촛불을 켰어?(Since when do you light your own candles?)라고 묻고 세르세이는 어느 시녀하나 꼴보기 싫어졌을 때부터(Since I decided that I can't stand to look at any of my handmaidens for another instant)라고 한다. 그리고는 티리온에게 까마귀가 가져온 전갈 하나를 몇 번씩이나 읽는거야?(How many times can you read one raven scroll?)라고 묻는다.

티리온은 스타니스 바라테온의 함대 200척이 타스를 지나 북쪽으로 항해중인게 발견됐어(Stannis Baratheon's fleet has been spotted sailing north past Tarth, 200 ships)라고 하자 세르세이는 우리보다 많네(More than we have)라고 하고 티리온 역시 그 말을 받아 그래 우리보다 많아(Yes, that's more than we have)라고 맞장구친다. 그리고는 5일 이내에 우리 성문 앞에 도착할거야(He'll be at our gates within five days), 만약 바람이 불면 4일이고(four if he has the wind)라고 임박한 전쟁을 걱정한다. 세르세이는 우리에게는 높고 튼튼한 성벽이 있고(We have strong, high walls), 우리는 적들에게 위에서 불을 뿜어낼거야(We'll rain fire down on them from above)라고 자신있어 한다. 세르세이의 말을 받으면서(Rain fire on them from above), 아버지의 말을 인용하네, 그렇지 않아?(You're quoting father, aren't you?)라고 하고 세르세이 왜 그러면 안돼?(Why not?)라고 말을 받는다. 그리고는 아버지는 전략에 능통해, 그렇지 않아?(He has a good mind for strategy, doesn't he?)라고 하자 그건 전략이 아니라 전술이라고 하지(We call it tactics, not strategy), 하지만 맞아 아버지는 훌륭한 전략가야(But, yes, he does have a good mind for it), 어떤 사람들은 최고의 전략가라고도 해(The best mind, some would say).

하지만 불행히도 아버지는 여기에 안계셔(Sadly, he's not here), 누나와 나 그리고 칠왕국의 왕이자 왕국의 수호자인 조프리 뿐이야(It's just you, me, and Joffrey, the Lord of the Seven Kingdoms and protector of the realm)라고 현실을 직시한다. 세르세이는 결국 네가 말하고

자 하는 본론을 말하는구나(I'm sure you'll make a point eventually)라고 하고, 티리온은 조프리는 왕답게 행동하기 시작해야 돼(He need to start acting like a king)라고 핵심을 말한다. 누나가 시작한 전쟁이 문앞까지 와있다고(This war you started is coming to our doorstep)라고 비난하며, 만약 도시 전체가 조프리가 죽기를 바란다면(And if the entire city wants Joffrey dead)라고 말을 하는데 세르세이가 말을 자르면서 조프리에게 학대하라고 창녀들을 대준 건 내가 아냐(I'm not the one giving the boy whores to abuse)라고 티리온을 역시 비난한다. 티리온은 창녀들이 조프리에게 도움이 될 줄 알았어(I thought the girls might help him)라고 변명하고 내가 틀렸어(I was wrong)라고 자기 잘못을 시인한다. 그리고는 우리가 만약 왕을 통제하지 못하면(If we can't control him)이라고 하자, 세르세이는 내가 시도를 안해본 것 같아?(Do you think I haven't tried?), 내 말은 안들으려고 해(He doesn't listen to me)하고 답답한 마음을 털어놓는다. 티리온은 개의 머리에 왕관을 씌워주고 나면 개에게 사슬을 묶는 건 쉽지 않아(It's hard to put a leash on a dog once you've put a crown on its head)라고 한다.

세르세이는 난 항상 조프리가 제이미처럼 되기를 바랬었어(I always hoped he'd be like Jaime), 제이미를 닮았잖아(He looks like him), 어떤 면에서 보면(in a certain light)…이라고 하자 티리온은 왕은 제이미보다는 로버트 왕을 닮았어(The boy is more Robert than Jaime)라고 한다. 그러자 세르세이는 로버트는 술주정뱅이 바보였지만 잔인함을 즐기지는 않았어(Robert was a drunken fool, but he didn't enjoy cruelty), 그리고는 가끔 이런 생각도 들어(Sometimes, I wonder…), 이게 제이미와 자기의 근친상간의 대가가 아닌가(It this is the price for what we've done, for our sins)라며 자책을 한다. 티리온이 위로한답시고 타르가르옌 사람들은, 이라고 하자 받아서 오랫동안 남매가 결혼을 하지(Targaryens wed brother and sister for hundreds of years), I know라고 하며 제이미와 자신이 확신이 없을 때 서로에게 하던 말이 바로 그거(That's what Jaime and I would say to each other in our moments of doubt)였고, 네드 스타크가 어리석게도 내게 맞설 때도 그 말을 했어(It's what I told Ned Stark when he was stupid enough to confront me)라고 말한다.

The Best Lines from <Game of Thrones>

Tyrion: Since when do you light your own candles?

Cersei: Since I decided that I can't stand to look at any of my handmaidens for another instant. How many times can you read one raven scroll?

Tyrion: Stannis Baratheon's fleet has been spotted sailing north past Tarth, 200 ships.

Cersei: More than we have.

Tyrion: Yes, that's more than we have. He'll be at our gates within five days, four if he has the wind.

Cersei: We have strong, high walls. We'll rain fire down on them from above.

Tyrion: "Rain fire on them from above." You're quoting Father, aren't you?

Cersei: Why not? He has a good mind for strategy, doesn't he?

Tyrion: Call it tactics, not strategy.

Cersei: But, yes, he does have a good mind for it. The best mind, some would say.

Tyrion: Sadly, he's not here. It's just you, me and Joffrey, the Lord of the Seven Kingdoms and Protector of the Realm.

Cersei: I'm sure you'll make a point eventually.

티리온: 언제부터 직접 촛불을 켰지?

세르세이: 시녀들 얼굴을 더는 마주하고 싶지 않아서. 까마귀가 물고 온 전갈을 몇번씩이나 읽는거야?

티리온: 스타니스 바라테온의 함대가 타스를 지나 북쪽으로 항해 중이라는 소식이야. 배가 200척이래.

세르세이: 우리가 가진 것보다 많네.

티리온: 그래, 더 많아. 5일 이내에 우리 성문 앞에 도착할거야. 풍랑이 도와주면 4일 안에 성문 앞에 도착할 수도 있어.

세르세이: 우린 높고 튼튼한 성벽이 있어. 위에서 불을 퍼부으면 돼.

티리온: "위에서 불을 퍼부으면 돼." 지금 아버지 말씀 인용하는 거지?

세르세이: 왜 안 되는데? 아버지는 전략에 관해서라면 머리가 좋잖아.

티리온: 전략이라기보다 전술이지.

세르세이: 하지만 맞아, 확실히 머리는 좋아. 어떤 사람은 세상에서 제일이라고도 해.

티리온: 하지만 안 계시잖아. 지금 여긴 누나, 나, 그리고 일곱 왕국의 군주이자 왕국의 수호자인 조프리뿐이야.

세르세이: 결국 무슨 말 하고 싶은 거야?

Tyrion: He needs to start acting like a king. This war you started is coming to our doorstep. And if the entire city wants Joffrey dead.

Cersei: I'm not the one giving the boy whores to abuse.

Tyrion: I thought the girls might help him.

Cersei: Did you?

Tyrion: I was wrong. If we can't control him.

Cersei: Do you think I haven't tried? He doesn't listen to me.

Tyrion: It's hard to put a leash on a dog once you've put a crown on its head.

Cersei: I always hoped he'd be like Jaime. He looks like him. In a certain light.

Tyrion: The boy is more Robert than Jaime.

Cersei: Robert was a drunken fool, but he didn't enjoy cruelty. Sometimes I wonder.

Tyrion: What?

Cersei: If this is the price for what we've done, for our sins.

Tyrion: Sins? The Targaryens...

Cersei: Wed brother and sister for hundreds of years, I know. That's what Jaime and I would say to each other in our moments of doubt. It's what I told Ned Stark when he was stupid enough to confront me. Half the Targaryens went mad, didn't they? What's the saying? Every time a Targaryen is born, the Gods flip a coin.

티리온: 그 애가 진짜 왕처럼 행동해야 해. 누나가 일으킨 전쟁이 우리 문 앞까지 왔잖아. 도시 전체가 조프리를 죽이고 싶어한다면….

세르세이: 내가 그 애한테 창녀를 학대하라고 붙여준 것은 아니잖아.

티리온: 난 그 애한테 여자들이 좀 도움이 될까 싶었어.

세르세이: 그래?

티리온: 잘못 판단했지. 우리가 조프리를 통제할 수 없다면.

세르세이: 내가 안 해봤을 것같아? 말을 안 듣는다고.

티리온: 머리에 왕관을 씌운 개에게 목줄을 채우는 건 쉽지 않아.

세르세이: 난 항상 그 애가 제이미 같기를 바랐어. 외모는 좀 닮았잖아. 어떤 면에서 보면 말야.

티리온: 그 아이는 제이미보다 로버트를 더 닮았어.

세르세이: 로버트는 술 취한 바보였지만, 잔혹함을 즐기진 않았지. 가끔은 이런 생각도 해.

티리온: 무슨 생각?

세르세이: 우리가 치르는 대가일까 하고, 우리가 저지른 근친상간에 대한.

티리온: 죄? 타르가르옌들은…

세르세이: 수백 년 동안 남매끼리 결혼했어, 나도 알아. 의구심이 들 때마다 나랑 제이미는 그렇게 스스로를 위로했지. 네드 스타크가 바보처럼 내게 맞설 때도 그렇게 말했어. 타르가르옌 가문의 절반은 미쳐버렸잖아. 속담도 있잖아. "타르가르옌이 태어날 때마다 신들이 동전을 던진다."

이 장면에서 놓치면 안되는 표현들

🔊 **01 Since when do you~ ?** 언제부터 …해?

　A: **Since when do you** use drugs? 언제부터 약을 하는거야?
　B: I developed an addiction to painkillers. 진통제 중독에 걸렸어.

🔊 **02 I can't stand to~** 난 …을 참을 수가 없어

　A: **I can't stand to** watch this TV show. 난 이 TV쇼를 보는데 참을 수가 없어.
　B: Well, let's find something else to watch. 그럼 다른 데를 보자.

🔊 **03 How many times can you~?** 넌 몇번이나 …할 수 있어?

　A: I told her I had to work late again. 다시 또 야근해야 한다고 걔한테 말했어.
　B: **How many times can you** lie to her? 넌 몇번이나 걔한테 거짓말을 할 수 있어?

🔊 **04 Why not?** 왜 안해[돼]?, 안될거 뭐있어?

　A: I can't help you with your English homework. 난 네 영어숙제를 도와줄 수 없어.
　B: **Why not?** You seem to have that talent. 왜 안돼? 그런 능력이 있어보이는데.

🔊 **05 have a good mind for~** …에 능통해

　A: Ralph runs several accounting firms. 랄프는 여러개의 세무회사를 운영하고 있어.
　B: It's because he **has a good mind for** numbers. 걘 숫자에 능통하기 때문이야.

🔊 **06 make a point** 자기 주장을 밝히다, 자기 의사를 알아듣게 하다

　A: Why did Mr. Harns shut down the project? 왜 한스 씨는 그 프로젝트를 그만둔거야?
　B: He did it to **make a point** to us. 우리에게 자기 입장을 피력하기 위해 그렇게 한거야.

　A: Looks like they killed one of the snitches. 그들은 밀고자중 한 명을 살해한 것 같아.
　B: The gangsters **were making a point**. 갱단이 자신들의 의사를 밝혔구만.

🔊 **07 act like~** …처럼 행동하다

　A: She spilled some coffee on her dress. 걘 드레스에 커피를 좀 흘렸어.
　B: Just **act like** it never happened. 전혀 그런 일이 없었던 것처럼 행동해.

08 I thought~ 난 …라고 생각했어

A: **I'm sitting at home, watching TV.** 난 집에 앉아서 TV를 보고 있어.
B: **I thought you were still working.** 난 네가 아직도 일을 하고 있는 줄 알았는데.

09 I was wrong 내가 틀렸어

A: **You shouldn't have accused me of lying.**
넌 내가 거짓말을 했다고 비난해서는 안됐었는데.
B: **I was wrong. Sorry about that.** 내가 틀렸어. 미안해.

10 Do you think I haven't tried? 내가 해보지 않은 것 같아?

A: **You should work harder to improve.** 넌 향상하기 위해서는 더 열심히 일해야 돼.
B: **Do you think I haven't tried?** 내가 안해본 줄 알아?

11 He doesn't listen to me. 걘 내말을 듣지 않아

A: **Tell your brother he's going to get in trouble.**
네 형에게 어려움에 처할거라고 말해.
B: **He doesn't listen to me.** 걘 내말을 듣지 않아.

A: **Better warn him the cops are here.** 경찰이 여기 와 있다고 경고해라.
B: **He doesn't listen to me.** 걘 내말을 듣지 않아.

12 I always hoped he'd be like~ 난 항상 걔가 …처럼 되기를 바랬어

A: **Jay decided to join his family's business.**
제이는 가족이 운영하는 사업에 함께 하기로 했어.
B: **I always hoped he'd be like his dad.** 난 항상 걔가 자기 아버지처럼 되기를 바랬어.

13 This is the price for what~ 이건 …에 대한 대가야

A: **Arnie got put in jail for twenty years.** 아니는 20년간 감방에 처넣어졌어.
B: **This is the price for what he did.** 이건 걔가 한 행동에 대한 대가야.

14 That's what~ 그게 바로 …야

A: **I have to remain in the hospital this week?** 난 이번주에 병원에 있어야 돼?
B: **That's what they have been telling me.** 걔네들이 내게 말하는게 바로 그거야.

15 be stupid to~ …하는 것은 어리석다

A: **We are more than halfway finished.** 우리는 반이상 끝냈어.
B: **It would be stupid to give up now.** 지금 포기하는건 어리석은 짓일거야.

Americna Drama Best Scene 109

How could you not hate him?

Game of Thrones
Season 2 Episode 7 52:00

어떻게 걔를 싫어하지
않을 수가 있나요?

롭의 포로로 잡혀 있던 제이미 라니스터는 경비를 죽이고 탈출하였다가 다시 잡혀오는데, 캐틀린이 브리엔느 여기사와 함께 제이미와 대화를 나누는 장면이다. 제이미는 자기가 죽는 줄 알고서 작별인사를 하러 온건가요 스타크 부인?(Come to say goodbye, Lady Stark?), 이 세상에서 오늘이 나의 마지막 밤인 것 같군요(I believe it's my last night in this world)라고 말하고 브리엔느를 보고서 저 사람 여자인가요?(Is that a woman?)라고 한다. 캐틀린은 밖에서 사람들이 하는 소리가 들리나?(Do you hear them out there?), 그들은 너의 목을 원하고 있어(They want your head)라고 하자, 늙은 카스타크 경이 나를 좋아하지 않는 것 같군요(Well, old Lord Karstark doesn't seem to like me)라고 한다. 캐틀린은 넌 경의 아들을 사슬로 목졸라 죽였어(You strangled his son with your chains)라 하자, 그제서야 카스타크 경이 자길 싫어하는 이유를 알고서, 경비를 섰던 놈이 경의 아들이었군요?(Was he the one on guard duty?)라고 한다. 그리고는 변명이라고 그 경비가 내 앞길을 방해했어요(He was in my way), 기사라면 누구라도 그렇게 했을거예요(Any knight would have done the same)라고 합리화한다.

그러자 화가 나 캐틀린이 넌 기사도 아냐(You are no knight), 넌 스스로 했던 모든 서약을 저버렸어(You have forsaken every vow you ever took)라고 강하게 제이미의 명예를 내리깎는다. 그러자 제이미가 읊조린다. 그 많은 서약들(So many vows), 사람들은 수많은 맹세를 하게 하죠(They make you swear and swear), 왕을 지키고(Defend the king), 왕에게 복종하고(obey the king), 아버지에게 복종하고(obey your father), 무고한 사람들을 보호하고(protect the innocent), 약한 사람들을 지켜라(defend the weak) 등등의 서약들을 나열하면서 하지만 당신 아버지가 왕을 무시하면 어떻게 해야 할까?(But what if your father despise the king?), 만약 왕이 무고한 사람들을 학살하면 어떻게 해야 할까?(What if the king massacres the innocent?), 그건 너무 심한 경우지(It's too much)라고 한다.

그리고는 스스로 답을 한다. 어떻게 하던간에 그 많은 서약 중에서 하나는 어겨야 하죠(No matter what you do, you're forsaking one vow or another)라고 시니컬하게 말하고나서 다시 브리엔느를 보고서 어디서 이런 짐승같은 여자를 찾았나요?(Where did you find this beast?)라고 한다. 캐틀린은 브리엔느는 너와 비교될 수 없을 정도로 진정한 기사야(She is a truer knight than you will ever be)라고 다시한번 제이미의 기사자격없음을 언급하면서 Kingslayer(왕시해범)라고 부른다. 그러자 제이미는 반격을 한다. 그 왕이 어땠나요(What a king he was?), 아에리스 타르가르옌 2세, 칠왕국의 왕이자 왕국의 수호자를 위하여 그리고 내가 그의 등에 꽂은 검을 위하여(Here's to Aerys Targaryen, the second of his name, Lord of the Seven Kingdoms, Protector of the realm, and to the sword I shoved in his back)라며 자신의 행위를 옹호하자, 캐틀린은 넌 명예가 없는 자야(You are a man without honor)라고 비난한다.

그러자 제이미는 또 새로운 각도에서 자신을 변명하기 시작한다. 난 세르세이 말고 다른 여자와 관계를 맺어본 적이 없는거 알아요?(Do you know I've never been with any woman but Cersei?), 그래서 내 방식으로 보면(So in my own way), 난 불쌍한 고인 네드 스타크보다 내가 더 명예롭죠(I have more honor than poor old dead Ned), 네드를 아버지로 둔 그 사생아의 이름이 뭐였죠?(What was the name of that bastard so in he fathered?)라고 캐틀린의 염장을 지른다. 분노한 캐틀린은 죽이고 싶은 마음에 브리엔느를 부르지만, 능청스럽게 제이미는 그 이름은 아니였어(No, that wasn't it)라고 하고, 스노우, 북쪽의 사생아(Snow, the bastard from the North)라고 말한다.

그리고 다시 캐틀린에게 묻는다. 훌륭한 네드 스타크가 어느 창녀의 아기를 집으로 데려왔을 때(When good old Ned came home with some whore's baby), 그 아이를 사랑하는 척이라도 하셨나요?(Did you pretend to love it?)라고 비아냥거린다. 그리고 스스로 답한다. 아닐거예요, 당신은 그런 척하는데는 서투르지요(No, you're not very good at pretending), 당신은 정직한 여성이니까요(You're an honest woman), 그 아이를 싫어했죠, 그렇지 않아요?(You hated that boy, didn't you?), 어떻게 싫어하지 않을 수가 있어요?(How could you not hate him?), 걸음 걸이, 말투를 보면 명예로운 에다크 스타크 경이 다른 여자와 잤다는 걸 떠오르게 하는데요(The walking, talking reminder that the honorable Lord Eddark Stark fucked another woman)라고 하자 캐틀린은 드디어 브리엔느에게 검을 달라고 한다(Your sword).

The Best Lines from <Game of Thrones>

Jaime: Come to say goodbye, Lady Stark? I believe it's my last night in this world. (to Brienne) Is that a woman?

Catelyn: Do you hear them out there? They want your head.

Jaime: Well, old Lord Karstark doesn't seem to like me.

Catelyn: You strangled his son with your chains.

Jaime: Was he the one on guard duty? He was in my way. Any knight would have done the same.

Catelyn: **You are no knight. You have forsaken every vow you ever took.**

Jaime: So many vows. They make you swear and swear. Defend the king, obey the king, obey your father, protect the innocent, defend the weak. But what if your father despises the king? What if the king massacres the innocent? It's too much. No matter what you do, you're forsaking one vow or another. (to Brienne) Where did you find this beast?

Catelyn: She is a truer knight than you will ever be, Kingslayer.

제이미: 작별 인사하러 오셨습니까, 스타크 부인? 오늘이 제 세상에서의 마지막 밤일 것 같네요. (브리엔느를 가리키며) 저게 여자야?

캐틀린: 밖에서 사람들이 하는 소리 들리나? 그들은 너의 목을 원하고 있어.

제이미: 카스타크 경은 절 마음에 들어하지 않는 것 같네요.

캐틀린: 당신이 그 아들의 목을 사슬로 졸랐잖아.

제이미: 아… 그 아이가 근무 중이던 병사였나요? 내 앞길을 막고 있길래 그랬습니다. 다른 기사도 마찬가지였을 겁니다.

캐틀린: 넌 기사가 아니야. 맹세를 모조리 저버린 자니까.

제이미: 맹세들… 사람들은 수많은 맹세들을 하게 돼죠. 왕을 지켜라, 왕에게 복종하라, 아버지에게 복종하라, 무고한 자를 지켜라, 약자를 보호하라…. 근데 만약 당신의 아버지가 왕을 혐오한다면? 왕이 무고한 이들을 학살한다면? 결국 어떤 선택을 하든 누군가의 맹세는 어기게 되는거죠. (브리엔느를 쳐다보며) 당신 같은 짐승을 어디서 데려온거지?

캐틀린: 그녀는 너보다 훨씬 더 진정한 기사야, 왕의 학살자 (Kingslayer).

Jaime: What a king he was. Here's to Aerys Targaryen, the Second of His Name, Lord of the Seven Kingdoms, Protector of the Realm, and to the sword I shoved in his back.

Catelyn: You are a man without honor.

Jaime: Do you know, I've never been with any woman but Cersei. **So in my own way, I have more honor than poor old dead Ned.** What was the name of that bastard he fathered?

Catelyn: Brienne.

Jaime: No, that wasn't it. Snow, a bastard from the North. Now, when good old Ned came home with some whore's baby, did you pretend to love it? No. You're not very good at pretending. You're an honest woman. You hated that boy, didn't you? **How could you not hate him? The walking, talking reminder that the honorable Lord Eddard Stark fucked another woman.**

Catelyn: (to Brienne) Your sword.

제이미: 그 왕은 어땠나요? 아에리스 타르가르엔을 위해 건배합시다. 칠왕국의 군주, 왕국의 수호자였으며… 제가 등에 칼을 꽂아드렸죠.

캐틀린: 당신은 명예라고는 없는 자야.

제이미: 전 세르세이 외엔 여자를 가져본 적이 없습니다. 그런 면에서 보면, 전 돌아가신 에다드 스타크보다 더 명예로운 사람일지도 몰라요. 그가 데려온 사생아 이름이 뭐였더라?

캐틀린: 브리엔느.

제이미: 아니, 그 이름은 아니었지. 북부에서 온 사생아, 스노우였나. 그 착한 에다드가 어딘가의 창녀와 낳은 아이를 집에 데려왔을 때, 당신은 그 애를 사랑하는 척 했나요? 아니죠. 당신은 거짓말에 능하지 않아요. 정직한 여인이죠. 그 애를 미워했죠, 안 그럴 수 있었겠습니까? 그 아이는 살아있는 증거잖아요. '명예로운 에다드 스타크가 딴 여자와 잤다'는.

캐틀린: (검을 뽑으며) 네 칼.

Chris Says: That's anybody's guess

This means things are not certain and anything could happen.

이 장면에서 놓치면 안되는 표현들

🔊 **01 I believe~** …라고 생각해

A: **You think that Pauline moved?** 폴린이 이사갔다고 생각해?
B: **I believe she sold her condo.** 걘 자신의 콘도를 팔았을걸.

🔊 **02 Did you hear~?** …을 들었어?

A: **Did you hear Simon slept in class?** 사이몬이 수업시간에 잤다는 얘기들었어?
B: **He always does that. He's lazy.** 걘 늘상 그래. 게으르잖아.

🔊 **03 be in one's way** …의 방해가 되다

A: **Did someone take my backpack?** 누가 내 백팩 가져갔어?
B: **I moved it because it was in my way.** 방해가 돼서 내가 치워놨어.

🔊 **04 Any+N would have done the same** 누구라도 그랬을거야

A: **She got angry because we called her fat.** 걘 뚱뚱하다고 불러서 화가 났어.
B: **Any other person would have done the same.** 다른 누구라도 똑같이 그랬을거야.

A: **He confessed what he'd done to the police.** 걘 경찰에 어떻게 했는지 자백했어.
B: **Any honest man would have done the same.**
정직한 사람이라면 누구라도 그렇게 했을거야.

🔊 **05 What if~ ?** …하다면 어떨까?

A: **We are completely broke right now.** 우리 지금 완전 빈털터리야.
B: **What if I gave you some money?** 내가 네게 돈을 좀 주면 어떨까?

🔊 **06 No matter what you do, ~** 네가 무슨 일을 해도,

A: **I think my girlfriend has fallen out of love with me.**
내 여친이 날 사랑하지 않는 것 같아.
B: **No matter what you do, it won't change things.**
네가 어떻게 해도, 그건 아무런 소용이 없을거야.

07 Where did you find~ ? 어디서 …을 찾았어?

A: **Where did you find** that awesome shirt? 어디서 저 멋진 셔츠를 찾았어?
B: I bought it while shopping in Spain. 스페인에서 쇼핑을 할 때 샀어.

08 I've never been with any woman but~
난 …외에 다른 여자와 관계를 맺은 적이 없어

A: Don't tell me you were a virgin when you met her.
네가 걔 만날 때 총각였다고 말하지마.
B: **I've never been with any woman but** my wife.
난 아내외의 다른 여자와 관계를 맺어본 적이 없어.

09 in my own way 내 방식으로

A: It will be difficult to find the killer. 살인범을 찾기는 어려울거야.
B: I'll figure out how to do it **in my own way**.
내 방식으로 그걸 어떻게 하는지 알아낼거야.

10 Did you pretend to~? 너 …한 척 했어?

A: I didn't listen to anything he said. 난 걔가 말하는거 어떤 것도 듣지 않아.
B: **Did you pretend to** pay attention? 듣는 척 했어?

11 You're not good at~ 넌 …에 능숙하지 않아

A: They gave me a ticket for drunkenness. 취해서 딱지 끊겼어.
B: **You're not good at** staying out of trouble. 넌 사고를 치는데 일가견이 있구만.

12 How could you not~? 네가 어떻게 …하지 않을 수 있어?

A: I never gave him the fifty dollars. 난 걔한테 50 달러를 절대로 준 적이 없어.
B: **How could you not** pay back the money? 넌 어떻게 돈을 갚지 않을 수가 있어?

A: I stayed home and worked on Sunday. 난 집에 있으면서 일요일에 일했어.
B: **How could you not** attend church? 어떻게 교회에 가지 않을 수가 있어?

Americna Drama Best Scene 110

Don't fight for your king!

>>> Game of Thrones
Season 2 Episode 9 43:00

왕을 위해서 싸우지 마라!

스타니스의 군대가 상륙해서 성문을 노린다는 얘기를 들은 세르세이 왕비는 조프리를 피신처로 오라(The queen has sent me to bring you back to the Red Keep)고 하자, 왕의 핸드인 난쟁이 티리온은 조프리에게 너의 도시를 네가 지키지 않겠다면 병사들이 왜 지키려 하겠느냐?(If you won't defend your own city, why should they?)라고 피신하지 말라고 말린다. 겁에 질린 조프리는 나보고 뭘 어떻게 하라고요?(What would you have me do?)라고 하고 티리온은 지휘를 해야지(Lead)라고 한다. 아래로 내려가서(Get down there) 그리고 죽이려는 침략자들에 맞서 네 병사들을 지휘해라(and lead your people against the invaders who want to kill them)라고 재촉하지만 왕은 피하고 싶은 마음에 전령에게 어머니께서 정확히 뭐라고 하셨냐?(What did my mother say exactly?), 급한 일이라고 하셨냐?(Did she have urgent business with me?)라고 묻는다. 전령은 전하, 왕후께서 말씀 안하셨습니다(She did not say, Your Grace)라고 한다. 두려움 속에 조프리는 옆의 병사에게 내 삼촌과 함께 남아 전쟁터에서 왕을 대신하라(Stay with my uncle and represent the king of the field of battle)고 하면서 피신처로 급히 몸을 옮긴다.

병사들은 왕은 어디에 있는거야?(Where's the king?), 왜 우리와 함께 있지 않는거야?(Why isn't he with us?), 우리는 누구를 위해 싸우는거야?(Who are we fighting for?), 누가 우리를 지휘하지?(Who'll lead us?)라고 수군거리며 동요하기 시작한다. 이때 티리온은 내가 공격을 지휘하겠다(I'll lead the attack)라고 소리치자 병사들은 Yes?, What are you talking about?라는 뜨악한 반응을 보이는데, 티리온은 자신의 투구를 챙기고 옆의 병사에게는 네가 왕의 깃발을 들어라(Ser Mandon, you will bear the king's banner)라고 지시한다. 그리고 병사들에게는 병사들이여, 대열을 갖춰라(Men, form up)라고 소리치지만 다들 반응이 없자 일장 연설을 하기 시작한다. 다들 날 난쟁이라고 한다(They say I'm half a man), 하지만 그게 제군들에게 어떻게 하기라도 했는가?(But what does that make the lot of you?)라고 하는데, 병사들은 유일한 출구는 성문을 지나는 것인데(The only way out is through the gates), 하지만 적군들이 성문 앞에 있습니다(And they're at the gates)라고 외친다. 그러자 티리온은 나가는 다른 출구가 있다(There's another way out), 내가 너희들에게 알려줄 것이다(I'm going to show you), 우리는 적군의

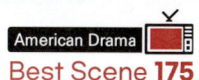

뒤로 나가 놈들의 엉덩이를 걷어찰 것이다(We'll come out behind them and fuck them in their asses)라고 사기를 진작시킨다. 그리고 병사들의 심리를 파고드는 치열한 웅변을 토해낸다. 왕을 위해 싸우지마라(Don't fight for your king), 왕국을 위해 싸우지마라(and don't fight for his kingdoms), 명예를 위해 싸우지마라(Don't fight for honor), 영예를 위해 싸우지마라(Don't fight for glory) 그리고 부를 조금도 얻지 못할테니 부를 위해서 싸우지마라(Don't fight for riches, because you won't get any), 여기는 너희들의 도시이다(This is your city), 스타니스는 약탈하려고 한다(Stannis means to sack), 스타니스가 부수고 있는 건 너희 제군들의 성문이다(That's your gate he's ramming), 스타니스가 들어오게 되면 너희 집들을 불태울 것이고(If he gets in, it will be your houses he burns), 너희들의 금을 훔칠 것이고(your gold he steals) 그리고 너희 여자들을 강간할 것이다(your women he will rape)라고 열변을 토한다. 그리고 우리 문을 두들기는 저들 때문에 난 용기가 생긴다(Those are brave me knocking at our door), 자 가서 놈들을 죽이자(Let's go kill them)라고 외치고 병사들은 검을 치켜올리며 전의를 불태운다.

The Best Lines from <Game of Thrones>

A Guard: Your Grace, the queen has sent me to bring you back to the Red Keep.

Tyrion: **If you won't defend your own city, why should they?**

Joffrey: What would you have me do?

Tyrion: Lead. Get down there and lead your people against the invaders who want to kill them.

Joffrey: (to a guard) What did my mother say exactly? Did she have urgent business with me?

A Guard: She did not say, Your Grace.

전령: 폐하, 왕비께서 폐하를 붉은 성(Red Keep)으로 모셔오라고 보내셨습니다.

티리온: 폐하께서 스스로 도시를 지키지 않으신다면, 누가 지키겠습니까?

조프리: 내가 뭘 어떻게 해야 하지?

티리온: 지휘하십시오. 저 아래로 내려가서, 침략자들에게 맞서 백성들과 함께 싸우세요. 백성을 죽이려는 자들로부터 그들을 지키십시오.

조프리: (전령에게) 어머니께서 정확히 뭐라고 하셨지? 무슨 긴급한 일이 있다고 했나?

전령: 그런 말씀은 없으셨습니다, 폐하.

Joffrey: Ser Boros, Ser Mandon, stay with my uncle and represent the king on the field of battle.

(Archers, hold your line or I'll kill you myself. Stand fast! No! Get up, you fool. We need more arrows!)

Soliers: Where is the king? Why isn't he with us? Who are we fighting for? Who leads us?

Tyrion: I'll lead the attack. I'll lead the attack!

Soldiers: Yes? What are you talking about?

Tyrion: Pod, my helmet. Ser Mandon, you will bear the king's banner. Men, form up. Men Men! They say I'm half a man. But what does that make the lot of you?

Soldiers: The only way out is through the gates. And they're at the gates.

Tyrion: There's another way out. I'm going to show you. We'll come out behind them and fuck them in their asses.(Heave! Heave!) Don't fight for your king and don't fight for his kingdoms. Don't fight for honor. Don't fight for glory. Don't fight for riches, because you won't get any. This is your city. Stannis means to sack. That's your gate he's ramming. If he gets in, it will be your houses he burns, your gold he steals, your women he will rape. (Heave! Heave! Heave!) Those are brave men knocking at our door. Let's go kill them.

조프리: 보로스 경, 맨던 경, 왕의 대표로 전장에 나가십시오!

(궁수들은 전열을 유지하라! 아니면 내가 직접 목을 벨 것이다! 물러서지 마라! 화살이 더 필요해!)

병사들: 왕은 어디 있느냐? 왜 우리와 함께 싸우지 않지? 우리가 누구를 위해 싸우는 거지? 누가 우리를 이끄는가?

티리온: 내가 공격을 지휘하겠다! 내가 공격을 이끈다!

병사들: 뭐라구요? 무슨 말 하는겁니까?

티리온: 포드, 내 투구를 줘. 맨돈 경, 왕의 깃발을 들고 따라오게. 자, 병사들! 집결하라! 사람들이 날 난쟁이라고 하지. 그럼 그게 제군들에게 어떻게 하기라도 했나?

병사들: 유일한 출구는 성문을 통해서 나가는 것인데 그 놈들이 성문을 들이받고 있습니다.

티리온: 다른 출구도 있다. 내가 알려주겠다. 그 길로 나가서 놈들 뒤를 잡아 조져버릴거다. (성문 밀며 밀어! 밀어!) 왕을 위해 싸우지 마라. 왕국을 위해서도 아니다. 명예를 위해서도, 영광을 위해서도, 재물을 위해서도 아니다. 왜냐하면, 그런 건 절대 못 얻을 테니까. 이건 너희의 도시다. 스타니스는 이 도시를 약탈하러 왔다. 지금 들이받는 저 문은, 바로 너희 집 문이다. 그가 들어오면, 불타는 건 너희 집이고, 도둑맞는 건 너희 금이고, 강간당하는 건 너희 아내와 딸들이다. (밀어! 밀어! 밀어!) 저 문을 두드리는 놈들 때문에 난 용기가 생긴다. 자, 가서 놈들을 죽이자!

이 장면에서 놓치면 안되는 표현들

🔊 **01 have urgent business with~** …와 급한 용무가 있다

A: **What brings you to our office?** 우리 사무실에는 무슨 일로 오셨나요?
B: I **have urgent business with** your boss. 당신 사장님과 급한 용무가 있어요.

🔊 **02 What does that make the lot of you?** 그게 여러분들에게 어떻게 했어?

A: Our group does petty crimes at times. 우리 사람들은 때때로 경범죄를 저질러.
B: **What does that make the lot of you?** 그게 너한테 어떻게 하기라도 한다는거야?

🔊 **03 fuck sb in sb's asses** 엉덩이를 걷어차다

A: They want to take control of our firm. 개네들은 우리 회사를 통제하고 싶어해.
B: **Fuck them in their asses.** 엉덩이를 걷어차.

🔊 **04 mean to~** …할 작정이야

A: Did you damage my car's fender? 내 차의 펜더를 손상시킨거야?
B: I **meant to** tell you about that. 너한테 말할 생각이었어.

Americna Drama Best Scene 111

I want what is mine by right

>>> **Game of Thrones**
Season 3 Episode 1 27:00

마땅한 제 권리를 원합니다

전투중에 상처를 입은 난쟁이 티리온과 막판에 전투를 역전시키며 등장한 아버지 타이윈 라니스터간의 대화장면이다. 아들이 왔지만 왕의 책사인 아버지는 편지만 쓰고 있다. 티리온이 말문을 연다. 배지가 잘 어울리네요(The badge looks good on you), 저만큼 잘 어울리네요(Almost as good as it looked on me)라고 하지만 아무 반응이 없자, 왕의 책사자리가 마음에 드세요?(Are you enjoying your new position?)라고 묻자, 드디어 펜을 놓고 아버지가 내가 마음에 드냐고?(Am I enjoying it?)라고 반문하고 티리온은 전 왕의 책사자리가 좋았어요(I was very happy as Hand of the King)라고 한다. 타이윈은 웃음을 지으며, 너 아주 신이 났다고 들었다(I heard how happy you were), 넌 내 침대에 창녀를 끌어들였어(You brought a whore into my bed)라고 꾸짖는다. 티리온은 그 때는 아버지 침대가 아니었어요(It wasn't your bed at the time)라고 반박한다. 아버지가 말을 이어간다. 왕에게 조언하라고 널 이리로 보냈다(I sent you here to advise the king), 난 네게 권력과 권한을 줬다(I gave you real power and authority), 그런데 너는 항상 그렇듯 매춘부와 놀아나고 도둑놈들과 술을 마시며 시간보냈어(You chose to spend your days as you always have, bedding harlots, and drinking with thieves)라고 비난한다. 티리온은 이따금 매춘부와 술판을 벌였습니다(Occasionally I drank with the harlots)라고 일부 시인하자, 아버지는 네가 원하는게 뭐냐?(What do you want, Tyrion?)라고 묻는다.

그러자 억울하다는 듯이 왜 다들 내가 뭐를 원한다고 생각하는거죠?(Why does everyone assume I want something?), 전 그냥 사랑하는 아버지를 찾아올 수는 없는건가요?(Can't I simply visit with my beloved father?)라고 반문한다. 그리고는 부연설명한다. 사랑하는 아버지이지만 어쩐 일인지 전장에서 부상당한 아들을 찾아오지 않았죠(My beloved father who somehow forgot to visit his wounded son after he fell on the battlefield)라고 불만을 표출한다. 아버지는 파이셀 문관이 네 상처가 치명상은 아니라고 했다(Maester Pycelle assured me your wounds were not fatal)고 하자, 티리온은 열받아 아버지가 하렌할 폐허에서 재판을 하실 때 난 수도방어를 준비했습니다(I organized the defense of this city while you held court in the ruins of Harrenhal), 적군이 성문에 이르렀을 때 전 기습공격을 지휘했구요(I led the foray when the enemies were at the gate), 그러는사이 아버지의 손자인 왕은 성벽에 숨어 두려움에 떨고 있었죠(while your grandson, the king, quivered in fear behind the walls). 전 가문을 위해 진흙탕 속에서 피를 흘렸어요(I bled in the mud for our family), 그 대가로(As my reward), 전 아주 조그만 독방에 갇혀 지냈습니다(I was trundled off to some dark little cell), 그런데 제가 뭘 원하느냐고요?(But what do I want?)라고 자신의 공을 말하면서 아버지를 공격한다. 일단은 빌어먹을 고맙다는 말을 해주시면 좋겠어요(A little bloody gratitude would be a start)라고 말하자 아버지는 광대나 가수들이 박수갈채를 원하지(Jugglers and singers require applause), 넌 라니스터 가문 사람이다(You are a Lannister)라고 말하며, 난 내가 전쟁터에서 부상을 당할 때마다 장미화환을 달라고 요구하지 않았다(Do you think I demanded a garland of roses every time I suffered a wound on a battlefield?)라고 아들의 요구를 묵살한다. 그리고는 난 다스릴 왕국이 일곱 개나 된다(Now, I have seven kingdoms to look after), 그리고 그들 중 3개의 왕국은 반란이 일어났다(and three of them are in open rebellion), 그러니 원하는 걸 말해라(So tell me what you want)라고 재촉한다.

티리온은 전 마땅한 제 권리를 원합니다(I want what is mine by right), 제이미는 장자이니까 토지와 작위를 물려받을 후계자가 되겠죠(Jaime is your eldest son, heir to your lands and titles), 하지만 왕의 친위대이니까 혼인과 상속이 금지됩니다(But he is a Kingsguard, forbidden from marriage or inheritance), 제이미 형이 흰 망토를 입는 순간 캐스털리록의 소유권을 포기한겁니다(The day Jaime put on the white cloak, he gave up his claim to Casterly Rock), 전 아버지의 아들이자 합법적인 상속자입니다(I'm your son and lawful heir)라고 한다. 아버지는 넌 캐스털리 록을 원하는거냐?(You want Casterly Rock?)라고 묻자 이치상 제 것입니다(It is mine by right)라고 말한다. 못마땅한 아버지는 네 이름에 걸맞고 블랙워터 베이전투의 공에 대한 보상으로 네가 머물 곳을 마련하겠다(We will find you accommodations more suited to your name and as a reward for your accomplishments during the battle of Blackwater Bay), 그리고 때가 되면(And when the time is right), 네 재능에 맞는 자리를 주겠다(you'll be given a position fit for your talents), 네가 가문에 봉사하고 가문의 유산을 보호할 수 있도록 말이다(so that you can serve your family and protect our legacy), 그리고 네가 성실히 일한다면(And if you serve faithfully) 네게 맞는 아내를 찾아주겠다(you will be rewarded with a suitable wife), 하지만 가문에 먹칠하면, 널 캐스털리 록의 후계자로 삼는 일은 내 눈에 흙이 들어가기 전에 없을게다 (And I would let myself be consumed by maggots before mocking the family name and making you heir to Casterly Rock)라고 단호하게 거절한다.

티리온은 Why?라고 묻자 You ask that?(그걸 몰라서 묻냐?)라고 아버지가 말한다. 넌 세상에 태어나면서 네 어머니를 죽인 놈이야(You, who killed your mother to come into the world?), 그리고 넌 재앙이 불러온 질투와 욕정과 간계로 가득한 역겨운 존재야(You are an ill-made, spiteful little creature full of envy, lust, and low cunning)라고 직격탄을 날린다. 그리고는 네가 친아들이 아니란 증거를 찾지 못했기에 규범상 네게 내 이름과 상징을 물려주었다(Men's laws give you the right to bear my name and display my colors since I cannot prove that you are not mine), 신들께서 내게 겸손함을 배우도록 네가 선대부터 대대로 내려오는 긍지 높은 사자 문장을 차고 뒤뚱거리는 모습을 벌로 내리셨다(and to teach me humility, the gods have condemned me to watch you waddle about wearing that proud lion that was my father's sigil and his father's before him), 하지만 어떤 신이나 규범도 네가 캐스털리 록을 매음굴로 만드는 꼴을 보라고 강요하지 않는다(But neither gods nor men will ever compel me to let you turn Casterly Rock into your whorehouse), 그리고는 Go now라고 한다. 참담한 표정으로 일어나는 티리온에게 아버지는 다시는 캐스털리 록에 대한 소유권을 말하지마라(Speak no more of your rights to Casterly Rock), 그리고 걸어나가는 아들에게 One more thing이라고 하고 네가 또 창녀랑 자게 되면 그년은 교수형에 처해질거야(The next whore I catch in your bed I'll hang)라고 경고한다.

The Best Lines from <Game of Thrones>

Tyrion: The badge looks good on you. Almost as good as it looked on me. Are you enjoying your new position?

Tywin: Am I enjoying it?

Tyrion: I was very happy as Hand of the King.

Tywin: Yes. I heard how happy you were. You brought a whore into my bed.

Tyrion: It wasn't your bed at the time.

Tywin: I sent you here to advise the king. I gave you real power and authority. You chose to spend your days as you always have, bedding harlots and drinking with

티리온: 휘장은 아버지한테 잘 어울리네요. 저만큼 잘 어울리네요. 지금 직책이 마음에 드시나요?

타이윈: 내가 마음에 드냐고?

티리온: 전 왕의 책사자리가 좋았어요.

타이윈: 그래. 얼마나 만족했는지 다 들었다. 넌 내 침대에 창녀를 들였어.

티리온: 그때는 아버지 침대가 아니었어요.

타이윈: 난 널 왕에게 조언하라고 보냈다. 네게 진짜 권력과 지위를 주었지. 그런데 너는 예전처럼 창

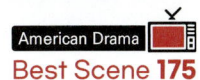

thieves.

Tyrion: Occasionally I drank with the harlots.

Tywin: What do you want, Tyrion?

Tyrion: Why does everyone assume I want something? Can't I simply visit with my beloved father? My beloved father who somehow forgot to visit his wounded son after he fell on the battlefield.

Tywin: Maester Pycelle assured me your wounds were not fatal.

Tyrion: I organized the defense of this city while you held court in the ruins of Harrenhal. I led the foray when the enemies were at the gate while your grandson, the king, quivered in fear behind the walls. I bled in the mud for our family. And as my reward, I was trundled off to some dark little cell. But what do I want? A little bloody gratitude would be a start.

Tywin: Jugglers and singers require applause. You are a Lannister. Do you think I demanded a garland of roses every time I suffered a wound on a battlefield? Hmm? Now, I have seven kingdoms to look after and three of them are in open rebellion. So tell me what you want.

Tyrion: I want what is mine by right. Jaime is your eldest son, heir to your lands and titles. But he is a Kingsguard, forbidden from marriage or inheritance. The day Jaime put on the white cloak, he gave up his claim to Casterly Rock. I am your son and lawful heir.

녀들이랑 자고, 도둑놈들이랑 술이나 마시고 있었잖아.

티리온: 가끔은 창녀들이랑도 마셨어요.

타이윈: 뭘 원하느냐, 티리온?

티리온: 왜 다들 내가 뭘 원한다고만 생각하죠? 그냥 아버지를 뵈러 온거면 안 되나요? 사랑하는 아버지이지만 전장에서 부상당한 아들을 찾아오지 않은 아버지를요.

타이윈: 파이셀 문관이 치명상은 아니라고 했다.

티리온: 아버지가 하렌할 폐허에서 재판을 주재할 동안, 전 이 도시를 지켰습니다. 적이 성문까지 왔을 때 제가 직접 기습공격을 지휘했어요. 아버지 손자인 왕은 성안에서 벌벌 떨고 있었고요. 우리 가문을 위해 진흙탕 속에서 피를 흘렸는데, 그 대가는 어두운 독방에 갇혀있었어요. 그런데 제가 뭘 바라내구요? 일단은 빌어먹을 감사 한마디 해주시면 좋겠네요.

타이윈: 광대와 음유시인에게는 박수가 필요하지. 넌 라니스터 가문 사람이다. 난 내가 전장터에서 상처입을 때마다 장미화관을 요구하지 않았다. 나는 일곱 왕국을 책임지고 있다. 그중 셋은 반란 중이고. 그러니 뭘 원하는지 말해라.

티리온: 정당하게 제 몫을 원합니다. 제이미는 장남이고, 토지와 작위의 후계자가 되겠죠. 하지만 그는 왕의 친위대이니까 결혼도, 상속도 금지됩니다. 제이미가 백색 망토를 입은 날, 캐스터리 록에 대한 권리는 포기한 셈이죠. 전 아버지의 아들이자 합법적인 상속자예요.

Tywin: You want Casterly Rock?

Tyrion: It is mine by right.

Tywin: We'll find you accommodations more suited to your name and as a reward for your accomplishments during the battle of Blackwater Bay. And when the time is right, you will be given a position fit for your talents so that you can serve your family and protect our legacy. And if you serve faithfully, you will be rewarded with a suitable wife. And I would let myself be consumed by maggots before mocking the family name and making you heir to Casterly Rock.

Tyrion: Why?

Tywin: Why? You ask that? You, who killed your mother to come into the world? You are an ill-made, spiteful little creature full of envy, lust, and low cunning. Men's laws give you the right to bear my name and display my colors since I cannot prove that you are not mine. And to teach me humility, the gods have condemned me to watch you waddle about wearing that proud lion that was my father's sigil and his father's before him. But neither gods nor men will ever compel me to let you turn Casterly Rock into your whorehouse. Go, now. Speak no more of your rights to Casterly Rock. Go. Oh, one more thing. The next whore I catch in your bed I'll hang.

타이윈: 너 캐스털리 록을 원하느냐?

티리온: 그건 제 권리입니다.

타이윈: 네 이름에 걸맞고 블랙워터 베이전투의 공에 대한 보상으로 네가 머물 곳을 마련하겠다. 그리고 때가 되면, 네 재능에 맞는 자리를 주겠다. 네가 가문에 봉사하고 가문의 유산을 보호할 수 있도록 말이다. 그리고 네가 성실히 일한다면 네게 맞는 아내를 찾아주겠다. 하지만 가문에 먹칠하면, 널 캐스털리 록의 후계자로 삼는 일은 내 눈에 흙이 들어가기 전에 없을게다

티리온: 왜요?

타이윈: 왜냐고 묻느냐? 너는 이 세상에 태어나면서 너의 어머니를 죽였지. 그리고 넌 재앙이 불러온 질투와 욕정과 간계로 가득한 역겨운 존재야. 네가 친아들이 아니란 증거를 찾지 못했기에 규범상 네게 내 이름과 상징을 물려주었다. 신들께서 내게 겸손함을 배우도록 네가 선대부터 대대로 내려오는 긍지높은 사자 문장을 차고 뒤뚱거리는 모습을 벌로 내리셨다. 하지만 어떤 신이나 규범도 네가 캐스털리 록을 매음굴로 만드는 꼴을 보라고 강요하지 않는다. 이제 가라. 캐스털리 록에 대한 네 권리 따위는 다시는 입에 올리지 마라. 가. 아, 한 가지 더. 다음에 네 침대에서 창녀를 또 한 번이라도 들키면 그녀를 교수형에 처할 것이다.

이 장면에서 놓치면 안되는 표현들

🔊 **01 look good on~** …에 잘 어울리다

A: **Does this dress look good on me?** 이 드레스 내게 잘 어울려?
B: **Sure. It makes your figure look slim.** 그럼. 네 몸매가 날씬하게 보이게 해.

🔊 **02 You chose to~** 넌 …하기로 선택했어

A: **God, I feel so tired this morning.** 맙소사, 오늘 아침 너무 피곤하다.
B: **You chose to stay up all night.** 네가 밤새기로 했잖아.

🔊 **03 when the time is right** 때가 되면

A: **Haven't you contacted the realtor?** 부동산 중개인과 연락안했어?
B: **We'll do it when the time is right.** 때가 되면 그렇게 할거야.

🔊 **04 You'll be given~** 네게 …가 주어질거야

A: **The time for the exam was too short.** 시험시간이 너무 짧았어.
B: **You'll be given more time to finish.** 끝마칠 시간이 더 주어질거야.

🔊 **05 ~ fit for~** …에 알맞는, …에 적정한

A: **Why do you want Roger fired?** 넌 왜 로저가 해고되기를 바래?
B: **He is not fit for his job.** 걔는 자기 일에 어울리지가 않아.

🔊 **06 You'll be rewarded with~** 넌 …을 보상으로 받게 될거야

A: **We are exhausted after completing this contract.**
이 계약을 마무리한 후에 우리는 지쳐 뻗었어.
B: **You'll be rewarded with a week's vacation.** 일주일 휴가를 보상으로 받게 될거야.

🔊 **07 You ask that?** 그걸 몰라서 물어?

A: **Are you still going out with Jill?** 너 아직도 질하고 데이트하고 있어?
B: **You ask that? You know the answer.** 그걸 몰라서 물어? 답 알고 있잖아.

🔊 **08 come into the world** 태어나다

A: **You don't think pregnancy is special?** 임신이 특별하지 않다고 생각하는거야?
B: **A lot of babies come into the world.** 많은 아기들이 세상에 나오고 있지.

473

🔊 **09 give sb the right to~** …에게 …할 권리를 주다

    A: I am the boss and I make the rules. 내가 사장이니 내가 규칙을 만들어.
    B: It doesn't **give** you **the right to** be cruel. 그렇다고 잔혹할 권리를 주는 것은 아냐.

🔊 **10 I can't prove~** …을 증명할 수가 없어

    A: Why wasn't Leo arrested for theft? 레오는 왜 절도죄로 체포되지 않았어?
    B: **I can't prove** he took the items. 걔가 물건을 가져갔다는 것을 증명할 수가 없어.

🔊 **11 Speak no more of~** 더 이상 …을 말하지 마라

    A: No one wants to remember that night. 아무도 그날 밤을 기억하고 싶어하지 않아.
    B: Let's **speak no more of** that incident. 그 사건은 더 이상 얘기하지 말자고.

Americna Drama Best Scene 112

Your mother would want you to carry on

어머니도 당신이 계속 살아가길 바랄거예요

>>> Game of Thrones
Season 4 Episode 1 22:45

티리온은 아버지 타이윈의 명령에 따라 강제적으로 산사 스타크와 결혼을 한다. 어느날 산사는 어머니와 오빠의 살해 소식을 듣고 괴로워하고 먹을 것을 먹지 못하고 있는데 티리온이 다가와 식사는 해야 돼요(My Lady, you do need to eat)라고 하자 산사는 난 먹을 필요가 없어요(I don't need to eat)라고 한다.

티리온은 옆의 시중드는 사람들에게 아내랑 잠시 둘만 있게 해주게(If I could have a moment alone with my wife?)라고 부탁하고 산사의 손을 잡고 당신을 굶어 죽게 할 수는 없어요(I can't let you starve), 난 당신을 보호하겠다는 맹세를 했어요(I swore to protect you), 부인 난 부인의 남편이니 돕게 해줘요(I am your husband. Let me help you)라고 하자 산사는 날 어떻게 도와줄건데요?(How can you help me?)라고 하고 티리온은 모르겠지만 노력을 할게요(I don't know, but I can try)라 한다. 산사는 난 밤새 누워서 침대덮개를 보며 내 가족들이 어떻게 죽었는지 생각했어요(I lie awake all night staring at the canopy, thinking about how they died)라고 하고 티리온은 잠이 올 수 있도록 까마종이액을 가져다 줄 수 있어요(I could get you essence of nightshade to help you sleep)라 한다. 산사는 티리온의 말에 대답을 하지 못하고 슬픔에 잠겨 내 오빠에게 그들이 무슨 짓을 했는지 알아요?(Do you know what they did to my brother?), 오빠의 몸뚱이에 오빠의 늑대머리를 꿰매 붙인 것을 아냐고요?(How they sewed his direwolf's head onto his body?), 그리고 내 어머니는요(And my mother), 목뼈를 잘라서 시신을 강에 버렸대요(They say they cut her throat to the bone and threw her body in the river)라고 울며 얘기한다. 티리온은 당신 가족에게 일어난 일은 정말 끔찍한 죄악예요(What happened to your family was a terrible crime), 난 당신 오빠를 모르지만(I don't know your brother), 좋은 사람인 것 같았지만 잘 몰랐어요(He seemed like a good man, but I didn't know him), 하지만 **당신의 어머니는, 난 존경했어요(Your mother, on the other hand, I admired her), 어머니는 날 처형하려 했지만 그래도 존경했어요(She wanted to have me executed, but I admired her), 어머니는 강한 분이셨어요(She was a strong woman), 그리고 자식들 안전이 걸린 일에는 맹렬했어요(And she was fierce when it came to protecting** her children)라고 회상을 한다.

그리고는 어머님께서는 당신이 계속 살아가길 바라실거예요(Your mother would want you to carry on), 그게 사실인 걸 알잖아요(You know it's true)라고 위로하지만 산사는 일어나며 실례해도 될까요?(Will you pardon me, my lord?), 신의 나무에 가고 싶어요(I'd like to visit the godswood)라고 한다. 여기서 godswood는 정숙과 명상을 하는 종교적인 나무를 말한다. 티리온은 기도하러 가는줄 알고서 물론이죠, 기도하면 도움이 될거예요, 맞아요(Of course, of course. Prayer can be helpful, I hear)라고 하는데 돌아오는 산사의 대답은 난 이제 기도하지 않아요(I don't pray anymore), 사람들이 내게 말을 걸지 않는 유일한 곳이어서 가는거예요(It's the only place I can go where people don't talk to me)라고 한다. 킹스랜딩에서 산사의 가여운 처지가 한마디로 요약되는 문장이다.

The Best Lines from <Game of Thrones>

Tyrion: My lady, you do need to eat.

Sansa: I don't need to eat.

Tyrion: If I could have a moment alone with my wife.

Shae: She needs to eat.

Tyrion: I can't let you starve. I swore to protect you. My lady, I am your husband. Let me help you.

Sansa: How can you help me?

Tyrion: I don't know, but I can try.

Sansa: I lie awake all night staring at the canopy thinking about how they died.

Tyrion: I could get you essence of nightshade to help you sleep.

티리온: 부인, 드셔야 합니다.

산사: 먹고 싶지 않아요.

티리온: (시종들에게) 아내와 단둘이 잠깐만 시간을 주시오. 식사를 해야 돼서.

셰이: 식사를 하셔야 합니다.

티리온: 당신을 굶게 둘 수는 없어요. 전 당신을 지키겠다고 맹세했어요. 내 아내잖아요. 당신을 도울 수 있게 해주세요.

산사: 어떻게 도와요?

티리온: 모르겠어요. 하지만 해보려고요.

산사: 밤마다 잠도 못 자고 천장만 바라봐요. 가족들이 어떻게 죽었는지 계속 떠올라요.

티리온: 밤에 잘 수 있도록 '나이트 셰이드 추출물'을 구해줄 수 있어요.

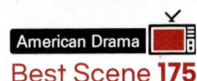

Sansa: Do you know what they did to my brother? How they sewed his direwolf's head onto his body? And my mother. They say they cut her throat to the bone and threw her body in the river.

Tyrion: What happened to your family was a terrible crime. I didn't know your brother. He seemed like a good man, but I didn't know him. Your mother, on the other hand, I admired her. She wanted to have me executed, but I admired her. She was a strong woman. And she was fierce when it came to protecting her children. Sansa. Your mother would want you to carry on. You know it's true.

Sansa: Will you pardon me, my lord? I'd like to visit the godswood.

Tyrion: Of course. Of course. Prayer can be helpful, I hear.

Sansa: I don't pray anymore. It's the only place I can go where people don't talk to me.

산사: 제 오빠한테 뭘 했는지 알아요? 그의 몸에다 다이어울프의 머리를 꿰매놨어요. 그리고 제 어머니는... 목을 뼛속까지 그어 강에 던져버렸대요.

티리온: 당신 가족에게 일어난 일은 끔찍한 범죄였어요. 당신 오빠는... 잘 몰랐지만 좋은 사람처럼 보였어요. 당신 어머니는... 존경했어요. 저를 처형하려고 하셨지만요. 그래도 강한 분이셨어요. 무엇보다 아이들을 지키는 데 있어서는 누구보다도 맹렬했죠. 산사... 당신 어머니라면 당신이 계속 살아가길 바라셨을거예요. 그건 사실이잖아요.

산사: 실례하겠습니다, 영주님. 신들의 숲에 가고 싶어요.

티리온: 물론이죠. 물론입니다. 기도가 도움이 될 수도 있겠죠.

산사: 전 더 이상 기도하지 않아요. 거긴... 사람들이 말을 걸지 않는 유일한 곳이에요.

Chris Says: That's not how it works

The speaker is saying that the person does not understand the method to do something.

이 장면에서 놓치면 안되는 표현들

🔴 **01 I swore to~** …한다고 맹세했어

  A: **Why did you tell her about that?** 넌 왜 걔한테 그 얘기를 한거야?
  B: **I swore to be honest with her.** 난 걔한테 솔직하기로 맹세했거든.

🔴 **02 Do you know what they did to~?** 그들이 …에게 어떻게 했는지 알아?

  A: **People really hate those two.** 사람들은 정말이지 저 두사람을 싫어해.
  B: **Do you know what they did to piss everyone off?**
  개네들이 뭘해서 사람들을 열받게 했는지 알아?

🔴 **03 cut one's throat to the bone** 목뼈를 절단하다

  A: **The murder victim was killed with a knife.** 그 피살자는 칼로 살해당했어.
  B: **They cut his throat to the bone.** 목뼈를 칼로 절단했어.

🔴 **04 when it came to~ ing** …하는 일에는

  A: **Your dad had several failed businesses?** 네 아버지는 여러번 사업에 실패하셨지?
  B: **He was terrible when it came to making money.** 돈버는 일에는 젬병였어

Americna Drama Best Scene 113

You know what's coming?

어떻게 될지 알지?

>>> Game of Thrones
Season 4 Episode 4 12:20

조프리 왕은 독살당하고 티리온은 용의자로 감방에 잡혀있다. 형인 제이미가 감방에 와서 함께 얘기를 나누는 장면. 제이미가 말을 연다. 솔직히 말해서(To tell you the truth), 여기 감방이 그렇게 나쁘지는 않네(this isn't so bad), 벽도 다 있고(Four walls), 요강도 있고(A pot to piss in), 나는 내 똥으로 범벅이 된 나무 기둥에 몇 달동안 묶여 있었다고(I was chained to a wooden post covered in my own shit for months)라며 자신의 인질시절을 말한다. 티리온은 그거 나 기분 좋으라고 해주는 말이야?(Is that supposed to make me feel better?)라고 하고, 제이미는 조금은 그럴 수도 있지(Maybe a bit)라고 답한다. 그리고 더 일찍 오지 못해서 미안하다(I'm sorry I didn't come sooner)라고 사과하자 티리온은 상황이 복잡하잖아(It's complicated, yes)라고 이해한다. 그리고 누이는 어때?(So how is our sister?)라고 물어보자 제이미는 어떨 것 같아?(How do you think?)라 반문한다. 누나의 아들이 품안에서 죽었는데(Her son died in her arms)라고 제이미가 말하자, 누나의 아들(Her son?)이라고 되묻고 제이미는 근친상간얘기는 그만하자고(Don't)라고 한다.

제이미가 어떻게 될지 알지?(You know what's coming?)라고 하자, 국왕시해 재판을 받겠지, 알고 있어(My trial for regicide. Yes, I know), 왕국 전체가 날 범인이라고 생각하고 있다는걸 알고 있어(I know the whole bloody country thinks I'm guilty), 재판관 세명중 한 명은 호시탐탐 내가 죽기를 바라던 사람인 걸 알고 있어(I know that one of my three judges has wished me dead more times than I can count), 그 재판관이 바로 나의 아버지잖아(And that judge is my father), 그리고 세르세이로 말하자면(As for Cersei) 누이는 나를 살해해서 재판을 하지 않을 방법을 모색하고 있겠지(well, she's probably working on a way to avoid a trial altogether by having me killed)라고 티리온이 말한다. 그러자 제이미는 네가 말을 해서 하는 말인데(Now that you mention it), 누이가 내게 부탁했어(she did ask)라고 하고 티리온은 그럼 내가 뒤돌아서 두 눈을 감아야 되나?(So, should I turn around and close my eyes?)라고 농을 한다. 제이미는 상황에 따라서(Depends)라고 답하며, 네가 정말 그랬냐?(Did you do it?)라고 묻자 티리온은 시니컬하게 Kingslayer brothers라고 답한다. 형 마음에 들어?(You like it?), 난 마음에 드는

479

데(I like it)라고 하면서 네가 형 아들을 죽였냐고 물어보는거야?(You're really asking if I killed your son?)라고 물어본다. 그러자 제이미는 티리온의 말을 받아서 지금 나보고 내 동생(티리온)을 죽일거냐고 물어보는거냐?(Are you really asking if I'd kill my brother?)라고 되받아친다.

제이미는 내가 뭘 도와주면 되겠냐?(How can I help you?)라고 하고 티리온은 날 풀어주던가(Well, you could set me free)라고 하자 제이미는 You know I can't이라고 답한다. 티리온은 그럼 달리 할 말이 없는데(Then there's really nothing else to say)라고 하자 제이미는 나더러 어쩌라는거야?(What do you want me to do?), 경비들을 죽이라고?(Kill the guards?), 너를 수레 뒤에 실어서 도시 밖으로 살짝 빼돌리라고?(Sneak you out of the city in the back of a cart?)말하며 답답한 상황을 토로한다. 난 왕친위대 대장이란 말야(I am the Lord Commander of the Kingsguard)라고 하자 티리온은 미안해 내가 깜박했네(Sorry, I'd forgotten), 형에게 그런 부적절한 일을 하라고 할 수는 없지(I'd hate for you to do something inappropriate)라고 하자 제이미는 부적절하다고(Inappropriate?), 넌 국왕시해 혐의자야(You're accused of killing the king), 널 풀어주는건 반역이야(Freeing you is a treason)라고 하자 티리온은 내가 안했을 경우에는 반역이 아니지(Except I didn't do it)라고 결백을 주장한다. 제이미는 바로 그래서 재판을 하는거잖아(Which is why we're having a trial)라고 달래고, 티리온은 범인이 철왕좌 앞에 직접 나서서 범행을 자백하고, 자신이 저지른 범죄의 반박할 수 없는 증거를 제시한다고 해도(If the killer threw himself before the Iron Throne, confessed to his crimes, and gave irrefutable evidence of his guilt), 세르세이는 상관도 안할거야(it wouldn't matter to Cersei)라고 현실을 말한다. 누이는 내 머리를 효수에 처하기 전에는 멈추지 않을거야(She won't rest until my head's on a spike)라고 하자 제이미는 네 머리만 그런게 아냐(Not just yours), 누이는 산사 스타크를 잡으면 작위를 내리겠다고 했어(She's offering a knighthood to whomever finds Sansa Stark)라고 한다. 티리온은 산사가 그런 짓을 했을 리가 없어(Sansa couldn't have done this)라고 옹호하자 제이미는 산사에게는 칠왕국 누구보다도 살해동기가 많잖아(She had more reason than anyone in the Seven Kingdoms), 조프리가 살해당한 날 사라진게 우연이겠어?(Do you think it's a coincidence she disappeared the same night Joffrey died?)라고 하지만 티리온은 산사는 살인자가 아냐(Sansa's not a killer)라고 한다.

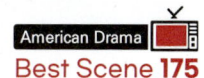

The Best Lines from <Game of Thrones>

Jaime: To tell you the truth, this isn't so bad. Four walls. A pot to piss in. I was chained to a wooden post covered in my own shit for months.

Tyrion: Is that supposed to make me feel better? Maybe a bit.

Jaime: I'm sorry I didn't come sooner.

Tyrion: It's complicated, yes. So how is our sister?

Jaime: How do you think? Her son died in her arms.

Tyrion: Her son?

Jaime: Don't. You know what's coming?

Tyrion: My trial for regicide. Yes, I know. I know the whole bloody country thinks I'm guilty. I know that one of my three judges has wished me dead more times than I can count. And that judge is my father. As for Cersei, well, she's probably working on a way to avoid a trial altogether by having me killed.

Jaime: Now that you mention it, she did ask.

Tyrion: So, should I turn around and close my eyes?

Jaime: Depends. Did you do it?

제이미: 솔직히 말해서, 여기 그렇게 나쁘진 않네. 벽 네 개에, 오줌 통도 있고. 난 예전엔 나무 기둥에 묶인 채, 몇달동안 내 똥에 뒤덮여 있었거든.

티리온: 그게 날 위로하는 말이야?

제이미: 조금은... 일찍 오지 못해서 미안해.

티리온: 상황이 좀 복잡했지. 우리 누이는 어때?

제이미: 어떨 것 같아? 자기 아들이 자기 품에서 죽었잖아.

티리온: 자기 아들?

제이미: 그 말은 꺼내지마. 어떻게 될지는 알고 있지?

티리온: '국왕살해' 혐의로 재판받는다는거. 그래, 알고 있지. 온 나라 사람들이 날 유죄로 보고 있다는 것도 알아. 나를 재판할 세 재판관 중 한 명은 날 셀 수 없이 죽이려 했던 사람이고. 그 재판관이 바로 아버지지. 그리고 세르세이로 말하자면 아마 재판까지 안 가고 날 그냥 죽일 방법을 궁리중일 거야.

제이미: 네가 말을 해서 하는 말인데, 그런 부탁을 하긴 했지.

티리온: 그럼 내가 뒤돌아서 눈감고 기다려야되나?

제이미: 그건 네가 했는지 안 했는지에 따라 다르지. 네가 정말 그랬니?

Tyrion: The Kingslayer brothers. You like it? I like it. You're really asking if I killed your son?

Jaime: Are you really asking if I'd kill my brother? How can I help you?

Tyrion: Well, you could set me free.

Jaime: You know I can't.

Tyrion: Then there's really nothing else to say.

Jaime: What do you want me to do? Kill the guards? Sneak you out of the city in the back of a cart? I'm the Lord Commander of the Kingsguard.

Tyrion: Sorry, I'd forgotten. I'd hate for you to do something inappropriate.

Jaime: Inappropriate? You're accused of killing the king. **Freeing you is treason.**

Tyrion: **Except I didn't do it.**

Jaime: Which is why we're having a trial.

Tyrion: A trial. If the killer threw himself before the Iron Throne, confessed to his crimes, and gave irrefutable evidence of his guilt, it wouldn't matter to Cersei. She won't rest until my head's on a spike.

Jaime: Not just yours. She's offering a knighthood to whomever finds Sansa Stark.

Tyrion: Sansa couldn't have done this.

Jaime: **She had more reason than anyone in the Seven Kingdoms.** Do you think it's a coincidence she disappeared the same night Joffrey died?

Tyrion: **No, but Sansa's not a killer.**

티리온: '킹슬레이어 형제들'이라. 맘에 들어? 난 맘에 들어. 진심으로 내가 형 아들을 죽였는지 묻는 거야?

제이미: 지금 나보고 내 동생을 죽일거냐고 물어보는거냐? 내가 뭘 해주길 바라는 건데?

티리온: 날 풀어줘.

제이미: 그럴 수 없다는거 알잖아.

티리온: 그럼 달리 할 말이 없는데.

제이미: 나더러 어쩌라고? 경비병들을 죽이고서라도 하라고? 수레 뒤에 숨겨서 몰래 도시 밖으로 빼돌리라고? 난 왕의 근위대 사령관이야.

티리온: 미안, 깜빡했네. 형은 부적절한 짓은 절대 못하지.

제이미: 부적절하다고? 넌 왕을 죽였다는 혐의를 받고 있어. 널 풀어주는 건 반역이야.

티리온: 난 안 했다고.

제이미: 그래서 재판을 하는거지.

티리온: 살인자가 철왕좌 앞에 나와서 죄를 자백하고 명백한 증거까지 들이밀어도, 세르세이는 만족 못 해. 누이는 내 머리가 창끝에 꽂혀야만 잠이 올거야.

제이미: 그건 너만이 아니야. 산사 스타크를 찾는 사람에게 기사 작위를 준다고 하더군.

티리온: 산사가 그럴 리가 없어.

제이미: 이 나라에서 그 애보다 조프리를 더 미워할 사람이 없을 만큼 이유가 많긴 했지만 말야. 조프리가 죽은 그날 밤에 사라진 것도 우연은 아니겠지.

티리온: 그래도 산사는 살인자가 아니야.

이 장면에서 놓치면 안되는 표현들

🔊 **01 Is that supposed to~?** 그게 …하라고 하는거야?

　A: **You'll forget this ever happened.** 이런 일이 있었다는걸 잊게 될거야.
　B: **Is that supposed to comfort me?** 그게 나를 위로한다고 하는 말이야?

🔊 **02 make me feel better** 나를 기분좋게 하다

　A: **Why are we stopping at a restaurant?** 우리는 왜 식당에 서있는거야?
　B: **Eating a meal makes me feel better.** 식사를 하면 기분이 더 좋아지거든.

🔊 **03 You know what's coming?** 넌 어떻게 될지 알지?

　A: **I have information on what will happen next.**
　　담에 무슨 일이 일어날지 정보가 있어.
　B: **You know what's coming? Tell me.** 넌 어떻게 될지 아는거지? 내게 말해봐.

🔊 **04 As for sb,~** …로서는

　A: **Dave is making many mistakes here.** 데이브는 여기서 여러 실수를 하고 있어.
　B: **As for him, he's only a temporary worker.** 걘 단지 임시직에 불과해.

🔊 **05 work on a way to~** …할 방법을 모색하다

　A: **We don't have enough to pay the bills.** 청구서를 낼 돈이 충분하지 않아.
　B: **You need to work on a way to fix that.** 넌 그걸 바로 잡을 방법을 모색해야 돼.

🔊 **06 now that you mention it** 네가 말을 해서 말인데

　A: **Have you heard of that historical novel?** 너 저 역사책에 대해 들어봤어?
　B: **Now that you mention it, it sounds familiar.** 네가 말을 해서 말인데, 들어본 것 같아.

🔊 **07 Depends** …에 달려있어

　A: **Can you help out cooking dinner?** 저녁 요리하는거 도와줄 수 있어?
　B: **Depends. What's in it for me?** 상황에 따라 다르지. 내가 얻는게 뭔데?

🔊 **08 You're really asking if I~ ?** 내가 …했는지 정말 물어보는거야?

　A: **So you guys spent some time in his bed?** 너희들 걔 침대에서 시간을 보낸거야?
　B: **You're really asking if I slept with him?** 너 정말 내가 개랑 잤냐고 물어보는거야?.

09 set sb free …을 풀어주다

A: It's just sex. I don't love her. 그냥 섹스야. 난 걜 사랑하지 않아.
B: You have to set her free before she gets hurt. 걔가 상처받기 전에 걔를 놔줘야 돼.

10 There's really nothing else to say 달리 정말 할 말이 없어

A: Do you want to talk about the assault? 그 폭행에 대해 말하시겠어요?
B: There's really nothing else to say now. 지금은 정말 달리 할 말이 없어요..

11 sneak sb out of~ …을 몰래 빼내다

A: I heard that Cary spent the night. 캐리가 밤을 보냈다고 들었어.
B: I had to sneak him out of my apartment. 난 걜 내 아파트에서 몰래 빼내야만 했어.

12 You're accused of~ ing 넌 …로 기소됐어

A: Why am I being arrested? 왜 내가 체포된거야?
B: You're accused of stealing the funds. 넌 기금을 훔친 죄로 기소됐어.

13 Which is why~ 이것이 바로 …야

A: Not enough people have volunteered. 자원봉사한 사람이 충분하지 않아.
B: Which is why we need their help. 이것이 바로 우리가 걔네들의 도움을 필요로 하는거야.

14 It wouldn't matter to sb …는 상관도 안할거야

A: I promise I won't smoke in his house. 약속하지만 이 집안에서 담배피지 않을게.
B: It wouldn't matter to him if you did. 네가 그래도 걘 상관도 안할거야. .

15 She couldn't have done this 걔가 이런 일을 했을리가 없어

A: I think Carol killed her out of jealousy. 캐롤이 질투심에서 걔를 살해한 것 같아.
B: No way. She couldn't have done this. 말도 안돼. 걔가 그렇게 했을리가 없어.

16 Do you think it's a coincidence~? 우연히 …했다고 생각해?

A: Elise was not here when the money was taken.
엘리즈는 돈이 도난당했을 때 여기에 없었어.
B: Do you think it's a coincidence she was absent?
걔가 자리에 없었던게 우연이라고 생각해?

Americna Drama Best Scene 114

I am guilty of being a dwarf

난쟁이라서 죄인입니다

>> Game of Thrones
Season 4 Episode 6 48:27

티리온의 재판장면. 형인 제이미가 아버지의 후계자로 캐스털리 록의 영주가 되겠다고 약속을 하고 대신 티리온이 자백하면 평생 나이트워치에서 지내기로 재판관인 아버지와 협상을 했다. 그러나 증인으로 나온 사랑하는 창녀 셰이의 배신에 분노한 티리온은 자신의 본심을 노골적으로 드러내는 열변을 토해낸다. 아버지, 자백하겠습니다(Father, I wish to confess)라고 하고 재판관은 You wish to confess?라고 되묻는다. 티리온은 뒤에 자리잡고 있던 사람들에게 내가 당신들을 구했어(I saved you), 내가 이 도시와 값어치 없는 당신들 목숨을 구했어(I saved this city and all your worthless lives), 스타니스 군대가 당신들을 죽이도록 놔뒀어야 했는데(I should have let Stannis kill you all)라고 하자 재판관은 티리온, 자백하고 싶은가?(Tyrion, do you want to confess?)라고 재차 묻는다. Yes, father라고 말하고 전 죄인입니다(I'm guilty), 죄인입니다. 이 말이 듣고 싶으신거죠?(Guilty. Is that what you want to hear?)라고 하고 재판관은 왕을 독살한 걸 인정하나?(You admit you poisoned the king?)라고 묻는다.

티리온은 아뇨, 그 점에 대해서는 전 무죄입니다(No, of that I'm innocent), 전 훨씬 더 끔찍한 죄악을 저질렀습니다(I'm guilty of a far more monstrous crime), 전 난쟁이라는 죄인입니다(I am guilty of being a dwarf)라고 내뱉자 재판관은 웃으면서 피고는 난쟁이라서 재판받는 것이 아니다(You are not on trial for being a dwarf)라고 한다. 티리온은 아뇨 맞습니다(Oh, yes, I am), 전 그 때문에 평생동안 재판을 받고 있습니다(I've been on trial for that my entire life)라고 하고 재판관은 짜증을 내면서 자신을 변론할 말이 없는가?(Have you nothing to say in your defense?)라고 묻는다. 티리온은 이것 뿐입니다(Not but this…) 전 안했습니다(I did not do it), 조프리를 죽이지 않았습니다(I did not kill Joffrey), 하지만 내가 죽였더라면 좋았을텐데(but I wish that I had), 누이의 사악한 사생아가 죽어가는 걸 보는건 거짓을 말하는 창녀 천명보다 더 큰 기쁨을 줬다(Watching your vicious bastard die gave me more relief than 1,000 lying whores), 그리고는 뒤로 돌아서 사람들을 보고는 내가 당신들이 생각하는 것처럼 그런 괴물이라면 좋겠다(I wish I was the monster you think I am), 당신들 모두를 죽일 독약이 내게 있으면 좋겠다(I wish I had enough poison for the whole pack of you), 당신들이 독을 마시는

모습을 볼 수만 있다면 뭐든지 하겠어(I would gladly give my life to watch you all swallow it)라고 독설을 퍼붓는다. 재판관은 죄수를 감옥으로 다시 데려가라(Escort the prisoner back to his cell)고 지시하지만 티리온은 조프리의 살인죄로 죽을 수 없습니다(I will give my life for Joffrey's murder), 그리고 이 재판에서는 정의란 없다는 것도 압니다(And I know I'll get no justice here), 그러니 신들께 운명을 맡기겠습니다(So I will let the gods decide my fate), 그리고 는 명예결투를 요청하는 바입니다(I demand a trial by combat)라고 말하며 억울한 누명보다는 명예롭게 죽겠다고 한다

The Best Lines from <Game of Thrones>

Tyrion: Father, I wish to confess. I wish to confess.

Tywin: You wish to confess?

Tyrion: I saved you. I saved this city and all your worthless lives. I should have let Stannis kill you all.

Tywin: Tyrion. Do you wish to confess?

Tyrion: Yes, Father. I'm guilty. Guilty. Is that what you want to hear?

Tywin: You admit you poisoned the king?

Tyrion: No, of that I'm innocent. I'm guilty of a far more monstrous crime. I am guilty of being a dwarf.

Tywin: You are not on trial for being a dwarf.

Tyrion: Oh, yes, I am. I've been on trial for that my entire life.

Tywin: Have you nothing to say in your defense?

티리온: 아버지, 자백하겠습니다. 자백하겠습니다.

타이윈: 자백하고 싶다고?

티리온: 내가 너희들을 살렸어. 내가 이 도시를, 그리고 너희 모두의 쓸모없는 목숨을 살렸다고. 차라리 스타니스가 너희 전부를 죽이게 놔둘 걸 그랬어.

타이윈: 티리온. 정말 고백하고 싶은거냐?

티리온: 네, 아버지. 전 죄가 있습니다. 유죄입니다. 그 말이 듣고 싶으신 거잖아요?

타이윈: 너는 왕을 독살했다고 인정하는거냐?

티리온: 아니요, 그건 아닙니다. 그 점에 대해서는 무죄입니다. 하지만 훨씬 더 끔찍한 죄를 지었습니다. 전 난쟁이로 태어난 죄가 있습니다.

타이윈: 난쟁이라는 이유로 재판을 받는 건 아니다.

티리온: 아닙니다, 전 평생 그 이유로 재판을 받아왔어요.

타이윈: 변명할 말은 없느냐?

Tyrion: Nothing but this, I did not do it. I did not kill Joffrey, but I wish that I had. Watching your vicious bastard die gave me more relief than 1,000 lying whores. I wish I was the monster you think I am. I wish I had enough poison for the whole pack of you. I would gladly give my life to watch you all swallow it.

Tywin: Ser Meryn. Ser Meryn. Escort the prisoner back to his cell.

Tyrion: I will not give my life for Joffrey's murder. And I know I'll get no justice here. So I will let the gods decide my fate. I demand a trial by combat.

티리온: 딱 하나 있습니다. 전 조프리를 죽이지 않았습니다. 하지만 죽였더라면 좋았을 걸 하고 생각합니다. 그 잔인한 사생아가 죽어가는 걸 보면서 천 명의 거짓말쟁이 창녀를 보는 것보다 더 큰 위안을 느꼈습니다. 정말 당신들이 생각하는 괴물이었다면 좋았을 텐데. 너희 전부를 독살할 만큼의 독이 있었더라면 기꺼이 제 목숨과 바꾸었을 겁니다.

타이윈: 세르 메린. 세르 메린, 죄수를 감옥으로 데려가라.

티리온: 전 조프리를 죽인 죄로 제 목숨을 내놓지 않을 겁니다. 그리고 이곳에서는 정의를 기대할 수 없다는 것도 알고 있습니다. 그러니 제 운명을 신들께 맡기겠습니다. 결투 재판을 요구합니다.

이 장면에서 놓치면 안되는 표현들

🔊 **01 I should have let sb~** …가 …하도록 내버려 두었어야 했는데

    A: **Bob had to walk home from the station.** 밥은 정거장에서 집에 돌아와야 했어.
    B: **I should have let him use my car.** 걔가 내 차를 사용하도록 두었어야 했는데.

🔊 **02 Is that what you want to hear?** 이 말이 듣고 싶은거야?

    A: **Tell me everything about your past.** 네 과거에 대해 모두 말해봐.
    B: **Is that what you want to hear?** 이게 바로 네가 듣고 싶은거야?

🔊 **03 I wish I had enough+N to~** 내게 …할 충분한 …가 있으면 좋겠어

    A: **Congratulations! I heard you're getting married.** 축하해! 결혼한다며.
    B: **I wish I had enough money to buy a beautiful ring.**
        멋진 반지를 살 충분한 돈이 있으면 좋겠어.

🔊 **04 I would gladly give my life to~** 난 …을 위해 기꺼이 뭐든지 하겠어

    A: **The doctors say she has a slim chance of survival.**
        의사는 걔의 생존가능성이 희박하대.
    B: **I would gladly give my life to make her better.**
        걔가 나아지는데 뭐든지 하겠어.

🔊 **05 get no justice** 정의는 없다

    A: **Too many people can't afford lawyers.** 너무 많은 사람들이 변호사를 둘 여력이 없어.
    B: **The poor get no justice here.** 가난한 사람들에게는 정의는 없는거야.

Americna Drama Best Scene 115

There's no justice in the world

세상에 정의는 없다

>>> Game of Thrones
Season 5 Episode 3 14:15

산사를 킹스랜딩에서 빼돌린 베일리쉬가 산사를 데리고 윈터펠로 향하고 있다. 산사가 묻는다, 절 어디로 데려가는거예요?(Where are you taking me?). 베일리쉬는 Home이라고 하자 산사는 볼튼가가 윈터펠을 점령했잖아요(The Boltons have Winterfell), 결혼제안이라는게, 베일리쉬 경의 이야기가 아니군요?(The marriage proposal, it wans't for you?)라고 하고 베일리쉬는 그렇다(No)라고 한다. 산사가 울먹이며 루스 볼튼이 내 오빠를 살해했어요(Roose Bolton murdered my brother), 우리 가문을 배신했어요!(He betrayed my family!)라고 하자 베일리쉬는 그랬지(He did)라고 말한다. 산사는 볼튼은 라니스터 가문을 따르구요(He serves the Lannisters)라고 따지자 베일리쉬는 지금은 그렇지(For now)라고 하고 산사는 가지 않겠다고(I won't go)라고 반대한다. 세치혀를 굴리는데 대가인 베일리쉬는 윈터펠은 네 집이다(Winterfell is your home)라고 하자 산사는 Not anymore이라고 부정한다. 베일리쉬는 항상 그렇다(Always), 넌 스타크 가문 사람이야(You're a Stark), 머리를 염색한다고 그게 바뀌지는 않는다(Dyeing your hair doesn't change that), 넌 산사 스타크야(You're Sansa Stark), 네드와 캐틀린 스타크의 살아있는 아이 중에 가장 나이가 많아(The eldest surviving child of Ned and Catelyn Stark), 너의 집은 북쪽에 있어(Your place is in the North)라고 설득한다. 산사는 단호하게 난 그와 결혼하지 않아요(I can't marry him), 내게 강요할 수 없어요(You can't make me), 그는 반역자이자 살인자예요(He's a traitor, a murderer)라고 한다.

베일리쉬는 넌 루스 볼튼하고 결혼하는게 아니다(You're not marrying Roose Bolton), 아냐, 넌 그의 아들이자 후계자인 램지와 결혼하는거야(No, you'll be marrying his son and heir, Ramsay), 언젠가 램지는 북부의 수호자가 될거고(One day he'll be Warden of the North and…)라고 하자 산사가 역시 단호하게 싫어요, 내게 강요할 순 없어요(No, you can't make me), 굶어 죽을거예요(I will starve myself), 윈터펠에 가기 전에 죽을거예요(I will die before I have to go there)라고 강하게 반대하자 베일리쉬는 다시 세치혀를 굴리기 시작한다. 난 네게 아무것도 강요하지 않을거야(I won't force you to do anything), 지금쯤이면 내가 널 얼마나 아끼는 줄 알지 않아?(Don't you know by now how much I care for you?), 말만해(Say the word), 그럼 말을 돌릴테니까(and we turn the horses round), 하지만 내 말을 들어보렴(but listen to me)이라고 하면서 장황한 연설을 시작한다. 넌 평생동안 도망쳐왔잖아(You've been running all your life), 끔찍한 일들이 네 가족에게 일어났고 넌 울었지(Terrible things happened to your family and you weep), 어두운 방에 혼자 앉아서 그들의 운명을 애도했지(You sit alone in a dark room, mourning their fates), 그들이 네 아버지를 처형한 날부터 넌 비극에 방관하면서 살았어(You've been a bystander to tragedy from the day they executed your father), 방관은 이제 그만해라(Stop being a bystander), 알았니?(you hear me?), 그만 도망쳐라(Stop running), 세상에 정의는 없다(There's no justice in the world), 우리가 만들기까지는 말야(Not unless we make it), 넌 네 가족을 사랑했어(You loved your family), 가족을 해친 자들에게 복수하렴(Avenge them)이라고 하면서 산사의 이마에 키스를 한다.

The Best Lines from <Game of Thrones>

Sansa: Where are you taking me?

Baelish: Home.

Sansa: The Boltons have Winterfell. Your marriage proposal, it wasn't for you.

Baelish: No.

Sansa: Roose Bolton murdered my brother. He betrayed my family.

Baelish: He did.

Sansa: He serves the Lannisters.

Baelish: For now.

Sansa: I won't go.

Baelish: Winterfell is your home.

Sansa: Not anymore.

Baelish: Always. You're a Stark. Dying your hair doesn't change that. You're Sansa Stark, eldest surviving child of Ned and Catelyn Stark. Your place is in the North.

산사: 어딜 데려가는거예요?

베일리쉬: 집으로.

산사: 볼튼 가문이 윈터펠을 차지했어요. 그 결혼제안은 경을 위한게 아니었네요.

베일리쉬: 아니.

산사: 루스 볼튼은 제 오빠를 죽였어요. 우리 가족을 배신했어요.

베일리쉬: 맞아.

산사: 그는 지금 라니스터를 섬기고 있지.

베일리쉬: 지금은.

산사: 저는 안가요.

베일리쉬: 윈터펠은 네 집이야.

산사: 이젠 아니에요.

베일리쉬: 언제나 네 집이야. 넌 스타크 가문의 사람이야. 머리카락 색을 바꿨다고 바뀌는게 아니야. 넌 산사 스타크, 네드와 케틀린 스타크의 살아 있는 장녀야. 네가 있어야 할 곳은 북부야.

Sansa: I can't marry him. You can't make me. He is a traitor. A murderer! You're not marrying Roose Bolton.

Baelish: No, you'll be marrying his son and heir Ramsay. One day he'll be Warden of the North and you...

Sansa: No.

Baelish: Sansa.

Sansa: No, you can't make me. I will starve myself. I will die before I have to go there.

Baelish: I won't force you to do anything. Don't you know by now how much I care for you? Say the word and we turn the horses around, but listen to me. Listen. You've been running all your life. Terrible things happen to your family and you weep. You sit alone in a darkened room mourning their fates. **You've been a bystander to tragedy from the day they executed your father.** Stop being a bystander. Do you hear me? Stop running. **There's no justice in the world. Not unless we make it. You loved your family. Avenge them.**

산사: 그 사람과는 결혼 못해요. 억지로 시킬 수 없어요. 그는 반역자예요. 살인자예요!

베일리쉬: 네가 결혼할 사람은 루스 볼튼이 아니야. 그의 아들이자 후계자인 램지와 결혼하게 될 거야. 언젠간 그가 북부의 수호자가 될 거고, 그리고 너는...

산사: 안돼요.

베일리쉬: 산사.

산사: 절대 안돼요. 억지로 시킬 수 없어요. 굶어 죽을지언정 거기 가기 싫어요. 죽을거예요.

베일리쉬: 널 억지로 하게 하진 않을거야. 넌 내가 너를 얼마나 아끼는지 알고 있잖아. 원한다면 지금이라도 말해. 그럼 말 고삐를 돌려 다른 곳으로 갈게. 하지만 들어봐. 잘 들어. 넌 평생 도망치기만 했어. 너희 가족에게 끔찍한 일이 일어났을 때 넌 울기만 했지. 어두운 방 안에서 혼자 슬픔에 잠겨 있었잖아. 네 아버지가 처형되던 날부터 넌 비극의 방관자였어. 그만 방관해. 알겠어? 이젠 도망치지마. 이 세상에 정의는 없어. 우리가 만들어내지 않으면. 너, 가족을 사랑했잖아. 그들을 위해 복수해.

이 장면에서 놓치면 안되는 표현들

🔊 **01 betray one's family** …의 가문을 배반하다

    A: Should I call the cops on my sister? 내 누이건으로 경찰을 불러야할까?
    B: You should never betray your family. 절대로 가족을 배신해서는 안돼지.

🔊 **02 You can't make me** 내게 강요할 수 없어

    A: This police officer is here to escort you. 경찰관이 널 보호하기 위해 여기 와 있어.
    B: I won't go out with him. You can't make me.
    함께 나가지 않을거야. 강요할 순 없어.

🔊 **03 I won't force you to do anything** 네게 아무것도 강요하지 않을거야

    A: You might try to influence me. 넌 내게 영향을 끼칠 수도 있어.
    B: I won't force you to do anything. 난 네게 아무것도 강요하지 않을거야.

🔊 **04 Say the word** 말만해

    A: You've got to quit drinking. 넌 담배를 끊어야 돼.
    B: I'll do it. Just say the word. 그렇게 할게. 그냥 말만해.

🔊 **05 There's no justice in the world** 세상에는 정의는 없어

    A: He wasn't punished for assaulting me. 갠 나를 폭행한 죄로 처벌받지 않았어.
    B: There's no justice in the world. 세상에 정의는 없어.

Chris Says: I'll get right on it

The speaker is saying that he will start something immediately.

I'm going to break the wheel

난 바퀴자체를 부셔버릴거야

>>> **Game of Thrones**
Season 5 Episode 8 24:13

티리온과 대너리스와의 대화장면. 자신의 운명이 아직 결정되지 않은 상태인 티리온은 난 삶을 포기했었어요(I had given up on life), 바리스가 내가 살아가야 할 가치가 있을지도 모른다고 날 설득할 때까지는요(until Varys convinced me you might be worth living for), 당신이 내 머리를 따신다면, 내 마지막날은 흥미롭겠네요(If you chop off my head, well, my final days were interesting)라며 와인을 마신다. 대너리스는 당신을 죽이지 않을거야(I am not going to kill you)라고 하자 티리온은 아니예요?, 추방하시게요?(No? Banish me?)라고 묻자 대너리스는 No라고 답한다.

티리온이 말한다. 그럼 날 죽일 것도 아니고 추방할 것도 아니라면(So if I'm not going to be murdered and I'm not going to be banished)이라고 하자, 대너리스는 내게 조언을 해줘(You're going to advise me), 완벽한 문장으로 말할 수 있다면 말야(While you can still speak in complete sentences)라고 한다. 티리온은 뭐에 관한 조언을 해드리나요?(Advise you on what?)라고 묻고 대너리스는 내가 원하는 것을 어떻게 얻어야 되는지를(How to get what I want)라고 하자 티리온은 철왕좌 말씀이군요(The Iron Throne)라 말한 후, 다른 것을 원하는게 어떨까요(Perhaps you should try wanting something else)라고 한다.

대너리스는 내가 농담을 원했다면 더 나은 바보를 내가 구했겠지(If I want jokes, I'll get myself a proper fool)라고 말하고 티리온은 완전히 농담하는 것은 아닙니다(I'm not entirely joking), 웨스트로스 아니어도 세상에 값진게 더 많아요(There's more to the world than Westeros after all), 여기서 얼마나 많은 사람들의 삶을 더 낫게 변화시켰나요?(How many hundreds of thousands of lives have you changed for the better here?), 아마도 여기가 당신에게 어울리고, 가장 잘 할 수 있는 곳일지도 몰라요(Perhaps this is where you belong, where you can do the most good)라면서 칠왕국 정복의 꿈을 접으라고 한다. 하지만 대너리스는 난 노예만에 태어나는 아이들 중 누구도 사람을 팔고 사는게 무슨 의미인지 모르도록 싸웠어(I fought so that no child born into Slaver's Bay would ever know what it meant to be bought or sold),

난 여기서 그리고 더 나아가서 이 싸움을 계속 할 것이다(I will continue that fight here and beyond), 하지만 여기는 내 집이 아니다(But this is not my home)라고 한다.

그러자 티리온은 당신이 집에 왔을 때 누가 당신을 지지하죠?(When you get back to your home, who supports you?)라고 묻고 대너리스는 일반 대중(common people)이라고 한다. 티리온은 냉정하게 그렇다 치고 그런 일이 일어난다고 가정해보죠(Let's be generous and assume that's going to happen), 여기 노예만에서는 당신은 일반대중들 만의 지지를 받았죠(Here in Slaver's Bay, you had the support of the common people and only the common people), 그게 어땠나요?(What was that like?), 부자들 없이 통치하는거요?(Ruling without the rich?), 타르가르옌 가문은 없어졌어요(House Targaryen is gone), 당신을 지지할 그리고 당신과 피를 나눈 사람은 한 사람도 살아있지 않아요(Not a single person who shares your blood is alive to support you), 스타크 가문도 없어졌어요(The Starks are gone as well), 우리 두 끔찍한 아버지가 그렇게들 했죠(Our two terrible fathers saw to that), 남아있는 라니스터 가문사람들은 당신을 절대 돌아오지 못하게 할거예요(The remaining members of House Lannister will never back you, not ever), 스타니스 바라테온 역시 당신이 돌아오지 못하게 할거예요(Stannis Baratheon won't back you, either), 스타니스의 왕좌에 대한 주장은 당신 주장이 불법이라는데에 근거하고 있어요(His entire claim to the throne rests on the illegitimacy of yours), 그러면 타이렐 가문이 남는데(That leaves the Tyrell), 불가능하지는 않지만 충분하지는 않죠(Not impossible, not enough)라고 현실을 말해준다.

그러자 대너리스는 라니스터, 타르가르옌, 바라테온, 스타크, 타이렐, 그들은 모두 다 바퀴의 살과 같지(Lannister, Targaryen, Baratheon, Stark, Tyrell. They're all just spokes on a wheel), 하나가 올라가면 다음에는 다른게 올라가고 그렇게 계속 구르다보면 그들은 바닥으로 쳐박히게 된다(This one's on top, then that one's on top. And on and on it spins, crushing those on the ground)라고 한다. 티리온은 바퀴를 멈춘다는 건 아름다운 꿈이예요(It's a beautiful dream, stopping the wheel), 그걸 꿈꾼 사람이 당신이 처음은 아니예요(You're not the first person who's ever dreamt it)라고 말하지만 대너리스는 난 바퀴를 멈추게 하려는게 아냐(I'm not going to stop the wheel), 난 바퀴를 부셔버릴거야(I'm going to break the wheel)라고 말하며 자신의 큰 야망을 털어놓는다.

The Best Lines from <Game of Thrones>

Tyrion: I had given up on life until Varys convinced me you might be worth living for. If you chop off my head, well, my final days were interesting.

Daenerys: I'm not going to kill you.

Tyrion: No? Banish me?

Daenerys: No.

Tyrion: So if I'm not going to be murdered and I'm not going to be banished.

Daenerys: You're going to advise me. While you can still speak in complete sentences.

Tyrion: Advise you on what?

Daenerys: How to get what I want.

Tyrion: The Iron Throne. Perhaps you should try wanting something else.

Daenerys: If I want jokes, I'll get myself a proper fool.

Tyrion: I'm not entirely joking. There's more to the world than Westeros after all. How many hundreds of thousands of lives have you changed for the better here? Perhaps this is where you belong, where you can do the most good.

Daenerys: I fought so that no child born into Slaver's Bay would ever know what it meant to be bought or sold. I will continue that fight here and beyond. But this is not my home.

티리온: 난 인생을 포기했었어요. 바리스가 내가 살아가야 할 가치가 있을지도 모른다고 날 설득할 때까지는요. 당신이 내 목을 자른다 해도, 뭐, 내 마지막 날들은 꽤 흥미로웠어요.

대너리스: 당신을 죽이지 않을거예요.

티리온: 그래요? 그럼 추방하나요?

대너리스: 아니요.

티리온: 그럼 내가 죽지도 않고, 추방도 안 당한다면…?

대너리스: 당신은 나를 보좌하게 될 거예요. 아직 제대로 말할 수 있을 때까지요.

티리온: 보좌한다고요? 뭘 조언하라는거죠?

대너리스: 내가 원하는 것을 얻는 방법.

티리온: 아이언 스론(철왕좌)요. 다른 걸 원해보는게 어떨까요?

대너리스: 농담이 듣고 싶었다면 멍청한 광대를 불렀을거예요.

티리온: 전부 농담은 아니에요. 세상은 웨스테로스만 있는 게 아니니까요. 이곳에서 수십만 명의 삶을 더 나은 방향으로 바꿨잖아요. 어쩌면 여기가 당신의 자리일 수도 있어요. 당신이 가장 큰 선을 베풀 수 있는 곳.

대너리스: 난 이곳에서 태어난 아이들이 결코 '팔리고 사라지는 것'이 무엇인지 모르게 하려고 싸웠어요. 그리고 그 싸움은 여기서도, 그 너머에서도 계속할거예요. 하지만 여긴 내 집이 아니에요.

Tyrion: When you get back to your home, who supports you?

Daenerys: The common people.

Tyrion: Let's be generous and assume that's going to happen. Here in Slaver's Bay, you had the support of the common people and only the common people. What was that like? Ruling without the rich? House Targaryen is gone. Not a single person who shares your blood is alive to support you. The Starks are gone as well. Our two terrible fathers saw to that. The remaining members of House Lannister will never back you, not ever. Stannis Baratheon won't back you, either. His entire claim to the throne rests on the illegitimacy of yours. That leaves the Tyrells. Not impossible, not enough.

Daenerys: Lannister, Targaryen, Baratheon, Stark, Tyrell. They're all just spokes on a wheel. This one's on top, then that one's on top. And on and on it spins, crushing those on the ground.

Tyrion: It's a beautiful dream, stopping the wheel. You're not the first person who's ever dreamt it.

Daenerys: I'm not going to stop the wheel. I'm going to break the wheel.

티리온: 당신이 집으로 돌아간다면, 누가 당신을 지지하죠?

대너리스: 서민들이요.

티리온: 그렇게 된다고 가정해봅시다. 여기, 노예만에서는 당신이 가진 지지는 서민들뿐이었어요. 부유층없이 통치해본 건 어땠죠? 타르가르엔 가문은 사라졌어요. 당신과 피를 나눈 사람은 단 한 명도 남아 있지 않아요. 스타크 가문도 마찬가지예요. 우리 아버지 둘이 그걸 확실히 했죠. 남은 라니스터들은 절대 당신을 지지하지 않을거예요. 스타니스 바라테온도 마찬가지죠. 그의 왕위 계승주장전부가 당신의 정통성을 부정하는데 기반하니까요. 남은 건 티렐 가문인데, 가능성이 없진 않지만, 충분하지도 않아요.

대너리스: 라니스터, 타르가르엔, 바라테온, 스타크, 티렐. 그들은 마치 수레바퀴의 바퀴살 같아요. 한 명이 위에 올라가고, 그 다음엔 또 다른 누가 올라가죠. 그러면서 그 바퀴는 계속 돌고, 바닥에 있는 자들은 짓밟혀요.

티리온: 그 바퀴를 멈추고 싶다는 건 아름다운 꿈이에요. 당신만 그런 꿈을 꾼 건 아니에요.

대너리스: 난 그 바퀴를 멈추려는게 아니에요. 난 그 바퀴를 부숴버릴 거예요.

이 장면에서 놓치면 안되는 표현들

🔊 **01 give up on life** 목숨을 포기하다

A: **She just sits there, getting frailer.** 그녀는 저기 앉아서 점점 쇠약해지고 있어.
B: **Some old people just give up on life.** 일부 노인들은 그냥 삶을 포기해.

🔊 **02 chop off one's head** …의 목을 따다

A: **You think Mr. Kenly is in a bad mood?** 켄리 씨의 기분이 안좋은 것 같아?
B: **He's going to chop your head off if you go in there.**
너 그 안에 들어가면 네 목을 딸거야.

🔊 **03 how to get what I want** 내가 원하는 것을 얻는 방법

A: **You're bringing the boss a gift?** 너 사장에게 선물을 가져왔어?
B: **I know how to get what I want.** 난 내가 원하는 것을 얻는 방법을 알아.

🔊 **04 Perhaps you should try~** 넌 …을 해보는게 좋겠어

A: **My boyfriend tried to hit me last night.** 남친이 지난밤에 나를 때리려고 했어.
B: **Perhaps you should try dating someone else.** 다른 사람과 데이트를 해보는게 좋겠어.

🔊 **05 get myself+N** …을 구하다

A: **She has been talking behind your back.** 걔 네 뒤에서 험담했어.
B: **I need to get myself friends I can trust.** 난 내가 믿을 수 있는 친구를 구해야 돼.

🔊 **06 I'm not entirely joking** 난 완전히 농담하는 것은 아냐

A: **You always joke about how attractive I am.** 넌 늘상 내가 얼마나 매력적인가 농담을 해.
B: **Yes, but I'm not entirely joking.** 응, 하지만 완전 농담만은 아냐.

🔊 **07 This is where you belong** 여기가 바로 네가 있을 곳이야

A: **I want to leave this jail right now!** 지금 당장 이 감방에서 나가고 싶어.
B: **Sit down. This is where you belong.** 앉아. 여기가 바로 네가 있을 곳이야.

🔊 **08 do the most good** 가장 잘하다

A: **So the donations are being spent here?** 그래, 기부금이 여기에 쓰여지고 있어?
B: **This is where it will do the most good.** 여기가 바로 가장 잘 쓰일 곳이야.

09 know what it means to~ …하는게 무슨 의미인지 알다

A: I am exhausted from all this work. 이 모든 일로 완전 뻗었어.
B: You don't know what it means to work hard. 넌 열심히 일하는게 뭔지 몰라.

A: Steve always wore a frown on his face. 스티브는 얼굴에 항상 인상을 쓰고 있었어.
B: He didn't know what it meant to be happy. 행복이 뭘 의미하는지 몰랐어.

10 here and beyond 여기 그리고 더 나아가

A: I hope our love will last forever. 우리 사랑은 영원히 계속 되기를 바래.
B: We'll be together both here and beyond. 우리는 여기 그리고 더 나아가 함께 있을거야.

11 What was that like? 그게 어땠어?

A: I was dating a rock star for a while. 난 한동안 락스타와 데이트를 했어.
B: What was that like? 그게 어땠어?

A: We spent several years in Kenya. 우리는 케냐에서 여러해를 보냈어.
B: What was that like? 그게 어땠어?

12 The claim rests on~ 그 주장은 …에 근거하고 있다

A: That lawsuit will never succeed. 그 소송은 절대로 성공할 수 없을거야.
B: The claim rests on a series of lies. 그 주장은 일련의 거짓에 근거하고 있어.

A: It will be difficult to prove Ryan's guilt. 라이언의 유죄를 증명하는 것은 어려울거야.
B: The claim rests on his testimony. 그 주장은 걔의 증언에 근거하고 있어.

13 That leaves~ 그럼 …가 남는다

A: I'm sure that Nancy had nothing to do with the crime. 낸시가 그 범죄와 아무런 관련이 없었다는 걸 확신해.
B: That leaves two remaining suspects. 그럼 두명의 용의자가 남는데.

A: I can't get a job anywhere in town. 마을 어디에서도 일자리를 얻을 수가 없어.
B: That leaves you with few options. 그럼 네게 선택권이 별로 없게 되는데.

14 You're not the first person who~ 넌 처음으로 …하는 사람이 아냐

A: It's been impossible to get promoted. 승진하는게 불가능했어.
B: You're not the first person who had a hard time. 네가 어려움을 겪었던 첫번째 사람은 아냐.

Americna Drama Best Scene 117

How can I have been so blind for so long?

어떻게 그렇게 오랫동안
모를 수 있었을까요?

>>> **Game of Thrones**
Season 5 Episode 10 41:20

세르세이는 종교의 힘을 강화하여 마져리 왕비를 견제하려고 했지만 그 화살은 자신에게도 와 간통과 근친상간으로 투옥되고 자백을 강요받는다. 드디어 세르세이는 하이스패로우 앞에 무릎을 꿇고 죄를 고백하기에 이른다. 제가 죄를 지었습니다(I have sinned), 이제 알겠습니다(I see that now), 어떻게 그렇게 오랫동안 모를 수 있었을까요?(How can I have been so blind for so long?), 다시 깨끗해지고 싶습니다(I want to be clean again), 사면을 원합니다(I want absolution), 노파신이 불을 높이 들고 내게 찾아왔습니다(The Crone came to me with her lamp raised high), 그리고 그 신성한 빛에(And by its hole light)라고 말하는데 하이스패로우가 말을 자르고 자백을 하고 싶습니까?(You wish to make a confession?)라고 묻고 세르세이는 자백을 하면 자유의 몸이 됩니까?(Once I've confessed, will I be free?)라고 되묻는다.

왕후님은 죄에 따라 처분을 받게 될 겁니다(Your Grace will be dealt with according to her sins), 그럼 어머니신이 자비를 내리시겠죠(The Mother have mercy, then), 저는 배우자외의 남자와 잠자리를 했습니다(I lay with a man outside the bonds of marriage), 자백합니다(I confess)라고 한다. 하이스패로우는 이름이 뭐냐고(Name him) 묻고 세르세이는 Lancel Lannister라고 답한다. 하이스패로우는 왕후의 사촌이자 왕의 종자였던 사람과요(Your cousin and the king's squire)라 정리하고, 세르세이는 외롭고 두려워서 그랬다(I was lonely and afraid)고 변명한다. 이에 하이스패로우는 남편이 있었잖습니까(You had a husband)라고 하자 남편인 로버트 왕은 늘상 창녀들과 노느라고(A husband off whoring every chance he)…말을 하자 하이스패로우는 그의 죄는 왕후의 죄와는 관련이 없습니다(His sins do not pardon your own)라고 하자 바로 꼬리를 내리며 신들이 용서하기를 바랍니다(May the gods forgive me)라 한다.

하이스패로우는 다른 남자는 없나(Other men?)고 묻자 No라고 말하고, 다른 남자들은 없냐(No others?)는 되물음에도 No라고 세르세이는 답한다. 신들 앞에서 거짓을 말하는 건 커다란 죄악입니다(Speaking falsehoods before the gods is a great crime), 아시겠습니까?(You understand this?)라고 말하자 세르세이는 I do(알고 있습니다)라고 답한다. 하이스패로우는 왕후의 자식들이 로버트 왕의 자식이 아니라 근친과 부정을 통해서 나온 사생아라고 말하는 사람들이 있습니다(There are those that say your children were not fathered by King Robert, that they are bastards born of incest and adultery)라고 하자 세르세이는 단호하게 거짓입니다(A lie), 스타니스 바라테온의 입에서 나온 거짓말입니다(A lie from the lips of Stannis Baratheon), 왕좌를 원하는데(He wants the throne), 왕의 자식들이 방해가 되니까(but his brother's children stand in his way), 로버트 왕의 자식들이 아니라고 주장하는 겁니다(So he claims they are not his brother's), 더러운 놈(That filth), 한치의 거짓도 없는 말입니다(There is not one shred of truth to it), 부정합니다(I deny it)라고 발뺌한다.

하이스패로우는 좋습니다(Good), 하지만 이 혐의는 엄중한 것이어서(But these are terrible charges), 왕국은 그 진실을 알아야 합니다(And the realm must know the truth of them), 왕후께서 정직한 증언을 하신다면 재판에서 무죄가 선고될 것입니다(If Your Grace has given honest testimony, your trial will prove your innocence)라고 한다. 세르세이는 재판요?(Trial?), 자백했는데요(I have confessed)라고 묻자, 하나의 죄만 자백했습니다(To a single sin), 다른 혐의들은 부정했습니다(Others you have denied), 재판이 거짓과 진실을 판별할 것입니다(Your trial will separate the truths from the falsehoods)라고 대답한다. 세르세이는 하이스패로우 님의 지혜를 인정합니다(I bow to the wisdom of Your High Holiness), 하지만 어머니 신의 자비를 조금이나마 간청합니다(But if I might beg for just one drop of the Mother's mercy), 아들을 못보았습니다(I haven't seen my son), 얼마동안인지도 모릅니다(I don't know how long it's been), 아들을 만나야 됩니다(I need to see him, please)라고 사정한다.

하이스패로우는 왕후께서는 정직함으로 가는 길의 첫걸음을 디디셨습니다(You have taken the first step on the path back to righteousness), 이런 관점에서 궁전으로 돌아가는 것을 허락합니다(In light of this, I will permit you to return to the Red Keep)라고 하고 세르세이는 눈물을 흘리며 Thank you라고 하지만 하이스패로우는 어머니 신이 자비로우신 겁니다(The Mother is merciful), 그분께 감사해야 합니다(It is her you should thank)라고 한다. 세르세이는 그렇게 하겠습니다(I will), 맹세코, 밤낮으로 그렇게 하겠습니다(I swear it, day and night)라고 하고 가도 됩니까?(Am I free to go?)라고 묻지만 하이스패로우는 '속죄' 후에 가능합니다(After your atonement)라고 말한다. 그리고 세르세이는 알몸상태로 머리를 짧게 깎이고 나서 군중들 앞에 서게 된다.

하이스패로우가 말을 한다. 죄인이 여러분 앞에 섰습니다(A sinner comes before you), 라니스터 가문의 세르세이(Cersei of House Lannister), 토멘 왕의 어머니(Mother to His Grace King Tommen)이자, 로버트 왕의 미망인(Widow of His Grace King Robert)입니다. 죄인은 거짓과 간통을 저질렀습니다(She has committed the acts of falsehood and fornication), 죄인은 자신의 죄를 자백했고(She has confessed her sins), 용서를 구했습니다(and begged for forgiveness). 죄인은 회개함을 증명하기 위해 모든 자존심과 모든 인위적인 것들을 다 버리고(To demonstrate her repentance, she will cast aside all pride, all artifice), 신이 만드신대로 도시의 선량한 사람들인 여러분 앞에 자신을 드러냅니다(and present herself as the gods made her to you, the good people of the city), 죄인은 여러분 앞에 엄숙하게 비밀을 드러내고 서 있습니다(She comes before you with a solemn heart, shorn of secret), 그리고 신들과 여러분 앞에서 알몸이 되어 속죄의 걸음을 걷게 됩니다(naked before the eyes of gods and men to make her walk of atonement)라고 말한다. 이제 세르세이는 걸친 옷을 벗고 알몸으로 군중들의 온갖 야유와 욕설을 들어가면서 궁전까지 속죄의 걸음을 걷게 된다.

The Best Lines from <Game of Thrones>

Cersei: I have sinned. I see that now. How can I have been so blind for so long? I want to be clean again. I want absolution. The Crone came to me with her lamp raised high. And by its holy light…

High Sparrow: You wish to make a confession?

Cersei: Once I've confessed, will I be free?

High Sparrow: Your Grace will be dealt with according to her sins. The Mother have mercy, then.

Cersei: I lay with a man outside the bonds of marriage. I confess.

High Sparrow: Name him.

세르세이: 제가 죄를 지었습니다. 이제야 보입니다. 어떻게 이렇게 오랫동안 눈이 멀어 있었을까요? 다시 깨끗해지고 싶습니다. 용서를 받고 싶어요. 노파신께서 등불을 높이 들고 제게 오셨고, 그 거룩한 빛 아래에서…

하이스패로우: 참회를 원하십니까?

세르세이: 제가 고백하면… 자유롭게 될 수 있나요?

하이스패로우: 왕후의 죄에 따라 판단받게 될 것입니다. 그렇다면 어머니(신)께서 자비를 베푸시길.

세르세이: 저는 혼인 관계 밖에서 한 남자와 동침했습니다. 고백합니다.

하이스패로우: 그 남자의 이름을 대십시오.

Cersei: Lancel Lannister.

High Sparrow: Your cousin and the king's squire.

Cersei: I was lonely and afraid.

High Sparrow: You had a husband.

Cersei: A husband off whoring every chance he.

High Sparrow: His sins do not pardon your own.

Cersei: May the gods forgive me.

High Sparrow: Other men?

Cersei: No.

High Sparrow: No others?

Cersei: No.

High Sparrow: Speaking falsehoods before the gods is a great crime. You understand this?

Cersei: I do.

High Sparrow: There are those that say your children were not fathered by King Robert, that they are bastards born of incest and adultery.

Cersei: A lie. A lie from the lips of Stannis Baratheon. He wants the throne, but his brother's children stand in his way. So he claims they are not his brother's. That filth. There is not one shred of truth to it. I deny it.

High Sparrow: Good. But these are terrible charges. And the realm must know the truth of them. If Your Grace has given honest testimony, your trial will prove your innocence.

Cersei: Trial? I have confessed.

세르세이: 랜셀 라니스터입니다.

하이스패로우: 왕후의 사촌이자 왕의 시종이었죠.

세르세이: 제가 외롭고 두려웠기에…

하이스패로우: 왕후에게 남편이 있었습니다.

세르세이: 그 남편은 틈만 나면 창녀에게 갔죠…

하이스패로우: 남편의 죄가 당신의 죄를 정당화하지는 못합니다.

세르세이: 신들께서 저를 용서해주시길.

하이스패로우: 다른 남자는요?

세르세이: 없습니다.

하이스패로우: 정말 다른 남자는 없습니까?

세르세이: 없습니다.

하이스패로우: 신 앞에서 거짓을 말하는 것은 큰 죄입니다. 그 의미를 알고 계십니까?

세르세이: 예.

하이스패로우: 일각에서는 당신의 아이들이 로버트 왕이 아닌, 근친상간과 간통으로 태어난 사생아라는 말도 있습니다. 사실입니까?

세르세이: 아닙니다. 그건 스테니스 바라테온이 퍼뜨린 거짓입니다. 그는 왕좌를 원하고, 내 아이들이 그 길을 막고 있으니까요. 그래서 아이들이 그의 형제가 낳은 자식이 아니라고 주장하는 겁니다. 더러운 거짓말입니다. 단 하나의 진실도 없는 말입니다. 전 부정합니다.

하이스패로우: 좋습니다. 하지만 이는 중대한 혐의입니다. 왕국은 그 진실을 알아야 합니다. 왕후께서 진실로 고백하셨다면, 재판이 무죄를 증명해줄 것입니다.

세르세이: 재판이요? 저는 자백을 했습니다.

High Sparrow: To a single sin. Others you have denied. Your trial will separate the truths from the falsehoods.

Cersei: I bow to the wisdom of Your High Holiness. But if I might beg for just one drop of the Mother's mercy. I haven't seen my son. I don't know how long it's been. I need to see him, please.

High Sparrow: You have taken the first step on the path back to righteousness. In light of this, I will permit you to return to the Red Keep.

Cersei: Thank you. Thank you.

High Sparrow: The Mother is merciful. It is her you should thank.

Cersei: I will. I will. I swear it, day and night.

High Sparrow: Good.

Cersei: Am I free to go?

High Sparrow: After your atonement.

Cersei: My atonement?

High Sparrow: A sinner comes before you. Cersei of House Lannister. Mother to His Grace King Tommen. Widow of His Grace King Robert. She has committed the acts of falsehood and fornication. She has confessed her sins and begged for forgiveness. To demonstrate her repentance, she will cast aside all pride, all artifice, and present herself as the gods made her to you, the good people of the city. She comes before you with a solemn heart, shorn of secrets, naked before the eyes of gods and men to make her walk of atonement.

하이스패로우: 단 하나의 죄만을요. 다른 죄는 부정하셨죠. 재판은 진실과 거짓을 가릴 것입니다.

세르세이: 신성하신 분의 지혜에 따르겠습니다. 그렇지만 제가 어머니 신의 자비를 조금만 구해도 되겠습니까? 제 아들을… 얼마나 시간이 흘렀는지도 모르겠습니다. 그를 만나야 해요. 제발요.

하이스패로우: 왕후께서는 속죄의 첫걸음을 내디뎠습니다. 그 점을 고려해, 왕후께 레드킵으로 돌아갈 수 있도록 허락하겠습니다.

세르세이: 감사합니다. 정말 감사합니다.

하이스패로우: 어머니 신은 자비로우십니다. 어머니 신께 감사드리십시오.

세르세이: 그럴게요. 맹세합니다. 밤낮으로 기도하겠습니다.

하이스패로우: 좋습니다.

세르세이: 전 이제 자유인가요?

하이스패로우: 속죄를 치르신다면요.

세르세이: 제 속죄요?

하이스패로우 : (군중 앞에서) 이 여인은 죄를 지은 자, 세르세이 라니스터입니다. 톰멘 왕의 어머니이자, 고 로버트 왕의 미망인입니다. 그녀는 거짓과 음행의 죄를 저질렀습니다. 그녀는 자신의 죄를 고백하고, 용서를 구했습니다. 회개의 표시로, 그녀는 자만심과 꾸밈을 모두 벗어버리고, 신께서 그녀를 만드신 그 모습 그대로 이 도성의 선한 백성들 앞에 나설 것입니다. 그녀는 진실된 마음으로, 비밀을 버리고, 신들과 인간 앞에 벌거벗은 채 속죄의 길을 걸을 것입니다.

이 장면에서 놓치면 안되는 표현들

🔊 **01 I see that now** 난 이제 알겠어

   A: **You can't keep texting your ex.** 넌 헤어진 애인에게 계속 문자를 보내지마.
   B: **It's over. I see that now.** 끝났어. 이제 알겠어.

🔊 **02 be dealt with** 다루어지다, 처리되다, 해결되다

   A: **The crime spree can be dealt with.** 그 연속적인 범죄행위는 해결될 수 있어.
   B: **Yeah, the cops will put a stop to it.** 응, 경찰들이 끝낼거야.

🔊 **03 according to one's sins** …의 죄에 따라서

   A: **The minister said God sees everything.**
   목사님은 하느님께서 모든 것을 보고 계신다고 하셨어.
   B: **Everyone is judged according to their sins.** 모든사람은 자기 죄에 따라 심판받게 돼.

🔊 **04 May the gods forgive me** 신들께서 용서하기를 바랍니다

   A: **You killed him as a form of revenge?** 넌 복수한다고 걔를 살해했어.
   B: **May the gods forgive me if I'm wrong.** 내가 잘못했다면 신들께서 용서하기를 바랍니다.

🔊 **05 You understand this?** 알겠어?

   A: **This is confusing. You understand this?** 이거 헷갈린다. 너 이거 알겠어?
   B: **No, I can't figure out the damned thing.** 아니, 그 빌어먹을 것을 모르겠어.

🔊 **06 stand in one's way** 방해하다

   A: **Why are you so upset with me?** 넌 왜 나한테 그렇게 화가 나있는거야?
   B: **You've been standing in my way for years.** 넌 오랫동안 나를 방해해왔잖아.

🔊 **07 He claims that~** 그는 …라고 주장해

   A: **Why did he go to the police station?** 걔는 무엇때문에 경찰서에 간거야?
   B: **He claims that someone assaulted him.** 걘 누가 자신을 폭행했다고 주장하고 있어.

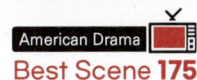

08 take the first step on~ 첫 발걸음을 내딛다

A: You think I should try for a new job? 내가 새로운 직장을 구해야 한다고 생각해?
B: Take the first step on the path to success. 성공으로 가는 길에 첫발을 내딛어.

09 in light of this~ 이런 관점에서

A: The suspect was here when the crime happened.
범죄발생시 용의자는 여기 있었어.
B: In light of this, the charges will be dropped. 이런 점에서 기소는 각하될거야.

10 I will permit you to~ 네가 …하도록 허락할게

A: Your honor, we have new information. 판사님, 새로운 정보가 있습니다.
B: I will permit you to submit that evidence. 그 증거를 제출하도록 허락합니다.

11 I swear it 정말야, 맹세해

A: You never dated a woman named Melissa?
멜리사란 이름의 여자와 데이트한 적 없지?
B: I never heard of her. I swear it. 처음 듣는 이름인데. 정말야.

12 confess one's sins …의 죄를 자백하다

A: Why did you attend mass Sunday? 너 왜 일요일 미사에 참석했어?
B: I went to church to confess my sins. 내 죄를 고백하기 위해 교회에 갔어.

 Chris Says: I owe you one

The speaker is saying that this person helped him and he promises to help him in the future.

I do it all the time

>>> **Modern Family**
Season 1 Episode 2 09:23

난 맨날 그래요

유부남과 자는 등 행실이 좋지 않은 그러나 섹시한 데지레가 필이 자건거를 타고 가는데 인사하며 집 문이 잠겼다고 도와달라고 하는 장면. 데지레가 안녕하세요, 좀 창피한데요(Hi, uh, this is really embarrassing), 집안에 열쇠를 두고 문을 잠궈버렸어요(but I locked myself out of my house)라고 하자 필은 전 맨날 그래요(Oh, I do it all the time), 창피해하지 마세요(Don't be embarrassed)라고 위로한다. 데지레는 좀 도와주셨으면 하는데요(I was…, I was hoping you could help me), 창문 하나가 열려있지만(There's a window open), 제가 닿지가 않아요(but I can't reach it), 도와줄래요?(Would you mind?)라고 부탁하자 얼씨구나 좋은 필은 그래요, 물론이죠(Yeah, sure. Of course)라고 흔쾌히 도와주겠다고 한다.

그리고 필답게 횡설수설을 한다. 사람들이 그렇게들 말하죠(You know what they say), 신이 문을 잠글 때마다 창문을 열어놓으신다구요(Every time God closes a door, he opens a window), 아니면 이 경우에는 문이 잠겨 못들어갈 때마다…(Or I guess in this case, every time he locks you out…). 그래요 어떻게 된거죠?(Okay what do we got here?), 그리고 모던패밀리만의 특징인 시청자들에게 말을 하는 장면이 나온다. 내가 그 여자에게 끌리냐구요?(I mean, am I attracted to her?)라고 하고 바로 Yes라고 한다. 하지만 내가 그걸 표현할거냐구요?(Would I ever act on it?)라는 자문에는 No, No way라고 답한다. 아내가 살아있는 한은(Not while my wife is still alive)이라며 충성을 표한다.

문을 열어주고 나오는 필에게 데지레는 뭐 좀 마시지 않아도 되겠어요?(Are you sure I can't get you something to drink?)라고 물어보고, 필은 괜찮아요(Yeah, no, I'm fine really)라고 거절한다. 데지레는 남자가 내 침실방 창문으로 기어올라갈 줄 알았더라면(If I knew a man was gonna climb into my bedroom window), 좀 더 방을 치워놓을 걸 그랬어요(I would have cleaned up a bit)라고 하자, 농담하세요?(Are you kidding me?), 로션과 오일 등 좋은 냄새가 났는데요(It smelled great in there, like lotions and oils)라고 한다. 건성피부나 저기 굳은 살에 좋은…(For dry skin and you know, calloused hands)이라고 데지레를 치켜 올려주고, 데지레는 그래요 양초예요(Yeah, it's a candle)라고 말을 하는데 자전거를 세워놓은 도로가에 다시 나와보니 자전거가 사라지고 없다. 데지레는 무슨 일예요?(What's wrong?)라고 묻고 필은 자전거가 없어졌어요(The bike's gone)라고 한다. 데지레는 이런(Oh, no), 찾는거 도와드릴까요?(Can I help you find it?)라고 하는데 필은 막 뛰어가면서 괜찮아요, 고마워요(That's all right. Thank you)라고 하면서 사라진다.

The Best Lines from <Modern Family>

Desiree: This is really embarrassing, but I locked myself out of my house.

Phil: I do it all the time. Don't be embarrassed.

Desiree: I was hoping you could help me. There's a window open, but I can't reach it. Would you mind?

Phil: Sure. Of course. You know what they say. Every time God closes a door, he opens a window. Or I guess in this case, every time he locks you out. Okay, what do we got here? (Am I attracted to her? Yes. Would I ever act on it? No. No way. Not while my wife is still alive.)

Desiree: Are you sure I can't get you something to drink?

Phil: I'm fine, really.

Desiree: If I knew a man was gonna climb into my bedroom window, I'd have cleaned up.

Phil: Are you kidding me? It smelled great in there, like lotions and oils. For... dry skin and, you know, calloused hands.

Desiree: Yeah, it's a candle. What's wrong?

Phil: The bike's gone.

Desiree: Can I help you find it?

Phil: That's all right. Thank you.

Desiree: Thank you!

데지레: 정말 창피한데, 저 집에 들어가는 문을 잠가버렸어요.

필: 저도 그런 적 많아요. 창피해하지 마세요.

데지레: 도와주실 수 있을까 해서요. 창문 하나가 열려 있는데 제가 손이 안 닿아서요. 괜찮으시면 좀 도와주시겠어요?

필: 물론이죠. 당연히 도와드려야죠. 다들 그러잖아요. 신이 문을 닫으면 창문을 열어준다고. 아니, 이번 경우엔 문을 잠가버리면 창문을 열어주는 거겠네요. 자, 어디 보자고요. (필의 속마음: 저 여자가 매력적이냐고요? 예, 그렇죠. 하지만 제가 행동으로 옮길까요? 아니요. 절대요. 제 아내가 살아 있는 한은요.)

데지레: 뭐라도 마실거 가져다드릴까요?

필: 아니에요. 전 정말 괜찮아요.

데지레: 만약 어떤 남자가 제 침실 창문으로 기어들어올 줄 알았으면 좀 치워둘 걸 그랬어요.

필: 농담하세요? 안에서 향기가 정말 좋았는데요. 로션하고 오일 같은거요. 건성 피부나, 뭐, 굳은살이 있는 손을 위한…

데지레: 아, 그거요. 캔들이에요. 무슨 일이에요?

필: 자전거가 없어졌어요.

데지레: 같이 찾아드릴까요?

필: 괜찮아요. 정말 감사합니다.

데지레: 감사합니다!

이 장면에서 놓치면 안되는 표현들

🔊 **01 This is really embarrassing** 이거 정말 창피하네

　　A: Your pants ripped and I can see you ass. 네 바지가 찢겨져서 네 엉덩이가 보여.
　　B: I'm sorry, **this is really embarrassing**. 미안, 이거 정말 창피하네.

🔊 **02 I locked myself out of my house** 집에 열쇠를 두고 문을 잠궈버렸어

　　A: Why aren't you at home? 왜 집에 없는거야?
　　B: **I locked myself out of my house.** 집에 열쇠를 두고 문을 잠궈버렸어.

🔊 **03 I do it all the time** 난 맨날 그래

　　A: I didn't mean to drop your coat. 네 코트를 떨어트릴 생각은 없었어.
　　B: Relax, **I do it all the time**. 진정해, 난 맨날 그러는데.

🔊 **04 Would you mind?** 그래 줄래?

　　A: I'd be glad to meet with you now. 지금 널 만나면 무척 기쁘겠어.
　　B: **Would you mind?** It will just take a few minutes. 그래 줄래? 몇분이면 돼.

🔊 **05 You know what they say** 사람들이 그렇게 말들하지

　　A: He wasn't able to have sex with me. 걘 나와 섹스를 할 수가 없었어.
　　B: **You know what they say** about old guys. 노인네들에 대해 사람들이 그렇게 말하지.

🔊 **06 What do we got here?** 어떻게 된거야?

　　A: Well, **what have we got here?** 저기, 어떻게 된거야?
　　B: It looks like someone broke into the apartment.
　　　누군가 아파트에 침입한 것 같아.

Americna Drama Best Scene 119

I'd love to get this things behind us

난 이 일들을 잊고 싶어

>> **Modern Family**
Season 1 Episode 4 14:04

아버지 재혼식을 망친 미첼의 엄마가 캐나다로 이주하기 전에 저녁식사에 와서 전남편 제이와 글로리아에게 사과하겠다고 한다. 아버지의 의향을 듣고자 미첼이 아버지 제이와 함께 나누는 대화 장면. 아버지가 무슨 일이냐?(What's up?)라고 하자 엄마가 오셨어요(Well, you know, mom's in town)라고 한다. 네 엄마가?(Your mom?)이라고 묻자 미첼은 당황하며 말도 안되는 얘기를 한다. 아뇨, 아빠 엄마요(No. No, your mom), 무덤에서 살아오셨어요(She's back from the grave)라는 엉뚱한 이야기를 하다, 맞아요 제 엄마요(Yes. Yes, my mom)라고 말한다. 이 말에 제이는 돌아가신 내 엄마가 덜 무서울거다(My mom would be less scary)라고 하며 전부인에 대해 거부감을 표현하다.

미첼이 조심스럽게 말을 꺼낸다. 저기요(Listen), 아버지 재혼식에서 일어난 일에 대해 너무 민망해서(she's a wreck about what happened at the wedding), 오늘 저녁식사 때 와서 모두에게 사과를 하고 싶어해요(And she wants to come to dinner tonight to apologize to everyone)라고 엄마의 의사를 전한다. 못마땅한 아버지 제이는 아직 엄마 심부름이나 하고 있구나(Still her little errand boy, I see)라고 핀잔을 주자, 미첼은 아녜요, 왜 다들 계속 그렇게 얘기하는지(No. Why does everybody keep say… no), 난 단지 가족이 다시 화목해지기를 바랄 뿐예요(I'm just trying to piece this family back together)라고 하면서 새엄마인 글로리아에게 엄마가 저녁 때 오신다는거에 대해서 말씀하실거죠?(So you'll talk to Gloria about mom coming to dinner?)라고 확인하자 제이는, 글로리아는 절대 가려고 하지 않을거야(Oh, Gloria would never go for that in a million years), 아직도 무척 네 엄마한테 화가 나있다(She's still furious with your mother), 그래서 너와 나의 대화는 없었던거다(which is why I'm not talking to you)라고 발을 빼자, 내가 뭐 어쨌는데요?(What did I do?)라고 묻고 제이는 다시한번 이 대화는 없었던거야(This conversation never took place)라고 없었던 일로 하자고 한다.

미첼은 그러면 안돼죠(Well, that's not very nice), 여기까지 운전해서 왔는데요(I drove all the way here)라고 하자 제이는 아니 넌 운전해 오지 않았다(No, you didn't), 넌 여기 온 적이 없어

(You were never here), 그리고 전화하지도 않았고(In fact, you never even called)라고 한다. 미첼은 전화를 걸 수도 있었지만(I would have called), 직접 만나서 얘기하는게 더 나을 것 같아서…(but I thought it would be better to talk about…)라고 말을 하다 갑자기 뭔가 떠오른 듯, 어쩌자는거예요?(what's happening here?)라고 묻는다. 제이가 말한다. 나도 이 일들을 다 잊고 싶어(I would love to get this[these] things behind us), 내가 글로리아를 속여 넘기면 날 절대로 용서하지 않을거야(Gloria would never forgive me if I pulled a fast one on her), 그러니 그런 말은 네가 글로리아에게 직접하고(That's why you're going to pull a fast one on her), 난 아주 맘에 들어하지 않을거야(and I'm not going to like it one bit)라고 거리를 두자 아들 미첼은 좋아요, 아주 좋아요. 그럼 모두 다 내가 알아서 해야 되네요(Okay, that's just great. So it's all up to me)라고 불평을 하자 제이가 마지막으로 정리한다. 넌 집에 갔고 난 낮잠을 자고 있으니 네 말이 들리지 않는거다(I can't hear you because you're back home and I'm taking a nap)라고 말이다.

The Best Lines from <Modern Family>

Jay : What's up?

Mitchell : Uh, well, you know, mom's in town.

Jay : Your mom?

Mitchell : No. No, your mom. She's back from the grave. Yes. Yes, my mom,.

Jay : My mom would be less scary.

Mitchell : Listen, she's a wreck about what happened at the wedding, and she wants to come to dinner tonight to apologize to everyone.

Jay : Still her little errand boy, I see.

Mitchell : No. Why does everybody keep say... no. I... I'm just trying to piece this family back together. So you'll talk to Gloria about mom coming to dinner?

제이: 무슨 일이야?

미첼: 어… 저기, 엄마가 여기 왔어요.

제이: 네 엄마?

미첼: 아니요, 아니요. 아버지 엄마요. 무덤에서 돌아오셨어요. 맞아요, 제 엄마요.

제이: 내 엄마가 덜 무섭겠다.

미첼: 있잖아요, 엄마가 결혼식 때 일로 완전 멘붕이 왔어요. 그래서 오늘 저녁에 와서 모두에게 사과하고 싶대요.

제이: 여전히 엄마의 심부름꾼이구나.

미첼: 아니에요. 왜 다들 그렇게 말하죠? 아니에요. 전 그냥 이 가족을 다시 하나로 모으고 싶은 것뿐이에요. 그러니까 엄마가 저녁에 오는거, 글로리아한테 얘기해 주실 수 있겠어요?

Jay : Oh, Gloria would never go for that in a million years. She's still furious with your mother, which is why I'm not talking to you.

Mitchell : What did I do?

Jay : This conversation never took place.

Mitchell : Well, that's not very nice. I drove all the way here.

Jay : No, you didn't. You were never here. In fact, you never even called.

Mitchell : I would have called, but I thought it would be better to talk about th... what... what's happening here?

Jay : Listen... I would love to get this thing behind us, but Gloria would never forgive me if I pulled a fast one on her. That's why you're going to pull a fast one on her, and I'm not going to like it one bit.

Mitchell : Okay, that's just great. No, that's great. So it's all up to me.

Jay : I can't hear you because you're back home and I'm taking a nap.

제이: 글로리아는 천 년이 지나도 절대 안 될거야. 아직도 네 엄마한테 엄청 화가 나 있어. 그래서 내가 너한테 말도 안 하고 있는거야.

미첼: 제가 뭘 했다고요?

제이: 이 대화는 없었던거야.

미첼: 그건 좀 너무하네요. 저 여기 오느라 얼마나 멀리서 왔다고요.

제이: 아니, 넌 안 왔어. 넌 여기 있지도 않았고, 전화도 안 했어.

미첼: 전화하려고 했는데, 직접 얘기하는게 나을 것 같아서… 뭐 하는거예요, 지금?

제이: 있잖아… 나도 이 일을 끝내고 싶긴 한데, 글로리아 몰래 이걸 꾸미면 절대 용서 안 해. 그래서 이건 네가 몰래 꾸며야 하고, 나는 아주 싫어할거야.

미첼: 와, 정말 멋지네요. 네, 정말 멋져요. 결국 다 제 몫이군요.

제이: 네 말 안 들려. 넌 이제 집에 돌아갔고, 난 낮잠 자는 중이니까.

이 장면에서 놓치면 안되는 표현들

🔊 **01 What's up?** 안녕, 무슨 일이야?

  A: Hey Niles, long time no see. 야 나일스, 오랜만이야.
  B: **What's up?** Where have you been? 안녕? 어떻게 지냈어?

🔊 **02 be a wreck about~** 상심하고 있다

  A: Jessica was dumped by her man. 제시카는 남친에게 차였어.
  B: She**'s just a wreck about** it. 걘 상심하고 있어.

🔊 **03 I'm just trying to~** 난 단지 …하려고 할 뿐야

  A: Did you understand the e-mail we got? 넌 우리가 받은 이메일을 이해했어?
  B: **I'm just trying to** figure it out. 알아내려고 하고 있어.

🔊 **04 piece ~ back together** 종합하다, 조각들을 이어 맞추다, 화목하게 하다

  A: Are the detectives going to solve the crime? 형사들이 그 사건을 해결할건가?
  B: It will take a while to **piece** things **back together**.
  조각들을 이어 맞추는데 좀 시간이 걸릴거야.

🔊 **05 never ~ in a million years** 절대로 …하지 않다

  A: That woman is almost seventy years old. 저 부인은 거의 70세가 다 되셨어.
  B: I would have **never** guessed that **in a million years**.
  난 절대로 알아맞추지 못했을거야.

🔊 **06 be furious with~** …에 분노하다, 격분하다

  A: Sloan just found that we broke his computer.
  슬로앤은 우리가 자기 컴퓨터를 망가트린 걸 방금 알았어.
  B: He**'s furious with** all of us. 걘 우리 모두에게 엄청 화나 있어.

🔊 **07 Which is why~** 이것이 바로 …한 이유야

  A: I shouldn't have gotten drunk and started fighting.
  술먹고 싸우는게 아니었는데.
  B: **Which is why** we were banned from the club.
  이래서 우리는 클럽 출입이 금지됐어.

08 What did I do? 내가 뭘 어쨌는데?, 내가 뭘 어떻게 했다고?

A: I saw you stealing that ring. 난 네가 그 반지를 훔치는 것을 봤어.
B: What did I do? I'm innocent. 내가 뭘 어떻게 했다고? 난 무죄야.

09 I thought it would be better to~ …하는 것이 더 나을거라 생각했어

A: Did you tell Grandpa that we're taking him to dinner?
할아버지에게 모시고 나가서 저녁식사한다고 말씀드렸어?
B: I thought it would be better to tell him later.
나중에 말씀드리는게 나을거라고 생각했어요.

10 What's happening here? 여기 무슨 일야?

A: The fire alarm just started ringing. 화재 경보기가 울리기 시작했어.
B: What's happening here? Is there a problem? 여기 무슨 일야? 뭐 문제있어?

11 get ~ behind …을 잊다

A: I can't believe my boss actually fired me. 사장이 날 정말로 자르다니 믿기지 않어.
B: You need to get this behind you. 넌 그걸 잊어야 돼.

A: Debbie is still mourning her husband's death.
데비는 아직도 남편의 죽음을 애통해하고 있어.
B: It will take time to get this behind her. 걔가 잊는데는 시간이 걸릴거야.

12 pull a fast one on sb …을 속여 넘기다

A: The president stole all of the money. 사장이 모든 돈을 훔쳤어.
B: He pulled a fast one on the investors. 걘 투자가들을 속여 넘겼어.

A: I was tricked into giving him a free meal. 내가 속아서 걔에게 공짜밥을 줬어.
B: Sounds like he pulled a fast one on you. 걔가 너를 속여넘긴 것 같네.

13 It's all up to me 모든걸 내가 알아서 해야 해

A: You are the one who messed it up. 그걸 망쳐놓은 사람은 바로 너야.
B: It's all up to me to make things right. 일을 바로 잡는 것은 다 내 몫이네.

A: You better get out there and score a goal. 네가 나가서 골을 넣어라.
B: It's all up to me to win the game. 경기를 이기는 건 전부 내게 달려있네.

Americna Drama Best Scene 120

If it wasn't you, who was it?

>>> Modern Family
Season 1 Episode 12 15:20

네가 아니면 누구였을까?

클레어는 노트북에서 프르노 사진을 보고 아들 루크가 본 걸로 생각하게 된다. 이 말을 들은 진범 필은 자기가 루크에게 말을 하겠다고 한다. 그리고 어느날 루크가 엄마에게 잠깐 얘기해도 되냐(Mom, can I talk to you?)라고 묻자 포르노 얘기를 하는 줄 알고, 물론 무슨 일이야?(Sure, honey. What's going on?)라고 물어본다. 루크는 제가 한 일 때문에 기분이 안 좋아요(I feel bad about something I did)라고 하자 클레어는 얘야, 컴퓨터에 관한거니?(Oh, sweetie. Is this about the computer?), 네가 봐서는 안되는 걸 봐서 그러니?(Something you shouldn't have been looking at?)라고 하고, 루크는 굉장히 기이했는데(Yeah. It was just so freaky), 보는 걸 멈출 수가 없었어요(I couldn't stop looking)라고 한다.

클레어는 얘야 나도 안다(I know, sweet pea), 하지만 중요한건 네가 결국 그만 봤다는거야(But the important thing is you did stop looking)라고 하면서 아직도 루크가 포르노를 본 걸로 착각한다. 루크는 대략 한 시간 정도 보고 안봤어요(Yeah. After about an hour)라고 하는데 엄마는 이런 일(섹스)에 호기심을 갖는 것은 지극히 정상적인거야(Okay. Well, it's perfectly normal to be curious about these things)라고 위로한다. 루크는 어떤 부분은 재미있었고(Some parts were funny), 또 어떤 부분은 정말 이상했어요(And some parts just seemed crazy)라고 한다. 포르노가 일반적으로 과장이라는 생각하에, 클레어는, 난 네가 그런 부분들의 일부는 실제가 아니라는 걸 알았으면 좋겠어(Well, I hope you realize that some of those parts weren't real, obviously)라고 말하지만 루크는 하지만 진짜일 수도 있죠, 맞죠?(But they can be totally real, right?), 안네 프랭크의 일기처럼요(Like Anne Frank's?)라고 한다.

포르노 본걸 말하는 줄 알았는데 갑자기 안네 프랭크 일기 얘기를 하니 클레어는 What?이라고 할 수 밖에 없다. 루크는 내가 아는건(All I know is), 그 때문에 헤일리 누나가 궁금해졌어요(it really made me wonder about Haley)라고 말하자 클레어는 긴장하며, 그것 참 혼란스럽구만(That's disturbing, sweetie), 왜 헤일리야?(Why Haley?)라고 묻고 루크는 드디어 자기가 컴퓨터로 본게 헤일리의 일기였다(It was her journal)고 말한다.

이때 이층에서 내려오다 이 말을 들은 헤일리는 너 내 일기를 읽었어(You read my journal?), 이 변태자식아!(You little creep!)라고 비난하자 루크는 미안해, 어쩔 수가 없었어!(I'm sorry! I couldn't help it!)라고 말하는데 클레어는 루크가 포르노도 보고 일기장도 본 줄 알고 잠깐, 헤일리의 일기장도 봤어?(Wait, Haley's journal, too?), 너 이제 컴퓨터 사용금지야(Luke, you are now banned from the computer)라는 벌을 내린다. 헤일리의 여동생 알렉스가 이층에서 내려오면서 무슨 일이야?(What happened?), 누가 사고친거야?(Who's in trouble?)라고 하자 헤일리는 루크가 내 일기장을 읽었대!(Luke read my journal!)라고 하고 그동안 의심을 받았던 알렉스는 내가 아니라고 말했잖아!(I told you it wasn't me!)라고 하고 헤일리는 루크를 보면서 너 죽었어(I'm gonna kill you!)라고 한다.

클레어는 진정해(Haley, calm down)라고 하자 뭐야, 혼내지 않을거예요?(What, you're not even gonna yell at him?), 그건 사적인거잖아요!(That was private!)라고 소리치는데 클레어는 제발 그러지마라(Oh, please), 일기장에서 가장 놀라운 것은 네 틀린 철자들이야(The most shocking thing in there was your spelling)라고 하자 헤일리가 놀라서 엄마도 읽었어?(You read it, too?)라고 화를 내고 내려오는 중인 알렉스는 그럼 나만 안 읽은거야?(Am I the only one who hasn't read it?)라고 한다.

클레어는 일기를 왜 보게 되었는지 이유를 말한답시고 포르노를 찾기 위해 집안의 컴퓨터들을 뒤졌어(I was looking through the computers in the house for pornography)라 하는데 이를 오해한 헤일리는 역겨워(Sick)라고 한다. 클레어는 내가 보려는게 아니고(Not for me), 너희들이 뭐를 보는지 알고 싶어서였어(I wanted to see what you guys are looking at)라고 이유를 대지만 헤일리는 그건 우리의 사생활을 침범한거네(So you're violating our privacy)라고 뭐라 하자, 엄마 클레어는 내 애들이 컴퓨터로 나체사진을 보는 것을 알았을 때(When I find out that my children are looking at a naked picture online), 그 아이들에게 사생활은 없는거야(They don't have any privacy)라 일침한다.

알렉스가 누가 나체사진들을 봤어?(Who was looking at naked pictures?)라 묻자 클레어는 그건 중요한 문제가 아냐(That doesn't matter)라고 하는데 헤일리는 난 아녔어(I wasn't)라고 하고 루크 역시 나도 아냐(It wasn't me!), 역겨워, 나는 이제 10살이라고(That's gross! I am 10!)하는데, 이때 클레어는 그럼 잠깐(Wait a minute)이라고 한다. 루크는 어이없다는 듯이 다들 왜 그래요?(What's wrong with you people?)라고 하고, 클레어는 네가 아니면 누구겠어?(If it wasn't you, who was it?)라고 하는 순간 진범인 필이 나타난다.

The Best Lines from <Modern Family>

Luke : Mom, can I talk to you?
Claire : Sure, honey. What's going on?
Luke : I feel bad about something I did.
Claire : Oh, sweetie. Is this about the computer?
Luke : Yeah.
Claire : Something you shouldn't have been looking at?
Luke : Yeah. It was just so freaky. I couldn't stop looking.
Claire : I know, sweet pea, But the important thing is you did stop looking.
Luke : Yeah. After about an hour.
Claire : Okay. Well, it's perfectly normal to be curious about these things.
Luke : Some parts were funny.
Claire : Mm-hmm.
Luke : And some parts just seemed crazy.
Claire : Well, I hope you realize that some of those parts weren't real. Obviously.
Luke : But they can be totally real, right?
Claire : Hmm.
Luke : Like Anne Frank's?
Claire : What?
Luke : All I know is, it really made me wonder about Haley.
Claire : That's disturbing, sweetie. Why Haley?
Luke : It was her journal.

루크: 엄마, 얘기 좀 할 수 있어요?
클레어: 물론이지, 아가. 무슨 일이야?
루크: 제가 한 일 때문에 기분이 안 좋아요.
클레어: 아이고, 그랬구나. 혹시 컴퓨터 때문이니?
루크: 응.
클레어: 보면 안 되는 걸 본거야?
루크: 응. 너무 이상해서 계속 보게 됐어.
클레어: 알아, 우리 아가. 중요한 건 그만뒀다는거야.
루크: 한 시간 정도 보고 나서야 그만뒀어요.
클레어: (당황) 그래... 음... 그런거에 호기심 갖는 건 자연스러운 일이야.
루크: 어떤 부분은 웃기기도 했고요.
클레어: (애써 참으며) 응.
루크: 근데 어떤 부분은 진짜 말도 안 되는 것 같았어요.
클레어: 그 중엔 실제가 아닌 것도 많다는 걸 알아야 해. 당연하지.
루크: 근데 실제일 수도 있는거잖아요?
클레어: 음...
루크: 앤 프랭크 같은 사람도요?
클레어: 뭐라고?
루크: 내가 안거라고는 헤일리 누나에 대한 궁금증예요.
클레어: 혼란스럽구나. 왜 헤일리야?
루크: 누나 일기장이었어요.
헤일리: 너 내 일기 읽었어? 이 변태 같은 녀석!
루크: 미안해! 어쩔 수가 없었어!

Haley : You read my journal? You little creep!

Luke : I'm sorry! I couldn't help it!

Claire : Wait, Haley's journal, too? Luke, you are now banned from the computer.

Luke : What?

Alex : What happened? Who's in trouble?

Haley : Luke read my journal!

Alex : I told you it wasn't me!

Haley : I'm gonna kill you!

Claire : Haley, calm down.

Haley : What, you're not even gonna yell at him? That was private!

Claire : Oh, please. The most shocking thing in there was your spelling.

Haley : You read it, too?

Alex : Am I the only one who hasn't read it?

Claire : I was looking through the computers in the house for pornography.

Haley : Sick.

Claire : Not for me. I wanted to see what you guys are looking at.

Haley : So you're violating our privacy.

Claire : When I find out that my children are looking at a naked picture online, They don't have any privacy.

Alex : Who was looking at naked pictures?

Claire : That doesn't matter.

Haley : I wasn't.

Luke : It wasn't me! That's gross! I'm 10!

Claire : Wait a minute.

Luke : What's wrong with you people?

Claire : If it wasn't you, who was it?

클레어: 잠깐, 헤일리일기까지 본거야? 루크, 넌 이제 컴퓨터금지야.

루크: 뭐라고요?

알렉스: 무슨 일이야? 누가 혼나는 거야?

루크: 루크가 내 일기 읽었대!

알렉스: 봐, 나 아니라 그랬지!

헤일리: 너 가만 안 둬!

클레어: 헤일리, 진정해.

헤일리: 진정하라고요? 안 혼낼거예요? 그건 사생활이잖아요!

클레어: 제일 충격적인 건 네 철자 실력이더라.

헤일리: 엄마도 읽었어요?

알렉스: 일기 안 읽은 사람 나밖에 없어?

클레어: 난 애들 중 누가 포르노 봤는지 확인하려고 컴퓨터 확인한 거야.

헤일리: 진짜 역겨워.

클레어: 내가 보게 아니라 너희들이 본 걸 확인하려고 본거야.

헤일리: 그러니까 우리 사생활을 침해한거잖아요.

클레어: 내 자식이 인터넷에서 누드 사진을 보고 있다는 걸 알게 되면, 그때부턴 사생활 같은거 없어.

알렉스: 누가 누드 사진을 본 건데?

클레어: 그건 중요하지 않아.

헤일리: 나 아니에요.

루크: 저도 아니에요! 징그러워요! 전 열 살이에요!

클레어: 잠깐만...

루크: 엄마, 왜 이래요? 진짜 다들 왜 이러는거예요?

클레어: (혼잣말) 그럼 그게 누구였던거지?

이 장면에서 놓치면 안되는 표현들

🔊 **01 Can I talk to you?** 잠깐 얘기하자

A: **Can I talk to you?** Do you have a minute? 잠깐 얘기 좀 하자. 시간돼?
B: Sure, sit down and we can discuss things. 그럼, 앉아서 얘기를 나누자.

🔊 **02 I feel bad about~** …에 기분이 안좋아

A: Didn't you know Rick was hurt? 릭이 다쳤다는걸 몰랐어?
B: **I feel bad about** yelling at him. 걔에게 소리쳐서 기분이 안좋아.

🔊 **03 Is it about~ ?** 그거 …에 관한거야?

A: She wanted to talk about their troubles. 걘 자기 문제들을 얘기하고 싶어했어.
B: **Is it about** the argument they had? 걔네들이 다투었던 것에 관한거야?

🔊 **04 It was so freaky** 정말 기이했어

A: Can you believe she slept with two guys? 걔가 두 남자와 잤다는게 믿겨져?
B: **It was so freaky** I can't believe it. 너무 기이해서 믿을 수가 없어.

🔊 **05 be curious about~** …을 궁금해하다

A: Chris looks at a lot of porn. 크리스는 포르노를 많이 봐.
B: He **is just curious about** sex. 걘 단지 섹스에 대한 호기심이 있어서 그래.

🔊 **06 All I know is~** 내가 아는 건 …뿐야

A: You think she shot her husband? 넌 걔가 자기 남편을 총으로 쐈다고 생각해?
B: **All I know is** I found a gun on the table. 내가 아는거라고는 탁자위에서 총을 발견했다는거야.

🔊 **07 It really made me wonder about~** …가 정말 궁금해졌어

A: Roz flipped out when we argued. 로즈는 우리가 언쟁을 할 때 화를 벌컥 냈어.
B: **It really made me wonder about** her personal problems.
걔 개인적 문제가 정말 궁금해졌어.

🔊 **08 That's disturbing** 혼란스럽네, 충격적이네, 불안하네

A: Someone smashed my car's window. 누가 내 차의 창문을 부쉈어.
B: **That's disturbing.** Is anyone mad at you? 거 불안하네. 너한테 화난 사람 누구 있어?

American Drama
Best Scene 175

🔊 09 You little creep! 이 변태자식야

A: **Hey sweetheart, give me a kiss!** 자기야, 내게 키스해줘!
B: **You little creep! Get out of here!** 이 변태같은 자식아! 꺼져!

🔊 10 I couldn't help it 어쩔 수가 없었어

A: **Why did you date a bitch like her?** 왜 저런 못된 년과 데이트를 한거야?
B: **I couldn't help it. I was in love.** 어쩔 수가 없었어. 사랑에 빠졌거든.

🔊 11 Who's in trouble? 누가 사고친거야?

A: **Dad's angry. Who's in trouble?** 아빠가 화났어. 누가 사고친거야?
B: **He thinks one of us broke his phone.**
아빠는 우리들 중 한명이 아빠 핸드폰을 망가트렸다고 생각하셔.

🔊 12 That was private! 그건 사적인 부분이잖아!

A: **I told my brother that you are gay.** 내 형에게 네가 게이라고 말했어.
B: **Why did you tell him? That was private.** 왜 걔한테 말했어? 그건 사적인 부분인데.

🔊 13 Am I the only one who~ ? 내가 …하는 유일한 사람이야?

A: **No, I didn't see the thieves running away.** 아니, 난 도둑들이 도망가는걸 못봤어.
B: **Am I the only one who saw that?** 그걸 본사람은 내가 유일한거야?

🔊 14 look through 뒤져보다, …을 통해서 보다

A: **Why do you think Donny is creepy?** 왜 도니가 변태라고 생각하는거야?
B: **He was looking through the window at us.**
걘 창문을 통해서 우리를 쳐다보고 있었어.

🔊 15 When I find out that~ 내가 …을 알게되면

A: **Is your daughter making you unhappy?** 네 딸이 너를 기분 안좋게 해?
B: **When I find out that she skips school, I get angry.**
학교를 안간걸 알게 되면 내가 화나겠지.

🔊 16 That doesn't matter 그건 중요하지 않아, 그건 중요한 문제가 아냐

A: **There are serious problems in this design.** 이 디자인에는 심각한 문제가 있어.
B: **That doesn't matter. We'll fix it.** 그건 중요한 문제가 아냐. 우리가 고칠거야.

Americna Drama Best Scene 121

What are you, naked under there?

>>> Modern Family
Season 1 Episode 15 08:32

너 뭐 속에 다 벗었냐?

발렌타인 데이를 맞이해 필과 클레어는 롤플레이를 해보기로 한다. 호텔로비에서 서로 모르는 사이로 다른 이름으로 우연히 만나서 함께 섹스를 하는 것이다. 호텔바에서 필은 클라이브라는 이름을 쓰는 전시회에 온 비즈니스맨으로, 클레어는 줄리아나라는 이름으로 통성명을 한다. 한동안 얘기를 나눈후 줄리아나가 화장실에 가서 속옷을 포함해 옷을 다 벗고 코트만 입고 등장하면서 당신께 줄게 있어요?(Clive. I have a little something for you)라 하자 클라이브는 뭔데요?(What is it?)라고 물어본다. 줄리아나는 My dress, My bra, My underwear를 하나씩 클라이브에게 주면서 위로 올라가는게 어때요?(Yeah. What do you say we take this upstairs?)라 제안하고 클라이브는 치즈 마늘 빵보다 훨씬 낫겠네요(This is so much better than cheesy garlic bread)라 한다.

둘이 위로 올라가기 위해 에스컬레이트를 타려고 걸어가고 있다. 클라이브가 우리 진도가 너무 빠른거 아녜요?(This is all happening so fast, Juliana)라고 능청을 떨고 이에 줄리아나는 알아요(I know), 그리고 자정까지는 집에 남편에게 가야 돼요(And I have to be home to my husband by midnight)라고 맞장구친다. 클라이브는 아 그런가요(Oh, twist)라고 하면서 서로 키스를 하는데 그만 줄리아나의 코트 벨트가 에스컬레이트에 끼인다. 다시 원래 이름으로 돌아와서 클레어는 필, 내 코트가 걸렸어(Phil, my coat is stuck!)라고 하는데, 분위기 파악 못한 필은 Who's Phil?이라고 한다. 이제 그만해(No, not now), 정말야 내 코트가 꼈다고 (Seriously my coat is stuck!)라고 위급함을 말하자 필은 빨리 코트를 벗으라(Oh, honey, take off your coat!)고 한다. 클레어는 정신나갔어(Are you kidding me?)라고 핀잔을 주고 잡아당겨봐(Pull it)라고 한다. 클레어는 안돼(Not good)를 외치고 필은 비상정지버튼을 눌러 에스컬레이트 작동을 멈춘다. 필은 클레어의 뒤에 있는 사람들에게 올라들 오세요(Come on up), 보통 계단들처럼 올라오세요(Treat them like they're regular stairs), 괜찮아요(It's okay), 지나들가세요(Come on through), 그리고 발렌타인 잘 보내시구요(Happy Valentine's Day)라는 인사까지 한다. 지나는 여성에게 You look lovely라고 하고 다음 남성에게도 당신도 그래요(So do you)라고 하고 이상한 방식으로는 아니고요(Not in a weird way)라고 오해방지용 멘트를 날린다. 그리고는 벨트가 끼인 아래를 몸을 구부리고 내가 한번 자세히 볼게(Let me just get in here)라고 하는데 같은 사무실 직원인 톰이 올라오며 인사를 한다(How are you?). 필은 클레어에게 사무실의 톰 미켈슨 기억하지, 그리고 부인 수잔야(Honey, Claire, you remember Tom Mickelson from the office, and his wife, Susan). 클레어는 당황해하며 안녕, 기억나죠, 안녕하세요(Hi. I do. Hey)라고 하자, 톰은 코트가 꼈어요?(Is your coat stuck?)라고 한다. 클레어는 정말 그래요(It is. It really is), 아주 단단히 꼈나봐요(It's in there pretty darn good)라고 하자 톰은 왜 코트를 벗지 그래요?(why don't you take it off?)라고 하는데, 클레어는 추워서요(Um…I'm freezing cold)라고 둘러댄다. **톰은 적어도 제가 한번 해볼게요(Well, at least let me give it a shot, okay?)라고 하는데 클레어는 난감해하며 I don't think…라고 한다.** 하지만 톰은 내가 한번 해보겠다(I got it)하면서 걸린 코트벨트를 잡아당겨본다.

이때 또 지인이 나타난다. 학교 교장선생님이다. 교장이 이름을 부르자 필과 클레어는 인사를 한다(Principal Balaban! Hey. How are you?). 그러나 교장은 필의 네임태그에 붙어있는 클라이브라는 이름을 보고 누가 클라이브 빅스비(Hi. Who's, uh, Clive Bixby?)라고 묻고 필은 스피커 제조업자(He makes speakers)예요, 전시회 때문에 여기 와있어요(He's actually in town for a trade show)라며 자기의 롤 역할하는 사람의 직업을 댄다. 교장이 클레어의 상황을 보더니 끼인 거예요?(Are you stuck?)라고 묻자 클레어는 네 조금요(Yeah, I am. A…little bit)라고 하고 교장 역시 코트를 벗어요(Why don't you take off that coat?)라고 하는데 역시 클레어는 춥다(Um, I'm chilly)라고 대답한다. 아래를 확인하던 톰이 여기 정말 꽉 끼었는데요(It's really jammed in here)라고 하자 교장도 합세를 하려고(Let me~)라고 하는데 필은 됐어요, 우린 괜찮아요(Oh, no, I think we're okay)라고 하면서 상황을 모면해보려 한다. 이때 또 지인이 나타난다. 반갑게 클레어를 부르는 사람에게 이게 누구예요?(Oh! Are you kidding me?!)라고 하면서 남편에게 루크의 수학선생님인 미스 패스워터야(Luke's math teacher, miss Passwater!)라고 한다.

다시 제이와 글로리아의 장면이 이어진 후 필이 복도 끝에서 달려오면서 외친다. 이제 괜찮아요(We're good! We're good!), 정비부에 말했어요(I talked to maintenance), 곧 온다니까 어서들 가세요(They're… they're coming, so go on ahead)라면서 작별인사를 한다(See you guys. See you later. See you at school. Good to see you guys). 그러면서 다시한번 그들에게 정비부에서 처리할거예요(Maintenance is gonna take care of it), 우린 괜찮아요(So we're fine)라고 부언한다. 안도의 한숨을 쉰 클레어가 그들이 언제 온대?(Okay. Okay, how long till they get here?)라며 웃으며 물어보는데 필은 내가 거짓말한거야(I was faking it), 아무도 오지 않아(No one's coming for us)라는 절망적인 말을 한다. 클레어는 다시 화를 내면서 그럼 가서 데려와(Well, then, go and get them! Hurry!), 내 인생에서 가장 창피한 순간였어(That was the most embarrassing moment of my life!) 이때 제리와 글로리아가 이름을 부르며 다가온다.

클레어는 남편에게 옆에 서서 가려(Stand by)라고 하고 제이는 뭐야? 벨트가 끼인거야?(What? Did you get your belt stuck?)라고 물으며 코트를 벗어(Well, take your coat off), 자, 내가 도와줄게(Here, let me help you)라고 하자 클레어는 괜찮다고 거절하자 아버지 제이가 너 뭐 속에 다 벗었냐?(Come on, what are you, naked under there?), 아이고 맙소사(Oh, geez)라고 한다. 이때 글로리아가 괜찮아, 내가 알아서 할게(It's okay. I got this)라고 나서고 클레어에게 날 따라해요(Claire, follow my lead, okay?)라면서 클레어의 코트를 벗기며 자기의 옷을 입혀준다. 클레어는 고맙다(Okay. Okay. Wow. Okay. Thank you)라고 하자 글로리아는 전에 이런 적이 있었다(It has happened to me before)라고 위로한다. 필은 인상적인데요(That was impressive)라고 하자 아버지 제이는 진정하라고 클라이브(Take it down a notch, "Clive"), 알았어?(You okay?)라고 한다.

The Best Lines from <Modern Family>

Phil: Mind if I join you? I'm Clive. Clive Bixby.

Claire: Yes, I can see that. I'm Juliana. So, Clive, you in town for a convention, or do you just forget your name a lot?

Phil: Pretty kitty has nails. I like that. I'm in town for a trade show. I design high-end electroacoustic transducers.

Claire: Wow, that is very specific.

Phil: It's a fancy way of saying I get things to make noise. So, what's your story? Miss America Pageant in town?

Claire: You're a pretty smooth talker, Clive.

Phil: I'm pretty smooth all over. (Sir, there's no smoking in here.) Oh, that's fine. I'm not actually a smoker.

Claire: You're quite the Boy Scout, Clive. Tell

필: 같이 앉아도 될까요? 저는 클라이브, 클라이브 빅스비입니다.

클레어: 아, 딱 봐도 그렇네요. 저는 줄리아나예요. 그런데 클라이브, 출장 왔어요? 아니면 자주 이름을 까먹는 건가요?

필: 귀엽지만 발톱이 있네요. 맘에 들어요. 무역 박람회 때문에 왔어요. 고급 전자음향 변환기를 설계합니다.

클레어: 와, 엄청 구체적인데요.

필: 쉽게 말하면 '소리 나게 하는 장치'를 만드는 거죠. 그쪽 이야기도 듣고 싶은데요. 혹시 미스 아메리카 대회 때문에 온 건가요?

클레어: 말 참 부드럽게 하시네요, 클라이브.

필: 전 몸도 부드럽죠.

(**직원**: 여기서 흡연하시면 안 됩니

me, would you be interested in earning a merit badge tonight? Do you know anything about tying knots?

Phil: I probably shouldn't be talking to you. I'm a married man.

Claire: Well, I just so happen to like married men.

Claire: I have a little things for you.

Phil: What is it?

Claire: My dress.

Phil: Oh...

Claire: My bra.

Phil: Oh, my g...

Claire: My underwear.

Phil: My god.

Claire: Yeah. What do you say we take this upstairs?

Phil: This is so much better than cheesy garlic bread.

Phil: This is all happening so fast, Juliana.

Claire: I know. And I have to be home to my husband by midnight.

Phil: Ooh, a twist.

Claire: Phil! Phil? My coat is stuck!

Phil: Who's Phil?

Claire: No, not now. Seriously, my coat is stuck!

Phil: Oh, honey, take off your coat!

Claire: Are you kidding me?! Pull it.

Phil: Oh, my goodness.

Claire: Pull it. Not good. Not good. Not good! Not... Okay. Okay. Okay.

다.)

필: 아, 괜찮아요. 사실 저는 흡연자가 아니거든요.

클레어: 클라이브, 완전 모범생이네요. 혹시 오늘 밤에 공로 배지 하나 따볼 생각 있어요? 묶는 법은 좀 아나요?

필: 사실 이런 얘기하면 안 되는데, 저는 유부남이에요.

클레어: 전 유부남이 취향이에요. 클라이브. 좀 줄게 있어요.

필: 뭔데요?

클레어: 제 드레스요.

필: 오...

클레어: 제 브래지어요.

필: 오 마이...

클레어: 제 속옷이요.

필: 오 마이 갓.

클레어: 자, 이걸 들고 위층으로 가는게 어때요?

필: 이건 치즈마늘빵보다 훨씬 좋아요.

필: 줄리아나, 이게 너무 빠르게 흘러가네요.

클레어: 알아요. 자정 전에 남편한테 돌아가야 해요.

필: 오, 반전이 있군요.

클레어: 필! 필? 코트가 끼었어!

필: 필이 누구죠?

클레어: 지금 이럴 때 아니야. 진짜 코트가 걸렸다고!

필: 아, 그럼 벗어!

클레어: 장난해?! 그냥 좀 잡아당겨 봐!

필: 세상에.

클레어: 잡아당겨. 안 돼, 안 돼, 안 돼! 좋아, 좋아, 됐어.

Phil: Come on up. Treat 'em like they're regular stairs.

Claire: It's okay.

Phil: Come on through. Happy Valentine's day. You look lovely. So do you. Not in a weird way. Let met just get in here. Let me get in here.

Claire: Okay.

Tom: Phil?

Phil: Hey, Tom!

Tom: Hi.

Phil: How are you? Honey, Claire, you remember Tom Mickelson from the office, and his wife, Susan.

Claire: Hi. I do. Hey.

Tom: Is your coat stuck?

Claire: It is. It really is.

Phil: Yeah.

Claire: It's in there pretty darn good.

Tom: why don't you take it off?

Claire: Um...I'm freezing cold.

Tom: Well, at least let me give it a shot, okay?

Claire: Oh, I don't think...

Tom: No, no, no, no, I got it. I...

Principal Balaban: Mr. And Mrs. Dunphy?

Phil: Hey!

Claire: Principal Balaban! Hey. How are you?

Principal Balaban: Hi. Who's, uh, Clive Bixby?

Phil: Oh. Uh... He makes speakers. He's actually in town for a trade show.

Claire: Phil.

필: 올라와요. 그냥 평범한 계단처럼 걸어요.

클레어: 괜찮아요.

필: 지나가세요. 해피 밸런타인데이. 예쁘시네요. 아, 이상한 의미는 아니에요. 자리 좀 비켜줄게요.

클레어: 좋아.

톰: 필?

필: 오, 탐!

톰: 안녕.

필: 안녕하세요! 자기야, 클레어, 사무실의 탐 미켈슨 기억나지? 그리고 그의 아내 수잔.

클레어: 아, 기억나요. 안녕하세요.

톰: 코트가 낀 거예요?

클레어: 네, 정말로요.

필: 응.

클레어: 꽤 심하게 걸렸어요.

톰: 그냥 벗으면 되지 않아요?

클레어: 어... 추워서요.

톰: 그래도 한번 도와드릴게요.

클레어: 아뇨, 그냥...

톰: 괜찮아요. 내가 해볼게요.

발라반 교장: 던피 부부?

필: 안녕하세요!

클레어: 발라반 교장 선생님! 안녕하세요!

발라반 교장: 안녕하세요. '클라이브 빅스비'는 누군가요?

필: 아... 스피커 만드는 사람이에요. 무역 전시회 때문에 왔어요.

클레어: 필.

발라반 교장: 오, 이런. 코트가 낀거예요?

클레어: 네, 조금요.

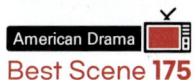

Principal Balaban: Oh...My. Are you stuck?

Claire: Yeah, I am. A...Little bit.

Principal Balaban: Why don't you take off that coat?

Claire: Um, I'm chilly.

Tom: It's really jammed in here.

Principal Balaban: Let me...

Phil : Oh, no, I think we're okay.

Miss Passwater: Mrs. Dunphy!

Claire: Oh! Are you kidding me?! Hi! Luke's math teacher, miss Passwater!

Phil: "Passwater." (laugh) We're good! We're good! I talked to maintenance. They're... they're coming, so go on ahead. See you guys. See you later. See you at school? Good to see you guys. Maintenance is gonna take care of it. So we're fine.

Claire: Okay. Okay, how long till they get here?

Phil: I was faking it. No one's coming for us.

Claire: Well, then, go and get them! Hurry! That was the most embarrassing moment of my life!

Jay: Claire!

Claire: Phil! Stand by.

Jay: What? Did you get your belt stuck?

Claire: I did. Yeah. Yeah.

Jay: Well, take your coat off. Here, let me help you.

Claire: No, no, dad, dad...

Jay: Come on, what are you, naked under there? Oh, geez.

Gloria: It's okay. I got this.

Phil: O...Kay.

발라반 교장: 벗으시는게 어때요?

클레어: 어, 추워요.

톰: 꽤 깊게 박혀 있네요.

발라반 교장: 제가 좀...

필: 아, 괜찮아요.

패스워터 선생님: 던피 부인!

클레어: 아, 진짜요?! 안녕하세요! 루크 수학 선생님, 패스워터 선생님!

필: "패스워터." (웃음) 우린 괜찮아요! 괜찮아요! 관리팀에 연락했어요. 곧 올 거예요. 다들 가세요. 학교에서 봬요! 관리팀 올거니까 괜찮아요.

클레어: 오케이. 얼마나 걸린대?

필: 거짓말였어. 아무도 안 와.

클레어: 뭐라고?! 당장 가서 데려와요! 진짜 인생에서 가장 민망한 순간이이야!

제이: 클레어!

클레어: 필! 옆에 서서 가려.

제이: 벨트라도 낀거야?

클레어: 아니요, 코트요.

제이: 그냥 벗어. 내가 도와줄게.

클레어: 아니, 아빠, 제발...

제이: 뭐야, 안에 아무것도 안 입었어? 아이고.

글로리아: 괜찮아요. 내가 할게요.

필: 오...케이.

글로리아: 클레어, 제가 하는 대로 따라 해요.

클레어: 오케이. 와, 고마워요.

Gloria: Claire, follow my lead, okay?

Claire : Okay. Okay. Wow. Okay. Thank you.

Gloria: It has happened to me before.

Phil: That was impressive.

Jay: Take it down a notch, "Clive." You okay?

Claire: Yeah, I'm good.

글로리아: 나도 예전에 그런 적 있어요.

필: 대단하다.

제이: 좀 진정해, "클라이브." 괜찮아?

클레어: 예, 이제 괜찮아요.

American Drama
Best Scene 175

이 장면에서 놓치면 안되는 표현들

🔊 **01 What do you say~?** …하는게 어때?

    A: **Are you feeling as sleepy as I am?** 너도 나처럼 졸려?
    B: **What do you say we grab some coffee?** 커피 좀 마시는게 어때?

🔊 **02 Are you kidding me?** 정신나갔어?, 그걸 말이라고 해?

    A: **I didn't get the package you sent.** 네가 보낸 소포 받지 못했어.
    B: **It never arrived? Are you kidding me?** 도착하지 않았다고? 그걸 말이라고 해?

🔊 **03 Come on through** 지나가세요

    A: **Would you mind if I used your door?** 당신네 문을 이용해도 괜찮겠어요?
    B: **Come on through to the other side.** 다른 쪽으로 지나가요.

🔊 **04 give it a shot** 한번해보다

    A: **I think Anne would agree to date you.** 앤은 너와 데이트하려고 할 것 같아.
    B: **I guess I'll give it a shot.** 한번 해봐야겠네.

🔊 **05 I got it** 내가 할게

    A: **Who is going to pay for the pizza?** 피자값 누가 낼거야?
    B: **Don't worry, I got it.** 걱정마, 내가 낼게.

🔊 **06 Are you stuck?** 너 끼였어?, 너 막혔어?

    A: **Damn, it's so hard to figure this out.** 젠장, 이거 알아내는거 정말 어렵네.
    B: **Are you stuck? I'll give you a hand.** 너 막힌거야? 내가 도와줄게.

🔊 **07 We're good** 우리 괜찮아

    A: **Do you guys want some assistance?** 너희들 좀 도와주길 바래?
    B: **We're good. Thanks for asking.** 우리는 괜찮아. 물어봐줘서 고마워.

🔊 **08 I was faking it** 내가 거짓말한거야

    A: **I'm sorry that you hurt your arm.** 네 팔이 다쳤다니 안됐어.
    B: **I was faking it. It wasn't real.** 내가 거짓말한거야. 진짜 아녔어.

🔊 09 I got this 내가 맡아서 할게

A: **Can anyone score the wining goal?** 누구 결승골을 넣을 사람?
B: **Just sit back and relax. I got this.** 앉아서 긴장풀고 있어. 내가 알아서 할게.

🔊 10 follow one's lead …을 따라하다

A: **Adel insists on going to Las Vegas.** 에이델이 라스베거스에 가자고 고집펴.
B: **We'll have to follow her lead.** 우리는 걔가 하자는대로 해야지.

🔊 11 It happened to me before 전에 나도 이런 적 있어

A: **Someone threw me a surprise party.** 누가 내게 깜짝파티를 열어줬어.
B: **It happened to me before and I didn't like it.** 나도 그런적 있었는데 난 안좋아.

🔊 12 That was impressive 인상적이었네

A: **Did you like the magic trick I did?** 내가 한 마술 좋아해?
B: **That was impressive. Can you do it again?** 인상적이었어. 다시 할 수 있어?

 Chris Says:

Let me tell you something:
This means "I'm going to give you my opinion about something."
I have to tell you:
This means "I'm going to tell you something honestly." Sometimes it is something a person is reluctant to say.

It's gonna be great!

멋질거야!

>> **Modern Family**
Season 4 Episode 1 17:25

글로리아는 임신했지만 남편이 싫어할까봐 걱정한다. 마침내 남편 제이의 생일날 제이에게 이를 알리려 하고 클레어는 이에 앞서 아버지에게 누군가 중대발표를 할거니까 긍정적으로 반응해달라, 그리고 그냥 지금 예민한 상태니까 무슨 말을 하든 지지해달라고 부탁한다. 미첼 부부가 들어와서 고양이를 입양하겠다고 하니 제이는 클레어가 말한 내용이 이것인 줄 알고 아주 긍정적으로 지지해준다. 하지만 대화를 나누던중 글로리아의 아들 매니가 New baby 얘기를 꺼내자 제이는 쟤가 지금 무슨 말을 하는거야?(What's he talking about?)라 하자, 글로리아가 내가 임신했다고 하는 말예요(He's talking about I am pregnant)라고 한다. 옆에 있던 게이커플들은 말도 안돼(Oh, come on!), 임신?(Pregnant)이라고 외치고 당사자인 제이는 말도 안돼!(You gotta be kidding me!)라는 반응을 나타낸다. 클레어의 아들 루크는 어 징그러(Oh, gross), 할아버지가 아직도 그 짓을 하는지 몰랐어요(I didn't know grandpa could still do it)라고 하자 아버지 필은 버릇없이 말하지 마라(Don't be disrespectful, Luke), 글로리아라면 누구든 할 수 있다(Anyone could do it with Gloria)라며 글로리아의 섹시함에 간접적으로 경의를 표한다.

제이가 자신의 임신을 싫어하거라 예단한 글로리아는 일장 연설을 시작한다. 당신이 너무 낡은당신의 방식이 굳어져서 기뻐할 수 없다면(And if you're too set in your old ways to be happy about it), 내가 혼자 아이를 키울 수 있어요(I can raise it on my own), 난 전에도 해봤고(I have done it before), 지금도 할 수 있어요(and I can do it now!)라고 단호한 입장을 밝힌다. 그리고 마지막으로 난 남편없이도 잘 견디는 강한 라틴 여자출신이라구요(I come from a very long line of strong Latin women whose husbands are nowhere to be found!)라고 정리해준다. 제이가 말을 다 듣더니 말 끝났어?(Are you done?), 내가 뭐 좀 얘기해도 될까?(Can I say something?)라고 물어보고 글로리아는 아직 격앙된 목소리로 해봐요!(Go on!)라고 한다.

예상밖으로 제이는 지금까지 들었던 소식 중에서 가장 기쁜 소식이야(That is the greatest news I've ever heard)라고 하며 글로리아의 임신을 축하해준다. 의외의 반응에 놀란 글로리아는 정말요?(It is?)라고 묻고 제이는 왜 그런지 얘기를 해준다. 난 내 미래에 남은 날들이 어떠한지 들으면서 세월을 보내고 있는데(I spent the day hearing what my future had in store for me), 난 전혀 거에 좋아하지 않았어(and I didn't like one bit of it), 내 인생이 끝나는 것 같았는데(It felt like my life was ending), 이제 당신이 내가 꿈에 그리던 여자와 새로운 출발을 하게 되었다고 말하고 있는거야(And now you're telling me that I get to have a new start… with the woman of my dreams), 그리고는 나 울 것 같아(I think I'm gonna cry)라고 말한다. 필은 내가 너무 앞서나갔네(I'm way ahead of you), 캠은 이게 믿겨져(Can you believe this?), 그리고 미첼은 그래 고양이도 키우지 못하겠네(I know. They wouldn't even let us get a cat)라며 각기 반응한다. 제이는 멋질거야(It's gonna be great!)라고 말하자 글로리아는 나 뚱뚱해질거야!(I'm gonna get so fat!)라고 걱정하자 더 잘된 일이야(Mostly great)라고 말한다.

The Best Lines from <Modern Family>

Jay: I think it'll be a perfect addition to the family. I know I'll love the heck out of the little bugger. I'm just hoping that little one over there doesn't get jealous.

Manny: Oh, this little one will be just fine now that he knows where he stands… in the shadow of your new baby!

Jay: What's he talking about?

Gloria: He's talking about I am pregnant.

Mitchell: Oh, come on!

Cameron: Pregnant?!

Jay: You gotta be kidding me!

Luke: Oh, gross. I didn't know grandpa could still do it.

Phil: Don't be disrespectful, Luke. Anyone could do it with Gloria.

제이: 가족에게 완벽한 추가가 될 것 같아. 난 그 꼬맹이를 정말 사랑하게 될거야. 저기 있는 꼬마가 질투만 안하면 좋겠는데.

매니: 아, 이 꼬마는 이제 자기가 어디에 서 있는지 알았으니까 괜찮아요… 아저씨의 새 아기 그림자 속이요!

제이: 얘가 무슨 소리하는거야?

글로리아: 지금 말하고 있는거요… 나 임신했어요.

미첼: 아, 이런!

캐머론: 임신했다고?!

제이: 장난이지, 그렇지?!

루크: 으, 징그러워. 할아버지가 아직도 그게 가능하단 말이야?

필: 무례하게 굴지마, 루크. 글로리아라면 누구든 그럴 수 있어.

Gloria: And if you're too set in your old ways to be happy about it, I can raise it on my own. I have done it before, and I can do it now! I come from a very long line of strong Latin women whose husbands are nowhere to be found!

Jay: Are you done?

Gloria: Yes!

Jay: Can I say something?

Gloria: Go on!

Jay: That's the greatest news I've ever heard.

Gloria: It is?

Jay: I spent the day hearing what my future had in store for me, and I didn't like one bit of it. It felt like my life was ending. And now you're telling me that I get to have a new start... with the woman of my dreams. I think I'm gonna cry.

Cameron: I'm way ahead of you. Can you believe this?

Mitchell: I know. They wouldn't even let us get a cat.

Jay: It's gonna be great!

Gloria: I'm gonna get so fat!

Jay: Mostly great.

글로리아: 그리고 당신이 너무 고지식해서 이 소식을 기뻐하지 못하겠다면, 나 혼자서라도 아이 키울 수 있어요! 예전에도 그랬고, 지금도 할 수 있어요! 우리 집안은 남편 없이도 꿋꿋하게 살아온 강한 라틴 여성들로 이어져 있어요!

제이: 다 했어?

글로리아: 다 했어요!

제이: 나도 말 좀 해도 돼?

글로리아: 해보세요!

제이: 지금 들은 게 내 인생에서 가장 기쁜 소식이야.

글로리아: 정말요?

제이: 오늘 하루 종일 내 앞날이 어떻게 될지 듣고 있었는데, 하나도 마음에 안 들더라. 마치 내 인생이 끝나는 것 같았어. 그런데 이제 당신이 내게 새로운 시작을 준다고 하니... 그것도 내가 사랑하는 여자랑 함께라니. 나 울 것 같아.

캐머론: 나 먼저 울었어요. 믿겨져요?

미첼: 그니까. 우리는 고양이도 못 키우게 하더니.

제이: 진짜 멋질거야!

글로리아: 나 엄청 살찔거예요!

제이: 대부분은... 멋지겠지.

이 장면에서 놓치면 안되는 표현들

🔊 **01 You gotta be kidding me!** 말도 안돼!, 너 나 놀리는거지!

　　A: **They cancelled classes for today.** 오늘 수업 다 취소됐어.
　　B: **No way! You gotta be kidding me!** 말도 안돼! 너 나 놀리는거지!

🔊 **02 Don't be disrespectful** 버릇없게 말하지마

　　A: **That fool better stop talking to me.** 저 바보는 내게 말하지 않는게 좋아.
　　B: **He's an old man. Don't be disrespectful.** 노인이잖아. 버릇없게 말하지마.

🔊 **03 be set in your old way to~** …하기에는 너의 낡의 방식에 굳어져 있다

　　A: **I hate these new banking machines.** 이 새로운 은행기계들은 짜증나.
　　B: **You're too set in your ways to like new things.**
　　　 넌 너의 낡은 방식에 굳어져 새로운 것을 좋아하지 못하는거야.

🔊 **04 I have done it before** 난 전에도 해봤어

　　A: **Have you camped in the woods?** 숲속에서 캠핑해봤어?
　　B: **Oh sure, I have done it before.** 물론, 전에 해본 적 있어.

　　A: **You baked a blueberry pie?** 네가 블루베리 파이를 구웠어?
　　B: **It's easy. I have done it before.** 쉬워. 전에도 해본 적 있어.

🔊 **05 Are you done?** 다했어?, 끝났어?

　　A: **Time is passing quickly. Are you done?** 시간이 정말 빨리 지나가네. 다했어?
　　B: **Not yet. Give me another ten minutes.** 아직. 10분만 더 줘.

　　A: **Those are the reasons I'm upset with you.** 그것들이 내가 너한테 화가 난 이유들이야.
　　B: **Are you done? Can I talk now?** 다 말했어? 이제 내가 말해도 돼?

🔊 **06 Can I say something?** 내가 뭐 좀 얘기해도 될까?

　　A: **This is the only way we can win.** 이게 우리가 이길 수 있는 유일한 방법이야.
　　B: **Can I say something? I don't agree.** 내가 뭐 좀 얘기해도 될까? 난 동의못해.

07 have ~ in store for sb …을 위해 준비해두다

A: **Why are you being secretive around Karen?**
넌 왜 카렌 주위에서 비밀스럽게 행동해?

B: **I have a little surprise in store for her.** 걔한테 조금 깜짝 놀래줄게 있어.

08 I don't like one bit of it 그걸 전혀 좋아하지 않아

A: **You don't care for your new work schedule?** 넌 새로운 근무일정 싫어하지?
B: **Nope, I don't like it one bit of it.** 응, 전혀 좋아하지 않아.

A: **Do you like spending the day in an office?** 넌 사무실에서 보내는걸 좋아해?
B: **Nope, I don't like one bit of it.** 아니, 전혀 좋아하지 않아.

09 It felt like~ 그건 …하는 것 같았어

A: **We were betrayed by our president.** 우리는 사장한테 배신당했어.
B: **It felt like he lied to all of us.** 그가 우리 모두에게 거짓말을 하는 것 같았어.

10 You're telling me that~? 너 …라고 말하는거야?

A: **I need to go home early today.** 난 오늘 집에 일찍 가야 돼.
B: **You're telling me that you feel sick?** 너 몸이 안좋다고 말하는거야?

A: **The suspect got on a bus to NYC.** 용의자가 뉴욕시로 가는 버스를 탔어.
B: **You're telling me that he fled to New York?** 용의자가 뉴욕으로 도망갔다는 말야?

11 I'm way ahead of you 내가 너무 앞서 나갔네

A: **Can you complete the clean up by tomorrow?**
내일까지 청소를 마무리할 수 있어?
B: **I'm way ahead of you. It's all finished.** 내가 너무 앞서 나갔네. 다 끝냈는데.

A: **You'd better tell them to get started.** 걔네들에게 시작하라고 말해.
B: **I'm way ahead of you. We'll get it done.** 내가 너무 앞서 갔나. 우린 그걸 끝낼거야.

Americna Drama Best Scene 123

You were the one who was flirting

집적댄건 당신였어요

>> **Modern Family**
Season 4 Episode 17 11:50

필은 아들 루크의 데이트 신청을 온라인으로 대신해주고 루크는 좋아하는 아이와 함께 음식점에서 만나게 된다. 필도 역시 좀 떨어진 곳에 있는데 이때 한 아줌마가 실례하지만 루크의 아버지시죠?(Excuse me, you're Luke's dad, aren't you?)라고 인사를 건넨다. 자기는 발레리이며 루크가 데이트하고 있는 시몬의 엄마라고 하며(I'm Valerie and Simone's Mom) 자신을 소개한다. 학교장기자랑 대회를 주관했을 때 봤어요(I recognized you from when you hosted the school's talent night)라고 하고, 진짜 유연하던데요(You were incredibly limber)라고 칭찬하자 필은 바지만 맞는 걸 입으면 돼요(When you wear the right pants)라고 하면서 Sit down이라고 한다.

여자는 앉으면서 데이트는 어떻게 돼가요?(So how is the big date going?)라고 묻고 필은 I don't know라 하고 발레리는 둘을 쳐다보면서 시몬은 너무 긴장해서(Simone was so nervous), 컴퓨터로 채팅할 때(When they were chatting on the computer), 내가 다 써줬요(I had to write everything for her)라고 한다. 필은 정말 웃기네요(That's so funny), 저도 루크대신 다 써줬는데요(I did the same thing for Luke)라 한다. 그러자 발레리는 그럼 결국에는 우리가 다 채팅한거네요(So the whole time we were talking to each other)라고 하고 필은 그럼 우리가 데이트하는게 되는건가요?(Wait, does that make this our date?)라고 농담을 한다. 서로 박장대소하고 발레리는 좋은 아빠에, 웃기고, 잘 생겼으니(Well, a good father, funny, handsome), 여자라면 더 바랄 수 없는 상대일 수도 있죠(A girl could do a lot worse)라고 한다.

잠시 미첼부부 등의 얘기가 이어지고 다시 15:38초에 이어지는 장면에서 발레리는 웃으며, 필 너무 웃겨요(Oh, my God, Phil, you are hilarious)라며 필의 어깨를 만진다. 그래요 그래서 부인이랑 20년간 살아온거죠(Yep. That's how I got my wife of 20 years)라며 선을 그으며 종업원에게 계산서를 달라(Could we get the check, please?)고 한다. 발레리도 돈을 내려고 하자 이건 제가 낼게요(Oh, I got this)라고 한다. 그러자 발레리는 웃기고 마음도 넓으신데요(Oh, funny and generous)라고 살짝 작업들어간다. 내 남편이 조금만 당신같아도(If my husband were more like you), 내가 이혼하지 않았을텐데요(maybe I'd still be married)라고 말한다. 필은 반대로 내 아내가 여기 있다면(If my wife were here), 내가 자기에게 완전히 충실하다는 것을 분명히 하길 바랄거예요(she'd want me to be clear that I'm fully committed to her)라고 역시 선을 긋는다. 알겠죠?(You know that, right?)라는 말에 발레리는 무슨 말인지 몰라 뭐라구요?(What?)라고 반문한다.

필은 그냥 확실하게 하려구요(I just wanna make sure), 왜냐면 당신이 좀 풀어지고(because you unbuttoned a button), 난 내 아내를 사랑하니까(and I love my wife)라고 말하는데…. 발레리가 바로 공격한다. 집적댄 건 바로 당신예요(You were the one who was flirting), 그리고 우리가 데이트한다고 했잖아요(and saying we're on a date)라고 따지자 필은 그건 농담였어요(That was a joke), 오해하게 했다면 죄송해요(but I'm sorry if I misled you at all)라고 사과한다. 그러면서도 발레리가 자기를 너무 터치하셔서(But there was a lot of touching)라고 이유를 대자 발레리는 당신 어깨 잠깐 만진 것뿐예요(I touched your shoulder for a second)라고 변명하자 필은 시연해 보이면서 아뇨 쓰다듬는거 비슷했어요, 이렇게요(No, it was more of a stroke like this…)라고 지지 않는다.

필은 발레리의 팔뚝을 만지고 있었는데 식당에서 소리가 나 발레리가 몸을 오른쪽으로 돌리다보니 필의 손이 자연스럽게 발레리의 가슴을 만지게 된다. 근데 하도 당황에서 가슴을 만져서 미안하다가 아니라 내 가슴으로 당신 손을 만져서 미안하다(I'm sorry for touching your hand with my boob, I mean my boob with your hand)며 횡설수설한다. 그러는 필을 보고 발레리는 이거 작업의 일종이냐?(Is this your little game?), 불쌍한 이혼녀의 젖가슴을 만지고(You cop a feel on a sad divorcee), 내가 유혹한 것처럼 뒤집어 씌우는게?(I'm the one coming on to you?)라고 호되게 뭐라 한다.

The Best Lines from <Modern Family>

Valerie: Excuse me. You're Luke's dad, aren't you? I'm Valerie, Simone's mom.

Phil: Hi.

Valerie: I recognized you from when you hosted the school's talent night. You were incredibly limber.

Phil: When you wear the right pants. Please, sit down.

Valerie: Thank you. So how is the big date going?

Phil: I don't know.

Valerie: Simone was so nervous. When they were chatting on the computer, I had to write everything for her.

Phil: That's so funny. I did the same thing for Luke.

Valerie: So the whole time we were talking to each other? Wait, does that make this our date? Well, a good father, funny, handsome. A girl could do a lot worse.

Valerie: Oh, my God, Phil, you are hilarious.

Phil: That's how I got my wife of 20 years. Could we get the check, please? Oh, I got this.

Valerie: Oh, funny and generous. If my husband were more like you maybe I'd still be married.

발레리: 실례지만, 루크 아빠 맞죠? 저는 발레리예요. 시몬 엄마요.

필: 안녕하세요.

발레리: 안녕하세요. 학교 장기자랑 때 사회 보신거 보고 알아봤어요.

필: 아, 하하. 맞는 바지만 입으면 그렇게 유연할 수 있어요. 여기 앉으세요.

발레리: 데이트는 잘 되고 있나요?

필: 잘 모르겠어요.

발레리: 시몬이 너무 긴장해서요. 컴퓨터로 채팅할 땐 제가 다 타이핑해줬거든요.

필: 하하, 웃기네요. 루크도 제가 다 해줬어요.

발레리: 그럼 결국 우리 둘이 얘기한거네요? 그럼 이게 우리 데이트였던 건가요? 좋은 아빠에, 유머감각도 있고, 잘생기기까지…. 여자라면 더 바랄 수 없는 상대일 수도 있죠.

발레리: 와, 필, 정말 웃기세요.

필: 20년 결혼생활 유지한 비결이죠. 계산서 좀 주세요. 제가 낼게요.

발레리: 유쾌하고, 매너도 좋고. 남편이 당신 같았으면 나도 아직 결혼생활 중이었을텐데.

Phil: Well, if my wife were here, she'd want me to be clear that I'm fully committed to her. You know that, right?

Valerie: What?

Phil: No, I just wanna make sure, because you unbuttoned a button, and I love my wife.

Valerie: You were the one who was flirting - and saying we're on a date.

Phil: That was a joke, but I'm sorry if I misled you at all. But there was a lot of touching.

Valerie: I touched your shoulder for a second.

Phil: No, it was more of a stroke, like this. I'm so sorry for touching your hand with my boob. I mean my boob with your hand.

Valerie: Is this your little game? You cop a feel on a sad divorcee and then pretend I'm the one coming on to you?

필: 제 아내가 여기 있었다면, 전 아내에게 충실하다고 분명히 말했을거예요.

발레리: 뭐라고요?

필: 버튼을 하나 풀었길래… 오해 없게 말하려고요. 전 제 아내를 정말 사랑합니다.

발레리: 뭐요? 데이트라고 한 건 당신이잖아요!

필: 그건 농담이었어요. 오해하게 했다면 정말 죄송합니다. 근데 계속 터치하셨잖아요.

발레리: 어깨에 살짝 손 댔을 뿐이에요.

필:아니요, 이렇게 스윽 문질렀잖아요. 미안해요, 제 가슴이 당신 손에 닿았… 아니, 당신 손이 제 가슴에 닿았나…

발레리: 이게 당신 수법인가요? 이 혼녀한테 슬쩍 스킨십하고는, 내가 들이댄 척하는 그런 게임?

이 장면에서 놓치면 안되는 표현들

🔊 **01 I recognized you from when~** …할 때부터 당신을 알아봤어

A: **You know, you seem very familiar.** 저 말이야, 너 아주 낯이 익어.
B: **I recognized you from when we met years ago.**
수년전에 우리가 만났을 때부터 널 알고 있었어.

🔊 **02 chat on the computer** 컴퓨터로 채팅하다

A: **Josh never hangs out with us.** 조쉬는 우리랑 전혀 놀지를 않아.
B: **He's always chatting on the computer.** 걘 늘상 컴퓨터로 채팅을 해.

🔊 **03 That's so funny** 정말 웃기네

A: **Some girl just ran up and gave me a kiss.** 어떤 여자애가 달려와서 내게 키스했어.
B: **That's so funny. It happened to me too.** 거 정말 웃기네. 나도 그런 적이 있어.

🔊 **04 I did the same thing** 나도 똑같이 했어

A: **I went home and fell asleep immediately.** 난 집에 가서 바로 곯아떨어졌어.
B: **I did the same thing after our date.** 우리 데이트한 후에 나도 그랬어.

🔊 **05 A girl could do a lot worse** 여자라면 더할 수 없는 상대일 수 있다

A: **I'm not sure that I'm attracted to Chris.** 내가 크리스에게 끌리는지 잘 모르겠어.
B: **Sweetie, a girl could do a lot worse.** 자기야, 여자라면 더할 수 없는 상대일 수 있어.

🔊 **06 That's how~** 바로 그렇게 해서 …하다

A: **They said the doctors medicated your sister.** 의사들이 네 누이에게 약을 투여했대.
B: **That's how she calmed down.** 바로 그렇게 해서 걔가 진정을 한 거구나.

🔊 **07 Could we get the check, please?** 계산서 좀 줄래요?

A: **Could we get the check, please?** 계산서 좀 줄래요?
B: **Of course, I'll bring it right over.** 물론요, 바로 가져오겠습니다.

🔊 **08 I got this** 내가 낼게

A: **I prefer to pay for this dinner.** 이 저녁식사는 내가 낼게.
B: **I got this. You paid last time.** 이건 내가 낼게. 지난번에 네가 냈잖아.

09 be fully committed to sb …에게 완전히 충실하다

A: So your brother is finally marrying his girlfriend?
그래 네 형이 마침내 여친과 결혼하는거야?
B: He is fully committed to her now. 이제 형은 여친에게 완전히 충실해.

10 You know that, right? 그거 알겠지?

A: You seem to be good at sports. 넌 스포츠를 잘하는 것 같아.
B: I was an athlete. You know that, right? 예전에 운동선수였어. 알겠지?

11 You were the one who~ …한 사람은 바로 너였어

A: I can't stand how we fight all the time. 어떻게 우린 늘상 싸움질을 하는지 참을 수가 없어.
B: You were the one who wanted to get married. 결혼하기를 바랬던 사람은 너였어.

12 be on a date 데이트를 하다

A: You saw my ex when you were out? 외출했을 때 내 전 애인을 봤어?
B: He was on a date with some brunette. 어떤 갈색머리의 여자와 데이트를 하고 있었어.

13 That was a joke 농담이었어

A: That wasn't funny at all, man. 그건 전혀 재미없었어.
B: Take it easy, that was a joke. 진정해, 그건 농담이었어.

14 Is this your little game? 이거 작업의 일종이야?, 이게 너의 얕은 속임수야?

A: I didn't really have the flu. 난 실제로는 독감에 걸리지 않았어.
B: You pretended to be sick? Is that your little game?
아픈 척을 했다고? 그거 너의 얕은 속임수야?

15 cop a feel 젖가슴을 만지다

A: So you made out with Belinda? 그래 너 벨린다와 애무를 했어?
B: Oh yeah, copped a feel off her. 그럼, 걔의 젖가슴을 만졌어.

16 I'm the one ~ing? 내가 …하는 사람이야?

A: Would you mind using your credit card? 네 신용카드를 써도 괜찮겠어?
B: I'm the one paying for everything? 내가 모든 걸 다 내는 사람이야?

Americna Drama Best Scene 124

You picked up a hooker?

창녀를 데려온거예요?

>>> Modern Family
Season 5 Episode 6 10:45

필의 아버지 프랭크가 혼자된 후 한 여자랑 데이트를 하다가 차여서 상처를 받는다. 아들집에 놀러 온 필의 아버지에게 클레어는 상담사와 상담하게 하자고 하고 제이는 즐겁게 노는게 더 효과가 있다고 하고 필과 아버지 그리고 제이가 술집에 놀러가서 프랭크에게 마시라는 여자를 연결시켜준다. 문제는 그 다음날 아침이다. 필이 커피를 마시고 있는데 프랭크가 나온다. 필은 카사노바 나오시네요(Hey, there's Casanova!), 어젯밤에 집에 들어오는 소리 못들었는데요(I didn't hear you come in last night), 저기 마시라는 여자하고는 어떻게 됐어요?(So how did it go with Marcy?)라고 어젯밤 데이트에 대해 묻는다. 프랭크는 It was okay, 하지만 내가 택시를 기다리다 다른 여자를 만났어(But I actually met someone else while I was waiting for a taxi)라고 한다.

필은 좋은 소식이라 생각해 그렇군요(Well, all right)라고 하고 프랭크는 근데 그 여자가 지금 여기 있다(And she's downstairs right now), 사실은 내가 좀 문제가 생겼어(Truth is I have a bit of a situation), 그 여자가 나보고 500 달러를 달라고 하는구나(She says I owe her $500)라고 말한다. 다시 말하면 창녀에게 낚인 셈인 것이다. 창녀가 아니기를 바라는 맘에서 필은 그 여자의 소지품을 망가트렸다고 말해주세요(Please tell me you broke something of hers)라고 희망사항을 말하지만, 아버지는 아니 창녀야(No, turns out she's a hooker)라고 말한다. 필은 창녀를 데려온거예요?(You picked up a hooker?)라고 톤이 달라지고 아버지는 창녀인줄 몰랐어(I didn't know she was a hooker)라고 한다. 필은 우리 주방예요(We're in my kitchen), "창녀"라는 말은 쓰지 말죠(We have to stop saying "hooker")라고 말조심을 시킨다. 그리고 아내 클레어가 요가 끝나고 오기 전에 그 여자를 내보내야 된다(You got to get her out of here before Claire gets back from yoga)라고 한다. 하지만 아버지는 그 여자는 돈을 받기 전에는 나가지 않을거야(She's not gonna leave until she gets the cash)라고 말하자, $500 달러요, 바가지인 것 같은데요($500? I think you got ripped off)라고 하는데, 그 창녀가 등장하며 필에게 필이 마시는 커피 좀 마셔도 될까요?(Hey, can I have a hit of that coffee?)라고 한다. 그리고는 정말예요(Trust me), 아버지는 바가지 씌운게 아니예요(He did not get ripped off)라고 프랭크의 엉덩이를 한번 치고는 마시던 커피를 다시 필에게 돌려주는데 필은 괜찮아요 그냥 다 마셔요(No,

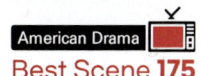

that's good. It's yours)라고 한다.

필과 프랭크는 현금을 털어보지만 247달러 뿐이어서 필은 현금인출기에서 찾아와야겠다(I'm gonna have to run to an ATM)라고 하면서 아버지에게 신경질을 내며 어떻게 모를 수가 있어요?(How could you not know?)라고 한다. 아버지는 술을 마셨고 집적대니까(the drinks, the flirting), 제대로 생각을 할 수 없었다(I couldn't think straight)라고 변명한다. 넌 부드럽고 탱탱한 48세 여자의 유혹을 받아본 적 있냐?(Have you ever touched the smooth, taut skin of a 48-year-old woman?)라고 변명을 계속하고 필은 언젠가 그래봤으면 좋겠어요(I hope to, one day)라고 빈정대고, 하지만 그럴 수가 없어요(but that's not gonna happen), 만약 클레어가 집에 오면(if Clair gets home and…)이라고 말하는데 클레어가 집에 들어온다.

클레어는 시아버지인 프랭크에게 어젯밤은 재미있으셨어요?(Frank, did you have fun last night?)라고 물어보는데 지나가는 루크가 주방에 있는 여자 누구예요?(Who's the woman in the kitchen?)라고 묻고 프랭크는 난 몰라(Beats me), 바람 좀 쐬야겠다(I think I will go freshen up)라고 하고 자리를 피한다. 클레어가 필에게 주방에 여자가 있어?(There's a woman in the kitchen?)라고 되묻고 필은 상담사이셔(She's a therapist)라고 거짓말을 한다. 당신이 부르자고 했던 그 상담사야(The therapist that you recommended), 당신 생각이 좋다고 생각해서(So I decided it was a good idea)라고 둘러대는데 클레어는 진짜인 줄 알고 당신이 내 말에 귀 기울였다는게 정말 의미가 커(That means the world that you listened to me)라고 안아준다. 필은 상황을 모면하기 위해 먼저 올라가서 샤워하고 와(You should get a shower upstairs)라고 하는데, 클레어는 인사해야지(Oh, no. I want to say hi)라고 주방으로 향하고, 필은 안돼, 당신 땀범벅이잖아(No, not sweaty like that, you smell)라며 말리지만…. 이제부터 코미디가 시작된다. 클레어는 자신의 이름과 프랭크의 며느리라고(I'm Clair. I'm Frank's daughter-in-law)라고 소개하고 시아버지를 도와주러 오셔서 정말 감사해요(I just want to thank you so much for coming and helping him out this way)라고 인사한다. 자기 아이디어였다고(It was my idea)라고 하지만 사정을 아는 필은 아뇨 그렇지 않아요(No, it wasn't)라고 한다. 필은 말리고 싶지만 클레어는 창녀인줄 모르고 계속 말을 이어간다. 다른 사람에게 이런 말을 해본 적은 없지만(I've never told anyone this), 그쪽이 하는 일을 꼭 해보고 싶었어요(But I have always wanted to do what you do), 그 방면의 일을 아주 잘할 것 같아요(I think I'd be really good at it)라고 하자 필은 말을 막지만, 클레어는 기본적으로 내가 이웃들과 하고 있는 일이잖아(It's basically what I already do for the whole neighborhood)라고 하면서 그걸 직업으로 하면(at least this way), 그 대가로 돈을 받잖아(I get paid for it)라고 한다. 진짜 창녀준비생이 아니면 할 수 없는 말들을 내뱉는 우스운 장면을 연출하고 있다.

The Best Lines from <Modern Family>

Phil: Hey, there's Casanova! I didn't hear you come in last night. So -- so, uh, how did it go with Marcy?

Frank: Oh, it was okay. But I actually met someone else while I was waiting for a taxi.

Phil: Well, all right.

Frank: And she's downstairs right now. Truth is, I, um, have a bit of a situation. She says I owe her $500.

Phil: Please tell me you broke something of hers.

Frank: No, turns out she's a hooker.

Phil: You picked up a hooker?

Frank: Well, I didn't know she was a hooker.

Phil: We're in my kitchen. We have to stop saying "hooker." You got to get her out of here before Claire gets back from yoga.

Frank: She's not gonna leave until she gets the cash.

Phil: $500? I think you got ripped off.

Whore: Hey, can I have a hit of that coffee?

Phil: Oh, that's fine.

Whore: Trust me. He did not get ripped off.

Phil: No, that's good. It's yours. $247. I'm gonna have to run to an ATM. How could you not know?!

필: 어이, 카사노바 씨! 어젯밤에 들어오는 소리 못 들었어여. 그래서... 마시(Marcy)랑 어땠어요?

프랭크: 괜찮았어. 근데 사실 택시 기다리다가 다른 여자를 만났지.

필: 오, 그래요?

프랭크: 그 여자가 지금 아래층에 있어. 사실 말인데, 좀 곤란한 상황이야. 자기가 내게 500달러를 내놓으라고 하네.

필: 제발, 뭔가 그녀 물건이라도 망가뜨렸다고 해줘요.

프랭크: 아니, 알고 보니까 그녀가 매춘부였어.

필: 뭐라고요? 매춘부를 집에 데려온거예요?

프랭크: 아니, 처음엔 몰랐지!

필: 우리 부엌예요, "매춘부"같은 말 하지마요. 클레어가 요가 끝나고 돌아오기 전에 그녀를 내보내야 돼요.

프랭크: 그녀는 돈 받기 전까진 안 나간대.

필: 500달러? 완전 바가지를 썼는데요?

창녀: 저기, 커피 한 모금 마셔도 돼요?

필: 어... 그래요.

창녀: 확실하게 말하자면요, 절대 바가지 아니었어요.

필: (창녀에게) 아, 그거... 커피 다 드세요. (프랭크에게) 자, 지금까지 247달러네. ATM에 다녀올게. 대체 어떻게 몰랐냐고요?!

American Drama
Best Scene 175

Frank: Well, the drinks, the flirting. I couldn't think straight. Have you ever touched the smooth, taut skin of a 48-year-old woman?

Phil: I hope to one day, but that's not gonna happen if Claire gets home and...

Claire: Hi! I'm back! Hey! Frank, did you have fun last night?

Phil: He did not.

Luke: Who's the woman in the kitchen?

Frank: Beats me. I think I'll go freshen up.

Clair: There's a woman in the kitchen?

Phil: There's a woman in the kitchen. Yeah, she's a therapist. The therapist that you recommended. So I decided it was a good idea.

Clair: Oh, that means the world that you listened to me. Thank you!

Phil: Ohh, you should get a shower upstairs.

Clair: Oh, no, I want to say hi.

Phil: No, not sweaty like that. You smell.

Clair: No, uh Hi! Hi, I'm Claire. I'm Frank's daughter-in-law, and I just want to thank you so much for coming and helping him out this way. It was my idea.

Phil: No, it wasn't.

Clair: Okay. All right. No, hey. I've never told anyone this. But I have always wanted to do what you do. I think I'd be really good at it.

Phil: No, she wouldn't.

Clair: What are you talking about? It's basically what I already do for the whole neighborhood. At least this way, I get paid for it.

프랭크: 술도 마시고, 분위기도 좋았고… 정신이 없었어. 네가 48살 여성의 매끈하고 탄력 있는 피부를 만져본 적이 있냐?

필: 언젠간 해보길 바라지만, 클레어가 지금 집에 오면 그런 일은 없을거야.

클레어: 나 왔어! 안녕! 프랭크, 어젯밤 재밌었어요?

필: 아니, 아니. 재밌지 않았어.

루크: 주방에 있는 여자 누구예요?

프랭크: 난 몰라., 바람 좀 쐬야겠다.

클레어: 주방에 여자가 있어?

필: 주방에 여자가 있어. 그래 상담사이셔. 당신이 부르자고 했던 그 상담사야. 당신 생각이 좋다고 생각해서.

클레어: 당신이 내 말에 귀기울였다는게 정말 의미가 커.

필: 먼저 올라가서 샤워하고 와.

클레어: 인사해야지.

필: 안돼, 당신 땀범벅이잖아.

클레어: 안녕하세요. 클레어예요. 프랭크의 며느리죠. 시아버지를 도와주러 오셔서 정말 감사해요. 제 아이디어였어요.

필: 아냐, 그렇지 않아요.

클레어: 그래, 그래요. 다른 사람에게 이런 말을 해본 적은 없지만, 그쪽이 하는 일을 꼭 해보고 싶었어요. 그 방면의 일을 아주 잘할 것 같아요.

필: 아니, 그렇지 않을거예요.

클레어: 기본적으로 내가 이웃들과 하고 있는 일이잖아. 그걸 직업으로 하면, 그 대가로 돈을 받잖아.

이 장면에서 놓치면 안되는 표현들

🔊 01 I didn't hear you~ 네가 …하는 것을 듣지 못했어

A: **Why didn't you answer when I yelled for you?** 소리쳐부르는데 왜 답을 안했어?
B: **I didn't hear you calling me.** 네가 날 부르는 소리를 못들었어.

🔊 02 How did it go with sb? …와는 어떻게 됐어?

A: **How did it go with Rebecca?** 레베카와는 어떻게 됐어?
B: **Ah, we ended up having a big fight.** 대판 싸움을 벌이게 됐어.

🔊 03 Truth is~ 사실은 …야

A: **People say that Carrie has mental problems.**
사람들이 그러는데 캐리가 정신적 문제가 있대.
B: **Truth is she acts like a crazy person.** 사실은 걔는 미친 사람처럼 행동하는거야.

🔊 04 I have a bit of a situation 나 문제가 생겼어

A: **So you think it's urgent that we meet?** 우리가 만나는게 급하다고 생각하는거야?
B: **I have a bit of a situation to discuss.** 상의해야 할 문제가 생겼어.

🔊 05 pick up a hooker 매춘부를 사다

A: **How did Chris get arrested?** 크리스는 왜 체포된거야?
B: **He went into the city to pick up a hooker.** 걘 시내로 가서 창녀를 낚았어.

🔊 06 get back from …로부터 돌아오다

A: **We're taking a trip this weekend.** 우리는 이번 주말에 여행할거야.
B: **See you when you get back from New Jersey.** 뉴저지에서 돌아오면 그때 보자.

🔊 07 get ripped off 바가지를 쓰다

A: **How did you lose all of your savings?** 어떻게 저축한 돈을 몽땅 잃었어?
B: **I got ripped off by some con man.** 어떤 사기꾼에게 사기를 당했어.

🔊 08 run to an ATM ATM으로 뛰어가다

A: **We hardly have any cash left.** 우린 남은 현금이 거의 없어.
B: **I think I'd better run to an ATM.** ATM으로 달려가야 될 것 같아

09 How could you not know? 어떻게 네가 모를 수가 있어?

A: How could you not know he was cheating? 걔가 바람피는걸 어떻게 모를 수가 있어?
B: I just thought he worked late a lot. 난 걔가 야근을 많이 한다고 생각했지.

10 I couldn't think straight 제대로 생각을 할 수가 없었어

A: You were a mess at the bar last Saturday. 지난 토요일 너 바에서 완전 엉망였어.
B: I was so drunk I couldn't think straight. 너무 취해서 제대로 생각을 할 수 없었어.

11 That's not gonna happen 그럴 일은 없을거야

A: Your girlfriend made a fool out of you. 네 여친이 널 바보로 만들었어.
B: I wanted to marry her, but that's not gonna happen.
결혼하고 싶어했지만 이제 그럴 일은 없을거야.

12 Beats me 몰라

A: Is it supposed to be cold tomorrow? 내일 추울거래?
B: Beats me. Go ask someone else. 몰라. 다른 사람에게 물어봐.

13 I think I'll go freshen up 나 바람 좀 쐬어야겠어, 몸단장을 해야 할 것 같아

A: I think I'll go freshen up in the bathroom. 화장실에서 단장을 좀 해야겠어.
B: Well, don't take too long to do it. 너무 오래 걸리지 않게 해.

14 So I decided it was a good idea 그게 좋은 생각이라고 결정했어

A: Why did you wear shorts to the office? 왜 사무실에서 반바지를 입었던거야?
B: It seemed okay, so I decided it was a good idea.
괜찮아보여서 좋은 생각이라고 생각했어.

15 I think I'd be really good at it 나 정말 그 일 잘할 수 있을 것 같아

A: You seriously want to be a gangster? 너 정말 갱단이 되고 싶은거야?
B: I think I'd be really good at it. 나 정말 그 일 잘할 수 있을 것 같아.

16 I get paid for it 그 대가로 돈을 받아

A: How do you like being a model? 모델일 어때?
B: It's enjoyable and I get paid for it. 재미도 있고 돈도 받잖아

Americna Drama Best Scene 125

We need to stick together

>>> **Modern Family**
Season 6 Episode 2 14:48

우리는 뭉쳐야 돼

필과 에일리, 루크는 대학에서 하는 한 테스트를 하기로 하고 한 방에 있게 된다. 그리고 벽면에는 빨간버튼이 있는데 Do Not Push라는 말이 적혀져 있다. 필과 루크는 그 버튼을 누르려고 하고 항상 규칙을 지키지 않다가 스스로 루저가 됐다고 생각하는 에일리가 의자를 들고 막아서고 있다. 버튼을 누르면 안된다며, 규칙을 깬다고 해서 네가 영웅이 되는 것은 아냐(Breaking the rules doesn't make you a hero!), 오히려 널 망치게 하는거야(It makes you a screw-up)라고 열변을 토한다. 그리고 루크야, 내 말들어(Take it from me, Luke), 퇴학자 백만명 중에 겨우 한 사람이 스티브 잡스가 되는거야(One out of a million dropouts becomes Steve Jobs), 누가 직업도 없는 루저가 되는 줄 알아?(Do you know who become losers with no jobs?)라고 자문하고, 나머지 구만 구천명이야(The other 99,000)이라고 한다.

이 말은 들은 아버지 필은 얘야, 넌 루저가 아냐(Honey, you are not a loser)라고 위로하지만 에일리는 됐어요(Oh, please), 나를 겨냥해서 하는 말들 다 듣고 있어요(I hear the shots you all take at me), 여동생 알렉스는 내가 들어갈 엄두도 못낼 대학교 간다고 나를 앞서가고 있다(I see my sister about to lap me at a college that I would never be able to get into)고 신세타령을 한다. 계속 이어진다. 나만큼 멍청한 애도 내가 엄청난 인생의 실패자라는 것을 알 수 있어요(Even someone as dumb as me can see that I'm a giant failure!)라고 소리지른다. 아버지 필은 이 말에, 헤일리 그만해 알았어?(Haley, stop, okay?)라고 일단 말을 멈추게 하고 내가 뭐 좀 얘기해줄게(Haley, let me tell you something), 넌 이 테스트가 측정할 수조차 없는 가치가 있고 재능 그리고 잠재력도 갖고 있어(You have value, talent, and potential that their tests can't measure)라고 충고하고 저들이 만든 작은 박스 안에 네가 맞지 않는다고 해서 누가 뭐래?(Who cares if you don't fit into their little box?)라는 명언을 말한다. 넌 너만의 길을 찾아가고 있는 중이잖아(You're finding your way), 그게 바로 20대가 해야 될 일이고(That's what your 20s are for), 기회도 잡아보고(to take chances), 그리고 실수도 하면서 배워가는거야(to make mistakes and to learn from them)라고 말하며, 그리고 넌 지금 실수들을 통해 배워나가는 중야(and you are learning from them)이라고 격려해준다. 그리고 네가 규칙을 지키려고

저 버튼을 누르지 않으려는 사실이 그걸 증명하잖아(The fact that you won't push this button proves that)라고 말하자 에일리는 화가 풀리며 정말 고마워요 아빠(That was really sweet, dad)라고 하면서 아버지에게 다가가며 저도 저 의자를 아빠 머리에 던지고 싶지 않았어요(I can't believe I was gonna hit you over the head with that chair)라고 말하며 안긴다. 옆에 있던 루크가 잠깐만요, 그럼 우리는 저 버튼을 누르지 않을거예요?(Wait. So now we're not pushing the button?)라고 묻고, 필은 그래 우리는 헤일리 말에 따를거야(No. We're supporting Haley)라고 한다. 루크는 아빠 남은 평생 그러겠죠(for the rest of your life)라고 하자 필은 그건 도움이 되지 않는구나(That is not helpful)라고 하면서 **우리는 뭉쳐야 된다(We need to stick together)**라고 한다.

The Best Lines from <Modern Family>

Haley: **Breaking the rules doesn't make you a hero! It makes you a screw-up!** (to Luke) Take it from me, Luke -- one out of a million dropouts becomes Steve Jobs. Do you know who become losers with no jobs? The other 99,000!

Phil: Honey, you are not a loser.

Haley: Oh, please. I hear the shots you all take at me. I see my sister about to lap me at a college that I would never be able to get into. Even someone as dumb as me can see that I'm a giant failure!

Phil: Haley, stop, okay? Haley, let me tell you something, you have value, talent, and potential that their tests can't measure. **Who cares if you don't fit into their little box. You're finding your way. That's what your 20s are for -- to take chances to -- to make mistakes and to learn from them, and you are learning from them.** The fact that you won't push this button proves

헤일리: 규칙을 어긴다고 영웅이 되는 건 아니야! 그건 그냥 망하는 거야! (루크에게) 루크, 내 말 잘 들어. 백만 명 중 한 명이 스티브 잡스가 돼. 나머지 99만 9,999명은? 직업도 없이 인생 망하는 거야!

필: 애야, 넌 그런 루저가 아니야.

헤일리: 아, 됐어요. 나를 겨냥해서 하는 말들 다 듣고 있어요. 여동생 알렉스는 내가 절대 못 들어갈 대학교 간다고 나를 앞서가고 있다. 나만큼 멍청한 애도 내가 엄청난 인생의 실패자라는 것을 알 수 있어요.

필: 헤일리, 그만해, 알겠지? 헤일리, 내가 하나 말해줄게. 너에겐 가치도 있고, 재능도 있고, 가능성도 있어. 그런 시험 따위로는 측정할 수 없는 것들이지. 그들이 정해놓은 작은 틀에 네가 안 맞는다고 해서 뭐가 어때서. 넌 지금 너만의 길을 찾고 있는거야. 그게 바로 20대잖아. 실수하고, 실패

that.

Haley: That was really sweet, dad. I can't believe I was gonna hit you over the head with that chair. Wait.

Luke: So now we're not pushing the button?

Phil: No. We're supporting Haley.

Luke: For the rest of your life.

Phil: That is not helpful. **We need to stick together.**

하고, 거기서 배우는 시기. 그리고 넌 분명 배우고 있어. 이 버튼을 누르지 않겠다고 한 것만 봐도 그걸 알 수 있어.

헤일리: 아빠, 정말 고마워요. 저도 저 의자를 아빠 머리에 던지고 싶지 않았어요.

루크: 그럼… 이제 버튼 안 누르는 거야?

필: 그래. 우린 헤일리를 응원하기로 했잖아.

루크: 아빠 남은 평생 그러겠죠

필: 그건 별로 도움이 안 되거든. 우리, 서로 도와야 해. 함께 뭉쳐야 한다고.

 Chris Says:

Do you hear? 1. 들리니?(= Can you hear?) 2. 내 말 듣고 있는거냐?
This seems to be asking if a person is physically able to hear something.
Do you hear me? 내 말 듣고 있어?, 내 말 이해해?
Usually this is asking if a person was able to understand what the speaker said.
Did you hear me? 내 말 들었어?, 내 말 이해했어?
This is asking if a person understood the speaker's statement.
(Do) You hear that? 저 소리[말] 들리니?
Often this is asking someone if they heard something unusual. It is a way of confirming that two people heard the same thing.
Did you hear? 그 소식 들었어?(= Have you heard?)
This can be used with rumors or gossip or new news.
Did you hear that? 그 얘기 들었니?
This is usually said when someone hears something strange. They ask other people to verify if other people also heard it.

이 장면에서 놓치면 안되는 표현들

🔊 **01 Take it from me,** 정말이야.

  A: **I heard getting a massage is relaxing.** 마사지를 받으면 긴장이 풀린다고 들었어.
  B: **Take it from me, you'll feel better.** 내말 믿어, 너 기분이 좋아질거야.

🔊 **02 I hear the shots you all take at me** 날 겨냥해서 하는 말들 듣고 있어

  A: **People are saying you've lost your talent.** 사람들이 그러는데 네가 네 능력을 잃었대.
  B: **I hear the shots you all take at me, and I don't like it.**
  내얘기하는거 듣고 있는데 맘에 안들어.

🔊 **03 Let me tell you something** 내가 뭐 좀 얘기해줄게

  A: **We need you to work all weekend again.** 넌 다시 주말 내내 일해야 돼.
  B: **Let me tell you something, I've had it!** 내가 뭐 좀 얘기해줄게, 나 지긋지긋해!

🔊 **04 Who cares if~?** …한다고 누가 뭐래?

  A: **This whole project will be done tomorrow.** 이 프로젝트 전부는 내일 끝날거야.
  B: **Who cares if it's finished?** 그게 끝난다고 누가 상관이나 한데?

🔊 **05 We need to stick together** 우리는 뭉쳐야 돼

  A: **The company is trying to screw us over.** 회사가 우리를 속이려고 해.
  B: **We need to stick together on this.** 우리는 똘똘 뭉쳐야 돼.

Americna Drama Best Scene 126

You can't always get what you want

원하는 것을 항상 얻을 수 없어요

House M.D.
Season 1 Episode 1 7:16

닥터 하우스는 전문의지만 클리닉에서 일반환자도 받아야 되는 의무가 있는데 이를 게을리하고 칼퇴근을 하고 있다. 이때 원장인 커디가 하우스를 향해 빠르게 걸어오고 있다. 20분전에 내 사무실에 오실거라고 예상했었는데요(I was expecting you in my office 20 minutes ago)라고 하자 하우스는 그래요?(Really?), 참 이상하군요(Well, that's odd), 난 20분전에 당신 사무실에 갈 생각이 없었거든요(Because I had no intention of being in your office 20 minutes ago)라고 얄밉게 대답한다. 커디는 우리가 얘기할 게 없는 것 같아요?(Do you think we have nothing to talk about?)라고 묻자, 아뇨 그냥 내가 관심을 가질 얘깃거리가 없다고 생각했어요(No, I just can't think of anything I'd be interested in)라고 답하자 커디는 단도직입적으로 내가 선생님 월급을 주고 있어요(I sign your paycheck)라 한다. 다시 얄밉게 하우스는 난 종신재직권이 있어요(I have tenure)라고 받아친다.

이때 엘리베이터가 열리고 하우스는 안으로 들어가면서 내가 못가게 내 지팡이를 잡을거예요?(Are you gonna grab my cane now, stop me from leaving?)라고 하고 커디는 그런 유치한 짓은 안해요(That would be juvenile)라고 하며 같이 엘리베이터에 탄다. 그러면서 선생님이 선생님 일을 하지 않으면 해고할 수 있어요(I can still fire you if you're not doing your job)라고 은근 협박하지만 하우스는 난 9시에서 5시까지 근무예요(I'm here from 9 to 5)라고 말한다. 커디는 선생님 이름으로 나가는 청구서는 거의 없어요(Your billings are practically not-existent)라고 클리닉에서 일반환자를 받지 않았다고 하자, 환자가 별로 없었다는 의미로 Rough year이라고 답한다. 커디는 이에 선생님은 다른 과의 진료의뢰는 무시하잖아요(You ignore requests for consults)라고 잘못을 지적하자 또 얄밉게 전화를 다시 걸지만(I call back), 가끔 전화번호를 잘못 눌러요(Sometimes I misdial)라고 말한다. 커디는 선생님은 클리닉 진료에 대한 의무를 제대로 하지 않은게 6년이나 되었어요(You're six years behind on your obligations to this clinic)라고 요점을 정리해주자, 거봐요 내 말이 맞잖아요(See, I was right), 클리닉 일은 내게 흥미가 없어요(This doesn't interest me)라고 대꾸한다. 커디는 6년마다 3주씩을 곱하면(Six years, times three weeks), 선생님은 나한테 4개월이상 빚지고 있는 셈이에요(You owe me better

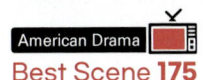

than four months)라고 구체적으로 말해준다. 여전히 무관심한 하우스는 5시네요, 나 집에 가요 (It's 5:00. I'm going home)라고 차갑게 얘기한다. 할 일도 없이 집에 가는 걸 아는 커디는 To what?이라고 정곡을 찌르고 하우스는 Nice(잘했어요)라고 비아냥거린다.

엘리베이터를 나온 둘은 이야기를 계속한다. 저기요 하우스 박사님(Look, Dr. House), 선생님을 해고하지 않는 유일한 이유는(the only reason why I don't fire you), 여기 병원에 선생님의 명성이 아직도 중요하기 때문이에요(is because your reputation is still worth something to the hospital)라고 솔직히 말하자 다시 하우스는 그답게 잘됐군요(Excellent) 우리가 의견일치하는 부분이 있네요(We have a point of agreement), 당신은 날 해고하지 못하겠네요(You're not gonna fire me)라고 자신감을 내비추는데 커디는 선생님이 일을 안하면 명성은 오래가지 못할거예요(Your reputation won't last if you don't do your job)라고 경고한다. 클리닉도 선생님의 일이예요(The clinic is part of your job), 선생님 일을 해주세요(I want you to do your job)라고 강경하게 일할 것을 요구하지만 하우스는 철학자 재거가 "항상 자기가 원하는 것을 얻을 수 없다"라는 말을 했죠(As the philosopher Jaggar once said. "You can't always get what you want")라는 말을 던지고 그냥 퇴근해버린다. 하우스 성격을 단적으로 보여주는 장면이다.

 The Best Lines from <House>

Cuddy: I was expecting you in my office 20 minutes ago.

House: Really? Well, that's odd, because I had no intention of being in your office 20 minutes ago.

Cuddy: You think we have nothing to talk about?

House: No, just that I can't think of anything that I'd be interested in.

Cuddy: I sign your paychecks.

House: I have tenure. Are you going to grab my cane now, stop me from leaving?

커디: 당신, 20분 전에 내 사무실에 오기로 돼 있었던거 알죠?

하우스: 정말요? 이상하네요. 전 20분 전에 거기 갈 생각이 전혀 없었거든요.

커디: 우리 얘기할게 하나도 없다고 생각해요?

하우스: 아니요. 그냥, 제가 흥미를 느낄 만한 얘기는 아닐 것 같아서요.

커디: 내가 당신 월급 주는 사람이에요.

하우스: 난 종신 교수예요. 이제 내 지팡이라도 뺏어서 못가게 막으시려구요?

Cuddy: That would be juvenile. (Both enter the elevator) I can still fire you if you're not doing your job.

House: I'm here from 9 to 5.

Cuddy: Your billings are practically non-existent.

House: Rough year.

Cuddy: You ignore requests for consults.

House: I call back. Sometimes I misdial.

Cuddy: You're 6 years behind on your obligation to this clinic.

House: See, I was right, this doesn't interest me.

Cuddy: 6 years, times 3 weeks; you owe me better then 4 months.

House: It's 5:00. I'm going home.

Cuddy: To what?

House: Nice.

Cuddy: Look, Dr. House, the only reason that I don't fire you is because your reputation still worth something to this hospital.

House: Excellent, we have a point of agreement. You aren't going to fire me.

Cuddy: Your reputation won't last up if you don't do your job. The clinic is part of your job. I want you to do your job.

House: Well, as the philosopher Jagger once said, "You can't always get what you want."

커디: 그건 유치하잖아요. (둘 다 엘리베이터에 탄다) 당신, 자기 일 제대로 안하면 나 여전히 당신 해고할 수 있어요.

하우스: 나 아침 9시부터 5시까지 병원에 있어요.

커디: 청구 기록은 거의 없더군요.

하우스: 올해 좀 힘들었어요.

커디: 협진 요청도 무시하고요.

하우스: 전화를 하죠. 가끔 번호를 잘못 누르긴 하지만요.

커디: 진료소 근무도 6년이나 밀렸고요.

하우스: 봐요, 역시 이 대화는 나한테 흥미가 없잖아요.

커디: 6년에 3주씩이면… 4개월 넘게 나에게 빚졌어요.

하우스: 지금 5시예요. 집에 갈게요.

커디: 집에 가서 뭐 하게요?

하우스: 참 고약하네요.

커디: 하우스 박사, 내가 당신을 안 자르는 유일한 이유는 아직 당신 명성이 병원에 도움이 되니까예요.

하우스: 아주 좋아요. 우리 공통점 하나 찾았네요. 당신은 나를 안자를거예요.

커디: 당신이 일 안하면 그 명성도 곧 끝나요. 진료소도 당신 일의 일부예요. 난 당신이 당신 일을 하길 원해요.

하우스: 철학자 재거가 그랬죠. "인생은 원하는 걸 다 가질 수는 없다."

이 장면에서 놓치면 안되는 표현들

🔊 **01 That's odd** 이상해

A: **The patient has spots on her face.** 환자의 얼굴에 반점이 있어.
B: **That's odd. Did you notice anything else?** 이상하네. 다른 것은 없었고?

A: **The rumor is that she had an affair.** 걔가 바람을 폈대.
B: **That's odd. I never heard that.** 이상하네. 난 처음듣는 이야기인데.

🔊 **02 have no intention of ~ing** …할 생각이 없다

A: **You'll have to take a few days off.** 넌 며칠 쉬어야 할거야.
B: **I have no intention of halting my work.** 난 내 일을 중단할 생각이 없어.

🔊 **03 do one's job** 자기 일을 하다

A: **Are we doing the right thing here?** 우리 지금 일을 제대로 하고 있는거야?
B: **Just do your job and forget it.** 그냥 네 일이나 하고 잊어버려.

🔊 **04 This doesn't interest me** 난 이거에 관심이 없어

A: **Are you enjoying the TV program?** TV 프로그램 좋아해?
B: **No. This doesn't interest me at all.** 아니. 전혀 흥미롭지 않아.

A: **There is an expo on yoga and healthy living.**
요가와 건강한 삶에 대한 전시회가 있어.
B: **I don't care. That doesn't interest me.** 알게 뭐야. 난 관심없어.

🔊 **05 The only reason why I~ is because~** 내가 …한 유일한 이유는 …때문이야

A: **I don't want you asking me personal questions.**
네가 나에게 개인적인 질문은 하지 않기를 바래.
B: **The only reason why I asked is because I'm concerned.**
내가 물어보는 유일한 이유는 내가 관심을 갖고 있기 때문이야.

A: **It was so nice of you to give me a call.** 전화해줘서 정말 고마웠어.
B: **The only reason why I called is because I want to hear your voice.** 내가 전화한 유일한 이유는 네 목소리를 듣고 싶어서야.

A: **Did you eat the lunch I had in the fridge?** 냉장고에 넣어둔 점심 네가 먹었어?
B: **The only reason why I** ate it **is because** I was hungry.
내가 그걸 먹은 유일한 이유는 배가 고파서였어.

🔊 06 be worth~ …할 가치가 있다

A: **She never says hello to any of us.** 걘 절대로 우리 누구에게도 인사를 하지 않아.
B: It **is not worth** getting upset over. 화낼 가치도 없다.

A: **Taking this course has been very difficult.** 이 수업을 듣는건 정말 어려웠어.
B: It will **be worth** the time you spent. 시간을 투자한 가치가 있을거야.

🔊 07 We have a point of agreement 우리의 의견이 일치하는 부분이 있네

A: **This looks like a good strategy.** 이건 좋은 전략인 것 같아.
B: So **we have a point of agreement.** 그럼 우리 의견이 일치하는거네.

A: **So, the deal is going forward?** 그럼 거래는 진행되는거지?
B: Yes, right now we **have a point of agreement.**
응, 이제 우리의 의견이 일치하는 부분이 있네.

🔊 08 You can't always get what you want 원하는 것을 항상 얻을 수 없어

A: **Someone already got the apartment I wanted to rent.**
내가 임차하려던 아파트를 누가 벌써 차지했어.
B: **You can't always get what you want.** 원하는 것을 항상 얻을 수 없지.

A: **I was never able to reunite with my ex.** 내 전처와 다시 합칠 수 없었어.
B: Remember **you can't always get what you want.**
원하는 것을 항상 얻을 수 없다는 걸 잊지 말라고.

Americna Drama Best Scene 127

We can't die with dignity

존엄성을 지키면서 죽을 수는 없어요

>> House M.D.
Season 1 Episode 1 34:50

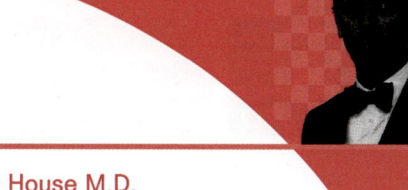

하우스와 환자 레베카(멘탈리스트의 리스본 반장)와의 대화. 레베카는 하우스가 다리를 절게 된 이유를 물어보면서 자신이 죽는다고 생각했어요?(Did you think you were dying?)라고 묻자 죽었으면 하고 생각했어요(I hope I was dying)라고 한다. 레베카가 계속 묻는다. 그래서 선생님 사무실에서 숨어서 환자보기를 거부하는군요(So you hide in your office, refuse to see patients), 사람들이 그렇게 쳐다보는게 싫으니까요(because you don't like the way people look at you). 선생님은 삶에 속았다고 느끼고(You feel cheated by life) 그래서 세상에 대해 복수를 할거죠(so now you're gonna get even with the world). 저보고는 이 병과 싸우라고 하고요(You want me to fight this)라고 하며, Why?라고 묻는다. 뭣 때문에 제가 선생님보다 더 나은 사람이고 생각하는거예요?(What makes you think I'm so much better than you?)라는 질문에 하우스는 당신이 겁을 먹으면(When you're scared), 내게 기대게 될거니까요(you'll turn into me)라고 한다.

레베카는 난 단지 존엄성을 조금만이라도 지키면서 죽고 싶어요(I just wanna die with a little dignity)라고 말하자, 하우스는 그런 것은 없어요(There's no such thing)라고 말하며 죽음에 대한 그의 생각을 토해낸다. 우리의 몸은 망가져요(Out bodies break down), 90세 되어서 그렇게 되기도 하고(Sometimes when we're 90), 또 태어나기도 전에 그럴 때도 있어요(Sometimes before we're even born). 하지만 결국엔 다 죽게 되고(But it always happens), 그리고 거기엔 존엄성같은 건 전혀 없어요(and there's never any dignity in it)라고 말한다. 당신이 걸을 수 있게 되던, 밑을 닦을 수 있게 되던 난 상관없어요(I don't care if you can walk, see, wipe your own ass), 죽음이란 항상 추한거예요, 항상(It's always ugly. Always)이라고 역설한다. 그리고 마지막으로 정리해준다. 존엄성을 가지고 살수는 있어도(You can live with dignity), 존엄성을 지키면서 죽을 수 없어요(We can't die with it)라고 말한다.

555

The Best Lines from <House>

Rebecca: Did you think you were dying?

House: I hoped I was dying.

Rebecca: So you hide in your office, refuse to see patients because you don't like the way people look at you. You feel cheated by life so now you're gonna get even with the world. You want me to fight this. Why? What makes you think I'm so much better then you?

House: When you're scared, you'll turn into me.

Rebecca: I just want to die with a little dignity.

House: There's no such thing! Our bodies break down, sometimes when we're 90, sometimes before we're even born, but it always happens and there's never any dignity in it. I don't care if you can walk, see, wipe your own ass. It's always ugly, always. You can live with dignity, we can't die with it.

레베카: 죽을거라고 생각했어요?

하우스: 차라리 죽었으면 했죠.

레베카: 그래서 사무실에 틀어박혀서 환자도 안 보고, 사람들이 당신을 보는 시선이 싫어서 피하는 거군요. 인생한테 사기당한 기분이라 세상한테 복수하려는거죠. 그런데 나보고는 싸우래요. 왜요? 내가 당신보다 낫다는 근거라도 있어요?

하우스: 당신도 무서워지면 결국 나처럼 될거예요.

레베카: 난 그냥 조금이라도 품위있게 죽고 싶을 뿐이에요.

하우스: 그런 건 없어요! 우리 몸은 무너져요. 어떤 때는 90살일 때, 어떤 때는 태어나기도 전에. 하지만 결국엔 무너지고, 거기엔 절대 품위 같은 건 없어요. 당신이 걸을 수 있게 되던, 밑을 닦을 수 있게 되던 난 상관없어요. 죽음은 항상 추하고, 늘 그래요. 살 때는 품위 있게 살 수 있어요. 하지만 죽을 땐 품위 따윈 없어요.

이 장면에서 놓치면 안되는 표현들

🔊 **01 Did you think~?** …라고 생각했어?

  A: Spence said his girlfriend dumped him. 스펜스는 여친한테 차였다고 그래.
  B: **Did you think** he caused a problem? 걔가 문제를 일으켰다고 생각했어?

🔊 **02 not like the way~** …하는 것을 싫어하다

  A: You get creeped out by Carl? 너 칼 때문에 불편한거야?
  B: I **don't like the way** he stares at me. 걔가 날 바라다보는게 맘에 안들어.

🔊 **03 feel cheated by~** …에 속다

  A: The employees seem kind of angry. 직원들이 좀 화가 난 것 같아.
  B: They **feel cheated by** the bonuses we got.
      우리가 받은 보너스에 속았다는 느낌이 들어.

🔊 **04 get even with~** …에게 복수하다

  A: That jerk Deacon stole my girlfriend. 저 멍청이 디콘이 내 여친을 뺏어갔어.
  B: Are you trying to **get even with** him? 걔한테 복수할 생각이야?

🔊 **05 You want me to~ ?** 내가 …하기를 바래?

  A: You did a great job sweeping the living room. 거실 청소 정말 잘했어.
  B: **You want me to** do it again tomorrow? 내일 또 할까?

🔊 **06 What makes you think~?** 왜 …라고 생각하는거야?

  A: Carlos plans to run the whole marathon. 카를로스는 마라톤을 완주할 생각이야.
  B: **What makes you think** he can do it? 뭐 때문에 걔가 그럴 수 있다고 생각하는거야?

🔊 **07 There's no such thing** 그런 것은 없어

  A: People say a dead student haunts the school. 죽은 학생의 원혼이 학교를 떠돈대.
  B: **There's no such thing** as a ghost. 유령이라는 그런 것은 없어.

🔊 **08 I don't care if~** …한다고 해도 난 상관없어

  A: You can't pee right on the sidewalk. 넌 보도에서 오줌을 싸면 안돼.
  B: **I don't care if** anyone sees me. 누가 봐도 난 상관안해.

Americna Drama Best Scene 128

It just makes you miserable

House M.D.
Season 2 Episode 11 41:40

그건 널 비참하게 만들뿐이야

남편 마크를 떠나 하우스와 함께 있겠다고 하는 병원 법무팀의 변호사 스테이시에게 하우스가 변심하고 거절한다. 스테이시가 짐을 싸는 모습을 본 윌슨은 하우스를 찾아가 무슨 일이냐고 따져 묻는다. 스테이시에게 뭐라고 했어?(What did you tell her?)라고 묻자 하우스는 나와 헤어지는게 더 나을거라고 했어(I told her she's better off without me)라고 한다. 윌슨은 그게 맞는 말일 수도 있어(That's probably true), 하우스 넌 정말 바보야(You're an idiot), 너없이 스테이시가 더 행복할거라고 생각하지 않잖아(You don't think she'd be better off without you)라고 하자 하우스는 맞아, 내가 충동적으로 떠나보낸거야(Right. I set her off on a whim)라고 받아치고 윌슨은 너는 왜 그녀를 떠나보냈는지 이유도 모를거야(You have no idea why you sent her off)라고 다그친다. 하우스는 이러지마(Don't do this)라고 하고 윌슨은 이건 무슨 대단한 희생이 아냐(This was no great sacrifice), 넌 스테이시를 보내고 네가 비참해보여져야 하기 때문이야(You sent her away because you've got to be miserable)라고 분석한다.

하우스가 반박한다. 그런 정신분석 나부랭이가 자네 환자들을 밤새 편안하게 재워주는데 도움이 되나?(That king of psyco-crap help get your patients through the long nights?), 아니면 단지 너 자신을 위한거야?(Or is it just for you?)라고 쏘아붙이고, 계속해서 이루어지기 힘든 사랑이 널 기분좋게 해줘?(Tough love make you feel good?), 그들의 고통을 느끼도록 도와주는거야(Helping people feel their pain)라고 반격한다.

윌슨이 잠시 생각을 하더니 넌 너 자신을 싫어하는거야(You don't like yourself), 하지만 넌 너 자신이 대단하다고 생각하지(But you do admire yourself), 그게 네가 가진 전부야(It's all you've got), 그래서 넌 그거에 집착하는거야(so you cling to it)라고 하며, 변화하면 자신을 특별하게 해주는 걸 잃게 될거라 무척 두려워하지(You're so afraid if you change, you'll lose what makes you special), 그리고 돌아서기 전에 마지막으로 일침을 가한다. 비참해지는게 다른 사람보다 더 나은 사람으로 만들지 않아, 하우스(Being miserable doesn't make you better than everybody else, House), 그냥 널 비참하게 할 뿐이야(It just makes you miserable)라고 말한다.

The Best Lines from <House>

Wilson: What did you tell her?

House: I told her she's better off without me.

Wilson: Huh. That's probably true. You're an idiot. You don't think she'd be better off without you.

House: Right. I sent her off on a whim.

Wilson: You have no idea why you sent her off.

House: Don't do this.

Wilson: This was no great sacrifice! **You sent her away because you've got to be miserable.**

House: That kind of psycho-crap help get your patients through the long nights? Or is it just for you? Tough love make you feel good? Helping people feel their pain?

Wilson: You don't like yourself. But you do admire yourself. It's all you've got, so you cling to it. You're so afraid if you change, you'll lose what makes you special. **Being miserable doesn't make you better than anybody else, House. It just makes you miserable.**

윌슨: 그녀한테 뭐라고 했어?

하우스: 나없이 지내는게 낫다고 말했지.

윌슨: 흠, 아마 그건 사실일지도. 너 진짜 바보야. 네가 그녀한테 필요한 사람이라고 생각하면서 그런 말 했잖아.

하우스: 맞아. 아무 생각없이 그냥 내보냈지.

윌슨: 너 왜 그녀를 보냈는지 스스로도 몰라.

하우스: 이러지 마.

윌슨: 그건 희생도 아니었어! 넌 불행해야만 하니까 그녀를 보낸거야.

하우스: 그런 심리 상담 같은 소리로 네 환자들 위로하냐? 아니면 너 자신한테 하는 소리야? '터프 러브'가 기분 좋냐? 사람들이 고통 느끼게 도와주는게 그렇게 뿌듯해?

윌슨: 넌 네 자신을 좋아하진 않지만, 존경은 해. 그게 네가 가진 전부니까, 거기에 집착하는거고. 너는 변하면 지금의 특별함을 잃을까 봐 겁내는거야. 하지만 불행하다고 해서 네가 다른 사람들보다 우월한 건 아냐. 그냥 불행한거지.

이 장면에서 놓치면 안되는 표현들

🔊 **01 What did you tell her?** 걔한테 뭐라고 했어?

　A: **Maddy said she wants to kick your butt.** 매디는 널 혼내주고 싶어한다고 말했어.
　B: **Why is she pissed? What did you tell her?** 걔 왜 화났어? 너 걔한데 뭐라고 한거야?

🔊 **02 be better off~** …하는게 낫다

　A: **I don't have cable TV anymore.** 난 이제 유선방송을 안봐.
　B: **You are better off without it.** 없는게 더 나아.

🔊 **03 on a whim** 충동적으로, 즉흥적으로

　A: **Why did you go on a trip with her?** 넌 왜 걔와 여행을 간거야?
　B: **I decided to do it on a whim.** 즉흥적으로 그렇게 하기로 했어.

🔊 **04 You have no idea why~** 왜 …한지 넌 모를거야

　A: **Shelly did not work at her job tonight.** 쉘리는 오늘밤 근무하지 않았어.
　B: **You have no idea why she didn't show up?** 넌 걔가 왜 나오지 않았는지 몰라?

🔊 **05 send sb off** …을 떠나 보내다

　A: **So Liz is leaving the firm this week?** 리즈가 이번주에 회사를 그만두는거야?
　B: **This party is to send her off.** 이게 걔 환송파티야.

🔊 **06 Don't do this** 이러지마

　A: **I'm going to beat the shit out of Brandon.** 난 브랜든을 개패듯이 패줄거야.
　B: **Don't do this. It will make things worse.** 그러지마. 상황을 더 어렵게 만들거야.

🔊 **07 It's all you've got** 그게 네가 가진 전부야

　A: **How will I ever pass this course?** 이 코스를 어떻게 통과하지?
　B: **Use your brain, it's all you've got.** 머리를 써, 네가 가진 전부잖아.

Americna Drama Best Scene 129

Gregory House, will you marry me?

하우스, 나랑 결혼해줄래요?

>> House M.D.
Season 6 Episode 11 29:30

윌슨과 같은 집에서 살게 된 하우스. 이웃집 여자 노라는 이 둘을 게이로 착각하고 윌슨은 아니라고 부정하지만 하우스는 게이인 것처럼 위장하고 노라와 친하게 지낸다. 윌슨은 노라를 먼저 점찍은 사람은 자기라고 주장하면서 노라에게 하우스의 속셈을 알려주지만 노라는 윌슨의 질투심으로 치부한다. 여기서 노라역을 맡은 배우는 NCIS초기에 나온 지바 전임자 케이트이자 리졸리&아일스에서는 법의학자로 나오는 배우이다.

하우스가 노라와 함께 데이트를 하고 있다. 계속 게이인 척하면서 윌슨의 질투심 때문에 죽겠다(The jealousy is killing me)고 한탄하고 노라는 윌슨이 당신을 무척 아껴서 그래요(Well, he clearly cares about you. Very much)라고 위로하고 하우스는 왜 자기 마음을 정상적으로 보여주지 못하는걸까요?(Why can't he show it in a normal way)라며 윌슨이 게이임을 숨기려 든다고 불평한다. 난 정말 아무 말도 하지 않고 분노를 표출하는거에 질렸어요(I'm so tired of the whole silence and the resentment)라고 하면서 오늘 집에 들어갈 수 있을지 모르겠어요(I don't know if I can go back there tonight), 난 시간이 좀 필요해요(I need some time)라고 노라에게 작업을 건다. 데이트인줄도 모르는 노라는 자연스럽게 저희 집에 있다 가세요(Come stay at my place)라고 한다. 여기서 come 다음에 바로 to나 and 없이 바로 동사원형이 오는 형태를 잘 기억해두고, place 앞에 소유격이 붙으면 '집'을 뜻하게 된다는 점도 함께 알아둔다. 하우스는 정말요?(Really?)라고 확인하자 노라는 재미있을거예요(It'll be fun), 저기 슬립오버처럼요(You know, like a sleepover)라고 순진하게 말한다. 작업에 성공했다고 믿는 하우스는 그러면 많은 도움이 될거예요(It would be such a help. Thank you)라고 한다.

이때 윌슨이 복수의 칼을 들고 등장한다. 불쑥 나타난 윌슨에게 여긴 무슨 일이야?(What are you doing here?)라고 묻자, 왜 왔냐면(I'm here because…)까지 말하고 뜸을 들이자 하우스는 네가 무슨 말을 하든 달라지는 건 없어(Nothing you can say is going to change anything)라고 한다. 그러자 윌슨은 몇발짝 더 걸어와서 식당 사람들을 향해 난 이 남자를 사랑해요(I love this man), 그리고 그 사실을 부정하면서 내 인생을 한시라도 낭비하지 않을거예요(And I am not wasting another moment of my life denying that), 그리고는 무릎을 꿇고 하우스 나와 결혼 줄래?(Gregory House, will you marry me?)라고 프로포즈를 한다. 놀란 하우스는 와, 이건 전혀 예상못했는데(Wow, this is unexpected)라 한다. 손님중 한명이 Say yes!라고 소리치고 노라는 하우스의 만류에도 불구하고 그만 자기는 가겠다고(I'm gonna go), 두분이 할 말이 있는 것 같은데요(You two obviously have some talking to do)라고 하면서 가버리고 만다.

The Best Lines from <House>

House: The jealousy is... killing me.

Nora: Well... he clearly cares about you. Very much.

House: Why can't he show it in a, in a normal way? I'm so tired of the whole silence and the resentment. I don't know if I can go back there tonight. I need some time.

Nora: Come stay at my place.

House: Really?

Nora: It'll be fun. You know, like a sleepover.

House: That would, it would be such a help. Thank you.

Wilson: House.

House: What are you doing here?

Wilson: I'm here because...

House: Nothing you can say is going to change anything.

Wilson: I love this man. And I am not wasting another moment of my life denying that. Gregory House... will you marry me?

House: Wow. This is unexpected.

Lady: Say yes!

Nora: I'm gonna go. You two obviously have some talking to do. (whispers to Wilson)

하우스: (윌슨의) 질투심 때문에 죽겠어요.

노라: 음… 그 사람, 당신을 정말 많이 아끼는 것 같아요.

하우스: 왜 그걸… 정상적인 방식으로는 못 보여주는 걸까요? 난 정말 아무 말도 하지 않고 분노를 표출하는거에 질렸어요. 오늘밤 집으로 다시 돌아가야 할지 모르겠어요. 난 시간이 좀 필요해요.

노라: 우리 집에서 지내요.

하우스: 정말요?

노라: 네. 재밌을거예요. 마치… 초등학생 때 하던 슬립오버처럼요.

하우스: 그건… 정말 큰 도움이 될 거예요. 고마워요.

윌슨: 하우스.

하우스: 너 여기서 뭐 하는거야?

윌슨: 난 여기… 왜냐하면…

하우스: 네가 무슨 말을 해도 아무것도 바뀌지 않아.

윌슨: 나는 이 남자를 사랑합니다. 그리고 이제 더 이상 내 인생에서 그걸 부정하면서 시간을 낭비하지 않을거예요. 그레고리 하우스… 나와 결혼해 줄래?

하우스: 와우… 이건 예상 못 했네.

식당여자손님: "예스"라고 해요!

노라: 저 갈게요. 두 분, 대화가 좀 필요해 보이네요.

이 장면에서 놓치면 안되는 표현들

🔊 **01 I need some time** 시간이 필요해

　A: I hope that you will agree to marry me. 네가 나와 결혼해줄거라 바래.
　B: I need some time to think it over. 생각해볼 시간이 좀 필요해.

🔊 **02 Come stay at my place** 우리 집에 와서 머물러

　A: My wife and I are having serious problems. 아내와 난 심각한 문제가 있어.
　B: Come stay at my place for a while. 잠시동안 우리 집에 와서 머물러.

🔊 **03 It'll be fun** 재미있을거야

　A: Everyone is going to the beach. 다들 해변으로 가고 있어.
　B: I'm sure it'll be fun. 정말 재미있을거야.

🔊 **04 It would be such a help** 많은 도움이 될거야

　A: It looks like the auditorium needs to be set up. 강당이 세워져야 될 것 같아.
　B: It would be such a help if everyone pitched in.
　　다들 기부를 한다면 큰 도움이 될거야.

🔊 **05 What are you doing here?** 여기는 무슨 일이야?

　A: What are you doing here? 여기는 무슨 일이야?
　B: Pete told me that I should come by. 피트가 나보고 들르라고 했어.

🔊 **06 This is unexpected** 이건 전혀 예상밖인데

　A: I got word that Zack was taken to jail. 잭이 감옥에 수감되었다는 말을 들었어.
　B: This is unexpected. What happened? 뜻밖이네. 어떻게 된거야?

Americna Drama Best Scene 130

All I can think about is you

>> House M.D.
Season 6 Episode 22 41:10

난 오직 당신 생각뿐이야

커디가 하우스에게 사랑을 고백하는 장면. 하우스가 다시 약물을 먹으려고 하던 순간 커디가 나타난다. 하우스는, 방을 가로질러 뛰어와서(You're going to leap across the room), 내 손에 있는 약을 뺏을거야?(and grab them out of my hand?)라고 한다. 커디는 아니(No)라고 말하고 다시 약물에 빠지고 싶다면 그건 당신이 알아서 할 일이야(It's your choice if you want to go back on drugs)라고 한다. 하우스는 Okay라며 이건 알아둬(Just so you know), 뭐가 더 나쁘게 있을지 난 모르겠어(I'm finding it hard to see the downside)라 하고 커디는 어깨에 붕대를 다시 갈아줘야 돼요(You need to re-bandage your shoulder)라고 한다. 하우스는 그것 때문에 여기 온거야?(Is that why you're here?), 포맨이 보낸거야?(Foreman sent you?)라 묻고 커디가 No라고 하자 그럼 내게 다시 소리지르려고 온거야?(You here to yell at me again?)라고 하자 역시 커디가 No라고 한다. 그러자 그럼 당신이 여기 왜 온건지 모르겠네(Well, I'm running out of ideas)라고 말한다.

커디가 남자친구 이름인 Lucas…라고 입을 열자 하우스는 대단해(Oh, great), 당신 마음이 또 불편한거야?(You're feeling uncomfortable again?), 아니면 급하게 라스베거스에서 결혼하고 돌아왔다는건가(Probably means you just go back from some quickie wedding in Vegas), 아니면 임신을 벌써 한거겠지(or you're already pregnant)라고 중얼거리는데 커디가 내가 끝냈어(I ended it)라고 한다. 하우스가 What?이라고 하자 하우스, 난 벗어날 수가 없어(I'm stuck, House)라고 한다. 난 앞으로 나아가길 계속 원하고 있어(I keep wanting to move forward), 잊으려고 계속 원했지만 그럴 수가 없어(I keep wanting to move on and I can't)라고 한다. 새로운 집도 있고 새로운 약혼자도 있지만(I mean, my new house with my new fiance), 내가 생각할 수 있는 사람은 오직 당신분야(and all I can think about is you), 다만 당신하고 내가 가능할지 알아야돼(I just need to know if you and I can work)라고 말한다. 그러자 하우스는 당신은 내가 고쳐질 수 있다고 생각해?(You think I can fix myself?)라고 묻자 커디는 I don't know 라고 한다.

564

하우스는 난 세상에게 가장 심하게 망가진 사람이기 때문에('cause I'm the most screwedup person in the world)라고 솔직히 털어놓자 커디는 I know라고 한다. 그리고는 사랑한다(I love you)라고 고백한다. 이러고 싶지 않았는데(I wish I didn't), 나도 어쩔 수가 없어(but I can't help it)라고 한다. 하우스는 몸을 일으키고 둘은 사랑의 키스를 나눈다. 하우스가 이게 환각이 아닌지 어떻게 알지?(How do I know I'm not hallucinating?)라고 하고 커디는 바이코딘 먹었어?(Did you take the Vicodin?)라고 묻는다. 하우스는 손바닥을 펴고 그 위에 있는 약을 보고는 No라고 답하고 그러자 커디는 그럼 우리는 괜찮은거야(Then I think we're okay)라고 하고 하우스는 약을 버리고 커디의 손을 꼭 잡는다.

The Best Lines from <House>

House: You're gonna leap across the room and grab them out of my hand?

Cuddy: No. It's your choice if you wanna go back on drugs.

House: Okay. Just so you know, I'm finding it hard to see the downside.

Cuddy: You need to rebandage your shoulder.

House: Is that why you're here? Foreman sent you?

Cuddy: No.

House: Here to yell at me again?

Cuddy: No.

House: Well, I'm running out of ideas.

Cuddy: Lucas...

House: Oh, great. You're feeling uncomfortable again. Probably means you just got back for some quickie wedding in Vegas, or you're already pregnant.

Cuddy: I ended it.

하우스: 네가 갑자기 날아서 내 손에서 약 뺏으려고?

커디: 아니, 그건 네 선택이야. 약에 다시 손대고 싶으면 그렇게 해.

하우스: 알겠어. 근데 너도 알아둬. 뭐가 더 나쁜게 있을지 난 모르겠어.

커디: 어깨 붕대 다시 감아야 해.

하우스: 그래서 온거야? 포맨이 시켜서?

커디: 아니.

하우스: 또 소리치러 온거야?

커디: 아니야.

하우스: 그럼 당신이 여기 왜 온건지 모르겠네.

커디: 루커스…

하우스: 대단해. 마음이 다시 불편해진거구만. 라스베거스에서 급하게 결혼이라도 하고 온거야? 아니면 벌써 임신이라도 한거야?

커디: 내가 끝냈어.

House: What?

Cuddy: I'm stuck, House. I keep wanting to move forward, I keep wanting to move on, and I can't. I'm in my new house with my new fiancé, and all I can think about is you. I just need to know if you and I can work.

House: You think I can fix myself?

Cuddy: I don't know.

House: 'Cause I am the most screwed up person in the world.

Cuddy: I know. I love you. I wish I didn't. But I can't help it.

House: How do I know I'm not hallucinating?

Cuddy: Did you take the Vicodin?

House: Nope.

Cuddy: Then I think we're okay.

하우스: 뭐라고?

커디: 하우스, 난 벗어날 수가 없어. 앞으로 나아가고 싶고, 새로운 시작을 하고 싶은데, 계속 제자리야. 새 집, 새 약혼자… 그런데 머릿속엔 온통 너뿐이야. 우리 둘이 잘될 수 있는지, 그것만 알고 싶어.

하우스: 당신은 내가 고쳐질 수 있다고 생각해?

커디: 몰라.

하우스: 난 세상에게 가장 심하게 망가진 사람이야.

커디: 알아. 난 널 사랑해. 안 그랬으면 좋겠는데…. 어쩔 수가 없어.

하우스: 이게 환각이 아닌지 어떻게 알지?

커디: 바이코딘 먹었어?

하우스: 아니.

커디: 그럼 괜찮은거야.

 Chris Says: That's what you think

The speaker is telling someone that they misunderstood something. Often this is said when a situation is not clear. The speaker says this to indicate that he wants a chance to explain more deeply about something.

이 장면에서 놓치면 안되는 표현들

🔊 **01 grab sth out of one's hand** …의 손에서 …을 뺏다

   A: **How did Miles get your phone?** 어떻게 마일즈가 네 핸드폰을 갖고 있는거야?
   B: **He came and grabbed it out of my hand.** 내게 와서 손에 있는 핸드폰을 채갔어.

🔊 **02 It's your choice if~** …한다면 그건 네가 알아서 할 일이야

   A: **I can't go on a date with your cousin.** 난 네 사촌과 데이트를 못하겠어.
   B: **It's your choice if you go out with her.** 네가 걔와 데이트를 하는건 네가 알아서 해.

🔊 **03 go back on drugs** 다시 약을 하다

   A: **Boy, Nick looks terrible these days.** 어휴, 닉 요즘 끔찍해보여.
   B: **I'm pretty sure he's back on drugs.** 걔 다시 약을 하는게 틀림없어.

🔊 **04 Just so you know** 이건 알아 둬

   A: **It seems like everyone is out to get me.** 다들 나를 해코지하려는 것 같아.
   B: **Just so you know, the cops are watching you.**
   이건 알아두라고, 경찰들이 지켜보고 있어.

🔊 **05 see the downside** 부정적인 면을 보다, 나쁜 면을 보다

   A: **Should I invest the money I inherited?** 상속받은 돈을 내가 투자해야 될까?
   B: **I don't see the downside to doing that.** 그렇게 하는데 뭐 나쁜 점은 보이지 않는데.

Americna Drama Best Scene 131

It has been an honor to serve you

>> The Good Wife
Season 1 Episode 1 00:43

여러분을 위해 봉사할 수 있어서 영광이었습니다

〈섹스앤더시티〉의 매력남 빅으로, 〈로앤오더〉 스핀오프에서 로건형사로 그리고 다시 굿와이프에서 피터로 벌써 두 개의 빅미드에서 주인공으로 등장한 크리스 노스의 얼굴이 반갑다. 하지만 극의 주인공의 제목처럼 여기서 스타가 된 사람은 알리샤 역의 줄리아나 마굴리스이다.

첫장면은 피터 플로릭 일리노이 지방검사장이 뇌물의혹 및 매춘사건으로 사임하는 기자회견으로 시작된다. 쏟아지는 플래쉬 속에 먼저 Good morning이라고 인사하고 한시간 전에 쿡카운티의 검사장 직을 사임했습니다(An hour ago, I resigned as State's Attorney of Cook County), 저를 음해하는 기소에 맞서기 위해 무거운 심정으로 그리고 굳건한 각오로 내린 결단입니다(I did this with a heavy heart and a deep commitment to fight these scurrilous charges). 분명히 말씀드리겠습니다(I want to be clear), 저는 절대로 권력을 남용한 적이 없습니다(I have never abused my office), 저는 가벼운 형량을 제시하는 대가로 금품이나 성상납을 받은 적이 없습니다(I have never traded lighter sentences for financial or sexual favors), 그리고 자신의 매춘에 대해 말하기 시작한다. 동시에(at the same time), 저의 사생활의 실수에 대해서는 아내 알리샤와 두 아이들에게 속죄해야 합니다(I need to atone for my personal failings with my wife, Alicia, and our two children). 이 (매춘)거래에 사용된 돈은 전적으로 개인 자금이었으며(The money used in these transactions was mine… and mine alone), 공적인 자금은 절대로 사용되지 않았습니다(No public funds were ever utilized)라고 말한다. 매춘은 인정하되 매춘을 하는데 드는 비용은 순수하게 자기 돈으로 했다는 말이다. 하지만 이 매춘여성들과 사적인 거래를 한 저의 판단이 잘못되었음을 인정합니다(But I do admit to a failure of judgement in my private dealings with these women), 그리고 알리샤와 저는 언론에게 저희 사생활을 지켜달라고 부탁드립니다(Alicia and I ask that the press please respect our privacy), 우리에게 치유할 시간을 주십시오(Give us time to heal), 그리고 신의 사랑과 가족의 용서로(With the love of God, and the forgiveness of my family), 전 가족간의 신뢰를 회복할 수 있을거라 생각합니다(I know I can rebuild their trust), 그리고 마지막으로 시카고 시민 여러분께 감사드리며(I want to thank the people of Chicago), 여러분을 위해 봉사할 수 있어 영광이었습니다(It has been an honor to serve you), 그리고 언젠가 다시 여러분을 위해 봉사할 수 있는 날이 오기를 기도합니다(And I pray that one day, I may serve you again. Thank you)라고 하고 아내의 손을 잡고 기자회견장을 빠져나간다. 기자들이 아직도 매춘부들과 관계를 맺습니까?(Sir! Are you still involved with prostitutes, sir?), 몇 명이나 됩니까?(How many were there, sir?), 다시 공직에 도전하실 생각입니까?(Will you ever try to hold public office again?), 질문에 답해주십시오(Sir! Answer the question!)라고 질문공세를 펼쳐댄다.

기자회견장을 빠져나온 후 옆 보좌관이 트리뷴 지와 채널4와의 인터뷰가 잡혀있습니다(We have interviews set up with the Tribune and Channel Four)라고 하자 피터는 절대 안돼(Absolutely not), 더 이상 인터뷰는 하지 않을거야(I'm not doing any more interviews), 다 취소해(I want you to cancel all of them), 이걸로 끝이야(That's it)라고 하고 보좌관은 채널 2에 현재 할 말이 없으며 이번 혐의의 진위가 의심된다고 강조하겠습니다(I'll tell Channel 2 we don't have a comment at the present time but we emphatically question the authenticity of this thing)이라는 말이 배경으로 점점 작아지고 걸음을 멈춘 알리샤를 피터가 뒤로 돌아보기 시작한다. 알리샤에게 다가와 괜찮아?(You all right?)라고 묻지만 돌아오는 것은 따끔한 뺨싸다귀이다.

The Best Lines from <The Good Wife>

Peter: Good morning. An hour ago, I resigned as State's Attorney of Cook County. I did this with a heavy heart and a deep commitment to fight these scurrilous charges. I want to be clear. I have never abused my office. I have never traded lighter sentences for financial or sexual favors. At the same time, I need to atone for my personal failings with my wife, Alicia, and our two children. The money used in these transactions was mine and mine alone. No public funds were ever utilized. But I do admit to a failure

피터: 좋은 아침입니다. 한 시간 전, 저는 쿡 카운티 검사장직에서 사임했습니다. 무거운 마음으로, 그리고 이 악의적인 혐의들에 맞서 싸우겠다는 깊은 결심을 가지고 내린 결정입니다. 분명히 하고 싶은 말이 있습니다. 저는 결코 직권을 남용한 적이 없습니다. 가벼운 형량을 대가로 금전이나 성적 대가를 받은 적이 단 한 번도 없습니다. 동시에, 제 아내 알리샤와 두 자녀에게 제가 저지른 개인적인 잘못에 대해 속죄해야 한다고 생각합니다. 그 일들에 사용된 돈은 제 개인 돈이었으며, 공적

of judgment in my private dealings with these women. Alicia and I ask that the press please respect our privacy. Give us time to heal. With the love of God, and the forgiveness of my family, I know I can rebuild their trust. I want to thank the people of Chicago. It has been an honor to serve you. And I pray that one day, I may serve you again. Thank you.

Reporter: Sir! Are you still involved with prostitutes, sir? How many were there, sir? Will you ever try to hold public office again? Sir! Answer the question!

Assistant: We have interviews set up with the Tribune and Channel Four.

Peter: Absolutely not. I'm not doing any more interviews. I want you to cancel all of them. That's it.

Assistant: I'll tell Channel Two we don't have a comment at the present time, but we emphatically question the authenticity of this thing.

Peter: (to Alicia) Hey. **You all right?**

자금은 전혀 사용되지 않았습니다. 공공 자금은 단 한 푼도 사용된 적이 없습니다. 하지만 이 여성들과의 사적인 관계에서 판단력이 부족했음을 인정합니다. 알리샤와 저는 언론이 저희의 사생활을 존중해주시길 부탁드립니다. 저희가 치유할 수 있는 시간을 허락해 주십시오. 신의 사랑과 가족의 용서를 통해, 저는 신뢰를 회복할 수 있으리라 믿습니다. 시카고 시민 여러분께 감사의 말씀을 드립니다. 여러분을 위해 일할 수 있어 큰 영광이었습니다. 언젠가 다시 여러분을 위해 봉사할 수 있기를 기도합니다. 감사합니다.

기자: 지금도 성매매 여성들과 관계를 맺고 계신가요, 검사장님? 도대체 몇 명이었습니까? 다시 공직에 출마할 생각이 있으십니까? 질문에 답해주십시오!

보좌관: 트리뷴하고 채널 4 인터뷰 일정 잡혀 있어요.

Peter: 절대 안 돼. 더 이상 인터뷰 안 해. 전부 취소해. 이걸로 끝이야.

보좌관: 채널 2에는 "현재로선 입장이 없다"고 전하되, "이 사안의 진위에 대해서는 강하게 의문을 제기한다"고 말하겠습니다.

Peter: (알리샤에게) 자기야, 괜찮아?

이 장면에서 놓치면 안되는 표현들

📢 01 I resigned as~ …을 사임했다

A: **Did you manage the university's theater?** 네가 대학교 극장을 운영했어?
B: **I resigned as the acting director.** 난 임시감독직을 사임했어.

📢 02 I want to be clear, 분명히 말하지만,

A: **There are rumors that this place will be shut down.**
이 병원이 폐쇄될거라는 소문이 있습니다.
B: **I want to be clear, the hospital is not closing.**
분명히 말하지만, 병원은 문을 닫지 않습니다.

A: **Tell me, Doc, how is my health?** 의사 선생님 말씀해주세요, 제 건강이 어떤가요?
B: **I want to be clear, you could die.** 분명히 말해두지만, 죽을 수도 있어요.

📢 03 trade A for B A를 B로 바꾸다

A: **I can't handle working at night.** 난 밤에 일하는 걸 감당할 수가 없어.
B: **You can trade your shift for mine.** 네 근무시간하고 내 근무시간하고 바꿔도 돼.

A: **You want to exchange some food?** 음식을 좀 교환하고 싶다고?
B: **I'll trade my sandwich for your soup.** 네 수프와 내 샌드위치를 맞바꾸자.

📢 04 respect our privacy 사생활을 존중하다

A: **Tell me what you two were fighting about.** 너희 둘 뭣때문에 싸웠는지 말해봐.
B: **I need you to respect our privacy.** 우리의 사생활을 존중해주기를 바래.

A: **Why did you pull down the shades?** 왜 빛가리개를 내렸어?
B: **The neighbors don't respect our privacy.** 이웃들이 우리의 사생활을 존중해주지 않아.

📢 05 Give us time to heal 우리가 치유할 시간을 줘

A: **That looked like a serious car accident.** 저거 대형 자동차 사고같이 보였어.
B: **It was traumatic, so give us time to heal.** 충격적인 사건이어서 우리가 힐링할 시간을 줘.

A: **I'm so sorry that he died.** 걔가 죽어서 유감이야.
B: **You need to give us time to heal.** 우리에게 치유할 시간을 줘야 돼. .

06 rebuild one's trust ···의 신뢰를 다시 회복하다

A: I'm really sorry that I lied to you. 네게 거짓말을 해서 정말 미안해.
B: You can't **rebuild our trust**. 넌 우리의 신뢰를 다시 회복할 수 없어.

A: The marriage ended after his affair. 걔가 바람핀 후 결혼생활이 끝났어.
B: There was no way to **rebuild his wife's trust**.
걔 아내의 신뢰를 회복할 길이 없었겠구만.

A: We need to improve our relationship with them.
우리는 걔네들과의 관계를 향상시켜야 돼.
B: I'll try to **rebuild their trust**. 그들의 신뢰를 회복하도록 할게.

07 It has been an honor to~ ···해서 영광이었어

A: You were the best soldier in our unit. 우리 유닛에서 네가 최고의 병사였어.
B: **It has been an honor to** serve with you. 너와 함께 복무해서 영광이었어.

08 be involved with ···와 연관되다, 관련되다, 사귀다

A: Salsa dancing was very popular. 살사 댄싱이 엄청 유행했었어.
B: I **was involved with** that for a while. 나도 한동안 그걸 했었지.

A: Your brother is going to prison for a long time.
네 형이 오랫동안 감방에 있게 될거야.
B: He **was involved with** some bad people. 걘 나쁜 사람들과 어울려 다녔어.

A: Why were these men killed? 이 사람들이 왜 살해당한거야?.
B: I think they **were involved with** the mafia. 마피아하고 연루된 것 같아.

Americna Drama Best Scene 132

You slept with my best friend

당신은 내 절친과 잠자리를 했잖아

>> **The Good Wife**
Season 2 Episode 21 04:21

피터는 다시 주검사장이 되었지만 알리샤는 피터가 예전에 부하직원이었던 칼린다와 잠자리를 같이 했다는 사실을 알게 된다. 알리샤는 별거를 결심하고 아파트를 새로 얻어서 피터의 짐을 다 옮겨 놓는다. 그런 줄 모르고 아파트에 찾아온 피터는 아내에게 당신은 참 재미있는 사람야(You are so funny), 짐을 보고서는, 벌써 다 끝낸거야?(You got it already?), 아파트는 넓은거야?(Is it big enough?)라고 묻는다. 알리샤는 이건 당신 아파트야(This is your apartment, Peter), 당신 짐들은 다 옮겨놨어(I've moved all you things here)라고 말하자 피터는 영문을 몰라 What? 이라고 반응한다. 전화가 연결될 때까지는 핸드폰을 써야 될거야(You'll have to use your cell phone for a while until they can get the phones connected), 그리고 3개월분 월세는 미리 냈어(and I've paid your first three months rent)라고 별거를 통보한다.

피터는 무슨 상황인지 몰라 이해가 안돼(I don't get this)라고 하는데 알리샤는 차갑게 당신은 칼린다와 잤잖아(You slept with Kalinda)라고 하자 피터는 변명을 하려 하지만 말을 가로 막는다. 이렇게 하는게 더 쉬울거야(This makes it easier), 그러니 당신 키 받아(So please just take your keys)라고 키를 내민다. 피터는 난 당신이 필요해(Alicia, I need you)라고 하지만 알리샤는 내 제일 친한 친구와 잤잖아(You slept with my best friend)라고 비난한다. 피터는 그건 당신들이 친한 친구가 되기 전 일이잖아(It was before she was your best friend), 변명을 하려는게 아니지만(Look, I'm not trying to make excuses), 내가 변한걸 당신이 알잖아(but you know I've changed)라고 용서를 구한다. 피터는 I love you라 하면서 어떻게 하면 이 상황을 나아지게 할 수 있을까?(Look, what can I do to make this better?)라고 묻는다. 알리샤는 아무것도 없어(Nothing)라고 말하면서 키를 던져놓고 아파트 문을 나선다.

The Best Lines from <The Good Wife>

Peter: You are so funny. You got it already? Is it big enough?

Alicia: This is your apartment, Peter. I've moved all your things here.

Peter: What?

Alicia: You'll have to use your cell phone for a while until they can get the phones connected, and I've paid your first three months rent.

Peter: I don't get this.

Alicia: You slept with Kalinda. No, don't. Peter. This makes it easier. So please just take your keys.

Peter: Alicia, I need you.

Alicia: You slept with my best friend.

Peter: It was before she was your best friend.

Alicia: Oh, God.

Peter: Look, I'm not trying to make excuses, but you know I've changed. I love you. Look, what can I do to make this better?

Alicia: Nothing.

피터: 당신은 재미있는 사람이야. 벌써 다 끝낸거야? 아파트는 넓은거야?

알리샤: 이건 당신 아파트야, 당신 짐들은 다 옮겨놨어.

피터: 뭐라고?

알리샤: 전화가 연결될 때까지는 핸드폰을 써야 될거야. 3개월분 월세는 미리 냈어.

피터: 이해가 안돼.

알리샤: 칼린다와 잤잖아. 그러지 마. 이렇게 하는게 더 쉬울거야. 그러니 열쇠 받아.

피터: 난 당신이 필요해.

알리샤: 내 제일 친한 친구와 잤잖아.

피터: 그건 당신들이 친한 친구가 되기 전 일이잖아.

알리샤: 맙소사.

피터: 변명을 하려는게 아니지만, 내가 변한거 당신이 알잖아. 어떻게 하면 이 상황을 나아지게 할 수 있을까?

알리샤: 아무것도 없어.

이 장면에서 놓치면 안되는 표현들

🔊 **01 You are so funny** 너 참 재미있다

A: **Why do you like hanging around with me?** 왜 넌 나랑 놀기를 좋아해?
B: **You are so funny. I love your stories.** 너 참 재미있어. 난 네 얘기를 좋아해.

🔊 **02 Is it big enough~?** …할 정도로 충분히 커?

A: **This cave runs under the mountain.** 이 동굴은 산아래로 통하고 있어.
B: **Is it big enough for us to get inside?** 우리가 안으로 들어갈 정도로 커?

🔊 **03 I don't get this** 이해가 안돼

A: **I feel so guilty about being untrue.** 솔직하지 못해서 심한 죄책감을 느껴.
B: **I don't get this. Have you been cheating?** 이해가 안돼. 바람폈어?

A: **You spend way too much money on clothes.** 넌 옷사는데 돈을 너무 많이 써.
B: **I don't get this. You looked in my closet?** 이해가 안돼. 너 내 옷장봤어?

🔊 **04 sleep with~** …와 잠자리를 하다

A: **People say Chris is a real player.** 사람들이 그러는데 크리스는 난봉꾼이래.
B: **He sleeps with a lot of women at his job.** 걘 직장내 많은 여자들과 잠자리를 가져.

🔊 **05 This makes it easier** 이렇게 하는게 더 쉬울거야

A: **They hired two assistants to help out.** 걔네들은 도와줄 두명의 조수를 채용했어.
B: **This makes it easier to get it done.** 이렇게 하면 더 쉽게 그걸 끝낼거야.

🔊 **06 It was before~** …의 전 일이었잖아

A: **No one thought Steven killed his wife.** 아무도 스티븐이 자기 아내를 살해했다고 생각안해.
B: **This was before the detectives came.** 형사들이 오기 전의 일이었잖아.

🔊 **07 What can I do to make this better?** 어떻게 하면 이를 더 나아지게 할 수 있을까?

A: **My whole body is filled with pain.** 내 몸 전체가 고통으로 신음하고 있어.
B: **What can I do to make this better?** 어떻게 하면 이를 더 나아지게 할 수 있을까?

Americna Drama Best Scene 133

What would that look like?

>> **The Good Wife**
Season 2 Episode 23 37:25

그러면 어떻게 보일까?

항상 긴장감이 도는 윌과 알리샤가 함께 호텔바에서 술을 마시고 있다. 알리샤가 윌에게 넌 항상 인기남이었지라고 하니까 그래, 여자들은 내가 진짜 어떤 사람인지 알기 전까지 날 좋아하지(Yeah, the women like me until they discovered the real me). 알리샤가 말을 받아서 어떤 사람인데(Which is…)라고 묻자 알고 싶지 않을거야(You don't want to know)라고 하고 알리샤는 어서 말해봐(Oh, come on)라고 재촉하며 난 항상 다 털어놓잖아(I'm constantly spilling it), 넌 진짜 어떤 사람인데?(What's the real you?)라고 재촉한다. 윌은 통제되지 않는 요실금이 있어(Uncontrollable bladder syndrome)라고 조크를 던진다. 알리샤는 깔깔 웃어대고 윌은 너 정말 신나게 웃네(You have a good laugh)라고 한다.

알리샤는 윌의 애인인 태미에 대해서 물어본다(What about Tammy?, How's Tammy?), 윌은 내 여친?(My girlfriend?), 런던에 있을거야(I think she's in London), 어제 최종변론이 끝나고 내게 전화가 왔어(She called me yesterday, after the closing arguments), 짐을 쌌다고(Her bags were packed), 내가 달려가서 가지 말라고 했어야 했는데(I was supposed to rush over to see her and convince her to stay…), 난 사건의 단서가 된 장갑에 대한 전화를 받았어(I got the call about the glove)라고 말한다. 그리고 알리샤를 쳐다보더니 우리는 언제나 타이밍이 안좋았어, 그렇지?(We've always had bad timing, haven't we?)라고 하자 알리샤도 동의하고 We have라고 한다. 윌이 제안을 한다. 우리가 갑자기 타이밍이 좋아진다면 어떻겠어?(What if we were to suddenly have good timing?), 한시간만이라도 말야(Just for an hour?)라고 사랑을 나누자는 말을 돌려서 하고서 그러면 어떻게 보일까?(What would that look like?)라고 말하고, 같은 맘인 알리샤는 내 생각에 가장 굉장한 순간이 될 것처럼 보여(I think that would look like an exceptional moment)라고 화답한다.

호텔 카운터에 가서 윌은 오늘 밤 방있어요?(We need a room for the night)라고 물어보고, 호텔직원은 죄송합니다만 예약이 꽉 차서요(Sorry, sir, we're completely booked)라고 하자 윌은 다시 There's no rooms?라고 묻고 어떻게 그럴 수가 있죠?(How's that possible?)라고 묻

는다. 직원은 시내에서 미국화상협회의가 열리고 있거든요(We have the Burn Association Convention in town)라고 이유를 대고 안타까운 심정의 윌은 하나도 없어요?(There's nothing?)라고 되묻고 직원은 the presidential suite이 남아 있고 하룻밤에 7,800달러라고 한다(But that's $7,800 a night). 돈이 문제랴…, 윌은 카드를 내밀고 직원은 담당직원은 제롬이라고(And the name of your personal butler is Jerome) 알려준다. 겨우 한시간을 굿타이밍으로 만들려고 하는데 태클이 많이 들어온다. 방도 겨우 구하고 엘리베이터 타기도 힘들고 그리고 방문을 여는데도 버벅거리고…, 급한 맘일까 문을 못여는 윌은 제발 한시간만요(Please God, one hour)라고 탄식하고 바라는건 그게 전부입니다(That's all we want)라고 말하는데 알리샤는 웃으면서 It's okay라고 한다. 윌은 내려가서 새로운 키를 받아올게(I'll go downstairs and get a new key)라고 하지만 알리샤는 천천히 키를 넣고 문을 열고 둘은 드디어 한시간 그들만의 시간을 갖게 된다.

The Best Lines from <The Good Wife>

Will: Women like me until they discover the real me.

Alicia: Which is?

Will: You don't wanna know.

Alicia: Oh, come on. I'm constantly spilling it. What's the real you?

Will: Uncontrollable bladder syndrome. You have a good laugh.

Alicia: And Tammy? What about Tammy? How's Tammy?

Will: My girlfriend? I think she's in London. She called me yesterday after the closing arguments, and her bags were packed. I was supposed to rush over to see her and convince her to stay…. I got the call about the glove. We've always had bad timing, haven't we?

Alicia: We have.

월: 여자들은 날 좋아해… 적어도 진짜 나를 알기 전까진.

알리샤: 진짜 너는 어떤데?

월: 모르는게 나을걸.

알리샤: 아, 말해 봐. 나는 다 털어놓는 스타일이잖아. 진짜 너는 뭐야?

월: 통제되지 않는 요실금이 있어. 너 정말 신나게 웃네

알리샤: 그럼 태미는? 태미는 어때?

월: 내 여자친구? 지금 런던에 있을걸. 어제 최후 변론 끝나고 전화했는데, 짐을 다 쌌다고 하더라. 내가 달려가서 붙잡아야 했는데… 그때 '장갑' 관련 전화가 왔지. 우린 항상 타이밍이 안 맞았던 것 같아.

알리샤: 맞아, 늘 엇갈렸지.

월: 만약, 단 한 시간만이라도 타이밍이 잘 맞는다면 어떨까?

Will: What if we were to suddenly have good timing just for an hour? What would that look like?

Alicia: I think that would look like an exceptional moment.

....

Dest Clerk: Hi.

Will: (to the front desk clerk) Hi. We need a room for the night.

Dest Clerk: Sorry, sir. We're completely booked.

Will: There's no rooms?

Dest Clerk: Yes, sir. I'm sorry.

Will: How is that possible?

Dest Clerk: Well, we have the Burn Association Convention in town.

Will: There's nothing?

Dest Clerk: Well, the Presidential suite. But that's 7,800 a night. And the name of your personal butler is Jerome.

Alicia: Thanks.

Dest Clerk: Have a good night.

....

Will: Come on. Please, God. One hour. That's all we want.

Alicia: It's okay.

Will: I'll go downstairs and get a new key.

알리샤: 그건… 정말 멋진 순간이겠지.

....

프론트 직원: 안녕하세요.

월: 안녕하세요. 오늘 밤 방 하나 주세요.

프론트 직원: 죄송합니다, 손님. 만실입니다.

월: 방이 하나도 없다고요?

프론트 직원: 네 죄송합니다.

월: 어떻게 그럴 수 있죠?

프론트 직원: 네, 지금 화상 학회 때문에 방이 다 찼어요.

월: 진짜 아무 방도 없어요?

직원: 프레지덴셜 스위트 하나는 있습니다. 하룻밤에 7,800달러고요. 담당직원은 제롬입니다.

알리샤: 고마워요.

프론트 직원: 좋은 밤 되세요.

....

월: 하나님, 부탁이에요. 단 한 시간만. 제가 원하는건 그것 뿐예요.

알리샤: 괜찮아,

월: 내가 가서 새 키 받아올게.

이 장면에서 놓치면 안되는 표현들

🔊 **01 You don't want to know** 넌 모르는게 나아

A: **How did you get this new motorcycle?** 어떻게 이 새로운 오토바이를 샀어?
B: **Seriously, you don't want to know.** 심각하게 말하는데, 넌 모르는게 나아.

🔊 **02 spill it** 털어놓다

A: **Man, I had the craziest night of my life.** 휴, 내 평생 가장 미친듯한 밤이었어.
B: **Spill it. I want to hear everything.** 말해봐. 하나도 놓치지 않고 듣고 싶어.

A: **I have some information about the kidnapper.** 납치범에 대한 정보가 좀 있어.
B: **You'd better spill it right now.** 당장 털어놔봐.

🔊 **03 rush over to~** 달려가서 …하다

A: **What did you do when you heard the news?** 너 그 소식을 들었을 때 어떻게 했어?
B: **I rushed over to see if everything was okay.** 다 괜찮은지 달려가서 확인했어.

A: **Looks like the fire was put out quickly.** 불이 빨리 꺼진 것 같아.
B: **The neighbors rushed over to help.** 이웃들이 달려나와서 도왔어.

🔊 **04 convince sb to~** …을 설득해서 …하게 하다

A: **Abbie's dad thinks he found her a good husband.**
애비의 아버지는 애비에게 좋은 남편감을 구했다고 생각하고 있어.
B: **He convinced her to marry a stranger.** 걔를 설득해서 낯선 사람과 결혼하게 했어.

🔊 **05 I got the call about~** …에 대한 전화를 받았어

A: **I got the call about your heart attack.** 네가 심장마비에 걸렸다는 전화를 받았어.
B: **Yeah, looks like I'll be in the hospital a while.** 응, 한동안 병원에 있어야 할 것 같아.

A: **What made you came to the police station?** 경찰서에는 무슨 일로 오셨습니까?
B: **I got the call about the robbery.** 강도사건에 대한 전화를 받았어요.

🔊 **06 have bad timing** 타이밍이 안좋다

A: **You asked her out after she got engaged?** 걔가 약혼한 직후에 데이트 신청을 했어?
B: **I know. I have bad timing.** 알아. 타이밍 끝내주지.

07 What if~ ? …하면 어쩌지?, …하면 어떻게 돼?

A: I regret not interviewing there. 그곳 인터뷰하지 않은걸 후회해.
B: What if you had one more chance? 한번 더 기회가 있다면 어쩔거야?

A: You know, my stomach really hurts. 저기, 배가 정말로 아파.
B: What if you stayed home today? 오늘 집에 있으면 어때?

08 What would that look like? 그러면 어떻게 보일까?

A: The apartment will be completely redesigned.
이 아파트는 완전히 새롭게 디자인될거야.
B: What would that look like? 그러면 어떻게 보일까?

A: They plan to tear down these buildings. 이 빌딩들을 철거할 계획이래.
B: What would that look like? 그러면 어떻게 보일까?

09 How's that possible? 그게 어떻게 가능해?

A: I have no money to pay you back. 너한테 갚을 돈이 없어.
B: How's that possible? You have a good job.
어떻게 그럴 수 있어? 좋은 직장 다니잖아.

A: Rico was killed in a car crash. 리코가 자동차 사고로 죽었어.
B: How's that possible? I just saw him. 어떻게 그럴 수 있어? 조금 전에 봤는데.

10 That's all we want 우리가 바라는건 그게 전부야

A: The store will replace the broken coffee maker.
그 가게는 고장난 커피메이커를 교체할거야.
B: That would be great. That's all we want. 그럼 좋겠다. 우리가 바라는건 그게 전부야.

A: They offered to purchase the property. 그들이 부동산을 사겠다고 제안했어.
B: Good. That's all we want. 좋아. 우리가 바라는건 그게 전부야.

Americna Drama Best Scene 134

You and Cary are leaving?

너와 캐리가 떠난다고?

>> **The Good Wife**
Season 5 Episode 5 2:34

다이앤으로부터 알리샤가 캐리와 함께 고객들을 빼내서 독립할거라는 말을 들은 윌은 분노로 가득 찬 채 알리샤의 사무실로 걸어간다. 그리고 말한다. 나간다고?(You're leaving?), 알리샤는 외출이나 퇴근하는 줄 물어보는 것으로 생각해 난 금방 들어왔어(No, I just got here)라고 말한다. 이처럼 leave는 외출, 퇴근, 혹은 아주 떠나는 것을 의미하는 등 다양하게 쓰인다. 하지만 윌의 표정을 보고는 What?이라고 묻고 윌은 너와 캐리가 나가는거야?(You and Cary are leaving?)라는 말에 알리샤는 해명을 하려고 하지만 "예," "아뇨"라는 간단한 답으로 하라(It's an easy answer. It falls into the "yes or no" category)라고 비장하게 얘기한다. 너와 캐리가 고객들을 빼앗아 나간다는거야?(You and Cary are leaving and you're taking some clients with you?)라고 다시 묻는다. 알리샤는 Yes라 답하고 윌은 다시 묻는다. 이걸 3주 전에 이미 결정한거야?(And you decided this three weeks ago?)라는 질문에 Yes, I'm sorry라고 알리샤는 답한다. 물론 미안해야지 그게 도움이 될거야(Of course. That helps)라고 윌은 비아냥대고 알리샤는 새로운 일을 시도해볼 때가 된 것 같아서(It's time I try something new)라고 말하는데 이때 갑자기 윌은 알리샤의 책상위에 물건들을 손으로 다 밀어버리며 분노를 표출한다.

내가 널 받아줬어(I took you in), 아무도 널 원하지 않았지(No one wanted you), 내가 널 채용했어(I hired you), 그리고 널 밀어줬지(I pushed for you)라고 하면서 배신감에 떠는데 알리샤는 이건 비즈니스 결정이야(This is a business decision)라고 하는데 드뎌 윌의 입에서 독설이 쏟아져 나온다. 넌 해가 되는 존재야(You were poison!), 내 회사가 널 자립하게 도와줬어(This firm got you back on your feet)라고 배신감을 토로하고, 알리샤는 그건 항상 고맙게 생각하고 있어(And I will always be thankful)라고 하지만 그 말을 받아 그런데 이런 식으로 보답하는 거야?(And this is how you show it?), 고객들이나 훔치면서(by stealing our clients?)라고 반박한다. 알리샤는 우린 훔치지 않았어(We didn't steal anything), 이 고객들은(These were clients that…) 이라고 하지만 윌은 넌 이 회사의 이익을 최우선으로 할 의무가 있어(You have a fiduciary responsibility to this firm), 그런데 넌 회사를 속이려 하고 있었어(and you were going behind our backs)라고 비난한다. 알리샤는 난 아무도 속이려 하지 않았어(I didn't go

581

behind any backs)라고 하고 윌은 넌 다이앤의 퇴직협상도 했잖아(You negotiated Diane's exit package)라고 하자 알리샤는 네가 하라고 했잖아!(You asked me to!)라고 소리치지만, 윌은 그러는 동안 넌 계속해서 떠날 걸 알고 있으면서도 말야(And the whole time, you knew you were leaving). 알리샤가 다시 반박한다. 그 협상에서 내가 한 일은 아무것도 없어(Nothing I was doing impacted that negotiation)라고 하고 윌은 배신감에 치를 떨면서 너 정말 으악이다(God, you're awful), 넌 네가 얼마나 으악인지 모르고 있는거야(and you don't even know how awful you are)라고 인신공격까지 한다. 알리샤는 너와 다이앤도 이런 식으로 이 회사를 시작한거잖아(This is how you and Diane started this firm)라고 항변해보지만 윌은 소리치면서 감히 비교하려고…(Don't you dare compare…)라고 소리를 높이다가 잠시 진정하더니 우선 넌 해고야(First of all, you're fired), 그리고 두 번째로 이 회사명의의 네 핸드폰을 가져가겠어(Second, I'm taking this company cell phone until such time as…)라고 말한다.

The Best Lines from <The Good Wife>

Will: You're leaving?

Alicia: No. I just got here. What?

Will: You and Cary are leaving? It's an easy answer. It falls into the "yes or no" category. You and Cary are leaving and you're taking some clients with you?

Alicia: Yes.

Will: And you decided this three weeks ago?

Alicia: Yes. I'm sorry.

Will: Of course. That helps.

Alicia: It's time I try something new.

Will: I took you in. No one wanted you. I hired you. I pushed for you.

Alicia: Will. This is a business decision.

Will: You were poison! This firm got you back on your feet.

Alicia: And I will always be thankful.

월: 가려는거야?

알리샤: 아니, 이제 막 왔는걸. 뭐라고?

월: 너랑 캐리가 나가겠다고? 간단한 질문이야. "예" 아니면 "아니오"로 대답할 수 있는. 너랑 캐리가 회사를 나가고, 고객도 빼가겠다는거야?

알리샤: 그래.

월: 그리고 이걸 3주 전에 결정한거고?

알리샤: 맞아. 미안해.

월: 당연히 그렇겠지. 그 말이 도움이 많이 되네.

알리샤: 이제는 새로운 걸 시도해봐야 할 때야.

월: 내가 널 받아줬어. 아무도 널 원하지 않았을 때 말이야. 내가 너를 고용했고, 내가 널 밀어줬어.

Will: And this is how you show it? By stealing our clients?

Alicia: We didn't steal anything. These were clients that...

Will: You have a fiduciary responsibility to this firm, and you were going behind our backs.

Alicia: I didn't go behind any backs.

Will: You negotiated Diane's exit package.

Alicia: You asked me to!

Will: And the whole time, you knew you were leaving.

Alicia: Nothing I was doing impacted that negotiation.

Will: Oh, God. God, you're awful, and you don't even know how awful you are.

Alicia: This is how you and Diane started this firm.

Will: Don't you dare compare...Okay. First of all, you're fired. Second, I'm taking this company cell phone until such time as...

알리샤: 윌, 이건 사업적인 결정이야.

윌: 너는 해가 되는 존재였어! 이 로펌이 널 다시 일으켜 세운거야.

알리샤: 그건 나도 평생 감사하게 생각해.

윌: 그런데 그 보답이 이거야? 우리 고객을 훔쳐가는거?

알리샤: 훔친게 아니야. 그 고객들은...

윌: 넌 이 로펌에 대한 이익을 최우선으로 할 의무가 있어. 그런데 넌 회사를 속이려 하고 있었어.

알리샤: 아무도 속이려 하지 않았어.

윌: 넌 다이앤의 퇴직조건도 협상했지.

알리샤: 그건 네가 시킨거잖아!

윌: 그런데 그 당시 너는 이미 떠날 계획이었잖아.

알리샤: 그 협상에서 내가 한 일은 아무것도 없어.

윌: 세상에... 넌 끔찍해. 그런데도 자기가 얼마나 끔찍한지 모르는군.

알리샤: 이건 당신과 다이앤이 이 회사를 세운 방식과 같잖아.

윌: 감히 그걸 비교해? 좋아. 우선, 넌 해고야. 그리고 이 회사 핸드폰은 내가 회수할거야.

이 장면에서 놓치면 안되는 표현들

📢 01 **You're leaving?** 나간다고?, 떠난다고?

A: **I have to get back home soon.** 난 곧 집에 돌아가야 돼.
B: **You're leaving? I thought you'd stay a while.**
너 간다고? 난 네가 잠시 머물거라 생각했는데.

A: **This is my last day at the firm.** 오늘이 회사 마지막 날이야.
B: **You're leaving? I thought you were happy here.**
너 나간다고? 난 네가 여기서 행복해하는 줄 알았는데.

📢 02 **I just got here** 나 지금 왔는데

A: **Did you witness the robbery?** 강도사건을 목격했어요?
B: **I just got here. I didn't see anything.** 지금 왔어요. 아무 것도 못봤어요.

📢 03 **That helps** 그게 도움이 될거야

A: **The cops said the fight started at the bar.**
경찰이 그러는데 싸움은 술집에서 시작되었대.
B: **That helps make sense of this.** 그럼 이게 이해되는데 도움이 되네.

📢 04 **It's time I try something new** 내가 뭔가 새로운 것을 시도해볼 때야

A: **You want to run in the marathon?** 너 마라톤을 뛰고 싶다고?
B: **I'll do it. It's time I try something new.** 그렇게 할거야. 뭔가 새로운걸 시도해볼 때야.

📢 05 **get sb back on sb's feet** …가 자립하도록 해주다

A: **I heard your dad had some health problems.**
네 아빠 건강상에 뭐 문제가 좀 있다고 들었어.
B: **It will be a while before he's back on his feet.**
다시 건강을 회복하는데 시간이 좀 걸릴거야.

A: **Looks like Patty is doing better.** 패티 잘하고 있는 것 같아.
B: **We helped get her back on her feet.** 걔가 자립하도록 우리가 도와줬어.

06 go behind one's back …의 뒤통수를 치다, …의 등뒤로 숨다

A: I couldn't tell you because you'd be angry. 네가 화낼까봐 네게 말할 수 없었어.
B: Don't go behind my back to do things! 내 뒤통수를 치고 일을 하지 말라고!

A: I heard someone shooting a gun. 누가 총을 쏘는 소리를 들었어.
B: You'd better get behind my back. 내 등뒤로 숨으라고.

07 You asked me to! 네가 나보고 그러라고 했잖아!

A: You donated all of my old clothes? 너 내 낡은 옷을 전부 기부했어?
B: You asked me to! I wouldn't have done it myself.
네가 그러라고 했잖아! 내가 혼자서 그렇게는 하지 않았을거야.

A: Why did you throw away the letters? 너 왜 편지들을 버렸어?
B: You asked me to! Don't you remember? 네가 그러라고 했잖아! 기억안나?

08 This is how~ 이렇게 해서 …하다, 이게 …하는 방법이야

A: The government is tearing down their homes. 정부는 그들의 집을 철거하고 있어.
B: This is how they treat powerless people. 이게 바로 힘없는 사람들을 대하는 방법이야.

A: He left the knives in reach of the children. 걔는 칼을 아이들이 손댈 수 있는 곳에 뒀어.
B: This is how accidents happen. 이렇게 해서 사고가 나는거야.

09 Don't you dare~! 감히 어떻게…!

A: I'll tell the police it was your idea. 경찰에게 그건 네 생각이었다고 말할거야.
B: Don't you dare get me into trouble! 어떻게 감히 네가 나를 곤경에 빠트린다는거야!

A: You caused all of our financial problems. 네가 우리 경제적 문제를 다 초래했어.
B: Don't you dare blame me! 어떻게 감히 네가 비난하는거야!

Chris Says:

Bite me!
Hmm, this is a little difficult to explain. It's kind of a silly kid's expression that most adults don't use. Usually it's used in a joking way, to respond to someone who is teasing you. It is saying you don't want to be teased anymore.

Americna Drama Best Scene 135

He is playing the long game

>>> Homeland
Season 1 Episode 1 06:54

그는 철저하게 계획을 세우고 있어요

미 해병 Brody는 10년 만에 중동에서 구출되지만 테러에 강박적으로 집착하는 캐리는 전향한 미군포로가 있다는 첩보를 입수하고 사울과 얘기를 나눈다. 정확히 그가 뭐라고 했었지?(What were his exact words, please?)라고 묻자, 캐리는 한 미군 포로가 전향했대요(An American prisoner of war has been turned)라고 답한다. 사울은 다시 이 말을 영어로 했어?(He said this in English?)라고 묻고 캐리는 예, 경비대가 날 끌어내기 직전 내 귀에다 대고 속삭였어요(Yes. He whispered it into my ear right before the guards pulled my away)라고 말한다. 사울은 그 사람이 '전향'이라고 말을 했을 때는…(And when he used the expression "turned…")라고 하자 캐리는 전향을 해서 Abu Nazir 밑에서 일한다는 뜻이예요(He meant turned…, working for Abu Nazir)라고 단정한다.

사울은 왜 지금에서야 이 말을 하는거야?(Why am I just hearing about this now?)라고 궁금증을 표시하자 캐리는 10분전만 해도(Because until ten minutes ago), 이라크나 아프카니스탄에 전쟁포로가 생존해 있는 줄도 몰랐으니까요(I didn't know there were any POW's still alive in Iraq or Afganistan)라고 말한다. 그럼 자네 말은 아부 나지르가 자신의 안가에 첩보원을 심어놓고(So you're suggesting that Abu Nazir planted intelligence in his own safe house), 우리가 브로디를 구출하도록 했단 말인가?(just so we could recover Sergeant Brody?)라고 확인한다. **캐리는 이게 미친 소리처럼 들릴 줄은 알아요(I realize it sounds like a reach)라고 하자, 사울은 줄잡아 말해도 그러네(To say the least)라고 회의적인 반응**을 나타낸다. 그리고는 검문소 근처에 브로디를 떨궈놓고 탈출한 것처럼 보이게 하면 되는데(Why not just drop him near a checkpoint and make it look like he escaped), 왜 13명의 훈련된 전투원을 희생시켰을까?(Why would you sacrifice 13 trained fighters?)라고 하자, **캐리는 아부 나지르는 철저하게 계획을 꾸미니까요(Because Abu Nazir is playing the long game)라고 하고 이런 방식으로 하면 아무도 의심하지 않으니까요(This way, no one suspects a thing)**라고 반박하지만, 사울은 자네를 제외하고(Except you)라고 하니까 캐리가 네, 그래요(Yeah, except me)라고 답한다.

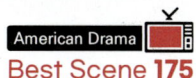

캐리가 앞으로의 계획을 말한다. 브로디 상사가 내일 아침이면 독일에서 돌아와요(And sergeant Brody's due home from Germany tomorrow morning), 그러니 우리에겐 22시간도 안남았어요(which give us just under 22 hours)라고 대비의 시급함을 역설한다. 사울은 무엇을 하려고?(To do what?)라고 묻고 캐리는 감청을 허가받으려구요(To authorize a surveillance package), 핸드폰을 추적하고(To tap his phones), 집에 도청장치도 하고(wire his house), 그리고 그가 어디를 가든 미행을 하는(follow him wherever he goes) 등 할 일을 말하지만 사울은 부국장 데이빗이 절대 허가해주지 않을걸 알잖아(David will never sign off on that and you know it)라고 현실을 말해준다. 지금부터 이제 브로디와 캐리의 집요한 싸움이 시작된다.

Saul: What were his exact words, please?
Carrie: An American prisoner of war has been turned.
Saul: He said this in English?
Carrie: Yes. He whispered it into my ear right before the guards pulled me away.
Saul: And when he used the expression "turned..."
Carrie: He meant turned..., working for Abu Nazir.
Saul: Why am I just hearing about this now?
Carrie: Because until ten minutes ago, I didn't know there were any P.O.W.'s still alive in Iraq or Afghanistan.
Saul: So you're suggesting that Abu Nazir. You're suggesting that Abu Nazir planted intelligence in his own safe house just so we could recover Sergeant Brody?
Carrie: I realize it sounds like a reach.

사울: 정확히 그가 뭐라고 했었지?
캐리: 한 미군 포로가 전향했대요.
사울: 이걸 영어로 말을 했나?
캐리: 예. 경비대가 날 끌어내기 직전 내 귀에다 대고 속삭였어요.
사울: 그 사람이 '전향'이라고 말을 했을 때는...
캐리: 전향을 해서 아부 나지르 밑에서 일한다는 뜻이에요.
사울: 왜 이제서야 이 얘기를 하는 거야?
캐리: 10분 전까지만 해도, 이라크나 아프가니스탄에 아직 생존해 있는 전쟁포로가 있다는 걸 몰랐으니까요.
사울: 그러니까 아부 나지르가 브로디 하사를 우리가 구출하도록 유도하기 위해 일부러 자기 안가에 첩보원을 심어놨다는 말인가?
캐리: 터무니없게 들릴 수 있다는 건 알아요.

Saul: To say the least. Why not just drop him near a checkpoint and make it look like he escaped? Why would you sacrifice 13 trained fighters?

Carrie: Because Abu Nazir is playing the long game. This way, no one suspects a thing.

Saul: Except you.

Carrie: Yeah, except me. And Sergeant Brody's due home from Germany tomorrow morning, which gives us just under 22 hours.

Saul: To do what?

Carrie: To authorize a surveillance package. To tap his phones, wire his house, follow him wherever he goes.

Saul: David will never sign off on that and you know it.

사울: 줄잡아 말해도 그러네. 그냥 검문소 근처에 떨어뜨려 놓고 탈출한 것처럼 꾸미면 되잖아? 왜 13명의 전투원을 희생시켰을까?

캐리: 아부 나지르는 장기전을 준비하고 있으니까요. 이런 식이면 아무도 의심하지 않죠.

사울: 자네 말고는.

캐리: 그래요, 나만 빼고요. 그리고 브로디 하사는 내일 아침 독일에서 귀국 예정이니까, 우리에게 남은 시간은 22시간도 안돼요.

사울: 뭘 하려고?

캐리: 감청을 허가받으려구요. 전화 도청하고, 집에 도청장치 설치하고, 그가 가는 곳마다 미행하는거예요.

사울: 데이비드가 그걸 승인해줄리 없다는거, 자네도 알잖아.

이 장면에서 놓치면 안되는 표현들

01 What were his exact words, please? 그가 정확히 뭐라고 했어?

A: I heard Jack confess to the assault. 난 잭이 폭행에 대해 자백하는 것을 들었어.
B: **What were his exact words, please?** 걔가 정확히 뭐라고 했는데?

02 So you're suggesting that~ 그럼 네 말은 …라는거야(?)

A: You and your friends might have done this. 너와 네 친구들이 이렇게 했을지도 몰라.
B: **So you're suggesting that** we committed the crime?
그럼 넌 우리가 범죄를 저질렀다고 말하는거야?

03 make it look like~ …처럼 보이게 하다

A: So your wife thinks you went out with another woman?
아내는 네가 바람폈다고 생각해?
B: She **made it look like** I was guilty. 내가 바람핀 것처럼 보이게 했어.

04 play the long game 철저한 계획을 세우다

A: I can't understand what Brad is doing. 난 브래드가 뭘하고 있는지 모르겠어.
B: I think he's **playing the long game.** 난 걔가 계획을 철저하게 세우고 있다고 생각해.

05 which gives us~ 그럼 우리에게는 …가 남아

A: There were only three employees here. 여기에는 종업원이 세명밖에 없었어.
B: **Which gives us** three potential suspects. 그럼 잠재적 용의자가 세명이네.

Americna Drama Best Scene 136

Don't fucking lie to me, Carrie!

>> **Homeland**
Season 1 Episode 7 44:07

캐리, 빌어먹을 거짓말은 하지마!

캐리는 계속 브로디를 의심하며 우연히 접근하고 함께 카섹스도 하며 가까워진다. 별장에서의 하룻밤을 자고 난 이후 브로디가 묻는다. 날 계속 감시하고 있었죠?(Were you watching me?)라고 말하고 캐리는 무슨 말인지 모르겠어요(I don't know what you mean)라고 오리발을 내민다. 브로디가 친절하게 내 말은 날 염탐하고 있었냐는거예요?(I mean, did you spy on me?), 당신 스파이잖아요, 맞죠?(You are a spy, right?)라고 정곡을 찌른다. 바로 그래서 상담모임에서 우연히 마주친거고(That's why we ran into each other at the support group, isn't it?), 내게 전화번호를 남긴 것도 내가 뭘 물어볼 것을 대비한거였어요?(Why you slipped me your number in case I ever need to ask anything?)라고 묻고, 캐리는 아니에요(No, you're wrong, Brody)라고 부정한다. 브로디가 화를 내며 빌어먹을 거짓말하지마, 캐리(Don't fucking lie to me, Carrie!)라고 하자 캐리는 그건 내 일이었고(It was my job), 또 내 일이다(It is my job)라고 자기도 어쩔 수 없음을 강조한다. 그러자 브로디는 그럼 지금도 감시하는 중이겠네요(Oh, so you're still spying)라고 비아냥거리자 캐리는 일하는 중예요(I'm working), 항상 일하는 중이라구요(I'm always working!)라고 항변한다. 브로디는 무슨 근거로요?(On what suspicion?), 말해봐요, 빌어먹을!(Tell me, god damn it!)이라고 소리친다.

캐리가 겁에 질려 별장안으로 들어가려고 하자 손으로 문을 닫으며 브로디는 이걸 찾아요?(You looking for this?)라며 캐리가 별장안에 숨겨놓은 총을 꺼내든다. 그러자 캐리는 고민을 하다 아부 나지르의 폭탄제조하는 사람이 내게 미군 포로 중 한명이 전향을 했다고 말해줬어요(Abu Nazir's bomb maker told me an American prisoner of war had been turned)라고 자신이 의심하는 근거를 댄다. 그리고 그가 집으로 돌아가서 공격을 할거라고 했어요(And he was coming home to carry out an attack)라고 한다. 브로디는 그걸 믿었어요?(And you believed this?)라고 내숭을 떨고 캐리는 그는 처형되기 바로 전에 내게 한 말예요(He told me minutes before he was executed), 내가 담당하는 죄수였어요(He was my prisoner), 수개월간 취조했어요(I interrogated him for months), 그리고 그는 마지막에는 협력하고 있었어요(He was cooperating at the end), 따라서 그 사람이 거짓말할 이유가 없어요(There was no reason for him to lie)라고 근거를 댄다. 브로디는 당신은 내가 그 포로라고 생각하는거예요?(You think I'm that POW?)라고 정면돌파를 시도한다. 캐리는 다른 사람일 수가 없어요(There's no one else it could be)라고 하자, 브로디는 다시 한번 화를 내며 빌어먹을 CIA가 내가 알카에다를 위해 일한다고 생각하는거예요?(You're telling me the fucking CIA thinks I'm working for Al-Qaeda?)라고 흥분한다. 이때 캐리는 결정적으로 나도 당신이 알카에다 밑에서 일한다고 생각해요(I think you're working of Al-Qaeda)라고 날린다.

이 말에 기가 막힌다는 듯 브로디는 어처구니 없어 한다. 그리고 그럼 이 총은 뭐예요?(What about the gun, Carrie?), 곰이나 침입자에 쓸려구요?(Bears? Intruders?)라고 묻고 캐리는 그냥 오두막에 있는거예요(We just keep it in the cabin)라고 둘러댄다. 브로디는 게다가 테러리스트가 문앞에 있을 줄은 몰랐겠네요(Plus, you never know when a terrorist might darken your door)라고 하고, 캐리는 난 테러리스트라고 말한 적이 없어요(I never said terrorist), 전향했다고 했죠(I said turned)라고 단어정리를 해준다. 브로디는 그게 사실이라면(If that were true), 이게 조금이라도 사실이라면(if any of this were true), 지금 바로 내가 당신을 죽이지 않았겠어요?(Wouldn't I just kill you right now?)라고 반문한다. 여기에 지지 않고 **캐리는 장기계획이 있는게 아니라면요(Not if you're playing the long game)**라고 받아치자 브로디는 캐리 쪽에 총을 놓고 의자에 앉으면서 뭐든 물어봐요(Ask me anything), 총이 저기 있잖아요(There's the gun), **내 머리에 총을 겨누고(Hold it to my fucking head), 뭐든 궁금한게 있으면 물어보라고요(and ask me anything you want to know), 당신이 얼마나 틀렸는지 보여주겠어요(I'll show you how wrong you are)**라며 자신있게 말한다.

The Best Lines from <Homeland>

Brody: Were you watching me?
Carrie: I don't know what you mean.
Brody: I mean did you spy on me? You are a spy, right? That's why we ran into each other at the support group, isn't it? Why you slipped me your number in case I ever need to ask anything?
Carrie: No, you're wrong, Brody.

브로디: 날 계속 감시하고 있었지?
캐리: 무슨 말인지 모르겠어.
브로디: 그러니까 날 몰래 감시했냐고. 너 스파이잖아, 맞지? 우리가 그 후원모임에서 우연히 만난 것도 사실은 우연이 아니었던거지? "뭐든 궁금하면 연락하라"고 번호 준 것도 다 그런 이유였던거고.
캐리: 아니야, 그건 오해야, 브로디.

Brody: Don't fucking lie to me, Carrie!

Carrie: It was my job. It is my job.

Brody: Oh, so you're still spying.

Carrie: I'm working. I'm always working.

Brody: On what suspicion? Tell me, goddamn it! You looking for this?

Carrie: Abu Nazir's bomb maker told me an American prisoner of war had been turned. And he was coming home, to carry out an attack.

Brody: And you believed this?

Carrie: He told me minutes before he was executed. He was my prisoner. I interrogated him for months. He was cooperating at the end. There was no reason for him to lie.

Brody: You think, I'm that POW.

Carrie: There's no one else it could be.

Brody: You're telling me the fucking CIA thinks I'm working for al-Qaeda?

Carrie: I think you're working of al-Qaeda.

Brody: What about the gun, Carrie? Bears? Intruders?

Carrie: We just keep it in the cabin.

Brody: Plus, you never know when a terrorist might darken your door.

Carrie: I never said terrorist. I said turned.

Brody: If that were true, if any of this were true, wouldn't I just kill you right now?

Carrie: Not if you're playing the long game.

Brody: Ask me anything. There's the gun. Hold it to my fucking head and ask me anything you want to know. I'll show you how wrong you are.

브로디: 거짓말하지마, 캐리!

캐리: 그게 내 일이었어. 지금도 내 일이야.

브로디: 아, 그럼 지금도 나 감시 중 이라는거네.

캐리: 난 일하고 있는거야. 난 항상 일하고 있어.

브로디: 무슨 근거로? 말해 봐, 젠장할! 이거 찾는거야?

캐리: 아부 나지르의 폭탄제조자가 말했어. 미군 전쟁 포로 중 한 명이 전향됐고, 미국으로 돌아와 테러를 실행할거라고.

브로디: 그리고 너는 그걸 믿은거야?

캐리: 그는 처형되기 몇 분 전에 그 말을 했어. 그는 내가 심문하던 포로였어. 몇 달간 내가 직접 조사했지. 마지막엔 협조까지 했어. 거짓말할 이유가 없었어.

브로디: 그래서 내가 그 포로라는거야?

캐리: 다른 가능성은 없어.

브로디: 지금 빌어먹을 CIA가 내가 알카에다의 첩자라고 의심하고 있다는거야?

캐리: 난 네가 알카에다와 연계됐다고 생각해.

브로디: 그럼 그 총은 뭐야, 캐리? 곰이라도 나타날까 봐? 침입자 때문에?

캐리: 그냥 오두막에 늘 비치해 둬.

브로디: 그래. 테러리스트가 문 앞에 나타날지도 모르잖아.

캐리: 난 테러리스트라고 말한 적 없어. "전향됐다"고 했지.

브로디: 네 말이 사실이라면, 이 모든게 사실이라면… 내가 지금 널 죽이지 않았겠어?

캐리: 아니, 네가 장기전략을 짜고 있는거라면 안 죽이지.

브로디: 뭐든 물어봐. 거기 총 있잖아. 내 머리에 대고, 뭐든 물어봐. 네가 얼마나 틀렸는지 보여줄게.

이 장면에서 놓치면 안되는 표현들

🔊 **01 I don't know what you mean** 네가 무슨 말을 하는지 모르겠어

   A: It looks like people treat you special. 사람들이 널 특별대우하는 것 같더라.
   B: Really? I don't know what you mean. 정말? 네가 무슨 말하는지 모르겠어.

🔊 **02 Did you spy on me?** 날 염탐했어?

   A: I know that you were at Laura's house. 네가 로라의 집에 있었다는걸 알고 있어.
   B: How did you know? Did you spy on me? 어떻게 알았어? 날 염탐했어?

🔊 **03 That's why~** 바로 그래서 …하다

   A: You've never been serious about studying. 넌 한번도 진지하게 공부한 적이 없어.
   B: That's why I failed the class. 바로 그래서 내가 낙제했지.

🔊 **04 run into~** 우연히 마주치다

   A: Your ex is planning to attend the function. 네 전처가 행사에 참석할 예정이래.
   B: I hope to run into her then. 그럼 우연히 마주치길 바래야지.

🔊 **05 in case~** …할 경우에 대비하여

   A: Mom and Dad will be in town this weekend. 부모님이 이번 주말에 마을에 오실거야.
   B: We prepared a room in case they stay here. 여기 머무실걸 대비해 방을 준비했어.

🔊 **06 Don't fucking lie to me!** 빌어먹을 거짓말 하지마!

   A: I swear, I never saw him do anything. 정말, 난 걔가 뭔가 하는걸 본 적이 없어.
   B: Hey, don't fucking lie to me! 야, 빌어먹을 거짓말 하지마!

🔊 **07 It was my job** 그건 내 일이었어

   A: You shouldn't have arrested Billy. 넌 빌리를 체포하지 말았어야 했는데.
   B: I had no choice, it was my job. 난 선택권이 없었어, 내 일이었어.

🔊 **08 You looking for this?** 이걸 찾고 있어?

   A: Where the hell is my winter jacket? 내 겨울자켓 도대체 어디 있는거야?
   B: You looking for this? I just found it. 이거 찾는거야? 내가 방금 찾았어.

09 carry out an attack 공격을 하다

A: The extremists have been sending many e-mails.
극단주의자들이 많은 이메일을 보내고 있어.

B: I think they may carry out an attack soon. 걔네들이 곧 공격을 감행할 것 같아.

10 There was no reason for sb to~ …가 …할 이유는 없었어

A: The fight started before the meeting began.
회의가 시작되기 전에 싸움이 시작됐어.

B: There was no reason for anyone to get upset. 누구도 화를 낼 이유가 없었어

11 You think~? 넌 …라고 생각해?

A: I want to ask her sister for a date. 난 걔 누이에게 데이트를 신청하고 싶어.
B: You think the family will agree? 가족이 동의할거라 생각해?

12 You're telling me~? …라는 말이야?, …라고 말하는거야?

A: I haven't heard her complain about anything.
걔가 뭔가 불평하는 것을 못들어봤어.

B: You're telling me she is happy? 걔가 행복하다고 말하는거야?

13 work for …에서 일하다

A: What line of work is Doug in? 더그는 어떤 업종에서 일을 해?
B: He works for a book publishing company. 걘 출판사에서 일해.

14 What about~? …는 어때?

A: I need someone to sort this mess out. 이 어지럽혀진걸 정리할 사람이 필요해.
B: What about Jeff? He may be available. 제프는 어때? 걔는 시간이 될거야.

15 You never know when~ 언제 …할지 모르는 일이야

A: You look prepared for an emergency. 넌 비상시에 준비가 된 것처럼 보여.
B: You never know when a problem might occur.
문제가 언제 생길지 아무도 모르는 일이잖아.

16 I never said~ 난 절대로 …라고 말한 적이 없어

A: People believe you're friends with Sam. 사람들은 네가 샘과 친구라고 생각해.
B: I never said I knew that man. 난 그 남자를 알고 있다고 말한 적이 전혀 없어.

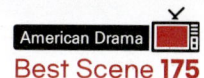

17 hold the gun to one's head 머리에 총구를 겨누다

A: You'll be sorry if you don't help me. 네가 날 돕지 않으면 나중에 후회하게 될거야.
B: Hey, don't **hold a gun to my head**. 야, 협박하지 말라고.

18 Ask me anything you want 뭐든지 내게 물어봐

A: Mind if I ask you a couple of questions? 내가 두어가지 질문해도 괜찮겠어?
B: Sure, **ask me anything you want**. 그럼, 뭐든지 물어봐.

Americna Drama Best Scene 137

I don't want you to be there

당신은 그곳에 오지 말아요

>> **Homeland**
Season 3 Episode 12 30:00

브로디는 CIA의 작전대로 이란에 망명하고 혁명수비대장을 살해한다. 캐리와 함께 안가로 도망간 후 탈출을 시도하는데 CIA의 배신으로 브로디는 혁명수비대에 잡히고 만다. 캐리는 CIA의 첩자인 자하디를 통해 철창 속에 갇혀 있는 브로디와 마지막 통화를 한다. 간수가 전해주는 전화기를 든 브로디가 Hello?라고 한다. 캐리는 당신과 통화가 끝나는대로 사울에게 전화할테니 그리 알아요(I want you to know. I'm calling Saul as soon as I hang up with you), 그리고 이 개 같은 상황을 해결해놓을거예요(He's gonna fix this clusterfuck), 어떤 짓을 해서라도요(He's gonna bring in every fuck…)라고 흥분해서 말을 하는데 브로디가 말을 끊는다. 캐리, 이제 다 끝났어요(Carrie, it's over), 전지전능한 사울도 이 상황을 해결하지 못할거예요(Not even the almighty Saul can stop it now)라고 자포자기한 말을 하자 캐리는 그거 모르는거잖아요(You don't know that)라고 반박한다. 브로디는 시간낭비하지 말아요(You're wasting your time)라고 하면서 의미없는 희망에 기대는 것은 아무한테도 도움이 되지 않아요(Holding out false hope isn't helping anyone)라고 캐리를 달랜다. 지친 브로디는 이제 다 끝냈으면해요(I want it to be over)라고 말하고 캐리는 그런 말 하지 말아요(Don't say that)라고 말린다. 그러나 브로디는 난 괜찮아요(I'm okay), 난 정말 괜찮아요(I really am)라고 안심시킨다.

그리고 브로디는 캐리에게 부탁을 한다. 날 위해서 해줄게 하나 있어요(And I want you to do something for me), 캐리는 Anything(뭐든지요)라고 말하고 브로디는 오늘밤 무슨 일이 있어도(Tonight, whatever happens), 당신은 그곳에 오지 말아요(I don't want you to be there)라고 말한다. 공개 교수형에 처해지는 것을 캐리에게 보여주고 싶지 않기 때문이다. 그리고 계속 말한다. 진심예요(I mean it), 당신은 그걸 겪을 필요가 없어요(Don't put yourself through that)라고 한다. 그러나 캐리는 난 그곳에 가야 해요(I have to be there), 난 갈거예요(I will be there)라고 말한다. 다른 간수들이 오는 소리가 들리고 브로디는 그만 끊어야 되겠어요(I have to say good-bye now)라고 하지만 캐리는 브로디란 이름을 외치면서 전화 조금만 더 하면 안돼요?(Can you just stay here? Just for a few more seconds)라고 하면서 울고 만다. 둘은 아무런 말도 하지 못하고 다시 간수소리가 들리자 브로디는 전화기를 내려 놓는다. 그리고 캐리는 그날 밤 브로디가 공개 교수형에 처해지는 장면을 보게 된다.

The Best Lines from <Homeland>

Brody: Hello?

Carrie: I want you to know I'm calling Saul as soon as I hang up with you. He's gonna fix this clusterfuck. He's gonna bring in every fuck...

Brody: Carrie? Carrie it's over. Not even the almighty Saul can stop it now.

Carrie: No, you don't know that.

Brody: You're wasting your time. Holding out false hope isn't helping anyone. I want it to be over.

Carrie: Don't say that.

Brody: I'm okay. I really am. And I want you to do something for me.

Carrie: Anything.

Brody: Tonight, whatever happens, I don't want you to be there. I mean it. Don't put yourself through that.

Carrie: I have to be there. I will be there.

Brody: I have to say good-bye now.

Carrie: Brody? Brody? Can you just stay here? Just for a few more seconds.

브로디: 여보세요?

캐리: 전화를 끊자마자 사울에게 전화할거야. 그가 이 엉망진창을 수습할거고, 모든 걸 바로잡을 거야.

브로디: 캐리, 이제 끝났어. 전지전능한 사울도 이 상황을 해결하지 못할거야.

캐리: 그거는 모르잖아.

브로디: 시간 낭비하지마. 헛된 희망을 품게 하는 건 아무한테도 도움이 안돼. 난 이 일이 끝나길 원해.

캐리: 그런 말 하지마.

브로디: 난 괜찮아. 진짜야. 그리고 네가 하나 해줬으면 하는게 있어.

캐리: 뭐든지.

브로디: 오늘밤, 무슨 일이 일어나든 간에, 거기 있지마. 진심이야. 네가 그런 걸 겪게 하고 싶지 않아.

캐리: 난 거기 있어야 해. 난 반드시 갈거야.

브로디: 이제 끊어야 되겠어.

캐리: 브로디? 브로디? 전화 조금만 더 하면 안돼? 조금만.

이 장면에서 놓치면 안되는 표현들

🔊 **01 hang up with sb** 전화를 끊다

A: **It's time to hang up with your friend.** 네 친구와 전화를 끊어야 할 때야.
B: **Come on, give me a few more minutes.** 그러지 말고, 몇분만 시간을 더줘.

🔊 **02 bring in** (무슨 방법을) 사용하다, 도입하다

A: **Why did you hire a new programmer?** 새로운 프로그래머를 왜 채용한거야?
B: **He can bring in some new techniques.** 걔가 새로운 기술을 좀 도입할거야.

🔊 **03 You don't know that** 그건 모르는거잖아

A: **I believe that the prisoner killed that girl.** 난 그 죄수가 그 여자애를 죽였다고 생각해.
B: **You don't know that. He could be innocent.**
그건 모르는거잖아. 걘 무죄일 수도 있어.

🔊 **04 You're wasting your time** 넌 시간을 낭비하고 있어

A: **Would you ask Terry to lend me a hundred bucks?**
테리에게 내게 100달러를 빌려주라고 해.
B: **You're wasting your time. He'll never do it.** 시간낭비야. 걘 절대 그러지 않을거야.

🔊 **05 hold out** 희망 등에 기대하다, 의지하다

A: **The families of the victims went to the hospital.**
피해자 가족들은 병원에 갔어.
B: **They are holding out hope that someone survived.**
걔네들은 누군가 살아남았을 희망을 품고 있어.

🔊 **06 Don't put yourself through that** 그걸 겪지 않도록 해

A: **I may hire a lawyer and go to court.** 난 변호사를 고용해서 법정에 갈지도 몰라.
B: **Don't put yourself through that.** 그런 일은 겪지 않도록 해.

Americna Drama Best Scene 138

You can touch him, if you're tempted

만지고 싶으면 만져요

>> **Shameless**
Season 1 Episode 2 45:08

큰아들 필립이 과외를 해주던 집안에서 딸이 blow job을 하다가 아버지 에디에게 들키고 에디는 집안을 나가고 만다. 이 얘기를 직접 들은 프랭크는 쉴라의 집에 가서 얼쩡거리며 수작을 건다. 프랭크는 샤워를 하고 있고 쉴라가 노크를 한다. 옷 좀 가져왔어요(I brought you some clothes), 당신 옷들 빨려고 세탁기에 넣었으니까(I stuck yours in the wash), 이 옷들이 맞았으면 좋겠어요(so I hope these fit)라고 한다. 이때 타올로 중요부위만 가리고 나오는 프랭크는 욕조에서 깜빡 졸았어요(I nodded off)라고 한다. 쉴라는 피곤하셨나보네요(You must be exhausted)라고 하고 프랭크는 옷을 보면서 에디가 다시 안찾겠어요?(Won't Eddie miss them?)라고 걱정한다. 쉴라는 30파운드 안빠지면요(Not unless he sheds 30 pounds), 그리고 에디는 하느님을 찾았고 살이 쪘어요(He found Jesus and just pakced it on)라고 하면서 프랭크의 벗은 몸을 보더니 말랐네요, 안 그래요?(Lean, aren't you?)라고 관심을 보이고 프랭크는 3일동안 음식없이 버틸 수 있어요(I can go three days without food)라 객기를 부린다.

그러자 쉴라는 Oh, suits you(잘 어울리네요)라 하고 그러면서 옷을 선반위에 올려놓는데 그만 프랭크의 중요부위를 가리고 있던 타올이 밑으로 떨어지고 만다. 프랭크가 다시 타올을 올리려고 하자 쉴라가 구두발로 타올을 못올리게 한다. 그리고 중요부위를 가리고 있던 프랭크의 손을 잡아 빼고 그 부위를 감상한다. 미안해요 내가 오랫동안 보지 못했던거라(I'm sorry, it's just something I haven't seen in a long time)라고 하자 프랭크는 에디가 그냥 가버렸죠, 안 그래요?(Eddie only just left, didn't he?)라면서 강한 기대감을 갖는다. 쉴라는 자기는 에디의 것을 본 적이 없어요(I never see Eddie's), 항상 칠흙같이 어둡게 해야 했어요(It always had to be pitch-black for Eddie), 그리고 천둥번개가 칠 때 한번 그 윤곽을 봤는데(I saw an outline once in a thunderstorm), 말려있는 양말같았어요(but, it's like a rolled-up pair of socks)라고 한다. 그리고 당신꺼 같은게 있으면 당신은 정말 황홀하겠어요(You've got to be over the moon with a fellow like yours)라고 노골적으로 유혹한다. 그러나 민망했던지 나 좀 봐봐(Oh, listen to me), 너무 여자가 절박해보이네요(Desperate Daisy)라고 내숭을 떨자 프랭크는 절박한게 범죄가 된다면 난 무기징역수일거요(If desperate is a crime, then I'm a lifer, Sheila)라고 한다. 그러면서 편부모(Single parent?), 그 습관에서 벗어나요(You get out of the habit)라고 하면서, 만지고 싶으면 만지라(You can touch him, if you're tempted)라고 자신있게 말한다. 여자는 계속 눈으로 감상하면서, 아뇨, 창피할 것 같아요(No, I'll just embarrass myself)라고 빼고, 프랭크는 앞으로 어떤 일이 일어날지 상상도 못하면서 불평하는 사람 아무도 없어요(Nobody here's complaining)라고 재촉한다.

프랭크는 만지는 줄 알고 흐뭇해하고 있는데 쉴라는 타올로 프랭크의 머리를 싸고서는 침대로 끌고 들어간다. 프랭크는 Take your time(서두르지마요)이라고 하고 여자는 자신감 있는 목소리로 Come with me, Frank라고 한다. 당황한 프랭크는 Hang on(잠깐만요)이라고 하자 쉴라는 괜찮아요(You're all right)라고 한다. 프랭크는 앞이 안보여요(Sheila I can't see)라고 고충을 말하지만, 쉴라는 프랭크를 침대에 던지면서 돌아서요(Swing around, my man)라고 소리친다. 그리고는 프랭크에게 다가가 내가 창피당할거면(If I'm going to embarrass myself), 지금 그렇게 하겠어요(I might as well do it)라고 하면서 프랭크의 손을 침대에 묶는다. 이제 프랭크의 꿈은 막장 드라마다운 반전으로 이어진다.

Sheila: I brought you some clothes. I stuck yours in the wash, so I hope these fit.
Frank: Oh. Sorry, Sheila, I nodded off.
Sheila: Oh, well, you must be exhausted.
Frank: Won't Eddie miss them?
Sheila: Not unless he sheds 30 pounds. He found Jesus and just packed it on. Lean, aren't you?
Frank: I can go three days without food.
Sheila: Oh, suits you. Well, anyway, they're yours if you (towel falls to floor) Oh, Jesus Oh, oh. I'm sorry, it's just something I haven't seen in a long time.
Frank: Eddie only just left, didn't he?

쉴라: 옷 좀 가져왔어요. 당신 옷은 세탁기에 돌렸고, 이게 맞았으면 좋겠네요.
프랭크: 아, 미안해요, 쉴라. 깜빡 잠들었네요.
쉴라: 어머, 피곤하셨나 보네요.
프랭크: 이거, 에디가 찾지 않을까요?
쉴라: 걱정마요. 30파운드 빼지 않는 한 못 입을거예요. 그 사람 예수님을 찾은 이후로 살이 확 쪘거든요. 참 말랐네요. 그렇지 않아요?
프랭크: 사흘은 굶어도 버틸 수 있죠.
쉴라: 잘 어울려요. 어쨌든, 마음에 드시면... (수건이 바닥에 떨어진

Sheila: I never saw Eddie's. It always had to be pitch-black for Eddie. I saw an outline once in a thunderstorm, but like a rolled-up pair of socks. You've got to be over the moon with a fellow like yours. Oh, listen to me Desperate Daisy.

Frank: Hey. If desperate is a crime, then I'm a lifer, Sheila. Single parent? You get out of the habit. You can touch him, if you're tempted.

Sheila: No. No, no, I'll just, I'll just embarrass myself.

Frank: Nobody here's complaining. Take your time.

Sheila: Come with me, Frank.

Frank: Oh, hold on, Sheila, Sheila Come on! Hang on.

Sheila: Oh, you're all right.

Frank: Sheila, I can't see.

Sheila: Swing around, my man. If I'm going to embarrass myself, I might as well do it right.

다) 오, 세상에! 미안해요, 이런 건 정말 오랜만에 보는거라…

프랭크: 에디는 그냥 떠난거죠, 그렇지 않아요?

쉴라: 에디는 항상 완전 깜깜해야 했거든요. 천둥 번개칠 때 실루엣 한 번 본게 전부예요. 양말 말아 놓은 것처럼 보였죠. 당신꺼 같은 게 있으면 당신은 정말 황홀하겠어요. 아이고, 나 지금 뭐 하는거람. 너무 여자가 절박해보이네요.

프랭크: 절박한게 죄라면, 난 무기징역이에요, 쉴라. 싱글 부모로 살다 보면… 습관에서 벗어나요. 만약 손대고 싶다면, 만져봐도 돼요.

쉴라: 아, 아니에요. 그러다 창피만 당하겠죠.

프랭크: 아무도 불만 없을텐데요. 천천히 하세요.

쉴라: 프랭크, 나랑 같이 가요.

프랭크: 잠깐만요, 쉴라, 잠깐만요.

쉴라: 어, 당신은 괜찮아요.

프랭크: 쉴라, 앞이 보이지 않아요.

쉴라: 이리로 돌아봐요, 자자. 어차피 창피당할거면, 제대로 당하자고요.

이 장면에서 놓치면 안되는 표현들

🔊 **01 I hope these fit** 이것들이 맞기를 바래

A: **You got me a new pair of shoes?** 새로운 신발을 사준거야?
B: **I hope these fit. Try them on.** 신발이 맞기를 바래. 신어봐.

🔊 **02 be over the moon** 황홀해하다, 매우 행복하다

A: **Carlie just told us she won first place.** 칼리는 자기가 일등했다고 말했어.
B: **That's right. She's over the moon about it.** 맞아. 걘 좋아 죽을려고 해.

🔊 **03 get out of the habit** 습관에서 벗어나다

A: **Why don't you talk to Jill anymore?** 왜 질하고 더이상 말을 하지 않아?
B: **I got out of the habit of contacting her.** 걔랑 연락하던 습관에서 벗어났어.

🔊 **04 Take your time** 서두르지마, 천천히 해

A: **It will take a while to find that website.** 그 웹사이트를 찾는데 시간이 많이 걸릴거야.
B: **Take your time, I'll wait.** 천천히 해, 기다릴테니.

Americna Drama Best Scene 139

We don't need your charity

우린 네 동정이 필요없어

>> **Shameless**
Season 1 Episode 2 51:31

피오나의 남친 스티브는 프랭크가 이안의 코를 들이받는 모습을 보고 프랭크를 납치해서 캐나다에 버려둔 적이 있다. 고생하는 여친 피오나를 위한답시고 한 행위이지만, 프랭크네 가족이 아무리 막장이라도 가족은 가족이라는 것을 스티브는 이해하지 못했던 것이다. 그렇게 해서 헤어진 스티브는 화해를 시도한다. 전화벨 소리가 울리고 스티브가 밖에 와 있다고 말한다. 밖으로 나온 피오나는 스티브와 인사를 나누고 밴에 꽃이 가득한 걸 보고는 꽃배달하는 차를 훔쳤어?(You stole a floral delivery van?)라고 비아냥거리고 스티브는 화해의 제안이야(A peace of offering)라고 한다. 잘 이해못한 피오나는 A what?(뭐라고?)이라고 묻고 스티브는 A gift라고 말한다. 그러자 피오나는 내가 저 장미들로 뭘하겠어?(What am I supposed to do with all those roses?)라고 하는데 스티브는 아냐, 이 밴이야(No, the van)라고 선물의 내용을 수정해준다. **네가 얘들 데리고 나다닐 때 필요하잖아(You absolutely need something to haul the kids around in)**라고 자상하게 말한다. 인상을 쓰고 있는 피오나에게 미안해, 피오나(I am sorry, Fiona), 내가 네 아빠를 납치해서는 안되는거였는데(I shouldn't have kidnapped your dad), 잘못된거였어(It was wrong)라고 사과한다. 그리고는 선물의 특징을 나열한다. 세구역 냉난방기능(Tri-zone air conditioning), 파워윈도우(Power window)그리고 도어락 (and door locks), 합금 휠에(Alloy wheels…)까지 있는 차야.

스티브의 말이 아직 안끝났는데 피오나는 계단을 올라 집으로 들어간다. 그리고는 돈을 갖고 나와 여기 80달러(Here's $80)야 하면서 스티브의 손에 쥐어준다. 영문을 모르는 스티브는 이게 무슨 돈이야?(What for?)라고 묻고 피오나는 세탁기 값이야(The washer), 지금 당장은 세탁기 값을 다 갚을 돈 충분하지 않아(I don't have enough to pay you back for all of it right now)라고 한다. 스티브는 그건 선물이었어(No, the washer was a gift)라고 하지만 피오나는 나머지는 가능한 빨리 줄게(No, I'll get you the rest as soon as I can)라고 쌀쌀맞게 답한다. **스티브는 난 네 돈은 필요없어(I don't want your money)**라고 섭섭함을 표현하지만 피오나는 **우린 네 동정이 필요없어(We don't need your charity)**라고 자존심을 세운다. 스티브는 다시 한번 그건 실수였어(It was a mistake), 난 아버지 일로 널 도와준다고 생각한거였어(I thought I was doing you a favor, with your dad)라고 사정을 다시 말해보지만 피오나로부터는 가버려(Go away, Steve)라는 차가운 말만 되돌아 올뿐이다.

The Best Lines from <Shameless>

Fiona: You stole a floral delivery van?

Steve: A peace offering.

Fiona: A what?

Steve: A gift.

Fiona: What am I supposed to do with all those roses?

Steve: No, the van. You absolutely need something to haul the kids around in. I'm sorry, Fiona. I shouldn't have kidnapped your dad. It was wrong. Tri-zone air-conditioning. Power window and door locks. Alloy wheels.

Fiona: Here's $80.

Steve: What for?

Fiona: The washer. I don't have enough to pay you back for all of it right now.

Steve: No, the washer was a gift.

Fiona: No, I'll get you the rest as soon as I can.

Steve: I don't want your money.

Fiona: We don't need your charity.

Steve: It was a mistake. I thought I was doing you a favor, with your dad.

Fiona: Go away, Steve.

피오나: 너, 꽃 배달 밴을 훔친거야?

스티브: 화해의 표시야.

피오나: 뭐라고?

스티브: 선물이야.

피오나: 저 장미들로 내가 뭘 하겠어?

스티브: 아니, 저... 밴 말이야. 아이들 데리고 다닐 차가 꼭 필요하잖아. 미안해, 피오나. 네 아빠를 납치한 건 내 잘못이었어. 그건 정말 잘못된 행동이었어. 3존 에어컨. 전동 창문과 도어 잠금 장치. 알로이 휠도 있고.

피오나: 여기 80달러야.

스티브: 뭐야, 이건?

피오나: 세탁기. 다 갚을 수 있는 돈은 지금 없고.

스티브: 아니, 세탁기는 선물이야.

피오나: 아냐, 나머지도 곧 갚을게.

스티브: 네 돈 필요 없어.

피오나: 우린 네 자선 따윈 필요없어.

스티브: 내가 실수했어. 네 아빠 일, 난 너한테 도움을 주는거라고 생각했어.

피오나: 가, 스티브.

이 장면에서 놓치면 안되는 표현들

🔊 **01 What am I supposed to do with~?** …로 나보고 뭘 어쩌라고?

   A: Your grandma wanted me to give you this coat.
      네 할머니가 이 코트를 네게 주라고 하셨어.
   B: What am I supposed to do with this old thing?
      이 낡은 코트갖고 내가 뭘 어쩌겠어?

🔊 **02 haul the kids around in** 애들을 데리고 다니다

   A: Paula has very little money these days. 폴라는 요즘 돈이 달려.
   B: She hauls the kids around in an old car. 걘 낡은 차로 아이들을 실어나르고 있어.

🔊 **03 It was wrong** 그건 잘못된거였어

   A: You guys never showed up for the appointment.
      너희들은 아파트에 오지 않았어.
   B: It was wrong, and we're sorry about that. 그건 잘못된거였어, 그점 미안해.

🔊 **04 What for?** 뭐하러?, 뭐 때문에?

   A: You'll have to come to the police station. 경찰서에 나오셔야 겠습니다.
   B: What for? I was just minding my own business.
      뭐 때문예요? 내 일이나 신경쓰고 있었는데요.

🔊 **05 pay sb back** …에게 돈을 갚다

   A: I lost all the money Al lent me. 난 알이 빌려준 돈을 다 썼어.
   B: You still have to pay him back. 그래도 넌 걔한테 돈을 갚아야 돼.

🔊 **06 do sb a favor** …에게 호의를 베풀다, …을 도와주다

   A: Would you do me a favor? 부탁하나 들어줄래?
   B: Maybe. What did you have in mind? 아마도. 무슨 생각을 하고 있는데?

You've fucked up our lives enough already

>> **Shameless**
Season 1 Episode 10 06:05

우리들 인생 이미
충분히 망쳐놨잖아요

가출했던 피오나의 엄마가 레즈비언 남편 Bob과 함께 집에 돌아온다. 막내아이 리암을 데려가기 위함이다. 엄마는 아침에 아이들 학교보내는 것도 힘들어 쩔쩔매고 있고, 필립은 아이들을 먼저 보내고 밥에게 말한다. 빌어먹을 DNA테스트가 뭐라고 하든 상관없어요(I don't care what the fucking DNA test says), 리암은 데리고 못가요(You're not taking Liam)라고 말한다. 이처럼 현재진행부정형은 "넌 …하지 못해"라는 의미로 자주 쓰이는 패턴이다. 밥은 이 말에 신경도 쓰지 않으며, 두고 보면 알거야(We'll see about that)라고 콧방귀를 뀐다. 필립은 그럴거예요(Yeah, we will)라고 하자 밥은 무슨 문제가 있는거야?(We having a problem?)라고 묻고 필립은 몰라요 밥(I don't know, Bob)이라고 한다. 어디 봐요(Let's see), 당신이 우리 집에서 자리잡고(You're camped out in my house), 우리 엄마와 섹스를 하고(You're fucking my mother) 그리고는 내 동생을 데려간다고 그러는데(and you're talking about stealing my baby brother), 왜 무슨 문제가 있겠어요?(Why would we have a problem?)라고 비아냥거린다. 그러자 밥은 이 자식을 그냥 걷어 차…(Boy, I will kick your…)라고 하지만 엄마는 그만해(Stop it!)라고 말린다. 필립은 엄마에게 축하드려요(And congratulations, Mom), 언제든지 아이들을 데려갈 수 있을지 알고 있었네요(You always knew how to pick them)라고 말하면서 학교를 가기 위해 문을 나서는데 엄마가 아들의 이름을 부르면서 뛰쳐온다.

우리는 얘기를 나눠볼 기회가 없었잖아(We haven't had a chance to talk)라고 대화를 해보려하지만 필립은 걱정하지 마세요(Don't worry about it)라고 한다. 엄마는 걱정한다(No, I do)라고 말하고, 어떻게 말을 꺼내야할지, 어떻게 설명해야할지 모르겠어(I don't know where to start, how to explain), 그리고 엄마는 네 걱정을 해(I worry about you), 난 항상 네 생각을 했어(I think about you all the time), 보고 싶었어(I miss you), 너한테 물어보고 싶은 것도 아주 많아(There's so much I want to ask you), 그러면서 학교는 어때?(How's school?)라고 물어본다. 계속해서 아들에 대한 사랑을 표시하려고 한다. 넌 언제나 똑똑했었지(You were always so smart), 난 네가 뭐든 할 수 있다는 것을 알아(I know you can do anything), 네게 상처를 줘서 미안해(I'm so sorry I hurt you)라고 사죄를 하며 아들의 얼굴을 두손으로 감싸면서 Look at me(나좀봐)라고 한다. 하지만 필립은 엄마말대로 엄마의 얼굴을 쳐다보며 다음번에 집에 들릴 생각이라면(Next time you're thinking about dropping in), 그러지 마세요(don't)라고 차갑게 말

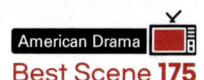

한다. 이미 우리들 인생 충분히 망쳐놨잖아요(You've fucked up our lives enough already)라고 마지막 한방을 날리고 가버린다.

Phillip: I don't care what the fucking DNA test says. You're not taking Liam.

Bob: We'll see about that.

Phillip: Yeah, we will.

Bob: We having a problem, Phillip?

Phillip: I dunno Bob! Let's see. You're camped out in my house, you're fucking my mother, and you're talking about stealing my baby brother. Why would we have a problem?

Bob: Boy, I will kick your...

Monica: Stop it! Hey!

Phillip: And congratulations, Mom. You always knew how to pick 'em.

Monica: Lip! Lip! Lip! Please stop! Please! We haven't had a chance to talk.

Phillip: Don't worry about it.

Monica: No, I do. I don't know where to start. How to explain. I worry about you. I think about you all the time. I miss you. There's so much I want to ask you. How's school? You were always so smart. My Lip. I know you can do anything. I'm so sorry I hurt you. Oh, look at me.

Phillip: Next time you're thinking about dropping in, don't. You've fucked up our lives enough already.

필립: DNA 검사 결과가 뭐라고 나왔든 상관없어요. 리암은 절대 못 데려가요.

밥: 두고 보자고.

필립: 그럴거예요.

밥: 뭐가 문제냐, 필립?

필립: 몰라요, 밥! 한번 생각해봐요. 내 집에 쳐들어와서 진을 치고, 우리 엄마랑 자고, 내 동생을 데려가겠다고요? 문제가 없을리가 있나요?

밥: 이 자식, 그냥 확…

모니카: 그만해!

필립: 축하해, 엄마. 남자 보는 눈 하나는 여전하네.

모니카: 립! 립! 제발 그만해! 제발! 우리 얘기도 좀 하자.

필립: 걱정하지 마세요.

모니카: 엄마는 걱정한단다. 정말이야. 어떻게 말해야 할지 모르겠어. 너 걱정 많이 해. 맨날 너 생각만 해. 너무 보고 싶어. 묻고 싶은 것도 많고. 학교는 어때? 넌 항상 똑똑했잖아. 우리 립. 넌 뭐든 해낼 수 있는 애야. 정말 미안해. 너를 그렇게 아프게 해서. 나 좀 봐.

필립: 다음에 또 집에 들를 생각 있으면… 오지마세요. 우린 이미 엄마때문에 충분히 망가졌어요.

이 장면에서 놓치면 안되는 표현들

🔊 **01 I don't care what~ says~** …가 뭐라고 해도 신경안써

A: **Your car is a piece of crap.** 네 차는 똥차야.
B: **I don't care what anyone says about it.** 누가 그거에 대해 뭐라하든 난 신경안써.

🔊 **02 We'll see about that** 두고보면 알거야

A: **I am the smartest student in our class.** 내가 반에서 가장 똑똑한 학생이야.
B: **You think so? We'll see about that.** 그렇게 생각해? 두고보면 알거야.

🔊 **03 have a chance to talk** 얘기를 나눌 기회가 있다

A: **Did you discuss it with Susan?** 수잔과 그 문제에 대해 의의해봤어?
B: **Nope, we never had a chance to talk.** 아니, 우리는 얘기를 나눌 기회가 없었어.

🔊 **04 I don't know where to start** 어디서 시작을 해야할지 모르겠어

A: **Make a list of everything that must be done.** 해야 될 일 모두를 리스트에 작성해.
B: **I don't know where to start.** 어디서부터 시작해야할지 모르겠어.

🔊 **05 There's so much~** 많은 …가 있어

A: **The files on the suspects are incomplete.** 용의자의 파일들이 불완전해.
B: **There's so much information that is missing.** 누락된 정보가 너무 많아.

🔊 **06 fuck up our lives** 우리 인생을 망쳐놓다

A: **You better not get your girlfriend pregnant.** 네 애인 임신시키지마.
B: **That would fuck up our lives.** 그럼 우리 인생이 망쳐지겠지.

Americna Drama Best Scene 141

We're someone's experiment

우린 누군가의 실험물이야

>> **Orphan Black**
Season 1 Episode 2/3 42:55

새라는 자기와 얼굴이 똑같이 생긴 경찰 베스의 자살장면을 목격하고 신분세탁을 한다. 하지만 자기와 동일한 얼굴의 인물들이 더 있는 것을 알게 된 새라는 앨리슨을 만나기 위해 그녀의 집으로 간다. 앨리슨은 중산층의 가정주부로 복제인간인 자신들을 누군가 살해하려고 한다는 것을 알고 아이들을 보호하는데 열정적이다.

새라에게 문을 열어준 앨리슨은 새라에게 문을 닫고 잠궈(Close it, lock it)라고 하고 불을 켜는데, 앨리슨의 손에는 총이 쥐어져 있다. 새라는 Really?라고 말하고 앨리슨은 조용히 해, 아이들이 자고 있어(Be quiet. My kids are sleeping)라 한다. 새라는 아이들이 자고 있는데 날 쏘겠다는 거야?(You're gonna shoot me while your kids are sleeping?)라고 반박하자, 네가 아이들을 깨우거나(You wake them), 네 얼굴을 보인다면(or show your face), 그래 쏠거야(yes, I will shoot you)라고 경고한다.

동일한 얼굴들이 복제인간인 줄 모르는 새라는 난 혈연관계는 모르고 지냈는데(Well, I've never known a blood relation), 너랑 쌍둥이라는게 정말 엿같다(but being your twin certainly sucks)라고 한다. 그러자 앨리슨은 너 정말 아무것도 모르는구나, 그렇지?(You really have no idea, do you?)라고 말하고, 이때 방에서 또 한명의 동일한 얼굴의 인물이 등장한다. 그녀는 안녕, 난 코지마야(Hey, I'm Cosima), 벌써 다섯명째 자신과 같은 얼굴의 사람을 본 새라는 빌어먹을(Bloody hell)이라고 탄식하고 코지마는 우린 전화로 통화했었지(We talked on the phone)라고 한다. 그러자 새라는 우리가 몇 명이 있는거야(How many of us are there?)라는 말을 내뱉는다. 코지마는 생물학 박사로 자신들 복제인간을 만든 사람이 누구인지 누가 죽이려는지 알아내고 있다.

이들 세사람의 대화는 에피소드 3의 첫장면으로 이어진다. 앨리슨이 묻는다. 그래, 오편의 정의가 뭔지 말해봐(Okay, define "orphan," Sarah?), 새라는 orphan, orphanage라는 말 그대로 고아(원)이라고 말한다. 코지마는 그럼 넌 친부모가 누구인지 모르겠네?(So, you don't know your birth parents?)라고 묻고 새라는 몰라, 난 위탁가정에서 자랐어(No, I was fostered out), 그런 다음 법적으로 입양되고 여기로 왔어(then legally adopted and I came here)라고 답하고 앨리슨은 When?이라고 되묻는다. 새라는 입양된거?, 8살쯤이고 여기는 12살쯤 왔어(Adopted?Like 8. Came here around 12)라고 답한다. 앨리슨은 가슴아프구만(Heartbreaking), 우리 베스 얘기로 돌아가자(Can we get back to Beth, please?), 자살이라고?(Suicide?), 난 받아들일 수가 없어(I don't accept that)라고 하며 코지마를 보면서 얘 밑바닥 사기꾼 같아(This one's some kind of lowlife grifter), 얘가 베스를 밀지 않았는지 우리가 어떻게 알아?(How do we know she didn't push her?)라며 새라에 대해 강한 불신감을 나타낸다.

이에 발끈하여 새라는 이미 얘기했잖아(I already told you), 난 베스가 되고 싶지 않았어(I didn't want to be her), 나도 이러지도 저러지도 못하게 됐어(I got stuck!), 나 도망치던 중이었거든(I was running from my own shit)이라고 하자 앨리스는 한발 뒤로 물러서며 그냥 생각해본거야(I can only imagine)라고 한다. 코지마가 이때 앨리슨을 진정시키려 한다. 난 베스일이 정말 안 됐어, 알아?(Alison, I'm very sorry about Beth, okay?), 하지만 걔가 임상적으로 말해서 미쳤다면(But she was losing it, like, clinically)이라고 말하자 앨리슨은 걘 경찰이었고 장비도 있었어(She was a cop, she had tools), 만약 걔가 대처하지 못했다면, 내 말은⋯(If she couldn't cope, then, I mean⋯)이라며 베스의 죽음을 믿지 않으려 한다.

이때 새라는 코지마에게 이게 무슨 일인지 말해줄래(Can you just tell me what the hell this is?)라고 묻자, 앨리슨은 걔한테는 아무 말도 하지마(Don't tell her anything!)라고 강하게 거부한다. 코지마는 Short answer?라고 하고 새라는 No라고 한다. 새라가 다시 묻는다. 우리 모두 어떤 관계야?(How are we all related?)라는 말에 앨리슨은 We are not!이라고 하고 코지마는 선천적으로는 관련있어(We are, by nature)라고 답하며 앨리슨의 말은 양육과정을 말하는거야(She's referring to nurture)라고 말을 정정해준다. 안절부절하는 앨리슨은 새라에게 독일애 한테 받은 가방을 우리에게 넘겨주기나 해(Just give us the briefcase that you got from the German)라고 말하지만 새라는 나한테 답을 주기전까지는 절대 못넘겨줘(I'm not giving you shit til you give me some answers)라고 튕긴다. 그러자 앨리슨은 년 답을 원할 처지가 아니야(You don't rate answers)라고 하자 코지마는 앨리슨!을 부르면서 말리고 그러자 앨리슨은 좋아(Fine!), 우리와 끼고 싶다고?(She wants in?)라고 코지마에게 말한 후, 새라를 향하며 우린 복제인간이야(We're clones)라고 진실을 털어놓는다. 우리는 누군가의 실험물이고(We're someone's experiment), 그리고 이제는 우리를 죽이고 있어(and they're killing us off!)라고 현실을 말해주며 이제 도움이 돼?(Is that helpful?)라고 한다.

The Best Lines from <Orphan Black>

Alison: Close it. Lock it.

Sarah: Really?

Alison: Be quiet, my kids are sleeping.

Sarah: You're gonna shoot me while your kids are sleeping.

Alison: You wake them or show your face, yes, I will shoot you.

Sarah: Well, **I've never known a blood relation, but being your twin certainly sucks!**

Alison: **You really have no idea, do you?**

Cosima: Hey. I'm Cosima.

Sarah: Bloody hell!

Cosima: We talked on the phone.

Sarah: How many of us are there?

Alison: Okay, define orphan, Sarah?

Sarah: Orphan, orphanage.

Cosima: So, you don't know your birth parents?

Sarah: No, I was fostered out then legally adopted and I came here.

Alison: When?

Sarah: Adopted, like, eight. Came here around 12.

앨리슨: 닫아. 잠가.

새라: 정말 이러기야?

앨리슨: 조용히 해. 애들 자고 있어.

새라: 애들 자고 있는 동안 나한테 총 쏘겠다는거야?

앨리슨: 애들을 깨우거나 얼굴을 보이면, 그래, 쏠거야.

새라: 와, 혈연은 한 번도 본 적 없지만, 너와 쌍둥이로 태어난 건 진짜 최악이네!

앨리슨: 넌 진짜 아무것도 모르는구나, 그렇지?

코지마: 안녕. 나 코지마야.

새라: 이런 세상에!

코지마: 전화로 얘기했잖아.

새라: 우리 몇 명이나 있는거야?

앨리슨: 좋아, 고아의 정의를 말해 봐.

새라: 고아, 고아원.

코지마: 그러니까 네 생물학적 부모는 모르는거야?

새라: 응, 난 위탁가정에서 자랐고, 나중에 합법적으로 입양됐어. 여기로 왔지.

코지마: 언제?

새라: 입양된 건 8살쯤. 여기 온 건 12살쯤.

Alison: Heartbreaking. Can we get back to Beth, please? Suicide? I don't accept that. (to Sarah) This one's some kind of low-life grifter. How do we know she didn't push her?

Sarah: I already told you, I didn't wanna be her. I got stuck. I was running from my own shit.

Alison: I can only imagine.

Cosima: Alison. I'm very sorry about Beth, okay? But she was losing it, like, clinically. She was a cop. She had tools. If she couldn't cope, then I mean...

Sarah: (to Cosima) Look, can you just tell me what the hell this is?

Alison: (to Cosima) Don't tell her anything.

Cosima: Uh, short answer?

Sarah: No. How are we all related?

Alison: We're not.

Cosima: Well, we are, by nature. Um, she's referring to nurture.

Alison: (to Sarah) Just give us the briefcase that you got from the German.

Sarah: I'm not giving you shit till you give me some answers.

Alison: You don't rate answers.

Cosima: Alison.

Alison: Fine, she wants in? We're clones. We're someone's experiment and they're killing us off. Is that helpful?

앨리슨: 정말 가슴 아프네. 이제 베스 얘기로 돌아갈 수 있을까? 자살이라고? 난 못 믿겠어. (새라를 보고) 얘는 그냥 하찮은 사기꾼 같아. 어떻게 얘가 베스를 떠민게 아니라고 장담해?

새라: 야! 나도 말했잖아, 난 베스가 되고 싶었던게 아니라고. 어쩔 수 없이 끼어든거야. 나도 도망치던 중이었다고.

앨리슨: 그냥 생각해본거야.

코지마: 앨리슨, 베스 일은 정말 유감이야, 알았어? 하지만 걘 무너지고 있었어, 임상적으로. 걘 경찰이었고, 도구도 있었지. 근데 그조차 감당 못했다면…

새라: (코지마에게) 그냥 말해 줘. 대체 이게 무슨 일이야?

앨리슨: (코지마에게) 쟤한테 아무 말도 하지마.

코지마: 음, 짧게 대답하자면?

새라: 아니. 우리가 어떻게 연결된 거야?

앨리슨: 연결 안됐어.

코지마: 뭐, 자연적으로는 연결돼 있지. 그녀가 말한 건 '양육'적인 의미야.

앨리슨: (새라에게) 그 독일 여자한테 받은 서류가방이나 넘겨.

새라: 대답해주기 전엔 아무것도 안 넘겨.

앨리슨: 넌 답을 원할 처지가 아니야.

코지마: 앨리슨

Alison: 좋아, 얘도 끼고 싶다 이거지? 우린 클론이야. 누군가의 실험체였고, 지금 하나씩 죽어 나가고 있어. 이제 좀 이해돼?

이 장면에서 놓치면 안되는 표현들

🔊 **01 Be quiet** 조용히 해

　A: **I want to tell you about my day.** 오늘 어땠는지 말해줄게.
　B: **Be quiet. I need to concentrate.** 조용히해. 나 집중해야 돼.

🔊 **02 I will shoot you** 총 쏠거야

　A: **Maybe I will try to escape.** 내가 도망치려고 할지도 몰라.
　B: **If you try that, I will shoot you.** 네가 그러기만 하면 총 쏠거야.

🔊 **03 ~ sucks** …은 형편없어, 엿같아

　A: **The Yahoo homepage really sucks.** 야후 홈페이지는 정말 형편없어.
　B: **I know. It's too difficult to use.** 알아. 사용하기에 너무 어려워.

🔊 **04 You really have no idea, do you?** 너 정말 모르는거지, 그지?

　A: **I don't know who could've done this.** 누가 이렇게 할 수 있을런지 모르겠어.
　B: **You really have no idea, do you?** 너 정말 모르는거지, 그지?

🔊 **05 I was fostered out** 난 위탁가정에서 자랐어

　A: **So, I heard you were adopted.** 너 입양되었다는 얘기를 들었어.
　B: **I was fostered out at a young age.** 어렸을 때 위탁가정에서 자랐어.

🔊 **06 I don't accept that** 받아들이지 못하겠어

　A: **She said she did the best that she could.** 걘 자기가 할 수 있는 최선을 했다고 그래.
　B: **I'm sorry, but I don't accept that.** 미안하지만 난 받아들일 수가 없어.

🔊 **07 How do we know~ ?** 우리가 어떻게 …을 알겠어?

　A: **Tell the police to search the neighborhood.** 경찰보고 동네를 수색하라고 해.
　B: **How do we know he is still here?** 그가 아직 여기 있는지 우리가 어떻게 알아?

🔊 **08 I got stuck!** 이러지도 저러지도 못했어!

　A: **How come you are so late getting home?** 넌 왜 이렇게 늦게 집에 온거야?
　B: **I got stuck! There was no way to leave.** 이러지도 저러지도 못했어! 나갈 수가 없었어.

09 I can only imagine~ …을 짐작만 할 뿐이야, 생각만 해본거야

A: The band members trashed their apartment.
밴드멤버들이 아파트를 엉망으로 만들어놨어.
B: I can only imagine what happened here. 무슨 일이 있었는지 짐작만 할 뿐이네.

10 lose it 미치다

A: Henry seems like he is always pissed off. 헨리는 항상 화를 내는 것 같아.
B: Sometimes he loses it when he's stressed. 스트레스를 받으면 때론 확 돌아.

11 Can you just tell me what~ ? …가 뭔지 말해줄래?

A: This place is going to fail the inspection. 이곳은 검사에서 떨어질거야.
B: Can you just tell me what we need to do? 우리가 무엇을 해야 되는지 말해줄래?

12 I'm not giving you shit til~ …할 때까지 네게 넘겨주지 않을거야

A: You'd better get those products to me. 그 물건들 네게 가져오는게 좋아.
B: I'm not giving you shit til you pay me. 내게 돈을 지불할 때까지는 주지 않을거야.

13 You don't rate answers 답을 원할 처지가 아니다

A: How come you guys put me in jail? 왜 너희들은 날 감옥에 쳐넣은거야?
B: I ask the questions. You don't rate answers.
내가 질문하는거고 넌 답을 원할 처지가 아냐.

14 She wants in? 걔가 끼고 싶다고?

A: Christine plans to invest in our company. 크리스틴은 우리 회사에 투자할 계획이야.
B: She wants in? I can't believe that. 걔도 끼고 싶대? 믿을 수가 없네.

15 Is that helpful? 도움이 돼?

A: We need to know where Lenny is. 레니가 어디에 있는지 우리는 알아야 돼.
B: I saw him yesterday. Is that helpful? 어제 걔 봤는데 그게 도움이 돼?

Americna Drama Best Scene 142

My clients, like all of us here in this room, lie

이 방의 우리 모두들처럼
내 의뢰인은 거짓말을 해

>> How to Get Away With Murder
Season 1 Episode 2 02:05

빠른 전개와 키팅 교수의 명연기로 미드족을 사로잡는 작품으로 여기서는 키팅 교수의 강의의 한부분을 발췌해본다. 내가 피고변호사로써 가장 많이 받는 질문은(The question I'm asked most often as a defense attorney), 의뢰인이 무죄인지 유죄인지 내가 말할 수 있는가이다(is whether I can tell if my clients are innocent or guilty), 그리고 나의 대답은 항상 같다(And my answer is always the same)고 한다.

그리고는 I don't care(난 상관안해)라고 답한다. 그건 논쟁의 여지가 있지만 내가 양심이 없어서가 아니라(And it's not because I'm heartless although that's up for debate), 내 의뢰인들은 여기 있는 여러분들처럼 거짓말을 하기 때문이다(but because my clients, like all of us here in this room, lie)라고 한다. 그렇기 때문에 의뢰인들을 알 수 없게 된다(And that makes them unknowable)라고 단정짓는다.

예로 한 사람을 들어본다(Take Mr. Millstone, here)고 말하면서, 그에게 질문을 던진다. 자신의 진정한 모습에 대해서 혹은 우리가 모르는 비도덕적인 것들이 있는지 말해보겠나?(Are you really who you say you are or are there other sordid details that we're missing?), 그리고 예를 든다. 범죄기록(criminal record), 이혼(divorce), 옷장속의 진짜 해골이라든지(an actual skeleton in your closet). 여기서 skeleton 앞에 actual이 붙은 것은 a skeleton in one's closet하면 누구나 갖고 있는 숨기고 싶은 비밀을 말하는 관용어구이기 때문이다. 그래서 여기서는 살인을 해본 적이 있는지를 간접적으로 묻는 어구이다. 질문받은 남학생은 정말이지 저는 파리 한 마리도 죽이지 못해요(I can assure you I've never hurt a fly)라고 말하자 키팅 교수는 그렇게 말하겠지(So you say)라고 말하면서 주위를 둘러봐라(Look around), 메모를 공유하고 있는 조용한 여학생(At the quiet girl you share notes with), 금방 빠져드는 귀여운 남학생(the cute guy you have a crush on), 강의시간에 말을 마구 쏟아내는 수다장이(the gunner who talks too much in class), 그리고 스스로에게 질문을 해봐라(and ask yourselves), 그들이 진짜 누구인지 알고 있나?(do you know who anyone really is?)라고 진짜 현실의 정곡을 찌른다. 너희들은 본능이 뛰어나야 돼(Your instincts better be good), 그렇지 않으면 너희들은 스터디 그룹을 하기 위해, 자기 위해 혹은 결혼하기 위해 잘못된 사람을 선택하게 될거야(or you'll find yourself choosing the wrong people to make a study group with, to sleep with, or even marry)라고 진단 한다.

The Best Lines from <How to Get Away With Murder>

Keating: The question I'm asked most often as a defense attorney is whether I can tell if my clients are innocent or guilty. And my answer is always the same. I don't care. And it's not because I'm heartless, although that's up for debate, but because my clients, like all of us here in this room, lie. And that makes them unknowable. Take Mr. Millstone, here. Are you really who you say you are, or are there other sordid details that we're missing? Criminal record, divorce, an actual skeleton in your closet?

Mr. Millstone: I can assure you I've, uh, I've never hurt a fly.

Keating: So you say. Look around you. At the quiet girl you share notes with, the cute guy you have a crush on, the gunner who talks too much in class, and ask yourselves, do you know who anyone really is? Your instincts better be good, or you'll find yourself choosing the wrong people to make a study group with, to sleep with, or even marry.

키팅교수: (학생들에게) 변호사로서 가장 자주 받는 질문은, 내 의뢰인이 무죄인지 유죄인지 알아볼 수 있느냐는 겁니다. 그리고 내 대답은 항상 같습니다. "신경 안 써요." 그게 제가 무정해서가 아니라, 뭐, 그건 논쟁의 여지가 있지만, 제 의뢰인들은, 이 방 안에 있는 우리 모두처럼, 거짓말을 하거든요. 그래서 그들은 알 수 없는 존재입니다. 예를 들어, 여기 밀스톤 씨를 보세요. 자신의 진정한 모습에 대해서 혹은 우리가 모르는 비도덕적인 것들이 있는지 말해볼래요? 전과, 이혼, 벽장 속 해골 같은거요?

밀스톤: 저는 정말이지 파리 한 마리도 죽이지 못해요.

키팅교수: 그렇게 말하겠지요. 당신 주위를 둘러보세요. 노트를 공유하는 조용한 학생, 몰래 짝사랑하는 귀여운 남자애, 수업 시간에 말 많은 그 총명한 학생, 그리고 스스로에게 물어보세요. 당신은 과연 누구를 정말로 알고 있나요? 당신의 본능이 제대로 작동하지 않으면, 잘못된 사람과 스터디 그룹을 만들고, 잘못된 사람과 자고, 잘못된 사람과 결혼하게 될 겁니다.

이 장면에서 놓치면 안되는 표현들

01 I can tell if~ …인지 구분하다

A: **I don't understand why you don't believe me.**
왜 네가 날 믿지 않는지 이해가 안돼.
B: **I can tell if someone is lying.** 누가 거짓말하면 난 구분할 수 있어.

02 Are you really who you say you are? 너 정말 네가 말하는 그런 사람야?

A: **Are you really who you say you are?** 너 정말 네가 말하는 그런 사람야?
B: **Of course I am. Trust me.** 물론 그렇지. 날 믿어.

03 skeleton in one's closet 숨기고 싶은 비밀

A: **You think Jason is hiding something?** 제이슨이 뭔가 숨기고 있다고 생각해?
B: **Everyone has skeletons in their closet.** 누구나 다 자기만의 비밀이 있는 법이지.

04 have a crush on~ …을 좋아하다, …에 빠지다

A: **David treats you very nicely.** 데이빗이 널 아주 잘 대해 주던데?
B: **I think he has a crush on me.** 걔가 나한테 빠져있는 것 같아.

05 ask yourselves 자문하다

A: **Why would anyone steal that artwork?** 왜 누군가가 그 예술품을 훔치고 싶을까?
B: **Ask yourselves who would benefit from this crime.**
이 범죄로 가장 이득보는 사람을 자문해봐.

06 You'll find yourself ~ing 넌 …을 하고 있을거야

A: **What if I smoke a cigarette in here?** 내가 여기서 담배를 피면 어떻게 돼?
B: **You'll find yourself being thrown out.** 넌 쫓겨나고 있을거야.

Americna Drama Best Scene 143

How long did it go on?

>> How to Get Away With Murder
Season 1 Episode 5 03:20

얼마나 오래됐어?

키팅 교수는 남편의 여학생 중 한 명이 죽은 채로 발견되자 그녀와의 관계를 추궁하지만 남편은 결백을 주장했었다. 하지만 키팅 교수가 그 사건을 맡으면서 확보한 피살자의 핸드폰에서 남편의 사진이 나오자 남편을 다시 추궁한다. 남편에게 얼마나 오래됐어?(How long did it go on?), 그리고 그냥 사진만 보낸거라는 말도 안되는 얘기는 하지마(Don't you dare say that you were just sending photos), 네가 걔랑 잤던거 알고 있으니까(because I know you were screwing her), 그러니까 내가 알아야겠어(So I need to know…), 얼마나 오래됐어?(How long did it go on?) 라고 재차 묻고 남편은 단지 여름동안만(Just the summer)이라고 답한다. 내 학생이었고(She was in my class), 그리고 근무시간에 찾아오기 시작했어(started coming to my office hours)라고 말하자 키팅 교수가 몇 번이나 했어?(How many times?)라 묻는다. 답하기 곤란한 남편은 I don't know라고 했다가 할 수 없이 Six, seven…이라고 답한다. 키팅 교수가 이젠 장소를 묻는다. 남편은 한숨을 쉬면서 내 사무실과 걔 차에서 한번 했어(My office, and her car once)라고 답한다.

키팅 교수가 다시 묻는다. 하지만 당신은 그거 이상을 원했겠지, 그렇지 않아?(But you wanted more than that, didn't you?), 라일라를 생각만 해도 흥분했겠지(It turned you on just to think about Lila), 혼자 자위하고(touching yourself), 그 사진들을 찍고(taking those pictures)라면서 남편의 행위를 그래픽하게 비난하기 시작하는데…. 남편은 그런게 아니었어(It wasn't like that)라고 항변하고 키팅은 그럼 왜 내게 거짓말을 한거야!(Then why did you lie to me?)라고 소리친다. 남편은 내가 걜 해코지 했다고 당신이 생각할까봐 그랬어(I was afraid you'd think I hurt her), 하지만 난 아니야(But I could never do that), 나 알잖아(You know me)라고 변명한다. 다시 질문한다. 걜 사랑했어?(Did you love her?)라는 질문에 남편은 아냐, 그 아이가 그랬어(No, it was her), 걔가 집요했어(She was persistent), 걔는 자기 가족과 남친과 관련해서 나를 계속 찾아왔어(She kept coming to me about her family, about her boyfriend)라고 하면서, 걘 그냥 방황하는 아이였어(Annie, she was just lost)라고 이해를 구한다. 하지만 돌아오는 말은 마치 당신이 날 찾은 것처럼(Just like you found me)라고 하면서 비아냥거린다. 바로 그런

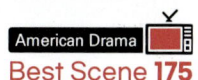

방식으로 당신의 애인들을 좋아하는거지(That's how you like your mistresses, huh?), 당신이 구원해줄 약하고 정신적으로 무너진 사람들(weak, broken messes that you just clean up). 남편이 억양을 높이면서 이건 우리가 아니야(Okay, this was not us), 당신은 단순한 불륜이 아니었어(You were never just some affair)라고 주장하자 키팅교수는 첫 부인에게나 가서 그렇게 말해(Tell that to your first wife)라고 배신감에 떨면서 말하며 남편은 난 당신뿐이었어(You were the one)라고 말한다.

Keating: **Don't you dare say that you were just sending photos, because I know you were screwing her.** So I need to know how long did it go on?

Sam: Just the summer. She was in my class, started coming to my office hours.

Keating: How many times?

Sam: I don't know. Six, seven.

Keating: Where?

Sam: My office. Her car once.

Keating: But you wanted more than that, didn't you? It turned you on - just to think about Lila touching yourself, taking those pictures.

Sam: It wasn't like that.

Keating: Then why did you lie to me?

Sam: I was afraid you'd think I hurt her. But I could never do that. You know me.

Keating: Did you love her?

키팅: 그냥 사진만 주고받은거라고 말하지마. 둘이 잤다는거 다 알아. 그러니까, 얼마나 오래 된 일이었는지 말해.

샘: 여름 동안이었어. 내 수업 듣던 애였고, 내 근무시간에 자주 찾아왔어.

키팅: 몇번이나?

샘: 모르겠어. 6번? 7번?

키팅: 어디서?

샘: 내 사무실. 한 번은 그녀 차 안에서.

키팅: 하지만 당신은 더 원했잖아, 안그래? 라일라가 자위하는거, 그런 사진 찍는거 생각만 해도 흥분됐잖아.

샘: 그런게 아니었어.

키팅: 그럼 왜 나한테 거짓말했어?

샘: 내가 걜 해코지 했다고 당신이 생각할까봐 그랬어. 난 아니야. 나 알잖아.

키팅: 걔 사랑했어?

Sam: No. It it was her. She was persistent. She kept coming to me about her family, about her boyfriend. Annie, she was just lost.

Keating: Just like you found me. That's how you like your mistresses, huh? Weak, broken messes that you just clean up.

Sam: Okay, this was not us. You were never just some affair.

Keating: Tell that to your first wife.

Sam: You were the one.

샘: 아니. 그건… 걔가 그랬어. 계속 찾아왔어. 가족문제, 남자친구 얘기하면서. 애니, 걘 그냥 길을 잃은 애였어.

키팅: 딱 당신이 날 찾았을 때처럼? 그런 방식으로 애인들을 좋아하는거지. 약하고 망가진 여자들. 그런 애들 데려다 고쳐주는 척하면서 바람피우고.

샘: 이건 우리가 아니야. 당신은 그런 존재 아니었어. 그저 바람 상대가 아니었어.

키팅: 당신 첫 번째 부인에게나 그렇게 말해보시지.

샘: 당신은 내가 원했던 사람이었어.

Chris Says: There you go again

"There you go again" is usually a complaint. It indicates that someone is doing something that they often do, possibly a habit, and is bothering someone else. If a husband spends too much money on drinking alcohol, his wife might say, "There you go again, wasting our money."

이 장면에서 놓치면 안되는 표현들

🔊 **01 How long did it go on?** 얼마나 오래됐어?

  A: **They had a serious love affair.** 걔네들은 아주 심각하게 바람을 피고 있어.
  B: **How long did it go on?** 얼마나 오래됐어?

🔊 **02 Don't you dare say that~** …라는 말도 안되는 얘기는 하지마

  A: **You never returned my textbooks.** 넌 내 교과서를 절대로 돌려주지 않았어.
  B: **Don't you dare say that** I took your stuff.
  내가 네 물건을 가져 갔다는 말도 안되는 말은 하지마.

🔊 **03 screw her** 그녀와 자다

  A: **Did you hook up with Tammy?** 너 태미와 섹스했어?
  B: I **screwed her** a few years back. 몇년 전에 개랑 섹스했어.

🔊 **04 It turned you on just to think about~** …을 생각만 해도 흥분했겠지

  A: **I imagine she's beautiful without her underwear.**
  속옷입지 않은 그녀의 아름다움을 상상해봐.
  B: **It turned you on just to think about** it? 그 생각만 해도 흥분했겠지?

🔊 **05 touch myself** 자위하다

  A: **Generally people get horny when they see sex.**
  일반적으로 섹스를 볼 때 흥분해.
  B: I **touch myself** when I watch porn. 난 포르노를 볼 때 자위해.

🔊 **06 It wasn't like that** 그런게 아니었어

  A: **Did the family treat you badly?** 가족들이 네게 못되게 굴었어?
  B: **It wasn't like that.** Everyone was nice. 그런게 아니었어. 다들 잘해줬어.

I can't stop thinking about you

>> The Affair
Season 1 Episode 3 22:55

당신 생각을 멈출 수가 없어

휴가온 소설가 노아는 웨이트리스 앨리슨과 한 번 관계를 맺고 난후 죄책감에 앨리슨에게 가족에게 충실해야 하기 때문에 다시는 하지 말자고 서로 합의한다. 하지만 노아의 머리 속에서는 온통 앨리슨 생각뿐이고 급기야는 다시 앨리슨을 찾아 조용한 곳에 가서 얘기를 하자고 한다. 남편이 당신 어디 있는지 궁금해하지 않겠어?(Won't your husband wonder where you are?)라고 좀 쓰잘데기 없는 얘기를 하자 앨리슨은 아마 아닐걸(Probably not), 우리는 서로의 삶에 신경안써(We're pretty independent)라고 말한다.

노아는 근심어린 표정이고 앨리슨은 Are you okay?라고 묻자 No라고 노아는 답한다. 앨리슨은 무슨 할 말 있어?(You want to talk about it?)라 묻고, 노아는 당신 생각을 멈출 수가 없어(I can't stop thinking about you)라고 하자 앨리슨은 That's sweet(고마워)라고 하지만 노아는 고마울 문제가 아냐(It's not sweet)라고 걱정을 털어놓는다. 정말 엿같은 문제라고(It's a fucking problem), 잠을 잘 수가 없고(I can't sleep), 잠을 잔다고 해도 일어나면(If I do, when I wake up), 난 당신 생각만 하고 있어(I'm thinking about you), 애들하고 얘기할 때도(I'm talking to my kids), 당신 생각을 하고 있어(I'm thinking about you), 그리고 심지어는 아내랑 섹스를 할 때도(I'm fucking my wife), 당신 생각하고 있어(I'm thinking about you)라고 털어 놓는다. 앨리슨은 당신이 기분이 좋아질지 모르겠지만(If it makes you feel any better), 나 역시 당신 생각을 쭉 하고 있어(I think about you all the time too)라고 하자 노아는 그래 기분좋아지지 않아(It doesn't make me feel any better, no)라고 한다.

노아는 맙소사(Oh, my God), 나 이제 어떻게 하지(What am I gonna do?)라고 고민을 하자 앨리슨은 노아에게 다가오면서 그냥 나와 섹스하면 돼(You could just fuck me), 기존의 생각에서 벗어나(Get it out of your system)라고 유혹하지만, 노아는 No라고 하고 앨리슨은 생각이라도 해봐(Just a thought)라고 한다. 앨리슨은 키스를 퍼붓기 시작하고 노아는 그만두라고 반복해서 말한다(I said stop it). 앨리슨은 Okay라고 한 다음, 난 당신이 이런 걸 원하는 줄 알았지(I thought you wanted this)라고 하면서 돌아서는데 노아는 앨리슨의 손을 잡으면서 날 재촉하지마(You can't rush me)라고 하면서 자기쪽으로 끌어당겨 애무를 시작한다. 그리고는 우리의 진도는 내가 정할게(We have to do this at my speed, okay?)라고 한다. 계속해서 애무 중에 말을 한다. 내가 나쁜 놈같이 보이는거 알아(I know I sound like an asshole), 하지만 내가 조절하고 싶어(But I want to be in charge, okay?)라고 말한다. 그리고는 Kiss me라고 하면서 애무를 계속한다.

The Best Lines from <The Affair>

Noah: Won't your husband wonder where you are?
Alison: Probably not. We're pretty independent. Are you okay?
Noah: No.
Alison: You want to talk about it?
Noah: I can't stop thinking about you.
Alison: That's sweet.
Noah: It's not sweet. It's a fucking problem. I can't sleep. If I do, when I wake up, I'm thinking about you. I'm talking to my kids, I'm thinking about you. I'm fucking my wife, I'm thinking about you.
Alison: If it makes you feel any better, I think about you all the time too.
Noah: It doesn't make me feel any better, no. Oh, my God. What am I gonna do?
Alison: You could just fuck me. Get it out of your system.
Noah: No.
Alison: Just a thought.
Noah: Stop. Stop, stop it. I said stop it.
Alison: Okay. I thought you wanted this.

노아: 남편은 안 궁금해할까? 네가 어디 있는지?
앨리슨: 아마도 안 할걸. 우린 꽤 독립적이야. 괜찮아?
노아: 아니, 안 괜찮아.
앨리슨: 무슨 할 말 있어?
노아: 당신 생각을 멈출 수가 없어.
앨리슨: 고마워.
노아: 고마울 문제가 아냐. 정말 엿같은 문제라고. 잠을 잘 수가 없고, 잠을 잔다고 해도 일어나면 난 당신 생각만 하고 있어. 애들하고 얘기할 때도 당신 생각을 하고 있어. 그리고 심지어는 아내랑 섹스할 때도 당신 생각을 하고 있어.
앨리슨: 당신 기분이 좋아질지 모르겠지만, 나 역시 당신 생각을 쭉 하고 있었어.
노아: 기분 좋아지지 않아. 아니야. 맙소사. 나 어떻게 하지?
앨리슨: 그냥 나랑 섹스하면 돼. 기존의 생각에서 벗어나라고.
노아: 안돼.
앨리슨: 그냥 생각해봐.
노아: 그만해. 그만하라고 했잖아.

Noah: Listen. You can't rush me. We have to do this at my speed, okay?

Alison: Okay.

Noah: I know I sound like an asshole. But I want to be in charge, okay?

Alison: Okay.

Noah: Okay, good. Kiss me.

앨리슨: 알겠어. 이걸 원한 줄 알았어.

노아: 잘 들어. 서두르지마. 우린 내 속도에 맞춰야 해, 알겠어?

앨리슨: 알겠어.

노아: 내가 좀 재수없게 들리는거 아는데, 내가 주도하고 싶어, 알겠지?

앨리슨: 알겠어.

노아: 좋아. 키스해.

 Chris Says:

You got me: This usually means "I don't know" or "I'm not sure."
You got me there: Sometimes this means "I don't know." It can also mean "You've made a good point" or "You are right."

이 장면에서 놓치면 안되는 표현들

🔊 **01 I can't stop thinking about you** 네 생각을 멈출 수가 없어

  A: Why are you staring at me? 왜 나를 쳐다보는거야?
  B: It's because **I can't stop thinking about you.** 네 생각을 멈출 수가 없기 때문이야.

🔊 **02 If it makes you feel any better** 네 기분이 좀 좋아질 지 모르겠지만

  A: Sally was the worst administrator I worked for.
  샐리는 내가 일한 최악의 관리자야.
  B: **If it makes you feel any better,** she was terrible to everyone. 기분이 좀 좋아질 지 모르겠지만 걘 모두에게 못되게 굴어.

🔊 **03 What am I gonna do?** 나 이제 어떻게 하지?

  A: I can't believe you got arrested. 네가 체포되다니 믿기지 않아.
  B: This is serious. **What am I gonna do?** 이건 심각해. 나 이제 어떻게 하지?

🔊 **04 Get it out of your system** 기존의 생각에서 벗어나봐

  A: I've been a wreck since my divorce. 난 이혼 후에 만신창이가 됐어.
  B: Take some time to **get it out of your system**.
  시간을 갖고 기존의 생각에서 벗어나봐.

🔊 **05 Just a thought** 생각을 해봐

  A: You think I should see a psychologist? 내가 정신과 의사를 봐야 된다고 생각해?
  B: **Just a thought.** You don't have to do it. 생각을 해봐. 넌 그럴 필요는 없어.

🔊 **06 I thought you wanted this** 난 네가 이런 것을 원하는 줄 알았어

  A: I hate vacations like this one. 난 이런 휴가는 정말 싫어.
  B: But **I thought you wanted this**. 하지만 난 네가 이런 것을 원하는 줄 알았어.

Americna Drama Best Scene 145

Did you fuck her in this house?

>> The Affair
Season 1 Episode 9 53:18

우리집에서 그 여자와 했어?

노아는 헤어진 앨리슨을 다시 만나게 되고 결국 아내 헬렌에게 별거하자고 한다. 헬렌이 노아를 보고 What?이라고 하고 노아는 당신은 좋은 엄마야(You're a great mother)라고 서두를 꺼내자 그렇게 대단한 엄마는 아니야(Not great enough, sadly)라고 한다. 노아는 아냐 내 잘못이지(No, it's my fault), 내가 나쁜 아빠였어(I've been a bad father), 내가 그래야 했지만 당신과 아이들곁에 있지 않았잖아(I haven't been here with you, with them, the way I should), 내가 관심을 가지지 않았던 것 같아(I haven't been paying attention)라고 자책한다. 헬렌은 힘든 시기였잖아(It's been a hard time)라고 위로의 말을 하는데 갑자기 노아는 헬렌의 이름을 부르고 나 거짓말했어(I've been lying to you), 당신에게 뿐만 아니라 나 자신에게도 말야(And not just you… to myself), 난 이런 삶을 원하지 않아(I don't want this life), 그리고 나 집을 나가야겠어(I have to leave)라는 폭탄선언을 한다.

그리고 헬렌에게 우린 서로 더 이상 원하는게 같지 않다는 걸 인정해(Helen, admit we don't want the same things anymore)라고 구실을 대는데, 헬렌은 아냐 아무 이상없었어(No. Everything was fine), 당신이 어리석은 짓을 하기 전까지는 모든게 다 괜찮았어(Everything was fine until you did something stupid)라고 방어막을 친다. 노아는 당신은 내 아이들의 엄마야(You're the mother of my children), 우린 인생의 반을 함께 살았어(We've lived together for half our lives), 그리고는 난 다른 사람을 사랑해(I'm in love with someone else)라고 고백한다. 고백은 계속 이어진다. 이게 내 인생 최대의 실수일지도 몰라(And it may be the biggest mistake of my life), 하지만 나 그녀와 함께 있고 싶어(but I want to be with her)라고 헬렌의 염장을 지른다. 헬렌은 고통스러워하며 Now?라고 묻고 노아는 아냐, 딸 휘트니가 이런 일을 겪는 동안은 아니지만(No, not while Whitney's like this, but), 난 이 얘기를 해야만 했어(I just need to start talking about it), 건더슨 박사님 찾아가서 별거하는거에 대해 상담해보자(Maybe we could go to Dr. Gunderson and discuss a separation), 그리고 아이들에게 뭐가 가장 좋은 건지 알아내자고(figure out what's the best for the kids) 한다. 헬렌은 Okay라고 하고 이제 당신 나가줘야겠어(I'm gonna need you to leave)라고 하고, 노아는 Okay라고 하며 시간이

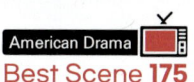

필요하냐?(Do you need some time?)고 묻는다. 헬렌은 No라고 말하고 옷장 문을 연다. 노아는 혼자 있고 싶어(Want to be alone?)라고 묻자 역시 No라고 답한다. 대신 가방을 던져주며 내 집에서 지금 당장 꺼져(I want you to get the fuck out of my house)라고 분노한다.

그러면서 노아의 옷을 마구 집어던지다가 빨간 브라자를 발견하곤 그 여자가 여기에 왔었어?(Was she here?), 이 집에서 그 여자랑 섹스했어?(Did you fuck her in this house?)라고 격분한다. Get out!을 수없이 외치며 노아한테 이 망할놈의 자식아(Fucking bastard!), 이 집에서 나가!(Get out of the fucking my house)라고 욕을 한다.

The Best Lines from <The Affair>

Helen: What?

Noah: You're a great mother.

Helen: Not great enough, sadly.

Noah: No. No, it's my fault. I've been a bad father. I haven't been here with you, with them, the way I should. I haven't been paying attention.

Helen: It's been a hard time.

Noah: Helen, I've been lying to you. And not just you to myself. I don't want this life.

Helen: Okay...

Noah: I have to leave.

Helen: Leave?

Noah: Helen, admit it. We don't want the same things anymore.

Helen: No. Everything was fine. Everything was fine until you did something stupid.

헬렌: 뭐라고?

노아: 당신은 훌륭한 엄마야.

헬렌: 그렇지 않아. 안타깝게도 충분하지 않았어.

노아: 아니야. 내 잘못이야. 나는 형편없는 아빠였어. 당신이랑, 아이들이랑, 함께 있어야 했는데 그러지 못했어. 나는 관심을 기울이지 않았어.

헬렌: 그동안 많이 힘들었잖아.

노아: 헬렌, 나 당신한테 거짓말했어. 그리고 당신뿐 아니라 나 자신에게도. 나는 이 삶을 원하지 않아.

헬렌: 그래서...

노아: 떠나야겠어.

헬렌: 떠난다고?

노아: 헬렌, 우린 서로 더 이상 원하는게 같지 않다는 걸 인정하자.

헬렌: 아니야. 아니야. 다 괜찮았어. 당신이 바보 같은 짓을 하기 전까진, 모든 게 괜찮았어.

Noah: Helen. You're the mother of my children. We've lived together for half our lives. I'm in love with someone else. And it may be the biggest mistake of my life, but I, I want to be with her.

Helen: Now?

Noah: No. No, not while Whitney's like this, but I just I need to start talking about it. Maybe we could go to Dr. Gunderson and discuss a separation. Figure out what's best for the kids.

Helen: Okay. I'm gonna need you to Leave.

Noah: Okay. Do you need some time?

Helen: No.

Noah: Want to be alone?

Helen: No. I want you to get the fuck out of my house. Was she here? Did you fuck her in this house? Get out. Get out! Get out! Fucking bastard! Get out of my fucking house!

노아: 헬렌... 당신은 내 아이들의 엄마야. 우린 평생을 함께 살아왔어. 근데 나, 다른 사람을 사랑하게 됐어. 이게 내 인생 최악의 실수일 수도 있지만, 그녀와 함께 있고 싶어.

헬렌: 지금 당장?

노아: 아니, 지금은 아니야. 휘트니가 이런 상태일 땐 안 돼. 그냥... 이제는 이 얘기를 시작해야 할 것 같아서. 혹시 우리, 건더슨 박사님 뵈러 가서 별거 상담해볼 수 있을까? 아이들에게 가장 좋은게 뭔지 같이 고민해보자.

헬렌: 그래. 그럼. 나가줘야겠어.

노아: 그래. 시간 좀 필요해?

헬렌: 아니.

노아: 혼자 있고 싶어?

헬렌: 아니. 그냥 당장 내 집에서 꺼져. 그 여자, 여기 왔었어? 우리 집에서 잤어? 그 여자랑 이 집에서 했냐고! 꺼져! 나가! 꺼지라고! 꺼져! 내 집에서 당장 나가!

이 장면에서 놓치면 안되는 표현들

01 the way I should 내가 그래야 하는 방식
A: The employees are demanding more money.
종업원들은 더 많은 돈을 요구하고 있어.
B: What's the way I should approach this? 내가 이에 접근해야 되는 그런 방식은 뭐야?

02 It's been a hard time 힘든 시기였어
A: How have you been since your dad died? 네 아버지 돌아가신후 어떻게 지냈어?
B: It's been a hard time for all of us. 우리 모두에게 힘든 시기였어.

03 I've been lying to you 네게 거짓말을 하고 있었어
A: I'm sorry but I've been lying to you. 미안하지만 네게 거짓말을 하고 있었어.
B: You'd better explain what you mean. 그게 무슨 말인지 설명해봐.

04 do something stupid 어리석을 짓을 하다
A: Were you just arguing with Melinda? 너 멜린다와 말다툼을 했어?
B: I stopped her before she did something stupid.
걔가 어리석은 짓을 하기 전에 말렸어.

05 figure out what's the best for~ …에게 무엇이 가장 최선인 것을 알아내다
A: I don't know whether we should relocate. 우리가 이전해야 하는지 모르겠어.
B: It takes time to figure out what's the best for your family.
네 가족에게 뭐가 가장 최선인지를 알아내는데 시간이 걸려.

Americna Drama Best Scene 146

How could you not see this coming?

House of Cards
Season 1 Episode 1 13:45

이렇게 될 줄 어떻게 모를 수가 있어?

워커 대통령을 만들어준 킹메이커 프랜시스는 차기 국무장관직을 내정받았지만 당선된 후 프랜시스가 자리에 앉혀준 린다에게서 국무장관 약속은 없었던 일로 하고 의회에 더 남아달라는 얘기를 듣는다. 뒤통수를 맞은 프랜시스는 배회하다 늦은 시간 귀가하는데 소파에 부인 클레어가 앉아있다. 당신 전화를 안했어(You didn't call), 프랜시스, 내게 전화를 안했다고(You didn't call me, Francis), 아홉시간동안이나(Nine hours), 당신은 내게 전화를 안했어(You do not call me), 이렇게 중요한 일인데도 말야(not when it's this big)라고 비난하고 프랜시스는 당신 말이 맞아(You're right)라 한다.

클레어가 또 묻는다. 우리가 언제부터 서로를 피한 적이 있어?(When have we ever avoided each other?)라는 말에, 프랜시스는 먼저 문제를 해결하고 싶었어(I wanted the solution first)라고 한다. 클레어는 해결책은 있어?(Do you have one?)라고 하자 프랜시스는 Not yet이라고 한다. 클레어는 이 문제는 나에게도 중요한거야(This affects me, too, Francis), 내가 화난 것은 돈 때문이 아냐(And it's not the money I'm upset about), 우리가 일을 함께 한다는 것 때문이야(It's that we do things together), 그리고는 당신이 날 포함시키지 않으면 우린 추락하게 될 거야(When you don't involve me, we're in free-fall)라고 경고한다. 프랜시스는 내가 당신에게 전화를 했어야 했는데 내가 안했어(I should've called you, and I didn't)라고 자기의 잘못을 정리한다.

그러자 클레어는 어떻게 됐어?(What happened?)라고 묻고 프랜시스는 내가 계속 의회에 있어줘야겠다고 해(She says they needed to keep me in congress)라며 뒤통수 맞은 일을 말하자, 클레어는 린다가 그랬어?(Linda said that?)라고 하고 프랜시스는 워커는 거기에 있지도 않았어(Walker wasn't even there)라고 말하며 바로 그게 날 화나게 만들어(That's what really gets me), 날 똑바로 쳐다볼 용기도 없었던거지(He didn't have the courage to look me in the eye)라고 분노한다. 클레어는 당신이 그 여자를 믿지 말아야 했는데(I knew you shouldn't trust that woman)라고 하자 프랜시스는 안믿었어(I didn't), 안 믿어(I don't), 난 아무도 믿지 않아(I don't trust anyone)라고 되뇌이는데, 클레어가 그럼 어떻게 이런 일이 일어나는 걸 몰랐던 거야?(Then how could you not see this coming?)라고 질책한다. 그들이 그럴 능력이 있을거라곤 생각도 못했거든(I never thought they were capable)이라고 하자 클레어는 당신은 보통, 사람들을 과소평가하지 않잖아(You don't usually underestimate people, Francis)라고 아픈 데를 계속 찌른다.

프랜시스는 I know, 자만심(hubris), 야망(ambition)이라고 말을 하는데, 클레어가 프랜시스에게 화를 내야 되는거잖아(You should be angry)라고 긁자 난 엄청 화나 있어(I'm livid)라고 프랜시스가 말한다. 그러자 어디 화를 내는데(Then where is that?), 난 안보이는데(I don't see it)라고 계속 비난한다. 프랜시스가 반항하기 시작한다. 나보고 어쩌라고?(What do you want me to do?), 비명을 지르고 소리를 지를까?(Scream and yell?), 성질을 낼까?(Throw a tantrum?)라고 하고, 클레어는 내가 보는 것 이상을 원해(I want more than I'm seeing), 당신은 이 정도보단 더 낫잖아(You're better than this, Francis)라고 계속 질책한다. 그러자 약간 비아냥거리면서 I'm sorry, Claire라고 하지만 클레어는 안돼, 그건 내가 못받아들여(No, that I won't accept)라고 하고, 프랜시스는 What?이라고 물어본다. 클레어는 Apologies(사과)라고 말하고 이층으로 올라가면서 내 남편은 사과는 안하는 사람이야(My husband doesn't apologize, even to me)라는 뼈있는 말을 남기고 일층에 있는 프랜시스는 분노로 물건들을 부수는 소리가 들린다.

The Best Lines from <House of Cards>

Claire: You didn't call. You didn't call me, Francis. Nine hours. You don't call me, not when it's this big.

Francis: You're right.

Claire: When have we ever avoided each other?

Francis: I wanted the solution first.

Claire: Do you have one?

Francis: Not yet.

Claire: This affects me, too, Francis. And it's not the money I'm upset about. It's that

클레어: 전화도 안했어. 프랜시스, 나한테 전화 안 했잖아. 9시간이야. 이렇게 중요한 일인데도 말야

프랜시스: 당신 말이 맞아.

클레어: 우리가 서로 피했던 적 있던가?

프랜시스: 난 먼저 해결책을 찾고 싶었어.

클레어: 찾았어?

프랜시스: 아직은.

클레어: 이건 나한테도 영향을 줘, 프랜시스. 돈이 문제가 아니야. 우린 항상 함께 해왔어. 그런데 날

we do things together. When you don't involve me, we're in free-fall.

Francis: I should've called you, and I didn't.

Claire: What happened?

Francis: She says they needed to keep me in congress.

Claire: Linda said that?

Francis: Walker wasn't even there. **That's what really gets me.** He didn't have the courage to look me in the eye.

Claire: **I knew you shouldn't trust that woman.**

Francis: **I didn't. I don't. I don't trust anyone.**

Claire: **Then how could you not see this coming?**

Francis: I never thought they were capable.

Claire: You don't usually underestimate people, Francis.

Francis: I know. Hubris. Ambition.

Claire: You should be angry.

Francis: I'm livid.

Claire: **Then where is that? I don't see it.**

Francis: **What do you want me to do? Scream and yell? Throw a tantrum?**

Claire: **I want more than I'm seeing. You're better than this, Francis.**

Francis: Well, I'm sorry, Claire. I am sorry.

Claire: No, that I won't accept.

Francis: What?

Claire: Apologies. My husband doesn't apologize, even to me.

배제하면, 우린 추락하게 될거야.

프랜시스: 전화를 했어야 했는데... 안했지.

클레어: 어떻게 됐어?

프랜시스: 걔들 말로는, 내가 의회에 남아 있어야 한대.

클레어: 린다가 그렇게 말했어?

프랜시스: 워커는 거기조차 없었어. 그게 더 열 받더라고. 날 똑바로 쳐다볼 용기조차 없었지.

클레어: 내가 그 여자를 믿지 말랬잖아.

프랜시스: 안 믿었어. 지금도 안 믿어. 난 누구도 믿지 않아.

클레어: 그런데 어떻게 이런 걸 예상 못했어?

프랜시스: 걔들이 이럴 거라고는 상상도 못 했어.

클레어: 넌 사람을 과소평가하는 스타일이 아니잖아, 프랜시스.

프랜시스: 알아. 오만했어. 욕심도 컸고.

클레어: 화를 내야지.

프랜시스: 엄청 화나 있어.

클레어: 어디 화를 내는데? 난 안보이는데.

프랜시스: 그럼 내가 어떻게 해야 할까? 비명을 지르고 소리를 지를까? 성질을 낼까?

클레어: 난 그 이상을 원해. 당신은 이 정도보단 더 낫잖아. 프랜시스.

프랜시스: 미안해, 클레어. 정말 미안해.

클레어: 안돼, 그건 내가 못받아들여

프랜시스: 뭐라고?

클레어: 사과는 안 받아. 내 남편은 나한테도 사과 같은거 안 해.

이 장면에서 놓치면 안되는 표현들

01 Not yet 아직
A: Have you seen the art exhibit? 미술 전시품을 봤어?
B: **Not yet,** but I will soon. 아직, 하지만 곧 볼거야.

02 be upset about~ …에 화내다, 혼란스러워하다
A: What happened when you went to the office? 회사에 갔을 때 어땠어?
B: I **am upset about** the way I was treated. 내가 받는 대접에 화가 났어.

03 It's that~ 그건 …하는거야, 그건 …하기 때문이야
A: What is the worst thing about Jay's mom? 제이 엄마의 최악의 것은 뭐야?
B: **It's that** she drinks all the time. 그건 늘상 술을 마신다는거야.

04 What happened? 무슨 일이야?, 어떻게 된거야?
A: I had to end my relationship with Brian. 난 브라이언과의 관계를 끝내야했어.
B: **What happened?** I thought everything was fine.
무슨 일이야? 난 다 괜찮은줄 알았는데.

05 That's what really gets me 그게 날 화나게 만들어
A: He could've been kind, but he chose to be cruel.
걔는 친절할 수도 있었지만 잔인해지기로 했어.
B: **That's what really gets me.** 그게 날 화나게 만들어.

06 have the courage to~ …할 용기가 있다
A: Why doesn't Mr. Lin fire his secretary? 왜 린씨가 자기 비서를 자르지 않는거야?
B: He doesn't **have the courage to** do it. 걘 그럴 용기가 없어.

07 look sb in the eye …을 똑바로 쳐다보다
A: You should have never tricked Jessica. 넌 절대로 제시카를 속이지 말았어야 했는데.
B: I'm so ashamed I can't **look her in the eye.**
너무 창피해서 걔를 똑바로 쳐다보지 못하겠어.

🔊 **08 I don't trust anyone** 난 아무도 믿지를 않아.

  A: You can do something that would help me.
    내게 도움이 될 뭔가를 네가 해줄 수 있어.
  B: I don't trust anyone, so don't ask for favors. 난 아무도 믿지 않으니 부탁하지마.

🔊 **09 How could you not~ ?** 어떻게 …하지 않을 수가 있어?

  A: I saw a woman who had fallen down. 난 넘어진 여자를 본 적 있어.
  B: How could you not help her? 어떻게 그 여자를 돕지 않을 수가 있어?

🔊 **10 see this coming** 이렇게 될 줄 알다

  A: John was fired from his job. 존은 직장에서 잘렸어.
  B: He never saw this coming. 걘 절대로 이렇게 될 줄 몰랐어.

🔊 **11 I never thought~** …을 전혀 생각못했어

  A: Do you know Keith is ninety eight years old? 키스가 98세인거 알아?
  B: I never thought he would live this long. 그가 이렇게 오래 사실 줄은 전혀 생각못했어.

🔊 **12 I don't see it** 난 안보이는데, 난 그렇게 보지 않아

  A: The princess is very popular. 공주는 매우 인기가 있어.
  B: People say she's beautiful. I don't see it. 사람들은 예쁘다고 하는데 난 모르겠어.

🔊 **13 What do you want me to do?** 나보고 어쩌라고?

  A: Many problems have occurred here. 많은 문제들이 여기서 발생했어.
  B: What do you want me to do? 나보고 어떻게 하라고?

🔊 **14 You're better than this** 넌 이정도보다 낫잖아

  A: I'm ready to go over there and slap her. 난 그리로 가서 걔 뺨을 때릴거야.
  B: Don't do it. You're better than this. 그러지마. 넌 그 정도보다는 낫잖아.

Americna Drama Best Scene 147

Why fight a losing battle?

왜 지는 싸움을 하겠어요?

>> **House of Cards**
Season 2 Episode 12 41:23

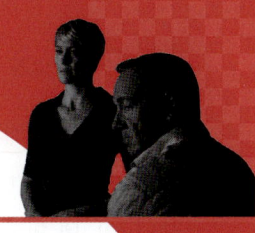

워커 대통령을 탄핵시키고 자신이 대통령이 되기 위해 자신이 자리에 앉힌 하원원내총무 재키를 부른 부통령 프랜시스 언더우드. 재키, 이런 상황하에서는 보통 내가 그쪽으로 가겠지만(Jackie, in these circumstances, normally I would come to you), 하지만 우리는 당분간 공적으로 거리를 둬야 돼요(but we need to keep a public distance for the time being)라고 말한다. 재키는 전 성폭행 예방법안을 논의하기 위해서 부르신 줄 알았는데요(I thought I was here to discuss the sexual assault bill)라고 하자, 맞아요(You are), 무엇보다도 특히(among other things)라고 안심시킨다. 법안통과 대신 뭔가 대가를 바란다는걸 눈치 챈 재키는 대가가 있는거군요(There's a price)라고 하고 프랜시스는 우린 그렇게 생각하지 않아요(We don't think of it that way)라고 하고, 클레어도 오늘 당신이 뭐라고 해도 당신 법안을 지지할거예요(I'm going to support your bill, no matter what you say today)라고 지원사격한다.

재키는 뭐에 관해서요?(Regarding?)라고 묻고 프랜시스는 탄핵이요(Impeachment)라고 답한다. 재키는 사법부로 가게 된다면(If it goes to the Judiciary)라고 말하자 프랜시스는 반드시 그렇게 될거예요(It most definitely will)라고 말한다. 재키는 잘 모르겠어요(I am not sure about that), 오늘 대통령 기자회견 보셨어요?(Did you see the President's address?)라고 묻고 클레어는 We did라고 답하자 재키는 그게 급한 불을 끄는데 도움이 될거라 생각해요(I think it will help stop the bleeding), 그리고 탄핵도 막을 수 있고요(Impeachment can be defeated)라고 대통령 편을 든다. 프랜시스는 하지만 바로 그런 상황을 우리가 피해야 되는거예요(But that's what we need to avoid)라고 직설적으로 말하자 재키 역시 직설적으로 탄핵을 원하신다고요?(You want impeachment?)라고 묻는다. 프랜시스는 왜 지는 싸움을 하겠어요?(Why fight a losing battle?)라고 하자 재키는 우리가 하원의 다수당이잖아요(We have a majority in the House)라고 한다. 프랜시스는 지금은 그래요(We do now), 하지만 당이 무능한 대통령과 거리두기에 실패한다면(but if this party fails to distance itself from a toxic President…), 우리는 한 발 앞서 생각하고 있어요(We're thinking ahead here)라고 말한다. 이어 옆에서 클레어가 거든다. 그래서 성폭행예방법안도 당신의 의사를 따른거예요(It's why I came to you about the bill), 우리의 가능성을 없애버릴 만큼 가치가 없었기 때문이니까요(because it wasn't worth burning a bridge over), 다시 프랜시스가 말을 이어간다. 결국, 우리가 협력하면 서로에게 훨씬 이익이 될거예요(In the long run, we have a lot more to gain by working together)라고 대통령을 탄핵할 것을 주장한다.

하지만 재키는 이해가 안돼요(I don't understand), 텔리그라프지에서 말하기를…(You said in the Telegraph article…)라고 말하기 시작하는데 프랜시스가 말을 자른다. 난 그래야만 했어요(I had to), 내 집무실은 대통령의 집무실과 아주 가까워서요(My office is three doors down from the President's), 난 공개적으로 대통령을 비난할 수 없어요(I can't publicly deride him)라고 한다. 재키는 나보고 비난하라는거죠(You want me to do it)라고 묻자 프랜시스는 당신이 제일 잘하는 것을 해달라는거예요(We want you to do what you do so well), 표를 모으는거요(whip the votes)라고 협력을 요청하지만 재키는 대통령을 버릴 수는 없어요(I can't abandon the President)라고 반박하자, 당이 대통령을 도우면(If the party rescues him), 중간선거에서 하원 50석을 잃을거예요(we'll lose 50 seats in the House in the midterms), 그리고 당신도 다수당 원내총무자리도 잃게 될거고요(You will lose your position in the leadership), 유권자들의 신뢰를 다시 얻으려면 10년은 걸릴거예요(and it will take us a decade to regain the trust of the electorate)라고 협박을 한다. 옆에서 클레어가 다시 거든다. 우리가 부탁하는 건 당신이 개방적인 마음을 가져달라는 것뿐예요(All we are asking is that you have an open mind)라고 한다. 대통령을 떨어트리고 자신이 대통령이 되기 위한 프랜시스의 복수와 술수가 본격적으로 시작되는 것이다.

The Best Lines from <House of Cards>

Francis: Jackie, in these circumstances, normally I would come to you, but we need to keep a public distance for the time being.
Jackie: I thought I was here to discuss the sexual assault bill.
Francis: You are. Among other things.
Jackie: I see. There's a price.
Claire: Well, we don't think of it that way. I'm going to support your bill, no matter what you say today.
Jackie: Regarding?

프랜시스: 이런 상황에서는 보통 내가 당신에게 먼저 연락했겠지만, 당분간은 공개적으로 거리를 두어야 해요.
재키: 전 성폭행 법안에 대해 논의하러 온 줄 알았는데요.
프랜시스: 맞아요. 그 얘기도 포함해서요.
재키: 그렇군요. 대가가 따르는거네요.
프랜시스: 우리는 그렇게 생각하지 않아요.
클레어: 당신이 오늘 뭐라고 하든, 전 그 법안을 지지할거예요.
재키: 뭐에 관해서요?

Francis: Impeachment.

Jackie: Well, if it goes to the Judiciary.

Francis: It most definitely will.

Jackie: I'm not sure about that. Did you see the President's address?

Claire: We did.

Jackie: I think it will help stop the bleeding. Impeachment can be defeated.

Francis: But that's what we need to avoid.

Jackie: You want impeachment.

Francis: Why fight a losing battle?

Jackie: We have a majority in the House.

Francis: We do now. But if this party fails to distance itself from a toxic President. We're thinking ahead here.

Claire: It's why I came to you about the bill. Because it wasn't worth burning a bridge over.

Francis: In the long run, we have a lot more to gain by working together.

Jackie: I don't understand. You said in the Telegraph article that you would...

Francis: I had to. My office is three doors down from the President's. I can't publicly deride him.

Jackie: You want me to do it?

Francis: We want you to do what you do so well, whip the votes.

Jackie: I can't abandon the President.

Francis: If the party rescues him, we'll lose 50 seats in the House in the midterms. You will lose your position in the leadership. And it will take us a decade to regain the trust of the electorate.

Claire: All we're asking is that you have an open mind.

프랜시스: 탄핵말이에요.

재키: 탄핵은 분명 사법위원회로 갈 겁니다.

프랜시스: 반드시 그렇게 될거예요.

재키: 저는 잘 모르겠어요. 오늘 대통령의 연설 봤어요?

프랜시스: 봤죠.

재키: 그게 급한 불을 끄는데 도움이 될거라 생각해요. 탄핵도 막을 수 있어요.

프랜시스: 하지만 바로 그런 상황을 우리가 피해야 되는거예요.

재키: 탄핵을 원한다고요?

프랜시스: 왜 지는 싸움을 하겠어요?

재키: 우리는 지금 하원에서 과반을 차지하고 있어요.

프랜시스: 지금은 그렇죠. 하지만 이 당이 무능한 대통령과 거리를 두지 않으면 우린 장기적으로 훨씬 큰 걸 잃게 될거예요. 우리는 한 발 앞서 생각하고 있어요.

클레어: 그래서 성폭행예방법안도 당신의 의사를 따른거예요. 우리의 가능성을 없애버릴 만큼 가치가 없었기 때문이니까요.

프랜시스: 함께 일하면 더 많은 걸 얻을 수 있어요.

재키: 저는 이해가 안되요. 《텔레그래프》 기사에서…

프랜시스: 그래야 했어요. 제 사무실이 대통령실에서 세 칸밖에 안 떨어져 있어요. 공공연히 대통령을 비난할 수는 없어요.

재키: 나보고 비난하라는거죠.

프랜시스: 당신이 제일 잘하는 것을 해달라는거예요. 표 단속이요.

재키: 전 대통령을 버릴 수 없어요.

프랜시스: 만약 당이 대통령을 구하면, 우린 중간선거에서 하원 의석 50석을 잃게 될 겁니다. 당신은 지도부 내 위치를 잃을거고요. 그리고 유권자의 신뢰를 회복하는 데 10년은 걸릴 겁니다.

클레어: 우리가 바라는 건 단지 당신이 열린 마음을 갖는거예요.

이 장면에서 놓치면 안되는 표현들

🔊 **01 in these circumstances** 이런 상황하에서는

　A: How should we handle the negotiations? 우리는 협상안을 어떻게 처리해야 돼?
　B: In these circumstances, we must be careful. 이런 상황하에서는 우리는 조심해야 돼.

🔊 **02 We need to keep a public distance** 공적인 거리를 두어야 돼

　A: Our partner is involved in a scandal. 우리 파트너가 스캔들에 연루되었어.
　B: We need to keep a public distance. 우리는 공적인 거리를 두어야 돼.

🔊 **03 I thought I was here to~** 난 …하러 여기에 온 줄 알았는데

　A: I need you to do some paperwork. 서류작업 좀 해줘.
　B: I thought I was here to offer advice. 조언을 주러 여기에 온 줄 알았는데.

🔊 **04 among other things** 무엇보다도 특히

　A: Can I get you something at the store? 가게에서 뭐 사다줄까?
　B: You can pick up some food, among other things. 무엇보다도 특히 음식 좀 사와.

🔊 **05 We don't think of it that way** 우리는 그걸 그런 식으로 생각하지 않아

　A: I think living here would be a big hassle. 여기에 사는 건 매우 번거로운 일일 것 같아.
　B: We don't think of it that way. 우리는 그런 식으로 생각하지 않아.

🔊 **06 no matter what you say** 네가 뭐라고 하든

　A: I'm going to tell him to work harder. 걔한테 더 열심히 하라고 말할거야.
　B: No matter what you say, it won't change things.
　　네가 뭐라 하든, 바뀌지 않을거야.

🔊 **07 Regarding?** 뭐에 관해서?

　A: Let me talk to the person in charge. 책임자와 얘기하게 해줘요.
　B: Regarding? You need to be specific. 뭐에 대해서요? 구체적으로 말씀해주세요.

🔊 **08 I'm not sure about that** 확실히 모르겠어

　A: Kim told me to throw this in the garbage. 킴이 이걸 쓰레기통에 버리라고 했어.
　B: I'm not sure about that. You better double check. 잘 모르겠네. 다시 확인해봐.

American Drama
Best Scene 175

🔊 **09 I think it will help~** 그게 …하는데 도움이 될거라 생각해

A: **The workers are attending a seminar.** 직원들이 세미나에 참석할거야.
B: **I think it will help** motivate them. 그게 직원들 동기부여하는데 도움이 될거야.

🔊 **10 Why fight a losing battle?** 왜 지는 게임을 해?

A: **They oppose the construction of the factory.** 그들은 공장건설을 반대해.
B: **Why fight a losing battle?** 왜 지는 게임을 하는거야?

🔊 **11 fail to~** …하지를 못하다

A: **How was Lynn's job interview?** 린의 취업면접은 어땠어?
B: **She failed to impress anyone.** 걘 누구한테도 인상적인 모습을 남기지 못했어.

🔊 **12 distance oneself from~** 거리를 두다

A: **How come I never see you with Chris anymore?** 넌 왜 크리스와 안 어울려?
B: **I had to distance myself from that loser.** 그 한심한 놈과 거리를 둬야 했어.

🔊 **13 We're thinking ahead here** 우리는 한발 앞서서 생각하고 있어

A: **You're still planning for your retirement?** 아직 은퇴후 계획을 세우고 있어?
B: **We're thinking ahead here.** 우린 한발 앞서서 생각하고 있어.

🔊 **14 burn a bridge over** 인연을 끊다, 가능성을 끊다

A: **I decided not to talk to Stewart anymore.** 난 더이상 스튜어트와 얘기하지 않기로 했어.
B: **Don't burn a bridge over a minor disagreement.** 사소한 이견으로 인연을 끊지마.

🔊 **15 In the long run** 결국

A: **Are you sure you should invest in stocks?** 너 정말 주식에 투자해야 될 것 같아?
B: **It will be a good strategy in the long run.** 장기적으로 좋은 전략이 될거야.

🔊 **16 You want me to do it** 내가 그렇게 하기를 바라는구나

A: **Someone has to tell Andrea the truth.** 누군가는 앤드리아에게 사실을 말해줘야 돼.
B: **You want me to do it?** 나보고 하라고?

🔊 **17 All we're asking is that~** 우리가 부탁하는건 단지 …뿐이야

A: **I won't like the proposal you're going to make.** 네가 할 제안은 맘에 안들거야.
B: **All we're asking is that you take a look at it.**
우리가 부탁하는건 단지 한번 봐달라는 것뿐이야.

🔊 **18 have an open mind** 열린 마음을 갖다, 마음을 열다

A: **How come Donny is so stubborn?** 어째 도니는 그렇게 고집불통야?
B: **I don't think he has an open mind.** 걘 맘의 문을 닫은 것 같아.

Americna Drama Best Scene 148

Let's do it again

>>> **Blacklist**
Season 1 Episode 1 39:35

우리 다시 한번 합시다

자마니 건을 해결한 레딩턴이 FBI에 다른 사건을 한번 더 해보자고 하면서 자신이 갖고 있는 블랙리스트에 관해 언급하는 장면. 레딩턴은 이거 재미있었어요(Well, this was fun), 우리 다시 한 번 합시다(Let's do it again), 정말이지, 다시 합시다(Really, let's do it again), 자마니건은 첫 번째에 불과합니다(Understand, Zamani was only the first)라며 FBI의 관심을 끈다. 쿠퍼가 묻는다. 뭐의 첫 번째요?(The first what?)라고 하자 레딩턴은 Name. On the list(명단. 리스트에 있는 명단요)라고 한다. 쿠퍼는 무슨 리스트요?(What list?)라고 하자 레딩턴은 블랙리스트라고 합니다. 흥미롭게 들리네요. 그래서 물론 우리가 여기 다 모인거죠. 내 희망리스트. 내가 20년 넘게 일구어온 리스트 말이죠. 정치가들, 마피아들, 해커들, 그리고 스파이들요(It's called The Blacklist. That sounds exciting. That's why we're all here, of course. My wish list. A list I've been cultivating for over twenty years. Politicians, mobsters, hackers… spies)라고 한다. 그러자 레슬러는 우리에게도 명단은 있어요(We have our own list)라고 하자, Agent Ressler, please라고 하면서 FBI의 10대 수배범은 광고에 지나지 않는다는 것을 우리 다 알고 있잖아요(We all know your Top Ten is little more than a publicity campaign), 기껏해야 인기인 선발대회잖아요(It's a popularity contest at best)라고 폄하하고 내가 말하는 것은 중요한 범죄자를 말하는 겁니다(I'm talking about the criminals who matter)라고 자극한다. 있는지도 모르는 범죄자들이니 찾지도 못하는 그런 사람들요(The ones you can't find because you don't even know they exist), 자마니는 송사리에 불과한거였어요(Zamani was a small fish)라고 하면서 자신이 소설 백경에 나오는 에이헙선장이라고 한다(I'm Ahab).

내 명단에 있는 고래들을 원한다면(And if you want the whales on my list), 내 규칙들을 따라야 합니다(you have to play by my rules)라고 하면서 자신의 규칙을 열거하기 시작한다. 난 같은 장소에서 연속해서 이틀간 잠을 자지 않을거예요(I never sleep in the same location for more than two nights in a row), 철저하게 암호화된 8mm 위치추적기를 목에 심어줘요(I want a fully encrypted 8 millimeter tag embedded in my neck), 내 어깨에 심었던 알파칩 쓰레기 말고요(not that garbage from AlphaChip you stuck in my shoulder), 그리고

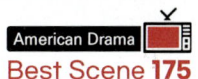

내 경호원도 필요해요(I want my own security), 내가 5명의 후보자 명단을 모아놨으니(I've compiled a list of five acceptable applicants), 그 중 2명을 고르세요(Pick two). 그리고 계속 말을 이어간다. 내가 무슨 말을 하든 모두 내 면책권에 포함됩니다(Whatever I tell you falls under an immunity package that I negotiate myself), 그리고 마지막으로 가장 중요한 것은(And finally, most importantly), 난 오직 엘리자베스 킨 요원과 얘기합니다(I speak only with Elizabeth Keen)라고 자기 조건들을 말한다.

 The Best Lines from <Blacklist>

Reddington: Well, this was fun. Let's do it again. Really, let's do it again. Understand, Zamani was only the first.

Cooper: The first what?

Reddington: Name. On the list.

Cooper: What list?

Reddington: It's called The Blacklist. That sounds exciting. That's why we're all here, of course. My wish list. A list I've been cultivating for over twenty years. Politicians, mobsters, hackers spies.

Ressler: We have our own list.

Reddington: Agent Ressler, please. We all know your Top Ten is little more than a publicity campaign. It's a popularity contest at best. I'm talking about the criminals who matter. The ones you can't find because you don't even know they exist. Zamani was a small fish. I'm Ahab. And if you want the whales on my list, you have to play by my rules. I never sleep in the same location for more than two nights in a row. I want a fully encrypted 8-millimeter tag embedded in my neck not

레딩턴: 재미있었어요. 우리 다시 한번 합시다. 정말이지, 다시 합시다. 자마니건은 첫 번째에 불과합니다.

쿠퍼: 뭐의 첫 번째요?

레딩턴: 명단. 리스트에 있는 명단요.

쿠퍼: 무슨 리스트요?

레딩턴: 블랙리스트라고 합니다. 흥미롭게 들리네요. 그래서 물론 우리가 여기 다 모인거죠. 내 희망 리스트. 내가 20년 넘게 일구어 온 리스트 말이죠. 정치가들, 마피아들, 해커들, 그리고 스파이들요.

레슬러: 우리도 우리만의 리스트가 있어요.

레딩턴: 레슬러 요원, 제발요. 당신들의 'Top 10 리스트'가 사실상 홍보용 캠페인에 불과하다는 건 우리 모두 알고 있잖아요. 기껏해야 인기투표일 뿐이죠. 내가 말하는 건 정말 중요한 범죄자들이에요. 당신들은 그들이 존재한다는 사실조차 모르기 때문에 찾을 수도 없어요. 자마니는 그냥 하찮은 물고기에 불과해요. 나는 에이헙

that garbage from AlphaChip you stuck in my shoulder. I want my own security. I've compiled a list of five acceptable applicants. Pick two. **Whatever I tell you falls under an immunity package that I negotiate myself. And finally, most importantly, I speak only with Elizabeth Keen.**

선장이죠. 내 리스트에 있는 고래들을 잡고 싶다면 내 규칙을 따라야 합니다. 나는 같은 장소에서 이틀 이상 잠을 자지 않아요. 내 목에는 완전히 암호화된 8밀리미터 태그를 삽입하길 원해요. 당신들이 내 어깨에 박은 알파칩 그 쓰레기 말고요. 내 보안팀은 내가 정한 사람이 해야 해요. 다섯 명을 추천했으니, 그중 두 명을 골라요. 내가 제공하는 정보는 내가 직접 협상한 면책 협정의 보호를 받아야 해요. 그리고 마지막으로, 가장 중요한 조건이에요. 나는 오직 엘리자베스 킨과만 얘기합니다.

이 장면에서 놓치면 안되는 표현들

🔊 **01 This was fun** 재미있었어

  A: **That was fun.** Can we do it again? 재미있었어. 우리 다시 할까?
  B: Sure, give me a call next weekend. 좋아, 다음 주말에 전화해.

🔊 **02 Let's do it again** 다시 하자

  A: I always enjoy spending the day with you. 난 항상 너와 시간보내는걸 좋아해.
  B: **Let's do it again** another time. 언제 한번 다시 하자.

🔊 **03 I'm talking about~** …에 대해 말하는거야

  A: Did you tell him about seeing a ghost? 유령을 본다는 걸 걔한테 얘기했어?
  B: **I'm talking about** a scary experience. 난 무서운 경험을 했다는걸 말하는거야.

🔊 **04 play by my rules** 내 규칙대로 하다

  A: What can I do to be allowed to remain here? 여기 남으려면 내가 어떻게 해야 돼?
  B: If you want to stay, you **play by my rules**. 남아 있으려면 내 규칙대로 해.

🔊 **05 in a row** 연달아, 계속해서

  A: So Mrs. Peterson attends church every day? 패터슨 부인이 매일 교회에 가셔.
  B: I saw her here three days **in a row**. 난 3일 연속으로 교회에서 그녀를 봤어.

643

Americna Drama Best Scene 149

Did you walk out on your family?

>>> **Criminal Minds**
Season 4 Episode 16 25:33

당신도 가족을 버렸나요?

자신의 아버지처럼 가정을 버린 기업의 CEO들을 살해하는 여성 연쇄살해범 메건과 애런 하치와의 대화장면이다. 하치가 전화기를 들고 Hello?라고 하고, 내가 불리한 입장이네요(I'm at a disadvantage), 당신은 내 이름을 아는 것 같으니까요(You seem to know my name)라고 하는데 메건은 다짜고짜 애런, 난 당신을 믿을 수 있다고 생각했는데요(I thought I could trust you, Aaron)라고 말한다. 하치는 날 믿을 수 없다고 누가 그래요?(Who says you can't?)라고 반문하고 메건은 나도 믿고 싶어요, 인터넷에서 당신을 찾아보기까지 했어요, 이상하죠?(I want to. I even looked you up online. Is that strange?)라고 하자, 하치는 아뇨, 당신같은 여자가 날 알아봐주다니 제가 고맙죠(No. It's flattering to be noticed by a woman like you)라고 한다. 메건은 난 당신은 매우 곧은 사람일거라 생각했어요(And I thought you were so…upstanding), 학교총기난사사건에 대해 발표한 성명서를 봤어요(I watched the presentation you gave on school shootings), 유투브에 올려진거요(I found it posted on Youtube), 잠시동안 세상에 아직 좋은 사람들이 있다는 것을 진짜 믿었어요(And for a moment, I actually thought there were still good people in the world)라고 하자, 하치는 하지만 내가 당신을 실망시켰군요, 그렇지 않나요?(But I've disappointed you, haven't I?), 자신의 가정을 버리고 당연히 벌받아야 하는 당신이 아는 다른 남자들처럼요(Just like all the other men in your life who've walked out on their families, who deserves to be punished)라고 유도한다. 메건이 단도직입적으로 묻는다. 당신도 가족을 버렸나요?(Did you walk out on your family?)라는 질문에 하치는 아뇨, 내 아내가 나를 떠났어요(No. My wife left me)라고 한다.

메건은 아이들도 있어요?(Do you have kids?)라는 질문에 아들이 하나 있어요(I have a son)라고 하자 얼마나 자주 만나세요?(How often do you see him?)라 묻고 하치는 매주 만나려고 한다(I try to see him every week)라고 답한다. 메건은 그래서 매주 만나나요?(Do you see him every week?)라고 시니컬하게 묻고 하치는 아뇨 내가 원하는 만큼 자주 가지 못해요(No, I don't get there as often as I want)라고 하자 메건은 I believe you라 한다. 하지만 내가 만나는 남자들과 자신을 비교하지 말아요(But don't compare yourself to the men I see), 당신은 그 남

자들과는 전혀 달라요(You are nothing like them)이라고 한다. 그리고는 당신도 창녀에 다름없어요(You're just another whore)라고 하자 하치는 내가 왜 창녀죠?(How am I a whore?)라 묻고, 당신은 부르면 오고(You come when called), 그들이 시키는대로 하잖아요(You do their bidding)라고 한다. 권력과 돈에 좌우되는 FBI의 현실을 비난하며 결국 그녀는 인질로 잡고 있던 한 남자의 머리에 총을 쏜다.

The Best Lines from <Criminal Mind>

Hotch: Hello? I'm at a disadvantage. You seem to know my name, But I don't know yours. Can we start there?

Megan: I thought I could trust you, Aaron.

Hotch: Who says you can't?

Megan: I want to. I even looked you up online. Is that strange?

Hotch: No. It's flattering to be noticed by a woman like you.

Megan: And I thought you were so upstanding. I watched the presentation you gave on school shootings. I found it posted on Youtube. And for a moment, I actually thought there were still good people in the world.

Hotch: But I've disappointed you, haven't I? Just like all the other men in your life, who've walked out on their families, who deserve to be punished.

Megan: Did you walk out on your family?

Hotch: No. My wife left me.

Megan: Do you have kids?

Hotch: I have a son.

Megan: How often do you see him?

하치: 여보세요. 내가 불리한 입장이네요. 당신은 내 이름을 아는 것 같으니까요.

메건: 난 당신을 믿을 수 있다고 생각했는데요.

하치: 날 믿을 수 없다고 누가 그래요?

메건: 나도 믿고 싶어요, 인터넷에서 당신을 찾아보기까지 했어요, 이상하죠?

하치: 당신같은 여자가 날 알아봐주다니 제가 고맙죠.

메건: 난 당신은 매우 곧은 사람일 거라 생각했어요. 학교총기난사 사건에 대해 발표한 성명서를 봤어요. 유튜브에 올려진거요. 잠시 동안 세상에 아직 좋은 사람들이 있다는 것을 진짜 믿었어요.

하치: 하지만 내가 당신을 실망시켰군요, 그렇지 않나요? 자신의 가정을 버리고 당연히 벌받아야 하는 당신이 아는 다른 남자들처럼요.

메건: 당신도 가족을 버렸나요?

하치: 내 아내가 나를 떠났어요.

메건: 아이들도 있어요?

하치: 아들이 하나 있어요.

Hotch: I try to see him every week.

Megan: Do you see him every week?

Hotch: No, I don't get there as often as I want.

Megan: I believe you. But don't compare yourself to the men I see. You are nothing like them. You're just another whore.

Hotch: How am I a whore?

Megan: You come when called. You do their bidding.

메건: 얼마나 자주 만나세요?

하치: 매주 만나려고 해요.

메건: 그래서 매주 만나나요?

하치: 아뇨, 내가 원하는 만큼 자주 가지 못해요.

메건: 당신을 믿어요. 내가 만나는 남자들과 자신을 비교하지 말아요. 당신은 그 남자들과는 전혀 달라요. 당신도 창녀에 다름없어요.

하치: 내가 왜 창녀죠?

메건: 당신은 부르면 오고, 그들이 시키는대로 하잖아요.

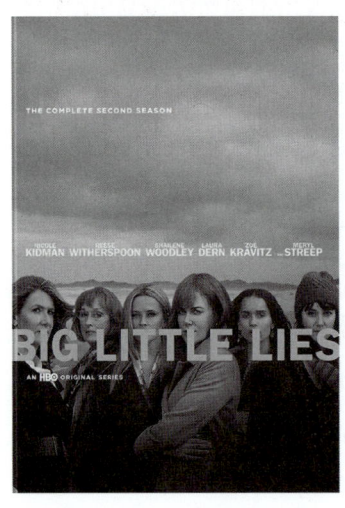

American Drama
Best Scene 175

이 장면에서 놓치면 안되는 표현들

🔊 **01 I thought I could trust you** 넌 믿을 수 있다고 생각했는데

A: **I'm sorry, but I gambled away your money.** 미안하지만 도박으로 네 돈 다 날렸어.
B: **How could you do that? I thought I could trust you.**
어떻게 그럴 수 있어? 난 넌 믿을 수 있다고 생각했는데.

🔊 **02 Who says~ ?** 누가 …라고 해?

A: **I heard you were hanging out at a strip club.** 너희들 스트립클럽에서 놀았다며.
B: **Who says we were at that place?** 누가 우리가 그곳에 갔다고 그래?

🔊 **03 look sb up online** 온라인으로 …을 찾아보다

A: **Someone I knew years ago just e-mailed me.**
몇년전에 알던 사람이 이멜을 보냈어.
B: **I guess he looked you up online.** 온라인상으로 널 찾아봤나보구나.

🔊 **04 I found it posted on Youtube** 유투브에 올려진 것을 찾았어

A: **How did you learn to fix the problem?** 그 문제를 해결하는걸 어떻게 배웠어?
B: **It was easy. I found it posted on Youtube.** 쉬웠어. 유투브에 올라온 것을 찾았어.

🔊 **05 walk out on one's family** 가족을 버리다

A: **Dan's father was never in his life.** 댄의 아버지는 댄의 인생에서 없는 사람였어.
B: **He walked out on his family years ago.** 아버지는 오래전에 가족을 버렸어.

🔊 **06 do one's bidding** 시키는대로 하다

A: **Louis is going to finish my homework.** 루이스는 내 숙제를 마쳐줄거야.
B: **How did you get him to do your bidding?** 어떻게 갠 네가 시키는대로 하는거야?

memo

Supplement

Get 26
More Best Scenes

26개의 명장면 더 알아보기

001
We're miles beyond a glitch here

단순한 오류는 아니네요 >>> Westworld 1-1

웨스트월드에서 포드 박사가 개발한, 인간과 유사한, 하지만 로봇인 호스트를 운영하고 있는데, 심각한 오류가 생겨서 로봇들의 반란이 시작되려고 한다.

Ford: Mr. Abernathy, what are your drives?
Abernathy: Tend to my herd. Look after my wife.
Ford: Your final drive?
Abernathy: Well, my daughter Dolores, of course. I must protect Dolores. I am who I am because of her, and, well, I wouldn't have it, I wouldn't have it any other. I have to warn her.
Ford: Warn who?
Abernathy: Dolores. The things they do to her. The things you do to her. I have to protect her. I have to help her. She's got to get out.
Ford: Very good, Mr. Abernathy. That's enough.
Bernard: This behavior, we're miles beyond a glitch here.
Ford: Access your current build, please. What is your name?
Abernathy: Rose is a rose is a rose.
Ford: What is your itinerary?
Abernathy: To meet my maker.
Ford: Uh-huh. Well, you're in luck. And what do you want to say to your maker?
Abernathy: By most mechanical and dirty hand, I shall have such revenges on you both. The things I will do. What they are, yet I know not, but they will be the terrors of the earth. You don't know where you are, do you? You're in a prison of your own sins.

포드: 애버나시, 당신 삶의 목적이 뭔가?
애버나시: 말들 관리하고 아내를 돌보고.
포드: 최종 목적은 뭔가?
애버나시: 물론 나의 딸 돌로레스. 돌로레스를 보호해야 돼. 지금의 내가 된 것은 그녀 때문이니. 난 다른 것은 갖지 못했을거야. 그녀에게 경고해야 돼.
포드: 누구에게?
애버나시: 돌로레스. 그들이 걔에게 하는 짓들을. 너희들이 걔에게 하는 짓들은. 난 걔를 보호해야 돼. 걔를 도와야 돼. 걔는 빠져나가야 돼.
포드: 좋아, 애버나시. 충분해.
버나드: 이 행동은 단순한 기계오류로 볼 수는 없는데요.

포드: 현재 설정에 접속해. 이름이 뭔가?
애버나시: 장미는 장미이고 장미인 것…
포드: 당신의 다음 행동은 뭔가?
애버나시: 나를 만든 사람을 만나는 것.
포드: 그럼, 운이 좋군. 자네를 만든 사람에게 뭐라고 말하고 싶은가?
애버나시: 내 더러운 기계 팔로 너희 둘에게 무서운 복수를 하겠다. 내가 할 일들. 아직 그게 뭔지 모르지만 너희들에게 엄청난 복수를 하겠다. 당신은 지금 어디에 있는지 몰라, 그렇지? 당신은 자신이 지은 죄악의 감옥에 있는거야.

650

002

Words stop meaning anything

사람들의 말은 아무런 의미가 없어지게 된다 >>> Game of Thrones 7-7

휴전협상이 깨지자 티리온은 가끔 거짓말도 못하냐고 핀잔을 준다. 이에 존 스노우는 지킬 수 없는 약속을 하지 않을거라며 자신의 신조를 역설한다.

Jon Snow: I'm not going to swear an oath I can't uphold. Talk about my father if you want, tell me that's the attitude that got him killed. But when enough people make false promises, words stop meaning anything. Then there are no more answers, only better and better lies. And lies won't help us in this fight.

존 스노우: 지킬 수 없는 약속은 하지 않을 겁니다. 원한다면 아버지 얘기를 하고, 그런 태도 때문에 아버지가 참수당했다고 말하시오. 하지만 많은 사람들이 거짓 약속을 하게 되면 말은 아무런 의미가 없어지게 됩니다. 그러면 말에 대한 책임도 없고 더한 거짓말들만 남게 됩니다. 거짓말은 이 싸움에서 우리에게 도움이 되지 않습니다.

003

You're what!

너가 뭐라고! >>> Friends 5-14

챈들러와 모니카의 연애사실을 알고 있는 피비는 챈들러를 유혹해보는 장난을 친다. 서로 쇼인줄 알면서 버티지만 키스하는 단계에 이르자 챈들러가 포기하고 모니카를 사랑한다고 한다.

Chandler: Well, I guess there's nothing left for us to do but kiss.
Phoebe: Here it comes. Our first kiss.
Chandler: Okay! Okay! Okay! You win! You win!! I can't have sex with ya!
Phoebe: And why not?!
Chandler: Because I'm in love with Monica!!
Phoebe: You're-you're what?!

챈들러: 우리에게 남은 할 일은 키스 밖에 없는 것 같은데.
피비: 자 시작이다. 우리의 첫 키스.
챈들러: 그래! 그래! 그래! 네가 이겼어! 네가 이겼다고! 난 너와 섹스를 할 수가 없어!
피비: 왜 안되는데?!
챈들러: 난 모니카를 사랑하기 때문야!!
피비: 너가 뭐라고?

004
Couldn't have said it better myself

바로 그거지   >>> Gossip Girl 1-17

여친 세레나와 싸운 댄에게 아버지 루퍼스가 충고를 해준다.

Rufus: Yeah, but did you really mean it? Most times, when people don't offer the truth, it's because they're afraid of what someone might think. And I don't know if you know this, but you can be a pretty judgmental guy.
Dan: So you're saying that I should learn to be someone else around her so she can be herself around me?
Rufus: Couldn't have said it better myself.
Dan: Thank you, Dad. I'm gonna go find her right now.

루퍼스: 진심을 담아서 물어봤어? 대개 사람들은 상대방이 자신을 어떻게 생각할지 걱정돼서 거짓말하는 경우도 많아. 그리고 네가 아는지 모르겠지만 넌 꽤 비판적이거든.
댄: 그럼 세레나는 내 주위에서 평소대로 행동하게 나보고는 다른 사람이 되는 것을 배우라는거야?
루퍼스: 바로 그거지.
댄: 고마워, 아빠. 지금 만나러 가볼게.

005
I don't believe you

네 말을 믿지 않는다   >>> Game of Thrones 4-10

세르세이는 아버지 타이윈에게 자신과 제이미의 근친상간 소문은 사실이라고 말하며, 가문의 명예만을 생각하는 아버지에게 충격을 주며 복수한다.

Cersei: How can someone so consumed by the idea of his family have any conception what his actual family was doing? We were right there in front of you and you didn't see us. One look in the past 20 years, one real look at your own children and you would have known.
Tywin: Known what?
Cersei: Everything they say is true. About Jaime and me.
Tywin: No.
Cersei: Your legacy is a lie.
Tywin: No, no, no, no. I don't believe you.
Cersei: Yes, you do.

세르세이: 가문의 명예에 그렇게 사로잡힌 사람이 자신의 가족들이 실제 어떻게 행동하는지 어떻게 알겠어요? 우리는 아버지 눈앞에 있었는데 아버지는 보지 않으셨죠. 지난 20년간 한 번만 쳐다봤으면, 한 번만 제대로 자기 자식들을 쳐다봤으면 아셨을텐데요.
타이윈: 뭘 알았다는 말이냐?
세르세이: 사람들이 모두 말하는게 사실이에요. 제이미와 저요.
타이윈: 아니다.
세르세이: 아버지가 말하는 가문의 유산은 거짓예요.
타이윈: 아니다, 아냐. 네 말을 믿지 않는다.
세르세이: 믿으시잖아요.

006

The chances are better

가능성이 더 높아요　　　　　　　　>>> Handmaid's Tale 1-1

가공의 나라에서 젊은 여성들은 씨받이로 살아가는데, June이었던 여성은 잡혀와 Offred란 이름으로 한 사령관의 집에서 시녀로 일한다. 처음 사령관과 임신을 위한 성관계를 맺는데 기묘하게도 부인 Serena가 시녀의 손을 잡아준다.

Serena: Get out! Are you deaf?
Offred: The chances are better if I lay on my back afterwards.
Serena: Just get out!

세레나: 나가! 귀먹었어?
버나드: 섹스 후에 등을 대고 누워있으면 임신가능성이 더 높대요.
세레나: 그냥 나가라고!

007

She is mistaken

그녀가 잘못 안거죠　　　　　　　　>>> Big Little Lies 2-7

시즌 2의 마지막회. 양육권 다툼을 벌이고 있는 셀레스트가 직접 시어머니 라이트 부인을 증인신청하며 심문을 하고 있다.

Celeste: And is Jane Chapman a liar? Is this woman sitting here lying when she says that your son raped her?
Wright: She's mistaken.
Celeste: She is mistaken? Is that something a woman is likely to get wrong? Whether or not she's being raped?
Wright: Well, he perhaps got too vi... physical with her as a result of thinking that women sometimes like that, the way you enjoyed it.

셀레스트: 그럼 제인 채프먼도 거짓말을 한 건가요? 여기 앉아 있는 이 여성이 자기가 당신 아들에게 강간을 당했다고 거짓말을 하고 있다는 건가요?
라이트 부인: 그녀가 잘못 안거죠.
셀레스트: 잘못 알고 있다고요? 그게 여자가 오해할 수 있는 그런 건가요? 자신이 강간을 당하는지 아닌지를요.
라이트 부인: 아마도 걔가 너무 폭력적… 당신이 즐겼던 방식처럼 여성들이 때로는 거친 것을 좋아한다는 생각때문에 좀 거칠게 한 것일 수도 있죠.

008

Don't mind me

신경쓰지 말아요 >>> Westworld 1-1

웨스트월드의 초반부. Dolores가 장보고 가는데 Teddy가 다가오며, Dolores가 떨어트린 깡통을 들어주면서 하는 말이다.

Teddy: Don't mind me. Just trying to look chivalrous.
Dolores: You came back.
Teddy: I told you I would. Can I see you home?
Dolores: Well, that all depends. Can you keep up?
Teddy: Well, I have to fetch my horse.
Dolores: Better fetch him fast.

테디: 신경쓰지 말아요. 그냥 신사답게 행동하려는거예요.
돌로레스: 돌아왔군요.
테디: 그런다고 했잖아요. 집에서 볼 수 있어요?
돌로레스: 그건 상황에 달렸죠. 날 따라올 수 있어요?
테디: 말을 가져와야 하는데.
돌로레스: 빨리 말을 가져와요.

009

Do not let them get to you

걔들이 너를 괴롭히지 못하게 해 >>> Big Little Lies 1-4

화려한 출연진으로 화제를 모았던 빅 리틀 라이즈. 연극상연을 반대하는 편에 맞서기 위해 전직 변호사 셀레스트가 나서는데…. 그전에 세 명이 모여 지기 엄마인 제인을 위로하는 장면이다.

Celeste: Come on, don't give in. Ziggy didn't do it. Do not let them get to you.
Jane: I'm not giving in. I just I don't know. I need to do what's best for my kid. I don't know what that is, but…
Madeline: What about what's best for us? We would miss you.
Celeste: We would miss you.
Jane: You're gonna make me cry.
Celeste: And we're gonna win this case, I'm telling you.
Madeline: I think the mayor is gonna like your argument.

셀레스트: 그러지마, 굴복하지 말라고. 지기가 그러지 않았는데. 걔들이 너를 괴롭히지 못하게 해.
제인: 포기하는게 아니라. 잘 모르겠어. 아이를 위해서 최선인 것을 해야 돼. 그게 뭔지 모르겠지만.
매들린: 우리를 위해서 최선을 택하면 어때? 보고 싶을거야.
셀레스트: 그럼 보고 싶을거야.
제인: 눈물나게 그러네.
셀레스트: 우리는 이 사건 이길거야. 정말이야.
매들린: 시장이 네 주장을 좋아할 것 같아.

010

I got to thinking about~

…에 대해 생각을 하게 되었어   ▶▶▶ Sex and the City 2-16

샬롯의 섹스상대가 섹스 도중에 잠이 드는 것으로 시작하는 대화로 사만다의 성에 대한 급진적인 사고를 엿볼 수가 있다.

Samantha: It won't matter if you're sleeping with men or women. It'll be about sleeping with individuals.
Carrie: Or in your case, twos or threes.
Samantha: Soon everyone will be pansexual. It won't matter if you're gay or straight.
Carrie: Just if you're good or bad in bed.
Samantha: Exactly.
Carrie: That night I got to thinking about bed. Are we secretly being graded every time we invite someone to join us in it? A plus, B, D, incomplete. Is making love really nothing more than a pop quiz? If sex is a test, how do we know if we're passing or failing? How do you know if you're good in bed?

사만다: 네가 남자와 자든 여자와 자든 문제되지 않을거야. 그건 개인들과의 잠자리가 될거야.
캐리: 네 경우에는, 두명이나 세명이고.
사만다: 곧 모든 사람은 범성애자가 될거야. 게이든 게이가 아니든 문제가 되지 않을거야.
캐리: 잠자리에서 잘하느냐 못하느냐가 문제가 될거라고.

사만다: 그렇지.
캐리: 그날 저녁, 난 잠자리에 대해 생각을 해봤어. 우리는 함께 관계를 하자고 초대한 사람들로부터 은밀하게 등급이 매겨지는걸까? A플러스, B, D, 낙제. 사랑을 나누는 것이 쪽지시험에 불과한 것일까? 섹스가 만약 테스트라면, 우리가 합격했는지 여부를 어떻게 알까? 잠자리에서 잘하는지 못하는지 우리는 어떻게 아는걸까?

011

I have to put my foot down

난 절대 반대야   ▶▶▶ Friends 7-2

드디어 모니카와 챈들러는 결혼을 하게 된다. 모니카는 성대한 결혼식을 원해서 챈들러가 그동안 저축한 돈을 다 쓰자고 한다.

Chandler: I realize that honey, but I'm not gonna spend all of the money on one party.
Monica: Honey, I love you, but if you call our wedding a party one more time, you may not get invited. Okay? Listen, we could always earn more money, okay? But uh, we're only gonna get married once.
Chandler: Look, I understand, but I have to put my foot down. Okay? The answer is no.
Monica: You-you're gonna have to put your foot down?

챈들러: 그건 나도 알아 하지만 한 파티에 돈을 다 쓰지는 않을거야.
모니카: 자기야, 널 사랑하지만, 우리의 결혼식을 파티라고 한번 더 부르면 넌 초대받지 못할 수도 있어. 알았어? 이봐, 우리는 앞으로 계속 더 많은 돈을 모을 수 있지만, 결혼은 오직 한번 뿐이야.
챈들러: 저기, 이해해, 하지만 난 반대야. 알겠어? 대답은 노야.
모니카: 네가 반대할거라고?

012

Where did that come from?

도대체 무슨 얘기를 하는거야?   >>> Big Bang Theory 4-16

엄마 대신 버나뎃을 선택한 하워드. 어느날 하워드는 엄마에게 으레 그랬듯이 버나뎃에게 치과에 데려가달라고 한다.

Bernadette: Wait a minute. Are you telling me your mother usually takes you to the dentist?
Howard: It's not weird. There's lots of kids there with their moms.
Bernadette: I can't believe this.
Howard: What? It's fun. If I have no cavities, afterwards, we go out for a treat.
Bernadette: All right, Howard, let's get something straight right now. I'm not going to be your mother.
Howard: Whoa, whoa, whoa! Where did that come from?

버나뎃: 잠깐. 자기 엄마는 보통 자기를 치과에 데려다주셨다는거야?
하워드: 이상하지 않아. 엄마와 함께 온 아이들이 많아.
버나뎃: 말도 안돼.

하워드: 뭐라고? 재미있잖아. 충치가 없으면 끝나고 사탕받으러 갈 수도 있어.
버나뎃: 좋아, 하워드, 뭐하나 지금 분명히 해두자고. 난 자기의 엄마가 되지 않을거야.
하워드: 뭐라고! 도대체 무슨 얘기를 하는거야?

013

Can you get into this another time?

이 문제는 다음 기회에 얘기하면 안될까?   >>> Sex and the City 2-12

여친이 자기에게 한마디 상의도 없이 파리로 가게되었다고 말한 빅에게 화가 난 캐리. 그녀는 술에 취한채 빅에게 전화해서 따지기 시작한다.

Carrie: I would like to know how you could even think of going to Paris and not even think about discussing it with me. Huh? I think about you all the time. What's he doing? What's he thinking? But you, no. I mean, when... When were you planning to tell me? Are you still there?
Big: Yes.
Carrie: Okay, well, because I think about you all the time. No, no. Correction, correction. I think about us all the time.
Big: Can we get into this another time? I was sleeping.

캐리: 당신이 어떻게 나하고 상의할 생각도 하지 않고 파리에 갈 생각을 했는지 알고 싶어. 난 항상 당신 생각 뿐인데. 뭐하고 있을까? 뭘 생각하고 있을까? 하지만 당신은 아냐. 내 말은 언제 말하려고 했어? 전화받고 있어요?
빅: 어.

캐리: 좋아, 난 당신을 항상 생각하고 있기 때문에. 아냐, 다시 말할게. 난 항상 우리에 대해 생각을 하고 있다고.
빅: 이 문제는 다음 기회에 얘기하면 안될까? 난 자는 중이었는데.

014
Can't argue with that
두말하면 잔소리지　　　>>> Big Bang Theory 5-9

레너드와 페니가 데이트를 하면서 영화관에 가서 함께 볼 영화를 고르고 있다. 레너드는 과학자답게 다큐멘터리를 보자고 하고 페니는 제니퍼 애니스톤이 나오는 영화를 보자고 한다.

Penny: Oh, hey, if we hurry, we can make the new Jennifer Aniston movie.
Leonard: Oh, yeah, sure. There's also an amazing documentary about building a dam on river in South America.
Penny: Okay, but the Jennifer Aniston movie has Jennifer Aniston, and she's not building a dam.
Leonard: Can't argue with that. I'll get the tickets.
Penny: Okay.
Leonard: Actually, you know what? I think it's about time I pick a movie we see.
Penny: You pick plenty of movies.

페니: 서두르면 제니퍼 애니스톤의 신작 영화를 볼 수 있어.
레너드: 그래 물론. 남아메리카 강 댐 건설에 관한 멋진 다큐멘터리도 있는데.
페니: 그래, 하지만 제니퍼 애니스톤의 영화에는 제니퍼 애니스톤이 있어, 그리고 그녀는 댐을 건설하지는 않아.
레너드: 두말하면 잔소리지. 내가 표를 사올게.
페니: 좋아.
레너드: 실은, 저기 말야? 내가 볼 영화를 고를 차례인 것 같은데.
페니: 네가 지금까지 많은 영화 골랐잖아.

015
People would try to tear us apart
사람들은 우리를 갈라놓으려고 할거야　　　>>> Game of Thrones 6-1

마르셀라를 잃은 충격에 세르세이는 어쩔 수 없는 운명에 무력해지고, 제이미는 이런 세르세이를 위로하며 힘을 복돋아 주려고 하고 있다.

Cersei: You told me yourself when Father died. You said we had to stay together. You said people would try to tear us apart, take what's ours. That was a prophecy, too. I didn't listen to you and everything you said came true.
Jaime: Fuck prophecy. Fuck fate. Fuck everyone who isn't us. We're the only ones who matter, the only ones in this world. And everything they've taken from us, we're going to take back and more. We're going to take everything there is.

세르세이: 아버지가 돌아가셨을 때 네가 내게 말해줬지. 우리는 함께 있어야 된다고. 사람들은 우리를 갈라놓으려고 하고 우리의 것을 빼앗아가려고 한다고 말했어. 그것 역시 예언이었어. 네 말을 듣지 않았는데 모든게 현실이 됐어.
제이미: 무슨 빌어먹을 예언이고 운명이야. 우리가 아닌 사람은 신경도 쓰지마. 중요한 것은 이 세상에 오로지 우리들뿐이야. 그리고 우리가 뺏긴 모든 것, 우린 그 이상으로 되찾을거야. 우리는 세상의 모든 것을 빼앗을거야.

016

That sucks

빌어먹을 >>> Handmaid's Tale 1-1

한 강간범을 사형시키기 위해 모이는 중인 시녀들. 그 사이에 오프레드와 알마가 몰래 사적인 대화를 나누는 장면이다.

Offred: Where are you posted?
Alma: Commander Ellis. He can barely get it up. Where are you?
Offred: Waterford.
Alma: Fancy pants. Nice house, I bet.
Offred: Have you heard about anyone? I saw Gabby a few months ago. She had a miscarriage.
Alma: That sucks.

오프레드: 어디에 배치됐어?
알마: 엘리스 사령관. 잘 서지도 않아. 너는 어디에 있어?
오프레드: 워터포드 사령관.
알마: 멋쟁이지. 집은 멋지고 말야.
오프레드: 다른 애 소식은거 있어? 몇달 전에 개비를 봤는데 유산했더라고.
알마: 빌어먹을.

017

Here's the thing

문제는 이거야 >>> Big Bang Theory 2-10

애정표현에 있어 적극적인 스테파니와 어떤 결에 동거하게 되는 레너드는 페니에게 그녀와의 동거를 취소할 수 있는 방법을 물어본다.

Leonard: Okay, here's the thing, I'm afraid that if I ask her to move out, she'll just dump me.
Penny: Well, it's a chance you have to take. I mean, look, if it's meant to be, it'll be.
Leonard: Very comforting. Okay, so what do I say to her?
Penny: I don't know. I mean, what have women said to you when they wanted to slow a relationship down?
Leonard: I really like you, but I want to see how things go with Mark?
Penny: Yeah, that'll slow it down.

레너드: 그래, 문제는 이거야. 집에서 나가라고 한다면 걔가 날 차버릴 것 같아.
페니: 그 정도 위험은 감수해야지. 어차피 그렇게 될거라면 언젠가는 그렇게 될 일이야.
레너드: 참 위로가 된다. 그래, 그럼 내가 그녀에게 뭐라고 해야 돼?
페니: 몰라. 내 말은 여자들이 너와 관계를 천천히 하자고 할 때 뭐라고 네게 말했어?
레너드: 정말 네가 좋지만, 마크와도 잘 맞을지 알고 싶어.
페니: 그러면 되겠네.

018
That's where I draw the line

여기까지가 내 한계야　　　>>> Desperate Housewives 3-18

르넷은 남편 톰이 허리를 다치자 이웃집 맥클러스키 부인에게 다섯 아이와 톰을 맡기고 혼자 피자가게를 운영해가는데….

Mrs. McCluskey: Well, here's a surprise for you… I quit.
Lynette: What? What? Why? Why? What happened?
Mrs. McCluskey: Five kids are tough enough, but your husband makes six. And that's where I draw the line.
Lynette: Okay, I know that, uh, Tom has been a little cranky lately.
Mrs. McCluskey: No, I'm cranky. He's insufferable. I hate to admit this, Lynette, but every time that man screams out in pain, I do a little jig inside.
Lynette: Look, I'll talk to Tom--
Mrs. McCluskey: No, my mind's made up.
Lynette: Wait, wait, wait! Please don't do this. Please. I am at the end of my rope.

맥클러스키 부인: 저기, 깜짝 선물이야…. 나 그만뒀어.
르넷: 뭐라구요? 왜요? 무슨 일인데요?
맥클러스키 부인: 아이 다섯도 아주 힘든 일인데, 자네 남편까지 합하면 여섯이야. 그리고 여기까지가 내 한계야.
르넷: 그래요, 알고 있어요. 톰이 최근에 좀 괴팍하게 굴죠.

맥클러스키 부인: 아니, 내가 괴팍한거고 톰은 참을 수 없을 정도야. 이걸 인정하기 싫지만, 르넷, 그 인간이 아프다고 소리지를 때마다 난 속이 부글부글 끓어.
르넷: 톰에게 얘기를 할게요.
맥클러스키 부인: 아냐, 내 맘은 결정됐어.
르넷: 잠깐만요! 제발 이러지 마세요. 제발요. 저도 죽을 지경예요.

019
Why do you get first crack at her?

왜 네가 먼저 저 여자에게 작업을 거는데?　　>>> Big Bang Theory 2-17

Nerd 네 명이 기차를 타고 가고 있는데 여배우가 나타나 뒷자리에 앉는다. 바람둥이인 하워드는 집적대는 것은 자기 전공이라고 생각하고 다가가려고 한다.

Raj: Hang on a sec. Why do you get first crack at her?
Howard: Um, well, let's see, couple reasons. One, I saw her first.
Raj: No, you didn't. I did.
Howard: Fair enough. But then let me move on to number two, unlike you, I can actually talk to women when I'm sober.

라지: 잠깐만. 왜 네가 먼저 저 여자에게 작업을 거는데?
하워드: 음, 몇가지 이유가 있지. 첫째, 내가 처음으로 그녀를 봤잖아.

라지: 아냐, 네가 아니라 내가 봤지.
하워드: 그렇다고 치자. 하지만 두번째 이유로 넘어가자. 너와는 달리, 난 술 안먹고 여자한테 말을 할 수 있거든.

020
Don't do anything I wouldn't do
내가 하지 않을 짓은 너도 하지마 ▶▶▶ Sex and the City 6-8

연하의 근육남 스미스는 멕시코에 현지 촬영하러 가게 된다. 밖에 내놓기 무서운 사만다는 스미스에게 여자 단도리를 하게 된다.

Smith: I'm gonna miss you Samantha.
Samantha: Oh, save that performance for Mr. Van Sant. It's just two weeks.
Smith: It's a long time.
Samantha: Would you get out of here already? I'm late as it is. And listen. When you're on location, don't do anything I wouldn't do.
Smith: What does that rule out?
Samantha: Few things. Karaoke. I don't do that.

스미스: 보고 싶을거야, 사만다.
사만다: 연기는 구스 반 산트 감독을 위해서 남겨 둬. 단지 2주뿐인데.
스미스: 긴 시간이잖아.
사만다: 빨리 좀 나가줄테야? 난 지금 늦었거든. 그리고 촬영지에서는 내가 하지 않을 짓은 너도 하지마.
스미스: 예를 들면?
사만다: 몇가지가 있지. 가라오케. 난 가지 않아.

021
I figured you'd try to blow me off
날 제쳐놓으려고 할 줄 알았어요. ▶▶▶ Desperate Housewives 1-21

정원사 존은 남편 몰래 가브리엘과 섹스를 하는 사이인데, 가브리엘이 임신했다는 소식에 찾아와서 자기 아들일 수도 있다고 한다.

Gabrielle: John, what are you doing here?
John: I've been doing some serious thinking about the baby.
Gabrielle: Really? Why?
John: Because, there's a good chance that it's mine. And if it is, I want to do the right thing.
Gabrielle: No, no, no. Nobody expects you to do the right thing.
John: Yeah, I kinda figured you'd try to blow me off. That's why I'm going directly to Mr. Solis.

가브리엘: 존, 여기서 뭐하는거야?
존: 아기에 대해 진지하게 생각 좀 해봤어요.
가브리엘: 정말? 왜?
존: 왜냐면 내 아이일 가능성이 많잖아요. 그리고 만약 그렇다면 올바른 일을 하고 싶어요.
가브리엘: 아냐, 아무도 네가 올바른 일을 하기를 기대하지 않아.
존: 날 제쳐놓으려고 할 줄 알았어요. 바로 그래서 솔리스 씨에게 직접 이야기하려구요.

American Drama Best Scene 175

022
You nailed me
내가 한 방 먹었지 >>> Desperate Housewives 3-17

독특한 캐릭터인 이디는 카를로스와 잠자리를 하려고 들이댔지만 거절당하고 만다. 그후에 둘이 대화나누는 장면이다. 여기서 나오는 nail sb는 중의적으로 '한 방 먹이다' 혹은 '섹스하다'라는 의미로 쓰인다.

Carlos: Look, Edie, um...what I said about you the other day was...
Edie: Dead-on. You nailed me, Carlos. Maybe not the way that I wanted you to, but still...
Carlos: But I had no right to judge you. Besides, the guys, the clothes, the partying. That's you. I mean, that's the Edie that we love.
Edie: Well, I'm glad you love her, because I'm getting pretty tired of her.

카를로스: 저기, 이디. 음 요전날 내가 말한 것은…
이디: 아주 정확했어요. 내가 한방 먹었지요, 카를로스. 내가 당신한테 바라던대로는 아닐지 몰라도 하지만 그래도….
카를로스: 하지만 난 당신을 비난할 권리가 없었어요. 게다가, 남자들, 의상들, 그리고 파티들. 바로 그게 당신 예요. 내 말은 우리가 사랑하는 건 바로 그런 이디라고요.
이디: 당신이 그런 이디를 좋아한다니 기쁘네요, 난 그런 자신에 짜증나기 때문이죠.

023
There is no reason to bring race into this
우리 사귀는데 인종문제를 끌어들일 필요는 없어 >>> Sex and the City 3-5

사만다의 애정편력은 끝이 없고 한없이 다양하다. 이제는 흑인과 사귀는데…. 이를 안 남친의 흑인 누나인 Chivon은 인종문제로 둘의 만남을 용인하지 않는다.

Charlotte: Maybe you should stop seeing him, Samantha. Race is a very big issue.
Samantha: No. There is no reason to bring race into this. Chivon is a sweet man. We have great sex, and he happens to have the biggest...
Charlotte: Black cock! We know he has a big black cock!
Samantha: I was about to say biggest heart. But now that you're so interested, yes. He does have a big black cock.
Miranda: It's big African-American cock. Right, Charlotte?
Charlotte: Don't make fun of me. My chin hurts.

샬롯: 사만다, 그를 그만 만나는게 어때. 인종은 큰 문제잖아.
사만다: 아니. 우리 사귀는데 인종문제를 끌어들일 이유는 없어. 쉬본은 달콤한 남자야. 우리는 아주 멋진 섹스를 했고 공교롭게도 아주 큰…
샬롯: 흑인의 고추! 우리는 그가 커다란 흑인고추를 갖고 있는 것을 알아!
사만다: 난 아주 맘이 넓다고 말하려고 했는데. 하지만 관심이 그렇게 있다면야. 맞아. 걔 고추는 커다란 흑인 고추야.
미란다: 커다란 아프리카 미국인 고추라고 해야지. 맞지, 샬롯?
샬롯: 나 놀리지마. 턱이 아프네.

024
They're starting to grow on me
걔들이 점점 좋아지기 시작하더라고 >>> Desperate Housewives 3-7

톰은 결혼전 사귀던 여자에게 자신의 딸 카일라가 있다는 사실을 르넷에게 얘기하고, 르넷은 친엄마 Nora 대신에 카일라를 양육하겠다고 한다.

Lynette: Kayla will be much better off without "crazy" in her life. And so will we.
Tom: I am right there with you. I just, I never thought you'd want a fifth kid.
Lynette: I don't, but I didn't want the first four, and they're starting to grow on me.

르넷: 카일라의 인생은 미친게 없어야 더 나을거고, 우리도 마찬가지이고.
톰: 나도 당신과 동감이야. 난 당신이 다섯 번째 아이를 원치 않는 줄 알았지.
르넷: 원치 않아, 하지만 첫 네 명의 아이도 원치 않았지만 점점 좋아지기 시작하더라고.

025
You got off easy!
넌 가볍게 끝나는구나! >>> Friends 5-6

로스는 에밀리와의 결혼식에서 에밀리를 레이첼로 잘못 말하는 엄청난 실수를 저지르는데…. 뉴욕으로 혼자 돌아온 로스는 에밀리를 뉴욕으로 데려오고 싶어 한다.

Ross: Look, if I can just do what Emily wants and get her to New York, I'm sure everything will be fine.
Chandler: Okay, but don't you think this is a little extreme?
Ross: After what I did? Can you blame her?
Phoebe: Oh my God! You got off easy! When my friend Silvie's husband said someone else's name in bed, she cursed him and turned his thingy green.

로스: 에밀리가 원하는 걸 해서 뉴욕으로 오게 할 수 있다면, 뭘들 못하겠어.
챈들러: 그래 하지만 좀 심한 것 같지 않아?
로스: 내가 한 짓이 있는데 에밀리를 비난할 수는 없지.
피비: 맙소사! 넌 가볍게 끝나는거야! 내 친구 실비는 자기 남편이 침대에서 다른 사람 이름을 말했다고 해서 저주를 퍼붓고 그 사람 고추를 녹색으로 만들었대.

I'm not doing this here

여기서 이러고 싶지 않아 >>> Sex and the City 1-17

빅의 자유분방한 연애생활에 짜증이 난 캐리가 한 파티에서 빅에게 도대체 데이트를 하고 있는 여자가 몇명이냐 돼냐고 묻는다.

Carrie: How many women are you dating?
Big: In the tri-state area?
Carrie: Well, let's see, there's me, um, Julia, and let's not forget international Melissa.
Big: I'm not doing this here.
Carrie: Fine.
Big: Can't we just enjoy the party?
Carrie: I don't know.
Big: Come on, I mean, what do you want from me?

캐리: 몇명의 여자와 데이트를 하는거야?
빅: 인근 3개주에서?
캐리: 어디보자, 내가 있고, 줄리아, 그리고 국제적인 멜리사를 빼놓으면 안되지.
빅: 여기서 이러지 말자.
캐리: 좋아.
빅: 그냥 파티를 즐기면 안될까?
캐리: 모르겠어.
빅: 그러지말고, 내 말은 나더러 어쩌라고?

memo